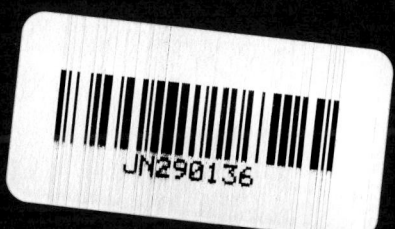

DICTIONARY OF FANTASY AND GLAMOUR BOOKS

幻想図書事典

山北 篤 監修

新紀元社

はじめに

本。

それを愛する者にとって、無限の喜びを与えてくれる世界最高の娯楽であり、いかなる知識をも得ることのできる最高の知恵の元でもある。

著者たちも、本を愛するがゆえに、この道に入った者ばかりだ。

とはいえ、本も、宇宙の始まりからあるわけではない。人類が、猿から進化してきた過程において、発明してきた品物の一つである。

最初期の本は、それこそ魔法であったかもしれない。それを見るだけで、様々な知恵を得て、様々な技能を使いこなす。また、人々が忘れてしまった過去、当人ですら見たことのない過去を、掘り起こす。そんなことができるのは魔法か奇跡以外にはありえず、本を読み書きできる人間は、魔法使いであると考えられただろう。

では、本とは、いつごろ発明され、いつごろから人々に読まれるようになったのか。

それは、今の本と同じ形と機能を持っていたのか。

その内容は、いかなるものだったのか。

気になったりしないだろうか。

また、本というもの自体が魔法ではなくなっても、魔法の知識を本にするという行為は残った。いや、本が魔法的なものでないからこそ、魔法の知識を魔法でないものに記すという意味がある。それは、まだ魔法の力を持っていない者にとって、魔法の力がなくとも魔法の知識を得ることができるものだからだ。

だからこそ、魔道書というものが生まれ、禁断の知識を得るために、人々がそれを追い求めるという構図もでき上がったのだ。

また、そのような思想すら失われ、魔道書の存在など誰も信じなくなった現在でも、本に様々な幻想を求める人は絶えない。様々な幻想小説が書かれ、人々の心に届いているのは、本に夢と幻を求める人が多いことを教えてくれる。

また、幻想的ではなくても、この本を知ることが、読者の読書生活に何かを与えてくれる本というものもある。他の作品に引用されたり、使われたりする本だ。創作の魔法の源になる本とでもいうべきだろうか。

この事典では、これらすべてを、魔法的な本として扱っている。

最古の書物といえる時代の本は、それだけで意味があるため、全部とはいわないものの、有名どころは紹介している。

　また、魔道書の類は、この事典の主要項目であり、できるだけ多く取り入れている。錬金術・占星術・近代魔術・呪術・カバラ・陰陽道など、多くの魔法体系には、それぞれ重要な魔道書・奥義書が存在し、その秘儀を語ってくれる。中には、あまりに秘密を重視し過ぎたために、今読んでも何のことか分からない本も多い。

　宗教書も、この事典の主要項目の一つである。といっても、この本では、あらゆる宗教を信者の数とかで区別はせず完全に等しく扱い、それぞれの宗教の経典を、面白そうなもの、創作に登場しそうなものから紹介している。

　また、創作幻想小説や、奇書の類も、面白そうなものは極力入れるようにしている。とはいえ、あまりに最近の本は採用せず、ある程度年月が経って古典・基本図書となったものから選択している。

　さらに、多くの創作の元となった本、多くの創作に引用される本もいくらか取り入れている。それらを原典として知っておくと、小説を読むときにより深い楽しみが得られると考えるからだ。もちろん、原典を読むのが一番ではあるのだが、現在では入手困難な本も多いし、読むのに苦労させられる本も多い。

　例によって、この事典は複数著者による共同作業として書かれた。オリエントは稲葉、兵法書関係は佐藤、北欧は司馬、日本・近代魔術は秦野、アラブ・イスラムは桂、中国は草野、クトゥルフ関係は牧山、ケルト関係及びユダヤ・キリスト教系は山北と大まかに分かれてはいる。だが、実際にはこれらのジャンルは錯綜しており、別の分類に踏み込んで書いていることも多い。また、創作関係は、全員で書いたため、はっきりした区分けは不可能だ。

　何回も見直し、チェックはしたものの、まだ内容に誤りがないとはいえない。その場合、最終的責任は監修の山北にある。

　ともかく、この巻で、Truth in Fantasy 事典シリーズも10巻となり一区切り付いた。これらの事典を楽しんで見てもらえれば、これ以上の幸せはない。

著者を代表して

山北　篤

目次

凡例

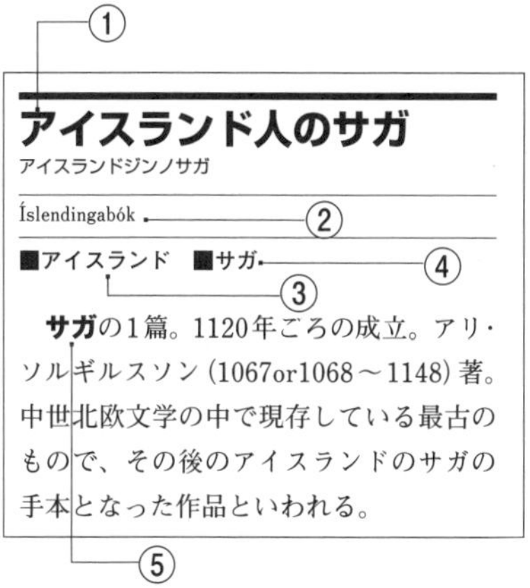
①
アイスランド人のサガ
アイスランドジンノサガ
Íslendingabók
②
■アイスランド ■サガ
④
③
サガの1篇。1120年ごろの成立。アリ・ソルギルスソン（1067or1068～1148）著。中世北欧文学の中で現存している最古のもので、その後のアイスランドのサガの手本となった作品といわれる。
⑤

①項目名

②項目の現地語表記

現地語表記を基本として、現地語表記が入らない場合は英文表記を収録しています。

③地域

その書籍が作成された地域です。

④ジャンル

その書籍のジャンルを表します。架空の書籍の場合は、「架空」としています。

⑤太字

本文中で太字になっているものは、項目として立っているものを表します。

DICTIONARY OF FANTASY AND GLAMOUR BOOKS

幻想図書事典

あ

アーガマ

Āgama

■インド　■経典

タントラ文献の中で、シヴァ派の聖典を『アーガマ』という。

シヴァ派には、28の『アーガマ』と、108の『小アーガマ（ウパアーガマ）』がある。

アーサー王宮廷のヤンキー

アーサーオウキュウテイノヤンキー

A Connecticut Yankee in King Arthur's Court

■アメリカ　■小説

アメリカの作家マーク・トウェインが1889年に発表した小説。

現代（当然19世紀末）のアメリカ人が、タイムスリップしてアーサー王の宮廷に行くというもの。

題名からすると、陽気なヤンキー気質のキャラクターが大暴れするように見えるが、実は主人公は技術者で、アーサー王の時代を冷静な目で批判的に見ている。そして、中世社会を改革しようとするが、教会によって阻まれる。

初版本は挿絵が200枚以上も掲載されており、イラストのたくさん入った小説のはしりでもある。

アースシー

Earthsea

■アメリカ　■小説

→**ゲド戦記**

アーラニヤカ

Āraṇyaka

■インド　■経典

「森林書」ともいう。**ヴェーダ**の中で、秘儀を伝える部分。「森林書」というのは、その秘儀は森林の中で伝えられるべきものだからだという。

R. U. R.

アールユーアール

R. U. R.

■チェコ　■戯曲

チェコの作家カレル・チャペックによって書かれた『ロッサム万能ロボット会社』という戯曲。「R. U. R.」とは“Rossum's Universal Robots”を省略したもので、主役となる企業の名前である。

ロボットという言葉を発明し使用した、世界初の作品。ロボットとは、チェコ語のロボタ（労役）を意味する言葉から作られた造語である。

この作品では、ロボットは人間に反乱し、ついには人類を滅ぼしてしまう。そして、人類滅亡と共にロボット製造法も失われ、ロボットたちも絶滅に瀕する。だが、愛を得た2体のロボットによって救いが与えられる。

このような内容であるため、ロボットとは反乱するものというイメージが世界中の人に定着した。この傾向は、後にアイザック・アシモフがロボット工学の三原則を定めて作品を書き始めるまで続く。

ただし、この作品に登場するロボットとは、機械でできた現代のロボットではない。生体部品を使って作られた一種の人造人間で、現代的にはアンドロイドというべきである。

哀歌

アイカ

Book of Lamentations

■中東　■経典

『旧約聖書正典』の一つ。エルサレムが破壊されたことを嘆く歌が5編収録されている。

→旧約聖書

愛護若

アイゴノワカ

Aigonowaka

■日本　■戯曲

説経節の一つで、浄瑠璃演目でもある。室町時代の五説教の一つに数えられる。

二條蔵人清平の夫妻に愛護若という子がいた。愛護若が13歳のころに母は世を去り、後妻として八條殿の娘の雲井前《くもいのまえ》が迎えられる。雲井前は愛護若に執拗に言い寄るが、若はそれに応えない。想いがかなわぬと知った雲井前は二條家伝来の太刀と鞍を売り払い、これを若の仕業とした。父は後妻の言葉を信じ、愛護若を庭木に縛り付ける。その夜、若の生母の霊が現れて縄を解き、伯父のいる比叡山に行けと教えた。が、伯父の阿闍梨《あじゃり》は訪ねてきた若を狐狸の類が化かしているといって信じない。山を下りた若は、餓えのあまり路傍の桃を盗み、畑番に打擲される。世を絶望した若は遺書をしたため、比叡山麓の霧生の滝に身を投げる。後に遺書を見た父・清平は後妻を殺し、川へと沈めた。すると、16丈もある大蛇が愛護若の遺骸を乗せて現れる。それを目にした清平や伯父の阿闍梨、若を打擲した畑番の老婆も身を投げて死んだ。若にかかわった108人もの人が死んだという。後に愛護若は山王権現として祀られることとなった。

アイスランド人のサガ

アイスランドジンノサガ

Íslendingabók

■アイスランド　■サガ

サガの1篇。1120年ごろの成立。アリ・ソルギルスソン(1067or1068～1148)著。中世北欧文学の中で現存している最古のもので、その後のアイスランドのサガの手本となった作品といわれる。

元々はラテン語の『Libellus Islandorum』という本であったらしいが、現存するのはアイスランド語版だけである。アイスランド語版もアリ自身によって書かれたと考えられている。

870年にノルウェーから最初の移民が渡ってきたことに始まり、法の制定、全島集会の設置、グリーンランドへの植民《しょくみん》、キリスト教の伝来、外国からやって来た司教たちのことなどが語られている。

これ自体は非常に短い作品だが、この書が元になって、アイスランドへ移住した約400家族3千人を扱った大著『植民の書』が書かれることになった。

当時としては非常に客観的かつ冷静な視点で書かれた歴史書で、後のサガにも大きな影響を与えた。

→入植の書

アイタレーヤ・アーラニヤカ

Aitareya-āraṇyaka

■インド　■経典

『**リグ・ヴェーダ**』の「**アーラニヤカ**」の部分。

アイタレーヤ・ウパニシャッド

Aitareya-upaniṣad

■インド　■経典

『**リグ・ヴェーダ**』の「奥《おう》義《ぎ》書」の部分。「古ウパニシャッド」に属し、散文で書かれている。

→ウパニシャッド

アイタレーヤ・ブラーフマナ

Aitareya-brāhmaṇa

■インド　■経典

『**リグ・ヴェーダ**』の「**ブラーフマナ**」の部分。

アイティオピス

Aithiopis

■ギリシア　■叙事詩

ホメロスの『**イリアス**』は、トロイア戦争を描いたあまりにも有名な作品ではあるが、残念ながらトロイア戦争すべてを書き切ってはいない。

例えば、トロイア戦争に参加すると死ぬと予言されたアキレスだが、『イリアス』はヘクトールを倒したところで終わっており、まだアキレスは生きている。

そこで、ホメロスの書き残した部分を補完すべく、他の作者によって様々な作品が書かれてきた。この『アイティオピス』もその一つである。伝統的にはホメロス作ということになっているが、実際には後世の詩人の作である。

実は、有名なアキレスの踵《かかと》（母テティスはアキレスを不死身にするためにステュクス川の水に浸けた。だが、テティスがつかんでいたアキレス腱のあたりだけは水を浴びなかったので弱点として残ったという伝説）を、イリオスの王子パリスが弓で貫き、アキレスを殺したエピソードは、『アイティオピス』に載っている。

アイルランド各地方の妖精譚と民話

アイルランドカクチホウノヨウセイタントミンワ

Fairy and Folk Tales of the Irish Peasantry

■アイルランド　■民話

アイルランドの詩人でノーベル賞作家のウィリアム・バトラー・イエイツが編

纂したアイルランドの民話集。1888年刊。イエイツは1892年には『アイルランドの妖精譚』をまとめているが、これらの本はアイルランド民話の宝庫であり、妖精のことを知るために不可欠の本となっている。

『アイルランド各地方の妖精譚と民話』には53の話と13篇の詩が収められており、『アイルランドの妖精譚』には14の物語が収められている。

その内容は、群れを成して暮らす妖精の話や、1人暮らしをするレプラコーンやプーカ、バンシーなどの話、妖精たちが人間の子供と妖精の子供を取り換えてしまう取り換え子（チェンジリング）の話、人魚（メロウ）や幽霊の話、巨人・魔女・悪魔・王・王妃・戦士の話、常若《とこわか》の国の話など実に様々である。

日本語訳には月刊ペン社の妖精文庫に井村君江氏の翻訳がある。また、ちくま文庫『ケルト妖精物語』『ケルト幻想物語』でも読むことができる。

アイルランドの妖精譚

アイルランドノヨウセイタン

Irish Fairy Tales

■アイルランド　■民話

→アイルランド各地方の妖精譚と民話

アヴェスター

Avesta

■ペルシア・アラブ　■経典

ゾロアスター教の聖典。

ゾロアスター教は「マズダ教」「拝火教」などともいわれ、イスラム教以前のイランにおける国教であった。イラン古来の神々の宗教を宗祖ゾロアスターが改革したものであろうといわれる。この教えによれば、世界は善神アフラ・マズダと悪神アンラ・マンユ（アフリマン、アーリマン、アーハルマンともいう）の絶えざる争闘の場であり、人はそれぞれ自由意思によって善悪のいずれかを選択せねばならぬ。死後、善行をなした者は良い報いを、悪行をなした者は悪い報いを受ける…という。今日ゾロアスター教の信徒は全世界で10万人に満たないが、ゾロアスター教が現存する他の宗教に与えた影響は、極めて大である。仏・ユダヤ・キリスト・イスラム教における「死後の審判」の教説も、一説にはゾロアスター教由来のものといわれる。また、イランではイスラム教化以後も、ゾロアスター教に由来する習俗が多数保存された（春分の日の祝いなど）。

このゾロアスター教の聖典を総称してアヴェスターという。成立年代は不詳だが、4～6世紀にはササン朝ペルシアで編集作業が行われ、21巻から成る決定版が成立したといわれる。このうち現存するものは約1／4程。イラン古来の神々が転じて天使や悪魔となった「もの」たちの活躍を伝える部分と、ゾロアスターと善神アフラ・マズダや天使との問答部分とがある。特に後者はガーサーと呼ばれ、ゾロアスター教の教義の中心を成す。ガーサー中でゾロアスターは神や天使に対して、常に多くの問いかけをする。「だれが天の掟の初めの父ですか。だれが太陽と星辰に道を定めたのですか。だれによって月は満ち欠けるのですか。どんな工匠《たくみ》が光と闇を創造したのですか。どんな工匠が眠りと目覚めを創造したのですか…」。そして散逸のためか、あるいは元からか、神や天使はゾロアスターの問いのすべてに答えるわけではない。

黎明、または立ち昇る曙光

アウローラ、マタハタチノボルショコウ

Aurora, oder die Morgen-rote im Aufgang

■ドイツ　■オカルト

ドイツの神秘思想家ヤコブ・ベーメが1612年に書いた、処女作にして最も有名な（少なくとも日本では）作品。

ベーメは靴屋であり、まともな教育は受けていない。25歳にして神秘体験をし、その後、カバラや錬金術《れんきんじゅつ》などを独学した。そして、37歳にして処女作である本書を書くと、その後数年で40冊以上の本を書き、49歳で亡くなっている。

彼の思想は「キリスト教神秘主義」と呼ばれるもので、教会によらず、自らが神秘体験を通じてキリストと一体化する。このため、キリスト教会にとっては、教会をないがしろにする許されざる異端思想なのだ。

この本で、ベーメは神のことを「底なし」と表現する。底がないから、他の何かによって根拠付けられるものではない（つまり、自らが自らによって存在し得ている）。また、底がないから、何者も根拠付けることもない（つまり、他の何者にも強いられることがない）。

他に、『神の本体の三つの原理について』『人間の三重の生について』『キリスト、人と成る』『万物の誕生と名称について』『恩寵の選択について』『大いなる神秘』『キリストのテスタメントについて』『キリストへの道』などの著書がある。

アエネーイス

Aeneis

■ローマ　■叙事詩

トロイ陥落後の、アイネイアスの放浪を描いた物語である。作者はローマの詩人ウェルギリウス。ギリシアに比べて、叙事詩の類で名作を作れなかったローマが、紀元前1世紀になってようやく作り出した叙事詩の傑作。

物語は12巻から成り、前半6巻はトロイ陥落の後アイネイアスが放浪を重ねてようやくイタリアにたどり着くまでの物語である。後半6巻は、イタリアで土着勢力と戦いながら勢力を広げていき、ローマの基礎を作っていく話だ。

明らかに、前半は**『オデュッセイア』**を、後半は**『イリアス』**を意識している。ローマ市の創設者であるアイネイアスを、オデュッセウスや『イリアス』の英雄たちと同等に持ち上げようという意図が見える。

紅い獅子

アカイシシ

De Roode Leeuw

■オランダ　■錬金術書

ホーセン・ファン・フレースウェイクが1674年に書いた錬金術《れんきんじゅつ》書。『哲学者の塩』とも呼ばれる、金属や鉱物についての見解を述べた本。

赤毛のアン

アカゲノアン

Anne of Green Gables

■カナダ　■小説

ルーシー・モード・モンゴメリの書いた少女小説。ベストセラーとなり、シリーズ化された。全体をアン・ブックスと呼ぶ。

孤児院で育った赤毛でそばかすの女の子アン・シャーリーが、男の子をほしがったカスバート兄妹に間違って引き取られ、そこで友達を得、学び、育っていく（『赤毛のアン』）。

全部で8冊あり、この8冊でアンの11〜53歳という長い時期を描いている（『アンの娘リラ』では第1次世界大戦が起こり、アンの娘の恋人が出征している）。また、同じ世界を描いた短編小説が2冊あり、日本ではこれもアン・ブックスに含めることもある。また、モンゴメリは『アンの幸福』と『炉辺荘のアン』が書かれていない時点で、6冊をアン・ブックスとし、これ以上はアンを書かないという手紙を出したこともある。

以下は、かつて決定版と呼ばれていた村岡花子訳アン・ブックスの題名である。ただし、これはアンの年齢順に並べられており、書かれた順序は異なる（出版年を参照のこと）。

- 『赤毛のアン（Anne of Green Gables）』(1908)
- 『アンの青春（Anne of Avonlea）』(1909)
- 『アンの愛情（Anne of the Island）』(1915)
- 『アンの幸福（Anne of Windy Willows）』(1936)
- 『アンの夢の家（Anne's House of Dreams）』(1917)
- 『炉辺荘のアン（Anne of Ingleside）』(1939)
- 『虹の谷のアン（Rainbow Valley）』(1919)
- 『アンの娘リラ（Rilla of Ingleside）』(1920)
- 『アンの友達（Chronicles of Avonlea）』(1912)
- 『アンをめぐる人々（Further Chronicles of Avonlea）』(1920)

モンゴメリは、実は非常に教養のある人物で、その著作には、聖書やシェイクスピア、その他の英米文学を様々に引用したり、もじって使ったりしている。2000年からそのあたりを詳細に記した新訳が出版され、モンゴメリの再評価に繋がっている。

赤毛のエイリークのサガ

アカゲノエイリークノサガ

Eiríks saga rauða

■アイスランド　■サガ

アイスランドの**サガ**の1篇。

『グリーンランド人のサガ』と並ぶ、アイスランド人による北米発見物語。

赤毛のエイリークが追放され、グリーンランドへと移住する話である。グリーンランドという名前は、名前が良ければ移住しようとする者も増えるだろうと、エイリークが名付けた。

また後半では、エイリークの息子レイヴが見知らぬ大地を発見する。そこには小麦が自生し、葡萄の木まで生えていた。レイヴの兄ソルヴァルドと庶子のソルヴァルズは、レイヴが発見したというヴィンランドを捜そうと航海をする。そして、「ヘッルランド（平石の国）」「マルクランド（森の国）」「ヴィンランド（葡萄の国）」を発見する。だが、ヴィンランドではスクレーリンガル（北米の原住民らしい）に襲われ、撤退する。

かつては、このヴァイキングによるアメリカ発見物語は、創作だと考えられてきた。だが、20世紀後半になって北米でヴァイキングの遺跡がいくつも発見され、歴史的事実を反映したものだと考えられるようになってきている。

ヘッルランドはカナダ北部のバッフィン島、マルクランドはラブラドル半島、ヴィンランドはニューファンドランド島ではないかと考えられている。

アカシック・レコード

Akashic Record

■ヨーロッパ　■架空

→アカシャ年代記

アカシャ年代記

アカシャネンダイキ

Akashic Record

■ヨーロッパ　■架空

宇宙の超過去から超未来に至るすべての歴史がそこに記されているという膨大な記録。英語をそのままカタカナ読みした「アカシック・レコード」と呼ぶこともある。本来は、空間（もしくは高次元の超空間）に直接記録が刻み込まれているもので、決して書物の形で存在してはいない。だが、空間に刻まれた記録では目に見える実体が存在しない。このため、映画やコミックのようなビジュアル作品においては、書物もしくは図書館のようなものとして存在させていることが多い。

このような考え方自体は古くから存在するが、ブラヴァツキー夫人の提唱によって、オカルト界で広く知られるようになった。

神智学《しんちがく》や人智学《じんちがく》の考え方によると、予言者というのは自ら未来を予言しているのではなく、何らかの方法で、このアカシャ年代記にアクセスし、その記録を読んでいるのだという。

また、アカシャ年代記の内容にもレベルがあり、より高度のレベルにアクセスすれば、より長期の正確な予言を行うことができる。予言者が曖昧な予言しかできないのは、低レベルのアカシャ年代記にしかアクセスできないからである。また、彼らが間違えるのは、覚醒のレベルが低く、アカシャ年代記を正しく読み取ることができないからである。

アガスティアの葉

アガスティアノハ

Leaves of Agastya

■インド　■予言書

紀元前3000年ごろのインドの聖者アガスティアが、未来に至るまでのすべての人間の運命を予言し、古代タミル語で書き残した。弟子が、その予言を椰子の葉に書き写して残したという。葉がだれの予言なのかは、指紋を比較することで分かるのだという。

現在でも、南インドのアガスティアの館（アガスティアの葉を保存している所）

に行くと、指紋によってその人の葉を探し出し、予言を読んでくれるという（古代タミル語を読める人は、現在では大変少ない）。だが、奇妙なことに、アガスティアの館は複数存在し、どこの館に行っても、その人のアガスティアの葉を出してくれる。1人の人間に何枚もの葉を使うのはなぜなのか、大変不思議である。

悪徳の栄え
アクトクノサカエ

Histoire de Juliette ou les Prospérités du vice

■フランス　■小説

→ソドム百二十日

悪の問題
アクノモンダイ

Le Plobleme du mal

■フランス　■オカルト

→呪われた学問の試論

悪魔学
アクマガク

The Demonologie

■イギリス　■悪魔学

イギリス国王ジェイムズ1世が、1597年に出版した悪魔学の書。

国王自らが著作した悪魔論書として非常に有名であるが、内容的には目新しいものは少なく、過去の悪魔学書の集大成という形になっている。

この本は、3部構成になっている。

第1部は、予言について。特に、死者の霊を呼び覚まして行う予言について書かれている。

第2部は、妖術について。特に、魔女の妖術と、その淫乱なる性について書かれ、魔女の邪悪さを、口を極めて非難している。

第3部は、妖精、精霊、死霊などについて。これらと悪魔との関係を述べている。

一国の王ともあろう者が、このような本を書くに至ったのは、彼が結婚のためにノルウェーに向かった時、ノース・ベリックの魔女たちが王を呪って、王とその花嫁を船もろとも海の藻屑にしようと企んだからだという。

この裁判の時、最初のうちは王は魔女たちの自白を信じなかった。だが、魔女の1人が、結婚式の夜に王とアン王妃との間の会話を再現したため、魔女たちの企みを信じるようになった。

ただし、こういう著作を著したからといって、ジェイムズ1世王の時代に魔女狩りが盛んだったかというと、そうではない。王は、魔女の濡れ衣を着せられた人々を釈放したり、不正な魔女の告発を暴いたりしており、彼の22年の治世中に妖術で死刑になったのは40人に満たない。

王が憎んだのは「本物の」魔女であり、気の触れた人間や濡れ衣の犠牲者と、本物の魔女を峻別しようとしていた。

悪魔崇拝
アクマスウハイ

De la Demonomanie des Sorciers

■フランス　■悪魔学

→悪魔憑きと妖術使い

悪魔憑きと妖術使い

アクマツキトヨウジュツツカイ

De la Demonomanie des Sorciers

■フランス　■悪魔学

フランスで、数千人もの人々を魔女として火あぶりにした魔女裁判官ジャン・ボダンが1580年に書いた、魔女狩り裁判のマニュアル本。

そのマニュアルは、無数の冤罪を起こすことを奨励しているかのような内容である。

まず容疑者は、密告による告発であろうとも一切問題にせずに収監すべきこと。

容疑をかけられたということ自体がもはや罪であり、徹底的な尋問と拷問にかけるべきこと。子供であっても一切容赦はすべきでなく、（子供が魔女ということは親の影響であろうから）子供を拷問して両親に対する告発を行わせること。

被告が共犯者の名を明かしたなら、罪の軽減（火あぶりの前に殺してくれるという恩恵など）を行うこと。

また、このような尋問、拷問を行うためのハウツー（つまり、被告をいかに騙して他人を告発させるか、どのような拷問を行えば被告が死なずに苦痛を与えることができるかなど）も、きちんと書かれている。

この本が1冊あれば、だれでも魔女裁判官になれそうな程だ。もちろん、読者の良心が許せばのことだが。

だが、この本では、邪悪な悪魔（デーモン）だけでなく、善良な精霊（ダエモーン）の存在も認め、後者は人間に霊感を与えてくれるとしている。そして、この本も、善きダエモーンが示唆してくれたことを書いているのだという。

ちなみにボダンは、本来は政治学者であり、『共和国論』では主権は国民にあると説くなど、リベラルな主張を行っている。このため、この本を除き、ボダンの本は教会による異端審問で禁書とされた。

悪魔的幻想

アクマテキゲンソウ

Pseudo-Monarchy of Demons

■ドイツ　■悪魔学

ドイツの医師ヨハン・ヴァイアーが1568年に出版したサタンの軍勢の解説書。

これによると、悪魔には1111個の師団があり、各師団は6666名の悪魔から成る。つまり、悪魔の数は1111×6666＝740万5926であるという。

だが、後にルター派教会は、ヴァイアーの推定は少な過ぎるとし、悪魔は2兆6658億6674万6664名いるとした。

→悪魔の欺瞞《ぎまん》

悪魔の欺瞞

アクマノギマン

De Praestigiis Daemonum

■ドイツ　■悪魔学

ドイツの医師ヨハン・ヴァイアーが1563年に出版した、反魔女狩り本。

この本では、魔女と呼ばれる女性のほとんどは、社会から見捨てられた愚かな人々で、実際に他人に害をなすことなどできないという。もし、彼女らがだれかの不幸を望んだ場合、偶然にその相手に不幸がやって来ると、彼女らは愚かにも自分の呪いの効果があったと信じ込んでしまう。
　もちろん、この本でも、サタンと契約した本物の魔女の存在は否定されていない。だが、そのような場合でも、魔女に魔力があるとは認めない。家畜が死んだ場合、それは魔女が毒を仕込んだのであって、呪いなどではないという。
　だが、この本は、ジャン・ボダン（→**悪魔憑きと妖術使い**）やジェイムズ1世（→**悪魔学**）などからヒステリックに批判され、反ヴァイアー本が書かれて、ますます魔女狩りをヒステリックにするだけに終わった。

→悪魔的幻想

悪魔の辞典
アクマノジテン

The Devil's Dictionary

■アメリカ　■事典

　アメリカの作家アンブローズ・ビアスが1911年に出版した辞典。1906年に発行されたA—Lまでを収録した上巻は『皮肉屋用語集』というタイトルであったが、後半と共に全集に収録された機会に、現在のタイトルになった。
　体裁は通常の国語辞典のように見えるが、その内容は皮肉とブラックユーモアによって、言葉を別の見方で表現している。
　以下のような項目から成る本である。
【結婚】主人一人、主婦一人それに奴隷二人から成るが総計では二人になってしまう共同生活の状態または情況。（『悪魔の辞典』A.ビアス著／奥田俊介ほか訳／角川書店）

悪霊の呪文について
アクリョウノジュモンニツイテ

De invocatione daemonum

■スペイン　■悪魔学

　14世紀スペインのドミニコ会修道士タレッガのライムンドゥスが書いた悪魔学の本。
　彼によれば、悪霊ですら神の創造物である。よって、その中には神的部分も存在する。よって、それを崇拝することは（礼拝してはならない。それは神に対することだから）可能だと主張している。
　当然のことながら、焚書となった。

朝比奈
アサヒナ

Asahina

■日本　■戯曲

　狂言演目の一つ。
　和田の合戦（建保元年／1213年）で勇名を馳せた朝比奈三郎義秀が、死後に極楽へ向かう六道《りくどう》の辻で閻魔大王《えんまだいおう》に出会う。閻魔が語るところによれば、最近の人間は信心深いためなかなか地獄へやって来ず、地獄の鬼たちは仕事もなく食うこともできない。そこで六道の辻で他の五つの世界へ向かう人間を地獄に落とすのだという。が、閻魔がどれ程責め立てても朝比奈はびくともしない。それどころか逆に極楽への道案内をさせてしまったのである。
　狂言は滑稽な伝統演劇である。そこでは閻魔といえども3枚目なキャラクターと化してしまうのだ。

アザリヤの祈りと三童子の歌

アザリヤノイノリトサンドウジノウタ

Prayer of Azariah and the Song of the Three Holy Children

■中東　■経典

『旧約聖書外典』の一つで、三つの「**ダニエル書補遺**」のうちの一つ。

ダニエルの友人アザリヤ（男性名である）による神への祈りと、燃え盛る炉に放り込まれた3人の役人（童子ではない）が、神の助けで無事だったことに感謝する歌から成る。

→旧約聖書

アシュターンガ・サングラハ

Aṣṭānga-saṃgraha

■インド　■学術書

「アーユル・ヴェーダ」の1冊で医学の本。邦題は『医《い》学《がく》八《はっ》支《し》綱要《こうよう》』。ヴァーグバタの著。

アシュターンガ・フリダヤ・サンヒター

Aṣṭānga-hṛdaya-saṃhitā

■インド　■学術書

インドの古典医学書。全6巻120章。**『チャラカ・サンヒター』『スシュルタ・サンヒター』**と共に、「アーユル・ヴェーダ（生命の科学）」と呼ばれるインドの伝統医学の三大古典書といわれる。日本語では『医《い》学《がく》八《はっ》科《か》精髄集《せいずいしゅう》』などと訳される。著者は7世紀の医師ヴァーグバタ。

ヴァーグバタには**『アシュターンガ・サングラハ』**という著書もあるが、これは『医学八科精髄集』の増補版である。

二大古典医書である『チャラカ・サンヒター』『スシュルタ・サンヒター』を統合したもので、古代アーユル・ヴェーダの集大成ともいえ、インド以外でも、チベットやアラビアなどで翻訳書が読まれた。

全体は①総説篇（30章）、②身体篇（6章）、③病因篇（16章）、④治療篇（22章）、⑤毒物篇（6章）、⑥補遺篇（40章）から構成されている。

また、『医学八科精髄集』の「八科」というのは、アーユル・ヴェーダを構成する次の8部門のことである。

①内科学（カーヤチキッツァー）
②小児科学（バラーチキッツァー）
③精神科学・鬼神学（グラハチキッツァー）
④耳鼻咽喉科及び眼科学（ウルドゥヴァンゲチキッツァー／シャーラーキャタントラ）
⑤外科学〈一般外科学・専門外科学〉（シャーリヤタントラ）
⑥毒物学（ダムシュトラチキッツァー）
⑦老年医学（ジャラチキッツァー／ラサーヤナタントラ）
⑧強精法（ヴリシュヤチキッツァー／ヴァージーカラーナタントラ）

安達ヶ原

アダチガハラ

Adachigahara

■日本　■戯曲

→**黒塚《くろつか》**

安達ヶ原の鬼婆

アダチガハラノオニババ

Adachigaharanoonibaba

■日本　■戯曲

→**黒塚《くろつか》**

アダパ神話

アダパシンワ

Adapa myth

■メソポタミア　■神話

人が不死を授かり損なう、メソポタミアの死の起源神話の一種。

欠損の多い4種類の断片が見つかっているだけで、内容が完全に分かる形では現存しない。興味深いことに、そのうち最も古い紀元前15世紀前後と思われる粘土板は、遥か遠くエジプトはテル・エル・アマルナ宮廷で発見されている。全部で120行程の短い物語である。

主人公のアダパは、シュメールのエリドゥという都市に住む賢明な祭司だった。エア神の息子でもあったのだが、あくまで人の身であり、永遠の生命は与えられていなかった。

ある時彼は漁の最中に船を転覆させられ、腹いせに南風を呪い、その翼を折ってしまう。天神アヌはいたく立腹し、その罪を問うため、アダパに天上の自分の所まで出頭するよう命じた。

この時エアは息子アダパに、天上での振る舞いを助言した。その言葉に従い、アダパは無事にアヌの赦免を勝ち取る。だがその後供された、永遠の生命を授ける（神の身分を授ける）生命のパンと水を辞退したアダパを、アヌは笑った。

「お前は生き永らえまい、つむじ曲がりの人間よ」

実はアダパは、アヌから差し出されるパンと水は死をもたらすので食べてはいけない、と父のエアに言い付けられていたのだ。

守護神の言い付けに従ったがゆえに不死の身になり損ねる。理不尽にも思われる結果だが、人はどれ程賢明であっても神にはなり得ず、それゆえいつか死なねばならない、というメソポタミアの死生観を表現しているのだろう。

アダムとエヴァの生涯

アダムトエヴァノショウガイ

Life of Adam and Eve

■中東　■経典

『旧約聖書偽典』の一つ。蛇によって堕落させられたアダムとエヴァが、その後どうなったのかを書き記した『旧約聖書偽典』はたくさんあるが、その一つであり最も有名なもの。

ギリシア語版とラテン語版があるが、なぜかギリシア語版は「モーゼの黙示録」という、内容と合わない名前が付けられている。写本を作る時に、間違った表紙を付けてしまったのではないかといわれている。

この書によると、彼らは追放されたも

の の、様々な作物の種をもらっての旅立ちであった。また後にエヴァが出産する時には、天使が助けてくれる。主は、追放した後も彼らを見捨てなかったということだろう。

アダム黙示録

アダムモクシロク

Apocalypses of Adam

■中東　■経典

ナグ・ハマディ文書にあった『**新約聖書外典**』の一つ。グノーシス主義の教えに則って書かれている。

アダムが、彼の息子セツに未来を明かすというもの。彼らの子孫であるノアが息子たちに土地を分け与えることや、神の信者と偽神の信者との戦いなどが描かれている。

アタルヴァ・ヴェーダ

Atharva Veda

■インド　■経典

ヴェーダの一つ。成立年代は定かでなく、おそらく紀元前1000年の前後数百年と見られる。他のヴェーダよりも成立年代が新しく、民間信仰を取り入れて成立したものとされる。内容は多岐にわたるが、柱となるものは三つ。(1) 増益《ぞうやく》・調伏《ちょうぶく》、つまり自分の利益や敵の不幸を祈る呪文。(2) 婚礼や葬礼などの際に歌う歌。(3) 太陽、大地、生命など、宇宙の諸原理に対する讃歌《さんか》、である。ことに(1) に収められた呪文は当時のインドの習俗を知る上で非常に興味深い。

安土記

アヅチキ

Azuchiki

■日本　■歴史書

→信長公《しんちょうこう》記《き》

敦盛

アツモリ

Atsumori

■日本　■戯曲

謡曲の一つ。

平敦盛を題材とした謡曲だ。

一ノ谷の戦いで平敦盛を討ち取った熊谷直実《くまがいなおざね》は、戦後に出家して蓮生法《れんせいほう》師《し》（『**小《こ》敦盛《あつもり》**』における蓮正坊《れんしょうぼう》）と名乗っていた。そして敦盛の菩提を弔うべく、一ノ谷の合戦の地である須磨を訪れた夜、敦盛の亡霊と出会う。敦盛の霊は、かつては敵味方に分かれて戦ったものの、今では法の友だと喜び、かつては栄華を極めた平家一門の霊も集まり、須磨の湖の畔で今様などを歌い踊り、昔を偲びつつ夜を明かしていく…という物語。

本作は織田信長が好んで舞っていたことでも知られており、『敦盛』の物語の全体像は知らなくとも、「人生五十年、下天のうちをくらぶれば、夢幻《ゆめまぼろし》の如くなり」の文句を知っている者は多い。

アテン讃歌

アテンサンカ

Hymn to Aten

■エジプト　■経典

新王国時代、アケナテン（アメンヘテ

プ4世）王の治世に、唯一神として崇められた太陽神アテンに捧げられた讃歌。熱心な宗教改革者であったアケナテン王自身の筆によるものと考えられている。

大胆な改革者であったアケナテン王は、即位当時に勢力を誇っていた国家の守護神アメンの神官団を嫌った。その権力基盤を剥奪するために、王はアメンに代わる国家神としてアテンを選び出し、改革を遂行したのである。アケナテン王は都をテーベからアマルナに移し、アテン以外の神々への信仰に圧力をかけた。古来のエジプトの神々を排除し、唯一神を創造して信仰心を集約しようとする試みは、異国から来た美しい后ネフェルティティの影響であったともいわれる。

この『アテン讃歌』では、「万物にあまねく光を注ぎ、生命と活力をもたらす偉大なる太陽としてのアテン」の恩恵への感謝が、平易な言葉遣いで高らかに歌い上げられている。大きな特色といえるのは、その光がエジプトのみならず、異国の人々や獣たちにも及ぶところだ。大帝国の守護神としてふさわしいこのスケールは、エジプトの枠にとらわれた旧来の神々の閉鎖性から飛躍したものだった。

だが王の死後、あまりにも強引な宗教政策は撤回され、逆にアテン信仰が消滅させられた。アケナテン王が存在した記録、王妃ネフェルティティの存在、都アマルナ。忌まわしい時代が存在した証拠は、すべてが消された。だがこのアテン讃歌だけは、宰相であったアイ（後に王位に就く）の墓碑に刻まれていたおかげで抹消を免れ、アケナテン王の時代が確かに存在したことを、今も物語っている。

アトラ・ハーシス物語

アトラハーシスモノガタリ

Atra-hasis

■メソポタミア　■神話

洪水伝説を取り扱った、粘土書板3枚に記された古代バビロニアの伝説。粘土書板の形で残されているのは紀元前1600年前後のものだが、物語そのものの成立は紀元前2000年以前に遡る。この物語は、その一部が**『ギルガメシュ叙事詩』**にて語られている、極めて古い神話だからだ。かつて大洪水があり、世界のすべてを押し流してしまったという伝説は汎オリエント的に存在していて、他のメソポタミア起源の物語が一度は消失した後も、姿を変えて現代まで語り継がれていた。

アトラ・ハーシスは「最高の賢者」を意味する、この物語の主人公の名である。彼はシュメールではジウスドラ、『ギルガメシュ叙事詩』ではウトナピシュティム、そして**『旧約聖書』**においてはノアという名で知られている。神の怒りによって引き起こされた洪水によって世界が滅亡する中、家族と動物たちを乗せた船で生き延び、新しい人類の始祖となる人物なのである。

物語は、神々が重い労役に辟易し、神々の主エンリルに対して蜂起したことから始まる。問題を解決するため、相談の上で神々は労役を肩代わりする人間を創造させた。

だが人間はたちまちのうちに繁殖し、地に栄えた。そのやかましさが我慢ならなくなったエンリルは、人間の間に疫病と飢饉、干魃を放った。アトラ・ハーシスが自分の神であるエンキの助言を得て人々の苦しみを和らげると、エンリルは人間を一掃してしまおうとし、エンキの反対を押し切って地に大洪水を解き放った。

エンキから警告を受けたアトラ・ハーシスは船を建造し、一族と動物たちを乗せた。やがて洪水が来て、7日7晩の間荒れ狂い、地上のすべてを押し流す。だが船に乗ったアトラ・ハーシスの一族は生き延びた。その有様を見たエンリルは、だれが秘密を漏らしたのだと激怒するが、エンキとの対話の末に考えを改め、人間の繁殖に制限をかけるよう出産の女神に命じる。そしてエンリルは、人類を絶滅から救ったエンキを率直に称賛するのであった。

細部はともかくとして、大筋においてはノアの洪水物語に似通っているこの物語は、『旧約聖書』が単体で成立する書物ではなく、オリエント地域の神話伝承の大いなる潮流の一部として形成された文献であることを雄弁に物語っているのである。

アトリの歌《アトリノウタ》

Atlakviða

■アイスランド　■叙事詩

→グリーンランドのアトリの歌

アトリの詩《アトリノウタ》

Atlamál in grœnlenzku

■アイスランド　■叙事詩

→グリーンランドのアトリの詩

アナンガランガ

Anańgarańga

■インド　■思想書

カーマ・シャーストラ（性愛論書）の1冊。題名は「愛の神の舞台」という意味。16世紀ごろの思想家カリヤーナマッラの著。

→カーマ・スートラ

アニのパピルス

Papyrus of ANI

■エジプト　■経典

テーベ神殿の高位神官で書記でもあったというアニという人物が、自分を主人公として、自らの手で記したとされる葬祭文書。アニは、パピルスの中で自分の称号を「王の書記、穀物倉の監督官」、妻のトゥトゥを「テーベのアメン・ラーの女神官」としている。

すべての呪文に鮮やかな挿絵が添えられた見事な彩色写本で、また保存状態も極めて良好なため、「**死者の書**」の中で代表的な作品として挙げられる。

「アニのパピルス」は紀元前1500年中ごろに制作されたと推定されている。幅38.1cmのパピルスには、延べ約24mもの長さにわたって、死後に必要となる呪文や儀式、冥界の様子などが記されている。全体は190章に分けられ、60程の呪文が用意されていた。

死者の葬儀が行われ、最後にアニがイアルの野（死者の楽園の一つ）に達して終わるアニのパピルスのクライマックスは、第125章からのオシリス神の前で生前の罪を計る裁判である。これは他の死者の書でも同様だ。死者の書の内容の大半は、この試練を首尾良く乗り切る下準備のためにあるといっても過言ではない。

この場面は、まずアニが案内の神に連れられ、オシリス神に対面するところから始まる。「オシリス神の法廷に下るための呪文」などを唱えたアニは、オシリス神に儀礼的な挨拶を送った後で、陪審の42柱の神々の待ち受ける裁判室「二つの真理の間」に連れていかれる。そこでアニは42柱の神々に対して、「自分は～をしたことがありません」と、罪を犯していないと主張しなければならなかった。例えば人を殺したことがない、嘘をついたことがない、という具合にである。これを否定告白という。否定告白は神々の数だけ…42項目も必要とされた。しかも間違えることが許されなかった（だからこそ死者の書のような手引書が必要だったのだ）。

何とか淀みなく証言ができたなら、いよいよ最後の審判が下される。アニと共に一生を生きた彼の「心臓」が取り出され、告白が真実か否かが試されるのだ。アニの目の前には大きな秤が据えられ、心臓が片方の皿に乗せられる。反対側の皿に乗せられるのは､真理を象徴する「マアト神の羽根」。心臓と、真理の象徴たるマアトの羽根が釣り合わないならば、死者が生前の自分の行動について、嘘をついたことになる。その場合には、秤の均衡を厳しく見張るアヌビス神の傍らに控える怪物アメミトによって、死者の心臓は貪り食われてしまう定めにあった。

さらにアニは陪審の神々にも挨拶を送り、生前の自分が清く正しく生きたことを証言し、口添えしてほしいと懇願する。

これらを滞りなくやり遂げたアニは、オシリス神に供物を捧げ、裁判を無事に終えられた感謝を捧げる。だがこの試練に失敗し、心臓を食われてしまったならば、死者には炎の海に焼かれるなどして第2の死を迎える無惨な運命が待ち受けていた。

「アニのパピルス」を飾る美しい挿画は、古代エジプト人が死後の世界に抱いていた豊かなイメージを伝えている。

アファナーシェフ民話集

アファナーシェフミンワシュウ

Народные Русские Сказки

■ロシア　■民話

→ロシア民話集

安倍晴明物語

アベノセイメイモノガタリ

Abenoseimeimonogatari

■日本　■物語

江戸時代の仮名草子。

安倍晴明《あべのせいめい》伝説を題材とした仮名草子で、浅井了意《あさいりょうい》の作。寛文2年（1662年）刊行。

アポクリファ

Apocrypha

■中東　■経典

→旧約聖書

アムドゥアトの書

アムドゥアトノショ

Amduat

■エジプト　■経典

新王国時代の重要な葬送文書の一つ。アムドゥアトとは「来世にあるもの」という意味である。墓室の内部を飾ったコフィン・テキストとして、王家の谷の王墓を飾っていた。また後にはパピルスに記された形でも発見されている。

このアムドゥアトの書は他の葬送文書と違って、ある時期まではファラオか、それに準ずる地位の貴族の墓にのみ刻まれる、特別なテキストだった。そこに図象化されているのは、太陽神（ラー）が12に分かれた闇の領域を順に巡り、最後には夜明けと共に再生するというプロセスである。この書には、死したファラオがラーの毎日の道程をなぞるように冥界を旅し、無事に復活を遂げるようにとの願いが込められている。有名な「**死者の書**」と、目的とするところは一緒である。

なおエジプトの人々は、玄室に刻まれたこうした葬送文書を総称してアムドゥアトと呼んでいた。

アメージング・ストーリーズ

Amazing Stories

■アメリカ　■定期刊行物

1926年、アメリカでヒューゴー・ガーンズバック編集長により創刊された、世界初のSF雑誌。1995年まで発行され続けてきた。その後1998年に再刊されるも、2005年には再び休刊している。

発行当時は、安っぽい紙にけばけばしい表紙の典型的な**パルプマガジン**であった。後期は高級誌のような表紙で、創刊当時の熱気は失われていた。

天稚彦物語

アメノワカヒコモノガタリ

Amenowakahikomonogatari

■日本　■説話

御伽草子《おとぎぞうし》の1篇。

日本神話に登場する天稚彦《あめのわかひこ》(天若日子)を主人公とした物語で、七夕について言及したものである。

ある長者の家に3人の娘がいた。その長者の元に大蛇が現れ、3人のうちのだれかを嫁に差し出さないと親子とも殺すと脅した。困った長者は娘たちに事情を話すが、長女と次女は拒絶、末娘が受け入れ、湖岸に建てた家に入り、大蛇の嫁となった。すると大蛇が現れ、娘に剣を渡して自分の首を切るように命じた。娘がそれに従って蛇の首を切り落とすと、大蛇は若者に姿を変え、自分が海竜王の息子の天稚彦であると明かす。その後しばらく夫婦の生活を送るが、ある日、天稚彦は用事で天に昇ることになる。その時「三七日《さんしち》（21日）経っても戻ってこなかったら、一夜杓《いちやひさご》に乗って天へ来るように」と言い残した。天稚彦はいくら待っても戻ってこない。娘は言い付け通り一夜杓に乗って天へと昇る。娘は金星や彗星、昴に道を聞きつつ天をさまよい、天稚彦の元へとたどり着く。が、天稚彦の父は2人が会うことを許さない。娘は天稚彦の父が出した数々の試練を潜り抜け、ついに天稚彦との対面を果たし、その結婚を許される。だが、それでも共に暮らすことは許されず、1年に1度、七夕の夜にのみ会うことが許された。この時、天稚彦の父は手にしていた瓜を投げ付けており、割れた瓜から大河が流れ出て天の川になったのだという。

アメリカ伝記百科

アメリカデンキヒャッカ

Cyclopedia of American Biography

■アメリカ　■歴史書

19世紀末にアップルトン社から発売されたアメリカの伝記集。だが、特に1886年版と1888年版はデタラメが多いので有名である。

というのも、当時の編集者は、やって来た原稿を（一切の裏付け調査なしで）すべて掲載するという方針だったからだ。このため、悪戯か嫌がらせかは分からないが、架空の伝記を送付してくる者が現れた。

このデタラメは30年以上も発覚せず、アメリカ人たちに自国の名高い（架空の）学者や研究者の伝記を紹介し続けていた。

だが、1919年にニューヨーク植物園の書誌編集者ジョン・H.バーンハート博士が、この本に載っている植物学者のうち14人は存在しないことを発見した。さらなる調査によって、さらに15人の植物学者が存在しないことが分かった。

これにより、各地の図書館員が調査したところ、他の科学分野でも、何十人もの実在しない学者の伝記が載っていることが明らかになった。

だが、すでに発行当時の資料は処分されており、この悪戯を行ったのが何者なのか、分からないままとなった。

アモス書

アモスショ

Book of Amos

■中東　■経典

『旧約聖書正典』の一つ。「十二小預言書」の一つで、テコアの牧夫アモスの預言。

神は、ユダヤ周辺の民族に対し、その罪のために「決して赦さない」と宣言する。そして、炎で彼らの城郭を焼き尽くすと宣言する。さらに、ユダやイスラエル（ユダヤ人の王国）に対しても、教えを守らないことから決して赦さないと宣言する。

だがイスラエルに対しては、後の日の復活を約束している。

→旧約聖書

あらし

The Tempest

■イギリス　■戯曲

イギリスの劇作家シェイクスピアの戯曲。成立年代は1611〜1612年ごろ。シェイクスピア最後の作品と見られている。

魔法使いプロスペローや空気の精霊エーリアル、怪獣キャリバンなどが登場する幻想的な作品である。

物語はミラノ公アントーニオー、ナポリ王アロンゾー一行を乗せた船が嵐のために難破し、とある孤島に流れ着くところから始まる。

その嵐は、実は孤島に住む魔法使いプ

ロスペローが、手下である空気の精霊エーリアルに命じて起こさせたものだった。プロスペローは元ミラノ公だったが、ナポリ王と手を結んだ弟アントーニオーの陰謀で君主の座を追われ、幼い娘ミランダと共に海に流され、その島に流れ着いたのである。それから12年、魔法を身に着けたプロスペローは復讐の機会を待っていたが、今そのチャンスが訪れたのである。

一方、ナポリ王アロンゾーの弟セバスティァンは、この機会に兄を亡き者にして王位を簒奪しようとアントーニオーと手を結ぶ。プロスペローの召使いになっている島の怪獣キャリバンは、自由のためにプロスペローを退治しようと企む。また、ナポリ王子ファーディナンドはミランダと相思相愛になる。というように、それぞれの物語が展開する。

プロスペローの復讐も進み、アントーニオー、アロンゾー、セバスティァンは森の中で狂乱状態になる。だが、最後の最後でプロスペローは一同を許し、和解が成立するのである。

アラビアン・ナイト

Alf Lailat wa Lailat

■ペルシア・アラブ　■物語

→千一《せんいち》夜《や》物語《ものがたり》

アリステアスの手紙

アリステアスノテガミ

The Letter of Aristeas

■中東　■経典

『旧約聖書偽典』の一つ。ギリシア語で書かれた。この文書名は、紀元前3世紀のエジプト王プトレマイオス2世に仕えたアリステアスによって書かれたからだというが、実際には紀元前2世紀ごろと考えられている。

その内容は、プトレマイオス王が、アレキサンドリア図書館に入れるために、ユダヤ律法をギリシア語に翻訳する物語である。この時、王はユダヤ人捕虜や奴隷を解放し、ユダヤに使節を送った。この使節こそがアリステアスである。ユダヤの王はそれに感謝して、12部族から各6人、計72人の長老を翻訳のためにエジプトに送った。

手紙は、アリステアスによるユダヤの王都の素晴らしさと、王の長老への諮問と、それに対する長老たちの素晴らしい答えについて書かれている。

蟻塚

アリヅカ

Formicarius

■ドイツ　■悪魔学

ドミニコ派修道士で神学者のニコラス・ニデルが書いた、魔女と妖術に関する書。

この本でニデルは、魔女が変身することや空を飛ぶことを否定し、単なるまやかしか幻覚であるとしている。

もちろん、魔女が悪しき者であること

は否定していないが、魔女にそのような超絶の力があることは否定し、頭のおかしい人間、詐欺師のような者として魔女を規定している。

アル=アジフ

Al Azif

■アラビア　■架空

→ネクロノミコン

アルヴィースの歌《アルヴィースノウタ》

Alvíssmál

■アイスランド　■叙事詩

『歌謡エッダ』の1篇。

小人の賢者アルヴィースが、トールの娘を嫁にくれとやって来る。

珍しくも、トールは策を弄し、翌朝までアルヴィースを引き止めると、小人は石になってしまう。

その会話の中で、様々なものの名前が明かされていく。様々なものを、人は、神々は、巨人は、妖精はどう呼ぶのか、それぞれにおける呼び名が示される。

アルケオメーター

Archeometre

■フランス　■音楽

フランスの神秘主義者サン=ティーブ・ダルヴェードルが、音楽とカバラ・占星術・ヘルメス哲学などとの彼独自の照応を説明し、それを楽譜の形で表したもの。200曲以上のピアノ曲から成るアルケオメーターは、その意味を理解することすら困難で、結局だれにも広まらなかった。

ちなみに、アルケオメーターとは神の計算機ともいうべきもので、宇宙の普遍的力アルケウスを計測し、真の知識を得るための機械である。

だが、ダルヴェードルのもう一つの思想であるシナーキズム（各国の秘密の支配者がテレパシーで交信しつつ、世界を導くという政治）を信じる者はまだ少数存在していて、そこで演奏されることもあるという。

また、アトランティスで使われたという22文字から成る独自のアルファベット、ヴァタン語についても言及されている。

彼の著作としては、他に『労働者の現在の使命』『ユダヤ人の使命』『真のフランス』『インドの使命』などが知られている。

アルゴナウティカ

Argonautica

■ギリシア　■叙事詩

ギリシア神話のアルゴー探検隊の物語を扱った叙事詩。紀元前3世紀にギリシアの詩人ロドスのアポロニオスが書いた。アルゴー探検隊の物語はホメロスの**『オデュッセイア』**の中でも触れられているように非常に古くからあったが、現存する叙事詩の中ではこの書が最古のものである。

英雄イアソンがイオルコス市の王ペリアスの策略にはまり、アルゴ船に乗って危険な冒険航海を乗り越え、黒海東岸のコルキス国まで赴き、ドラゴンが守る金羊毛皮を取ってくる物語である。この冒険にはギリシア中から50人の英雄たちが集められ、アルゴー探検隊（アルゴナウタイ）が組織されるが、この中にはヘラクレス、オルフェウス、メレアグロス、カストル、ポリュデウケス、ゼテス、カライス、アキレウスの父のペレウスなど有名な英雄たちが含まれている。

アルジャーノンに花束を

アルジャーノンニハナタバヲ

Flowers for Algernon

■アメリカ　■小説

アメリカのSF作家ダニエル・キイスの小説。1959年に短編小説として発表され、1966年に長編化された。

智恵遅れのチャーリィに、知能を発達させる手術を受けないかという誘いがくる。彼の前に手術を受けたハツカネズミのアルジャーノンは、天才級のネズミになり、複雑な迷路ですら、スラスラと解いてしまう。

チャーリィも手術を受け、だんだんと知能が発達し、ついには大天才になる。しかし、それによって今まで理解できなかった事実(母親が彼を捨てたことなど)を知ってしまい、また他の人間も彼との対応に戸惑い、彼は孤独になっていく。

だが、手術は失敗だった。頂点に達した知能は、どんどん退化して、再び元に戻ってしまう。先に手術を受けたアルジャーノンの知性が退化し始め、最後には死んでしまう。そして、チャーリィの知性も。

だが、知性を得ることが本当に幸せなのかというのが、キイスの問いかけであろう。「どーかついでがあったらうらにわのアルジャーノンのおはかに花束をそなえてやてください」(『アルジャーノンに花束を』ダニエル・キイス著／小尾芙佐訳／早川書房）という最後の1行が鮮烈なイメージをもって読者に迫る作品である。

アルタ・シャーストラ

Arthaśāstra

■インド　■学術書

インドの古典の中で、工業、商業、政治などの実利的な分野を扱った文献を、アルタ・シャーストラという。特に、政治論が多い。

アルフォンソ・アイオルディの研究と監修により出版された、アラブ支配下のシチリアの外交に関する写本

アルフォンソアイオルディノケンキュウトカンシュウニヨリシュッパンサレタ、アラブシハイカノシチリアノガイコウニカンスルシャホン

Codice Diplomatico di Sicilia sotto il governo degli Arabi, pubblicato per cura e studio di Alfonso Airoldi

■イタリア　■偽書

マルタ騎士団付きの司祭であったジョセフ・ヴェラが書いた、シチリア島の偽史。

1789年、ヴェラはローマの歴史家リヴィウスの著作のうち、失われたと思われていた17冊をアラビア語の書物で発見し、それを翻訳して出版した。それはシチリア史の本で、全部で4年程かけて全6冊が発行された。この本によって、不

明だったシチリア史が明確になった。これをナポリ王に献上することで、ヴェラは学者として認められた。

だが1796年、アラビア学者がアラビア語の書物なるものを調べると、それは全くの偽物であることが分かった。

ヴェラは、捏造本の出版の罪により15年の刑を受けた。

アルマゲスト

Almagest

■エジプト　■学術書

2世紀後半に、エジプトに住むギリシア人プトレマイオス・クラウディオスが書いた天文学書。本来はギリシア語で書かれていたが、後にアラビア語に翻訳され、それがラテン語に重訳されて『アルマゲスト』という名前で後世に残るようになった。

アルマゲストの宇宙は、天動説である。地球は宇宙の中心にあり、太陽も星もその周囲を回っている。この面では古臭いが、同時に地球を球形であるとし、平らな地球を否定している点では新しい。

この本は、中世ヨーロッパでは完全に忘れられ、占星術書の中にその断片が引用されて残るくらいで、本自体は全く残っていない。だが、文明レベルの高かったアラビアでは、出来の良い天文学書として尊重され、利用されてきた。そして、ギリシア語のままでは不便なので、9世紀にアラビア語に翻訳された。

十字軍で（野蛮な方法ではあるが）アラビアとの交流を開始したヨーロッパ人は、そこで高度な文明に出合った。その一つとして『アルマゲスト』もヨーロッパに持ち帰られ、12世紀ごろから各国語版への翻訳が始まった。そして、天文学書の最高峰として尊重されるようになった。

→占星四書《テトラビブロス》

アルラウネ

Alraune

■ドイツ　■小説

ドイツのハンス・ハインツ・エーヴェルスの怪奇オカルト小説。

アルラウネの根を使い、死刑囚の精液で人工授精された娼婦から生まれたアルラウネ。彼女を作り育てたブリンケンは、彼女の魔力によって莫大な財産を得るが、彼以外の人間はどんどん不幸になる。

ついには、アルラウネの魔力はブリンケンにも及び、自らの破滅が近いと知ったブリンケンは自ら命を絶ち、アルラウネを作ることを唆《そそのか》した甥のブラウンにアルラウネを託す。

アレクサンドロス大王伝

アレクサンドロスダイオウデン

Histoires

■ローマ　■歴史書

1世紀ローマの歴史家クルティウス・ルフスが書いたアレクサンドロス大王の伝記。全10巻から成るが、第1～2巻が散逸しており、現存するのは第3～10巻である。

アレクサンドロス大王の事跡を劇的に面白く書いたもので、歴史的正確さには欠ける。その意味では、歴史書というよりも、史実に題を取った歴史小説というべきものである。

アレクサンドロス大王東征記

アレクサンドロスダイオウトウセイキ

Αλεξανδρου Αναβασισ

■ギリシア　■歴史書

紀元前4世紀のアレクサンドロス大王の東征を、2世紀ギリシアの政治家フラウィオス・アッリアノスが書いた歴史書。

それ以前の、クレイタルコスの『アレクサンドロス史』(散逸して現存しないが、あちこちの文献に引用されているので、それらからある程度の内容は分かっている)が、どちらかというとドラマチックな描写を優先して、ヒーローとしてのアレクサンドロスを描き、ローマの史家クルティウス・ルフスの『**アレクサンドロス大王伝**』が暴君として非好意的にアレクサンドロスを描いていたのに対し、年月が過ぎてようやく冷静にアレクサンドロスの事跡を考えられるようになったのが、この本である。

もちろん、アッリアノスはアレクサンドロスに好意的で、彼の行動をひいきめに描写しているが、それでもクレイタルコス程ひいきの引き倒し的描写はしていない。

アンガ

Agga

■インド　■経典

ジャイナ教白衣派の経典。古い聖典に関する記憶を集め、編纂されたもの。紀元前3世紀ごろから後5世紀までかかって編纂された。

アングロサクソン年代記

アングロサクソンネンダイキ

Chronicum saxonicum

■イギリス　■歴史書

9世紀ごろに成立した古代イングランド史書。最初の成立は9世紀と考えられているが、その後の歴史も追加されており、最終的には紀元前1世紀から後12世紀までを扱う。

アンズー神話

アンズーシンワ

Anzu myth

■メソポタミア　■神話

メソポタミアの戦いの神ニヌルタと、アヌ神の息子である怪鳥アンズーの、**天《てん》命《めい》の書板《しょばん》**を巡る闘争を描いた物語。粘土書板3枚に及ぶストーリーで、総行数は720行程になる。ただ、メソポタミアの多くの物語同様に粘土書板には欠損があり、細部には不明な部分も少なくない。

物語の主題は、権威の不当な簒奪とその奪還である。まず神々の長エンリルの元から、その権威を象徴する天命の書板が盗み出される。本来はエンリルの身辺警護に任じられていた荒々しい怪鳥アンズーが、誘惑に駆られ持ち去ってしまうのだ。

エンリルは神々に討伐を命じようとするが、圧倒的な権威を得た怪鳥アンズーを恐れ、だれも出向こうとしない。

そこで最後の手段として、胸板の厚い

戦神ニヌルタが指名された。決意を固めて出陣したニヌルタは、アンズーの山に踏み込み、怪鳥に戦いを挑む。だが最初の遭遇では天命の書板の威力に阻まれ、どうしても矢がアンズーを逸れてしまう。窮したニヌルタはエア神から呪言を授かり、2度目の戦いでアンズーを討ち果たす。天命の書板は正しき所持者であるエンリルに戻され、世界に秩序が戻る。

アンタル物語

アンタルモノガタリ

'Antar

■ペルシア・アラブ　■物語

アラブの英雄アンタルの事績を語る物語。8～12世紀ごろ成立。アンタルのモデルは6世紀アラブの戦士で詩人のアンタラ・ブン・シャッダードであるという。

物語によれば、アンタルの父はアラブの名家の戦士、母は黒人の奴隷女であった。やがて父は彼を認知し、部族の正式の一員とした。アンタルは長じて叔父の娘アブラに恋し、結婚を申し込んだが、叔父は「黒人の奴隷女の子が何をいうか」といって鼻で笑うばかり。

しかしアンタルらの一族は近隣の部族と抗争を繰り返しており、アンタルの武勇は世に聞こえていたため、部族の危機には叔父もアンタルに頭を下げざるを得なかった。叔父は「これこれの功業を成し遂げてくれれば娘をやろう」といい、そしてアンタルが功業を成し遂げると、たちまち言を左右にして「もう一つだけやってほしいことがある」というのだった。かくて作中、アンタルの旅路はアラビアのみならず、ついにはアフリカ、ヨーロッパ、インド…にも及ぶ。

後世、アンタルの物語はヨーロッパにも伝わり、ロシアの作曲家リムスキー・コルサコフはこれを題材に交響曲『アンタル』を編んだ。

アンチモンの凱旋戦車

アンチモンノガイセンセンシャ

Currum triumphalem Antimonii

■ドイツ　■錬金術書

15世紀ごろのドイツのエルフルトのベネディクト派修道院長であったバシリウス・ウァレンティヌスの書いた錬金術《れんきんじゅつ》書として1604年に発行された（当時の錬金術界では、アンチモンの使用の賛否について論争が起こっていた）。編纂人はヨハン・テルデである。

その題名の通り、錬金術にアンチモン（原子番号51番の半金属）を使用することを勧めている。

アンチモンは、古くから化粧品などに使われているが、実際には毒性のある物質である。この名前も、豚にアンチモンを与えたら（虫下しとして働き）丸々と太ったが、ならばと修道士に与えると（許容量オーバーで）死んでしまった。ここからアンチ＝モンクという名が付いたという俗説すらある（実際にはアラビア語からの移入）。

この本では、アンチモンが人間や黄金を浄化し、賢者の石へと近づけることを説いている。

アンチモン賛成派は、この本を典拠として、アンチモンを使った傷薬などを作った。

また、錬金術用語の「始まりにして終わ

りである」という意味の「アゾート(Azoth)」は、この本が出典である。ちなみに、この言葉は、アルファベットのAからZ、ギリシア文字のΩ(オメガ)からT(タウ)までを繋げて作ったものである。

だが困ったことに、エルフルトには修道院などは存在しておらず、ベネディクト会にもウァレンティヌスなどという修道院長の記録は存在しない。

しかも彼の著作には、アメリカや煙草についての記述がある（アメリカ発見は1492年のこと）ことから、実際には編纂人のテルデの手にかかるものだと考えられている。

他に彼の著作としては、『太古の大いなる石』(1599)、『自然的事象と超自然的事象』(1603)、『小宇宙《ミクロコスモス》の謎』(1608)、『最後の遺言』(1626) などが知られている。

アンチモンの凱旋戦車註解

アンチモンノガイセンセンシャチュウカイ

Commentarius in Currum triumphalem Antimonii

■ドイツ　■錬金術書

『**アンチモンの凱旋戦車**』について、テオドルス・ケルクリングが行った注釈書。ケルクリングは医師であり、スピノザの弟子でもあり、彼の娘と結婚した。

彼には、他に医学書として『解剖学範例集成』などもある。

アンデルセン童話集

アンデルセンドウワシュウ

Eventyr

■デンマーク　■童話

→子供のための童話集

アンデレ行伝

アンデレギョウデン

Acts of Andrew

■中東　■経典

『**新約聖書外典**』の一つ。完全な本文は失われ、ヴァチカン・ギリシア語写本とユトレヒト・コプト語パピルス、及びその他のいくつかの写本が存在するが、いずれも一部であり、また写本の多くは後世に加筆潤色されたものが多く、原アンデレ行伝は明確ではない。

おそらく使徒アンデレの旅と殉教を描いたもので、その合間にアンデレの説話が挟まったものであると考えられている。

アンナ・カレーニナ

Анна Каренина

■ロシア　■小説

ロシアの作家レフ・トルストイが1877年に発表した小説。『**戦争と平和**』と並ぶ彼の二大傑作とされる。

「幸福な家庭はどれも似たものだが、不幸な家庭はいずれもそれぞれに不幸なものである。」(『アンナ・カレーニナ』上　トルストイ著／中村融訳／岩波書店）という有名な台詞で始まる。

ロシア近代小説の始まりを告げると共に、その最高傑作ともいわれる。夫以外の男を愛したアンナが破滅していくまでを、その周囲の人間を含めて緻密に描写していく。

アンノウン

Unknown

■アメリカ　■定期刊行物

1939年から1943年まで発行されていた、アメリカのファンタジー雑誌。世界初のファンタジー小説誌である。

ファファード・アンド・グレイマウザーシリーズなどが掲載されていた。

い

イーゴリ遠征物語

イーゴリエンセイモノガタリ

Слово о полку Игореве

■ロシア　■叙事詩

→イーゴリ軍記

イーゴリ軍記

イーゴリグンキ

Слово о полку Игореве

■ロシア　■叙事詩

作者不詳、1185～1187年ごろ成立。『イーゴリ遠征物語』ともいう。現存するロシア最古の叙事詩。

主人公のイーゴリ公は実在の人物である。12世紀、ロシアは四分五裂の状態にあり、無数の公（クニャージ。ドイツ語のケーニッヒ＝王と同語源）が各地に割拠していた。名目上、彼らの一番上に立つのはキエフの大公だったが、その実権は失われて久しかった。南ロシアにはポーロヴェツと呼ばれる剽悍な遊牧民が頻々と侵入しつつあった。この時イーゴリは、諸公の助けを得られないまま、親族と手勢だけで対ポーロヴェツの遠征に出、そして敗れた。

同胞のため独力でも異民族と戦おうと思ったのか、功を焦って抜け駆けしたのか、それは定かでない。だが当時の詩人は前者だと思い、この詩を作った。多くの民族の叙事詩は民族の勝利を歌うが、『イーゴリ軍記』は敗北の歌である。これを評して「ロシア文学は敗北から始まる」といった人もある。詩の中では、ロシアの自然がまるで生き物のように人々の心の動きに応える。イーゴリ軍が敗れると葦間の風は嘆き、木々は深々と枝を垂れる。イーゴリの妻もまた帰らぬ夫を思って、生き物を相手にするかのように河や太陽に呼びかける。物語は捕虜となったイーゴリの脱走をもって大団円となる。

なお、本作はロシアでは後世、多くの絵画や音楽の題材となった。特にボロディンの歌劇『イーゴリ公』は有名。

イーシャー・ウパニシャッド

Īśā-upaniṣad

■インド　■経典

『白ヤジュル・ヴェーダ』の「奥《おう》義《ぎ》書」の部分。詩の形で書かれている。

→ヤジュル・ヴェーダ

イーリオスの陥落

イーリオスノカンラク

Iliou persis

■ギリシア　■叙事詩

トロイア戦争を描いた叙事詩で、ホメロスの『**イリアス**』で扱っていない部分を書いた作品群がある。それらも、伝統的にはホメロスの作ということになっているが、実際には後世の詩人の作である。

この叙事詩では、木馬作戦とそれによるトロイの陥落を描いている。

イヴァンあるいは獅子の騎士

イヴァンアルイハシシノキシ

Yvan, Le Chevalier au Lion

■フランス　■叙事詩

12世紀フランスの吟遊詩人クレティアン・ド・トロワが書いた騎士叙事詩。彼には他に『エレックとエニード』『**クリジェ**』『荷車の騎士ランスロ』『聖杯の騎士ペルスヴァル』などの作品がある。

全部で3部構成となっている。

第1部は、イヴァンが泉で騎士と戦い、これを倒し、その奥方を娶《めと》って新たな泉の守護者となるものの、1年の約束で出かけた騎馬試合から帰ってこないために、奥方に裏切り者と指摘され、狂気のままアーサー王の宮廷を去るまで。

第2部は、イヴァンが毒蛇と戦っていたライオンを助け、それを従者にして「獅子の騎士」と名乗り、匿名での冒険を行うものである。最後には、やはり匿名で友であるゴーヴァン卿と戦う。

第3部は、大変短い。イヴァンが獅子の騎士として奥方に再び出会い、和解するまでを描いている。

本来ケルト神話の影響を受けて作られたアーサー王ものに、12世紀の宮廷恋愛風味を付け加えて書かれたのが、彼のアーサー王ものである。

イエズス会士の真性なる魔法の書

イエズスカイシノシンセイナルマホウノショ

Verus Jesuitarum Libellus

■ドイツ　■魔術書

1845年に復刻版として出版された魔術書。1508年に1人のイエズス会士によって書かれた本で、様々な悪魔や悪霊を召喚するための呪文が書かれている。

ただ唯一の問題は、1508年にはイエズス会という組織は、まだ存在していなかったということである。どうも、作者には歴史の知識がなかったらしい。

医化学論集

イカガクロンシュウ

Opus Medico-chymicum

■ドイツ　■学術書

ヨハン・ダニエル・ミュリウスが1618年に出版した、3千ページもある長大な医学化学の論文。

全部で三つの論文から成り、第1が医学、第2が化学、第3が哲学である。

医学八科精髄集

イガクハッカセイズイシュウ

Aṣṭānga-hṛdaya-saṃhitā

■インド　■学術書

→アシュターンガ・フリダヤ・サンヒター

医学八支綱要

イガクハッシコウヨウ

Aṣṭānga-saṃgraha

■インド　■学術書

→アシュターンガ・サングラハ

雷、全き精神

イカズチ、マッタキセイシン

The Thunder, Perfect Mind

■中東　■経典

ナグ・ハマディ文書にあった、コプト語で書かれた文書。グノーシス主義の教えに則って書かれている。ただし、ここまで来ると、キリスト教とはほとんど関係がないものになっている。

エジプトの女神イシスと、その智恵の人格化であるソフィアとが同じ者であるという主張がなされる。この神は、すべてにおいて二面性を持ったものとして提示される。

私は知識にして無垢
私は控えめにして率直
私は無恥にして恥を知る
私は強く、また恐れる
私は戦争にして平和

伊香物語

イカモノガタリ

Ikamonogatari

■日本　■説話

御伽草子《おとぎぞうし》の1篇。

近江国伊香の郡司の妻は、才覚器量共に比類なき女性であった。そのことから、代々の国守は彼女を手に入れようと贈り物など様々な手を尽くすが、一向に靡かない。ある時、新しい国守は一計を案じ、夫の郡司を呼び出して難題を与え、それが解けなければ妻を差し出せと命じた。帰宅した夫が妻に相談すると、神仏に頼る他にないと石山寺の観音に参拝、祈願する。そしてその帰り道でばったり会った上臈《じょうろう》（貴人）に事情を話したところ、難問を解決するためのヒントを言い残し、本堂の中へと消えていった。約束の期日、国守の前で難問を解いてみせ、そして石山寺でのエピソードを聞かせると、国守は御仏の偉大さに感じ入り、郡司に絹や太刀、金や鞍付きの馬などを無理やり与えた。その後、郡司は石山寺で法要を行い、代々の恒例としたという。

イギリス民話集

イギリスミンワシュウ

English Fairy Tales

■イギリス　■民話

18～19世紀にかけて活動したイギリスの民話学者ジョゼフ・ジェイコブスによる民話集。

初版は1890年で、少年が不思議な豆の木を登る「ジャックと豆の木」、知恵の働く子豚が狼を退治して兄弟の仇を討つ「三匹の子豚」、魔物の名前当ての話「トム・チット・トット」など、後に広く知られるようになった貴重なイギリス民話が収録されている。もっとも『イギリス民話集』とは題していても、実際にはかなり広い地域から民話を収集しており、アメリカ移民の間で伝えられた話、スコットランドの民話、ヨーロッパ本土の民話などからも話が選ばれている。

記載された民話は、ジェイコブスによって読みやすいように内容が修正されているが、民話学者であった彼は、巻末にきちんと出典と類話を示すことで、原話に対して配慮している。このような付記があるため、『イギリス民話集』は研究者にとっても価値ある資料となっている。

続巻として『続イギリス民話集（More English Fairy Tales)』がある。

イクイノックス

Equinox

■イギリス　■定期刊行物

→春《しゅん》秋《じゅう》分点《ぶんてん》

イザヤ書

イザヤショ

Book of Isaiah

■中東　■経典

『旧約聖書正典』の一つ。聖書各編の中でも長いものの一つで、全66章から成る。しかし、これらは別の時代に作られた書をまとめたものだとされ、1～39章を「第1イザヤ書」、40～55章を「第2イザヤ書」、56～66章を「第3イザヤ書」と呼ぶ。

イザヤは、イスラエル北王国がアッシリアに滅ぼされ、ユダ王国は貢物を納めて滅亡を免れた時代の預言者である。だが「第2イザヤ書」は捕囚の時代を扱っている（ペルシア王キュロスの名が出てくる）し、「第3イザヤ書」は捕囚以降の時代を扱っているため、イザヤが書くことは絶対に不可能である。「第1イザヤ書」のみがイザヤの時代を扱っているので、こちらだけはイザヤに帰すことも可能である。

→旧約聖書

イザヤの昇天

イザヤノショウテン

Ascension and Martyr of Isaiah

■中東　■経典

2世紀ごろに作られたと思われるグノーシス主義の文書。異端であるカタリ派によって伝えられた。

預言者イザヤが霊体として、七つの天界を巡るというもの。

最下層の天界では、善悪の天使が戦いを繰り広げている。

最上層の天界には神がいて、イエスに天界より下ることを命じている（つまり、三位一体の否定）。

イシスとオシリス

Peri Isidos kai Osiridos

■ギリシア　■神話

『**英雄伝**《えいゆうでん》』で有名なローマ時代のギリシア人作家プルタルコスの著作で、エジプトのオシリス神の神話とその解釈が記録されている。

デルフォイの女神官クレアに捧げられたこの論考は、『**モラリア**』の一部である。プルタルコスの死の数年前、つまり2世紀初頭に書かれたもので、エジプトの長い歴史を鑑みると年代的には新しい。いつの時代の伝承を元としたのかも定かではない。

プルタルコスはギリシア人なので、この文書では、エジプト神はギリシアの神に比定されている（大地の神ゲブ＝クロノス、オシリス＝デュオニソス、セト＝テュポーンのように）。その意味ではギリシア神話的解釈をされたエジプト神話である。

しかしイシスとオシリス、セトの争いを伝える神話として、これ程詳しい記録は他になく、例えば**ピラミッド・テキスト**やコフィン・テキストの内容を解釈するには、欠かせない資料である。これは古代エジプト人が葬送文書の用意などには熱心であった一方で、神話や伝説そのものを一貫した読み物として残す習慣をあまり持たなかったためである。

神話の粗筋はこうだ。まだエジプトに偉大なオシリス神が君臨していた時代、弟神のセト（テュポーン）は兄の人気を妬み、害意を抱いていた。仲間と一計を謀ったセトは、宴会にオシリスを招くと、彼を騙して棺のような箱に閉じ込めてナイル河に流してしまった。

この凶行を伝え聞いたイシスは、兄であり夫でもあるオシリスの棺を見つけ出し、エジプトに持ち帰った。それを知ったセトは、今度はオシリスの遺体を14の部分に切断してエジプト中にばら撒いてしまった。イシスは丹念にその断片を捜し出すが、ナイルの魚になってしまった男根の部分だけが見つからず、オシリスは甦ることができぬまま冥界に降り、その地の王とならざるを得なくなった。

その代わり、オシリスは毎夜冥界から魂を飛ばして息子のホルスを教育した。そして成長したホルスはセトに戦いを挑んで勝ち、父母の復讐を果たす。けれどイシスは捕らわれたセトを殺さず、そのまま放免してしまったので、怒ったホルスは母から王権の印を取り上げ、自らが全エジプトの支配者となるのである。

古代エジプトの人々がなぜ冥界の神としてオシリス神を崇めたのか、なぜ死体が損傷することを極度に恐れてミイラ化したのか。この神話の中にはそうした疑問への回答が端的に示されている。

緯書

イショ

Wĕi Shū

■中国　■予言書

古代中国の後漢時代に流行した一種の予言書のこと。

ただし、緯書は本来は経書《けいしょ》と一対の概念で、予言を述べている必要はない。経書は四書（『大学』『中庸』『論語』『孟子《もうし》』）・五経（『詩経』『書経』『**易経**《えききょう》』『**春秋**《しゅんじゅう》』『礼《らい》記《き》』）のような儒家がよりどころとする経典のことで、経には「たていと」という意味がある。緯書は経書の解説書というべきもので、緯には「よこいと」という意味がある。伝説によれば（実際はそうではないが）、緯書は、様々な経典を編纂した孔子《こうし》が、後世の人々がそれを正しく理解できるようにと作ったものだといわれる。こういう性格のものなので、緯書には『詩緯』『書緯』『易緯』『春秋緯』『礼緯』『楽緯』『孝経緯《こうきょうい》』のように、経書と結び付いた種類のものが多いのである。

しかし、緯書はほとんどの場合に「讖《しん》」と呼ばれる神秘的な予言の内容を持っていた。このために「讖緯書《しんいしょ》」とも呼ばれ、神秘的な予言の書となったのである。

ところで、予言そのものは中国でも非常に古くからあった。それが、緯書に含まれる讖のような予言書の性格を持つようになったのは、秦の始皇帝の時代ではないかという見方がある。始皇帝の即位32年（紀元前215年）、方士・盧生《ろせい》が**『録図書《ろくとしょ》』**という書を始皇帝に奉った。その中に「秦を亡ぼす者は胡《こ》である」という語があったが、その予言の通り、二世皇帝・胡亥《こがい》の悪政が原因で秦は滅びたのである。これが、緯書に含まれる讖（予言）の初期的なものというのである。

この種の讖（予言書）は、前漢末からさらに流行した。政治社会の混乱の中で、人々がそれを望んだからだった。前漢（劉《りゅう》氏）の王位を簒奪した王莽《おうもう》はそれを巧みに利用した。王莽が利用した讖は「符命」と呼ばれるが、これは天から降された命令書というべきものである。それが最初に現れたのは元始《げんし》5年（5年）のことだとされている。王莽は元帝《げんてい》の外戚として順調に出世していたが、この時井戸の中から出てきた白石に赤い字で、「安漢公莽に告ぐ。皇帝となれ」と記されていたのである。さらに、王莽が皇帝の摂政となっていた居摂《きょせつ》3年（8年）には、「摂皇帝、まさに真たるべし」（摂政よ、真の皇帝となれ）という符命が下った。こうして世論も味方となって、王莽は皇帝となり、国号を新（8～23）としたのである。このため、王莽による帝位簒奪は符命革命とも呼ばれるのだ。

あいにくなのは、王莽政権を打倒し、漢王朝を再興した劉秀《りゅうしゅう》（光武帝《こうぶてい》）にも予言書が力を貸したことだ。王莽時代も終わりに近づくと、劉氏（漢）王朝を再興しようという動きが活発になり、各地で劉姓の者の反乱が起こった。光武帝のいた南陽地方にもその動きは及んだが、そんな時豪族の李通《りつう》が光武帝にある予言書を見せた。そこに「劉氏また起こり、李氏が補とならん」とあった。続けて別な者が光武帝に予言書を与えたが、そこには「劉秀よ天子となるべし」とあった。これらの予言書は「図讖《としん》」と呼ばれているが、この種の予言が何度もあった。それで光武帝も挙兵の決心を固め、ついに王莽政権を打倒したのである。このため光武帝の漢王朝再興は図讖革命と呼ばれるのである。

ここで紹介した符命や図讖は緯書だったのではないかともいわれるが、とにかく光武帝がこれらの予言（讖）を認めたことで、それを内容に含む緯書がその後大いに盛行した。当然多数の緯書が作られたし、役人たちは緯書を学ばなければ出世できないような時代だった。

しかし、そんなに流行したにもかかわらず、現在までまとまった形で伝わっている緯書は存在しない。緯書が王朝を揺るがすような予言を含んでいることが多いために、徐々に禁圧されるようになったからである。その最大のものが隋《ずい》の煬帝《ようだい》（在位604～618）による緯書の焼却である。こうして緯書は完全に散逸し、他の書の中に引用された逸文という形でだけ、現在に伝わることになったのである。

→四書五経

和泉式部

イズミシキブ

Izumishikibu

■日本　■説話

御伽草子《おとぎぞうし》の1篇で、渋川清右衛門《しぶかわせいえもん》が刊行した23篇の一つ。

中古三十六歌仙の1人として数えられる平安時代中期の歌人・和泉式部を題材とした物語である。平安時代にあって「恋多き女」と呼ばれた彼女であるが、本作で描かれる和泉式部像はいささか史実より逸脱気味となっている。

13歳の和泉式部は、内裏に勤める橘《たちばなの》保昌《やすまさ》と契りを交わす。そして14歳で子をもうけるも、それを恥ずかしく思い、五条の橋の下に捨ててしまう。その赤子は町人に拾われ、比叡山に預けられる。そして長じて道命《どうみょう》阿闍梨《あじゃり》となった。道命が18歳のころ、法事のために内裏に上がった際、見かけた1人の女房《にょうぼう》に心が引かれ、彼女の元に通うようになる。その女房こそ、中宮藤原彰子《しょうこ》の女房となっていた和泉式部だった…つまりは、彼の実の母である。後に和泉式部は道命が自分の子であることを確認する。

本作は、いわば日本版**オイディプス王**の物語といったところである。ただ違うのは、オイディプスが己の出生を知り、母を妻としていたことの苦悩から己の目を潰し放浪に出てしまうのに対し、道命阿闍梨は恋の相手が実母であることを知らず、そしてこの「世の因縁」も、出家し御仏に帰依すれば解消されるとしていることだ。

ちなみに、これはフィクションである。確かに史実でも道命阿闍梨が和泉式部の元に通い、恋愛関係（あるいは「非常に親しい間柄」）にあったとはされている。が、史実の道命阿闍梨は藤原道綱の子とされており、出生年も和泉式部とは数年の違いしかない。

イスラム年代記

イスラムネンダイキ

Tarikh al-Rusul wa al-Muluk ／ Tarikh al-Tabari

■中東　■歴史書

→タバリーの歴史

伊勢物語

イセモノガタリ

Isemonogatari

■日本　■物語

平安時代に編纂された歌物語。

『在五《ざいご》が物語』『在五中将《ざいごちゅうじょう》物語』『在五中将の日記』などの異名がある。

平安時代の歌人である在原業平《ありわらのなりひら》をモデルとしたと思しき人物（別名にある「在五」や「在五中将」は、業平が在原氏の五男で右近衛権中将であったところから来る別称である）を主人公とした125段の歌物語で、その内容は恋愛や交友、失意の流浪、遊興など多岐に富んでいる。

本書の正確な成立年は不明だが、9世紀から10世紀にかけての時代に50年以上の歳月をかけて作られたとするのが定説となっている。

また作者も単一ではなく、複数の人間がエピソードを付け加えていき、現在の125篇の物語となったとされる。かつては在原業平本人を作者とする説が唱えられていたが、現在では紀貫之《きのつらゆき》や源《みなもとの》融《とおる》といった、業平と交友のあった人物が作者として挙げられることが多い。

イソップ寓話集

イソップグウワシュウ

Αισώπου Μύθοι

■ギリシア　■民話

紀元前6世紀に、ギリシアの奴隷身分にあった物語作家アイソーポス（イソップ）が作り上げたといわれる寓話集。この寓話集の登場人物はキツネやワシやウマといった動物たちであるが、各々の物語には現実の世界を生き抜くための教訓や知恵が込められている。アイソーポスは、この動物寓話を作ることで、ギリシアの社会で尊敬される立場を手に入れた。

現在に至っても世界中で読み継がれているイソップ童話だが、その始まりにおいては口伝によって広められた。原典も失われており、残されている最古のテキストはラテン語のものである。

よって現在では、400篇あまりが数えられるイソップ寓話のうち、どの程度がイソップの創作によるものかは分かっていない。一定数はイソップ以前から語り継がれていた民話であり、またイソップの後に別人によって付け加えられた作品も少なくない。

『アリとキリギリス』『北風と太陽』『ウサギとカメ』『すっぱい葡萄』など、イソップ寓話に含まれる物語は、子供に貴重な教訓を教えてくれる童話として広く愛されている。しかし実際に読んでみると、寓話集における一篇一篇は、意外な程短く簡潔である。その短い寓話から教訓を読み解き、より読みやすい形に編集したものが、今日親しまれているイソップ童話、イソップ物語である。

イタリア民話集

イタリアミンワシュウ

Fiabe Italiane

■イタリア　■民話

イタロ・カルヴィーノ編、1956年刊。

イタリアでは古くから民話の収集が行われ、19世紀後半には大量の蓄積がなされていた。しかしこれらの民話を、ちょうど『グリム童話集』（**→子どもと家庭の童話**）のように一般読者向けに編纂した本は、なかなか出なかった。戦後になってようやく出たのが、このカルヴィーノ版の『イタリア民話集』である。したがって、ヨーロッパ各国の代表的民話集のなかでは最も新しい部類に属する。

カルヴィーノは北イタリアの医者の家の生まれ。共産系パルチザンの政治委員（コミッサール）を経て、戦後に作家としてデビューした。初めは当然というべきか写実主義の作品を書いていたが、やがて「物語とは何か」ということを思い詰め、民話の収集に入った。その成果が『イタリア民話集』であり、イタリアではグリム兄弟に匹敵する業績と評される。

収録話数は200、原則としてすべて標準的イタリア語（共通語）で記されており、カルヴィーノ自身が「欠落してしまったと思われる部分を控えめに補」った部分はすべて巻末に註の形で明記されている。そうして彼は民話集に付された「民話を求める旅」の中で、イタリア民話の特色は「民話本来の《野蛮さ》が調和の掟に屈している」「イタリアの民話の中には美しい愛の戦《おのの》きが間断なく走っている」ことだと説くのである。

異端根絶のために
イタンコンゼツノタメニ

Ad Extirpanda

■イタリア　■公文書

13世紀の教皇インノケンティウス4世が出した教書。

自白を強制するために拷問を使用することを認め、また異端者の処刑方法として火刑の採用を勧めるなど、後世の魔女裁判への道筋を作った。

異端者法廷準備書面評定
イタンシャホウテイジュンビショメンヒョウテイ

De Praescriptione Hereticorum

■アフリカ　■思想書

2～3世紀のカルタゴの司祭テルトゥリアヌスが書いたキリスト教の神学書。

教会には何が正統で何が異端かを決定する権利があることを主張する本。

異端審問官の実務
イタンシンモンカンノジツム

Pratique de l'Inquisition

■フランス　■悪魔学

14世紀のツールーズで異端審問官として辣腕を振るったベルナール・ギーが書いた大部の異端審問官の実用書。

異端の魔女に与える鞭
イタンノマジョニアタエルムチ

Flagellum haereticorum fascinariorum

■ドイツ　■悪魔学

ドミニコ派の異端審問官であり悪魔学者としても有名なニコラス・ジャッキエが1458年に書いた、妖術と魔女に関する書。ただし、実際に印刷されて広まったのは1581年になってからだといわれる。

この本でジャッキエは、妖術使いはそれだけで異端であると主張した。

異端反駁論
イタンハンバクロン

Adversus Haereses

■フランス　■思想書

2世紀に小アジアで生まれ、ガリア（現在のフランス）の司祭となったエイレナイオスが書いた異端派に対する反駁書。正式な題名は『いわゆるグノーシスと呼ばれるものに対する論駁』という。

彼は、異端諸派を撲滅するためにこの本を書いたのだが、現在の我々が持つ当時の異端派に対する知識は、（否定的に書かれているものの）彼の著作から得たものであることが多い（20世紀になって、

死海文書《しかいもんじょ》や**ナグ・ハマディ文書**などの発掘によって、それ以外の知識も増えてはいるが)。

一切経

イッサイキョウ

Issaikyoh

■アジア　■経典

→**仏典《ぶってん》**

一寸法師

イッスンボウシ

Issunbohshi

■日本　■説話

御伽草子《おとぎぞうし》の1篇で、渋川清右衛門《しぶかわせいえもん》が刊行した23篇の一つ。

いわゆる「おとぎ話」の代表的な一寸法師の物語であるが、御伽草子の物語は少々それとは趣が異なる。

あるところに40歳を超える夫婦がいた。彼らは子がないことを悲しみ、住吉に参って祈ったところ、住吉の神はこれを哀れんで彼らに子を授けた。生まれた子は一寸程で大きくならない。夫婦は子を怪物の類ではないかと訝しみ、何の罪を犯したから住吉の神は一寸法師を自分たちに与えたのかと嘆き、そしてどこかへとやってしまわなければと思うようになった。それを知った一寸法師は、両親に失望を覚えつつも自分から家を出る。都に出た一寸法師は宰相殿の家に仕えた。16歳になった彼は13歳になる宰相殿の姫に想いを寄せ、ぜひ自分の嫁にと思うようになる。そこで一寸法師は一計を案じた。寝ている姫の口元に米粒を付け、茶袋を手に泣き真似をした。宰相殿が問うと、一寸法師は自分が貯えていた米を姫が食べてしまったと訴える。宰相殿はこれに怒り、一寸法師に姫を都から追放するよう命じた。一寸法師は自分に任せるよう宰相殿にいい、姫を連れて都を出、足の向くままに歩いていくと2人の鬼に出くわした。一寸法師は姫を奪おうとする鬼を倒し、彼らが持っていた打ち出の小槌の力で人並みの背丈となり、金銀を得て都に上った。そして帝に召し出され、少将の官位を得て中納言《ちゅうなごん》になったのである。

ちなみに、この物語の最後の場面では、一寸法師の両親が実は富貴な出であったことが判明する。父は堀河の中納言、母は伏見の少将の娘だったのだが、讒言《ざんげん》により地位を剥奪され配流されていたのだ。一寸法師が帝に取り立てられたことで堀河家は再興されたのだった。

イナンナの冥界降り

イナンナノメイカイクダリ

Inanna's descent to the netherworld

■メソポタミア　■神話

オリエント地域において、長く大女神と称えられたイナンナ(イシュタル)の冥界への遠征と、そこからの帰還を描いた400行を超えるシュメール語の物語。後世のアッシリアにおいては、イナンナのアッシリア、バビロニアにおける分身であるイシュタルを主人公として、ほぼ同一の物語が残されている。

何らかの事情から冥界へ降ることになったイナンナは、己の身を神力と美しい衣装で飾り、万全の備えで旅立つ。冥界の門に達した彼女は、門番に道を開けるよう脅す。その知らせを受けた冥界の女神エレシュキガルは、その無礼に大いに怒り、七つの門を通るたびにイナンナの豪華な衣装を剥ぎ取るように命じた。

こうしてエレシュキガルの前に達した時、イナンナの力はすべて剥ぎ取られていた。冥界の女主人が向けた死の目の前に、イナンナはなす術なく死体に変えられ、釘に吊された。

イナンナの従者は他の神々に救助を要請するが、神聖な冥府の掟を無視したことを理由にエンリルやナンナルは拒絶する。エンキだけは心配し、2人の人間を使者として冥府に遣わした。

エレシュキガルは、イナンナの蘇生と解放には同意したが、冥府を出る代償として、身代わりを1人差し出すよう要求した。地表に戻ったイナンナが同行した鬼霊に引き渡したのは、彼女の夫であるドゥムジだった。捕らわれた妻の心配もせず気楽に暮らしていたドゥムジは、結局冥界に連れ去られてしまう。そしてその境遇を哀れんだ姉ゲシュティンアンナ神の自己犠牲のおかげで、お互いが1年のうち半分ずつ、交代で冥界に暮らすようになるのである。

ドゥムジは牧神、その姉ゲシュティンアンナは植物神（葡萄の樹）である。彼らが交代で冥府に行くのは、四季における家畜や作物の成長と収穫のサイクルを説明する。また豊穣神であるイナンナの死と再生は、おそらく四季の変化そのものを象徴したのだろう。

冥界への旅をモチーフとした神話や民話は世界中に存在するが、この物語はそうした話に大きな影響を及ぼした原型の一つである。

稲生物怪録

イノウブッカイロク／イノウモノノケロク

Inohbukkairoku／Inohmononokeroku

■日本　■物語

江戸時代中期の怪談録。

三次《みよし》藩士であった柏正甫《かしわせいほ》が天明3年（1783年）に書き記したもので、これに記された顛末は、物語の主人公である稲《いの》生武太夫《うぶだゆう》本人から聞き出したものである。

その内容は、若き日の稲生武太夫（稲生平太郎）を見舞った30日にも及ぶ怪異の様子である。怪異とは一つ目の小坊主や一つ目一本足の巨人の出現であったり、知人の頭が割れて大量の赤子が這い出してきたり、天井から瓢箪が降ってきたり、あるいは塩俵が室内に入り込んできて塩を撒き散らしたりといったものだ。そうした怪奇現象が30日間毎日続いたのである。家の使用人や知人は怪異に胆を冷やし逃げ出すのだが、平太郎だけは逃げずにいた。すると最後の夜、山本《さんもと》五郎左衛門《ごろうざえもん》という魔王の類が現れ、平太郎の豪胆さに感服し、彼を守護する約束をして去っていったという。

先にも述べたように、この怪奇談は稲生武太夫本人が語ったもので、『三次実録物語』にもほぼ同じ内容のエピソードが収録されている（ただし、江戸時代の読本《よみほん》において「実録もの」というのは「ノンフィクションめかしたフィクション」の読み物のことである）。また根岸鎮衛《ねぎししずもり》の『**耳嚢**《みみぶくろ》』にも収録されていたことから、このエピソードは広く知られていたようだ。

茨木

イバラキ

Ibaraki

■日本　■戯曲

歌舞伎演目の一つ。

渡辺綱《わたなべのつな》の茨木童子《いばらきどうじ》退治の伝説を題材とした謡曲・演劇の演目である。謡曲『**羅《ら》生門《しょうもん》**』を河竹黙阿弥《かわたけもくあみ》が長唄に写したもので、明治16年（1883年）に新富座《しんとみざ》で初演された。以降、音羽屋《おとわや》の家芸として知られるようになる。

源頼光《みなもとのよりみつ》の四天王の1人である渡辺綱が羅生門で茨木童子という鬼と出会い、その腕を切り落とす。茨木童子は綱の伯母である真柴に化けて彼の館を訪れ、切り取られた左腕を取り戻すという物語だ。

先にも述べた通り、元となっているのは謡曲『羅生門』であるが、さらに源流をたどるのであれば、大元といえるのは『**平家物語《へいけものがたり》**』「剣の巻」にあたる。ここでは舞台は一条戻橋《いちじょうもどりばし》、戦う相手の鬼は茨木童子ではなく、嫉妬に狂い鬼と化した狂女である。その後、『前太平記《ぜんたいへいき》』で鬼は茨木童子となり、舞台も羅生門へと移って本作の原型となる物語となった。

→戻橋

イブン・アル・アシールの『完史』

イブンアルアシールノ『カンシ』

Al-Kamil fi-l-Tarikh

■ペルシア・アラブ　■歴史書

イブン・アル・アシールは12～13世紀アラブの歴史家。生涯の大半を（今のイラクの）モスルの町で過ごしたが、エジプト王サラディンの軍隊に同行して十字軍との戦闘に参加したこともある。主著『完史《かんし》』は1230年ごろまでのイスラム世界の通史。後半およそ1／4が十字軍の来襲と、これに対するイスラム教徒方の反撃にあてられており、このため西欧でもよく知られている。また、『**原初《げんしょ》年代記《ねんだいき》**』と並んで中世のロシア人に関する極初期の記録が見られることでも有名である。

イリアス

Illias

■ギリシア　■叙事詩

紀元前8世紀のギリシアの大詩人ホメロスが、トロイア戦争を題材に書いた大長編叙事詩。両軍の勇将たちの戦いが描かれている。

当時の叙事詩は人々の前で唱えるものであった。吟遊詩人たちは、長い長い物語をすべて記憶し、客の求めに応じて吟じた。このようなことが可能だったのは、状況を表す決まり文句が存在し（例えば夜明けを「薔薇色の指をした暁の女神が姿を表すと」といったふうに）、詩人たちは全体の流れさえつかんでおけば、後はその場でいつもの決まり文句を使って吟じていればよかったからである。もちろん、たとえそうだったとしても、彼らの記憶力は大したものだが。このため叙事詩が文書化されるには、長い時間がかかった。

実際、イリアスがテキスト化されたのは、作られて200年程も経過した紀元前6世紀ごろであり、それまでは口承で伝えられてきたのだ。そのころ、アラム文字から現在のギリシア文字が作られ、様々なものを文書化できるようになった。吟遊詩人たち自身は、文書化に冷淡であった。だが、どうしても文字で記録されたイリアスがほしいという要望が権力者や富者から出て、イリアスが記録されるようになったのだと考えられている。

イリュミネイタス！3部作

イリュミネイタス！サンブサク

The Illuminatus! Trilogy

■アメリカ　■小説

→イルミナティ3部作

イルミナティ3部作

イルミナティサンブサク

The Illuminatus! Trilogy

■アメリカ　■小説

20世紀アメリカの小説。『イリュミネイタス！3部作』とも。

20世紀中期のヒッピームーブメントにおけるビッグネームであったロバート・アントン・ウィルスンとロバート・シェイの共著による小説。1969年から1971年にかけて刊行された。『ピラミッドよりのぞく目（The Eye in the Pyramid）』『黄金の林檎（The Golden Apple）』『リヴァイアサン襲来（Leviathan）』の3作より構成される。

その内容は、イルミナティの謀略や知性あるイルカ、ケネディ暗殺、ロックンロールにドラッグ、セックス、20世紀初頭のオカルトムーブメントなど、サブカルチャー的な要素をふんだんに盛り込んだ、いわばヒッピームーブメントの集大成的な小説となっている。

いわゆるグノーシスと呼ばれるものに対する論駁

イワユルグノーシストヨバレルモノニタイスルロンバク

Adversus Haereses

■フランス　■思想書

→異端反駁論

インカ皇統記

インカコウトウキ

Primera Parte de los Comentarios Reales de los Incas

■インカ　■歴史書

インカ・ガルシラーソ・デ・ラ・ベーガの書いた、インカ帝国の神話を含む歴史。

この著者は、名門出身でクスコの執政官も務めたスペイン人カピタン・ガルシラーソ・デ・ラ・ベーガと、インカの王女（最後のインカ王アタワルパは従兄弟にあたる）チンプ・オクリョの間に生まれた、おそらく最初期の混血児である。このため、父方からスペイン語やラテン語の教養を学び、また母方からケチュア語やインカ帝国の往時の回顧などを学んで育ったものと思われる。このため、同時代にインカ史を書いたスペイン人歴史家たちと比べて、インカの言語を母国語にしているという強みがあった。

また、他の歴史家は、第9代の王インカ・パチャクテックをインカ帝国の最初の王と見なし、それ以前を単なる神話と見ていた。だが、著者は初代王マンコ・カパックの事跡を大きく取り上げ、それ以降の神話的歴史もきちんと取り上げている。

その意味では、『インカ皇統記』は『**日《に》本書紀《ほんしょき》**』のような歴史書というべきなのかもしれない。

う

ヴァープナフィヨルドのサガ

Vápnfirðinga saga

■アイスランド　■サガ

アイスランドの**サガ**の1篇。

鉄釘ヘルギという男は、はっきりした悪人である。強欲のために他人と仲違いをするが反省もしない。妻の財産を奪って追い出してしまい、長年の友人だったその兄ゲイティルと対立する。また、大した理由もなく人を殺すし、依頼をしておいてその報酬を払わない。

ついに、ゲイティルによってヘルギは殺されてしまう。そして、ヘルギの息子ビャルニによってゲイティルも殺される。

その後、ゲイティルの息子ソルケルとビャルニの間で何度も争いがあったが、最終的には和解に至る。

ヴァティカヌスB絵文書

ヴァティカヌスビーコデックス

Codex VaticanusB

■中央アメリカ　■経典

→**絵文書《コデックス》**

ヴァフズルーズニルの歌

ヴァフズルーズニルノウタ

Vafþrúðnismál

■アイスランド　■叙事詩

『**歌謡エッダ**』の1篇。

神々で最も賢いオーディンと、巨人で最も賢いヴァフズルーズニルが、どちらがより賢いかを競う。

オーディンが質問し、ヴァフズルーズニルが答える。そして、最後の問いに答えられなくなった巨人は、オーディンの方が賢いと認める。

ウィアード・テールズ

Weird Tales

■アメリカ　■定期刊行物

1923年から1954年まで発行されていた（その後、何度も復刊されては消えている。2007年にまた復刊された）SFホラー雑誌。**パルプマガジン**の一つで、現在の日本でいうマンガ雑誌やアニメ雑誌などと同様、識者たちからは低級だの下劣だのと散々に馬鹿にされた雑誌である。

だが、現在の目で見ると、H. P.ラヴクラフトのホラー、ロバート・E.ハワードの**コナンシリーズ**など、時代を代表する作品が多数掲載された貴重な雑誌として知られている。

ウィリアム・テル

Wilhelm Tell

■ドイツ　■戯曲

→ヴィルヘルム・テル

ヴィルヘルム・テル

Wilhelm Tell

■ドイツ　■戯曲

戯曲。シラー作、1805年初演。スイスの伝説に取材した作品。

小国スイスは大国オーストリアの一部だったが、代官の横暴に耐えかねて独立の動きを見せる。そんな中、猟師で弓の名人のヴィルヘルム・テルは、元来「強い者は1人でいる時が一番強いのだ」という考えの持ち主で、独立運動からは距離を置いていたが、次第に運動に心引かれていく。テルを目障りに思った代官は、些細な粗相を咎めてテルを捕らえ、テルの幼い息子を連れてきて「この子の頭に置いた林檎を射落としてみよ」という。テルは見事やってのけ、「よくもまあ落ち着いていたものだな」といわれて「なあに仕損じた時は二の矢で代官様を射殺す所存でした」と答えて退出する。以後、彼もまた独立運動を支援するようになり、芝居の最後はスイス独立で、めでたしめでたしとなる。

シラー最後の戯曲でもある。作者は実作の前に一度スイスを旅してみたいものと思っていたが、健康が悪化して果たせず病床でこれを書いた。元来シラーは当時の四分五裂した旧態依然のドイツを「自由はただ夢のうちに在り／美はただ歌のうちに咲く」と歌い、常に「社会を変革しようとして倒れる人々」ばかりを描いてきた劇作家だが、生涯最後の作では「変革に成功する人々」を描いたことになる。イタリアのロッシーニによってオペラ化され、これも好評を博した。

ヴィルヘルム・マイスターの修業時代

ヴィルヘルムマイスターノシュギョウジダイ

Wilhelm Meisters Lehrjahre

■ドイツ　■小説

→ヴィルヘルム・マイスターの徒弟時代

ヴィルヘルム・マイスターの徒弟時代

ヴィルヘルムマイスターノトテイジダイ

Wilhelm Meisters Lehrjahre

■ドイツ　■小説

ドイツの文豪ゲーテの小説の一つ。教養小説《ビルドゥングスロマン》と呼ばれる種の小説の代表作ともいわれる。『ヴィルヘルム・マイスターの修業時代』とも訳される。発表は1796年。

裕福な商人の息子として生まれたヴィルヘルム・マイスターは演劇に情念を燃やし、家を飛び出して旅の一座に加わることとなる。そして遍歴する彼は〈塔の結社《ゲゼルシャフト・デス・ツームス》〉なる理想主義的秘密結社の会員たちから、そうとは知らずに様々な援助を受けて成長していく。そして最終的には修業終了の証の証書が与えられ、〈塔の結社〉へと迎え入れられるのである。

本作は文学史上にあって、「主人公が成長していく」過程を描いた小説の最初期のものである。これ以前の物語ではキャラクターの性質は固定されており、物語内で人格的に成長していくことはなかったのだ。

ヴィルヘルム・マイスターの遍歴時代

ヴィルヘルムマイスターノヘンレキジダイ

Wilhelm Meisters Wanderjahre

■ドイツ　■小説

ドイツの文豪ゲーテによる教養小説《ビルドゥングスロマン》。1821年発表。

『ヴィルヘルム・マイスターの徒弟時代』の続編にあたる物語で、ヴィルヘルムが息子のフェーリクスを連れて旅をし、出会った人々から様々な話を聞くという体裁の物語である。

ヴィンランドの地図

ヴィンランドノチズ

Vinland Map

■イギリス　■偽書

ヴィンランドとは、スカンディナヴィアのヴァイキングたちが、遥かな大洋の西にあるといっていた大陸のことである。

伝説では、北アメリカを発見したのはコロンブスではなく、10世紀スカンディナヴィアのレイヴ・エイリークソンなのだという。**『フラテヤーボック』**という写本にある**『グリーンランド人のサガ』**によれば、彼らは海を渡って新たな大地を発見し、そこをヴィンランドと名付けたという。

実際、アイスランドは9世紀に、そしてグリーンランドは10世紀にすでにヴァイキングによって発見されており、定住地も作られていた。そして、イギリスーアイスランド間とグリーンランドーカナダ間の距離は大差ない。だから、ヴァイキングがアメリカ大陸に上陸していたとしても、ちっともおかしくはなかった。

ただ、証拠が長らく見つからなかった。

ところが1957年、北アメリカ沿岸を含んだ古地図が発見されたのだ。地図は、1440年の宗教会議のために用意されたものと考えられ、コロンブス以前にヨーロッパ人がアメリカに渡っていた明白な証拠とされた。

地図は徹底的な調査を受けたが、すべての結果は15世紀のものであることを否定しないものだった。歴史学は、ヴィンランドを認める寸前までいった。

だが、1975年になって新しい試験法が開発され、それによって地図のインクに20世紀になってから発見された化合物が含まれていることが明らかになった。

地図は、15世紀当時の紙に、何者かが現代のインクで描いた偽物であることが証明されたのだ。

だが、最近になって北米でヴァイキングの遺跡らしきものが発見され、『フラテヤーボック』などの記述はやはり真実ではないかと考えられるようになった。ただこの偽地図は、その証明のハードルを高くしたことは間違いないだろう。

ヴェーダ

Veda

■インド　■経典

古代インドのバラモン教の聖典を総称して「ヴェーダ」(「知識」程の意)という。神々を祀り利益《りやく》を祈願する儀式のための、詩歌、祭礼の規則や式次第、教義問答などを含む。古くは**『リグ・ヴェーダ』『サーマ・ヴェーダ』『ヤジュル・ヴェーダ』**の三つのみが正式のヴェーダと見られたが、後に民間信仰を取り入れて成立した**『アタルヴァ・ヴェーダ』**もヴェーダのうちに数えられるに至った。また、後世のヒンドゥー教では各種の医学書「アーユル・ヴェーダ」も『アタルヴァ・ヴェーダ』に属する副ヴェーダと見なされている。

ヴェールを脱いだカバラ

ヴェールヲヌイダカバラ

The Kabbalah Unveiled

■イギリス　■魔術書

近代西洋魔術を語る上で欠かせない人物サミュエル・リデル・マクレガー・メイザースによる**『光輝《こうき》の書』**の英訳書。1887年刊。

本書は『光輝の書』のラテン語訳版である**『裸のカバラ**(Kabbala Denudata)**』**を、ヘブライ語版及びカルデア語版を参照して英訳したもの。

ヴェールを剥がれたイシス

ヴェールヲハガレタイシス

Isis Unveiled

■ロシア　■オカルト

ブラヴァツキー夫人が1877年にアメリカで出版した(このため本は英語で書かれている)神智学《しんちがく》の基本文献の一つ。

神智学においては、「いかなる宗教も真理よりは高くない」というテーゼがある。当時、唯物論の影響を受けて倫理化しつつあった宗教を嫌い、霊的生活を重視しようとするものだった。だが、肝心の霊的生活が、ヒマラヤに住むマハトマからテレパシーを受けて、様々な心霊主義的奇跡を見せるというもので、その詐欺商法がばれて窮地に至る。

だが、それでも信じる人を相手に、何冊もの本を書いた。

本書は2巻組で、第1巻は科学が本当に正しいのかと問いかけ、それに反対する。科学では扱い切れない霊的世界のあることを強く主張している。第2巻は宗教が本当に正しいのかを問いかけ、神学に反論する。そして、すべての宗教の背後に、太古から伝わる一つの啓示が存在することを表明する。

夫人自身は非常な教養人であったらしく、本書でも古典からの引用が2千ヶ所以上も存在する。

ヴェストフィヨルド人アウズンの話

ヴェストフィヨルドジンアウズンノハナシ

Auðunar þáttr vestfirzka

■アイスランド　■サガ

アイスランドの**サガ**の1篇。

アウズンという男が、デンマークのスヴェイン王に白熊を献上しようと考えた。彼は、途中ノルウェーに立ち寄ったが、そこのハラルド王は、寛大にも当時戦争している相手であるデンマーク王への献上品を取り上げることなく、デンマークへと向かわせてやった。

スヴェイン王は、白熊をもらうと、アウズンに聖地巡礼のための銀を出してやり、さらに船と商品、銀や腕輪などを与えた。

帰りにノルウェーに立ち寄ったアウズンは、ハラルド王の度量に感服し、その腕輪を献上する。

勇気のあるアウズンと、優しいスヴェイン王、器の大きいハラルド王などが、非常に格好良く描かれている。

ヴェルンドの歌

ヴェルンドノウタ

Völundarkviða

■アイスランド　■叙事詩

『歌謡エッダ』の1篇。

妖精の王ヴェルンドは、ニーズズという王に捕らえられ、宝を奪われた上に、足の腱を切られて、王のために宝を作ることを強制された。

ヴェルンドはその復讐に、王の2人の息子を騙して殺し、その目で作った宝石を王妃に、歯で作ったブローチを王女に贈った。

次に、王女がやって来た時、麦酒を飲ませて酔わせた上で犯した。王女はヴェルンドの子を孕む。

それを知ったニーズズ王は嘆く。

ヴォイニッチ写本

ヴォイニッチシャホン

Voynich Manuscript

■イタリア　■暗号書

『ヴォイニッチ写本』とは、いまだに解読されていない謎の暗号書で、その著者も不明である。そもそもアルファベットと異なる謎の文字が何を表しているのか、また言語は何なのかも不明のままである。実際、高名な暗号解読家や言語学者が解読を試みているものの、いまだに解読はできていない。

この写本の名前は、1912年にイタリアの寺院でこの写本を発見したポーランド系アメリカ人ウィルフリッド・ヴォイニッチにちなむ。

この写本に添付されていた文書によれば、この写本は1582年にジョン・ディーからボヘミア王ルドルフ2世に贈られたとされている。王は、この写本をロジャー・ベーコンのものと信じていた（ロジャー・ベーコンの作ならば、写本の成立は13世紀となる）。

ただ、錬金術《れんきんじゅつ》師で詐欺師のエドワード・ケリーが、ライバルのジョン・ディーを陥れるためにでっち上げたものだという説もある（この場合には、写本は16世紀のものとなる）。

また、ベーコンはベーコンでも、17世

紀の哲学者フランシス・ベーコンの作なのではないかという説すらある。

謎の書物ということで、クトゥルフ神話などの創作に登場することも多い。

イェール大学のBeinecke Rare Book & Manuscript Libraryのデジタルイメージライブラリで、全ページが公開されている。

ヴォーティガーン

Vortigern

■イギリス　■偽書

シェイクスピアの失われた戯曲で、1796年にとある紳士の家から発見された。同時に『ヘンリー二世』も発見されている。

ということになっているが、実は発見されたと称して、まだ10代の若者ウィリアム・ヘンリー・アイアランドが書いた偽物だった。

この戯曲が発表されるや、当代の文化人が列を成し、新たに発見されたシェイクスピアの戯曲を拝みにきた。

だが、実際に上映される時に問題が起こった。台詞に、シェイクスピアらしいセンスがなく、役者たちが出演を嫌がったのだ。そして、上演してみるとその出来は明らかだった。『ヴォーティガーン』は、1796年4月2日に開演し、その日に終演した。

イギリス中が、10代の若者の作った偽物に踊らされたのだった。

ヴォルスンガ・サガ

Volsunga saga

■アイスランド　■サガ

サガの1篇。

サガの中では「伝説のサガ」と呼ばれるタイプの、歴史的事実ではない物語を描いている。

ヴォルスング一族の栄光と破滅を描いた物語。

英雄王シグムンドとその双子の妹シグニューが、父ヴォルスングと兄弟たちの復讐を遂げる物語が、その前半の主題である。シグニューの夫であり一族の仇であるシゲイル王を倒すため、シグニューは姿を変えて兄のベッドに入り子供を作る。

そうして、復讐を遂げたシグムンドは偉大な王となるが、やがて運命が尽きて彼の剣は折れ、戦いに敗れて死ぬ。

その息子でさらなる英雄シグルズの物語が後半の主な話となる。彼は折れたる剣を鍛え直し、名剣グラムを作る。そして、ファーヴニルというドラゴンを倒し、その血を飲んで鳥の声が理解できるようになった。その後、ヴァルキューレのブリュンヒルドを助けて妻にする。

だが、それを忘れて別の女と結婚し、またブリュンヒルドに別の夫を紹介した時、彼女はシグルズに復讐する。

ヴォルテールの友人たち
ヴォルテールノユウジンタチ

The Friends of Voltaire

■フランス　■随筆

1907年にE.ビアトリス・ホールが出

版したエッセイ集。この中で、ヴォルテールの最も有名な台詞である「あなたの発言には一切同意できない。だが、あなたが発言する権利は、死んでも守ってみせる」が掲載されている。

学者は、この発言の出典を調べようと、ヴォルテールの書き残したものを調べたが、すべては徒労に終わった。

だが1935年になって、ホールはその引用がでっち上げであることを告白した。彼女は、ヴォルテールの「考えを表現する」言葉として、これを作ったのだと弁明した。

ウガリット文書

ウガリットモンジョ

Ugalit text

■シリア　■文書

1929年に地中海東岸のラム・シャスラという土地で発掘された粘土書板群の総称。

ラム・シャスラは紀元前14世紀から前12世紀にかけて最盛期を迎えた都市国家ウガリットの存在した場所だった。エジプト、ヒッタイトの二大帝国に挟まれ、地中海とメソポタミアを結ぶ地点に位置したウガリットは、国際都市として長く栄えた。この地から出土した多彩な粘土書板をウガリット文書と呼ぶ。

ウガリット文書について特に注目されるべき点が二つある。

一つは、これらの文書がオリエント風の楔形文字体を使いながら、表意ではなく完全な表音文字（ウガリト語）、すなわち先駆的なアルファベットの一種で記されていた点。

もう一つは、当時のシリア（カナン）で広く信じられていた神話や伝説が豊富に含まれていた点だ。神話群の中心は、**『旧約聖書』**において悪神と排斥されている雨と豊穣の神バアル、その妹で愛と戦いの神であるアナトだった。バアルが死神モトと戦って殺され、妹アナトの奮闘で甦る神話など、バアルとアナトの物語の大半は生死や誕生などをモチーフとする話だった。これにより、当時のバアル信仰のメインテーマが豊穣多産にあったことが解き明かされたのだ。

雨月物語

ウゲツモノガタリ

Ugetsumonogatari

■日本　■物語

江戸時代中期の読本《よみほん》。

上田《うえだ》秋成《あきなり》の著作で、全5巻から成る。9篇の物語が収録されており、そのすべてが怪異譚である。その中でもよく知られているのは、西行法師が崇徳上皇の御陵でその霊と対話する「白峯《しらみね》」だが、この他にも再会の期日の約束を守るために自刃して魂魄のみとなった親友がやって来る「菊花の約《ちぎり》」、中国の古典民話『白蛇伝』を翻案した「蛇性《じゃせい》の婬《いん》」、鬼へと変じてしまった僧の物語である「青頭巾」などが収録されている。

宇治拾遺物語

ウジシュウイモノガタリ

Ujishuhimonogatari

■日本　■説話

鎌倉時代前半の説話集。

元は**『宇治大納言物語《うじだいなごんものがたり》』**から収録漏れ

した物語をまとめたもので、正確な作者及び成立年代は不明。全197話。

本書に収録されている物語は大きく分けて「仏教説話」「世俗説話」「民間伝承」の3種に分類できる。3番目の民間伝承には、「こぶ取り爺さん」や「舌切り雀」など馴染み深い昔話の原型となるエピソードが含まれている。

宇治大納言物語

ウジダイナゴンモノガタリ

Ujidainagonmonogatari

■日本　■説話

鎌倉時代の説話集。

宇治大納言 源《みなもとの》隆国《たかくに》の作とされる。正確な成立年代は不明だが、建保元年（1213年）から承久3年（1221年）の間とするのが定説。

『**今昔物語集**《こんじゃくものがたりしゅう》』を、本書を増補したものとする説もあったが、現在では否定されている。現在では散逸して、その内容は失われている。

失われた世界

ウシナワレタセカイ

Lost World

■イギリス　■小説

→ロスト・ワールド

失われた地平線

ウシナワレタチヘイセン

Lost Horizon

■イギリス　■小説

『チップス先生さようなら』で名高いジェイムズ・ヒルトンの1933年のユートピア小説。英国領事ヒュー・コンウェイが、奇妙な偶然からチベットの高山にあるシャングリ・ラへと赴く。

そこには、なぜか西洋文明の便利な道具もあり、世界各国の貴重な図書が収蔵された図書館もある。

このシャングリ・ラでは、人々は年老いず、信じられない程長い時間を生きることができる。ただし、外に出ると元の年齢に戻ってしまう。

このシャングリ・ラはヒルトンの創作だが、ユートピアを表す言葉として完全に定着した。また、中国雲南省の県が、この小説の舞台はここだとして、香格里拉《シャングリラ》県と改名している。

失われたムー大陸

ウシナワレタムータイリク

The Lost Continent of Mu

■イギリス　■オカルト

イギリスの元軍人ジェームズ・チャーチワードは、彼が駐留していたインドにおいて古代の碑文を発見した。この碑文から、当時レムリア大陸と呼ばれていた仮説の大陸は、ムーといって太平洋上にあったという本を書いた。これが1926年に発行された『失われたムー大陸』である。

中国・日本・太平洋諸島の神話などには、ムーについての記述があるという。ただし、日本神話にムー大陸を示唆する部分は存在しない。

彼によれば、ムーは高度に発達した文明を持っており、現代文明は、わずかに生き残ったムー人のもたらした文明を元に発達したものだという。現代文明も、ムー文明の最盛期には到達していない。

このムー大陸は1万2千年前に水没し、わずかな人々が現在のメキシコに移住しただけだという。つまりマヤやアステカの人々は、ムー人の衰えた子孫たちなのだという。

だが、マヤ文明やアステカ文明は現代文明にほとんど影響を与えていないのだから、現代文明がムーの文明を元に発達したというのは、牽強付会ではないだろうか。

宇宙英雄ペリー・ローダン

ウチュウエイユウペリーローダン

Perry Rhodan

■ドイツ　■定期刊行物

→ペリー・ローダン

宇宙塵

ウチュウジン

Uchuhjin

■日本　■定期刊行物

1957年から刊行されている日本最古のSF同人誌。星新一、小松左京、筒井康隆、光瀬龍など、日本を代表するSF作家が作品発表の場にするなど、日本のSF界の発展に寄与してきた。

宇宙戦争

ウチュウセンソウ

War of the Worlds

■イギリス　■小説

ハーバート・ジョージ・ウェルズの書いたSF小説。火星人の地球侵略を扱ったSFで、現在でも古典SFとして評価されている。

だが、さらに有名なのが、オーソン・ウェールズが行ったラジオドラマの方だ。

アメリカで1938年10月30日8時から放映した『火星人襲来』は、冒頭において、また放映の途中で何度も「これはフィクションである」と説明しているにもかかわらず、人々はヒステリーを起こし、様々な異常行動を取った。自殺しようとする人、逃げ出そうとバスに乗る人、家族に別れの電話をかける人、ショックで心臓発作を起こした人、教会に集まって祈りを捧げる人々、火星人と戦おうと陸軍事務所に詰めかける人々、などなどである。

放送終了直後に警察がやって来て、ラジオ放送のスタッフたちは保護拘禁された。だが翌日には、何の過失を問われることもなく釈放された。

実は最も騙されなかったのは子供たちだった。というのも、彼らはオーソン・ウェールズの声をドラマで聞いたことがあり、役者がアナウンサーをするという奇妙さに気が付いたからだ。

新聞は、大衆の愚かさを叱るという論調で推移した。放送局に対して多数の訴訟が起こされたが、すべて却下された。放送中に何度も「これはフィクションである」と説明しているにもかかわらず聞かなかった方が愚かなのだという理由だ。

だが、翌年エクアドルで同じ内容の放送を行ったところ、より激しいパニックが起こった。そして、怒った人々はラジオ局に詰めかけて放火し、番組出演者を含む21人が殺された。

尉繚子

ウツリョウシ

Wèi Liáo Zǐ

■中国　■兵法書

中国古代の兵法書。『**孫子**《そんし》』『**呉子**《ごし》』に匹敵する程評価が高く、**武経七書**《ぶきょうしちしょ》の一つともなっている。

長い間、偽書《ぎしょ》と見なされていたが、1977年に山東省《さんとうしょう》の前漢代の古墳から『尉繚子』の記述を含む兵書竹簡《ちくかん》が発見され、秦代以前の戦国時代後期に書かれたものであることが確実となった。

著者とされる尉繚《うつりょう》については、梁《りょう》の恵《けい》王《おう》の時の人、秦の始皇帝時代の人などいくつかの説があり、はっきりしない。

『漢書《かんじょ》』「芸文志《げいもんし》」には「尉繚子二十九篇」及び「尉繚子三十一篇」という記述があるが、現存する書は24篇5巻から成る。

『孫子』にしろ『呉子』にしろ、兵家《へいか》の思想は多くは無神論的・唯物論的傾向を持つが、それが最も際立っているのが『尉繚子』だという特徴がある。戦争に勝ち、国を治めるために必要なのは占いや呪《まじな》いではなく、とにかく人事（人間の行為）に尽きるという思想である。そして人事とは、有用な人材を採用すること、法制を整えること、論功行賞を正しくすることだとされている。

善知鳥安方忠義伝

ウトウヤスカタチュウギデン

Utohyasukatachuhgiden

■日本　■物語

山東京伝《さんとうきょうでん》による戯作の一つ。

文化3年（1806年）に刊行された。

平将門が討ち取られた後、その遺児である滝夜叉と弟の将軍太郎良門の物語である。滝夜叉は、将門山に籠もり源氏への復讐を企てる弟を助け、その持てる美貌と肉芝仙《にくしせん》より授けられた蝦蟇や大髑髏の妖術を操り、人心を惑わす復讐の烈女となった。しかし、源頼信の家臣である大宅光圀によって企みは打ち砕かれてしまう。

本作の元となったのは謡曲『善知鳥《うとう》』であるとされる。これは能の演目で、立山の僧が、生前善知鳥を捕らえた報いで地獄に落とされた猟師の亡霊と出会う物語だ。自分の遺品を遺族へ届けてほしいという猟師の亡霊の願いを聞き入れ、それを実行し供養すると、猟師が生前に犯した罪業と地獄の様子を語るのだった。この物語は、猟師一家の情愛の深さを鳥の親子である「うとう」「やすかた」に重ね合わせる形で進行していく。

ウパニシャッド

Upaniṣad

■インド　■経典

「奥義《おうぎ》書」ともいう。**ヴェーダ**の中で哲学的な部分をいう。世界をアートマンとブラフマンが同一のものであるとした上で、世界とその意義を解説している。

その内容から「古ウパニシャッド」と「新ウパニシャッド」に分けられ、さらに「古ウパニシャッド」は3期に、「新ウパニシャッド」は5期に分類される。

ウパプラーナ

Upapurāṇa

■インド　■経典

→プラーナ

海のクック

ウミノクック

The Sea Cook

■イギリス　■小説

→宝島《たからじま》

浦島太郎

ウラシマタロウ

Urashimataroh

■日本　■説話

御伽草子《おとぎぞうし》の1篇で、渋川清右衛門《しぶかわせいえもん》が刊行した23篇の一つ。

いわゆる昔話の「うらしまたろう」である。

丹後国に浦島太郎という漁師がいた。ある時、釣りをしていた彼の竿に1匹の亀がかかる。太郎はこれを「万年も生きるものをここで殺すのは良くない」と海へと放した。その翌日、太郎がまた釣りに出ると、沖合から美女を乗せた1艘の小舟が近づいてきて太郎を竜宮へと招いた。海底の竜宮は地面が白銀、建物の甍《いらか》（瓦）は黄金、四方には四季の草木花が咲き繁るといった具合で、太郎は「天上世界の住居もこれ程ではあるまい」と感嘆する。彼を迎えにきた美女と褥《しとね》を共にし、比翼《ひよく》の契りを交わす生活を竜宮で続けていた太郎であったが、3年を過ぎたころ、故郷に残してきた父母のことが気になり始めた。そこで暇をもらい地上へと帰るのだが、この時美女は太郎に、実は自分が助けられた亀であると明かし、筥《はこ》を渡して絶対に開けてはならないと念を押した。地上では700年の時が過ぎ、父母はとうに亡くなり、太郎の家も潰《つい》えていた。途方に暮れた太郎は竜宮の美女との約束も忘れ、思わず筥を開けてしまう。すると太郎は鶴へと姿を変え、いずこかへと飛び去ってしまった。後に太郎は浦島明神として顕現し、竜宮の女房《にょうぼう》も神として顕れて夫婦の明神となったという。

この物語の原型になったのは『**万葉《まんよう》集《しゅう》**』に収録された、高橋虫麻呂の歌である。これは「水の江の浦島の子」にまつわるもので、櫛笥《くしげ》（玉手箱）を開けた太郎が老人となってしまうなど、現在我々が知る「うらしまたろう」の昔話に近い筋書きだ。

またさらに古くは『丹後国風土記《ふどき》』に同様のエピソードがある。ここでは竜宮城（という言葉は登場しないが）は海中の仙境であり、浦島太郎に相当する「浦の嶼子《しまこ》」がそこから地上へと帰る際に渡された玉匣《たまくしげ》は、亀姫（乙姫に相当）との再会の約束の品であった。が、やはり嶼子はこれを開け、若さを失ってしまう。老人と化した嶼子は300年先の世界で知る者もなく、亀姫のいる仙境へも帰れず、ただ悲しみの歌を詠むばかりであった。

→風土記《ふどき》

盂蘭盆経

ウラボンキョウ

Yú Lán Pén Jīng

■中国　■経典

いわゆるお盆（盂蘭盆《うらぼん》）の由来と修法を説いた仏教の経典。インド製で、古代中国西晋《せいしん》代（265～316）の大訳経家・法護《ほうご》によって漢訳され、日本にも輸入された。

盂蘭盆はサンスクリット語の“ullabana（ウラバンナ）”で「倒懸《とうけん》（はなはだしい苦しみ）」を意味する。それが転じて、亡者の苦しみを救う行事が盂蘭盆となった。日本では、斉明《さいめい》天皇3年（657年）に最初の盂蘭盆会《え》が設けられた。

『盂蘭盆経』の内容は次のようなものである。

釈迦が祇園精舎《ぎおんしょうじゃ》に滞在していた時のこと。十大弟子の1人・目連《もくれん》は初めて神通力を手に入れ、今は亡き父母に恩返しをしたいと思い、六道《りくどう》世界を霊視したところ、母は餓鬼道《がきどう》で飢えと渇きで大きな苦しみを受けていた。目連が嘆くと仏陀《ぶっだ》がいった。「お前の母は罪が深過ぎたので、お前1人の力では救えないし、天神・地神にもどうにもならない。しかし、各地の修行僧が力を結集すれば解脱《げだつ》できるだろう」。そして仏陀は7月15日に行うべき具体的な供養の方法を教えた。目連及び多くの修行僧がいわれた通りの供養を行ったところ、目連の母は餓鬼道の苦しみから救われた。そこで、同じように苦しむ亡者たちを救うため、盂蘭盆の修法が後々までも伝えられることになったのである。

ヴリッダ・ガルガ・サンヒター

Vṛddhagarga-saṃhitā

■インド　■占星術書

インドの占星術書。

ヴルガータ

edito Vulgata

■ヨーロッパ　■経典

ラテン語聖書の決定版と呼ばれており、絶え間ない校訂によって、現代でもカトリックにおける聖書の決定版とされている。

382年にキリスト教の神学者ヒエロニムスがギリシア語・ヘブライ語などで書かれた**『新約聖書』『旧約聖書』**をラテン語にするべく作業を始めた。もちろん、それ以前にも聖書のラテン語化は試みら

図版1　4世紀の『ヴルガータ』の写本の目次

れ、部分訳も全文訳も存在していたが、満足できるものではなかった。

ヒエロニムスによって成立した訳は、それまでのものに比べ、遥かに明快かつ流麗な文章であり、ラテン語聖書の決定版とされた。

その後、中世を通じて何度も写本がなされ、その際に誤写があったり、また他のラテン語訳からの混入があったりして『ヴルガータ』は混乱したが（もちろん、中世期にも校訂は試みられていた）、ルネサンス期になって再びきちんとした校訂がなされ、またヘブライ語版聖書などからの訳の再検討などもなされるようになり、その質の維持と向上が図られている。

雲笈七籤

ウンキュウシチセン

Yún Jí Qī Qiān

■中国　■経典

道教の百科事典。北宋の天禧《てんき》3年（1019年）、真宗《しんそう》皇帝の命を受けた張君房《ちょうくんぼう》が『道蔵《どうぞう》』を整理して『大宋天《だいそうてん》宮《きゅう》宝蔵《ほうぞう》』4565巻を編纂し、さらにその要点を集めて『雲笈七籤』122巻を編纂した。道典を研究する上で貴重なだけでなく、神話の資料ともなっている。

運命の王子の旅

ウンメイノオウジノタビ

Le Voyage des princes fortunez

■フランス　■錬金術書

フランソワ・ベロアルド・ド・ヴェルヴィルが1610年に出した、800ページもある大部の錬金術《れんきんじゅつ》の寓意《ぐうい》小説。

小説の形で、錬金術の奥義《おうぎ》を記したものといわれる。

運命の王子が様々な事件に出合い変わっていく姿を描いた、4部構成の作品である。だがこれは、物質が様々な変容を受けて、賢者の石へと変わっていくことを寓意の形で描いたものだといわれている。

え

永遠の戦士

エイエンノセンシ

Eternal Champion

■イギリス　■小説

イギリスのSF作家マイケル・ムアコックが書いているファンタジーの一大シリーズ。

「法」と「混沌」という二つの勢力が争う世界（どちらも正義ではないことに注意）において、「天秤」という世界のバランスを保とうとする力の顕現として現れ、永遠に転生を繰り返しながら戦う戦士、それが永遠の戦士（エターナル・チャンピオン）である。

この永遠の戦士を主人公とする多くのファンタジー作品の総体が、このシリーズである。

シリーズの中には『エルリック・サーガ』『ルーンの杖秘録』『エレコーゼ・サーガ』『紅衣の公子コルム』など多数の小説シリーズが含まれる。

永遠の知恵の円形劇場
エイエンノチエノエンケイゲキジョウ

Amphitheatrum Sapientiae Aeternae

■ドイツ　■錬金術書

→**久遠《くおん》の叡智の円形劇場**

栄華物語
エイガモノガタリ

Eigamonogatari

■日本　■歴史書

平安時代に隆盛を極めた藤原氏の歴史物語。古写本では『栄花物語』とする場合も多い。

宇多天皇の御世から藤原道長《ふじわらのみちなが》の死までの約200年間の歴史を記した正編30巻と、その続編の10巻がある。正確な作者は不明だが、30巻は中古三十六歌仙の1人である女流歌人・赤染衛門《あかぞめえもん》、続編は出《で》羽弁《わのべん》など複数の女流歌人とするのが定説となっている。

編年体形式で書かれ、『**源氏物語《げんじものがたり》**』の多大な影響を受けている。

栄花物語
エイガモノガタリ

Eigamonogatari

■日本　■歴史書

→**栄華物語《えいがものがたり》**

英国の化学劇場
エイコクノカガクゲキジョウ

Theatrum chemicum britannicum

■イギリス　■錬金術書

エリアス・アシュモールが1652年に出版した錬金術《れんきんじゅつ》書。

アシュモールは、世界最古の科学学会であるロンドン王立協会の創設者の1人でもある当代の知識人であり、医学博士でもある。また、彼は英国随一のコレクターでもあり、オックスフォード大学には彼のコレクションを元にして、アシュモール博物館という世界初の公共博物館が作られた程である。現在でも、同博物館は大学に存在する。

同時に、アシュモールは最初の思弁的フリーメーソンでもあり、占星術協会の設立者でもある。

だが、現在でも残る彼の事跡は、この『英国の化学劇場』を出版したことにあ

図版2　『英国の化学劇場』掲載の寓意図

る。この本は、今までに存在した錬金術書をまとめて1冊にしたことにより、失われるはずの錬金術書を後世に残すことになった。

エイボンの書

エイボンノショ

Book of Eibon

■ラテン　■架空

クトゥルフ神話の中に出てくる架空の魔道書。

原書は、氷河期以前の太古に存在した大陸ハイパーボレアの司祭エイボンによって書かれた。ハイパーボレアでは、ガタノソノア信仰とツァトゥグァ信仰が行われていたが、ツァトゥグァ信仰は異端とされていた。エイボンはそのツァトゥグァの司祭である。

ハイパーボレアでエイボンは他教徒から激しい迫害をされたが、後にツァトゥグァの力を借りて次元の壁を越え、土星に脱出した。

『エイボンの書』にはツァトゥグァ信仰やハイパーボレアの様子の他にも、禍々しいクトゥルフ神話怪物の襲来を事細かく描いた章も存在する。C. A. スミス『妖蛆の襲来』、リン・カーター『シャッガイ』などは、それらの章を抜粋したという設定である。

現存する最古の版は13世紀ラテン語のもので、ハイパーボレア語を直接翻訳したものだという。その後、少なくともフランス語と英語に翻訳されたが、それぞれ現存するのはほんの数部の手書きの写本のみである。印刷されたことは一度もない。

→クトゥルフ神話の魔道書

英雄伝

エイユウデン

Parallel Lives

■ギリシア　■歴史書

50年ごろ（ギリシアは衰退しローマの属国になっていた）に生まれたプルタルコスが、ギリシアが盛んだった古代を懐古して、4人の単独伝記と、22人のギリシア人と22人のローマ人の対比列伝を書いた。プルタルコスの英語読みであるプルタークから『プルターク英雄伝』の名で知っている人も多いだろう。

アレキサンダーとカエサルの比較など、非常に興味深い対比列伝がある。

ちなみに、この本の英訳を元ネタに、シェイクスピアは『ジュリアス・シーザー』や『アンソニーとクレオパトラ』などを書いたといわれている。

エイルの人びとのサガ

エイルノヒトビトノサガ

Eyrbyggja saga

■アイスランド　■サガ

五大**サガ**と呼ばれるサガの一つ。

『エギルのサガ』や**『グレティル・アースムンダルソンのサガ』**などと異なり、1人の豪傑の生涯を描く手法で記されているサガではない。この物語の中で書かれている年数は長く、ノルウェーのハラルド美髪王の圧力によって一部の人々がアイスランドへの植民《しょくみん》を始めた9世紀から11世紀までの長い年月を淡々と語っていく。作者については分かっていない。

『エイルの人びとのサガ』の作者は、「学者的」であると紹介されることが多い。物語というよりは、風俗の解説、記録を目的として書かれているように思われる。

しかし、1人の魅力的な人物が登場することによって、このサガはようやく主人公と呼べる人物を持つ。それがソルグリームの息子スノリ（スノリ・ソルグリームスソン）である。スノリは容貌美しく、おとなしく、心の中をなかなか見せない男だが、賢く先見の明があり、心の暗い側面には執念深さと復讐心が隠されている。彼は神殿を管理していることから、人々に「首長スノリ」と呼ばれていた。

スノリは冷静な心の持ち主で、緻密な計算と容赦のない行動によって、確実に勢力を強めていく。互角の敵手である首長アルンケルを倒したスノリは、だれも対抗することができない人物となる。そして、このサガの最後は、スノリの子供たちの行く末を記し、終わる。

易

エキ

Yì

■中国　■思想書

→易経《えききょう》

易経

エキキョウ

Yì Jīng

■中国　■思想書

中国で古代から行われていた易《えき》という占いのための書。易は50本の竹の棒状のもの（蓍《めどき》または筮竹《ぜいちく》）を用いた占いで、殷《いん》代の亀卜《きぼく》に代わるものとして周代に生まれた。だから、周代には易に関する何らかの書が存在していたはずだが、現在ある『易経』の形で成立したのは戦国時代ごろと見られている。当初は『易』『周易《しゅうえき》』と呼ばれた。

それが漢代になって非常に重要な書と考えられるようになり、後漢代には五経の筆頭とされた。つまり、『易経』は単に占いの書であるだけでなく、宇宙の深遠な真理を解説する書であり、知識人ならばだれもが知っておかなければならない最高の書とされたのである。五経に含まれる『書』を『書経』というように、「経」の字を付加して『易経』と呼ばれるようになったのも、このころからである。

内容は本文と解説から成っている。本文は「経」といい、12編ある。解説は「伝」といい、10編ある。

「経」は易の六十《ろくじゅう》四《し》卦《か》のそれぞれの説明（卦辞《かじ》）と、卦を構成する六つの爻《こう》の説明（爻辞《こうじ》）から成っている。

ここで卦と爻について説明しておこう。

易は陰陽の二元論で森羅万象の真理を解明しようとする思想である。陰陽は—、--という符号で表される。これが爻で、—は陽爻、--は陰爻という。

爻を三つ、または六つ組み合わせたものを卦という。三つ組み合わせたものは小成《しょうせい》の卦といい、次の8種類ができる。

乾《けん》	☰	坤《こん》	☷	震《しん》	☳	巽《そん》	☴
坎《かん》	☵	離《り》	☲	艮《ごん》	☶	兌《だ》	☱

これが八卦で、それぞれに意味がある。例えば、「乾」は純粋に陽の気であ

り、その形は「天」であり、その作用は「健《すこや》」かさである。そして、君主、父、西北などを象徴する、という具合である。

爻を六つ組み合わせたものは成卦といい、次の64種類ができる。

1乾	2坤	3屯	4蒙	5需	6訟	7師	8比
䷀	䷁	䷂	䷃	䷄	䷅	䷆	䷇
9小畜	10履	11泰	12否	13同人	14大有	15謙	16豫
䷈	䷉	䷊	䷋	䷌	䷍	䷎	䷏
17随	18蠱	19臨	20観	21噬嗑	22賁	23剥	24復
䷐	䷑	䷒	䷓	䷔	䷕	䷖	䷗
25无妄	26大畜	27頤	28大過	29坎	30離	31咸	32恒
䷘	䷙	䷚	䷛	䷜	䷝	䷞	䷟
33遯	34大壮	35晋	36明夷	37家人	38睽	39蹇	40解
䷠	䷡	䷢	䷣	䷤	䷥	䷦	䷧
41損	42益	43夬	44姤	45萃	46升	47困	48井
䷨	䷩	䷪	䷫	䷬	䷭	䷮	䷯
49革	50鼎	51震	52艮	53漸	54帰妹	55豊	56旅
䷰	䷱	䷲	䷳	䷴	䷵	䷶	䷷
57巽	58兌	59渙	60節	61中孚	62小過	63既済	64未済
䷸	䷹	䷺	䷻	䷼	䷽	䷾	䷿

これが六十四卦である。したがって、『易経』の「経」にはこれら六十四卦についての説明64項目と、それを構成する六爻それぞれの説明64×6＝384項目が載せられているのである。

八卦や六十四卦がどのようにしてできたかは不明だが、伝説によれば、神話時代の太古の帝王・伏羲《ふっき》が森羅万象の法則と現象を観察し、初めて八卦を作った。その後、殷周革命の時代に周の文王《ぶんおう》が六十四卦としたといわれている。

『易経』に含まれる10編の「伝」は「経」ができた後に付け加えられたもので、「彖《たん》伝・上下」「象《しょう》伝・上下」「繋辞《けいじ》伝・上下」「文言伝」「序卦《じょか》伝」「説卦《せっか》伝」「雑卦《ざっか》伝」がある。これら「伝」については、孔子《こうし》が易の道理を明らかにするために作ったという伝説があるが、正確なところは不明である。

→四書五経

エギルのサガ

Egils saga Skalla-Grímssonar

■アイスランド　■サガ

五大**サガ**と呼ばれる傑作サガの一つ。主人公は実在した人物で、エギル・スカラグリームスソン（910～990？）である。エギルは大男で禿頭の豪傑であり、ヴァイキングとして波乱万丈の人生を生きた人物だが、同時に詩作に関しては驚くべき才能と繊細さを持ち、詩人の中に数えられている。

『エギルのサガ』は当時のアイスランドの人々の生活と気質を正確に記録した詩であり、神々や巨人、化け物などは一切登場しないため、幻想性を求める人には推奨できないが、アイスランドの人々とヴァイキングに興味がある人にとっては、宝の山のような詩集であるといっていいかもしれない。

エギルの詩作の才能の優秀さを表現し『エギルのサガ』の中でクライマックスの一つとされる章は、過去の確執によりエギルに対し激しい憎しみを抱くノルウェー王「血斧の」エイリークの捕虜となった時、王の前で朗唱し、見事に処刑を免れる部分であろう。この長詩はそのことによって「首の身代金」と呼ばれるようになる。主人公が詩人である『エギルのサガ』には、この「首の身代金」だけでなく、素晴らしい詩が数多く収められていて、そのことによりエギルは現代においても「アイスランド第一の詩人」と呼ばれている。同時に、このサガは非常に忠実に当時の歴史について語られているため、当時の北欧の歴史及び民俗を学ぶ人々のために重要な資料にもなっている。

この物語の作者は不明だが、北欧神話の重要な資料**『散文エッダ』**の著者であるスノッリ・ストゥルルソンだという説がある。

エジプト人福音書

エジプトジンフクインショ

Greek Gospel of the Egyptians

■中東　■経典

『新約聖書外典』の一つ。ギリシア語で書かれており、「**コプト語エジプト人福音書**」とは別なので注意すること。この**福音書**《ふくいんしょ》は、2～3世紀ごろにエジプトに住むギリシア語を話すユダヤ人キリスト教信者に用いられていた福音書である。

グノーシス派的要素が強く、また結婚を非とする禁欲主義も強い。

この福音書では、サロメという女性の弟子が重要な役割をし、イエスとの間に議論を行ったりする。この福音書で有名な台詞に、サロメが「死はいつから始まるのですか」と問うと、イエスが「母親の手に抱かれている時から」と答えるのがある。

エステル記

エステルキ

Book of Esther

■中東　■経典

『旧約聖書正典』の一つ。ペルシア王クセルクセスの王妃となったエステルが、ユダヤ人を滅ぼそうとする大臣ハマンの陰謀と戦う話。エステルはユダヤ女性の鑑とされる。

だが「**エズラ記**」では、ユダヤ人と異民族の通婚は罪であるとされたのではなかったのか。王妃になれるとかいった都合のいい時だけ異民族との結婚を正しいとするのでは、説得性がないと思われるのだが。

→旧約聖書

エステル記付録

エステルキフロク

Rest of Esther

■中東　■経典

『旧約聖書正典』の「**エステル記**」は全部で163節。『七十人訳聖書《しちじゅうにんやくせいしょ》』の「エステル記」は270節ある。つまり、107節はギリシア語でしか存在しない文章である。この部分は『正典』から排除され、『旧約聖書外典』扱いとなっている。これが「エステル記付録」と呼ばれる部分である。

その内容は、神への祈りや王室記録の引用などで、「エステル記」自体の信用度を高め、また宗教色を強める（「エステル記」自体は、王妃となったユダヤ人エステルが、その智恵を持ってユダヤ人を救う話で、神は全く出てこない）ために追加されたものと考えられている。

→旧約聖書

エスドラス第1書

エスドラスダイイチショ

1 Esdras

■中東　■経典

『旧約聖書外典』の一つ。これは『七十人訳聖書《しちじゅうにんやくせいしょ》』での名称。**『ヴルガータ』**では「第3エズラ記」と呼ぶ。**「エズラ記」**は複数あり、その中でギリシア語で書かれたものなので、「ギリシャ語エズラ記」と呼ぶ時もある。ユダヤ教やプロテスタントでは『外典』とされるが、カトリックやギリシア正教では『旧約聖書正典』に入っている。

内容は『正典』の「エズラ記」と同様で、どちらかがどちらかを書き改めたのではないかと考えられている。ただ、一部『正典』にない部分もある。

→旧約聖書

エスドラス第2書

エスドラスダイニショ

2 Esdras

■中東　■経典

『旧約聖書外典』の一つ。ラテン語で書かれているので「ラテン語エズラ記」という。その内容から「エズラの黙示」ともいう。全部で16章から成るが、1～2章、3～14章、15～16章は明らかに作者が別である。このため**『ヴルガータ』**では、以下のように別の本とされている。

- 「第2エズラ記」　1～2章
- 「第4エズラ記」　3～14章
- 「第5エズラ記」　15～16章

内容は、サラチエル（エズラの別名であるという）という人物が七つの幻を見る話である。前半三つはユダヤ民族の現在の苦境について、後半四つは未来における栄光についてである。

第1の幻では、エズラはイスラエルの民が悪の心を持ったことを認めるが、さらに悪であるローマ帝国が栄えるのはなぜかを問う。すると天使ウリエルが現れ、人には神の道を見ることができないから疑問に思うのだと答える。エズラはさらに、イスラエルが滅びては神の名が立たぬというと、ウリエルは間もなく終末が来て、疑問はその時に答えられるという。

第2の幻では、この世はすでに年老いており、間もなく終末が来ることが示唆される。

第3の幻では、なぜユダヤ人のために作られた世界で、ユダヤ人が苦しみ、他の民族が栄えるのかを問う。再びウリエルが、アダムが誤ったので、栄光に至る道は狭く苦しいものとなったと答える。そして、その時に至ればメシアが現れ、400年の喜びの統治を行う。その後にすべての人は死ぬが、正義の者だけは目覚めて、そうでない者は滅んだままとなると。

第4の幻では、息子に先立たれた女が現れ、嘆いて死のうとする。エズラは、エルサレムが破壊され、ユダヤ人すべてが滅びかけている時に、その程度のことで嘆かず、耐えなければならないと諭す。すると、女は都市エルサレムへと変貌した。女の言葉は、エルサレムが蹂躙され民が苦しんでいることを嘆くエルサレムの言葉だったのだ。

第5の幻では、鷲が現れ、12枚の翼で

次々とこの世を支配する。だが、ライオンが現れ、鷲の治世の終わりを告げる。これは、鷲がローマ帝国を表し、ライオンがメシアを表すのだ。

第6の幻では、海から何者かが現れ、雲と共に飛んでくる。その者に戦いを挑む群衆に、その者は口から火を吐いて戦い、滅ぼしてしまう。その後、平和な民を呼び集める。これは、海から現れたのがメシアであり、平和な民とはユダヤの失われた10部族であるという。

第7の幻では、この世の流れは12期に分けられ、そのうち9と半分の期が過ぎた。このため民に警告を与えなければならないといわれる。だが、エズラは律法が焼かれてしまい、導くべき指針がないと答える。そこで、主の命で5人の男が集められ、交代で40日間筆記を続けて、94冊の本が書かれた。そして、最初の24冊は公表し、残りの70冊は賢者にだけ読ませるようにと命じた。

→旧約聖書

エズラ記

エズラキ

Book of Ezra

■中東　■経典

『旧約聖書正典』の一つ。ペルシア王キュロスによってバビロニアが滅ぼされ、ユダヤ人の帰還が許されるところから始まる。聖書では、神がキュロスの心を動かしたことになっているが、これは牽強付会であろう。単に、キュロスが非征服民族に対し寛容であったこと、バビロニア人を征服した後にバビロニア人に征服されていた民族を優遇することで自らの帝国の安定を図ったことなどが真相であり、それをユダヤの神の力であるとする聖書の記述は、いかにも嘘臭い。

ユダヤ教の中には、ペルシア王キュロスこそメシアであるという説まであったようだが、他民族の王をメシアであると考えること自体が異常である。

また、異民族から妻を取ることを罪悪であるとしている。そして、聖なるユダヤを守るために、異民族の妻と子を絶縁している。異民族の王をメシアと考えるくせに、異民族の妻子は絶縁するというのは、まさに論理が一貫していないように思えるのは、筆者だけではないだろう。

何より、「**エステル記**」や「**ルツ記**」の内容と、相反しているのではないか。

→旧約聖書

エズラの黙示

エズラノモクシ

2 Esdras

■中東　■経典

→エスドラス第2書

エゼキエル書

エゼキエルショ

Book of Ezekiel

■中東　■経典

『旧約聖書正典』の一つ。エゼキエルは、バビロン捕囚のユダヤ人の中にいた預言者である。

彼は、多くの幻視を行った。その中でも有名なのが、枯れた骨の谷である。神はエゼキエルに、「彼らはもう一度生きることになる」と預言するように命じた。

エゼキエルがそうすると、骨は組み合わさり、筋や肉が付き、生きた人間となった。これは、死後の復活を意味すると共に、イスラエルが再び立ち上がることを預言しているのだという。

そして、彼の最大の幻視は、破壊されたエルサレムの第1神殿が再建されるというものだ。

→旧約聖書

絵草紙

エゾウシ

Ezohshi

■日本　■物語

→草双紙《くさぞうし》

絵双紙

エゾウシ

Ezohshi

■日本　■物語

→草双紙《くさぞうし》

エターナル・チャンピオン

Eternal Champion

■イギリス　■小説

→永遠の戦士

エタナ神話

エタナシンワ

Etana myth

■メソポタミア　■神話

シュメールの都市国家キシュを中心とするキシュ第1王朝の王エタナを主人公とする神話。エタナは、紀元前2800年から前2700年前後に実在した王であることが分かっている。**シュメール王名表**に従えば、キシュ第1王朝は、地表を一掃した大洪水の直後に興った王朝である。

エタナは、キシュの町を建設した神々の会議と女神イシュタルが、人々の牧者たるべく選び出した王者だった。子宝に恵まれなかった彼は、正義の神シャマシュに、子宝の草を授けてくれるよう懇願する。するとシャマシュは、友の蛇を裏切って重い罰を受けている鷲を助けるようエタナに助言した。

救われた鷲は、礼として子宝の草を得る手伝いを申し出る。鷲の背に乗ったエタナは天界を目指す。国も海も見えない程の高さまで飛び続け、彼らはようやく天界の門に達し、神々の前に平身低頭する。

粘土板の保存状態が悪いため、物語の内容は断片的で、特に結末部分については不明といっていい。ただ、キシュ王朝は無事にエタナの息子によって継がれているので、彼の探索は成功したのだろう。

このエタナ神話は、明白な挿絵（鷲の背に乗ったエタナが天に向かって飛ぶ様子）が円筒印章の形で残されている。こうしたケースは、メソポタミア神話ではかなり珍しい。エタナはキシュ王朝の実質的な創始者として扱われた、人気の高い王だったようだ。

エチオピア語エノク書
エチオピアゴエノクショ

Book of Enoch

■アフリカ　■経典

→エノク書

エッダ

Edda

■アイスランド　■叙事詩

古ノルド語で書かれた歌謡集と、スノッリ・ストゥルルソンの書いた詩学入門書の二つがあり、どちらも『エッダ』と呼ぶ。

この二つを区別するため、前者を『**歌謡エッダ**』、後者を『**散文エッダ**』と呼ぶ。

淮南鴻烈
エナンコウレツ

Huái Nán Hóng Liè

■中国　■思想書

→淮南子《えなんじ》

淮南子
エナンジ

Huái Nán Zǐ

■中国　■思想書

古代中国、漢の武帝《ぶてい》の時代に漢の王族の1人である淮南王《わいなんおう》・劉安《りゅうあん》（紀元前179～前122）を中心に編纂された書物。内篇21篇、外篇33篇から成っていたが、現存するのは内篇だけである。

中国南部の淮南国は漢の支配が及ばない半独立国であり、多数の文人、学者、任侠《にんきょう》の士などが集まった。これらの文人や学者の知が結集されたのが、この書である。道家の思想を基本にしているが、諸子百家の思想を援用して、宇宙論、地理論、社会論、政治論、戦略論など、とにかく広範な知識が豊富に集められている。女神・女媧《じょか》が壊れた天を補修した話、羿《げい》が10個の太陽のうちの9個を射落とした話、羿の妻の嫦娥《じょうが》が不死の薬を持って月へ逃げた話、怪物・共工《きょうこう》が不周山《ふしゅうざん》にぶつかって天が傾いた話など、詳細な内容の神話伝説も含まれている。日本の『**古事記**《こじき》』や『**日本書紀**《にほんしょき》』にある天地創造神話も『淮南子』にある天地創造神話を元にしてできたものである。

エヌマ・エリシュ

Enûma Eliš

■メソポタミア　■神話

→天地創造の叙事詩

エノク書
エノクショ

Book of Enoch

■中東　■経典

『**旧約聖書偽典**』の一つ。現在「スラブ語エノク書」と「エチオピア語エノク書」の二つが残っている。他にも、断片ならばギリシア語とかラテン語のものもある。原典はアラム語で書かれたもので、おそらく紀元前2～後1世紀ごろと考えられている。

スラブ語版は23章から成るが、エチオ

ピア語版は全部で108章もあり、ずっと長い。その内容だが、実際には異なる時代の多くの著者による文書をまとめたもので、統一した思想などは存在しない。

『**旧約聖書**』にも登場する義人エノクによる啓示の書であり、初期キリスト教においては正典扱いされていた。実際、エチオピア正教では、現在でもエチオピア語版を正典としている。『**新約聖書**』の著者たちは、ほとんどこの書を読んでいたはずで、少なからず影響を受けている。

内容は、義人エノクが昇天し、七つの天を巡る。そして、再び地上に戻って本を書いてから、再び神の元へと戻ったというもの。

天使や堕天使、悪魔などの名前が多数挙げられており、その意味では、幻想譚の作り手にとっては非常に便利な書である。

エノクの書

エノクノショ

Book of Enoch

■イギリス　■オカルト

ジョン・ディーが書いたエノク語の本。

ジョン・ディーは、イギリス、エリザベス朝時代の知識人である。数学者でもあり、近代的図書館システムをメアリー女王に提唱したが、断られたため、自力で4千冊（当時としてはすごい量）の私設図書館を作った。その蔵書は、後にアシュモール博物館に所蔵された。

彼は、晩年には降霊術に凝って、詐欺師として悪名高かったエドワード・ケリーを降霊術師として信用するに至る。このケリーが、ディーに教えた天使の言語がエノク語である。このエノク語によって伝えられた天使の言葉（もちろん、ケリーが霊媒として働いているのだが）をまとめたものが『エノクの書』である。

エノク語は天使の言葉であり、独自の文法と語彙を持っている。多くの魔術師たちは、エノク語をすべての人類の言語よりも古いものであると断言している。だが、後世の研究によれば、驚く程英語に似た文法体系を持っている。なぜ、天使の言語が英語のような、歴史的に見ればごく最近にできた、しかもどちらかといえば整合性の低い言語に似ているのか、説明はなされていない。

長らく共同で天使の言葉を伝えてきたディーとケリーとの仲は、その後破綻する。天使の言葉が、だんだん卑俗的な内容に至り、ついには「妻を共有せよ」などといったことまで語るようになると、両者は絶縁する。

後に、ディーは1人で占星術の研究などをして過ごすことになった。

だが、ディーの名は、（彼にとっては不本意であろうが）エノク語の紹介者として、また『エノクの書』の著者として記憶されている。他にディーの著作としては、『神からの言葉の書』『神聖文字のモナド』などがある。

エビオン人福音書

エビオンジンフクインショ

Gospel of the Ebionites

■中東　■経典

『**新約聖書外典**』の一つ。エビオン人（ヨルダン東岸に住んでいたユダヤ人）キリスト教信者が使用していた**福音書**《ふくいんしょ》。歴史的に「**ヘブル人福音書**」や「**ナザレ人福**

音書」と混同されてきたが、別物であることが分かっている。

この書も本文は失われ、エピファニオスが引用した部分によってのみ現在に伝わっている。

この福音書では、イエスは神の子ではなく、ヨセフとマリアの間に生まれた人の子であり、モーゼが告げた預言者であるとする。このため、マリアの処女受胎の物語を欠く。

絵本

エホン

Ehon

■日本　■物語

→**草双紙《くさぞうし》**

画本

エホン

Ehon

■日本　■物語

→**草双紙《くさぞうし》**

絵本三国妖婦伝

エホンサンゴクヨウフデン

Ehonsangokuyohfuden

■日本　■物語

江戸時代中期の読本《よみほん》。

高井蘭山《たかいらんざん》の作で、絵は蹄斎北馬《ていさいほくば》が担当している。3篇より成っており、初篇刊行が享和3年（1803年）で、以降年1回刊行された。

金毛白面九尾狐の伝説を題材とした読本である。それによれば、古代中国の殷《いん》の紂王《ちゅうおう》の前では妲妃《だっき》、中天竺の耶掲陀国《まがだこく》の班足太子《はんそくたいし》には華陽夫人《かようふじん》と名乗り、そして再び中国の周に舞い戻り幽王《ゆうおう》には褒似《ほうじ》として傅《かしず》いた妖狐、それが遣唐使・吉備真備《きびのまきび》の帰朝の船に若藻《わかも》という少女となってまぎれ込み、日本へとやって来た。そして長らく諸国を巡り歩いた後、捨てられた赤ん坊に化けて、山科で謹慎中だった北面の武士・坂部友行に拾われる。そして藻《みずく》と名付けられた妖狐は美しく育ち、7歳になると宮中に上がり、やがて玉藻前《たまものまえ》と呼ばれ、鳥羽天皇の側女《そばめ》となった。

この後は九尾の狐の伝説でよく知られている通りである。陰陽博士の安倍泰親《あべのやすちか》に正体を見破られた妖狐は那須野ヶ原に逃げ去り、倒された死体は凄まじい怨念により殺生石へと変じる。そして最終的には玄翁和尚《げんおうおしょう》に砕かれることとなる。

絵本百物語

エホンヒャクモノガタリ

Ehonhyakumonogatari

■日本　■図画

→**桃山人夜話《とうさんじんやわ》**

Mの書

エムノショ

the book of M

■ドイツ　■魔術書

錬金術《れんきんじゅつ》関連の文書。

この書物の存在は「薔薇十字文書」の一つとして知られる『**賞讃《しょうさん》すべき薔薇十《ばらじゅう》字友愛団《じゆうあいだん》の名声《めいせい》**（ファーマ・フラタルニタティス・デス・レーブリヒェン・オルデンス・ダス・ローゼンクロイツ）』に

おいて明かされた。それによれば、クリスチャン・ローゼンクロイツは、エルサレムへの巡礼の途上で出会ったアラブの賢人より本書を得たものとされている。そして、エルサレム巡礼を取りやめて、中東や地中海沿岸諸国への知識吸収の旅の中で、これのアラビア語からラテン語への翻訳を行ったという。

エメラルド・タブレット

Emerald Tablet

■ヨーロッパ　■錬金術書

ヘルメス・トリスメギストスが書き残したとされる錬金術《れんきんじゅつ》の奥義《おうぎ》書。ヘルメス・トリスメギストスは**ヘルメス文書**を書いたとされる神話上の存在で、錬金術師の始祖ともされる。

伝承の中で、ヘルメス・トリスメギストスは元々神だったが、やがて人間化され神話上の王として死んだ。この時、彼は自らが編み出した錬金術の奥義を書き残した。

それは「これは偽りの事実ではなく、確実にして真実である。一なるものの奇跡を成し遂げるにあたっては、下の世界にあるものは上の世界にあるものに似ており、上の世界にあるものは下の世界にあるものに似ている」で始まる、わずか数十行の寓意《ぐうい》に満ちた文章で、エメラルドの小片に書き記された。これゆえ「エメラルド・タブレット（エメラルド板）」と呼ばれるのである。

一説によると、「エメラルド板」はヘルメスのミイラの手に収められ、ギゼーの大ピラミッド内部の深い穴の中に埋葬された。それをだれかが発見し、正確な複写を取った。その結果、本物の「エメラルド・タブレット」は失われたにもかかわらず、現在にまでその内容が残ることになったのだという。

エメラルド板

エメラルドバン

Emerald Tablet

■ヨーロッパ　■錬金術書

→エメラルド・タブレット

エラの叙事詩

エラノジョジシ

Epic of Era

■メソポタミア　■叙事詩

疫病神エラ（ネルガル）の勇猛を謳ったアッシリア、バビロニアの叙事詩。およそ750行に及ぶ長編の叙事詩で、5枚の粘土書板にわたって書き連ねられていた。ただし損傷のため、現在読み取れるのはその6割程度でしかない。

この叙事詩の中では、神々の英雄とされる程の強者エラが、好き放題に暴れ回る様が描かれる。戦に行きたいと思いながらも怠惰を貪っていたエラは、従神たちに叱咤され、勇躍して立ち上がる。

彼は傍若無人にも神々の長であるマルドゥクの主神殿に踏み入り、自分が後の面倒を見るから、老いたる主神は冥府に行ってはどうかと強要した。そして首尾良く老いたマルドゥクを追い払うと、彼の留守中にバビロンを破壊し、戦をもたらし、地上を混沌たる状態にしてしまう。

エラの暴虐は、腹心であるイシュムが、

すべての神々が彼に逆らわず、人々が彼を称えるだろうとなだめたことで、ようやく収まる。結局エラは、自分がどの神よりも高い敬意を払われることを望んでいたのだ。叙事詩は、エラが自分の讃歌《さんか》(叙事詩)を忘れず称える者は、災いを逃れるだろうと宣言する場面で終わる。

興味深いことに、人々は最後のエラの言葉通り、叙事詩の抜粋を記した粘土板を自宅に飾って、疫病や剣難を避ける魔除けとした。古代には、神秘的な祭文を記した書籍や事物、物品は、それ自体に魔術的な呪力が宿ると、しばしば信じられていたのである。

エル・シードの歌

エルシードノウタ

Cantar de mio Cid

■スペイン　■叙事詩

作者不詳、12世紀中ごろに成立。題名は直訳すれば『わがシードの歌』となる。騎士エル・シードの武勲を描く叙事詩である。

エル・シードは11世紀スペインの実在の武将で、本名はロドリゴ・ディアス・デ・ビバルという。当時スペインにはキリスト教系並びにイスラム教系の複数王朝が割拠して和戦を繰り返していた。エル・シードはキリスト教系のカスティリア王国に仕えるキリスト教徒の騎士であり、功績を挙げて王国軍の総帥に任ぜられた。だが、王が何者かに暗殺され王弟が跡を継いだ際、エル・シードは新王に「陛下が兄君の暗殺に荷担していないという誓いを立てて下さい」と要求。新王は怒り、エル・シードを王国から追放した。エル・シードは部下を率いてイスラム教のサラゴサ王国に亡命し、この国に仕えて(これもイスラム教の)バレンシア王国を征服した。以後も彼は主君を変えながら戦功を挙げ続ける。エル・シード(アラビア語で「主人」「わが君」程の意)とはおそらく追放後にイスラム教国で付いたあだ名であろうといわれる。

『エル・シードの歌』はエル・シードのカスティリア王国追放から始まる。そしてエル・シードは独力でバレンシアを征服、カスティリア王に巨額の貢ぎ物をして許され、2人の娘をカスティリアの名門中の名門であるカリオン兄弟に、莫大な持参金を付けて嫁がせる。ただしカリオン兄弟にしてみれば金目当ての結婚であり、兄弟はその後、妻を虐待して暗い森の中に置き去りにする。これを知ったシードは烈火のごとくに怒り、復讐を成し遂げるのである。

同時期の他の中世叙事詩に比して、恐ろしくリアリズム寄りの描写になっており、魔法や奇跡の類は一切登場しない。エル・シードは空気を吸い水を飲むごとく略奪し、略奪品を公正に分配することによって部下の信頼を得る。亡命にあたり彼が真っ先に気にするのは軍資金であり、彼の名誉回復や娘の結婚にあたっても金が決め手となる。間違いなく傑作ではあるのだが、このあたり好みの分かれるところではないかと思う。

エルリック・サーガ

Elric Saga

■イギリス　■小説

→永遠の戦士

エルリングの息子マグヌスのサガ

エルリングノムスコマグヌスノサガ

Magnúss saga Erlingssonar

■アイスランド　■サガ

13世紀の詩人スノッリ・ストゥルルソンが編纂した『**ヘイムスクリングラ**』の1篇。

シグルド2世の娘の息子マグヌス5世の物語。彼の時代も内戦は続いている。

エレミヤ書

エレミヤショ

Book of Jeremiah

■中東　■経典

『旧約聖書正典』の一つ。預言書の中で最長のものである。エレミヤは、ユダ王国最後期からバビロン捕囚の時代までを生きた預言者である。

エレミヤによれば、神は、ユダヤの民が神を裏切ったため、バビロニアに敗北させることにしたという。しかし、神は忠実であり、ユダヤの民と新しい契約を結び、ユダヤは繁栄することが預言されている。

この書は、『七十人訳聖書《しちじゅうにんやくせいしょ》』とヘブライ語版聖書では中身の順番が異なり、さらに一部『七十人訳聖書』に存在しない部分があったりもする。だが、どちらが原型に近いのかは、いまだに分かっていない。

→旧約聖書

エレミヤの手紙

エレミヤノテガミ

The Epistle of Jeremy

■中東　■経典

『旧約聖書外典』の一つ。「**バルク書**」の第6章である。

実際、『**ヴルガータ**』『**ルター聖書**』『**欽定訳聖書《きんていやくせいしょ》**』では、「バルク書」第6章として扱われている。だが、『七十人訳《しちじゅうにんやく》聖書《せいしょ》』では独立した書として扱われている。

内容は、捕囚の身にあるユダヤ人に宛ててエレミヤが書いた手紙で、偶像崇拝を攻撃し、ユダヤの神を信じるように求めるものである。

実際には、紀元前2世紀ごろの作品とされる。

→旧約聖書

延喜式

エンギシキ

Engishiki

■日本　■公文書

10世紀初頭における格式。

格式とは律令の施行細則で、ほぼ完全な形で残っているのは本書のみであるため、重要文献として扱われている。延喜5年（905年）に醍醐天皇の命で藤原時《ふじわらのとき》平《ひら》らによって作成されたもので、延長5年（927年）に一応の完成を見る。その後も改訂を重ね、実際に施行されたのは康保4年（967年）のことだった。

『延喜式』の名は醍醐帝が勅命を発したのが延喜年間であったことに由来するのだろう。

本書は全50巻から成り、特に巻九及び巻十は神名帳《じんみょうちょう》（『延喜式神名帳』）としてよく知られている。これには当時の官社（朝廷の神祇官《じんぎかん》が奉幣《ほうへい》を行う神社）のすべてが記載されている。また巻八には祝詞が収録されており、神道儀礼の研究などにおいて重要視される。

エンサイクロペディア・ギャラクティカ

Encyclopedia Galactica

■アメリカ　■架空

図版3 「ファウンデーションシリーズ」第2作目の表紙

SF作家アイザック・アシモフの作品「ファウンデーションシリーズ」に登場する、滅びゆく銀河帝国で企画された大百科事典。

主人公に相当する組織ファウンデーションは、そもそもこの百科事典を作るための団体として組織された。

その後、この名前は使いやすかったのか、他のSF作品においても、同名の百科事典が存在することにして利用されることが多い。

燕丹子

エンタンシ

Yàn Dān Zǐ

■中国　■小説

中国後漢代（25～220）の小説。**『史《し》記《き》』**「刺客列伝」にも記されているように、戦国時代末期に燕の太子・丹は刺客の荊《けい》軻《か》を送って秦王・政《せい》（始皇帝）を殺そうとしたが果たせなかった。これはその事件の小説である。

オイディプス王

オイディプスオウ

Oedipus

■ギリシア　■戯曲

紀元前427年に、ギリシア三大悲劇詩人のソポクレスが書いた戯曲。『アンティゴネー』『コロノスのオイディプス』と合わせて、テーバイ3部作という。ただし、成立年代などから、ソポクレスは3部作のつもりで書いたのではなく、後世の人がそう呼んだだけである。

テーバイの王オイディプスは、国に発生した疫病を追い払うために神託を得る。神託は、先王ライオスを殺した者を追放せよというものだった。

そこで、調査を始めたオイディプスは、ライオスこそが自分の父であり、それを殺したのは自分であること。そして、ライオスの王妃であって、今は自分の妻になっているイオカステこそ自分の母親であることを知るのだった。

そのあまりの事実にショックを受け、イオカステは首を吊り、オイディプスは自ら目を潰して追放されて去っていく。

遥か20世紀になって、精神分析学で母親を確保しようとして父親に敵対しようとする心理状態が、エディプス・コンプレックス（エディプスはオイディプスの英語読み）と名付けられることになった。

鶯鶯伝

オウオウデン

Yīng Yīng Zhuàn

■中国　■小説

中国唐代中期の短編伝奇恋愛小説。元《げん》稹《じん》（779～831）作。『**太平広記**《たいへいこうき》』巻488に収録されている。愛し合いながらも別れることになる青春の悲恋を描いた情趣ある作品である。

貞元《ていげん》年間（785～805）のこと。張某《ちょうぼう》という23歳のまじめな書生が蒲州《ほしゅう》へ旅した折、ある寺に滞在していた崔《さい》氏の未亡人と知り合った。崔氏は、財産はあったが没落貴族で力はなく、そのころ勃発した蒲州の兵乱で困っていた。たまたま未亡人が遠い親戚の鄭《てい》氏の出であることを知った張は、蒲州軍の旧知を通じてその財産を守らせたので、崔家は危難を逃れた。未亡人はこれに感謝し、宴の席を設けた。この席でその娘・鶯鶯《おうおう》に出会った張は、その美しさにひと目で恋に落ちた。張は崔家の女中・紅娘《こうじょう》を通じて歌を贈った。そして、2人は夜の間だけ西の間で人目を忍んで密会を繰り返した。だが、しばらくして張は科挙の試験のために長安に行き、試験に失敗すると翌年も長安に留まることにした。張は鶯鶯に慰めの手紙を送り、彼女からは心のこもった返事が来た。しかしこのことがあって後、2人の関係は終わったようだった。やがて、鶯鶯は別の人の所へ嫁に行き、張も別の人を嫁にもらい、互いの消息も分からなくなってしまうのである。

奥義書

オウギショ

Upaniṣad

■インド　■経典

→ウパニシャッド

黄金虫

オウゴンチュウ

The Gold Bug

■アメリカ　■小説

1843年に発表されたエドガー・アラン・ポーの短編推理小説。

暗号を解読することによって、秘宝を見つけ出すという物語。

それまでの小説でも暗号が登場したことはある。しかし、それらは小説の中だけで存在するもので、その暗号を用いて文章を暗号化することもできないし、また解くこともできない。ところが、この小説に登場する暗号は、実際に作成し、また解読することができる。

このようなリアルな暗号が登場した小説の嚆矢として、その後の多くの暗号小説の元祖ともいえる作品である。

黄金伝説

オウゴンデンセツ

Legenda aurea

■イタリア　■歴史書

13世紀ジェノヴァの大司教になったヤコブス・デ・ウォラギネが、一般大衆向けにラテン語で書いた聖人列伝。本来のタイトルは『Legenda sanctorum』であり、「黄金」の部分は、後世の人が付けたものである。

ウォラギネの作では、280章から成る本であったが、書写されるうちに新たな聖人の列伝が付け加えられ、15世紀ごろに印刷された時には、440章もの大部となっていた。

また、各国語に訳され、ヨーロッパ中で読まれた。

その内容は、歴史的正確さよりも、宗教的価値が重視されたもので、聖人の名を借りて伝記の形で行った説教とでもいうべきものである。それどころか、登場する聖人自体が架空の人物であることすらあった。

芥川龍之介は、『奉教人の死』という作品を書いた時、英語の聖人列伝を参考にしたが、冗談できりしたん版『れげんだ・あうれあ』によるとしたため、隠れきりしたんがこの本を隠し持っていたとして、一時はその存在が信じられていた。

黄金の解剖学

オウゴンノカイボウガク

Anatomia Auri

■ドイツ　■錬金術書

ヨハン・ダニエル・ミュリウスが1628年に出版した錬金術《れんきんじゅつ》的医学化学書。彼の最後の作品でもある。

黄金の獅子

オウゴンノシシ

De Goude Leeuw

■オランダ　■錬金術書

ホーセン・ファン・フレースウェイクが1675年に書いた錬金術《れんきんじゅつ》書。『賢者の酢』

とも呼ばれ、魂を金属や鉱物から抽出する方法、医薬品や化粧品の生成、蒸留酒の製法などについて書かれている。

黄金の太陽

オウゴンノタイヨウ

De Goude Son

■オランダ　■錬金術書

ホーセン・ファン・フレースウェイクが1675年に書いた錬金術《れんきんじゅつ》書。金属や鉱物を変成させる時の手法や、数多くの医薬が紹介されている。

黄金の林檎

オウゴンノリンゴ

The Golden Apple

■アメリカ　■小説

→イルミナティ３部作

奥州安達原

オウシュウアダチガハラ

Ohshuhadachigahara

■日本　■戯曲

歌舞伎演目の一つ。

近松半二《ちかまつはんじ》と竹本三郎兵衛《たけもとさぶろべえ》らの合作。宝暦12年（1762年）、大坂の竹本座が初演。

安達ヶ原の鬼婆の伝説と、前九年の役とを組み合わせた創作劇である。ここでは、安達ヶ原の鬼婆となる岩手は滅亡した安倍一族の生き残りで、貞任と宗任の母という設定になっている。

→黒塚《くろつか》

王書

オウショ

Shah Name

■ペルシア・アラブ　■叙事詩

ペルシアの叙事詩。フェルドゥスィー作、1010年完成。

天地創造から古代ペルシアの四つの王朝の事績を述べた長い長い詩であり、実に5万行に上る。その中には多くの英雄豪傑が登場するが、ことに名高いのが古代ペルシアの英雄とでもいおうか、英雄ロスタムを始めとするカヤーニー朝（古代の伝説的王朝）の勇士たちである。ロスタムは大変な力持ちで、歩くだけで足が岩にめり込んだ。困った彼は「少し力を減らして下さい」と神に祈り、やっと人付き合いができるようになった。以後、彼は巨大な駿馬ラクシュにまたがり、牛の頭をかたどった矛《ほこ》を手にして、竜や悪鬼や異民族と戦うのだった。

『王書』後半はアシュカーニー（アルサケス）朝やササン朝といった実在王朝の歴史となっており、マニ教の開祖マニ（**→聖典《カノン》**）とササン朝の王の対決の様も、この段に描かれている。

王昭君変文

オウショウクンヘンブン

Wáng Zhāo Jūn Biàn Wén

■中国　■小説

中国唐代後期に寺院などで語られた**変文**作品。王昭君《おうしょうくん》は前漢・元帝《げんてい》（在位紀元前49～前33）の宮女で、西施《せいし》、貂蝉《ちょうせん》、楊貴妃《ようきひ》と並び称される中国四大美人の1人。紀元前33年、政略結婚の道具として匈奴《きょうど》の呼韓邪単于《こかんやぜんう》に嫁がされ、その地で死んだという記録が『漢書《かんじょ》』にあり、後代になって彼女を主人公とする様々な哀話が作られた。これもその一つ。

前漢・元帝の時、匈奴の王が妃とする女性を求めてきた。そこで漢では、画師が描いた後宮の女性の似顔絵を見て、最も醜い者を与えることにした。そして王昭君が選ばれた。女たちはみな画師に賄賂を贈ったが、王昭君だけはそうせず、画師が彼女を醜く描いたからである。彼女を見た元帝はその美しさに驚き、大いに後悔したが、後の祭だった。こうして王昭君は匈奴に嫁いだが、悲しみのうちに若くして死んだのである。

往生要集

オウジョウヨウシュウ

Ohjohyohshuh

■日本　■思想書

平安時代の仏教書。

比叡山横川の天台僧・源信《げんしん》の、寛和元年（985年）の著作。

数々の教典や仏教書から極楽往生に関する理論を集めたもので、日本における浄土思想の基礎、浄土宗の基盤を作り上げた。特に厭離穢土《おんりえど》（俗世を穢《けが》れた世界とし、そこから離れようとする考え）、欣求浄土《ごんぐじょうど》（阿弥陀仏の清らかな世界への往生を求める思想）は大きな影響を与えることとなる。

また同時に「地獄の実像」を広く知らしめたことでも知られる。『往生要集』以前にも地獄の様を描いた書物、絵画などは存在したが、本書は迫力をもってそれを描写し、これ以前の書物のイメージを押しのけて「日本人が抱く地獄のイメージ」を作り上げることとなる。

王女クードルーン

オウジョクードルーン

Kudrun

■ドイツ　■叙事詩

中高ドイツ語（1050～1500年くらいに使われた高地ドイツ語）で、1230年ごろに書かれた英雄叙事詩。**『ニーベルンゲンの歌』**と違って、魔法や妖精といった人外の要素はほとんど現れず、騎士と王女たちによる、愛と戦争の物語である。残念ながら、作者の名前は残っていない。

この叙事詩は、中世末期には危うく失われるところだったが、最後の騎士と呼ばれるマキシミリアン1世の作らせた『アンブラス写本』の中にだけ残されていた。

王女クードルーンの祖父の時代の冒険から説き起こし、クードルーンの婚約者たるゼーラント王ヘルヴィヒ、彼女への息子の求婚が断られたことを恨みクードルーンを誘拐するノルマンディー王ルートヴィヒ、娘を誘拐されたヘゲリンゲン王ヘテル、ゼーラントに攻撃をかけたが後に和解して友となるモールラント王ジークフリートなど勇士勇将が綺羅星のように並び、勇壮なる戦いを繰り広げる。

そして、悪人であったルートヴィヒとその王妃は討たれるものの、その息子ハルトムートは許され、婚姻の絆によって平和が訪れる。

王女とゴブリン

オウジョトゴブリン

The Princess and the Goblin

■イギリス　■小説

→お姫さまとゴブリンの物語

王の写本

オウノシャホン

Konungsbók

■アイスランド　■叙事詩

→歌謡エッダ

大岡政談

オオオカセイダン

Ohokaseidan

■日本　■物語

徳川8代将軍・徳川吉宗の改革を支え、江戸町奉行として活躍した実在の大名・大岡忠相《おおおかただすけ》（いわゆる「大岡越前」）の活躍を描いた講談。

今日の時代劇に登場する大岡忠相の人物像に大きな影響を与えている。

実務に就いていた時代から名奉行として知られ、江戸庶民に人気も高かった大岡忠相が創作対象となったのは、大岡が存命のころからのことだったという。当然ながら大岡の没後にも物語は作られ続け、幕末から明治にかけては歌舞伎を始めとする娯楽芸能のテーマとして使われるようになった。

大岡越前の活躍を描く時代劇では定番の「三方一両損」や「子争い」「天一坊事件」といった「大岡裁き」エピソードの大半は、他の奉行の裁定や和漢の故事を翻案して取り入れたこの講談が元となっており、史実の大岡忠相がかかわったものは「白子屋お熊事件」のみとされている。

また、同じく大岡越前ものでは定番の盗賊・雲霧《くもぎり》仁《に》左《ざ》衛《え》門《もん》（とその手下である雲霧五人男）も、「大岡政談」に登場した創作上の人物だ。

オーディンの箴言

オーディンノシンゲン

Hávamál

■アイスランド　■叙事詩

別名「高き者の言葉」ともいう。『**歌謡エッダ**』の1篇。

全体の半分強は、オーディンが語る処世訓である。この処世訓は、神が語るというよりも、徹底したリアリズムの目で見た人間の処世訓である。

後半は、二つに分かれる。オーディンが自分の行動を語り、ロッドファーヴニルという人物に向かって様々な助言をする部分。続いて、オーディンが自らを生け贄として魔法の力を得たことを語る部分がある。

おそらく、三つの詩を合体させて作られたものである。

大本神諭

オオモトシンユ

Ohmotoshin-yu

■日本　■経典

明治時代後期の宗教的書物。

明治から大正にかけての時代の新宗教・大本の教祖である出口なおに艮《うしとら》の金《こん》神《じん》なる神が降りて書き記していった霊界

文書。出口《でぐち》王仁三郎《おにさぶろう》の『**霊界物語**《れいかいものがたり》』と共に大本の聖典とされる。

その内容は、予言や「型」の理論、「立て直し」の必要性を説いたものである。…が、半狂乱のトランス状態で書き記したものであるため、支離滅裂気味であり、その読解は困難を極める。

「型」の理論とは、大本と日本、日本と世界とが互いに感応し合っているという理屈であり、「大本に降りかかった出来事は日本に起こり、日本で起こったことは世界に降りかかる」というものだ。

そして「立て直し」は終末論をベースとした改心・改悛・懺悔の思想である…のだが、当時の官憲はこれを革命思想ととらえ、後に数度にわたる大本弾圧に繋がっていくのである。

オーラーヴ平和王のサガ

オーラーヴヘイワオウノサガ

Ólafs saga kyrra

■アイスランド　■サガ

13世紀の詩人スノッリ・ストゥルルソンが編纂した『**ヘイムスクリングラ**』の1篇。

ハラルド苛烈王の息子オーラーヴ3世の物語。彼は、その治世中国内が平和だったので、この名で呼ばれる。彼は、文字の読み書きができた最初のノルウェー王だともいわれる。

隠秘哲学

オカルトテツガク

De Occulta philosophia

■イタリア　■魔術書

魔術師アグリッパ（本名ハインリヒ・コルネリウス・アグリッパ・フォン・ネッテスハイム）が1532年に出版した魔術についての本。

新プラトン主義やカバラを研究していたアグリッパは、各地でトラブルを起こしては引っ越しを続けながら、晩年になって全3巻の本書を刊行した。

第1巻は自然魔術について。ここでアグリッパは、世界を下位から順に元素的世界、天空的世界、叡智的世界の三つに分け、上位の世界は下位の世界を支配するとした。

第2巻は数学的魔術について。ここでは数字の魔術的力能について述べられ、また宇宙の調和の秘儀についても述べられている。

『隠秘哲学』の表紙に載せられたアグリッパの肖像

第3巻は祭儀的魔術について。ここでは、天使や悪魔の位階についても述べられている。

第4巻と呼ばれているものも、あることはあるが、4巻目はアグリッパの死後30年経って出現したもので、彼の弟子によって書かれた偽書《ぎしょ》だとされ、その価値に関して疑問が残る。

第4巻は、良き霊や悪しき霊について、また惑星霊などについて書かれている。

オクシリンコス・パピルス

Oxyrhynchus Papyri

■中東　■文書

19世紀末に、エジプトの古代のゴミ捨て場から発見された大量の文書。

そのほとんどは公文書の類で、当時の生活を知る貴重な手がかりとなっている。

だが、その一部には「**トマスによる福《ふく》音書《いんしょ》**」の断片（**ナグ・ハマディ文書**との比較によって、そうと分かった）や聖歌などのような、古代キリスト教文献も含まれている。

また、アリストパネスの作品の断片が含まれ、その中には有名な「賽は投げられた」という台詞がある。アリストパネスは紀元前5～前4世紀の人物で、紀元前1世紀のカエサルよりも遥かに古い。このようなことから、カエサルの有名な言葉は彼の独創ではなく、当時よく知られた慣用句であったことが分かる。

小栗判官

オグリハンガン

Ogurihangan

■日本　■戯曲

説経節の一つで、浄瑠璃演目としても有名。

成立年代は不明だが、『鎌倉大草紙』に原型と思われる物語が収録されていたことから、享徳年間（1452～1454）には語られ始めていたようだ。

高貴な生まれであるが、大蛇と契ったことが原因で常陸国に流された小栗判官は、武蔵国の横山氏の照手姫が美人と聞いて、横山氏の承認も得ずに彼女と契ってしまう。横山氏は小栗とその家来たちを毒殺する。地獄に落ちた小栗と家来であるが、家来たちは自分らの代わりに小栗を現世に戻すよう閻魔大王に申し出た。家来の忠に感じ入った閻魔はこれを受け入れる。が、地上に戻った小栗は目も見えず耳も聞こえずものをいうこともできなくなっており、姿も歪んでいたことから「餓鬼阿弥《がきあみ》」と呼ばれるようになった。小栗は藤沢の上人の助けにより車に乗せられ、人々の慈悲（餓鬼阿弥の車を引けば功徳になるとされていた）により熊野の湯の峰の湯へと運ばれていく。一方、照手姫は横山氏の命により殺されかけるが、命を受けていた家臣の慈悲により逃がされる。流れ流れて照手姫は「常陸小萩」と名乗って遊女宿で下働きをするようになった。そんなある時、餓鬼阿弥を乗せた車がやって来る。休みをもらった小萩はそれが自分の夫であることも分からず、夫小栗の供養のために車を引き始める。熊野にたどり着き、湯の峰の湯に浸かった餓鬼阿弥は、7日で目が開き、14日で耳が聞こえ、21日で口がきけるようになり、49日湯に浸かったところで歪んでいた姿形は完全に元に戻り、餓鬼阿弥から小栗判官に復帰した。そして常陸小萩こと照手姫と結ばれたのだった。

これが大まかな筋である。説教節の中でも最大級の物語である本作は、実際にはさらに紆余曲折を経て結末を迎える。例えば、元の姿を取り戻した小栗判官は一度都の実家に戻り、帝から美濃国を所領として与えられているなどのエピソードが挿入されていた。

オシアン

Dana Oisein Mhic Fhinn, Air An Cur Amach Airson Maith Coithcheannta Muinntir Na Gaeltachd

■アイルランド　■叙事詩

ジェイムズ・マクファーソン（ゲール語名シェイマス・マクヴーリッヒ）が、1760年にスコットランドハイランド地方の古歌を集成して出版したもの。

フィン王の最後の1人オシァンが、死んだ息子の婚約者に一族の武勲を語ったものである。このため、何人もの主人公のいるいくつもの物語から成る、叙事詩集といった作品になっている。

その文学的価値は高い。出版されるや全ヨーロッパからアメリカでも大人気を呼び、ゲーテやシラーなどのロマン主義運動に決定的な影響を与えた。

だが、毀《き》誉《よ》褒貶《ほうへん》が激しく、この書を偽《ぎ》書《しょ》と断ずる者も多かった。中には、「ハイランド人は野蛮でこのような詩を残すことはできない（これは単なる偏見）」とか「ゲール語の文書など、一つもない（少なくとも6世紀には修道院でゲール語の書が存在している）」という、今では完全に否定されている妄言をもって、この書を否定する者までいた。

実際には、マクファーソンは確かにゲール語の原典を読んだり、語り部に取材したりしたようである。だが、彼はそれを学問的に記録するのではなく、取捨選択し編纂し、一部は創作も加味して、自分なりのスコットランド地方の伝説を叙事詩に書き表したものと考えられている。だから、原典としてのゲール語叙事詩は存在しても、それを著者がアレンジしているため、そのあたりが偽書と考えられる原因となったのだろう。

残念ながら、どの部分が原典からの引用で、どの部分が著者の創作なのか、確実な分類は存在しない。著者の技量の高さが、かえって原典部分と創作部分の切り分けができないという問題点になってしまったのだ。

また、口承文芸からの取材が多かったのも、分類を困難にさせる。伝説が口承されていくうちに、時代時代に合わせて聴衆に分かりやすい表現が取り入れられていったからだ。だから、新しい時代の表現だから創作だという区別をすることもできないのだ。

オズの魔法使い

オズノマホウツカイ

The Wonderful Wizard of Oz

■アメリカ　■小説

1900年にアメリカのライマン・フランク・ボームの書いた、子供向けのファンタジー小説。

カンザスに住む貧しい少女ドロシーが、竜巻のために家ごと飛ばされて、着いた所が魔法使いの治めるオズの国だった。そこで彼女は、かかし、ブリキのきこり、臆病ライオンなどと出会い、様々な冒険を繰り広げる。

何度も劇化・映画化され、世界中の人々に知られている。1902年にはボーム自身がミュージカル化し、ブロードウェイで18ヶ月ものロングランを記録した。また、ジュディ・ガーランド主演の映画は、数ある映画の中でも最も有名であり、主人公のドロシーの決定版はガーランドであると主張する人も多い。

だが、この小説がシリーズの第1巻で、その後も続編がたくさん出ていることを知る人となると、結構少なくなる。

ボーム自身は全部で14冊のオズシリーズを書いたが、彼の死後も他の作家が26冊もの続編を書き、全部で40冊の大シリーズになっている。

オセロウ

Othello

■イギリス　■戯曲

シェイクスピアの四大悲劇の一つ。他の三つは**『リヤ王』『ハムレット』『マクベス』**である。『ハムレット』を外して三大悲劇という場合もあるようだ。

ヴェニスの貴族であるオセロウ将軍が、イヤーゴーの陥穽《かんせい》によって、妻を疑い、殺してしまい、自らも死ぬまでを描いた作品である。

ボードゲームのオセロは、この作品のように盤面が二転三転するところから名付けられた。

乙卯天書

オツウテンショ

을묘천서

■韓国　■経典

朝鮮半島の民族宗教である東学《とうがく》（現在の天道教《てんどうきょう》）の創始者である崔済愚《さいせいぐ》が、1855年に現在の朝鮮民主主義人民共和国領内（北朝鮮）にある金剛山から来た老僧から与えられたといわれる**天書**《てんしょ》。その後、崔済愚はさらに修行を積み、1960年に神秘的な宗教体験をして、儒教・道教・仏教を合わせた東学を創始したのだという。

オッドルーンの嘆き

オッドルーンノナゲキ

Oddrúnargrátr

■アイスランド　■叙事詩

『歌謡エッダ』の1篇。

アトリの妹オッドルーンがグンナルに恋し、牢に入れられた彼を助けようとするが、できなかったという話。

オデュッセイア

Odysseia

■ギリシア　■叙事詩

紀元前8世紀のギリシアの大詩人ホメロスが、トロイア戦争終了後のオデュッセウスの遍歴を題材に書いた大長編叙事詩。

御伽草子

オトギゾウシ

Otogizohshi

■日本　■説話

日本の中世から近代…つまり室町時代から江戸時代にかけての時代に成立した物語の総称。「お伽草子」「おとぎ草子」と表記されることもある。

基本的に情景描写イラストに短編の物語が付随する形式となっている。文章も比較的やさしく、娯楽色も強いとあって、江戸時代のころには庶民に親しまれるようになる。中には多色刷りの挿絵入りの豪華版も作られるようになった。

その数は200篇とも300篇ともいわれるが、既知のものは100篇前後。そのうち現在御伽草子として知られている物語群の元となったのは、享保年間（1716～1735）に渋川清右衛門《しぶかわせいえもん》が『御伽草子』（あるいは『御伽文庫』）として刊行した23篇を中核としたものだ。

渋川版『御伽草子』は以下の23篇だ。

- **『文正草子《ぶんしょうぞうし》』**
- **『鉢《はち》かづき』**
- **『小町草子《こまちぞうし》』**
- **『御曹司島渡《おんぞうししまわたり》』**
- **『唐糸草子《からいとぞうし》』**
- **『木幡狐《こはたぎつね》』**
- **『七草草子《ななくさぞうし》』**
- **『猿源氏草子《さるげんじぞうし》』**
- **『物くさ太郎』**
- **『さざれ石』**
- **『蛤《はまぐり》の草子《そうし》』**
- **『小敦盛《こあつもり》』**
- **『二十四孝《にじゅうしこう》』**
- **『梵天国《ぼんてんこく》』**
- **『のせ猿草子』**
- **『猫の草子』**
- **『浜出草子《はまいでぞうし》』**
- **『和泉式部《いずみしきぶ》』**
- **『一寸法師《いっすんぼうし》』**
- **『さいき』**
- **『浦島太郎《うらしまたろう》』**
- **『酒呑童子《しゅてんどうじ》』**
- **『横笛草子』**

これらのうち『猫の草子』は江戸時代中期ごろの作とされている。

御伽文庫

オトギブンコ

Otogibunko

■日本　■説話

→**御伽草子《おとぎぞうし》**

伽婢子

オトギボウコ

Otogibohko

■日本　■物語

江戸時代初期の書物。

中国の怪異小説である**『剪灯新話《せんとうしんわ》』**を浅井了意《あさいりょうい》が翻案したもので、寛文6年（1666年）に刊行された。

本作には**『怪談牡丹燈籠《かいだんぼたんどうろう》』**の原作にあたる物語や、**『雨月物語《うげつものがたり》』**の「浅茅《あさじ》が宿《やど》」と同話の「遊女宮木野」などが収録されている。全68話。

図版4　寛文6年3月西沢太兵衛版『伽婢子』巻の十「了仙貧窮付天狗道」挿絵

音なし草紙

オトナシゾウシ

Otonashizohshi

■日本　■説話

御伽草子《おとぎぞうし》の1篇。

西洞院の河の近くに仲睦まじい夫婦が住んでいた。が、急用で夫が筑紫へ旅立つと、妻は近所に住む男と密通するようになる。これはすぐに人々の噂の種になった。密通の男が妻の元に通う合図を知ったある若者は、それを真似て妻の元へと通い一夜を過ごす。が、夜半過ぎに密通男がやって来て合図を送るも、妻が一向に出てこないことを訝しみながら帰っていった。女はこんなことをするのは村のいたずら男の仕業に違いないと罵る。これを聞きながら、当のいたずら男である若者は笑い出すのを抑えつつ、夜も更けたころに帰っていった。憤りを抑え切れない妻は、人を集めて若者の家に文句をいいにいく。しかし、若者はというと、無理やり押し入ったのであればともかく、袖を引かれてもてなされたのだから文句をいわれる筋合いはないと返す。面食らった妻とその一行は引出物を山と積んで詫びを入れたという。

本作は夫の留守をいいことに浮気をする妻と、トリックスター的な若者が引き起こすコメディといえるだろう。浮気妻を騙して一夜を共にするという悪事の因果応報が若者に巡ってくるかと思いきや、逆に浮気妻の方をへこませてしまうのだから。

オトラント城奇譚

オトラントジョウキタン

The Castle of Otranto

■イギリス　■小説

1764年にイギリスの政治家にして文学者ホレス・ウォルポールが書いたゴシックロマン。正確にいえば、この小説が書かれたことによって、ゴシックロマンというジャンルが成立した。

小説の舞台となるのは、12世紀イタリアのオトラント城だ。城主マンフレッド公には1男1女があったが、男の子は病弱だった。そこで、早く結婚させようとしたが、まさにその式の当日、男の子は巨大な兜（前城主のもの）に押し潰されて死ぬ。

マンフレッドは、何が何でも自分の子に城を継がせるために、新しい子供を得ようと妻を離縁して、息子の妻になるはずだったイザベラ姫を新しい妻に迎えようとする。

だが、イザベラはそれを嫌い脱出しようとする。そして、それを助けたのは神父の息子セオドアであった。

その後も、人間関係が二転三転するドラマが、怪奇現象と共に繰り広げられる。そして、最終的には因果応報の結末となり、めでたしめでたしで終わる。

『ドラキュラ』も**『フランケンシュタイン』**も『ゴーメンガースト』も、いやSFやホラーすら、この小説がなかったら存在しなかったかもしれない。

→ゴーメンガースト3部作

オバデヤ書

オバデヤショ

Book of Obadiah

■中東　■経典

『旧約聖書正典』の一つ。「十二小預言書」の4番目のもので、最も短い聖書文献である。

この預言書では、エドム人（イスラエルのすぐ近くに住み、民族的にも近縁である人々）が、イスラエルを見捨て、また敵に回ったことを恨み、エドムに対して裁きの鉄槌が下されることと、エルサレムが回復することを預言している。

→旧約聖書

お姫さまとゴブリンの物語

オヒメサマトゴブリンノモノガタリ

The Princess and the Goblin

■イギリス　■小説

ジョージ・マクドナルド作、1871年刊。

昔あるところに、どこに行っても山と谷ばかりの一つの国があった。その山の一つに国の王の宮殿があり、別の山の中程にはいつのものとも知れぬ古い屋敷があった。国のただ1人のお姫さまは、この屋敷で育てられていた。お姫さまのお母上があまり丈夫でなかったので、お姫さまは生まれて間もなく田舎にやられたのである。

この屋敷の高い所には、不思議な若々しいおばあさまがいて、糸を紡いでいた。屋敷の外には山で働く鉱夫たちがおり、その1人の少年は名前をカーディといって、親切で勇気があって、口笛を吹くのと歌を歌うのが得意だった。

しかし山の地下の洞穴には「ゴブリン」たちが住んでいた。これは意地悪で妬み深い、しんから悪い小人たちで、お姫さまを生け捕りにして王さまに何でもいうことを聞かせてしまおうと企んでいた。体中鉄でできたようで、切っても突いても傷一つ付かない、恐ろしい連中だが、そんな彼らにも弱みがあった。一つは楽しそうな歌を聞くのが大嫌いなこと。そして、もう一つは…。

カーディ少年とお姫さまの冒険を描くファンタジーの古典。特筆すべきは、ここに出てくる「ゴブリン」が、イングランドやスコットランドの妖精としてのゴブリンではなく、「生物」としてのゴブリンであることかと思う（19世紀は進化論の時代でもあるのだ）。本書のゴブリン像は**『ホビットの冒険』**のゴブリンたちにも強い影響を与えた。その後のファンタジーRPGなどに出てくるゴブリンたちも、マクドナルド版のゴブリンの直系の子孫といえるだろう。

オペラ座の怪人

オペラザノカイジン

Le Fantome de l'Opera

■フランス　■小説

1910年にフランスのジャーナリスト兼作家ガストン・ルルーが発表した小説。かつては『オペラの怪人』という日本題だった。

オペラ座の地下に住む醜悪なエリックが、可憐な歌姫クリスティーヌ・ダーエに恋し、最初のうちは「天使の声」として、彼女を導いて人気歌手へと押し上げる。だが、それだけでは我慢ができなくなり、ついには誘拐してしまう。それを救うために、恋人のラウル・シャニュイ子爵は、ペルシア人ダロガと共にオペラ座の地下へと向かう。

原作小説では、エリックは現在でいうところのストーカーであり、クリスティーヌはエリックのことを恐怖の対象としてしか見ない。

このあたり、小説を元にしているものの大胆な解釈変更を行っているアンドリュー・ロイド＝ウェバーのミュージカル版とはエリックの立ち位置が全く異なる。このため、ミュージカルを見て原作も読もうとした人がショックを受けることもある。

オマル・ハイヤームの詩

オマルハイヤームノシ

ayat of Omar Khayyám

■ペルシア　■詩

→ルバイヤート

親指トム物語

オヤユビトムモノガタリ

Le Petit Poucet

■フランス　■物語

→過ぎた日の物語、教訓付き・ガチョウおばさんの話

オルレアンの少女

オルレアンノオトメ

Die Jungfrau von Orleans

■ドイツ　■戯曲

戯曲。シラー作、1801年初演。

1429年ごろ、英仏百年戦争は続いており、戦況はフランスに非だった。フランス王家に属するブルグント公も旧怨によってイギリス方に加勢していた。この時ドンレミ村の羊飼いの少女ジャンヌは聖母マリアから、フランス王室内の対立を解決しイギリス勢を追い払えという使命と共に、百戦百勝の力を授けられる。ただ、ジャンヌが恋に心を奪われたならば力は失われるという。「清い少女は／俗世の愛を退けさへすれば、／この世のどんな大事でも為《し》おほせるものぢゃ、／わたしを御らん、お前と同じ清い少女だが、／神の子キリスト様をお生みして、／自分も神になったではないか！」（『オルレアンの少女』シルレル著／佐藤通次訳／岩波書店）

ジャンヌは敵を打ち破り、戦場でブルグント公を説いてフランス王太子と和解させ、戦況を有利に進める。だがさらに戦ううち、戦場で相対したイギリスの貴公子ライオネルに心を奪われ、通力失せて敵の捕虜となる。しかし味方が敗戦の危機に陥ると、再び決意して力を取り戻し、乱戦のうちに敵を散々打ち破って、フランスに勝利をもたらして倒れる。

今日のジャンヌ・ダルク像を確立した作品。それがフランスでなくドイツで書かれたのは不思議なようだが、何しろ18世紀のフランス文壇は啓蒙思想の大流行中。「中世の無学な農夫の娘が幻視を目の当たりにし、これに取り憑かれて国を救う」といった話は、はやらなかったのである。すでにフランスの文人ヴォルテールは、『少女（La Pucelle）』（1755）の中でジャンヌの活動を戯画的に描き、教会や聖職者の腐敗や迷信を辛辣に批判していた。この本は当然発禁となったが、海賊版的に頒布されて知識人たちに広く人気を博した。シラーのパトロンであるワイマール公は、シラーの描くジャンヌ像が定評あるヴォルテールのものと正反対なので、「これは世間に受け入れられないのではないか」といって、当初上演に難色を示していたという。だが蓋を開けてみるとこれが大好評、作者として生前最大の大当たりとなった（シラーは**『ヴィルヘルム・テル』**の初演をついに目にしていない）。

おれがあいつで
あいつがおれで

Oregaaitsudeaitsugaorede

■日本　■小説

山中恒《やまなかひさし》が1980年に発表した児童文学。

小学生の男の子と女の子の心が入れ替わるという話で、異性の生活を送ることによる戸惑いや、性への目覚めを描いて、児童文学としても評価が高い。

この作品を原作として、大林宣彦が1982年に『転校生』という映画を制作する。

こちらは、主人公の年齢を中学生に上げ、コメディ色を少し薄めてセンチメンタルな作品に仕上げている。

この映画のヒットにより、「2人で階段を転げ落ちると心が入れ替わる」という状況は、完全に日本に定着した。

オレステイア3部作

オレステイアサンブサク

The Oresteia

■ギリシア　■戯曲

トロイア戦争におけるギリシア軍の総大将だったアルゴス（ミュケナイ）王アガメムノンの一家を襲う悲劇の物語である。古代ギリシアの悲劇作家アイスキュロス（紀元前525～前456）の3部作で、『アガメムノン』『供養する女たち』『慈しみの女神たち』の3部から成る。紀元前458年にアテナイのディオニュソス劇場で上演された。

オレステイア3部作の中では言及されていないのだが、アガメムノンの父アトレウスにはテュエステスという弟がいた。アトレウスはミュケナイ王位を手に入れるためにテュエステスを陥れた。神託によって復讐の方法を知ったテュエステスは変装して、自分の娘ペロペイアと交わり、アイギストスという息子を得た。一方、アガメムノンはトロイア戦争への遠征直前に自分の娘イピゲネイアを神への犠牲に捧げた。このために妻で王妃のクリュタイメストラはアガメムノンを深く憎み、夫が留守の間にアイギストスを愛人にした。

こうした物語は古代ギリシアの悲劇の観客にとっては常識であり、オレステイア3部作では特に説明がなくとも、当然の前提とされているのである。

その上で、第1部『アガメムノン』では、王妃クリュタイメストラがトロイア戦争からアルゴスに帰還したばかりのアガメムノンを殺す物語が展開する。

第2部『供養する女たち』では、異国に寄留していたアガメムノンの息子オレステスがアポロン神の神託を得て帰国し、姉エレクトラと再会する。そして姉と共謀して母クリュタイメストラとアイギストスを殺し、父の復讐を成し遂げる物語が描かれる。

第3部『慈しみの女神たち』では、父の復讐という正義をなしたにもかかわらず、母殺しという不義をなしてしまったために復讐の女神たち（エリニュス）に苦しめられたオレステスが、アテナイの最高法廷で神々の審判を受け、最後はアテナ女神の1票で救済されるという物語が描かれるのである。

折れた魔剣

オレタマケン

The Broken Sword

■アメリカ　■小説

アメリカのファンタジー小説。

SF作家として知られるポール・アンダースンの作で1954年刊行。

物語は、取り換え子としてエルフに連れ去られた人間スカフロクと、スカフロクの身代わりとして人間の元に残されたエルフとトロルの間に生まれたヴァルガルドの因縁を軸として展開する。

本作は**『指輪物語《ゆびわものがたり》』**の出版と同年に世に出た小説である。また、同じくエルフやトロルといった存在が「種族」として描かれ、なおかつ神話的なモチーフをふんだんに盛り込んだ作品となっている。

音曲口伝

オンギョククデン

Ongyokukuden

■日本　■学術書

世阿弥《ぜあみ》が記した口伝書。応永20年（1413年）。書名の通り、世阿弥の音曲芸道観を記したものである。

音曲口伝書

オンギョククデンショ

Ongyokukudensho

■日本　■学術書

浄瑠璃の口伝書。

2代竹本義太夫《たけもとぎだゆう》の口伝を弟子の順四軒《じゅんしけん》が記したもので、明和8年（1771年）成立、安永2年（1773年）に刊行された。

浄瑠璃の始まりから各演目についての簡潔な解説などで構成される。

御曹司島渡

オンゾウシシマワタリ

Onzohshishimawatari

■日本　■説話

御伽草子《おとぎぞうし》の1篇で、渋川清右衛門《しぶかわせいえもん》が刊行した23篇の一つ。

本作の成立自体は室町時代のころと思われる。

内容は、兄である源頼朝に追われた源義経が、「かねひら大王」なる鬼が持つという兵法書『大日の法』を求めて北方、蝦夷（北海道）へと向かう旅路を描いたもので、その途中で不思議な島々を巡る物語となっている。

か

カータカ・ウパニシャッド

Kāṭhaka-upaniṣad

■インド　■経典

→カタ・ウパニシャッド

カーマ・シャーストラ

Kāma Śāstra

■インド　■学術書

→カーマ・スートラ

カーマ・スートラ

Kāma Sūtra

■インド　■学術書

インドには、セックスを満喫するための方法を研究する学問があり、その論考書が存在する。これを「性愛論書（カーマ・シャーストラ）」という。

『カーマ・スートラ』はマッラナーガ・ヴァーツヤーヤナによって書かれた、性愛論書の古典である。その成立年代は不明だが、およそ4～5世紀ごろと考えられている。

この本は、7巻1250詩節から成り、それぞれは以下のような内容である。

- 第1巻　総論
- 第2巻　性交
- 第3巻　処女との交渉と結婚
- 第4巻　妻に関すること
- 第5巻　他人の妻
- 第6巻　遊女について
- 第7巻　秘法

総論では、人生の目的を「ダルマ（律法に従うこと）」「アルタ（富を得ること）」「カーマ（性愛を満喫すること）」の三つとし、青年・中年の時期はアルタとカーマを追求し、老年に至ってはダルマを追い求めるべしとある。このような哲学的考察から、それこそペニスの大きさを大きくするにはとか、この辺を触ると女性はより感じるとかいった下世話な話題まで、あらゆる性愛に関することを話題にしている本である。

13世紀には、ヤショーダラ・インドラパーダによる解説書『**ジャヤマンガラー**』が書かれている。

開河記

カイカキ

Kāi Hé Jì

■中国　■小説

中国唐末の伝奇小説。韓偓《かんあく》著。中国史

上比類なき暴君とされる隋《ずい》の煬帝《ようだい》を風刺した小説である。煬帝が自分自身の江都《こうと》(揚州《ようしゅう》)出遊のために、540万人もの民衆を苦しめて運河を開鑿《かいさく》させる話。現場監督官の暴虐な振る舞いや工事人夫たちの悲惨、煬帝への恨みが描かれている。

→迷楼記《めいろうき》、海山記《かいざんき》、隋煬帝艶史《ずいようだいえんし》

改革された哲学

カイカクサレタテツガク

Philosophia Reformata

■ドイツ　■錬金術書

ヨハン・ダニエル・ミュリウスが1622年に出版した全2巻の哲学的錬金術《れんきんじゅつ》書。

海軍士官候補生

カイグンシカンコウホセイ

Mr. Midshipman Hornblower

■イギリス　■小説

→ホーンブロワーシリーズ

海軍戦略

カイグンセンリャク

Naval Strategy:Compared and Contrasted with the Principles and Practice of Military Operations on Land

■アメリカ　■兵法書

アメリカの海軍軍人アルフレッド・セイヤー・マハンが、1887年から1911年にかけてアメリカ海軍大学校で海軍戦略の講義を行った時の講義録を整理して出版したもの。本として書かれたものではないため、悪文であるという評価があるが、成立事情からしてやむを得ないかもしれない。

彼は、海軍戦略にはきちんとした基本理論が存在し得ると主張している。そして、技術の進歩や艦艇の変化によってその実施には影響があるが、基本理論が変化するわけではないという。

彼によれば、最も重要なのは戦力の集中である。よって、アメリカの両洋戦略(大西洋と太平洋に艦艇を分割して配備する)は愚の骨頂であるという。それでは、両洋において弱小海軍となってしまうからだ。

彼の考えでは、パナマ運河の存在を前提とし(当時はまだ運河ができていなかった)、メキシコ湾に主力艦艇を配備し、両洋において事件が起こった時は、素早くそこから艦艇を移動させることによって、必要な時に集中して強力な戦力を両洋に展開することができるとしている。そして、そのためにはキューバを抑えなければならないとした。

海山記

カイザンキ

Hǎi Shān Jì

■中国　■小説

中国唐末の伝奇小説。韓偓《かんあく》著。『**迷楼《めいろう》記《き》**』『**開河記《かいかき》**』と同じく、中国史上比類なき暴君とされる隋《ずい》の煬帝《ようだい》を風刺した小説である。煬帝が壮大な宮殿や庭園を造るために民衆を酷使したことや、彼の放蕩奢侈な生活ぶりが描かれている。こうして無理を重ねたことで、民衆も群臣も煬帝から離反するのである。

→隋煬帝艶史《ずいようだいえんし》

海上権力史論

カイジョウケンリョクシロン

The Influence of SeaPower upon History：1660-1783

■アメリカ　■兵法書

アメリカの海軍軍人アルフレッド・セイヤー・マハン大佐（当時）が、1890年に書いた海軍軍事書。シーパワーとは海軍戦力のことを意味するので、本来の題名は「歴史上の海上戦力の影響：1660-1783年」という意味で、この日本語タイトルはあえていえば誤訳である。1892年には続編である『The Influence of SeaPower upon the French Revolution and Empire:1793-1812』も書かれている。

この本は世界中で評判を呼び、当時のアメリカ大統領セオドア・ルーズベルトも「古典になるべき本」と称賛し、また対立国であったドイツ皇帝ウィルヘルム1世ですら「マハン大佐の本を貪るように読んでいる。…余のすべての艦にこの本があり、余の艦長や士官によって常にこの本が引用されている」とまでいったという。

おかげで、ウィルヘルム1世はマハンの理論に従って1900年に第2次建艦法を成立させて海軍力の強化に踏み切り、マハンの属するアメリカ海軍の脅威になったのは歴史の皮肉といえよう。

また、イギリスにおいては二国標準主義（世界一の海軍国として、2位と3位の国を同時に相手取ることのできる海軍力を整備する）として結実し、また日本における八八艦隊計画もマハンの影響があるのではないかと考えられている。

彼の説は、海を陸上よりも安全に安価に大量の人や物資を運ぶことができる通商路として見ている。このため、海軍の存在意義は自国の商船が平和裏に通行できるようにすることであると結論付けている。同時に、敵の通商路を閉ざし、また敵が味方の通商路を脅かす行為を阻止することと併せて、これを制海権と呼び、制海権を得ることを海軍の任務としている。

この本を日本海軍軍人がきちんと読んでいれば、太平洋戦争の愚かな行動（日本商船を米軍の攻撃の前に放置することで、最終的に日本の国力を弱体化させ、敗戦への道をより早めた）はなかったのではないか。

会真記

カイシンキ

Huì Zhēn Jì

■中国　■小説

→**鶯鶯伝《おうおうでん》**

怪人二十面相

カイジンニジュウメンソウ

Kaijinnijuhmensoh

■日本　■小説

江戸川乱歩の書いた**少年探偵団《しょうねんたんていだん》**シリーズの第1作。

乱歩は少年向け探偵小説を書く時、ルパンを髣髴とさせる大怪盗を敵方にしようと考えた。このため、最初の構想では題名は『怪盗二十面相』になるはずだったが、当時の出版倫理規定の関係で少年向けに「盗」という文字が使えず、このような題名になった。だが、後の二十面相の行動を考えると、「怪盗」ではなく「怪人」にしておいたことが結果的には良かったと考えられる。

二十面相は変装の達人で、「どんなに明るい場所で、どんなに近よってながめても、少しも変装とはわからない、まるでちがった人に見えるのだそうです。老人にも若者にも、富豪にも乞食《こじき》にも、学者にも無頼漢《ぶらいかん》にも、いや、女にさえも、まったくその人になりきってしまうことができるといいます。」（『怪人二十面相』江戸川乱歩著／ポプラ社）とまで書かれる程だ。貴重な美術品や宝石が大好きで、そのような品物を専門に盗む。だが、後期の作品になると、盗むことよりも世間を騒がせて楽しむことを目的にしているようでもある。

かの怪盗と戦うのは、名探偵・明智小五郎と、小林少年をリーダーとする少年探偵団である。彼らは、探偵七つ道具（作品により異なるので、全部で7種類以上の道具がある）を身に着けて悪漢と戦う。

この少年探偵団というコンセプトは、その後の少年向けエンタテインメントに大きな影響を与えた。また二十面相も、多くの作品にその後継者を見つけることができる。

解体新書

カイタイシンショ

Kaitaishinsho

■日本　■学術書

安永3年（1774年）、杉田玄白《すぎたげんぱく》らによって刊行された本格的解剖学書籍。

といっても彼らが一から書いたものではなく、ドイツ人医師クルムスが記した『解剖図譜 Anatomische Tabellen』のオランダ語訳書『Ontleedkundige Tafelen』を底本としたものである（ただし、杉田玄白の回想記『**蘭学事始**《らんがくことはじめ》』では同書オランダ語版は『係縷亜那都米《ターヘル・アナトミイ》（ターヘル・アナトミア）』となっている）。

また翻訳にあたっては『ターヘル・アナトミア』の他、『東米私《トンミュス》解体書』や『武蘭加児《ブランカール》解体書』『安武児《アンブル》外科書解体篇』などといった解剖学書も参考にされた。

このことからも分かるように『解体新書』以前にも西洋の医学書や解剖学書籍は翻訳されているのだが、本格的な翻訳書はこれが最初のものだったといっていい。今日も使われている「神経」や「動脈」といった単語は、本書を訳出する際に作られた。

怪談

カイダン

Kwaidan

■アメリカ　■小説

20世紀初頭に出版された怪奇作品集。

小泉八雲の明治37年（1904年）の作。

記者として来日したアイルランド人パトリック・ラフカディオ・ハーンは、日本に帰化して小泉八雲となった。そして、日本体験記的なエッセイや、妻の節子から聞いた日本各地の民話や伝説、あるいは幽霊譚を元とした文学作品を数多く世に送り出すこととなる。本作もそうしたうちの一つで、晩年の作（没年に発表された作品）である。

本作は「耳なし芳一のはなし」や「ろくろ首」など17篇の短編作品と、3篇のエッセイにより構成されている。

怪談牡丹燈籠

カイダンボタンドウロウ

Kaidanbotandohroh

■日本　■物語

日本の著名な怪談の一つ。

本作は文久元年（1861年）の三遊亭《さんゆうてい》円朝《えんちょう》の作だが、その元となったのは寛文6年（1666年）に刊行された浅井了意《あさいりょうい》の『**伽婢子**《おとぎぼうこ》』に収録された「牡丹燈籠《ぼたんどうろう》」である。これはさらに中国の怪異小説である『**剪灯新話**《せんとうしんわ》』に収録された「**牡丹燈**《ぼたんとう》**記**《き》」にまで遡ることができる。円朝以前にも「牡丹燈籠」を題材としたものはいくつか存在するが、それらは『伽婢子』を元にしたものが多いようだ。

「牡丹燈籠」と名の付く怪異物語は、舞台となる時代や登場人物こそまちまちであるが、大まかな筋は共通している。『怪談牡丹燈籠』は次のようなものだ。

旗本の飯島平左衛門《いいじまへいざえもん》の娘お露《つゆ》と荻原新《おぎわらしん》三郎《ざぶろう》は互いにひと目惚れする。が、お露は恋い焦がれるあまりに死んでしまう。そしてその乳母お米《よね》も彼女の後を追うように死んだ。しかし、盆の十三夜、死んだはずのお米とお露が牡丹燈籠を手に新三郎の前に現れる。再会を喜ぶ新三郎とお露が抱き合っているのを、家の下男の伴蔵が見ていた。伴蔵は新三郎が骸骨と抱き合っているのを見る…。伴蔵は新三郎を守ろうと屋敷にお札を貼り、幽霊除けの尊像を持たせた。お露とお米は新三郎に近づけなくなったが、今度は伴蔵にお札を剥がし、新三郎から尊像を取り上げるよう懇願にくるようになる。これを知った伴蔵の妻お峰は、夫に100両で引き受けるよう入れ知恵をする。伴蔵がお米の幽霊にそれを伝えると、翌日、宙から100両の小判が降ってきた。こうして新三郎はお露の幽霊に誘われ黄泉路へと旅立つこととなる。

…と、ここまでがよく知られる『牡丹燈籠』の筋だ。が、円朝のそれにはさらに続きがある。

幽霊事件から1年後、伴蔵・お峰夫妻はこの時の100両を元手に故郷で店を開いていたのだが、ふとしたことで口論になる。そして伴蔵はお峰を殺してしまう。するとお峰の霊が使用人に乗り移り、かつての悪事——つまり幽霊と取り引きして新三郎を死に追いやったことをばらしてしまった。

円朝のお露の幽霊談と直接関係ある部分だけを抜き出して説明したが、実際には13編21回にも及ぶ大長編怪談である。本筋にあたるお露と新三郎の物語の他、前日譚としてお露の父・飯島平左衛門が若いころに起こした刃傷沙汰や、それにまつわる仇討ちのエピソードなどが内包されている。

海底二万マイル

カイテイニマンマイル

Vingt Mille Lieues sous les Mers

■フランス　■小説

フランス出身の作家ジュール・ヴェルヌの小説。1870年刊。まだまともな潜水艦が存在しなかった時代に（1776年に世界初の1人乗りの手動潜水艦が発明された）書かれた本格的潜水艦小説で、SFの父ともいわれるヴェルヌの小説の中でも最高傑作といわれる。1954年、アメリカが世界初の原子力潜水艦ノーチラス号を就役させたが、その名前はもちろん、この本に出てくる潜水艦から取られている。

次のような物語である。1867年前半に多くの汽船が一角クジラと思しき怪物に出会うという事件が起こった。そこで7月、アメリカ政府はニューヨークからフリゲート艦エブラハム・リンカーン号を怪物退治に送り出した。

フランス人の海洋学者の「私」(ピエール＝アロナックス博士) も助手コンセイユと共に同乗するが、南アメリカ大陸のホーン岬を回って北太平洋に入った後、不意に現れた一角クジラが噴き出した水柱に飲み込まれ、アロナックス博士、コンセイユ、もりうち名人ネッドの3人は海に落ちてしまった。

だが、間もなく3人は不思議な船に救出された。実は一角クジラと思われていたのは電気式の潜水艦ノーチラス号で、ネモという艦長に率いられていたのだ。ネモがいうには、戦争や人殺しのある地上の暮らしが嫌になった者が集まり、平和で自由な暮らしを求めて潜水艦に乗り込んで海底の旅を続けているのだという。「ネモ」はラテン語で「だれでもない者」という意味があるが、その名の通り謎の人物で、人にいえないような過去があるようである。

とにかく、こうして博士たちはノーチラス号で1年近くも世界の海底旅行を体験することになった。博士たちはネモ艦長と共にしばしば海底散歩に出て、海底の森で猟をしたり、大西洋では太古の時代に海に沈んだとされるアトランティス大陸を目撃したりした。

とはいえ、捕らわれの身としていつまでも潜水艦暮らしをするわけにはいかない。ノーチラス号がノルウェー近海で浮上した時、博士たちはついに脱出を試みた。その時メエルシュトレエム(ノルウェー近海の大渦巻) がノーチラス号を飲み込んだが、救命ボートに乗り移った博士たちは奇跡的に助かり、近くの島に打ち上げられた。こうして、海底の冒険旅行は終わった。そして、その時以来、ノーチラス号がどうなったかだれも知らないのである。

海底二万里

カイテイニマンリ

Vingt Mille Lieues sous les Mers

■フランス　■小説

→海底二万マイル

海底二万リーグ

カイテイニマンリーグ

Vingt Mille Lieues sous les Mers

■フランス　■小説

→海底二万マイル

開闢衍繹通俗志伝

カイビャクエンエキツウゾクシデン

Kāi Pì Yǎn Yì Tōng Sú Zhì Zhuàn

■中国　■小説

→開《かい》闢《びゃく》演《えん》義《ぎ》

開闢演義

カイビャクエンギ

Kāi Pì Yǎn Yì

■中国　■小説

中国明代（1368～1644）末の歴史小説。周游《しゅうゆう》の撰。全6巻80回。

原始の巨人・盤古《ばんこ》が体を伸ばしたことで天は高くなり、地は低くなり、さらにノミと斧を振って天地を完全に分離させたという天地開闢《てんちかいびゃく》の物語から始まり、周の武王による殷《いん》の討伐までが扱われている。黄帝の前の天帝であり、農業の神、医学の神でもあった炎帝神農《しんのう》は、多くの薬草を実際になめてその効能を発見したといわれるが、どんな薬草の毒でも胃袋の中で解毒できた。だが、ムカデを食べた時は100本の足がそれぞれ虫になって暴れたために、その毒を解毒できず、ついに死に至ったというような古代の民間伝承なども含まれている。

懐風藻

カイフウソウ

Kaifuhsoh

■日本　■詩

奈良時代の漢詩集で、現存する日本最古のもの。

撰者不明。成立年代は、天平勝宝3年（751年）付けの序文があることから、それ以後数年のうちと思われる。

116首の漢詩が収録されており、その作者は大友皇子《おおとものみこ》や大津皇子《おおつのみこ》、長屋王《ながやのおおきみ》など皇子や諸王、宮臣、僧侶。

題名の「懐風」は「古い詠風を懐かしむ」、「藻」は「美しい詩文」の意味を持つ。

カウシータキ・ウパニシャッド

Kauṣītaki-upaniṣad

■インド　■経典

『リグ・ヴェーダ』の「奥義《おうぎ》書」の部分。「古ウパニシャッド」に属し、散文で書かれている。

→ウパニシャッド

カウシータキ・ブラーフマナ

Kauṣītaki-brāhmaṇa

■インド　■経典

『リグ・ヴェーダ』の「**ブラーフマナ**」の部分。

雅歌

ガカ

the Song of Solomon

■中東　■経典

『旧約聖書正典』の一つ。恋人たちの愛の歌である。長らく、ユダヤ教もキリスト教も、これは恋人たちの歌に見せかけてあるが、実は神の愛を歌った寓意《ぐうい》の歌であると解釈していたが、さすがにこれは無理がある解釈である。

現在では、本来の意味通りの恋の歌、もしくは結婚式などで歌われる愛の歌などではないかと考えられている。

→旧約聖書

科学と健康
カガクトケンコウ

Science and Health with Key to the Scriptures

■アメリカ　■経典

1875年にメアリ・ベーカー・エディが書いたクリスチャン・サイエンスの聖典。クリスチャン・サイエンスとは、彼女が始めたキリスト教系の新興宗教で、聖書と本書を聖典としている。

すべての病は精神から来る。病気とは、妄想であって、実体はない。よって、キリストの力を感じて精神を正しい道に戻せば、どんな病気でも快癒するというのが、その主張である。

このため、薬や手術などあらゆる医学的処置を拒み、それが原因で患者が死亡して問題になることも多い。

化学のオイディプス
カガクノオイディプス

Oedipus Chimicus

■ドイツ　■錬金術書

医師であり錬金術《れんきんじゅつ》師でもあったヨハン・ヨアヒム・ベッヒャーが1664年に出した錬金術的化学論文。

化学の結婚
カガクノケッコン

Die Chymische Hochzeit Christiani Rosenkreutz

■ドイツ　■錬金術書

→クリスチャン・ローゼンクロイツの化学の結婚

化学の聖堂
カガクノセイドウ

Basilica Chymica

■ドイツ　■錬金術書

パラケルスス派の医師オスヴァルト・クロルが1608年に出版した薬の本。彼自身の作った治療薬についての解説なども多く含む。

化学の箕
カガクノミ

Chymica Vannus

■オランダ　■錬金術書

ヨアネス・デ・モンテ＝スネイデルズが1666年に書いた錬金術《れんきんじゅつ》書。箕とは農具のこと。

この本には、宇宙の大いなる霊の財宝と叡智の隠し場所が明らかにされているのだという。もちろん、財宝と叡智とは錬金術の秘法と賢者の石のことである。

化学論集
カガクロンシュウ

Collectanea Chymica

■イギリス・オランダ　■錬金術書

イギリスの医師クリストファー・ラヴ・モーリーと、オランダの医師テオドルス・ムイケンスの共著として1693年に書かれた錬金術《れんきんじゅつ》書。

医学書・薬学書として書かれているが、錬金術に大きな影響を受けているので、現在の目で見ると錬金術書にしか読めない。

鏡の国のアリス

カガミノクニノアリス

Through the Looking-Glass, and What Alice Found There

■イギリス　■小説

→不思議の国のアリス

花関索伝

カカンサクデン

Huā Guān Suǒ Zhuàn

■中国　■小説

中国明代の小説。1967年に上海《シャンハイ》近郊で発見され、これによって関索《かんさく》（別名・花《か》関索《かんさく》）という人物が、元代以前に人気のあった英雄だと分かった。関索は、小説**『三国志演義《さんごくしえんぎ》』**で関羽《かんう》の第3子とされている架空の人物だが、『演義』には少ししか登場せず、長い間謎の人物と考えられていた。

『花関索伝』によると、劉備《りゅうび》、関羽、張飛《ちょうひ》の3人は義兄弟の契りを結んだ時、後顧の憂いを断つために妻子がある場合には、それを殺してしまうことに決めた。そこで、張飛が関羽の妻子を殺しにいくが、この時関羽の妻・胡金定《こきんてい》は妊娠しており、哀れに思った張飛は彼女を逃亡させた。この結果生まれてきたのが関索で、道士・花岳《かがく》先生に武術を習い、神秘の泉の水を飲んで怪力となった。そして、蜀《しょく》漢《かん》軍に加わると呉《ご》の陸遜《りくそん》、呂蒙《りょもう》を倒して父の仇討ちをするなどの大活躍をしたとされている。

餓鬼草子

ガキゾウシ

Gakizohshi

■日本　■図画

平安時代末期ごろに成立したと思しい仏教説話の絵巻物。

現世人道での宿業により餓鬼道《がきどう》に落ちた亡者たちの様を描いたものである。数枚の絵から成っており、最初は平穏な平安貴族の生活を描いているが、絵巻が進むにつれて餓鬼が市中の生活にあふれていき、ついには餓鬼同士が互いを食い合い、最終的には鬼にいたぶられる様子が生々しく描かれている。

学院の開校

ガクインノカイコウ

L'Ouverture de L'Escolle

■フランス　■錬金術書

ダヴィド・ド・ブラニス・カンピが1633年に書いた錬金術《れんきんじゅつ》書。

金属の変成（卑金属から貴金属を作る）について書いてある。

霍小玉伝

カクショウギョクデン

Huò Xiǎo Yù Zhuàn

■中国　■小説

中国唐代中期の短編恋愛伝奇小説。蒋《しょう》防《ぼう》の作。**『太平広記《たいへいこうき》』**巻487に収録されている。進士《しんし》に捨てられた妓女《ぎじょ》の悲恋と祟りの物語である。

20歳で進士（科挙の合格者）となった李益《りえき》は、長安で妓女の霍小玉《かくしょうぎょく》と出会い、互いに愛し合うようになり、生涯一緒に暮らそうと結婚を誓い合う。2年後、鄭《てい》県《けん》の主簿に任命された益は小玉と別れて赴任し、見舞いにいった母から、すでに名門の盧《ろ》氏との婚約が調っていることを知らされる。母に逆らえない益はついに小玉との関係を断つが、このため小玉は病気になる。ある日、黄衣の豪士が益を無理やり小玉の家に連れてくると、小玉は益の背信を責め、幽霊となって祟ると告げた後、死んでしまう。益は盧氏と結婚するが、果たして怨鬼に祟られ、嫉妬と猜疑で心が休まることなく、盧氏を離縁する。その後、益は3度妻を娶《めと》るが結果はいつも同じで、ついに家庭での幸福を得られないのである。

かざしの姫君

カザシノヒメギミ

Kazashinohimegimi

■日本　■説話

御伽草子《おとぎぞうし》の1篇。

源の中納言《ちゅうなごん》に1人の姫君がいた。「かざしの姫君」というその姫は、草花を好み、特に菊の花をとても愛でていた。14歳の秋の日、その菊が散りゆくのを悲しく思っていた姫は、夢の中で美しい貴人と出会い、情を交わす。貴人は実は菊の花が化身したものだった。その後、宮中の花揃えのために菊は手折られ、かざしの姫は子供を生んで間もなく死んだ。生まれた娘は成長して女御として入内したという。

カザノヴァ回想録

カザノヴァカイソウロク

Histoire de ma vie

■イタリア　■伝記

→わが生涯の歴史

カストリ雑誌

カストリザッシ

Kasutorizasshi

■日本　■定期刊行物

戦後の日本で発売された、安っぽい娯楽雑誌の総称。

その名前の起源には二つの説がある。

紙の不足により、仙花紙（質の悪い再生紙）を利用していたので、カス（紙のカス）をトリ、作られたためにカストリ雑誌というという説。

もう一つは、カストリ酒（粗悪な密造焼酎で、3合も飲むと潰れてしまうといわれた）から、3号で潰れる雑誌として、カストリ雑誌という名が付いたという説である。

内容はエログロが主体で、赤線（売春地帯）ルポとか、ポルノ小説、猟奇事件記事などが満載である。読むと、当時の日本で、新聞には載っていなかったものの（当時の新聞は現在と違い、ワイドショーじみた記事は載せなかった）、猟奇犯罪が多数発生していたことが明確になり、最近になって異常犯罪が増えたという説が嘘っぱちであることが分かる。

画図百器徒然袋

ガズヒャッキツレヅレブクロ

Gazuhyakkitsurezurebukuro

■日本　■図画

江戸時代中期の書物。

妖怪の類にまつわる絵を数多く描いたことで知られる浮世絵師・鳥山石燕《とりやませきえん》の著作の一つで、天明4年（1784年）の作。

『画《が》図《ず》百《ひゃっ》鬼《き》夜《や》行《こう》』から続く石燕の妖怪絵本の4作目にあたり、伝承や中国の古典などを出典とする他の3作とは違い、室町時代の絵巻物である**『百《ひゃっ》鬼《き》夜《や》行《ぎょう》絵《え》巻《まき》』**を元に、器物の怪を主題としている。

画図百鬼夜行

ガズヒャッキヤコウ

Gazuhyakkiyakoh

■日本　■図画

江戸時代中期の書物。安永5年（1776年）。狩野派の絵師・鳥山石燕《とりやませきえん》（1712～1788）が60歳を超えてから手がけた妖怪図画集。陰・陽・風の3部から成る。

現在の妖怪に関するイメージに大きな影響を与えた。

京極夏彦・水木しげるなど、現代を代表する妖怪作家がそのアイデアの元にしている程で、確かな画力と奔放な想像力で、それまで曖昧模糊としたものだった「妖怪」に確定した姿と性質を設定し、魅力的な妖怪の姿を描き出した。収録されている妖怪のほとんどは各地の伝承にあるものだが、中には石燕が駄洒落で作った妖怪もまぎれ込んでいる。

この『画図百鬼夜行』が第1作であるが、続けて**『今昔《こんじゃく》画《が》図《ず》続《ぞく》百《ひゃっ》鬼《き》』『今昔《こんじゃく》百《ひゃっ》鬼《き》拾《しゅう》遺《い》』『画《が》図《ず》百《ひゃっ》器《き》徒然袋《つれづれぶくろ》』**があり、合わせて4作で200以上の妖怪を描いている。

図版5　鳥山石燕画『画図百鬼夜行』「火車」

火星の月の下で

カセイノツキノシタデ

Under the Moons of Mars

■アメリカ　■小説

→火星のプリンセス

火星のプリンセス

カセイノプリンセス

A Princess of Mars

■アメリカ　■小説

アメリカの作家エドガー・ライス・バロウズが1912年に『オール・ストーリー・マガジン』に連載したSF冒険小説。雑誌掲載時の題名は『火星の月の下で（Under the Moons of Mars)』というものだった。1917年に単行本として発売される時に、現在の題名になった。

南軍元大尉のジョン・カーターは、一種の幽体離脱によって火星へと移動してしまう。

火星は、赤色人と緑色人らが争う戦乱の世界だった。重力が少ない火星で、超人的力を持つことになったカーターは、赤色人のプリンセスへの愛のために、大冒険を繰り広げる。

この作品は大ヒットし、その後も以下のような続編が書かれ、火星シリーズとしてまとめられている。

- 『火星のプリンセス』
- 『火星の女神イサス』
- 『火星の大元帥カーター』
- 『火星の幻兵団』
- 『火星のチェス人間』
- 『火星の交換頭脳』
- 『火星の秘密兵器』
- 『火星の透明人間』
- 『火星の合成人間』
- 『火星の古代帝国』
- 『火星の巨人ジョーグ』

風に乗ってきたメアリー・ポピンズ

カゼニノッテキタメアリーポピンズ

Mary Poppins

■オーストリア　■小説

→メアリー・ポピンズ

風の又三郎

カゼノマタサブロウ

Kazenomatasaburoh

■日本　■童話

明治から昭和初期にかけて活躍した日本の作家・宮沢賢治の童話の1篇。

発表されたのは宮沢賢治の没後、昭和9年（1934年）に刊行された全集においてである。本来は『児童文学』第3号（昭和7年／1932年刊行予定）での発表予定だったものの、雑誌そのものが廃刊されたため実現しなかったのだ。

『風野又三郎』を中核として、宮沢賢治自身が大正時代に書いた諸作品を混成して書き上げられた作品。

物語は、谷川の岸にある小さな小学校に転校生がやって来るところから始まる。その風変わりな転校生の容貌（ネズミ色のだぶだぶの上着、白い半ズボンで、赤い革靴を履いた赤毛の少年）から、子供たちはその少年を「風の神の子、風の又三郎」だと思い込む。又三郎とあだ名されたその少年が学校にいたのは、わずか12日しかなかった。だが、少年がいた日々は刺激的で、唐突に再転校してしまったこともあって、子供たちはその少年を「やっぱりあいつは又三郎だった」と思うのだった。

本作は、宮沢賢治の童話作品としては幻想的色彩は弱めで、「山間の村の小学校に現れた転校生」という、日常の中に入り込んできた異分子がもたらす非日常の日々を描いたものとなっている。

風野又三郎

カゼノマタサブロウ

Kazenomatasaburoh

■日本　■童話

明治から昭和初期にかけて活躍した日本の作家・宮沢賢治の童話の1篇。

発表は大正13年（1924年）。

本作は後に宮沢賢治が発表することとなる『**風の又三郎**』の原型となった童話だ。

が、大きく異なる部分がある。それは、又三郎が実際に風の神の子（風の精）であることだ。

ある日突然小学校に現れた又三郎は子供たちと仲良くなり、一緒に遊ぶ中でこれまでの経験を（何とも鼻持ちならない、傍若無人な調子で）話して聞かせる。そして10日程したある強い風の日、現れた時と同様に唐突に姿を消してしまうのだ。

この『風野又三郎』という作品は、今日のコミックで頻繁に見ることができる「日常に乱入してきた人ならざる隣人」の物語の典型といえる。この種の物語自体は、原型をたどれば「天女の羽衣《はごろも》」の昔話として知られる『**羽衣**』などが先行の物語として存在しているが、「少年の日の幻想の物語」としては、これを嚆矢とすることができるだろう。

カタ・ウパニシャッド

Kaṭha-upaniṣad

■インド　■経典

『黒ヤジュル・ヴェーダ』の「奥義《おうぎ》書」の部分。詩の形で書かれている。「カータカ・ウパニシャッド」ともいう。

→ヤジュル・ヴェーダ

カタカムナノウタヒ

Katakamunanoutahi

■日本　■偽書

成立年不明。昭和24年（1949年）初頭、カタカムナ神社の宮司から楢崎皐月《ならさきこうげつ》が写本した。

他の古史古伝と違い『カタカムナノウタヒ』は史書ではなく科学書である。太古の日本に栄えたカタカムナ文明の科学を歌の形で記したものだ。

本文が独特のカタカムナ図象文字で書かれており、日本神話に登場する神々の名前を織り込んで、自然物理の真理を歌い込んであるという。しかし、その解釈が正しいかどうかは、だれにも検証できていない。

肩広のホーコン王のサガ

カタヒロノホーコンオウノサガ

Hákonar saga herðibreiðs

■アイスランド　■サガ

13世紀の詩人スノッリ・ストゥルルソンが編纂した『**ヘイムスクリングラ**』の1篇。

シグルド2世の庶子ホーコン2世の物語。ノルウェー内戦時代を扱っている。

勝五郎再生記聞

カツゴロウサイセイキブン

Katsugorohsaiseikibun

■日本　■オカルト

江戸時代後期の国学者である平《ひら》田《た》篤胤《あつたね》による書。

中野村谷津入（現在の八王子市東中野）の百姓である小谷田源蔵の次男・勝五郎が語った生まれ変わりの体験記。

この勝五郎の生まれ変わりに関する話は、後に小泉八雲が『勝五郎転生』として書き、さらには同じく小泉八雲の**随筆《ずいひつ》**『仏の畑の落穂』でヨーロッパに紹介された。

甲子夜話

カッシヤワ

Kasshiyawa

■日本　■随筆

江戸時代後期の**随筆《ずいひつ》**。

松浦静山《まつうらせいざん》（平戸藩主・松浦清の別名）が著した正編100、続編100、三編78の全278巻にも及ぶ巨大な随筆として知られている。その名の由来は「文政4年（1821年）11月の甲子の夜に書き始めた」ことにあるという。

当時の大名や旗本武家、庶民の生活や社会風俗などを知る上での史料として重視されている。また、河童などの妖異出現に関する記述も存在する。

渇望する人

カツボウスルヒト

L'Homme de desir

■フランス　■オカルト

ヤコブ・ベーメなどの影響を受けたキリスト教フリーメーソンの1人ルイ・クロード・ド・サン＝マルタン（1743～1803）が書いた、神への信仰によって叡智を得ようとする本。

本書によれば、かつて神は霊的存在（キリスト教でいう天使）を作り出したが、それは自らも神と同等であると考え、新たな霊的存在を作り出して支配下に置こうとした。これが神への反逆である。

そこで、神は物質世界を作り出し、そこにアダムを作った。アダムは、神にも等しい力を持ち、宇宙をも支え得る完全な生き物であった。アダムは霊的存在を導き、悔悟させる役目を持っていた。

だが、アダムも慢心して失墜する。そして、不滅の肉体は滅ぶべき肉体へと変わり、完全体としての両性具有は失われて、アダムとイヴに分離させられた。そして、かつては霊的存在を支配し得る力を持っていたにもかかわらず、現在では霊的存在に支配される卑小な姿へと変わった。これが人間である。

だが、人間の中にはソフィア（叡智）が眠っている。そして、その智恵は宇宙と神に向かっては開いている。そこで、神への信仰によって霊性を得て、そこに至ることができる。そうすることで、人間は再びアダムの力を取り戻すことができるのだ。

サン＝マルタンによれば、この時魔術は霊性を獲得するための素材を与えてくれる。つまり、ソフィアを得るために魔術は必要ではあるものの、それは全体の中ではより低い役割しか果たしていない。

これを、彼は神本主義《ディヴィニスム》と呼ぶ。

彼の著作には、他に『霊的人間《れいてきにんげん》の使《し》命《めい》』『タブロー・ナチュレル～神、人間、宇宙の関係～』『自然の解読』などがある。

河図洛書

カトラクショ

Hé Tú Luò Shū

■中国　■予言書

古代中国の周易《しゅうえき》八卦占いのルーツとされる神秘的な図象である「河図」と「洛書」のこと。一種の予言書といっていい。

河図については、中国古代神話の神である伏羲《ふっき》の時代に、黄河から出現した竜馬の背中に書かれていたとされるもので、伏羲はこれを元に『**易経**《えききょう》』の八卦を作ったといわれる。

洛書については、中国古代神話の天帝である禹《う》が洪水を治めた時、洛水《らくすい》から出てきた亀の背中に書かれていたとされるもので、禹はこれによって『書経』の「洪範九疇《こうはんきゅうちゅう》」を作ったといわれる。

これらの伝説は非常に古くからあり、『論語』「子罕《しかん》編」に、「子曰く、鳳凰《ほうおう》至らず、河、図を出ださず。吾やんぬるかな」という孔子《こうし》の言葉がある。河図洛書はこの時代にはすでに聖帝明王出現のめでたい予兆と考えられていたが、その河図洛書が自分の時代に出現しないことを、孔子が嘆いたというのである。また、『易経』「繋辞《けいじ》伝」に「河図を出だし、洛書を出だし、聖人これに則る」とあり、河図洛書に則って作られたという易の由来が語られている。

その後宋代になると河図洛書は共に図象だと考えられるようになり、様々な図が描かれた。

彼方

カナタ

Lá-Bas

■ドイツ　■小説

ジョリス・カルル・ユイスマンスが1891年に出した悪魔小説。

主人公デュルタルが、ジル・ド・レーの研究から（この本の中に、小説内小説としてジル・ド・レー伝が実際に書かれている）悪魔に興味を移し、様々な悪魔崇拝儀式に参加していく物語。

儀式は非常に詳細に書かれており、実際に著者のユイスマンスが儀式に参加してみて得た知識などから書かれているという。

仮名手本忠臣蔵

カナテホンチュウシングラ

Kanatehonchuhshingura

■日本　■戯曲

江戸時代の芝居演目。

元禄15年12月15日（1703年1月31日）に起きた討ち入り事件＝元禄赤穂事件を元にした、いわゆる『忠臣蔵』の物語である。が、当時は同時代の武家社会で起きた事件（特にスキャンダル）を取材した芝居の上演が禁じられていたため、時代設定を南北朝時代に移し、『**太平記**《たいへいき》』にある「塩冶《えんや》判官讒死の事」になぞらえて浅野内匠頭《あさのたくみのかみ》を塩冶高貞《えんやたかさだ》、吉良上野介《きらこうずけのすけ》を高師直《こうのもろなお》として再構築したものとなっている。

元は2代目竹田出雲《たけだいずも》、三好《みよし》松洛《しょうらく》、並木《なみき》千柳《せんりゅう》の3名の合作による人形浄瑠璃で、寛延元年（1748年）8月の初演。同年のうちに歌舞伎の演目となった。

物語の大筋は現在『忠臣蔵』として知られているものとほぼ同じ筋書きである。が、事件の発端となった「刃傷松の廊下」に相当する事件…つまり、吉良上野介が浅野内匠頭を愚弄し、切り付けられた事件の内容は大きく異なる。

史実の元禄赤穂事件では、勅使《ちょくし》饗応《きょうおう》役《やく》の任に関係した吉良による浅野いじめが原因（諸説あるが）とされているが、『仮名手本忠臣蔵』では高師直が塩冶高貞の妻に横恋慕し、これを奪い取ろうとしたのが原因となっている。

先に述べた理由により、明治時代になり武家社会の実在事件を元とした芝居が上演できるようになるまでは、「四十七士の討ち入りの芝居」といえば本作を意味していた。

ちなみに、怪談芝居の代表作として知られる**『東海道《とうかいどう》四谷《よつや》怪談《かいだん》』**は本作の幕間物の芝居であり、夏場の客枯れ（客足が減ること）を小屋主に相談された4代鶴屋南北が作ったものである。

正典

カノン

canon

■ペルシア・アラブ　■経典

マニ教は、ゾロアスター教、仏教、キリスト教を融合させた宗教。3世紀ごろペルシア人のマニが教えを説き、自ら教団を組織した。

この教えは一時、東は中国から西はスペインにまで広がったというが、至る所で迫害を受けて消え去り、今日はその教説すら定かでない。わずかに残る資料も多くは論敵の残したものなので、当然反マニ教的バイアスがかかっているであろうといわれる。西方における最も有名な反マニ教の論客が、聖アウグスティヌスである。

また、それら残されたものの多くは、各地の事情に合わせて書かれた経典である。これらは、その地の人々に説明するため、その地の神々の名前や用語を利用して書かれていることが多い。マニ自身が、信者に理解しやすいようにと、これを推奨したとされ、マニ教理解を困難にしている。

ともあれ、断片的な情報から察するに、マニ教はキリスト教のグノーシス主義やゾロアスター教に似た善悪二元論を採用、現世の物質や肉体を悪と見てこれを厭離し、厳しい修行によって真実の光明に近づくことを旨としていた。信徒は2種に大別された。一部は義者（アルダワーン）と呼ばれる出家の修行者で、彼らは殺生、肉食、飲酒、性交、私有を断って清浄の生活を送る。だが、大半は義者たちの生活を支援する在家の信者である。

所伝によれば、マニが生まれたのはペルシアで、パルティア王家が滅びササン朝が興って程ないころであった。マニの父はパルティア王家にゆかりの者で、母はユダヤ教徒かキリスト教徒であったろうという。マニは幼いころから片足を引きずっており、人となりは温柔で内向的、思索や美術を愛したと伝えられる。マニは長じて比類ない絵の名人となり、かつマニ教を興して多くの信者を集めた。教団は初めペルシア王シャープールに庇護を受けたが、シャープールと息子が相次いで没すると、新王バハラームに迫害を受けた（このあたりのいきさつは**『王書』**にも記載されている）。マニ自身は獄中で病死したとも、刑死したとも伝えられる。マニ教が跡を絶ってからも、ペルシアではマニは画工の理想として長く称賛された。

マニ教には、創始者であるマニ自身が記した多数の経典がある。これらを「正典」と呼ぶ。世界宗教の創設者が自ら経典を書いた例は大変珍しい。マニ教の宗教書のうち正典とされるのは、ササン朝ペルシアの王シャープール2世に献上した『シャープーラカーン』を始めとして『福音書《ふくいんしょ》』『宝庫』『奥義《おうぎ》の書』『伝説』『図像』『巨人たちの書』『書簡』『詩篇《しへん》と祈り』の9書であるという（諸説あり、ここではM. タルデュー『マニ教』〈白水社〉の記述に従った）。もとより、いずれも完全な形では残っていない。だが近年、中央アジアやエジプトを中心に、マニ教の宗教書の捜索が盛んに行われており、予想外の資料の発見される可能性は常に残っている。

司教法典

カノンエピスコピ

Canon Episcopi

■イタリア　■公文書

900年ごろに書かれたとされる、重要な教会文書。教会法の正式版にも収録されており、最も権威あるものとされた。

この本にも、妖術は悪魔崇拝に他ならないと規定されている。

ただし『司教法典』では、妖術など馬鹿げた幻想に他ならず、魔女が空中を飛んだり、動物に変身することなどできないと明言している。そんなものを信じる愚か者は、不信心であるとすら断言している（それは神の業だから悪魔にはできない）。ただし、霊的に空を飛んだりすることはあり得るとしていた。

このため12～14世紀の悪魔学者は、この『司教法典』の規定を回避するため、霊的に、もしくは想像上だけで空を飛んだり、変身したり、ふしだらをしたりしたとしても、それはやはり異端で、罪であるとした。だが、15世紀以降に出された魔女狩り本では、『司教法典』のこの部分そのものを否定し、誤っているとしている。

カバラー

Cabala

■ドイツ　■錬金術書

シュテファン・ミヒェルシュパヒャーが1615年に出版した、カバラと錬金術《れんきんじゅつ》をまとめて賢者の石を作ろうという本。

これも、寓意《ぐうい》図によって錬金術の奥義《おうぎ》を表したもので、普通に読んでも全く意味は分からない。

髪盗人

カミヌスビト

The Rape of the Rock

■イギリス　■叙事詩

1714年に詩人アレグザンダー・ポープが書いた英雄詩のパロディ。

ある時、貴族の令嬢の巻き毛を親族の青年が切り取ってしまうという事件から、親族同士の不毛な争いが始まった。

ポープはこれに取材し、パロディ化することで、争いの馬鹿馬鹿しさを見せたのだという。

神の国

カミノクニ

De Civitate Dei

■アフリカ　■歴史書

聖アウグスティヌスが、410年に起こったケルト民族のローマ劫《ごう》掠《りゃく》を契機に、426年までかけて書いた歴史書。全22巻の大著である。

西洋知識人の基礎教養の一つともいわれるが、彼自身は北アフリカに生まれ、カルタゴで学んだ。後にローマにやって来てキリスト教徒になったが、後にアフリカに帰り、ヒッポの司教となった。

前半10巻は、キリスト教と他の宗教について。ローマが敗れ略奪を受けたのは、キリスト教のせいではなく、ローマが真の神であるキリスト教の神を信仰しないことが原因であると主張している。また、ギリシアやローマの神々とキリスト教の神を比較し、キリスト教だけが真の宗教であると結論している。

後半12巻は、天地創造から最後の審判が行われ、神の国が実現するまでの歴史（といっても、最後の審判から神の国までの歴史は、いまだに起こっていないのだが）を記述している。

神の慰めの書

カミノナグサメノショ

Pfeiffer, Strauch

■ドイツ　■思想書

マイスター・エックハルトの尊称で知られるヨハネス・エックハルト（1260～1328）の著書集。厳密にいえば、エックハルトはこのような題名の本を出版してはいない。これは、彼の著作や説教を編集して日本で出版されたものである。

スコラ哲学者であり神学博士、ドミニコ会において修道院長や管区長、総会長代理などを歴任し、ケルン神学大学の学頭でもあった彼は、キリスト教神秘主義ともいうべき、個人個人の魂の内なる神について（民衆にも分かるように）ドイツ語で激しい説教を行った。

キリスト教会は、個人が直接神と結び付くことによる教会の意義の消失（個人が神と直接対話できるならば、教会が存在する意味などない）を恐れ、エックハルトを排除したかった。だが、彼の高名により、それは成し得ないまま、彼が死んだ。

すると、その死を待つようにして、翌年には彼の命題を異端であると決定し、その著書を焼き、言論を抹殺しようとした。

だが幸いにして、その弟子たちの努力などによってエックハルトの著書は残り、現在の我々も読むことができる。

歌謡エッダ

カヨウエッダ

Edda

■アイスランド　■叙事詩

8～11世紀ごろに、アイスランドで作られた神々と英雄の叙事詩である。その後、長いこと失われており、スノッリ・ストゥルルソンの詩歌入門書**『エッダ』**だけが存在していた。ところが17世紀になって、スカウルホルトの司教ブリュニヨールヴによって、13世紀ごろの写本が発見された。司教がデンマーク王に贈呈し、デンマーク王立図書館に収蔵されたため『王の写本』と呼ばれる。その後も、アイスランドのあちこちで写本が発見された。

ブリュニヨールヴは、発見した写本をスノッリの『エッダ』の引用元であると考えて、これも『エッダ』と名付けた。本当はどのような名前であったのかは、実は分かっていない。この誤解に基づいた名称が広まり、その後に発見された写本群も含めて、アイスランドの神と英雄の叙事詩すべてを『エッダ』と呼ぶようになった。スノッリの『エッダ』との区別をつけるために、こちらを『歌謡エッダ』『古エッダ』**『セームンドのエッダ』**などと呼ぶ。

唐糸草子

カライトゾウシ

Karaitozohshi

■日本　■説話

御伽草子《おとぎぞうし》の1篇で、渋川清《しぶかわせい》右《え》衛門《もん》が刊行した23篇のうちの一つ。

本作は源頼朝と源義仲の争いと、舞徳の物語を主軸としたものだ。

義仲に仕える唐糸の前は、義仲討伐の企みを知り、首謀者の頼朝を誅する機会を狙っていたが、発覚して牢に捕らわれてしまう。唐糸の前には、信濃に万寿という娘がいた。娘は鎌倉に上り、行方不明となっていた母を捜す。そんな折、万寿は頼朝の御前で今様を舞うこととなる。万寿が歌い始めると、観衆はその素晴らしさに感動する。頼朝は娘の歌に感じ入り、唐糸を放免して万寿に身柄を引き渡した。こうして母娘は信濃の故郷へと帰ったのである。

機巧図彙

カラクリズイ

Karakurizui

■日本　■学術書

江戸時代の技巧書。

「からくり半蔵」との異名を取った細《ほそ》川半蔵頼直《かわはんぞうよりなお》の、寛政8年（1796年）の著作。

首巻、上巻、下巻の3巻から成り、「茶運び人形」など機関《からくり》人形9種、和時計4種の仕組みや製法などが記載されている。江戸時代の機関技術を工学書として集成したもので、明治時代以前の日本における唯一の技術工学書とされる。

ガリア戦記

ガリアセンキ

Commentarii de Bello Gakkico

■ローマ　■歴史書

カエサルがガリア（現在のフランス）に侵入し、ケルト族を戦争で破るまでを、カエサル自身の筆で描いた歴史書。
10倍の敵を相手に勝利するという軍事上の奇跡的成果を、カエサルの名文によって記述した傑作とされる。
実際、遥か後世になっても、ラテン語文章の手本として使われる程である。

ガリアの占星術

ガリアノセンセイジュツ

Astrologia gallica

■フランス　■占星術書

フランスの占星術師にして数学者のジャン・バプチスト・モラン・ド・ヴィルフランシュが書いた、全26巻にも及ぶ占星術書。彼の死後の1661年に発表された。
この本では、17世紀の知見（地動説が発表されたのは17世紀）をもってプトレマイオス・クラウディオスの占星術を書き直し、近代的占星術の祖といわれるようになる。

カリーラとディムナ

Kalīlah wa Dimnah

■ペルシア・アラブ　■物語

『千一《せんいち》夜《や》物語《ものがたり》』に大きな影響を与えたと見られるアラビア語の物語集。イブヌ・ル・ムカッファイの作。8世紀ごろにペルシア語からアラビア語に訳された。さらにもとを正せばインドの『パンチャタントラ』などの寓話集の影響下に成立したものであろうといわれる。カリーラとディムナはライオンの王に仕える2匹の山犬で、この2匹が様々な寓話を語るのである。

ガリヴァー旅行記

ガリヴァーリョコウキ

Gulliver's Travel

■イギリス　■小説

1726年にアイルランド人作家ジョナサン・スウィフトが仮名で発表したイギリスの風刺文学。ただし、この時の版は読者の怒りを恐れた出版社によって改竄《かいざん》されたものだった。正しい版は1735年に出版されている。
現在では児童文学だと思われている本書だが、実は大人向けの風刺文学である。当時のヨーロッパ人（特にイギリス人）に対する皮肉と批判に満ちた毒のある文学である。
本書は、全部で4部構成になっている。

第1部：「リリパット国渡航記」
リリパット国は小人の国だ。巨人に見られたガリヴァーは、隣のブレフスキュ国との戦いでリリパットに味方する。だが、ブレフスキュ国民を殺すことを拒んだため、慈悲深い刑罰（目を潰して毒殺されることだが、リリパットでは軽い方らしい）を受けることになり、逃げ出してくる。

第2部：「ブロブディンナグ国渡航記」
ブロブディンナグ国は巨人の国だ。ガリヴァーは捕まってしまい、珍しい小人として王妃に売り飛ばされる。そして、宮廷の女官たちに、性的なおもちゃ扱いをされる。
国王は外国の状況に興味を持ち、英国

社会について詳細な質問をする。それによって、英国社会の問題点をあぶり出している。

ガリヴァーは、住んでいる木箱ごと鷲にさらわれて海の上に落とされ、英国に帰る。

第3部：「ラピュータ、バルニバービ、ラグナグ、グラブダブドリブ、日本への渡航記」

空飛ぶ島ラピュータ（もちろん、宮崎駿の『天空の城ラピュタ』はここから名前を取った）や、それに支配されるバルニバービ。不死人（といっても老いの影響は受ける）のいるラグナグや魔法使いの島グラブダブドリブなどを経由して、日本に行ってくる。

第4部：「フウイヌム国渡航記」

フウイヌムは哲学者の馬の国である。彼らは非常に理性的で、穏やかに暮らしている。それに対して、人間に似た毛むくじゃらのヤフー（もちろん、インターネットの「Yahoo!」はここから名前を取った）がいる。ヤフーは不潔で、無価値なきらきらした石を集める性質がある。そして、あらゆるものを食べるが、取分け盗んだものが大好きだ。

もちろん、これは金に執着する人間を揶揄したものだ。

カリガリ博士の箱

カリガリハカセノハコ

Das Kabinett des Doktor Caligari

■ドイツ　■映画

1920年のロバート・ヴィーネ監督の映画。自らの意思を持たない眠り男チェザーレと、彼を使って殺人を起こさせるカリガリ博士、彼らに対抗するフランシス青年の物語。

しかし、映画の最後に、それらはすべて精神病患者フランシスの妄想であり、カリガリ博士は精神病院の院長であることが分かる。

だが、最後のどんでん返しはさておき、カリガリ博士は、**シャーロック・ホームズシリーズ**のジェームズ・モリアーティ教授と並ぶ、インテリ犯罪者の代表格というイメージができた。そして、他の作品にも同名の人物、もしくは彼を髣髴とさせる人物が登場するようになった。

ガルガンチュワ物語

ガルガンチュワモノガタリ

Gargantua

■フランス　■物語

フランスのフランソワ・ラブレーが書いた全5巻の滑稽糞尿譚の第1巻が『ガルガンチュワ物語』である。

ガルガンチュワは、生まれた時に「おぎゃあ」ではなく「呑みたい」と叫ぶ程の酒豪で、授乳のために1万7913頭の牛が必要な程巨大だった。パリへ遊学した時も、ノートルダム寺院の塔に腰かけて休み、取り巻いた群衆に小便をかけると、26万418人が溺れ死ぬ程だ。

父の国に敵国が攻めてくると聞くと、パリから帰国するが、休憩の時に乗馬が小便をすると、その小便で敵の軍団が壊滅する。

そして、父の軍の指揮官として敵国と戦い勝利する。

論功行賞では、1人の修道士に修道院を建ててやる。彼の望みは、今までの修道院と全く反対の修道院だ。だから、壁などはなくだれでも出入りできるし、一切の時計がない。また純潔・清貧・服従の誓いの代わりに、結婚も蓄財も自由もある修道院だ。

『ガルガンチュワ物語』は、この修道院の建設で終わる。

彼自身にとって名誉であると同時に若い同胞の模範ともなる興味深い逸話を含むジョージ・ワシントンの生涯

カレジシンニトッテメイヨデアルトドウジニワカイドウホウノモハントモナルキョウミブカイイツワヲフクムジョージワシントンノショウガイ

Life of George Washington, With Curious Anecdotes Equally Honorable to Himself, and Exemplary to His Young Countrymen

■アメリカ　■伝記

正直であることを薦める話として、ワシントン（アメリカ初代大統領ジョージ・ワシントン）と桜の木についてのエピソードは広く知られている。

6歳のころ、ワシントンは手斧を手に入れて大得意で、いろんなものを切っていた。そして、庭の桜の木（原文では、桜ではなくチェリーの木らしいが）を切り倒してしまった。

父親から「だれがこの木を切ってしまったのか知っているかい」と聞かれたワシントンは、「嘘をいうことはできません。僕が切りました」と答えた。父親は「お前は正直な子供だ」とワシントンを誉めた。

このように、正直を薦める話だが、この話自体が全くの嘘であることを知る人は少ない。

メイソン・ロック・ウィームスという牧師は、とにかく売れればいいという観点で、あらゆる本を書いた。だが、彼が1779年に出したワシントンの伝記（？）は、その中でも最高のベストセラーになった。

だが、版を重ねると、さすがに売れ行きも鈍ってくる。そこで彼は、新版が出る時に「貴重な新しいエピソード」を載せることで、何度でも本を売ろうとした。

この桜の木のエピソードは、1806年の第5版から収録されたものだ。だが、その原典はワシントンなどではない。実は、1799年にイギリスで発行されたジェームズ・ビッティという作家の『吟遊詩人』という小説から盗作したものだった。

ワシントンの偽伝記は、1850年には第59版を数える程売れ、桜の木のエピソードは多くの教科書などにも採用されて、アメリカ人のみならず我々日本人にもよく知られるようになった。

このように、嘘のエピソードで塗り固めた伝記を出したウィームスは、その後もこの本のベストセラーのおかげで、死ぬまで幸せに暮らした。

やっぱり、嘘つきの方が幸せになるのだという教訓を教えてくれる話である。

カレワラ

Kalevala

■フィンランド　■叙事詩

19世紀の医師エリアス・リョンロットによって集められ、編集されたフィンランドの叙事詩。彼はフィンランド各地を訪ね歩き、吟遊詩人に口承されていた古詩を収集した。特に、吟唱詩人バンニネンと出会い、彼の記憶している詩を書きとめることができたのは幸運であった。こうして、最初のカレワラ、現在では『原カレワラ』と呼ばれているものができ上がった。

さらに、詩人ペルットゥネンと出会って増補され、『古カレワラ』が書かれた。そして、また別の詩人シッソネンと出会って増補され、1849年に『原カレワラ』の3倍にもなった『新カレワラ』を発表した。これが、現在知られる『カレワラ』である。

リョンロットは、収集した詩歌を編纂し、間を埋めて一つの物語を再構成した。だが、リョンロットの構成がうまく、彼に文才があったため、どこまでが収集した詩歌で、どこがリョンロットの加筆部分なのか、また収集した詩歌もリョンロットによって改変されたのかどうか、よく分かっていない。

その内容は、大きく三つの物語（サイクルと呼ばれる）から成る。

一つは、大サンポ・サイクルという、ワイナミョイネンという老賢者の物語。次いでレンミンカイネン・サイクルという、美男子でお調子者のレンミンカイネンの物語。最後にクッレルボ・サイクルという、一族を皆殺しにされたクッレルボの復讐譚である。

巌窟王

ガンクツオウ

Le Comte de Monte-Cristo

■フランス　■小説

→モンテ・クリスト伯爵

完史

カンシ

Al-Kamil fi-l-Tarikh

■ペルシア・アラブ　■歴史書

→イブン・アル・アシールの『完史』

勧世良言

カンセリョウゲン

Quàn Shì Liáng Yán

■中国　■経典

太平天国の乱の指導者・洪秀全《こうしゅうぜん》（1812～1864）に多大な影響を与えた、キリスト教プロテスタント派の布教用のパンフレット。19世紀初頭、ロンドン伝道会の宣教師ロバート・モリソンが広州《こうしゅう》に入ったが、この時改宗者の梁《りょう》阿《あ》発《はつ》も一緒だった。梁はマラッカで聖書を中国語訳し、さらに布教用のパンフレット『勧世良言』をまとめていた。この中でキリスト教の神（god）は上帝と訳されていた。上帝とは中国の最高神のことである。一方、洪秀全は当時科挙試験を目指しており、広州の試験会場前でこのパンフレットを受け取った。しかし、3度目の試験にも失敗した洪秀全は、ショックのあまり40日間も病床に伏せり、不思議な夢を見た。上帝と思われる上品な老人から破邪の剣を与えられ、中年の男に助けられて悪魔を退治する夢である。その後、洪秀全は放っておいた『勧世良言』を読んだことで、夢の謎が解けたと思った。上帝はキリスト教の神、中年の男はイエスであり、自分は救世主として悪魔である儒・仏・道の3教及び民間の偶像崇拝信仰と戦わなければならないというのである。そこで洪秀全はさっそく太平天国の前身となる拝上帝会を設立し、太平天国の樹立に向けて邁進することになったのである。

観相学断片

カンソウガクダンペン

Physiognomische Fragmentezur Beforderung der Menschenkenntnib und Menschenliebe

■スイス　■オカルト

ヨハン・カスパール・ラーファターの書いた最も有名な観相学の本。1775年から4年かけて出版された。全4巻。

観相学とは、人間の顔かたちから、その人の本性を理解しようとするもので、さらにはその人の運勢や未来を予言しようというものだ。古くは古代ギリシアの時代から存在し、アリストテレスの『人相学』(実際には他の人間の著作らしい)などにまとめられてきた。

ラーファターは、元々プロテスタントの牧師である。彼が、四性論（人間の性質を多血質、胆汁質、粘液質、憂鬱質の4種類に分類する性格分類）や動物類推（狐に似た顔立ちはずるいなどという考え）に基づいて、顔かたちの特徴について詳細に論じたのが、この本である。この本の完成には文豪ゲーテが全面協力し、文章の構成や図版の作成など、随所にゲーテの手が入っている。

この本は高価な豪華本であったが、一時期は上流階級の家には必ずこの本がある程売れた。そして、その内容についてひとくさり語るのは上流婦人のたしなみとさえいわれた。

だが、この本自体は体系的な研究書ではない。「断片」と名前が付いているように、観相学による有名人の分析や、観相学をネタにしたエッセイじみたものまで、様々な文章を集めて作られたもので、この本から観相学を学ぼうというのは困難である。

ラーファターは、詐欺師カリオストロが登場した時、彼を観相して奇跡を呼ぶ神聖なる人物と見なした。だが、しばらくしてカリオストロの化けの皮が剥がれた後でも、自らの観相を信じ、カリオストロの擁護をやめなかった。これにより、ゲーテや他の信奉者も離れ、彼の観相学は地に落ちた。

ラーファター自身は、観相学を神の恩寵によって人の魂が外見に表れるようになったものと考え、自らが体系化するのは不可能にしても、将来はきちんとした科学になると信じていた。

だが、結局観相学は、単なる疑似科学か胡散臭いオカルトで終わった。

カンタベリー物語

カンタベリーモノガタリ

The Canterbury Tales

■イギリス　■物語

中世イギリスの代表的詩人ジェフリー・チョーサー（1340ころ～1400）の最高傑作とされる未完の物語集。

カンタベリー大聖堂へ向かう、身分も

職業も違う雑多な29人の巡礼者が、たまたま同じ宿に泊まったことから、一緒に旅をする。そして、その長旅の間に退屈しのぎにそれぞれが物語を披瀝《ひれき》し合うことになる。これがこの物語の大前提で、全部で24編の物語がある。

騎士、商人、大工、医者、神父など、とにかく様々な階層の人たちが物語る話なので、題材も豊富で、滑稽話、教訓話、英雄物語、聖者伝というように内容も多様である。

例えば「僧の従者の話」では、錬金《れんきん》術《じゅつ》師の僧の従者という男が、錬金術師という者がいかなる実験をやっているか、いかに見事にインチキをやって他人から金をせしめるか、詳しく語っている。そして最後に、錬金術にはかかわるなという教訓まで垂れている。こういうものを読むと、中世の一般的な人々にとって錬金術師というものが、どれ程胡散臭い人間と思われていたか分かるのである。

桓檀古記

カンダンコキ

환단고기

■韓国　■偽書

朝鮮の偽史書。朝鮮民族の起源や、天から降りてきた桓雄《ファンウン》と熊女《ウンニョ》から生まれた檀君《タンクン》によって建国された檀君朝鮮の歴史などに始まり、渤海《ぼっかい》国（高麗《こうらい》）時代までの歴史を扱い、朝鮮民族の偉大さを叙述している。

『三聖紀』『檀君世紀』『北扶餘《ふよ》紀』『太《たい》白逸史《はくいっし》』の4書から成る。

これらの書はそれぞれ14～16世紀ごろに書かれたということになっており、それを1911年に桂延壽《けいえんじゅ》が編纂し、李沂《りき》が校閲し、印刷したという。しかし、この時の本は存在しないため、韓国の歴史学者たちの間には様々な理由から、実際にこの書が完成したのは1949年以降ではないかという説もある。

き

揆園史話

キエンシワ

규원사화

■韓国　■偽書

朝鮮の偽史書。朝鮮神話では、太古の時代に天から桓雄《ファンウン》という神が地上に降り、熊女《ウンニョ》と結婚して檀君《タンクン》を生み、この檀君によって檀君朝鮮が建国されたとされている。『揆園史話』ではこの神話が歴史とされて、檀君朝鮮は47代続いたとされ、それらの王の治世などが詳述される。さらに檀君朝鮮は強大であり、朝鮮半島だけでなく中国の一部やモンゴルまで支配する帝国だったとされている。

「序文」「肇判記《ちょうはんき》」「太始記」「檀君紀」「漫説」で構成されている。

李氏朝鮮時代の1675年、北崖子《ほくがいし》という号を持つ人が著した偽書《ぎしょ》とされている。しかし、この書の内容が最初に引用されたのは1928年のことであり、近代になってから作られたという説もある。

義経記

ギケイキ

Gikeiki

■日本　■物語

源義経とその主従を中心として源平の時代を描いた軍記物語。室町時代初期のころの成立と思われる。

本作は軍記ものであるが、他の同種の物語とは違って、華々しい合戦よりも、義経個人の幼少期や長じてからの源氏内部での人間関係描写などに焦点が置かれている。が、成立は源平の世から200年程経った後であり、また当時流布していた伝説を多く取り込んでいるため、正確な歴史書物とはいいがたい。

後の多くの創作で採用された義経像や、その他多くのキャラクターの基本的なイメージを作り出したのは本作であり、そういう意味では重要な書物といえるだろう。

紀家怪異実録

キケカイイジツロク

Kikekaiijitsuroku

■日本　■説話

平安時代の書物。

平安時代前半の歌人として知られる紀《きの》長谷雄《はせお》の著作。

その内容は、紀家にまつわる怪異を説話の形で記したものである。

帰国物語

キコクモノガタリ

Nostoi

■ギリシア　■叙事詩

ホメロスの**『イリアス』**や**『オデュッセイア』**を補完すべく、オデュッセウス以外の人々の帰国を描いた叙事詩。

ギリシアの英雄たちが故郷へと帰る話。アガメムノンの帰国の際にアキレスの亡霊が現れて彼の運命を予言したり、メネラウスが嵐に遭ってエジプトに流されたりする話なども、ここで扱われている。無事に帰国できなかった人物も多く、帰国の途中で客死したり、帰国できずに新たな町を建設したり、帰り着いたのに再び追放されたりと、ろくな目に遭っていない。

魏志倭人伝

ギシワジンデン

Wèi Zhì Wō Rén Zhuàn

■中国　■歴史書

3世紀に成立した中国の**正史《せいし》『三国志《さんごくし》』**は、「魏書」「呉書」「蜀書」の3部構成である。この「魏書」の30巻に中国の東に住む異民族のことを記した「東夷伝《とういでん》」があり、その一部におよそ2千文字にわたって倭人《わひと》に関する記述がある。これが「魏志倭人伝」である。したがって「魏志倭人伝」という本があるわけではないし、その呼び方もあくまでも日本における通称である。

とはいえ魏志倭人伝は、3世紀の邪馬《やま》台国《たいこく》や倭人の風習について、ほぼ同時代に書かれた記録であり、歴史資料として第一級のものとされている。

邪馬台国といえば、九州説とか畿内説とか、その所在地が議論の的となるが、その根拠となるのも魏志倭人伝の記述である。

魏志倭人伝は「倭人《わひと》は、帯方郡の東南の大海の中におり、山がちな島の上にそれぞれの国邑を定めている。」(『世界古典文学全集24B 三国志Ⅱ』今鷹真ほか訳／筑摩書房／以下引用部はすべて同じ）という記述で始まるが、それに続いて邪馬台国までの道程を記している。

「帯方郡から倭に行くには、海岸にそって船で進み、韓国を経、南に進んだり、東に進んだりして、倭の北の対岸である狗邪《くや》韓国にいたる。そこまでが七千余里。そこではじめて〔海岸を離れて〕一つの海を渡る。その距離は一千余里。対馬《つしま》国につく。」「さらに南に向かって瀚海《かんかい》と呼ばれる一つの海を千余里船行すると、一大国（一支《いき》国）につく。」「東南に陸路を五百里行くと、伊《い》都《と》国につく。」「東南の奴《ぬ》国までは百里。」「東に進んで不弥《ふみ》国まで行くには百里。」「南の投馬《とうま》国までは、水路で二十日かかる。」「南の女王が都している邪馬壱《やまたい》（臺）国へは、水路十日、陸路一ヵ月がかかる。」

この記述が簡単で曖昧なため、様々な議論が起こるのである。

また、邪馬台国に卑弥呼という女王がいたことは日本人には常識だが、これも魏志倭人伝の次の記述に基づいている。

「その国では、もともと男子が王位についていたが、そうした状態が七、八十年もつづいたあと、〔漢の霊帝の光和年間に〕倭の国々に戦乱がおこって、多年にわたり互いの戦闘が続いた。そこで国々は共同して一人の女子を王に立てた。その者は卑弥《ひみ》呼《こ》と呼ばれ、鬼神崇拝の祭祀者として、人々の心をつかんだ。」

鬼神論

キジンロン

Demonologie

■ドイツ　■悪魔学

ドミニコ派の異端審問官であり悪魔学者としても有名なニコラス・ジャッキエが1452年に書いた、悪魔と魔女に関する書。

この本でジャッキエは、妖術を使う者は異端と同じ犯罪者であり、死刑に値すると主張している。もちろん、神に逆らう悪魔を法廷に召喚することは難しいが、悪魔に証言させなくとも妖術使いを裁くのに支障はない。

ジャッキエは、この後1458年には『**異端の魔女に与える鞭**』を書き、妖術使いはそれだけで異端であると主張した。

北野天神絵巻

キタノテンジンエマキ

Kitanotenjin-emaki

■日本　■図画

北野天満宮の由来縁起を描いた絵巻物。

鎌倉時代に成立。

現在、国宝に指定されており、一般には公開展示はされていない。

キタブ・アル＝アジフ

Kitab al Azif

■アラビア　■架空

→ネクロノミコン

来るべき種族

キタルベキシュゾク

The Coming Race

■イギリス　■小説

イギリスの政治家にして小説家エドワード・ブルワー・リットンの著作。1870年に出版された。

その内容は、地底世界を訪れた主人公がそこに住む民族ヴリル・ヤと出会い、その緩やかな独裁体制下の理想社会に触れていくが…というものだ。

ヴリル・ヤの社会では「ヴリル」という力があらゆる場所に使われていた。これは「自然の一切の現象を貫く電磁気的な力」であり、「全生命力の根源」である。ヴリルの放射装置であるヴリル・ロッドを使えば子供でも大軍を殲滅できるため、地底世界では一切の戦争がなくなった。

また、ヴリル・ヤの世界では身分や貧富といったものが意味を失っており、為政者の仕事は支配ではなく、民の間のもめ事の調停や、事故や災害の予防などであった。

本作は基本的には（リットンはホラー作家でもあったため、恐怖小説的な語り口となっているが）定番的な「幻想的異界への探訪の物語」である。それが「地底世界への訪問」という形となったのは、本作の数年前に出版されたジュール・ヴェルヌの**『地底探検《ちていたんけん》』**の影響といえるだろう。

が、本作はただの娯楽小説として埋もれることはなかった。リットンはイギリスのオカルト界の重鎮の1人であったため、小説内設定として提示された「ヴリル」の実在の可能性について、各オカルト団体において議論されることが頻発したのである。

そうした『来るべき種族』に翻弄された人物の1人がドイツ人カール・ハウスホーファーである。ナチスに地政学者として協力した人物として知られる彼は、チベットのアガルタ＝シャンバラ伝説と『来るべき種族』の間に符合する点を読み取り、アガルタ（とそれを中心とした中央アジア）こそがアーリア人の始まりの地と確信、ヴリルの存在と、アーリア人にそれを操る力があると信じるようになった。そして、ヴリルを操る技術の開発を目的として、ヴリル協会なる秘密結社を設立したのである。

偽典

ギテン

Pseudepigraphy

■中東　■経典

→旧約聖書偽典

吸血鬼

キュウケツキ

Vamire

■イギリス　■小説

ジョン・ポリドリが書いた最初の吸血鬼小説。バイロンの作と勘違いされて、大ヒットした。

特に演劇の原作として使われ、フランス、イギリスを始めとして、ロングラン興行を成し遂げた。

この作品の執筆のきっかけは有名である。高名な詩人バイロン卿はヨーロッパ旅行に出ていたが、ポリドリはその主治医として旅行に随伴していた。ある時スイスのホテルで、詩人パーシー・シェリーとその愛人（後に妻メアリ・シェリーとなる）メアリ・ゴドウィンと一緒になった。暇潰しに彼らはドイツの幽霊譚を読んでいたが、バイロンがこのくらいなら自分たちで書いてみようと提案した。だが、2人の詩人はすぐに飽きてしまい、結局完成させたのはメアリだけだった。その作品こそ『**フランケンシュタイン**』である。ポリドリは、その時は完成させられなかったが、後にバイロンと喧嘩別れした後で、（当て付けのように）バイロン卿をモデルにした吸血鬼ルスベン卿を主人公に『吸血鬼』を書いた。

この作品自体は、現在はマニアしか読まない作品になっているが、後の吸血鬼像に決定的な影響を与えた。伝説の吸血鬼は、土の中から這い出てくる怪物であった。それを、貴族的で堂々とした紳士としての吸血鬼に変えたのは、ポリドリの功績である。この作品がなかったら、『**吸血鬼カーミラ**』も『**ドラキュラ**』も存在しなかっただろう。

吸血鬼カーミラ
キュウケツキカーミラ

Carmilla

■アイルランド　■小説

アイルランドの作家ジョゼフ・シェリダン・レ・ファニュ（彼自身は、その名の通りフランス系だった）が1871～1872年に書いた吸血鬼小説。

珍しくも女吸血鬼が登場し、女性主人公を狙う。このため、濃厚な（とはいえ19世紀の描写であるのだが）レズビアン風味の作品となっている。

吸血鬼ドラキュラ
キュウケツキドラキュラ

Dracula

■アイルランド　■小説

→ドラキュラ

虬髯客伝
キュウゼンカクデン

Qiú Rán Kè Zhuàn

■中国　■小説

中国唐代末の短編伝奇小説、英雄豪傑小説。杜光庭《とこうてい》の作。

戦乱の隋《ずい》末、隋の重臣・楊素《ようそ》に仕えていた下女・紅払《こうふつ》は人を見る目に優れており、いち早く楊家の没落を見抜き、流れ者の李靖《りせい》を主人に選んだ。その後、李靖と紅払は豪傑・虬髯客《きゅうぜんかく》と出会った。虬髯客は自ら王になろうと狙っていたが、すでに大原に将来天子となるべき人物がいるという占い師の予言を聞き、それを見にいくという。やがて李世民《りせいみん》（唐朝2

代皇帝・太宗）と面会した虬髯客は、その風貌を見ただけでそれを悟り、自分は中国を諦め、外国で王となろうと決意する。虬髯客は李世民に協力しろと告げ、天下取りのために蓄えていた全財産を李靖と紅払に譲った。こうして10年後、虬髯客は扶余《ふよ》国で王となり、李靖は唐王朝建国の功臣、名将となるのである。

なお、虬髯客は清末の剣俠小説『仙俠五花剣』に十剣仙の1人・虬髯公として登場し、京劇の『風塵三俠《ふうじんさんきょう》』は李靖、紅払、虬髯客の3人を主人公としたものである。

九天玄女の書

キュウテンゲンジョノショ

Jiǔ Tiān Xuán Nǔ Zhī Tiān Shū

■中国　■架空

小説『**水滸伝**《すいこでん》』第42回で、後に梁山泊の総頭領となる宋江《そうこう》が九天玄女《きゅうてんげんじょ》（道教の女神）から与えられたとされている3巻の**天書**《てんしょ》。宋江は済州鄆城県《うんじょうけん》のとある九天玄女の廟の中で夢を見、九天玄女からこの書を渡された。女神は「宋星主、あなたはこの3巻の天書を熟読し、天に代わって正しい道を行うように努めなさい。その仕事が終われば、あなたはまた天宮の星に帰ることができます。ただし、この天書は天機星《てんきせい》（呉用《ごよう》）と一緒に読んでもかまいませんが、他の者に見せてはなりません」と告げた。そして、宋江が目覚めると3巻の天書が袖の中に入っていた。縦15cm、横10cm、厚さ10cm程のものである。内容は、戦法・占い・妖術に関するものと思われる。例えば、天書第3巻には「風を戻し、火を返し陣を破る法」があり、第52回の梁山泊軍と高唐州との戦いで宋江はこの法を使っている。しかし、敵の魔法使いである康廉《こうれん》がもっと強力な魔法を使ったため、この法は打ち破られてしまった。九天玄女の書というといかにも強力なもののようだが、この結果から分かるように『水滸伝』の中では天書自体は大した働きはしていない。

旧約聖書

キュウヤクセイショ

Old Testament

■中東　■経典

『旧約聖書』は古い約束という意味で、キリスト教徒にとっての名前である。「旧約」も大事ではあるが、より新しい約束である『**新約聖書**』があるという意味でこう呼ばれる。しかし、ユダヤ教徒にとっては「旧約」などというものはなく、この聖書こそが唯一無二の聖書であり、『新約聖書』こそが勝手に現れたユダヤ教もどきカルトの経典に過ぎない。

だが、この『旧約聖書』（ユダヤ教では単に『聖書』としか呼ばないが『新約聖書』と区別するために、本稿ではこのように記しておく）が、実は宗派によって異なるということを知っている日本人は少ない。『旧約聖書』すべてを正典とするか、さもなければ『旧約聖書正典』と『旧約聖書外典』に分けるかが、宗派によって異なるのだ。

『旧約聖書外典』（新共同訳聖書では『旧約聖書続編』と訳される）はヨーロッパ語圏では『アポクリファ』という。これは、ギリシア語で「隠された」「秘密の」という意味がある。

このような文書が生まれたのは、キリスト教とユダヤ教の関係、及び聖書の翻訳問題にある。

紀元前3～前1世紀に、『七十人訳聖《しちじゅうにんやくせい》書《しょ》（セプトゥアギンタ）』と呼ばれるギリシア語訳旧約聖書が作られた（略語として、70を表すローマ数字の“LXX”を使う）。これは、ギリシア語圏に居住してヘブライ語の使えないユダヤ人が増えてきたため、彼らのための聖書として作られたのだと考えられている。

ヘブライ語の読めるキリスト教徒が少なかったこともあって、キリスト教では、この『七十人訳聖書』を『旧約聖書』として扱った。

だが、1世紀になって、ユダヤ教はこの『七十人訳聖書』に問題を発見した。というのも、ヘブライ語版聖書に存在しない文書が多数含まれていたのだ。そこで、ユダヤ教はヤムニア会議によって、ヘブライ語写本の存在しない文書を正典から外すことを決定した（なぜなら、ユダヤの神がヘブライ語以外で民に語ることはあり得ないからだ）。これがユダヤ教の『旧約聖書』である。この『旧約聖書』のことを『マソラ本文《ほんもん》』という。ちなみに、この会議こそユダヤ教とキリスト教が完全に別宗教であることを明確にした会議だといわれる。会議当時は、この『外典』は「正典ではないが有益な文書」とされていたが、後世になると「異端であり排除すべき文書」となり、ユダヤ教にとっては失われた文書となった。

さて、キリスト教はずっと『七十人訳聖書』を使い続けていたが、ローマ帝国が支配する世界（つまり公用語がラテン語である世界）でギリシア語聖書では不便である。そこで、382年にヒエロニムスが聖書のラテン語訳を始めた（もちろん、これ以前にも部分訳や全文訳などは存在したが、翻訳文の明快さ格調高さ流麗さなど、ヒエロニムス訳は圧倒的に優れていた）。この時彼は『マソラ本文』に存在しない文書が『七十人訳聖書』に含まれていることに気が付いた。彼は、ヘブライ語文書のみに権威があると考え（キリストはヘブライ語で語ったはずだから）、ギリシア語文書でしか残っていないものを正典から排除し、『アポクリファ』と呼ぶことを提唱した（このため、アポクリファ部分のヒエロニムス訳は、いま一つ精度が良くない）。だが、この時はヒエロニムスの分類は採用されず、キリスト教会はすべてが正典だとした。これを**『ヴルガータ』**という。

さて、時代は下り、マルティン・ルターの宗教改革によってプロテスタントが生まれた時、彼らは自分たちの持っている『旧約聖書』が、ヘブライ語の聖書と異なっていることに気付いた。原理原則を重視するルターは、カトリックの使っている『旧約聖書』は誤りであると考え、『マソラ本文』に則った聖書を旧約聖書として、それ以外の部分をヒエロニムスに倣ってアポクリファと呼び、正典から排除することにした。これを**『ルター聖書』**という。ちなみに、ルターは『外典』について、「有益で読むには良い」が「教理の基準としてはならない」といっている。

このように、旧約聖書とひと口にいっても、実は宗派ごとに正典が異なるのだ。カトリックとギリシア正教においては『ヴルガータ』や『七十人訳聖書』が正典である（正確には、この2者においても、微妙に正典の異動がある)。そして、ユダヤ教とプロテスタントでは『マソラ本文』と『ルター聖書』が正典である(こちらは内容は同じだが、収録順序や章立てが異なる)。

また、外典部分に対する態度も違う。カトリックとギリシア正教は正典の一部であるから当然尊重される。現代ユダヤ教では異端とされる。プロテスタントにおいては、正典ではないものの一応尊重すべき重要な文書として扱われるが、一部分派では、外典はキリスト教の純粋を失わせる害悪の文書であるとして、攻撃するところもある。

『旧約聖書』は、日本では以下の順序で並べられている。これは、ギリシア語『七十人訳聖書』やラテン語『ヴルガータ』に準拠した並べ方である(そのくせ、これらに正典として収録されている外典部分は外されているのだが)。

1. モーゼ五書:「**創世記**《そうせいき》」「**出**《しゅつ》**エジプト記**《き》」「**レビ記**」「**民数記**《みんすうき》」「**申命記**《しんめいき》」
2. 歴史書:「**ヨシュア記**」「**士師記**《ししき》」「**ルツ記**」「**サムエル記**上下」「**列王記**《れつおうき》上下」「**歴代誌**《れきだいし》上下」「**エズラ記**」「**ネヘミヤ記**」「**エステル記**」
3. 文学書:「**ヨブ記**」「**詩篇**《しへん》」「**箴言**《しんげん》」「**コヘレトの言葉**」「**雅歌**《がか》」
4. 預言書:「**イザヤ書**」「**エレミヤ書**」「**哀歌**《あいか》」「**エゼキエル書**」「**ダニエル書**」「**ホセア書**」「**ヨエル書**」「**アモス書**」「**オバデヤ書**」「**ヨナ書**」「**ミカ書**」「**ナホム書**」「**ハバクク書**」「**ゼファニヤ書**」「**ハガイ書**」「**ゼカリヤ書**」「**マラキ書**」

だが、ユダヤ教の正典としての聖書(こちらは旧約とはいわない。なぜならユダヤ教においては、こちらが唯一無二の聖書だからである)では、以下のような順序になっている。

1. **トーラー**(律法):「創世記」「出エジプト記」「レビ記」「民数記」「申命記」
2. ネビイーム(預言者):
   前の預言者:「ヨシュア記」「士師記」「サムエル記上下」「列王記上下」
   後の預言者:「イザヤ書」「エレミヤ書」「エゼキエル書」「十二小預言書」
3. ケトゥビーム(諸書):「詩篇」「箴言」「ヨブ記」「雅歌」「ルツ記」「哀歌」「コヘレトの言葉」「エステル記」「ダニエル書」「エズラ・ネヘミヤ記」「歴代誌上下」

注:「十二小預言書」とは、「ホセア書」「ヨエル書」「アモス書」「オバデヤ書」「ヨナ書」「ミカ書」「ナホム書」「ハバクク書」「ゼファニヤ書」「ハガイ書」「ゼカリヤ書」「マラキ書」のこと。

その意味では、日本にある『旧約聖書』とは、様々な宗派の聖書の特徴を中途半端にまとめたものである。あえていうなら、プロテスタントの聖書というべきだろう。

旧約聖書外典

キュウヤクセイショガイテン

Apocrypha

■中東 ■経典

→旧約聖書

旧約聖書偽典
キュウヤクセイショギテン

Pseudepigraphy

■中東　■経典

『旧約聖書正典』にも『旧約聖書外典』にも含まれない文書。『外典』は、正規の文書ではないものの、内容的には正しいものと考えられている。それに対し『偽典』は異端的内容が含まれており、そのままでは使えないものである。

『外典』は**旧約聖書**、**新約聖書**双方にあるが、『偽典』は旧約聖書にしかない。このため、『旧約聖書偽典』のことを、単に『偽典』とだけ呼ぶことも多い。

書かれた時代は、紀元前2世紀から後1世紀にかけてであり、一部はキリストの時代とも重なっている。このため、ユダヤ教史の研究だけでなく、初期キリスト教史の研究のためにも、重要な資料である。

旧約聖書正典
キュウヤクセイショセイテン

■中東　■経典

→旧約聖書

旧約聖書続編
キュウヤクセイショゾクヘン

Apocrypha

■中東　■経典

→旧約聖書

キュプリア

Cypria

■ギリシア　■叙事詩

ホメロスの『**イリアス**』で扱っていない部分を描いた作品の一つ。

トロイア戦争の起こりと、その最初の9年間を描く。

ギュルヴィたぶらかし

Gylfaginning

■アイスランド　■叙事詩

→散文エッダ

鏡花縁
キョウカエン

Jìng Huā Yuán

■中国　■小説

中国清代中期の空想的長編小説。李汝《りじょ》珍《ちん》の作。天界を追放された100人の花の精が異国に流れ着く。それを主人公の唐《とう》敖《ごう》が友人の林之洋《りんしよう》、多九公《たきゅうこう》と一緒に各地を旅して捜し出し、中国に連れ戻すという話である。『**水滸伝《すいこでん》**』のように100人の花の精の名前が記された碑文も登場する。「中国版**ガリヴァー旅行記**」といわれることもあり、主人公たちは君子国《くんしこく》、女児国、無腸国《むちょうこく》、黒歯国《こくしこく》といった様々な国々を旅する。これらの国々は『**山海《せんがい》経《きょう》**』などの記述に由来するものだが、基本的に実在しない荒唐無稽な場所である。ただし、物語の随所に作者の学才、博識が発揮されている知的な小説で、男女平等、女性解放論が主張されているという特徴がある。例えば、昔の中国では婦女子は子供のころから布で足を固く縛り、足を大きくしない「纏足《てんそく》」という習慣があった。これについて、君子国の物語の中で、それは女に苦痛を強いる悪習で、賢者に反対されているものだからやめるべきだという主張がなされている。

教皇ホノリウスの魔法教書

キョウコウホノリウスノマホウキョウシショ

Grimoire of Honorius

■イタリア　■魔術書

教皇在位1216～1227年のホノリウス3世によって書かれた魔術教書。『ホノリウスの書』『法王ホノリウスの教憲』とも訳される。また“The Great Grimoire of Pope Honorius Ⅲ”（『法王ホノリウス3世の大魔術書』）というタイトルの英訳書もある。**黒の本**としては、時代的に新しい。

13世紀の教皇ホノリウス3世の記した魔術書…ということになっているが、実際には1629年のローマで出版されたのが、本書が世に出た最初である。本書に「ホノリウス」の名が付くのは、ホノリウス3世に魔術師伝説があったことから、勝手に使われてしまったのだろう。当然のことながら、教皇との関係は疑わしい。

内容としては、カバラに基づいて書いたと主張しているが、実際にはキリスト教神秘主義の影響が強く、魔術書としての価値はあまり高くない。そのため、本書の「魔術」は、いわゆる黒魔術に近いものだ。その一般的イメージの一つである「夜中に雄鳥の首を切り裂いて…」という場面は、本書に記された魔術の儀式次第に含まれているものだ。

では本書の魔術の効能はどのようなものか…というと、近代以前の西洋魔術ではよくある「女が処女であるか否かを調べる」「財宝の場所を探す」といった呪《まじな》いのようなものだった。

教皇レオ三世の手引書

キョウコウレオサンセイノテビキショ

Grimoire of Pope Leo

■イタリア　■魔術書

教皇在位795～816年のレオ3世によって書かれたといわれる魔術教書。実際には1749年に書かれたフランス語の魔術書である。

教皇は、この本をシャルルマーニュ大帝に献上し、その見返りとして大帝は教皇を前教皇派から守ったという。

恐怖新聞

キョウフシンブン

Kyohfushinbun

■日本　■架空

つのだじろうによって描かれた漫画『恐怖新聞』の世界で、主人公の家に毎晩0時になると配達される新聞。「しんぶーん」というかけ声と共に窓から投げ込まれるが、どんなに急いで外を見ても、またあらかじめ待ち構えて見張っていても、配達人の姿を見ることはできない。

明日の事件が載っている新聞だが、1回読むたびに寿命が100日縮まる。

極地の幻影

キョクチノゲンエイ

The Phantom of Poles

■アメリカ　■オカルト

1906年にウィリアム・リードによって書かれた、地球空洞説を唱える本。

この説は、結果的には間違っていたものの、リードの調査と論法は大変科学的なものだった。

リードは、当時の極地探検における疑問を一つ一つ検討し、それらを説明する仮説として、地球が空洞であるという説を唱えた。

例えば、地球は球よりもへしゃげていることが分かっていたが、これは極地が穴であるので、地球の丸みをそいだからだ。極地探検隊がいまだに極地にたどり着けない（当時はそうだった）のも、そもそも極地が存在しないからだ。他に、オーロラや氷河の発生原因など、当時としては論理的な説明を行っており、一つの説としては成立し得るものだった。

リードの地球空洞説は、中心に太陽がある、あまりにも空想的な地球空洞説と違い、地球の内部には太陽などなく、地熱で暖かい世界として立案されている。

ギリシャ語エズラ記

ギリシャゴエズラキ

1 Esdras

■中東　■経典

→エスドラス第１書

ギリシャ語バルク黙示録

ギリシャゴバルクモクシロク

Apocalypse de Baruch

■中東　■経典

→バルク黙示録

ギリシャ神話

ギリシャシンワ

Bibliotheke

■ギリシア　■神話

おそらく1～2世紀ごろのアポロドーロスというギリシア人による、古典的ギリシア神話。

その出典はさらに古く、紀元前5世紀以前の古代ギリシアの文献を参考にして書かれている。しかも、色々な文献の相矛盾する記述も、すべて取り入れようとして書かれている。

このような執筆方針のため、本書は後世のヘレニズム化した甘ったるいロマンの世界でも、ローマ化した実用的世界でもない、古代ギリシアの多少野蛮なところもあるが、神々が厳然と存在している時代の空気を現代に伝えている。

ギリシャ・ローマ神話

ギリシャ・ローマシンワ

The Age of Fable

■アメリカ　■神話

1855年にアメリカの作家トマス・ブルフィンチが、アメリカ人のために、イギリス文学を読むための基礎教養として書いたギリシア神話。本来の題名は『伝説の時代』という。

彼には、他にもアーサー王伝説を書いた『騎士の時代』、シャルルマーニュ伝説を書いた『シャルルマーニュの時代』の2作があり、ブルフィンチの神話として、アメリカ人のみならず日本でも知られている。

いずれも、平易な文章で分かりやすく書かれているため、それぞれの神話の入門書として薦められる本である。

キリスト教徒反駁論

キリストキョウトハンバクロン

Adversus Christianos

■ローマ　■学術書

3世紀の新プラトン主義の哲学者ポルピュリオスが書いた反キリスト教の本。

キリスト教における矛盾を合理的に指摘した本。

例えば、イエスの復活について、それぞれの**福音書**《ふくいんしょ》が矛盾した記述を含んでいるのはなぜか。

パウロが他の者には「祝福せよ、罵ってはならない」というくせに、初期教会の敵対者には口を極めて罵っているのはなぜか。

文献批判をすると、聖書の著者とされる人々が、実際の著者ではあり得ないのはなぜか。

このように、キリスト教にとって非常に都合の悪い本であり、なおかつその指摘が合理的であり論破もし辛いことから、キリスト教が国教となってからのローマ帝国では、写本が見つかれば即座に焚書にされるという第一級の禁書となった。

ギルガメシュ叙事詩

ギルガメシュジョジシ

Epic of Gilgamesh

■メソポタミア　■神話

古代メソポタミアの都市ウルクを支配したとされる、半神半人の英雄王ギルガメシュの伝説を記した物語。しっかりとした形に編纂された英雄物語としては、人類最古のストーリーの一つ。また、知られている限り、メソポタミアの神話伝説の中でも最も長編の作品である。

物語の主人公であるギルガメシュ王は、ウルク王朝第1期の王として**シュメール王名表**にその名を記録されており、実在した人物だった可能性が高い。死すべき定めの人であったギルガメシュ王の伝説は、遥かに偉大である大いなる天の神々の神話よりも、アジア、メソポタミアの広い地域に広まり、長い年月にわたって語り継がれた。

ギルガメシュ叙事詩を記した粘土書板には、有名なアッシリア、バビロニア語版の他にも、ヒッタイト、フーリ語への翻訳、そして物語の原型となった、より古いシュメール語版も存在している。その原型的なテキストは、実に紀元前2000年以上の昔から存在したのだ。ギルガメシュは、古代メソポタミアの人々に広く愛され親しまれた、人類の曙を代表する英雄だった。

冒頭の言葉をタイトルとする慣例に従い、メソポタミア世界では『シャ・ナクバ・イムル（Ša nagbu amāru）』（すべてを見たる者）と呼ばれたこの英雄叙事詩は、しかしいつしか時の砂に埋もれ、完全に忘れ去られてしまった。生ある者の中に、この物語を記憶する者は絶えた。

それが千年以上の忘却を経て人の世に甦ったのは、ニネヴェから出土したアッシリア語版の粘土板が、19世紀後期に大英博物館の職員ジョージ・スミスによって解読されたおかげだった。この数奇な発見は、大きな興奮をもって迎えられた。というのも、読解のきっかけとなった『ギルガメシュ叙事詩』中の洪水伝説の描写が、**『旧約聖書』**のノアの箱船の物語と酷似していたからだ（当時のヨーロッパの考古学は、『旧約聖書』の内容が歴史的事実に即したものかどうか確かめることに強い興味を抱いていた）。

その後の研究により、『旧約聖書』の特に序盤の内容には、オリエント神話世界からのイメージが脈々と息づいていることが次々と明らかになった。『ギルガメシュ叙事詩』は、そのきっかけを作った書籍としても意義深い足跡を残している。

紀元前1000年期に作られた楔形文字の著者一覧によれば、叙事詩の作者はウル（メソポタミアの古都市）に住んでいたシン・レキ・ウンニニという神官とされているが、これは多くあったギルガメシュ王の伝説を編纂し、決定版となる叙事詩の形を残した人物だろうと考えられている。

『ギルガメシュ叙事詩』は、全部で12枚の粘土書板、約3600行にわたる長編の物語である。完全な形では現存しないが、ニネヴェから出土した版をベースに、欠損部分を他に発見された版や翻訳で補うことで、ほぼ全容が明らかにされている。またニネヴェ版の12枚目の石版は、11枚目までの内容と矛盾した設定の物語が展開されているため、外伝ないしは付け足し的なものと見なされている。通常、『ギルガメシュ叙事詩』といえば、11枚目までの内容を指す。

第1の石版は、主人公ギルガメシュ王が果たした偉業と富の紹介から始まる。ギルガメシュはメソポタミアの古都ウルクの王であった。2／3は神、1／3は人であった彼は、武勇のみならず知恵にも優れ、地の果てまで旅をして古き知識を獲得し、ウルクを高い城壁で囲い、その事跡を碑文に刻まれた。

だが、彼は最初から偉大な王ではなかった。神々はギルガメシュを雄々しく、堂々たる偉丈夫に仕上げたが、それゆえにか彼は暴君であった。息子たちを労役に奪われ、娘たちに初夜権を行使されるウルクの人々は王の横暴を天に訴え、その嘆きは神々の耳に届いた。

そこで女神アルルは粘土をこねて地に投じ、ギルガメシュを懲らしめる者として、物語のもう1人の主人公、野人エンキドゥを生み出した。人も国も知らない純朴なるエンキドゥは、動物たちを友とし、野の獣のように暮らしていた。

それを知らされたギルガメシュは一計を案じた。女神イシュタルに仕える神聖娼婦を差し向け、エンキドゥを誘惑させたのだ。初めて出会う女性の魅力に屈したエンキドゥは、6日7晩にわたって彼女を抱いた。ようやく満足した時、エンキドゥは変わっていた。もはや野生の力は失われた。代わりに人としての知恵と判断力が芽生えていた。神聖娼婦の語るギルガメシュの人物像に興味を抱いたエンキドゥは、誘われるまま、王に挑戦すべく都ウルクへと向かった。

出会った2人の勇者はウルクの広場で互角に組み打った後で、お互いの力量を認め合って無二の友となった。そしてギルガメシュは、2人の勇者にふさわしい偉業として、「その叫び声は洪水、その口は火、その息は死だ」と形容される、杉の森に巣くう怪物フンババに挑む決意を固める。無謀とも思える挑戦に、最初はエンキドゥが、次には町の長老たちが諫めたが、ギルガメシュは意志を曲げなかった。彼はふさわしい武器を職人に作らせると、エンキドゥと共にフンババ退治へと旅立った。

遠い旅路を踏み越え、励まし合いながら古杉がそびえ立つ森に分け入った2人は、杉の木を切り倒してフンババを挑発した。いざ憤怒に燃える森の番人フンババと対峙すると、ギルガメシュの心には怯みが生じたが、彼の守護神たるシャマシュが投じた13の魔風がフンババの身動きを封じたおかげで、討伐は成功した。降伏したフンババの首は切り落とされ、ギルガメシュたちはウルクへと凱旋を果たす。ここまでが第5の書板までの粗筋である。

第6の書板からは、物語は新たな展開を見せる。偉業を果たし輝けんばかりの栄光に包まれた英雄児ギルガメシュを、女神イシュタルが見初めたのだ。だがギルガメシュは、美の女神の求愛をにべもなく拒絶した。いたくプライドを傷付けられたイシュタルは、復讐として天の牛をウルクに解き放つ。天の牛が荒れ狂い、鼻息を吹き出すたびに、ウルクの住人が何百も生命を落とした。

ギルガメシュ王とエンキドゥは、恐るべき天の雄牛に挑み、打ち倒した。ギルガメシュが雄牛の頭に剣を突き通して仕とめた。ウルクの人々はこの勝利を喜び、ギルガメシュこそ英雄の中の英雄だと称えた。

だが神々は会議を開き、杉の森の番人フンババを倒し、天の牛さえも殺してしまった罪は問われねばならないと決めた。協議の末、エンキドゥが死ぬべしと定められた。一部始終を夢に見たエンキドゥは、絶望に打ちひしがれ、自分をこのような運命に導いた神聖娼婦を呪う。だが、守護神シャマシュに諫められて心の平静を取り戻すと、病に倒れ、戦場で果てることができない無念を悲しみながら息を引き取った。

ギルガメシュは無二の友の死を嘆き悲しみ、国を挙げた壮大な葬式で彼を弔った。エンキドゥの最期を看取った王の心には、死への恐怖が刻み込まれた。生ある者は必ず死ぬ。どんな英雄児とて例外ではない。その事実に取り乱したギルガメシュは、矢も楯もたまらず、荒野へと旅立った。かつて世界を破滅させた大洪水を生き延びたという不滅の人、ウトナピシュティムに会い、不老不死の秘密を聞き出すためだ。彼は猛々しきサソリ人間を説き伏せた。輝ける宝石の庭を抜け、酒売りの女から情報を聞き出した。そして死の水の渡し守ウルシャナビの助けを借りて、遥かなるウトナピシュティムの元にたどり着いた時、ギルガメシュ王はもう輝ける若人ではなく、長い旅路と苦悩に苛まれ、見るも哀れに憔悴した迷い人の姿になっていた。

ウトナピシュティムはギルガメシュを諭す。人である以上、死を避けることはできないのだと。ではなぜあなたは不死の身なのだと問うギルガメシュに、遥かなるウトナピシュティムは、神々がかつて世界に解き放った大洪水と、それを生き延びた彼がエンリルから神々の一員に加えられた物語を語った。

そしてウトナピシュティムはギルガメシュに、大洪水が続いたのと同じ長さの6日6晩の間、眠らずにいるという課題を出した。だがギルガメシュは試練に挑むとたちまち眠りに落ちてしまう。7日にわたって眠りこけていた事実を示されたギルガメシュは、失意に沈みながら、船頭ウルシャナビを伴って帰途に着くことにした。

ウトナピシュティムは、長い旅路の果てに手ぶらで戻るギルガメシュを哀れみ、せめてもの贈り物として、別れ際に若返りの海草の秘密を教えた。海底で若返りの草を手に入れたギルガメシュは、これで若き日の姿に戻れると喜んだが、旅の途上、水浴びの最中に、1匹の蛇に草を盗まれてしまう。

自分の探求は徒労だったのだと涙を流して泣いた後で、英雄王は死する定めを受け入れる。自分の都であるウルクに帰り着いたギルガメシュが、同行していたウルシャナビに自らの町と業績を誇らしげに紹介する場面で、11番目の書版は幕を閉じる。

『ギルガメシュ叙事詩』は、単なる勇壮なだけの英雄伝説ではない。世界最古の英雄叙事詩でありながら、人間がその歴史において常に問いかけてきた普遍的なテーマ「人はなぜ死なねばならないのか」を正面から取り扱った、人類最古の文学作品でもあるのだ。深い砂の中から甦ったこの叙事詩は、長い時を経て、今も読む者の胸に生とは何であるかを問いかけ続けている。

金烏玉兎集

キンウギョクトシュウ

Kin-ugyokutoshuh

■日本　■魔術書

伝説的な陰陽《おんみょう》師《じ》・安倍晴明《あべのせいめい》の手によるとされる占術の秘伝書。

正式には『三国相伝陰陽輨轄《さんごくそうでんおんみょうかんかつ》簠《ほ》簋《き》内伝《ないでん》金烏玉兎集』という。

本書の由来には数多くの伝説が存在する。陰陽道を究めよという帝の命により唐へ渡った晴明が、師事した伯上道人《はくじょうどうじん》より授けられたというものや、遣唐使として唐に渡った吉備真備《きびのまきび》が玄宗皇帝より借り受け、安倍晴明に伝授したというものだ。

が、実際には晴明の没後に編纂されている可能性が高く、『金烏玉兎集』にまつわる由来縁起は架空のものであるというのが定説となっている。

本書の内容は、前述した通り陰陽占術

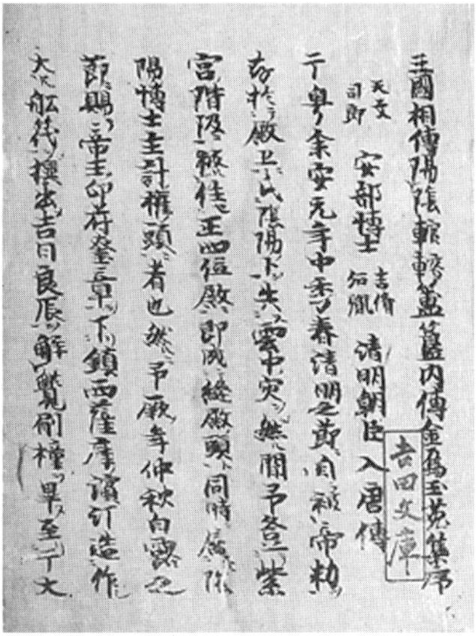

図版6 『金烏玉兎集』本文

の奥義《おうぎ》を記したものだ。全5巻で構成されている。

第1巻は陰陽道で重視される牛頭天王《ごずてんのう》の縁起や、各方位を守護する方位神とその吉凶に関する解説。

第2巻は中国の最古神、原初の神である盤牛王《ばんぎゅうおう》についての解説と、暦神とその吉凶に関する説明。

第3巻では第1巻及び第2巻で説明漏れした方位神や吉凶日、陰陽道の理論など。

第4巻で風水や家屋建築における吉凶解説。

第5巻は密教占星術である宿曜道《すくようどう》の解説。

これらのうち第3巻までが本来の『金烏玉兎集』の内容で、第4巻以降は後世で付け加えられたものと思われる。

本書は占術に関する書籍であるが、各種の創作では「陰陽道の秘儀秘伝を記した書」として扱われることも（卜占や暦作成は陰陽道の主な職分であり、確かにそれも間違いではない）少なくなかった。道摩法師《どうまほうし》（芦屋道満《あしやどうまん》）にまつわる伝承などはその典型例だ。

帝の御前で行われた術比べに負けた道摩法師は、安倍晴明の弟子となる。そして『金烏玉兎集』の存在を知った。道摩法師は晴明の妻と密通してそれを手に入れ、ついには晴明の首をはねて殺してしまう。が、晴明はその師・伯上道人の手によって蘇生し、道摩法師に復讐するのであったという。

銀河鉄道の夜

ギンガテツドウノヨル

Gingatetsudohnoyoru

■日本　■童話

明治から昭和初期にかけて活躍した日本の作家・宮沢賢治の童話の1篇。

大正13年（1924年）ごろに初稿が執筆されて以来、何度も改稿が繰り返された。昭和9年（1934年）に出版された全集に収録されたものが最終形とされている。

物語は、銀河系の仕組みについての授業の場面から始まる。貧しい家に育ち、父親が行方不明、そして母親が病気がちな主人公ジョバンニは、活版所での活字拾いの仕事の疲れもあって、先生の質問に答えることができなかった。そして学校と活版所での仕事が終わった後、ジョバンニは不思議な体験をする。突然自分が「銀河ステーション」にいることに気付き、親友カンパネルラと共に銀河鉄道で幻想的な旅をすることとなる。

本作に登場する銀河鉄道は、岩手県に存在する宮守川橋梁（あるいは達曽部川橋梁）と、そこを走る列車がモチーフになったとされている。宮沢賢治はこの「銀河鉄道」というテーマがよほど気に入ったのか、この後も詩集『春と修羅』でも取り上げている。

金匱要略

キンキヨウリャク

Jīn Kuì Yào Lüè

■中国　■学術書

→傷寒雑病論《しょうかんざつびょうろん》

金枝篇

キンシヘン

The Golden Bough

■イギリス　■学術書

ジェイムズ・フレイザー卿の書いた社会人類学の大論文。全13巻で、日本では1巻本の簡約本が翻訳されており、13巻本の訳も始まっている。

ネミの森の祭司の継承は、新たな祭司が現在の祭司を殺すことで行われる。祭司は、より強く狡猾な祭司が現れて自分を殺すまで、その地位を保つことができる。

この継承システムの出典を求めて、著者は全世界の古代伝承や宗教儀礼を漁り、それらの関連を見つけ出そうとする。このため、この本は世界各地の呪術儀式などの豊富なサンプル集ともなっている。

不思議なことに、この本は実在の本であるにもかかわらず、クトゥルフ神話の世界において、クトゥルフの神々を呼び出したり、魔法を行ったりするための魔術書であることになっている（他の魔術書はすべて架空の本であるにもかかわらずだ）。

→クトゥルフ神話の魔道書

欽定訳聖書

キンテイヤクセイショ

Authorized King James Version

■イギリス　■経典

英国国教会（プロテスタントの一種だが、カトリックに近い部分も残す）が使用する聖書のこと。『大聖書』ともいう。ジェイムズ1世が英国教会での典礼に用いるために作らせたので、この名前がある。1611年に発行され、長らく国教会の公式英訳聖書であった。

『ジェイムズ王訳聖書』と書かれることもあるが、当然ながらジェイムズ1世自身が翻訳したわけではない。

荘厳で格調高い訳文のため、よりやさしい英訳聖書の存在する今でも愛好者は多い。

金瓶梅

キンペイバイ

Jīn Píng Méi

■中国　■小説

中国明代の長編小説で、全100回。『**三**《さん》**国志演義**《ごくしえんぎ》』『**水滸伝**《すいこでん》』『**西遊記**《さいゆうき》』と並ぶ四大奇書の一つ。明の万暦《ばんれき》年間（1573～1620）に書かれたとされている。最初に出版された版本に、作者は蘭陵《らんりょう》の笑笑《しょうしょう》生《せい》と書かれているが、それがどこのだれなのか分かっていない。

その他の四大奇書とは全く違う種類の小説である。人間離れした英雄や豪傑は登場しないし、神や妖怪も登場しない。『金瓶梅』に登場するのは、当たり前の世間に暮らす、ろくでもない俗物ばかりである。俗物というのは、色と欲だけで動くような人間のことである。しかも『金瓶梅』では、そんな人間の暗黒面が徹底的に写実的に描かれる。その意味では明代の社会派小説とでもいうべきものである。

物語の舞台は北宋の徽宗《きそう》皇帝の御代で、山東省《さんとうしょう》清河県《せいがけん》のこととされている。主人公は猟色家の西門慶《せいもんけい》で、その女性関係が物語の軸になっている。当然、西門慶と関係する女性の数は多いが、その中でも代表的な潘金蓮《はんきんれん》、李瓶児《りへいじ》、春梅《しゅんばい》という女性の名から、それぞれの一字を取って題名とされている。

西門慶と潘金蓮は『水滸伝』にも登場している。『水滸伝』では、潘金蓮は西門慶と不倫したあげく、共謀して夫の武《ぶ》大《だい》を殺したため、武大の弟で、梁山泊の豪傑の1人である武松《ぶしょう》に殺されるのである。『金瓶梅』では物語の冒頭にこの事件が置かれている。ただし、こちらでは西門慶も潘金蓮もこの事件では死なない。西門慶を殺そうと居酒屋に呼び出した武松は誤って県の小役人を殺してしまい、流罪となってしまうのだ。こうして2人は生き延び、西門慶は潘金蓮を第5夫人として迎えるのである。

ところで、この西門慶はただの薬屋の旦那である。そんな男がどうして何人も夫人を抱える程羽振りがいいのか。実は西門慶と先妻との間にできた娘が都の高官の親戚に嫁いでいた。このコネと賄賂を使って西門慶は県の役人たちに取り入り、商売を繁盛させ、さらには県庁に出入りして他人の訴訟の口利きをして、手数料を稼いだりしていたのである。そして、西門慶はどんどん出世するのである。物語が進むにつれ、質屋、糸屋、反物屋、塩の売買、運送業にまで事業を拡大し、地方の大商人に成り上がるだけではない。賄賂の力で提刑所理刑（県警副長官）という官位まで手に入れ（後に長官になる）、その勢力は県知事と肩を並べる程になるのだ。

その間、女漁りの方も終わることがない。潘金蓮を第5夫人にした西門慶は、その女中・春梅に手を出す。また、莫大な財産を持つ男を陥れて財産をかすめ取ったあげくに、その妻だった李瓶児と関係し、第6夫人にする。だが、それでも飽き足らない西門慶は使用人たちを出張させては、その妻と情事に耽るのである。物語が始まったころに25、6歳だった西門慶も、やがて30代になる。当然、精力も衰える。しかし、西門慶は薬や性具の力を借りてまで、情事に励むのである。

とはいえ、そんな西門慶の運も傾き始め、やがて終わりの日が来ることとなった。李瓶児には官哥《かんか》という子ができたが、これを妬んだ潘金蓮が、猫を赤い布に飛び付くように仕込んで官哥に飛びかからせた。官哥はひきつけを起こし、それが元で病死し、李瓶児も悲しみのあまり病死した。その後も西門慶は事業を拡大し、女漁りを繰り返すが、やはり体力には限界がある。ある日、王六児《おうろくじ》という人妻との激しい情事の後で酔っ払って帰宅した西門慶は、潘金蓮に言い寄られたものの元気が出ない。すると、潘金蓮は眠ってしまった西門慶の口に、大量の秘薬を酒と一緒に流し込んだのである。哀れ西門慶は一物を膨らませたものの、そこから血が噴き出して死んでしまった。

ここからは西門家の没落、一家離散の物語である。財産は他人にくすねられ、ほとんどの女たちが不幸な結末を迎える。潘金蓮は大赦によって帰郷した武松に殺され、武松は梁山泊へ向かう。春梅は治安担当武官の妾になるが、浮気相手との情事が過ぎて急死する。ただ、西門慶の正妻の呉月娘《ごげつじょう》だけは普段から仏教の信仰が篤かったので、その果報を得て薬屋だけになった自宅で慎ましく余生を送るというのである。

金門五三桐

キンモンゴサンノキリ

Kinmongosannokiri

■日本　■戯曲

→楼門《さんもん》五《ご》三桐《さんのきり》

金陵十二釵

キンリョウジュウニサ

Jīn Líng Shí Èr Chāi

■中国　■小説

→紅楼《こうろう》夢《む》

く

空軍による防衛ー近代エア・パワーの可能性ー

クウグンニヨルボウエイーキンダイエアパワーノカノウセイー

Winged Defense: The Development and Possibilities of Modern Air Power--Economic and Military

■アメリカ　■兵法書

アメリカ陸軍航空隊准将であったウィリアム（ビリー）・ミッチェルが書いた航空戦略書。

前著である『我が空軍ー国防の要ー』では、彼は陸海軍から独立した空軍を作ること（当時はまだなかった）、また空軍の第一の目的は制空権を得ることだと主張している。

だが、本書ではドゥーエの影響を受けて、より戦略爆撃を重視した主張を行っている。空軍の役目は、戦場にいる敵の主力を壊滅させることではなく、後方にある敵の重要地点（指揮系統、工場、燃料供給地点など）を破壊し、敵の継戦能力を奪うことにあるという。

このため、空母ですら陸上基地から発進する航空戦力に対抗できないと考え、海軍で重要な艦船は潜水艦のみであると主張している。

そして、そのような攻撃からアメリカを守るために、戦闘機を重視している。「ヨーロッパの戦争では、航空攻撃に対する唯一効果的な防衛は、空戦で敵の空軍機を落とすことである」として、戦闘機によるアメリカ防衛を主張している。

この、空母すらいらないという思想は、アメリカ海軍には気に入らないものだった。だが、第2次世界大戦における戦略爆撃や、戦後になってからの戦略空軍の創設など、陸軍（そしてそこから独立した空軍）がミッチェルの思想を取り入れた部分は多い。

ただ、あまりに過激な主張と、上層部に対する喧嘩腰の態度から、彼は軍法会議にかけられて5年間の資格停止（事実上の退役勧告）を受けたこともある。

久遠の叡智の円形劇場

クオンノエイチノエンケイゲキジョウ

Amphitheatrum Sapientiae Aeternae

■ドイツ　■錬金術書

1602年にハインリヒ・クーンラートが書いた錬金術《れんきんじゅつ》書。

内容としては錬金術だけでなく、キリ

図版7　『久遠の叡智の円形劇場』掲載の寓意図

スト教カバラをも使って賢者の石を追い求めている。

そして、結論として賢者の石とはキリストそのものに他ならないことを主張している。坩堝《るつぼ》の中で火の苦痛に耐えながら賢者の石が生成するのと、磔刑の苦痛の中で息絶えながら神の子として復活するキリストを、同じものであるというのだ。

九鬼文献

クカミブンケン

Kukamibunken

■日本　■偽書

「**竹内文献**《たけうちぶんけん》」と並ぶ日本の偽書《ぎしょ》。

他の古史古伝との最大の違いは、歴史(特に上古の歴史)に触れた部分はかなり少なく、その大部分が「九鬼神道」のための教義である点だ。

全巻の構成は、国体歴史篇3巻、神伝秘法篇20巻、兵法武教篇11巻、外篇4巻。比重からいっても神代史は、単に九鬼神道の一部に過ぎない。

“発見”は昭和14年(1939年)夏で、これは同じように、大和朝廷に先立つ上古朝廷ウガヤ朝の存在を記す「竹内文献」(昭和2年／1927年)、「富士文献」(大正10年／1921年)、「上津文《うえつふみ》」(明治初年)の中でも最も遅い。

内容は、上古から現代(明治時代)までを七つに分類してあり、そのうち第3代以降は『**古事記**《こじき》』の日本神話、『**日本**《にほん》**書紀**《しょき》』の天皇にと繋がっている。特記する点があるとすれば、天皇の祖先はスサノヲの命にあるとしている点だろう。

このように、上古の記録としては大したことは書かれていない「九鬼文献」ではあるが、神伝秘法や兵法武教はタタラの技(鉄の製鉄技術)に重点を置いて書かれている。

他の多くの偽書が変質肥大したナショナリズムを満たすためにでっち上げられた節があるのに対して、九鬼文献はある一族に伝えられた、正史《せいし》とは別の観点からの歴史書のような風情がある。もちろん、その歴史が正しいかどうかは別の問題であるが…。

草双紙

クサゾウシ

Kusazohshi

■日本　■物語

日本の小説の一種。江戸時代中期から明治時代中期まで作られ続けた。

絵に重点が置かれた通俗小説で、現代の漫画やライトノベル、ジュニアノベルに近い位置付けの文芸形態であり、子供向けの娯楽作品が多い。「絵本」「画本《えほん》」「絵草紙」「絵双紙」などとも呼ばれた。

基本的に1冊5丁(10ページ)、あるいは2冊10丁(20ページ)の小型の本で、表紙に使われた紙の色から「赤本」「黒本」「青本」そして「黄表紙」と呼ばれた。

多くの場合、草双紙は正月に刊行され、子供のお年玉として買われていたようである。

また、当初は昔話や英雄の武勇譚、妖怪変化ものなど子供向けの内容のものが多かったが、時代を経るに従って大人向けの作品も増えていく。そうした読者層に向けたものは「合巻《ごうかん》」と呼ばれ、10～15丁（30ページ）の長編のものが大半を占めた。

合巻の多くは読本《とくほん》（教養書籍）に近いものや、娯楽作品であっても複雑なストーリーを持つもの、伝奇色の強いものだった。

江戸時代の庶民文化の一角を担った草双紙であったが、他のそれらと同じように天保の改革（老中・水野忠邦《みずのただくに》が行った政治改革。贅沢を禁じ、風紀の粛正を推し進めた。天保12～14年／1841～1843年）により一時衰退する。が、絶えることはなく、先に述べたように明治時代の半ばまで刊行され続けた。

旧事紀

クジキ

Kujiki

■日本　■偽書

→先代旧事本紀《せんだいくじほんぎ》

旧事諮問録

クジシモンロク

Kujishimonroku

■日本　■歴史書

明治になって、江戸時代のことが分からなくなってきたため、当時まだ生存していた旧幕府の役人などにインタビューして、その実情を調査したもの。

当初は、当時発行されていた『史学会雑誌』に連載するはずであったが、結局明治24年（1891年）から本として刊行された。

歴史研究書としても貴重な一次資料であり重要であるが、江戸時代を扱った物語を書く人間にとっては必須ともいわれる。

旧事本紀

クジホンギ

Kujihongi

■日本　■偽書

→先代旧事本紀《せんだいくじほんぎ》

グズルーンの歌

グズルーンノウタ

Guðrúnarkviða

■アイスランド　■叙事詩

『歌謡エッダ』の叙事詩。3篇ある。

1は、シグルズが死んだ後のグズルーンが嘆き悲しむ様を描く。

2は、シグルズが死に、忘れ薬を飲まされたグズルーンがアトリに嫁ぐが、アトリに敵意を持ち続ける。

3は、アトリの侍女ヘルキャがグズルー

ンの不貞を言い立てたが、グズルーンは探湯《くがたち》によって身を証し、ヘルキャは火傷して嘘を暴かれる。

グズルーンの扇動

グズルーンノセンドウ

Guðrúnarhvöt

■アイスランド　■叙事詩

『歌謡エッダ』の1篇。

グズルーンが娘のスヴァンヒルドの復讐のために、息子たちを駆り立てる話。

クトゥルフ神話の魔道書

クトゥルフシンワノマドウショ

Grimoire of Cthulu

■アメリカ　■架空

クトゥルフ神話とは、H. P. ラヴクラフトが創設し、彼の友人や崇拝者、賛同者がその世界観を共有して書かれた一連の創作物である。現代ではシェアワールド（共通世界）といわれる創作法のはしりということになるだろう。

その世界観を簡単にいうとこういうことである…宇宙は悪意に満ちており、強大な力を持った存在が勢力争いをしている。そんな中で人間など取るに足らない存在であり、そのすべてを人間が理解することなどできないのだ…。

“宇宙的恐怖《コズミックホラー》”と呼ばれるこの考え方が、逆にいえばクトゥルフ神話の唯一の縛りである。この世界観の元に、数々の作家がクトゥルフ神話を発表し続けている。

この緩い“縛り”のために、クトゥルフ神話作品は他の後発のシェアワールドにはない人気と寿命を誇っているのだ。設定が細かくしっかり決まっていないからこそ、色々な人が、自分のアイデアを盛り込んでいけた。同じ名前の邪神でも、行動原理も能力も違ってかまわない。そういった矛盾こそが神話の神話たる所以なのだから。

同じことは、クトゥルフ神話の魔道書にもいえる。同じ名前の本でも、作品ごとに書かれている内容が違っていたりするのはごく普通にあることなのだ。本によっては、その魔道書自体が怪物であったりする。

したがって、この本に載っている「クトゥルフ神話の魔道書」についても、その記述内容は絶対的なものではなく、神話作品の作者によって自由に書き換えられるものだということを頭の隅に留めておいてほしい。

クトゥルフ神話における邪神や魔道書などは、単なる「雰囲気作り《ギミック》」に過ぎないのだから。

なお、本書に取り上げた本はクトゥルフ神話魔道書の中でも代表的なものの、ほんの一部である。

→エイボンの書
グラーキの黙示録
黄衣《こうい》の王《おう》
石碑の人々
セラエノ図書館
ナコト写本
ネクロノミコン
ミスカトニック大学図書館
無名祭祀書《むめいさいししょ》
ルルイエ異本

公羊伝

クヨウデン

Gōng Yáng Zhuàn

■中国　■歴史書

→春秋《しゅんじゅう》公《く》羊伝《ようでん》

グラーキの黙示録

グラーキノモクシロク

Revelations of Glaaki

■イギリス　■架空

クトゥルフ神話作品群に登場する架空の魔道書。クトゥルフ神話の邪神グラーキと、その信者に関して記述されている。しかしグラーキ崇拝の肝心の部分に関しては、わざと記述されていない。

19世紀初頭のころ、イギリスで出版された。

クトゥルフ神話の魔道書の中では比較的数が多く、世界中の主要な図書館に所蔵されているとされているが、たいていそれは12巻中最初の9巻だけの話である。残りの3巻はその存在を知る者すらまれである。

グラストンベリ文書

グラストンベリブンショ

Glastonbury script

■イギリス　■オカルト

1907～1912年に、霊媒たちが自動書記によって書いた一連の文書。13～15世紀のグラストンベリ寺院（16世紀に破壊された）の僧侶たちの霊が、隠された歴史の書を明かしたものという。

実際、この書に従って発掘を行うと、礼拝堂などが発見された（もっとも歴史学者にいわせれば、そのあたりの土地はどこを掘っても遺跡にぶつかるというが）。

また、この歴史書の後半は未来の予言となっており、世界大戦の勃発と結末が書かれているのだという。

鞍馬天狗

クラマテング

Kuramatengu

■日本　■戯曲

能の演目の一つ。

源義経の幼少時代の武勇伝説を題材とした謡曲で、能やその他の伝統芸能の演目としても知られている。

鞍馬山の東谷の僧が、西谷の僧の花見の招きを受け、修業中だった平家の稚児や牛若丸（義経の幼名）を連れて出かけるが、見知らぬ山伏が来たので気を悪くして帰ってしまった。ただ1人残された牛若丸の素性を知り気の毒に思った山伏は、山の名所を案内し、さらには自分の正体が大天狗であることを明かす。そして牛若丸に、平家打倒の武術を授ける約束をする。翌日から始まった厳しい修行に耐える牛若丸に兵法のことごとくを授けた後、大天狗は去っていくのだった。

グラント・サーヒブ

Granth Sahib

■インド　■経典

インドに多くの信者がいるシーク教の聖典。

元々シーク教のシークとは「弟子」という意味で、創始者ナーナク及び代々のグル（指導者）の弟子という意味である。シーク教は、グルの教えを守る宗教として発生した。

最初は、信者はグルの教えを聞き、それで問題がなかった。だが、それだけでは不足すると考えたのか、第5代のグルであるアルジャンは、ナーナクの詩や讃《さん》歌《か》、その師匠であったカビールの詩などを集めて『アーディ・グランド』という聖典を作った。さらに、第10代グルのゴーヴィンドは、それに自分を含む代々のグルの言行なども加え、『グラント・サーヒブ』という聖典を編纂した。

そしてゴーヴィンドは、自らが死ぬ時に次代のグルを指名せず、『グラント・サーヒブ』そのものをグルとするよう命じた。これによってシーク教は、聖典＝指導者という宗教になった。また、グルであるということを強調するため、『グル・グラント・サーヒブ』ということもある。

ちなみに、シーク教徒の男性は髪を切らず、頭にターバンを巻く。インド人というとターバンというイメージがあるが、実はターバンを巻かないといけないのはシーク教徒だけであり、他の宗教の信者たちは特にターバンを巻くことはない。

グリーピルの予言

グリーピルノヨゲン

Grípisspá

■アイスランド　■叙事詩

『**歌謡エッダ**』の1篇。

予言の才を持つグリーピルが、甥のシグルズに彼の活躍と死を予言する。

グリームニルの歌

グリームニルノウタ

Grímnismál

■アイスランド　■叙事詩

『**歌謡エッダ**』の1篇。

グリームニルと名乗ってやって来たオーディンを、ゲイルロズ王は炎の間に座らせた。それを哀れに思った息子のアグナルは飲物を与えた。

この礼として、オーディンはアグナルを祝福し、また神々についての知識を詩の形で与えた。特に、神々の館の名前などが、ここで詳しく明かされている。

そして、ゲイルロズ王は事故死してアグナルが王となる。

グリーンランド人のサガ

グリーンランドジンノサガ

Grœnlendinga saga

■アイスランド　■サガ

アイスランドの**サガ**の1篇。

グリーンランド及び北米のヴィンランド地方の発見と植民《しょくみん》を扱ったサガ。1375年ごろの成立。その主題はほぼ『**赤毛のエイリークのサガ**』と同じだが、成立したのはこちらの方が遅い。人殺しを犯してノルウェーを追放された赤毛のエイリークが、アイスランドでも人殺しをして追放され、ついに西方にある巨大な島を発見し、その島をグリーンランドと名付けた。

その後、ビャルニという人物が、グリーンランドより緑の多い大地を発見するが、上陸しないで帰ってくる。

そこで、エイリークの息子のレイヴがビャルニの見つけたという大地を捜しにいき、「ヘッルランド（平石の国)」「マルクランド（森の国)」「ヴィンランド（葡萄の国)」を発見して上陸するといったことが書かれている。

北米カナダ東部のニューファンドランド島の北端にある遺跡ランス・オ・メドー（ユネスコの世界文化遺産に登録されている）が、このヴィンランドではないかと考えられている（少なくとも、その関連遺跡であることは確実とされる)。レイヴによるその地の発見は1000年ごろのことと考えられている。つまり、コロンブスより500年も前にヴァイキングが北米大陸を発見しているのである。

グリーンランドのアトリの歌

グリーンランドノアトリノウタ

Atlakviða

■アイスランド　■叙事詩

『歌謡エッダ』の1篇。

アトリは、ニヴルング族の宝を手に入れようと、グンナルとヘグニの兄弟を招待する。その妹でアトリの妻となっていたグズルーンは、アトリの姦計を知り、兄弟に知らせようとするが遅く、兄弟は捕まってしまう。

ヘグニの心臓を見たグンナルは、アトリに「お前はわしの宝を見ることはかなわぬし、人の前から姿を消さねばならんぞ。ニヴルングの宝は、ヘグニが死んだ今、このわし以外のすべての者に秘められておるのだ」と豪語し、死ぬ。

グズルーンは兄弟の復讐のために、アトリとの間に生まれた息子2人を殺し、その心臓をアトリに食べさせる。そして、火を放って復讐を遂げる。

グリーンランドのアトリの詩

グリーンランドノアトリノウタ

Atlamál in grœnlenzku

■アイスランド　■叙事詩

『歌謡エッダ』の1篇。

「**グリーンランドのアトリの歌**」と同じ題材を後世の詩人が描いたもの。より長く描写されている。

例えば、グズルーンが復讐のためにアトリに出したものは、息子の頭蓋骨で作った杯に、その血を混ぜた飲物、心臓を切り取って焼いた肉というふうに、詳しくなっている。

クリジェ

Cliges

■フランス　■叙事詩

12世紀フランスの吟遊詩人クレティアン・ド・トロワが書いた騎士叙事詩。叔父の妻フェニスを愛してしまった騎士クリジェの物語で、**『トリスタン・イズー物語』**を踏まえ、その批判もしくはパロディとして書かれたといわれる。

叔父の妻フェニスを、クリジェは愛した。フェニスは2人の愛を成就させるため、彼らが死んだと見せかけて塔に身を隠した。だが、ベルトランドという騎士に見つかって、叔父にばれてしまう。

クリジェはアーサー王に（彼はアーサー王の妹の息子だから)、助けてくれるよう願う。だが、彼らが逃れている間に叔父のアリスは死んでしまい、2人はめでたく結婚できる。

クリスチャン・ローゼンクロイツの化学の結婚

クリスチャンローゼンクロイツノカガクノケッコン

Die Chymische Hochzeit Christiani Rosenkreutz

■ドイツ　■錬金術書

1616年に出版された、薔薇十字団の創設者であるクリスチャン・ローゼンクロイツが書いたという触れ込みの錬金術《れんきんじゅつ》小説。これに先立って発行された『**賞讃《しょうさん》すべき薔薇十字友愛団《ばらじゅうじゆうあいだん》の名声《めいせい》**』『**薔薇十《ばらじゅう》字団《じだん》の信条告白《しんじょうこくはく》**』とは違い、本書は物語仕立てになっている。

いわゆる「薔薇十字文書」の一つであり、その代表作だが、実際にはドイツの牧師ヨハン・ヴァレンティン・アンドレーエが書いたことがほぼ確実である。

『化学の結婚（ディ・キミシェ・ホッホツァイト・クリスチャーニ・ローゼンクロイツ）』で語られるのは、薔薇十字団の創設者であり81歳の老境に達したローゼンクロイツが、天使の訪問を受ける。そして、秘儀参入の儀礼《イニシエーション》を受けるべく東方へと旅立つ。

初日の夜は、山の中で立派な屋敷に行き当たる。そこで、最初の試練を受けることになる。そこで3組の王と女王が首を切られる。その翌日は、眠っている裸のヴィーナスに出会う。そして、王と王妃を生き返らせる錬金術的霊薬を作ることになる。さらに次の日、霊薬で3組の王と王妃は1組の新たな王と王妃として生き返り、元の城に戻る。そして、ローゼンクロイツは黄金の石の騎士に選ばれる。

これらは、おそらく賢者の石を発見するまでの寓意《ぐうい》となっているのだと考えられている。

『名声』『告白』『化学の結婚』の三つの「薔薇十字文書」が世に出現すると、当時の隠秘学世界に、また知識階級の世界に大きな反響が巻き起こった。隠秘学的な世界では、それまで秘匿されていた古の新たな達人《アデプト》と結社《オーダー》の出現が宣言され、知識階級の人々には理想主義的な世界改革が提示されたのが、その理由だろう。

また『名声』において、〈薔薇十字友愛団〉への参加意志があるなら、口頭や著作でそのように主張すればいい。いずれ団からの接触があるだろうと説明されていた。秘密結社への参入手段としては非常に明快であり、また簡単であったこともあり、〈薔薇十字友愛団〉とその秘伝を熱心に求める者たちは、「薔薇十字文書」の影響を多分に受けた作品を多数生み出していくこととなった。だが、『名声』で宣言されていたように〈薔薇十字友愛団〉からの接触があった者は（若干数の自称者を除いて）いなかったようだ。

三つの本の真の著者とされるヨハン・ヴァレンティン・アンドレーエは、ドイツ、テュービンゲンのプロテスタント牧師にして神学者で、叙述家でもあった。彼は高名なルター派の家に生まれたが、父の影響で幼いころより錬金術の知識に接していた。長じてテュービンゲン大学で修士号を取得する。このころの彼は、テュービンゲンのインテリな友人たちと共に文芸サークルに所属していた。このサークルでは、会員たちがそれぞれ自作の作品を発表し、回し読みをするという慣習があった。そこでアンドレーエが発表したのが『化学の結婚』だったという。アンドレーエ自身の手による自伝『自らによって綴られた生涯』によれば、19歳の時のことである。

クリスマス・キャロル

A Christmas Carol

■イギリス　■小説

イギリスの作家チャールズ・ディケンズが1843年に発表した小説。

守銭奴のスクルージ爺さんが、クリスマスの夜に3人のクリスマスの精霊の訪れを受け、過去、現在、未来を垣間見て、人間の心を取り戻すというもの。

ちなみに、キャロルとは人名ではなく、賛美歌のことである。

クリティアス

Kritias

■ギリシア　■思想書

プラトンの後期の対話編だが、未完成のまま中断した作品である。

だが、存在している部分は、すべてアトランティスの歴史･土地･人々･制度などを解説することに費やされている。はっきりいえば、この本は、アトランティスという国＝大陸のすべてを人々に教えるために書かれたといって過言ではない。

我々がアトランティスについて知るほとんどは、『クリティアス』と、もう一つ『**ティマイオス**』を元にしている。

もちろん、後世の人々が幻視したとか天使から聞いたとか勝手なことをいって、アトランティスの解説を行っている。これらは各自のいっていることが一致しないので、真実とは認めがたい。

だが、さすがにプラトンの記述を否定する者はいないので、アトランティスの標準データとなっている。

ただ、これらの2冊すら読まずにアトランティスを語る不届き者が多く、彼らはプラトンの記述に矛盾することを平気で語っている。このため、アトランティスの姿は、ますます分からないものになってしまっている。

グリム童話集

グリムドウワシュウ

Kinder und Hausmärchen

■ドイツ　■童話

→子どもと家庭の童話

クルアーン

al-Qur'an

■中東　■経典

イスラム教の正典。『コーラン』と呼ばれることが多いが、現代ではより正確な発音に近い『クルアーン』を使用するよう、要請されている。

その内容は、ムハンマドが瞑想しているとジブリール（ガブリエルのこと）が降りてきて伝えた、神の言葉だという。ただし、ムハンマドは文盲だったので、610～632年の間に、神の啓示は彼とその弟子たちが記憶し、口伝された。

だが、ムハンマドが死に、教友（ムハ

ンマドから直接教えを受けた者）も老いて、このままでは神の啓示が失われると考えた人々は、その言葉を書物化し始めた。そうして、当時の人々の記憶を元にまとめたものが『クルアーン』である。

だが、その作業が各地で行われたため、各地で相異なるクルアーンができ始めた。そこで、第3代カリフのウスマーンが、ザイド・イブン＝オスマーンにクルアーンの正典化を命じ、651年ごろにそれ以外のクルアーンをすべて焼却させたとされる。このため、『クルアーン』には偽典・外典の類が存在しない（が、わずかに残った）。

イスラム教においては、『クルアーン』は神の言葉そのものであるとされる。実際、ムハンマドの死後わずか20年程で成立した『クルアーン』は、聖書などに比べて教祖の言動や思想がより正確に残されているであろうことは明らかである。だが、それでも相異なるクルアーンが存在したということから、そこには多少の異動が存在するであろうことはやむを得ないだろう。

114章から成り、配列は単に長短を元に成されている。長いもの程先に、短いもの程後になっているのである。このように配列された理由には諸説あるが、「神の下したものを人間のさかしらな知恵で勝手に編集してはいけないので、私情の入らない配列にしよう」と考えられたのだという説が有力である。近年、イスラム圏の刑務所でイスラム教徒の受刑者に『クルアーン』の数章の暗唱が課せられた例があり、やはり後半部分が人気を集めたという。

それはさておき、こうした啓示の下された順番も、ある程度は分明になっている。それによれば、メッカで初めて啓示を受けて間もないころは、ムハンマドは恐ろしく張り詰めた言葉で語った。不思議に美しい誓いの言葉の後で、最後の審判の恐ろしい光景を語り、「最後の審判は近い。その時救われるのは金や子供の多い人間ではなく、生きているうちに教えを守り良いことをした人間だ」と説くのだった。その啓示はごく短く、時として謎めいていた（したがって初期の啓示は往々にして『クルアーン』の終盤に位置する）。

その後、ムハンマドと仲間たちはメッカで迫害を受け、北方のメディナの町へ逃亡。メディナで軍を起こしてメッカとの戦に入る。この間、ムハンマドの啓示は次第に長い、理路整然としたものとなり、自ら進んで神に質問をして答えを得るようになる。いうなれば彼は啓示に慣れたのである。

この結果、『クルアーン』の内容は全く多岐にわたるものとなった。最後の審判の日の恐ろしい有様を説くものがあるのは当然として、「遺産はどんなふうに分ければいいでしょうか」「不貞を働いた妻を離縁してもいいでしょうか」といった共同体内の質問に答えたもの、昔の（ユダヤ教、キリスト教の）立派な預言者や信徒たちの逸話を語るもの、イスラム教徒の敵を非難するもの、悪い呪いから身を防ぐ術を述べるもの…などなどである。

そこでイスラム圏の学者には、「どんな良いものの中にも上下がある。『クルアーン』の“称えあれアッラー、万世《よろづよ》の主”が“腐ってしまえ、アブー・ラハブの手”

に勝るようなものである」と説いた人もある。

狂えるオルランド
クルエルオルランド

Orlando Furioso

■イタリア　■叙事詩

イタリアの詩人ルドヴィーコ・アリオストが1532年に書いた、イタリア文学史上屈指の傑作叙事詩。

中国の美女アンジェリカ（ここですでに疑問なのだが）への恋に狂気に陥る騎士オルランドの物語を始め、キリスト教徒とイスラム教徒の戦争や、数々の騎士の遍歴と冒険などが、魔法や幻想と共に描かれている。

ちなみに、ファンタジーで有名な怪物ヒポグリフは、この作品に登場したことで人々に知られるようになった。

グル・グラント・サーヒブ

Guru Granth Sahib

■インド　■経典

→グラント・サーヒブ

くれ竹物語
クレタケモノガタリ

Kuretakemonogatari

■日本　■説話

→鳴《なる》門《と》中《ちゅう》将《じょう》物《もの》語《がたり》

グレティル・アースムンダルソンのサガ

Grettis saga

■アイスランド　■サガ

五大**サガ**と呼ばれる傑作サガの一つ。主人公は実在した人物で、グレティル・アースムンダルソン（996～1031）である。それでありながら、このサガには塚の主や幽霊との戦いなど、架空の存在が登場するため、北欧のサガの研究者からは、他の四つのサガよりやや低い評価を与えられることもあった。しかし、記録ではなく物語としてこのサガを読むと、これが非常に面白く、それゆえ、現在でも五大サガの中で一番人気のあるサガであるともいわれる。

グレティルは民会によって追放され、19年の月日をまるで放浪者のように生き、最後には敵の手にかかって死ぬ。グレティルは腕っぷしが強く、戦いを前にして怯むことがない頑健な男だが、その心には優しさも明るさもない。英雄的な人物とはとても呼べない性格で、豪傑という言葉も当てはまらない。無愛想で、冷笑的なところがある男である。しかし実際のところ、グレティルのサガが人気があるのは、この不遜な男が愚痴も泣き言もいわず、黙々と転落の人生を生きるその姿にシンパシーを感じさせるものがあるからであろう。

グレティル・アースムンダルソンは「不運」に取り憑かれた人物である。彼の行いはすべて裏目に出る。どのように行動しても、必ずだれかの恨みを買うことになる。グレティルは不遜な自信によってグラームという幽霊と戦い、勝つには勝つが、それ以降、暗闇の中にいることも、1人でいることもできなくなる。これが、グレティルが呼び込んだ最後の不運であり、このことによってグレティルは敵に討たれることになる。

このサガは、記載年代には諸説あり、また作者も特定されていない。

クレメンス12世の大勅書

クレメンスジュウニセイノダイチョクショ

In eminenti

■イタリア　■公文書

1738年にローマ教皇クレメンス12世が発布した公文書。

フリーメーソンを「暗闇の中で聖書を使い、厳罰をもって排他的な規約を強いている」と非難し、メーソン会員をすべて破門することを宣言し、また異端審問官にメーソンの弾圧を命じている。

この勅書がフリーメーソン弾圧の勅書の第1号で、その後も何度も同様の勅書が出されている。ちなみに、この勅書は現在でも有効であり、フリーメーソン会員はカトリック教会から異端審問の対象となる。

黒塚

クロツカ

Kurotsuka

■日本　■戯曲

能の演目の一つ。

五番目物（あるいは切能）として知られる演目で、「安達ヶ原の鬼婆」として知られている物語だ。観世流の能楽では『安達ヶ原』の名で呼ばれる。

ある公卿に乳母として仕えていた女が、自分が養育していた口のきけない姫を治すため、生者の生き肝を取るべく安達ヶ原で旅人を待ち構えた。そして幾年月が過ぎたころ、ひと組の夫婦が一夜の宿を求めて彼女の元にやって来る。女は夫を外へと誘い出し、宿に残った妻の腹をかっさばき、首尾良く生き肝を手に入れるが、彼女が持っていた守り袋から、それが自分の娘であったことを知る。女は己の行いに気が狂い、鬼女と化した。さらにその後、祐慶という熊野の山伏が安達ヶ原を訪れる。祐慶は鬼女の家に（そうとは知らず）宿を求める。そして鬼女の正体を知り、菩薩の加護によりこれを退治した。

物語のタイトルである「黒塚」とは、祐慶が鬼女を弔った塚の名である。

ちなみに、先に述べた「五番目物」とは、1日の公演の最終演目のことだ。この種の演目は鬼を題材としたものが多いようだ。

グロッティの歌

グロッティノウタ

Grottasöngr

■アイスランド　■叙事詩

『歌謡エッダ』の1篇。ただし、詩は『スノッリのエッダ』の中に引用されていることから残されたもの。

デンマークの王フロージが、2人の女巨人に石臼をひかせる。だが、女巨人たちは不満が溜まり、フロージがいずれ復讐されることを予言する。

→散文エッダ

黒の書
クロノショ

Unaussprechlichen Kulten

■ドイツ　■架空

→無名祭祀書《むめいさいししょ》

黒の本
クロノホン

black book

■ヨーロッパ　■魔術書

13世紀ごろから広まった魔術教書のことを、一般に「黒の本」と呼ぶ。つまり、魔術教書の総称である。

その元ネタは、2～4世紀ごろに書かれた、ギリシア・エジプト・ヘブライ・ラテン語の魔術書である。

魔術教書の代表例としては『**ソロモンの大きな鍵**』がある。

黒魔術の鍵
クロマジュツノカギ

La Clef de la magie noire

■フランス　■オカルト

→呪われた学問の試論

黒ヤジュル・ヴェーダ
クロヤジュルヴェーダ

KRSNayajurveda

■インド　■経典

→ヤジュル・ヴェーダ

グロリア絵文書
グロリアコデックス

Codex Grolier

■中央アメリカ　■経典

→絵文書《コデックス》

君主論
クンシュロン

Il Principe

■イタリア　■兵法書

イタリアの政治戦略家にして、ルネサンス時代の軍事顧問あるいは書記官などとして活躍したニッコロ・マキャベリ(1469～1527)によって執筆され、彼の死後となる1532年に出版されたが、それ以前から写本として流通していたといわれる。

マキャベリには他に『政略論』『**戦争の技術《わざ》**』などの著書があるが、26の短い章から成る『君主論』は、多くの都市国家及び周辺国が紛争を繰り返していたルネサンス時代のイタリアにおける、戦争、外交、内政といった広範囲の諸問題に対する意志決定の手引きとして執筆された。

一般に「マキャベリズム」と呼ばれる政治姿勢、つまり「目的は手段を正当化する」は、この『君主論』に対する批判から生まれたものだが、実際には本書の内容を正確に表しているとはいえない。

それまでの指導者のためのいわゆる帝王学に関する手引書は、宗教的哲学的な理想論を述べるだけであることが多かったのに対して、ルネサンス人マキャベリは、現実に存在する人間関係や政治戦略の実際を冷徹に観察し、本書の中で述べているに過ぎない。

もちろん、暗殺、買収といった非倫理的な政治戦略の手段について触れられてはいるが、これはそうした手段を奨励するものではなく、そのような手段が現実に用いられていること、政治戦略とは事実そういうものだ、という警告に他ならない。

本書においてマキャベリは、戦争には傭兵を用いたり、強大な外国の支援をあてにするべきではなく、市民兵による共和国軍こそが望ましいと説く。これは、彼自身が歴史と軍事の研究を通して、古代ローマを目標あるいは理想と考えていたことと結び付く。

宗教や固定的な倫理の束縛を逃れ、古代ローマを規範とする姿勢は、後世においてルネサンス人の典型とされた。『君主論』は決して「悪魔の書」などではなく、当時の思想を代表するルネサンス的著作の一つであるといえるであろう。

け

形成の書

ケイセイノショ

Sefer Yetzirah

■ヨーロッパ　■経典

→創造の書

ゲーティア

Goetia

■イギリス　■魔術書

→ソロモンの小さな鍵

ケーナ・ウパニシャッド

Kena-upaniṣad

■インド　■経典

『**サーマ・ヴェーダ**』の「奥《おう》義《ぎ》書」の部分。「古ウパニシャッド」に属し、散文で書かれている。

→ウパニシャッド

毛皮のヴィーナス

ケガワノヴィーナス

Venus in Pelz

■オーストリア　■小説

レオポルド・フォン・ザッヘル＝マゾッホの書いた小説。「マゾヒズム」という言葉を生み出した。

若き未亡人ワンダの虜になった主人公は、彼女を自分のものにできないのなら、自分が彼女の奴隷になることを選ぶ。そして、自らの生殺与奪を彼女に与えて、奴隷となる。その条件は、彼を鞭打つ時、彼女は毛皮を着ていること。

彼は、ワンダに鞭打たれ、踏み付けられ、苦痛と喜びに震える生活を送る。若い画家を呼び、ワンダが主人公を鞭打つ姿を絵画に描いたりもする。

だが、ワンダは主人公に飽き、ギリシア男に夢中になる。彼は捨てられたが、奴隷である彼に主人の行動を止めることができるはずもない。

後に主人公は、女とは平等になれない、どちらかが主人になるしかないのだと告白する。

このように、後にマゾヒズムという言葉を生み出しただけあって、主人公はマゾヒストとしか思えない物語である。だが19世紀末に、逆説的な表現ながら、男女の関係は平等であるべきだという視点を提出したことは、注目に値するだろう。

ケサル王伝

ケサルオウデン

The Tales of King Khesar

■チベット　■叙事詩

チベットの英雄ケサルの伝説を叙事詩としたもの。後にモンゴルに移植されて、**『ゲセル・ハーン物語』**となった。

紀元前2～後6世紀ごろの間にこの作品の原型ができ、しっかり成立したのは11～13世紀ごろといわれている。

チベット人が周囲に住む妖怪たちに苦しめられていたころ（おそらく異民族の侵入など）、観音菩薩がケサルという英雄を送り、彼は四方の妖怪と戦ってこれを滅ぼし、その後、天に帰っていった。

ゲセル・ハーン物語

ゲセルハーンモノガタリ

Gheserkhan

■モンゴル　■叙事詩

モンゴルの英雄ゲセルの伝説を叙事詩にしたもので、**『元《げん》朝《ちょう》秘《ひ》史《し》』『ジャンガル』**と共にモンゴル古典三大名著の一つである。元々は、チベットの**『ケサル王伝』**がモンゴルに移植されて独自の発展を遂げたものといわれる。13世紀ごろにチベットから物語がやって来て、モンゴルでだんだんと発展していき、18世紀ごろにその内容が確定した（1716年に中国で本になっている）。

その内容は、帝釈天の次男ウイル・ブトゥークチが、人間の子として誕生し、あちこちの部族を征服し、ハーン（族長）となって、敵国と戦ったり、魔王を退治したりする話である。

月世界旅行

ゲッセカイリョコウ

Autour de la lune

■フランス　■小説

フランス出身の作家ジュール・ヴェルヌの2部構成のSF小説のことで、1865年刊の『地球から月へ（De la Terre à la Lune)』を第1部、1870年刊の『月世界へ行く（Autour de la lune)』を第2部とする。大砲から打ち出された弾丸の宇宙船に乗って月を巡ってくるという、かなり大胆な宇宙飛行の物語である。

第1部では、計画から弾丸宇宙船の発射までが描かれる。舞台はアメリカである。186X年、南北戦争後にバルチモアに設立された大砲クラブの会員たちが、弾丸を撃って月旅行をしようと計画した。資金が集められ、細かな計算をして弾丸の大きさや形などが決定され、コロンビヤード砲という大砲も鋳造された。こうして11月30日、フランス人冒険家アルダン、大砲クラブ会長バービケーン、ニコール大尉の3人が弾丸に乗り込み、月へと出発したのである。

第2部はその続きで、3人の宇宙旅行の様子が描かれる。3人とも基本は弾丸宇宙船の中にいるので物語はシンプルだが、その時々の状況に応じて、3人が科学的な議論をしたり計算をしたりするので、相当にSF的な雰囲気になっている。だが、残念なことに3人の乗った弾丸は月には到着せずに、月を巡る楕円軌道に入ってしまう。つまり、永遠にそこから出られないかもしれない状況になってしまうのだ。とはいえ、どういうわけかある瞬間から、弾丸は月ではなく、地球へ向かって落ち始める。そして最後には太平洋に落ちて、3人は奇跡的にも無事に生還するのである。

『月世界旅行』挿絵

血盆経

ケツボンキョウ

Xuè Pén Jīng

■中国　■経典

10世紀の中国で成立した420文字あまりの短い経典で、『大日本続蔵経』に「仏説大蔵正経血盆経」として収められている。女性は出産時の出血で大地の神を汚すだけでない。汚れた衣服を川で洗って水を汚し、人がその水を汲んで茶を煎じて神仏に供えるため、神仏にまで汚れを及ぼす。だから女性は死後に必ず血の池（血盆池）地獄に落ちる。しかし、女性の身内が追善供養を行ったり、女性自身が血盆経を書写して身に着けていれば救われると教えるものである。この経典が室町時代ごろに日本に伝わり、江戸時代には民衆の間に浸透し、恐ろしい血の池地獄に対する信仰が広まったのである。

外道祈祷書

ゲドウキトウショ

Book of Devil Prayer

■日本　■架空

昭和初期の作家である夢《ゆめ》野《の》久《きゅう》作《さく》の短編の一つ『悪魔祈祷書』に登場する書籍。

デュッコ・シュレーカーなる人物（一説にはカトリックの神父）の手によって記された、聖書に似せて作られた偽書《ぎしょ》。その内容は、出だしの部分こそ聖書に準じているものの、徐々にこの世のありとあらゆる事象は悪徳と欲望により成り立っていると説明するものへと変貌していく。

この『外道祈祷書』は生皮張りのケー

スに納められ、その箱書きには朱墨で「MICHAEL SHIRO」の名が記され、また黒墨で紋章が描かれている。書籍本体は黒革の表紙に「HOLY BIBLE」の金文字の刻印が捺され、挿絵には赤と青のインクで着色がなされていた。

100年程前（『悪魔祈祷書』の初出は昭和11年〈1936年〉3月『サンデー毎日特別号』である）には、ロスチャイルド家の次男ないし三男が10万ポンドの懸賞金をかけて探したとされる。

作中に登場する『外道祈祷書』は1626年に英国で作られた写本であるとされる…のだが、物語終盤でこれまで話したことはすべてヨタとしており、真偽の程は不明。

ゲド戦記

ゲドセンキ

Earthsea

■アメリカ　■小説

アメリカのSF作家アーシュラ・K. ル＝グインによって書かれたファンタジー小説。『ゲド戦記』という題名は日本で付けられたもので、本来の題名ではない。3部作だったころは『アースシー・トリロジー』、現在では単に『アースシー』と呼ばれる。

当初、『影との戦い』(1968)、『こわれた腕環』(1971)、『さいはての島へ』(1972)の3作が出て、ゲド戦記3部作と呼ばれた。そして、これで完結だと考えられていた。

だが、それから18年後の1990年に『帰還～ゲド戦記最後の書～』が出て4部作となった。さらに11年後の2001年には『ゲド戦記外伝』と『アースシーの風』が出た。だが、これらの作品は、最初の3部作とは世界と登場人物こそ共通しているものの、内容もテーマも大きく変わっており、同一作品と呼んでいいのか分からない程である。

一応完結したということになっているが、もしかしたら続く可能性もある。

ケブラ・ナガスト

Kebra Nagast

■アフリカ　■歴史書

→国王頌栄《こくおうしょうえい》

ゲマラ

Gemara

■中東　■経典

→タルムード

獣・人・神

ケモノ・ヒト・カミ

Beasts, Men and Gods

■ポーランド　■旅行記

ロシア革命から逃げ出したポーランド人オッセンドウスキーが、モンゴルを経て脱出する際に体験した冒険記。本当かどうか分からないが、ともかく波乱万丈な冒険行である。

だが、それよりもこの本が有名なのは、最終章にある「神秘の神秘－世界の王」という部分である。そこには、チベットのラマ僧の証言を引用して、地下王国アガルタについて書かれている。

それによると、地下の人々は最高の叡智を発展させており、その王は世界のありとあらゆる力に通じ、すべての人間の心と運命を読むことができるという。そして、ひそかにこの地上を支配しているのだという。

この記述が、オカルト学において非常に重要な文献とされている。

ゲルマニア

De origine et su Germanorum

■イタリア　■学術書

1～2世紀の帝政ローマの史家コルネリウス・タキトゥスが98年に書いた、ゲルマニア（ゲルマン人の土地という意味で、現在のドイツに相当する）の地理や風習、社会制度、伝承などについての記録。

ただし、タキトゥス自身はゲルマニアを訪れたことはなく、ポシドニウスやカエサル、リウィウスらの記録を元に書かれている。

その記述は、ゲルマン人を高貴なる蛮人として描き出し、堕落し始めていたローマ人に、共和制当時の気概を取り戻させようとするものではないかといわれている。

源氏物語

ゲンジモノガタリ

Genjimonogatari

■日本　■物語

平安時代中期の物語文学。

一条天皇の中宮彰子《しょうこ》に任える女官であった紫式部を作者とするのが定説。成立年代は不明だが、長保年間（999～1003）と思われる。

本作は平安の貴公子、桐壺《きりつぼ》帝の第2皇子である光源氏と、彼を巡る数多くの美女たちの物語である。光源氏と恋に落ちる女性の多くは不幸になる。これは恋愛関係になった彼女らに対し、光源氏は幼いころに愛した女性・藤壺の影を求め続けたことにある。そして時に女性は嫉妬や憎悪に狂い、怨念で光源氏と愛を交わす他の女性を殺すに至ることもあった。

本編は54巻から成る。が、最後の10巻は光源氏の死後、彼の息子（ということになっている）薫の物語となっている。

賢者の石

ケンジャノイシ

The Philosopher's stone

■イギリス　■小説

イギリスのSF作家コリン・ウィルソンが1969年に出したSF小説。

ニューマン合金によって前頭葉の能力を拡大し、精神的時間旅行が行えるようになった主人公たちの物語。

錬金術《れんきんじゅつ》の賢者の石とは異なるが、人間の能力を拡大して、より大きな認識に至るという点では、錬金術の賢者の石を引き継いでいる。

賢者の石について

ケンジャノイシニツイテ

De Lapide Philosophico

■ドイツ　■錬金術書

ドイツ人哲学者ランプスプリング（明らかに偽名である）が、『**逃げるアタラ**

図版8　『賢者の石について』表紙

ンテ』に影響を受けて書いた錬金術《れんきんじゅつ》書。

三つの原理が賢者の石となって統合されるという論理で書かれている。

賢者の階梯

ケンジャノカイテイ

Escalier des Sages

■オランダ　■錬金術書

バレント・ケンデルス・ファン・ヘルペンが1689年に書いた錬金術《れんきんじゅつ》書。著者はフランドル地方の貴族だったという。

各ページの挿絵は、一見タロットカード風だが、内容的には異なる。

賢者の酢

ケンジャノス

De Goude Leeuw

■オランダ　■錬金術書

→黄金の獅子

幻獣辞典

ゲンジュウジテン

El Libro de los Seres Imaginarios

■アルゼンチン　■事典

1957年にアルゼンチンの作家ホルヘ・ルイス・ボルヘスとマルガリータ・ゲレロによって書かれた空想の怪物の事典。この時の題名は『Mannal de Zoologia Fantastica』だった。その後、1967年に第2版、1969年に英語版が発行されている。初版では82編から成っていた事典だが、版を追うごとに拡充され、1969年版では120編にもなっている。

その内容は、ほとんどが各地の神話伝説から取られているが、中には著者が作り上げて知らん顔をして入れておいたものや、著者の友人たちの創作作品から取ってきたものも交じっている。だが、非常に巧妙に書かれているので、どれが著者の創作でどれが神話伝説から取られたものか、一読しただけでは分からない。

そのあたりも含めて、『幻獣辞典』が一級の創作作品である所以である。

原初年代記

ゲンショネンダイキ

Повесть временных лет

■ロシア・東欧　■歴史書

古代・中世ルーシ（ロシア）の年代記。複数の年代記作者（多くは修道僧）により11～12世紀ごろ成立。

元来、古代のルーシについては史料が少ないため、本書は虎の巻ともいうべきものである。

記述はノアの大洪水の伝説から始まり、ページを繰るごとに、次第に伝説から歴史記述に近づいていく。やがてルーシの人々は「我らの地は広大にして豊かであるが秩序がない。来って君臨し、我らを領せよ」といって海の彼方《かなた》からヴァリャーグ人（ヴァイキング）リューリクを招致し、公とする。その後、リューリクの末裔にあたる歴代の公はキエフ（今のウクライナの首都）に都を定め、西南の東ローマ帝国並びに東方の遊牧諸民族と、あるいは戦い、あるいは和する。やがてルーシの公ウラジーミルは、東ローマ帝国から伝わってきたキリスト教を国教とし、今日のロシア、ウクライナ、白ロシアといった国々の原型を築く。

史料的価値はもとより、単に歴代の公を中心とする列伝ものとして読んでも面白い書物。初代キエフ大公オレーグのキエフ乗っ取りの件《くだり》、最後の異教の戦士スヴャトスラフと、その母でありキリスト教徒だったオリガの件などは物語として一級品である。

ケンジントン公園のピーター・パン

ケンジントンコウエンノピーターパン

PeterPan in Kensington Gardens

■イギリス　■小説

イギリスの作家ジェイムズ・マシュー・バリーの小説。1906年刊。ただし、この小説は1902年に刊行されたバリーの幻想小説『**小さな白い鳥**』の一部分をほぼそのまま抜粋したものである。

日本でよく知られたピーター・パンの物語は、児童劇の「ピーター・パン」や小説『**ピーター・パンとウェンディ**』によるもので、ピーター・パンは見た目5歳くらいの男の子で、ネヴァーランドで妖精たちと楽しく暮らしており、決して年を取らないことになっている。

しかし、ピーター・パンは最初からネヴァーランドにいたわけではなく、それ以前にケンジントン公園に暮らしていたことがあった。

この時代のピーター・パンのことが書かれているのが『ケンジントン公園のピーター・パン』である。

この小説では、ピーター・パンの年齢は生後1週間である。といって、1週間前に生まれたというわけではなく、生まれたのはずっと昔である。だが、ピーター・パンは生まれて7日目に人間になるのをやめ、窓から逃げ出し、空を飛んでケンジントン公園にやって来たのだ。それから、ピーター・パンはずっと生後1週間のままでケンジントン公園で暮らしているのだが、このころのピーター・パンは裸で、しばしばヤギに乗って笛を吹いていた。そして、毎晩、閉門時間が過ぎて人の姿がなくなると、ケンジントン公園は妖精の世界となり、妖精の女王として有名なマブ女王まで登場して、妖精の宴会が繰り広げられた。この小説では、こんなケンジントン公園に人間の少女メイミイが迷い込んでしまい、メイミイと妖精たちとピーター・パンを交えた物語が展開するのである。

現代社会への反抗

ゲンダイシャカイヘノハンコウ

Revolt Against the Modern World

■イタリア　■扇動書

シチリア生まれの伝統主義者にしてファシストであるユリウス·エヴォラの書。

ニーチェを独自解釈（つまり自分勝手に考えた）して『絶対的個人論』を書いた彼は、その中で男女の差（決して差別ではなく区別であると主張）を尊重するという名目で、あらゆるフェミニズムを攻撃し、男尊女卑な伝統的価値観を擁護する。

さらに『ヘルメス学の伝統』『人種論の統合』などを書き、人種差別思想を得てファシストになった。

さらに、タントラ密教を西洋に紹介し『性の形而上学』『虎に跨る』などを書く。

最終的に、男女差別主義者にして性魔術の実践者となっていった。

ただし、彼は「男性性と女性性は何より内的次元の現象であって、この内的な性は必ずしも外的な性と一致しない」とも書いており、性同一性障害への理解の片鱗も示している。

→タントラ文献

元朝秘史

ゲンチョウヒシ

The Secret History of the Mongols

■モンゴル　■歴史書

モンゴルの歴史書。特に、チンギス・ハーンの事跡を中心に扱っている。

この書には、本来は題名はなかった（もしくは失われた）とされ、写本の冒頭に「モンゴルの秘密の歴史」とあるものを題名として流用したものである。

歴史書ではあるが、チンギス・ハーンの先祖を蒼き狼と薄紅色の牝鹿であるとするなど、伝説の部分も含む。

→ゲセル・ハーン物語、ジャンガル

源平盛衰記

ゲンペイセイスイキ

Genpeiseisuiki

■日本　■物語

鎌倉時代の軍記物語。

二条院の時代から安徳帝の時代までの約20年間の、源氏と平家の隆盛と衰退とを書き綴った物語である。内容的には同時代を題材とした**『平《へい》家《け》物語《ものがたり》』**を詳細にしたものであるが、文学的にはさほど価値を見出されていない。

こ

小敦盛

コアツモリ

Koatsumori

■日本　■説話

御伽草子《おとぎぞうし》の1篇で、渋川清右衛門《しぶかわせいえもん》が刊行した23篇の一つ。南部神楽の演目でもある。

この物語は、平敦盛の遺児である小敦盛こと法童丸の物語である。夫である平敦盛が討ち取られた玉織姫は、息子と共に追われる身となっていた。彼女は我が子に苦しい思いをさせるぐらいならいっそのこと、と心中を計りもしたが、阿弥陀如来のお告げに従い、とある松の下に我が子を残し、己は身を隠した。しばらくすると法然上人《ほうねんしょうにん》と蓮正坊《れんしょうぼう》（『**敦盛**《あつもり》』における蓮生法師《れんせいほうし》）が通りかかり、その子を寺で育て、法童丸と名付ける。長じた法童丸は、自分を育てた蓮正坊が父である敦盛を討ち取った熊谷次郎直実《くまがいじろうなおざね》であると知る。仇を討とうとする法童丸に事情を話し、その誤解を解く。法童丸は聞かされた父・敦盛の墓所へと弔いにいくのであった。

黄衣の王

コウイノオウ

The King in Yellow

■フランス　■架空

クトゥルフ神話の架空の戯曲。オリジナルはフランス語だったが、出版直後、フランス政府によって回収し処分された。その後英語版が出版されたが、明らかにページ数が少なく、削除された部分が多いのを暗示している。

英語版は薄くて黒い八つ折り版で、表紙に“黄色い印”が刻まれている。

内容は“黄衣の王”ハスターに関するもので、夢のような意味の曖昧な芝居である。

ただし英語版には、ハスターとの接触の方法は書いてあるが、ハスターから精神や身を守る方法は書かれていないので注意が必要である。

→クトゥルフ神話の魔道書

紅崖天書

コウガイテンショ

Hóng Yá Tiān Shū

■中国　■暗号書

貴州省関嶺県竜爪村《かんれいけんりゅうそうそん》の晒甲山《さいこうざん》の岸壁に記された謎の文字。およそ20文字あまりで、どこか古代文字のようだが、いまだかつて解読されたことはなく、岸壁が赤いので「紅崖天書」と呼ばれる。明代嘉靖《かせい》年間（1522～1566）に貴州出身の文人・邵元善《しょうげんぜん》がこの**天書**《てんしょ》を目に止め、「紅崖詩」を詠んだのがきっかけで世に知られるようになった。

殷《いん》王朝の高宗が鬼を征伐したのを記念して刻まれたとか、夏王朝の禹《う》の業績を記念して刻まれたとか、実に様々な説があるが、もちろん定説はない。現在、関嶺県ではおよそ1500万円の懸賞金を用意して解読者を求めている。

甲賀の三郎

コウガノサブロウ

Kohganosaburoh

■日本　■戯曲

古浄瑠璃の演目の一つ。

諏訪地方に伝わる甲賀三郎伝説を元とした古浄瑠璃演目である。

光輝の書

コウキノショ

Sefer ha-Zohar

■ヨーロッパ　■経典

ユダヤ教の密儀であるカバラの教理書の一つ。『壮麗《そうれい》の書』とも訳される。

2世紀のラビ・シメオン・バル・ヨカイによって記された…ということになっているが、実際には13世紀スペインのラビ・モーゼス・デ・レオンが書き記したとする説が有力視されている。

その内容は、分立する幾多のカバラ学派の主張、教理を統合、再構成したもので、神や神理の発散原理の解明、宇宙の進化、魂を巡る議論に対する考察などとなっている。

好色一代男

コウショクイチダイオトコ

Kohshokuichidaiotoko

■日本　■物語

江戸時代前期の**草双紙《くさぞうし》**の一つ。

井原西鶴の作で天和2年（1682年）刊行。

本作は、幼くして性に目覚めた主人公・世之介の女性遍歴の物語で、**『源氏《げんじ》物語《ものがたり》』**54巻になぞらえて、7歳から60歳までの54年間を描いている。

『好色一代男』は、娯楽作品が多い草双紙の中でも特に娯楽性…特に前例にない程に官能的性質が強かったため、本作の方向性を受け継ぐ草双紙を特に「浮世草子」と呼ぶようになった。

なお、井原西鶴の諸作品のタイトルによく使われる「好色」というのは、現代的な意味（いわゆる「色欲方面の嗜好」）ではなく「愛」や「恋愛」を意味する言葉だ。当時はそれらの言葉は使われることがほとんどなく、「色」や「情」といった言葉が使われていた。

好色五人女

コウショクゴニンオンナ

Kohshokugonin-onna

■日本　■物語

江戸時代前期の**草双紙《くさぞうし》**。

井原西鶴の作で貞享3年（1686年）に刊行された。

西鶴の代表作の一つとして知られる本作は、お夏、おせん、おさん、お七（八百屋お七）、おまんの5人の女性の情愛の物語である。

主題となっている5人の女性は、同時代の実在の人物や事件を取材したもので、それゆえに等身大かつ情念に満ちたものとなっている。

本作に登場する五つの物語は、おまんの1篇以外はすべて不幸な結末を迎えている。恋い焦がれた男を失って狂乱し、出家し、あるいは不義を問われて処刑される…4篇はそのような結末なのだ。

黄石公三略

コウセキコウサンリャク

Huáng Shí Gōng Sān Lüè

■中国　■兵法書

→三略

紅線伝

コウセンデン

Hóng Xiàn Zhuàn

■中国　■小説

中国唐代末の短編伝奇小説、義侠小説。紅線《こうせん》という女侠が活躍する物語で、袁郊《えんこう》の伝奇集『甘沢謡《かんたくよう》』中の1篇。

魏博《ぎはく》節度使の田承嗣《でんしょうし》は横暴で、私利私欲のために潞州《ろしゅう》を併呑しようと企んでいた。潞州節度使の薛崇《せつすう》は大いに困った。この時薛家に仕えていた奴婢《ぬひ》の紅線が「私を魏州に派遣すれば問題は解決します」と申し出た。そして、彼女は空を駆けて700里彼方《かなた》の魏州を訪れ、田承嗣に計画を諦めさせた。田承嗣は厳重な警備に守られていたが、紅線は忍者のようにそれをかい潜り、彼の枕元から黄金の容器を盗み出すことで、命を奪うのも簡単であると脅したのである。こうして紅線は夜半の間に潞州と魏州を往復し、戦争を回避することに成功したのだ。

黄帝内経

コウテイダイケイ

Huáng Dì Nèi Jīng

■中国　■医学書

中国医学の最古の古典。18巻。『漢書《かんじょ》』「芸文志《げいもんし》」に題名が記載されていることから、前漢時代には成立していたと見られる。

題名にある「黄帝」は中国神話の天帝であり医学の神で、『**神農本草経**《しんのうほんぞうきょう》』の神農がそうであるように、一種の権威付けとして用いられたのである。

『黄帝内経』の原本は早くに散逸してしまったが、その後、原本を元にした注解書や、それをさらに改訂注解した書などが登場し、原本の内容が現在に伝わることになった。これらの注解書の類には、5世紀末の全元起《ぜんげんき》による『全元起注黄帝素問』、隋《ずい》代の楊上善《ようじょうぜん》による『黄帝内経太素』、唐代の王冰《おうひょう》による『素問』などがある。

こうして現在に伝わった『黄帝内経』は『黄帝内経素問』(『素問』)、『黄帝内経霊枢』(『霊枢』) という2書から成る。これらの書は共に1人の人間によって書かれたものではなく、いわば論文集のようなものであり、かつそのそれぞれにも大勢の手が加わっている。それで、全体は首尾一貫したものではなく、異なった立場の主張も多く含まれている。また、『素問』は生理、衛生、病理など養生と治病の基礎的原理に重点があり、『霊枢』は古来『針経』とも称された書で、針の運用理論や技術など臨床医学に重点がある。記述形式は、問者の質問に答者が答えるというのが基本になっている。問者—答者の組み合わせは、雷公—黄帝、黄帝—少師《しょうし》、黄帝—伯高《はくこう》、黄帝—少兪《しょうゆ》、黄帝—岐伯《きはく》の五つである。

しかし、何より重要なのは『黄帝内経』の全編に一貫して流れる理論である。これは陰陽五行説に支えられた気の理論である。気の理論は宇宙の森羅万象に当てはまるが、人間の肉体にあっては経絡《けいらく》の理論として現れる。人間の体には縦に12本の経脈が走り、そこから枝分かれした多数の絡脈によって、経脈が横に結ばれている。そして、経脈の上にある365の経穴《けいけつ》（つぼ）を刺激することで気のバランスを調節し、健康を増進したり、病気を治したりできるというのである。

もちろん、『黄帝内経』以前にも中国に医学はあった。だがそれは呪術や、単に経験によって薬物を用いたりするもので、現在の我々が中国医学と呼ぶものとは違っていた。つまり『黄帝内経』が登場したことで中国医学は始まり、『黄帝内経』の内容がそれ以降の中国医学の根幹となったのである。

『黄帝内経』は、その当時の新潮流だった針灸療法、中でも特に針療法の専門家たちによって作られたと見られている。その意味では、新技術をもって登場した針療法の医師たちによって、初めて中国医学の理論化が行われたといっていいだろう。

ところで、中国医学は未病の医学としばしばいわれるが、これは『黄帝内経』にある「聖人（良い医者）は既病を治さずして、未病を治す」という言葉に由来するのである。

黄帝八十一難経

コウテイハチジュウイチナンギョウ

Huáng Dì Bā Shí Yī Nán Jīng

■中国　■医学書

中国後漢代に成立したと考えられる医学書。『**史記**《しき》』「扁鵲倉公列伝《へんじゃくそうこうれつでん》」で有名な伝説的名医・扁鵲《へんじゃく》の作と伝えられるが、真の作者は不明。

中国医学最古の古典『**黄帝内経**《こうていだいけい》』の業績を前提に、特に針療法の体系化を目指した書であり、針灸学の基本とされている。全体は脈、経絡《けいらく》、臓腑、疾病、つぼ、針法の六つの部分から成り、全部で81の項目について論じている。

高等魔術の教理と祭儀

コウトウマジュツノキョウリトサイギ

Dogme et Rituel de la Haute Magie

■フランス　■魔術書

エリファス・レヴィ（本名：アルフォンス・ルイ・コンスタン）が1856年に書いた、魔術理論及び儀式次第の手引書。

当時、交霊会や心霊主義といった非知性的な魔法が幅を利かせていた19世紀にあって、近代精神を持ち合わせたレヴィが、知性と哲学を持った魔術の復興を願って書き上げた本である。

本書は「教理篇」と「祭儀篇」の2部から成っている。

元々社会主義者だったアルフォンス・ルイ・コンスタンは、ポーランド人神秘主義者ハーネー・ウロンスキーとの出会いをきっかけとして魔術の世界へと足を踏み出し、この「教理篇」を書き上げた。

そして「祭儀篇」を書くにあたり、人づてでイギリスの薔薇十字団体と接触、そこに所蔵されていた資料を借り受けている。このイギリス滞在の間に、レヴィと共に19世紀の魔術復興に多大な影響を与えることとなったエドワード・ブルワー・リットン卿と出会うこととなる。さらにはリットン卿の手引きにより、レヴィにまつわる代表的エピソードとして知られる「アポロニウスとの交霊」の儀式が行われた。

その基本をカバラに置き、そこに錬金《れんきん》術《じゅつ》やキリスト教神秘主義などを取り入れて書かれたこの本は、近代魔術の立ち上げに大きく貢献した。この本がなければ近代魔術は成立せず、後のアレイスター・クロウリーなども現れなかっただろう。

そして、整合性のある魔術体系を作ろうとして、魔術の儀式・祭具・象徴などを、解釈し直し再解説している。例えば、五芒星形や魔法円、賢者の石など、今まで様々な説が唱えられ混乱していたものに、一つの解釈を与え直そうとした。もちろん、レヴィの説が絶対的に正しいというわけではないが、近代魔術という新たな世界を作り出す叩き台として、レヴィの統一した視点が有効だったのはいうまでもない。

図版９ 『高等魔術の教理と祭儀』でレヴィの描いた悪魔

香之書

コウノショ

Kohnosho

■日本　■学術書

香道の芸道論。

「芸道論」とは、平安時代から江戸時代のころの和歌や猿楽などの「道」を極めるため、その「道」の達人たちが後継者や門人の修行の手がかりとして書き記したもの。参考書籍と手引書の中間のような存在である。

高野聖

コウヤヒジリ

Kohyahijiri

■日本　■小説

明治時代から昭和初期にかけて活躍した日本の小説家・泉《いずみ》鏡《きょう》花《か》の小説の１篇。

明治33年（1900年）２月、雑誌『新小説』にて発表された。

内容は、敦賀の宿で泊まり合わせた高野山の聖（修行僧のこと）宗朝が「私」に、かつて飛騨から信州への山越えの旅をした時に経験した不思議な出来事を聞かせる…というもの。

若き日の宗朝が飛騨から信州へ向かう山越えをした時のこと。蛇や山蛭に悩まされつつ山道を歩いていた宗朝は、山小屋に行き当たる。そこには美女と、その亭主だという異貌の少年が住んでいた。少年は白痴であったが、この世のものとも思えない声で歌う天才的な歌の才能を持ち、女の方は谷川の水を用いて傷を治す霊妙の力を持っていた。そして翌日、里に下りた宗朝は山小屋に住む２人の正体を知ることとなる。

本作は泉鏡花特有の怪奇趣味と官能的な表現に彩られたものとなっているのが特徴で、泉鏡花を人気作家に押し上げたことで知られている。

甲陽軍鑑

コウヨウグンカン

Kohyohgunkan

■日本　■学術書

最強の騎馬軍団を擁し、戦国時代に名を轟かせた甲斐武田の流れを汲む甲州流軍学の指南書。その内容は、武田信玄が制定した57条の法度、武田家や家臣たちの逸話や言行、武田軍団の軍制、裁判の記録や、信玄とその息子・四郎勝頼の事跡など、多岐にわたっている。いわば甲州流軍学の根本を成す解説書であり、全20巻59品（章）で構成されている。

武田家は、信玄を継いだ勝頼の代に、長篠の合戦において織田信長に大敗を喫し、滅亡した。だが信長の死後、甲斐を吸収した徳川家康は、長年自分を苦しめた武田家の力を己のものとすべく、武田の遺臣を多く召し抱えた。徳川幕府下において、甲州流軍学が人気を博したのはこのためだ。その根幹たる『甲陽軍鑑』も江戸初期から広く流布し、そこに描かれる武田家興亡の歴史は、様々な創作作品の中に取り込まれていった。

『甲陽軍鑑』の記述に従えば、武田家の宿将・香坂弾正（高坂昌信）が第48品（章）までの大半を書き、残りを甥の春日惣次郎が追補したことになるが、これには古くは江戸時代から疑問が呈されている。

香坂の名はあくまで権威付けのために持ち出されただけであって、実際の著者は小幡景憲（武田家から徳川家に仕えた甲州流軍学の祖）だというのが有力な説である。また、山本勘介の息子である僧が編纂した物語を下敷きにしているという意見もある。

こうした後世の創作説が事実として信じられるのは、『甲陽軍鑑』の記述に、同時代の他の史料と比較すると明らかな年月、日付の誤りがあるからだ。このため、史的資料の価値はほぼなく、物語の類と考えられてきたが、ほぼ本書にのみ存在が記されていた武田信玄の軍師・山本勘介が実在したことを示す資料が他にも見つかったことなどもあり、その内容を全く無根拠なものと切り捨てるのも、現在では難しくなっている。

紅楼夢

コウロウム

Hóng Lóu Mèng

■中国　■小説

中国清代初期の長編小説。『**金瓶梅**《きんぺいばい》』と並んで、中国の風俗小説の最高峰とされる。全120回。曹雪芹《そうせっきん》の作。元々80回本だったが、その後30年程の間に何人かの手で続作40回が書かれ、120回本になった。発刊直後から人気を博し、その熱狂的ファンは「紅迷」（紅楼夢バカ）、その研究は「紅学」（紅楼夢学）と呼ばれた。『続紅楼夢』『紅楼復夢』などの続編や模倣小説も続出した。

大貴族の御曹司・賈《か》宝《ほう》玉《ぎょく》と「金《きん》陵《りょう》十《じゅう》二《に》釵《さ》」と呼ばれる12人の美女たちの物語で、特に賈宝玉と金陵十二釵の1人・

林黛玉《りんたいぎょく》の恋愛模様が物語の軸となる。ただし、豪奢な生活を送っていた賈家が急激に没落する過程が背景となっており、物語は悲劇性を帯びている。

主要なストーリーとは関係ないが、賈宝玉も林黛玉も天上人の生まれ変わりとされている。

まず第1回で、太古の女神・女媧《じょか》が3万6501個の石を錬って欠けていた天を補修した話がある。この時1個だけ使われなかった石があり、これが宝石となって地上に下り、そこで見聞した話を書き記したものがこの物語だと語られる。さらにこんな話が続く。極楽世界に絳珠草《こうじゅそう》があり、神瑛侍者《しんえいじしゃ》という者が毎日甘露をかけて大切に育てていた。ある時神瑛侍者が凡心を起こし、地上に男性として生まれ変わった。そこで、絳珠草は甘露をかけてもらった恩に報いるために、女性として地上に生まれ変わった。この2人が賈宝玉と林黛玉なのである。また、他の「金陵十二釵」の美女たちも、天上界の仙女の生まれ変わりとされている。

さて、これら天上界の人々が生まれ変わって集まった場所が賈家であり、寧《ねい》国府と栄国府の二つの大邸宅が物語の舞台となる。

そこでの生活は非常に豪奢で、毎日のように宴会が繰り広げられる。主人公・賈宝玉は美少年で女好きである。ただし、肉欲的というのではなく、女性の美を愛する男で、「女は水でできた体、男は泥でできた体」だとか、「愛する女性たちの前で死に、彼女たちの流す涙の河に自分の死骸を漂わせ、鳥もたどり着けない場所に流れていき、二度と人間には生まれてこない」などといったりする。しかも、彼はだれからも愛されており、彼を咎める者はほとんどいないので、美しい姉妹、従姉妹、腰元たちと毎日遊んで暮らしている。彼は立身出世などには興味がなく、むしろそれを軽蔑しているのである。

ある時、賈家の姉娘・元春《げんしゅん》が宮廷で皇帝の妃に取り立てられ、それを記念して大観園が造営される。このころがまさに賈家の絶頂期といってよく、賈宝玉も美女たちとそこに移り住み、自由奔放に生活する。とはいえ、絶頂期の後は下り坂になるしかないので、賈家にも徐々に衰運の兆しが見え始め、それはいよいよ激しくなっていく。貴妃の元春も死去する。

そんな中、賈宝玉の結婚問題が起こる。彼は幼い時から従姉妹の林黛玉と相思相愛で、当然彼女と結婚したいと思っている。しかし、そんな彼の思いとは裏腹に、祖母や母親など一族の者たちは、やはり従姉妹の薛宝釵《せつほうさ》との結婚話を進めてしまう。黛玉は病弱で痩せ形のほっそりした美人、宝釵は肉付きがいいというだけでなく、この2人は対照的な女性である。黛玉は聡明で口ぶりも鋭く、賈宝玉とも口喧嘩ばかりしているが、宝釵は世間の常識を知り抜いた良妻賢母型である。しかも、賈宝玉は最後まで結婚相手は黛玉だと思っていたのが、結婚式に出てみると宝釵だったのである。このため、宝玉はショックのあまり病気が再発し、黛玉も絶望して死んでしまう。

悪いことは重なるもので、それから間もなく皇帝の咎めを受けて賈家は全く零落してしまう。その後、宝玉は心を入れ替えて学問に励み、翌年には科挙の試験に合格する。しかし、すでに生きる望みは失っており、最後は出家遁世してしまうのである。

古エッダ

コエッダ

Edda

■アイスランド　■叙事詩

→歌謡エッダ

ゴーメンガースト

Gormenghast

■イギリス　■小説

→ゴーメンガースト3部作

ゴーメンガースト3部作

ゴーメンガーストサンブサク

Gormenghast Trilogy

■イギリス　■小説

イギリスの挿絵画家で小説家のマーヴィン・ピーク（1911～1968）が書いた小説シリーズ（ちなみに、挿絵も著者自身が描いている）。『タイタス・グローン』『ゴーメンガースト』『タイタス・アローン』の3部作である。本当は第4部以降も続くはずであったが、ピークの死去によって、それらは失われた。

一種の幻想小説であるが、通常に想像する幻想小説とは全く趣が違う。

どこにあるともしれない巨大なゴーメンガースト城と、そこの城主であるグローン伯爵家。城は、一体何部屋あるのか住人ですら把握できないほど広く、何十年も住んでいてすら、道を間違えると迷ってしまう。また、城の外には貧民街が広がり、そこは年に一度の儀式を除いて、城とは何の交渉もないままで、貧民たちが住み着いている。そこに、第77代伯爵となるタイタスが誕生するところから、物語が始まる。といっても、主人公のタイタスは第1巻では生まれたばかりで、小説の最後になっても1歳になるかならず。

第2巻の最初ではタイタスは7歳であり、そこから青年にまで成長する。そして、ゴーメンガースト城では、下っ端から成り上がりつつあるスティアパイクという男が、城の乗っ取りを狙っている。だが、スティアパイクとの戦いに勝利した後、タイタスは自らの城を捨てる。

第3巻になると、一気に雰囲気が変わる。タイタスは世界に出ていくが、そこでは誰もゴーメンガースト城のことを聞いたことがない。そんな世界で、彼は生きていくことになる。そして、第3巻の最後で彼は再びゴーメンガースト城を見出すが、やはりそこに背を向けて去っていく。

ゴシックロマンとも異なり、またエピックファンタジーとも違う。仄昏《ほのぐら》い、だが圧倒的な質量感のある城に、押し潰されそうに生きている人々を描いている。他の作品とは全く異なる、ピーク独自の世界を描いた幻想小説としかいいようのない作品である。

コーラン

al-Qur'an

■中東　■経典

→クルアーン

古鏡記

コキョウキ

Gǔ Jìng Jì

■中国　■小説

中国唐代初期の伝奇小説。全22段。王《おう》度《たく》の作。『**太平広記**《たいへいこうき》』巻230に「王度」という題で収録されている。

作者の王度は師の侯生《こうせい》の臨終に際して愛用の鏡を譲り受けるが、その鏡は不思議な霊力を持っており、それによって様々な魑魅魍魎《ちみもうりょう》を退治する。後に弟の勣《せき》が旅に出るというので、その鏡を貸すが、弟もまたこれによって様々な魑魅魍魎を退治するのである。しかし、最後には鏡は変化して消え去ってしまう。このような粗筋の中で、鏡の持つ不思議な霊力のエピソードが次々と語られていくのである。

護教論

ゴキョウロン

Apologeticus

■アフリカ　■思想書

2～3世紀のカルタゴの司祭テルトゥリアヌスが書いた、キリスト教の擁護書。

キリスト教の迫害は、ローマ法の下で違法であると論証する本。

国王頌栄

コクオウショウエイ

Kebra Nagast

■アフリカ　■歴史書

エチオピアのソロモン王朝の起源を語る『国王頌栄（ケブラ・ナガスト）』は、当時の王の命を受けたアクスムのイェシャクという人物によって、14世紀初頭に編纂された年代記である。

この『国王頌栄』に語られているエチオピア正統の王家の起源というのは、実に興味深い。紀元前10世紀に遡る時代に『**旧約聖書**』のソロモン王とシヴァの女王との間に生まれた子こそ、エチオピアの王家を興したとされる伝説の王ネメリク1世だというのだ。

表敬訪問したシヴァの女王（エチオピアではマケダという名で知られる）の美貌に魅せられたソロモン王は、彼女を我がものとしたいという欲望に駆られ、奸計を用いて一夜を共にする。その夜、王は神の恩寵の証である光が、遠くエチオピアに向けて飛び去ってしまうという夢を見た。伝統的な太陽神信仰を捨て、イスラエルの神に帰依したシヴァの女王は、祖国に戻ってから息子ネメリクを生んだ。

誕生したネメリクは大きくなると父ソロモンの手元で生活したが、いよいよエチオピアに帰るという際に、**十戒**《じっかい》の収められた箱を持ち出した。この結果、エチオピアの王族と国民こそが、神に選ばれた民となったのだということだ。

シヴァの女王の物語を中心として、王家とエチオピア正教の正統性を主張する『国王頌栄』の内容は驚くべきものだが、エチオピアの少なからぬ人々にとっては揺るぎのない事実なのだ。1973年に社会主義革命によって打倒されるまで、エチオピアの皇帝は連綿とネメリク1世の子孫たることを標榜してきた。またその証として、十戒の収められた聖櫃なるものが、今なおエチオピアの地には安置されている。

国際ユダヤ人
コクサイユダヤジン

The International Jew

■アメリカ　■思想書

　アメリカの自動車王として知られるフォード社社長ヘンリー・フォードの手によるユダヤ人批判書籍。

　1920年より自身が所有するディアボーン・インディペンデント紙上で連載されたコラム記事をまとめたもので、その内容は『**シオンの議定書**』を真に受けたものとなっている。アメリカで50万部を売り上げ、さらに16ヶ国語に翻訳されるベストセラーとなった。

　が、1921年8月、タイム紙上で『シオンの議定書』が『マキャベリとモンテスキューの地獄での対話』の悪意あるパロディであるという検証記事が掲載されると、ユダヤ人を中心とした人々からの非難や抗議が寄せられるようになり、さらには訴訟問題となった。結果、1927年には自著の内容を全面的に否定、回収に応じ、ユダヤ人社会への謝罪を表明したのである。

　そこで終わればいいのだが、本書は現在に至るも出版され続けている。

　日本でも1990年代に『シオンの議定書』を含む形で翻訳、出版されているのだが、前述した本書にまつわる経緯に一切触れないなど誠実さに欠けるものとなっている。

告白（聖アウグスティヌス）
コクハク（セイアウグスティヌス）

Confessions

■アフリカ　■思想書

　聖アウグスティヌスが397～398年に書いた自省の書。ジャン・ジャック・ルソーの『**告白**』と区別するために、“The Confessions of St. Augustine”と書かれることが多い。

　本書がアフリカの本とされるのは、著者がアフリカ生まれで、学問はイタリアで学んだものの、北アフリカのヒッポの教会の司教として一生を終えたからである（当然、本書もそこで書かれた）。

　少年のころから30代半ばまでの自伝でもある。マニ教の信者だった彼が、キリスト教に回心するまでを、若いころの放蕩も隠さずに記している。

告白（薔薇十字団）
コクハク（バラジュウジダン）

Confessio oder Bekenntnis der Societät und Bruderschaft Rosenkreuz

■ドイツ　■オカルト

→薔《ば》薇《ら》十《じゅう》字《じ》団《だん》の信条《しんじょう》告白《こくはく》

告白（ルソー）

コクハク（ルソー）

Confessions

■フランス　■思想書

ジャン・ジャック・ルソーが1766年ごろに書いた本で、フランス王妃マリー・アントワネットが「パンがなければ、ケーキを食べればいいじゃないの」と発言したという話の元ネタになった本。

だが、この話には裏がある。そもそも本書では、この話をルソーが家庭教師をしていた1740年ごろ、とある王女の話としている。だが、マリー・アントワネットは1755年生まれであり、当然1740年にそんな発言ができるわけがない。

にもかかわらず、だれかが曲解してマリーの発言ということにしてしまったらしい。

この発言がマリーのものとされるようになったのは、マリーに敵対的な貴族たちが、マリーの悪評を広めようとして行ったものとされている。マリーは実際には、飢饉が起こると宮廷費を削って援助に回すなど、ごくまっとうな行為を行っていたことが記録に残っている。

ただ、夫との不仲もあり、ギャンブルなどに大金をつぎ込んだのは事実である。このデマも、マリーならいいそうだという人々のイメージがあったからこそ広まったのだともいえる。

告発者への用心

コクハツシャヘノヨウジン

Cautio Criminalis

■ドイツ　■悪魔学

イエズス会士フリードリヒ・フォン・シュペーが1631年に匿名で出版した、魔女裁判のいかさまを告発する本。

ある時、シュペーとその同僚のイエズス会士は、ドイツのブリュンズヴィック公爵の依頼で、魔女として捕まっている女性の告白を聞くように頼まれた。だが、公爵はひそかに拷問吏に、ある特定の告白を行わせるよう命令していた。

公爵とシュペーらが現れた時、拷問吏は被疑者を責め始め、告白を行わせた。それによると、女性はブロッケン山のサバトに出席し、そこで2人のイエズス会士を見たという。会士は、魔女ですら鼻白む行いをしたという。そして、その名前を問われた時、被疑者はシュペーらの名を挙げたのだ。

驚いたシュペーらに、公爵は種明かしをし、いかに拷問が人間を好きなように誘導できるかを説明した。

これに感じるところがあったのか、シュペーは匿名ではあるが、この本を書き、魔女狩りの欺瞞を告発する側へと立った。

この本で、異端審問官がなぜ魔女を火刑にしたがるかを説明している。というのも、魔女を火刑にすれば、その全財産を没収でき、さらに1人当たりいくらと料金がもらえるからだ。

この本は大いなる反発を招いたが、また各国語に訳されてヨーロッパ中に広まった。魔女裁判はその後もヒステリックに実行されたが、30年程経ってようやく鎮火した。

穀梁伝

コクリョウデン

Gŭ Liáng Zhuàn

■中国　■歴史書

→春秋穀梁伝《しゅんじゅうこくりょうでん》

五顕霊官大帝華光天王伝

ゴケンレイカンタイテイカコウテンノウデン

Wŭ Xiăn Líng Guān Dà Dì Huá Guāng Tiān Wáng Zhuàn

■中国　■小説

→南遊記《なんゆうき》

古今百物語評判

ココンヒャクモノガタリヒョウバン

Kokonhyakumonogatarihyohban

■日本　■学術書

江戸時代前期の書物。

貞享3年（1686年）、山岡元隣《やまおかげんりん》によって記された書物で、怪談噺の解説書。

本書は而慍斉《じうんさい》こと山岡元隣の家で催された百物語を聞き取り記録するという体裁の書物で、怪談各話、諸国の妖怪・怪異の現象に対して、和漢の知識を元に解説を行っている。

古今役者論語魁

ココンヤクシャロンゴサキガケ

Kokonyakusharongosakigake

■日本　■思想書

江戸時代の芸道論の一つ。

古今の役者の名言や逸話などを集めた書籍。

五雑俎

ゴザッソ

Wŭ Zá Zŭ

■中国　■事典

中国明代の**随筆**《ずいひつ》集。『五雑組』とも書く。謝肇淛《しゃちょうせつ》著。全16巻。全体が天・地・人・物・事の5部門に分かれており、百科全書《ひゃっかぜんしょ》的性格がある。書名には、天・地・人・物・事の5部を「雑《まじ》」えて、「組ひも」に結び付けるという意味がある。清朝にとって好ましくない内容があるというので、清代には禁書とされていた。

森羅万象を対象としているので、神話伝説に関係する記述も多い。例えば幻想動物の代表格である龍に関して『五雑俎』は、角は鹿、頭はラクダ、目は鬼、うなじは蛇、腹は蜃《しん》、鱗は魚、爪は鷹、手のひらは虎に似ているという、2世紀の王符の説を紹介している。また、龍は雷や電《いなずま》、雲や霧に守られて出現するので、全身を見ることは極めてまれだと説明している。博覧強記で有名な日本の民俗学者・南方熊楠《みなかたくまぐす》はこの本をよく引用し、博識ぶるにはいい材料だといっている。

五雑組

ゴザッソ

Wŭ Zá Zŭ

■中国　■事典

→五雑俎《ござっそ》

呉子

ゴシ

Wú Zǐ

■中国　■兵法書

中国古代の兵法書で、**武《ぶ》経《きょう》七書《しちしょ》**の一つ。

兵書としての重要性において『**孫子《そんし》**』と双璧を成し、戦国時代末期に書かれた『韓非子《かんぴし》』には、「家ごとに『孫子』と『呉子』があった」と記されている。

『漢書《かんじょ》』「芸文志《げいもんし》」には「呉子四十八篇」と記されているが、現存書は図国《とこく》・料敵・治兵・論将・応変・励士《れいし》の6篇から成る。

『呉子』は『孫子』を継承発展させたものとして、後代の兵家《へいか》から重要視されたが、その特色は強大な国を維持するには文だけでも武だけでも駄目で、文武双方が備わっていなければならないと説くところにある。それだけに内容は広範囲で、民衆に対する道徳教育から、実践の技術にまで及んでいる。

戦国初期の魏《ぎ》に仕えた呉起《ごき》（？～紀元前381）の作とされ、内容も魏のための論となっている。ただ、作者は呉起の兵法を伝えた兵家の一派で、後代の偽書《ぎしょ》ともいわれる。現在に伝わるものは、唐代に再編集されたものである。

呉起は戦国時代初期に魯《ろ》・魏・楚《そ》などに将軍として仕え、76戦して64勝、12引き分けという名将である。その経歴は『**史記《しき》**』の「孫子呉起列伝」で知ることができる。

古事記

コジキ

Kojiki

■日本　■歴史書

『**日本書紀《にほんしょき》**』と共に、古代より続く日本の歴史を伝える書物。

元明天皇の命を受けた太安《おおやすの》万呂《まろ》が712年に編纂した。その編纂作業にあたり、太安万呂は稗田阿礼《ひえだのあれ》が天武天皇の下で誦習していた『帝紀』や『旧辞』を参照していたとされる。

上中下の全3巻で構成されている。

上巻は神代の物語で、現在「日本神話」として知られている物語の基盤の一つ。

中巻は神武天皇から応神天皇までの歴史。下巻は仁徳天皇から推古天皇までの歴史。

これらのうち、学術的な意味で「歴史」として扱われているのは、中巻の後半と下巻のみとなっている。

伍子胥変文

ゴシショヘンブン

Wǔ Zǐ Xū Biàn Wén

■中国　■小説

中国唐代後期に寺院などで語られた**変《へん》文《ぶん》**作品の一つ。『**史記《しき》**』「伍子胥列伝」、『呉越春秋《しゅんじゅう》』などにもある伍子胥《ごししょ》の物語の一部を変文にしたものである。

戦国時代、伍子胥の父は楚《そ》の平王《へいおう》に仕えたが、讒言《ざんげん》のために兄と共に殺された。伍子胥は難を逃れて呉《ご》に走り、復讐を誓った。数年後、伍子胥は呉王・闔廬《こうろ》の将軍となり、軍を率いて楚を討伐した。しかし、すでに楚の平王は死んだ後だったので、伍子胥はその墓を暴き、死体を引き出して鞭打ち、恨みを晴らしたのである。

古司馬法

コシバホウ

Gŭ Sī Mă Fă

■中国　■兵法書

→**司《し》馬《ば》法《ほう》**

コスピ絵文書

コスピコデックス

Codex Cospi

■中央アメリカ　■経典

→**絵文書《コデックス》**

コズミック・トリガー3部作

コズミックトリガーサンブサク

Cosmic Triger Trilogy

■アメリカ　■オカルト

20世紀アメリカの書物。

ヒッピー運動では大物として知られているロバート・アントン・ウィルスンの1977年の著作。『イリュミナティ最後の秘密（The Final Secret of the Illuminati)』『地球の夜明け（Down to Earth)』『我が死後の生（My Life After Death)』の3作から成る。

本作は氏の前作にあたる**イルミナティ3部作**の後日談的、あるいは楽屋裏的エッセイ…のようなものである。言及される話題は古代バビロンの神々からH. P. ラヴクラフト、ナチス、アレイスター・クロウリー、ドラッグ、超越的な存在《エンティティ》など。さらには「23」という数字に固執し、政府の謀略やシリウスからの知性体、そして不死テクノロジーや宇宙へ人類種子を拡散させるコズミックシード計画にまで及んでいく。

構成としては散漫であるが、ヒッピームーブメントやニューエイジといった時代の思想・哲学を集大成したような内容となっている。

五代史平話

ゴダイシヘイワ

Wŭ Dài Shĭ Píng Huà

■中国　■小説

中国元代末の小説。『**三国志平話《さんごくしへいわ》**』の五代版といったもので、唐の滅亡（907）から宋の建国（960）までの間に華北地方に起こった五つの王朝（五代＝後梁《こうりょう》、後唐《こうとう》、後晋《こうしん》、後漢《こうかん》、後周《こうしゅう》）の歴史物語である。宋代から五代史は講談の題材となっていたが、それが発展したものである。各王朝の創始者の説話が出そろっているものの、一部を除いて編年体の歴史書風に書かれている。

古代ローマ人の軍事制度

コダイローマジンノグンジセイド

De re militari

■イタリア　■兵法書

4世紀にローマ帝国の戦略思想家ヴェゲチウスが書いた5編から成る本。本来は、衰退しつつあるローマ軍の立て直しを目的として、一種の建白書として書かれた。

第1篇は兵士の選抜、訓練、軍紀につ

いてである。戦争の勝敗は、兵士の訓練と軍紀の厳正さによると主張している。第2篇はレギオン（ローマの重装歩兵軍団）の編成と運用についてである。第3篇は、戦略と戦術について、第4篇は陣地の攻防、第5篇は海軍についてである。

ヴェゲチウス自身は軍人ではなく、古代からの兵書を読み漁り、それを体系立てて書き直したものだ。このため、理想家によくある、現実に合わない提案も行っている。例えば、すでに騎兵の時代になっていたにもかかわらず、ローマのレギオンの復活を主張したりしている。

しかし、19世紀にクラウゼヴィッツが登場するまで、ヨーロッパの兵法の基本図書として王侯将軍たちに愛読された。

また、彼の著書は後に有名になった名言が数多く含まれていることでも有名である。

例えば「平和を欲するなら、まず戦争を学ばなければならない」という言葉もヴェゲチウスである。他にも「危急の際に要することは、平穏な時代から継続的になすべきである」という日本人には耳の痛い言葉、「生まれつきの勇者などいない。勇者は訓練と軍紀によって育てられる」とか「勇猛さは兵数に優越する」といった士気に関する言葉もあるし、「敵を知り、我を知る将帥を打ち破るのは容易ではない」といった孫子《そんし》のような言葉まである。

→孫子

絵文書

コデックス

Codex

■中央アメリカ　■経典

本来、コデックスとは写本のことである。通常は、ヨーロッパで作られた数々の写本のことを意味する。

ただ、アメリカ大陸のマヤやアステカなどに残された絵文書のことも、コデックスと呼ぶ。スペイン征服以前のコデックスは、中央アメリカ全体でわずか18点しか残っていない。

この中で、アステカのものは5点あり、ボルジア・グループと呼ばれている。これらは以下の5点である。

- 『ボルジア絵文書』
- 『コスピ絵文書』
- 『フェイェルバリー・メイヤー絵文書』
- 『ロード絵文書』
- 『ヴァティカヌスB絵文書』

また、マヤのものは4点残されている。それは以下の通り。

- 『ドレスデン絵文書』
- 『グロリア絵文書』
- 『マドリッド絵文書』

図版10 『ロード絵文書』の音楽家

●『パリ絵文書』

いずれも、ヨーロッパ人が収奪してヨーロッパに持ち帰ったために、上のような名前が付けられている。本来の名前は不明のままである。

子どもと家庭の童話

コドモトカテイノドウワ

Kinder und Hausmärchen

■ドイツ　■童話

1812年（第2巻は1815年）に、ドイツのグリム兄弟（兄ヤーコプ・グリム、弟ヴィルヘルム・グリム）が出版した民話集。一般的には「グリム童話集」という通称で知られている。この種の民話集としては、おそらく世界で最も有名な作品といえる。

この『子どもと家庭の童話』は、18世紀後期から19世紀前期にかけて、ドイツ文学者の間で一つの潮流となった民話や民謡の収集の一端を占める形で発表された。ただ、グリム兄弟が他の文学者たちと大きく異なっていたのは、人々の間に伝わっていた民間伝承を、なるべく元の話を可能な限り尊重した形で記録するというスタンスだった（他の文学者による作品では、民話や民謡は文学的な改編を受け、本来の形を歪められることがしばしばだった）。

多くの民話を収集し、正確に記録することに学問的な価値を見出していた兄ヤーコプと、童話を書くことに文学的な情熱を傾けた弟ヴィルヘルムの取り合わせは、『子どもと家庭の童話』を優れたものとする魔法のレシピだった。民俗学的な資料性と簡潔さを保ちつつも、子供を夢中にさせる読みやすさと楽しさが備わったのだ。主に身近な女性たちからの聞き取りという形で採取されたグリム兄弟の『子どもと家庭の童話』は、1812年に発表されると徐々に好評を博し、各国語に翻訳もされた。グリム兄弟の存命中に、主にヴィルヘルムの手によって7度も改訂を重ねた。しかし実際にグリム童話の名を一般に広めたのは、この『子どもと家庭の童話』から娯楽性の高い50の話を抜粋した「小さい版（50童話）」だった。

『子どもと家庭の童話』には巻のそれぞれに100話ずつ、合計で200の童話が掲載されているが、版を改める際にいくらか入れ替えが行われている。外された話まで含めると、いわゆるグリム童話は248篇存在する。「ラプンツェル」「ヘンゼルとグレーテル」「灰かぶり（シンデレラ）」「ホッレおばさん」「ブレーメンの音楽隊」「いばら姫」「白雪姫」など、主要な童話は現代に至っても高い人気を誇っている。

グリム童話は版を重ねるたびにより読みやすいように修正され、民俗学的な資料としてよりも、読み物的な童話としての側面を色濃くしていった。また一部については先行するシャルル・ペローの童話集との類似があり、本当にすべてがドイツに由来する民話であるのかを疑問視する向きもある。このため、資料性においては必ずしも盲目的に全肯定はできないものの、それで『子どもと家庭の童話』の文学的な価値がいささかも揺らぐことはないだろう。

子供のための童話集

コドモノタメノドウワシュウ

Eventyr

■デンマーク　■童話

デンマークが誇る童話作家ハンス・クリスチャン・アンデルセンが創作した数々の童話をまとめたもの。1835年に『即興詩人』で作家としての名を上げたアンデルセンは、『子供のための童話集』の第1集を皮切りに、『子供のための新しい童話集』『物語集』『新しい童話と物語集』など、その生涯において数多くの童話集を発表した。これらの作品群は、一般には「アンデルセン童話集（物語集）」という名で親しまれている。

アンデルセンは、実際の民話を収集、取材したグリム兄弟やシャルル・ペローと違い、自らの想像力を駆使して童話を作り出した。「童話の王さま」という異名でも知られている人物である。

生涯において書いた童話は212編とされ、そのうちの代表作とされる「親指姫」は『子供のための童話集』の第2集に、「人魚姫」「はだかの王様」は『子供のための童話集』の第3集に収録されている。他にも「マッチ売りの少女」「みにくいアヒルの子」など、彼が創作した傑作童話は数多い。

アンデルセンが書いた童話には、性的な隠喩や差別的な表現が秘められているという意見も根強い。これは、アンデルセン自身が抱いていたコンプレックスに起因しているという研究がなされているが、そうした心の微妙な陰影が、結果的に彼の童話を深みのある作品へと昇華させた。世界中で愛されている数々のアンデルセン童話からは、そうした際どいニュアンスは取り除かれ、今日なお愛と心根の美しさの尊さを伝えているのである。

コナンシリーズ

Conan the Barbarian

■アメリカ　■小説

アメリカのロバート・E. ハワードが1932年から雑誌『**ウィアード・テールズ**』に掲載したヒロイック・ファンタジーの元祖。

この作品がなければ、その後のヒロイック・ファンタジー作品はなく（『**指《ゆび》輪《わ》物語《ものがたり》**』は存在し得たかもしれないが）、よってそのゲーム化（『指輪物語』とヒロイック・ファンタジーの両方の影響を受けて生まれた）である『ダンジョンズ&ドラゴンズ』もなく、よってコンピュータRPGも存在しなかったかもしれない。その意味では、現代のエンタテインメントに多大な影響を与えた作品である。

その内容は、蛮人コナン（キンメリアのコナンともいう。キンメリアはコナンの出身地）が、ある時は王として、ある時は傭兵として、ある時は盗賊として、様々な冒険を繰り広げる。

その世界には魔法使いが実在しており、たいていの場合コナンの敵に回って、恐ろしい魔法の技を使う。それに対し、コナンは、己の肉体と意思と剣で立ち向かう。

そして、美女である。コナンの冒険には必ず美女が存在して、味方だったり敵だったりする。

ハワードの作品は全21編あり、他にシノプシスなどが数個残されている。しかし、それ以外に、多くの作家などによって模倣作が書かれている。また、コナンシリーズではないものの、その影響下に多くのヒロイック・ファンタジー作品が書かれた。

コネチカット概史

コネチカットガイシ

General History of Connecticut

■イギリス　■歴史書

時々、世界各国の奇妙な法律をネタにした本が出版される。それこそ、裸で寝てはいけないとか、金魚を金魚鉢で飼ってはいけないなどの奇妙な法律だ。

サミュエル・ピーターズ牧師は、アメリカ独立戦争の時に英国派に属したため、戦後イギリスに逃げ帰った。彼は、その腹いせなのか、アメリカについてとんでもないほら話を書いてイギリスで出版した。

彼が18世紀末に書いたこの本は、コネチカット州の歴史を紹介する本ではあるが、それよりもアメリカの奇妙な点をあげつらって馬鹿にするような本である。だが、そこに載っている奇妙な法律のほとんどが、どこの記録にも載っていないのだ。

ところが、このほら話はベストセラーになり、彼はとても裕福になった。しかもほら吹きの多くがそうであったように、彼の嘘が暴かれる前に寿命が来てしまい、幸せのうちに人生を終えることができた。

琥珀の魔女

コハクノマジョ

Maria Schweidler, die Bernsteinhexe

■ドイツ　■小説

牧師の娘が、悪逆な代官の罠によって魔女の疑いをかけられ、火刑の判決を受ける。

だが、火刑に向かう途中、嵐が起こって代官は川に落ちて悲惨な死を遂げる。そして証人が現れ、彼女の無罪を明らかにする。

作者のヴィルヘルム・マインホルトは作家であると共に聖職者である。1843年に発行されたこの本は、作者が創作であると宣言するまでは、魔女狩り時代の実話であると考えられていた。

木幡狐

コハタギツネ

Kohatagitsune

■日本　■説話

御伽草子《おとぎぞうし》の1篇であり、渋川清右衛門《しぶかわせいえもん》が刊行した23篇の一つ。

木幡の里に年老いた狐が住んでいた。この狐は稲荷明神の眷族であり、玄妙怪異の力を自在に使いこなした。また多くの子を生んでおり、そのいずれもが多彩な才覚を持ち、智慧に優れ、芸道を極めていた。中でも末娘の「きしゆ御前」は容姿麗しく、心も清く、詩歌や管弦に通じる娘として知られ、多くの男が彼女に文を送るも、袖にされ続けてきた。一方、京には三条大納言《だいなごん》の子息である三位の中将がいた。彼は見目麗しく詩歌管弦に通じる男性で、多くの女が彼に文を送るも、それを袖にし続けてきた。きしゆ御前が16歳になったころのことである。中将を見初めたきしゆ御前は人に化けて中将の妻となる。そして子をもうけるのだが、その若君が3歳になったころ、家人が若君のために犬を連れてきた。犬は鷹狩りの伴であり、狐を追い立てる存在である。きしゆ御前は、追われて正体がバレる前にと中将の邸を後にしたのだった。その後、きしゆ御前は出家したという。

この物語は異類婚の物語である。同じく狐と婚姻する物語には『信田妻』など安《あ》倍《べの》晴《せい》明《めい》の伝説にまつわるものがある。この若君が安倍晴明と同様に異能の才を発揮したかは不明であるが、家は末々まで栄えたとある。

→しのだづま

五部作

ゴブサク

Hamse

■ペルシア・アラブ　■叙事詩

ニザーミーは12世紀ペルシアの詩人。イスラム以前からのペルシア、アラブの伝承や、イスラム圏に流布したアレキサンダー伝説などを元に「五部作」と呼ばれる5編の長編叙事詩を残した。

ことに有名なのが『ホスローとシーリーン』と『ライラとマジュヌーン』であろう。

前者はササン朝の名君ホスロー1世と絶世の美女シーリーン、そしてシーリーンをひそかに慕う名工ファルハードの3人の恋を描くもの。

後者は古代のアラビアを舞台に、他家に嫁いだ恋人ライラを忘れられずマジュヌーン（魔物憑き＝狂人）となって沙漠をさまよう若者と、マジュヌーンへの愛と夫への貞節の板挟みとなって苦しむライラの姿を描くものである。

コプト語エジプト人福音書

コプトゴエジプトジンフクインショ

Coptic Gospel of the Egyptians

■中東　■経典

『新約聖書外典』の一つ。1945年に**ナグ・ハマディ文書**の中で見つかった。いわゆる「**エジプト人福音書**」とは別物。こちらはコプト語で書かれている。

この**福音書**では、セツが人々の魂を悪しき檻から解放するために、イエスとして転生したとする。

コヘレトの言葉

コヘレトノコトバ

Ecclesiastes

■中東　■経典

『旧約聖書正典』の一つ。「伝道の書」とも呼ばれる。ダビデ王の子コヘレトによるものとされる。ダビデ王の子といえばソロモン王なので、コヘレト＝ソロモン王と考えられている。だが実際には、この書の言葉遣いはソロモン王の時代と異なるので、後代の紀元前3世紀ごろに書かれたものであることは確実である。

「なんという空しさ、なんという空しさ、すべては空しい」で始まるこの書は、仏教徒には「すべては空である」という釈迦の言葉を思い起こさせるが、原文の「空しい」は「風呂場の湯気」とか「日の出の霧」のように「すぐに消えてしまうもの」というニュアンスで使われており、すなわち人生などあっという間に終わってしまうという意味合いである。その点では、仏教の空とは意味合いが異なる。

→旧約聖書

こほろぎ草子

コホロギゾウシ

Kohorogizohshi

■日本　■説話

御伽草子《おとぎぞうし》の1篇。

秋の夜にコオロギが己の身を哀れはかなみ、同じく虫の身の上であるスズムシやホタル、キリギリスなどと歌を交わすというのがその内容だ。

小町草子

コマチゾウシ

Komachizohshi

■日本　■説話

御伽草子《おとぎぞうし》の1篇。その中でも渋川清《しぶかわせい》右衛門《えもん》が『御伽草子』として刊行した23篇の一つ。

内容は次のようなものだ。

かつては小野小町として知られていた老女。老いて乞食になっていた彼女は、だれも自分を知らぬ所へ行こうと東下る。方々で歌を詠みつつ東へ東へと歩みを進め、そしてついには奥州で横死することとなる。その後、陸奥に下った在《あり》原業平《わらのなりひら》が小野のすすきの原に老小町を弔うと、どこからともなく「くれごとに秋風吹けばあさなあさな」の上の句が流れてくる。業平がそれに「おのれとは言はじ、すすきのひとむら」という下の句を加えると小町の亡霊が現れ、後の弔いを彼に託したのであった。

コモン・センス

Common Sense

■アメリカ　■思想書

トマス・ペイン作、1776年刊。この年、イギリスの北米植民地《しょくみんち》（後のアメリカ合衆国）では、すでに武装蜂起と武力衝突が始まっていたが、植民地側はまだ公然と独立を唱えるには至っていなかった。この時に輿論を大きく公然独立へ押しやったのが、この『コモン・センス（常識）』だった。

トマス・ペインは元はイギリス人だが、生来冒険を好む性質が裏目に出た。私掠船員、密輸取締官などを経て一文無しになり、2人目の妻からも離縁を言い渡された。そんなある日、ふとしたことからロンドンでアメリカ独立の闘士フランクリンと知り合い、北米植民地に渡ってジャーナリズム活動を始めた。彼が出版した『コモン・センス』は「今となっては独立こそ常識で、独立すれば商売はより繁盛する」とほのめかす宣伝パンフレットで、大売れに売れた。文中、イギリス海軍は張子の虎であり、実戦力は額面戦力の1／10に過ぎないと説く部分には、私掠船員時代の経験がこもっている。

今日の合衆国の一般書店では、独立記念日前後に棚をのぞいてみても、独立戦争関係の書籍などろくにない（何しろ独立戦争というのは200年以上前なのだ）が、唯一の例外がこの『コモン・センス』であるという。『**資本論**《しほんろん》』や『**毛語**《もうご》

録《ろく》』などと同様、「世界を揺るがした書物」として特記すべきものであろう。

五輪書

ゴリンノショ

Gorinnosho

■日本 ■兵法書

日本一の剣豪にして、二刀流（二天一流）の創始者である宮本武蔵（1584～1645）が最晩年に書いた兵法書。武蔵の兵法観だけでなく、人生観までが展開されており、現在でも多くの読者を獲得している本である。テーマごとに、地・水・火・風・空の5巻に分けられている。

「地の巻」冒頭に有名な次の一節がある。

「我若年のむかしより兵法の道に心をかけ、十三歳にしてはじめて勝負をす。そのあいて新当流有馬喜兵衛という兵法者に打ち勝ち、十六歳にして但馬国《たじまのくに》秋山という強力の兵法者に打ち勝ち、二十一歳にして都へ上り、天下の兵法者にあい、数度の勝負を決すといえども、勝利を得ざるということなし。その後国々所々に至り、諸流の兵法者に行き会い、六十余度まで勝負すといえども、一度もその利を失わず、そのほど年十三より二十八九のことなり」

この記述があるので、武蔵は負け知らずだったといわれるのである。

「地の巻」には、各巻のテーマについても簡潔な説明がある。次のような内容である。

- 地の巻―兵法の原論。二天一流の兵法観
- 水の巻―1人で戦うための具体的剣技
- 火の巻―1対1の勝負の駆け引き。集団で戦う合戦への応用
- 風の巻―他流兵法の批判。二天一流の優位性の証明
- 空の巻―結論として、空の境地の重要性

こんな形で全体の構成が簡潔に示されていることから分かるように、『五輪書』の書き方は非常に懇切丁寧である。そして、その内容は徹底して現実的であり、勝つために必要な具体的な方法論の記述になっている。

例えば「水の巻」では、五方の構えとして、上段、中段、下段、右脇構え、左脇構えの5種類が解説されている。これが、二天一流の基本的な構えというわけだ。ところが、これらの構えについて説明した後、武蔵は「有《う》構《こう》無《む》構《こう》の教えのこと」という項目を立て、次のようにいうのである。

「有構無構（構えがあって、構えがない）というのは、太刀を型にはまって構えるということはあってはならないということだ。五方の構えは、確かに構えということもできよう。大事なのは、太刀は敵の出方、場所、状況によって、敵を斬りよいように持つことなのだ。上段も少し下げれば中段になり、中段も少し下げれば下段になる。こんなわけで、構えはあって、構えなしというのである」

剣豪・武蔵の真髄ともいえる“戦略”が語られている「火の巻」を紐解くと、前書きに続く最初の項目として、「場の次第ということ」という表題が掲げられ、次のようなことが書かれている。

「場所の良否を見分けることが大事である。位置を占めるのには太陽を背にし、もしそうできない時は太陽が右にくるよ

うにすべきである」また、「戦いとなり、敵を追い回す時には、敵を自分の左の方へ追い回す気持ちで、難所が敵の後ろへくるように、どうしても難所の方へと追いかけることが大事である」

実際の勝負の中で、常に敵に勝つことを最優先した、現実主義者らしい教えといえよう。ちなみに、武蔵は二刀流の創始者なのに、実際の戦いで二刀を用いたことはほとんどない。そんなことより勝つことの方が大事なのである。

ところで、「火の巻」では次のようにも語られている。

「二刀一流の兵法、戦のことを、火と見立て、戦勝負のことを火の巻として、この巻に書き表す」また、「一人にして五人十人と戦い、確実に勝つ方法を知ることがわが兵法である。そうであれば、一人で十人に勝つことと、千人で万人に勝つことの間に、何の違いがあろうか」

つまり、武蔵は決して1対1の戦いだけを前提として『五輪書』を書いたのではなく、その戦略は集団戦でも応用できると考えていたのである。

古列女伝

コレツジョデン

Gŭ Liè Nŭ Zhuàn

■中国　■伝記

→**列女伝《れつじょでん》**

金剛頂一切如来摂大乗現証大教王経

コンゴウチョウイッサイニョライセツダイジョウゲンショウダイキョウオウキョウ

Jīn Gāng Dǐng Yī Qiè Rú Lái Shè Dà Chéng Xiàn Zhèng

■インド　■経典

→**金剛頂経《こんごうちょうきょう》**

金剛頂経

コンゴウチョウキョウ

Jin Gang Ding Jing

■インド　■経典

『**大日経《だいにちきょう》**』と並ぶ密教の根本経典。正式名称は『金剛《こんごう》頂《ちょう》一切《いっさい》如来《にょらい》摂《せつ》大《だい》乗《じょう》現《げん》証《しょう》大《だい》教《きょう》王《おう》経《きょう》』という。

ただし、多数ある金剛頂経系の経典の総称として使われることもある。

我々の知る『金剛頂経』は、唐の時代の僧・不空《ふくう》がサンスクリット語を漢訳したものである。残念ながら、サンスクリット語の原本は失われている。

その思想を図示したものが、金剛界曼荼羅である。

他にも、施護の訳した『一切如来真実摂経』や三蔵の訳した『金剛頂瑜伽中略出念誦経』なども存在する。『一切如来真実摂経』にはサンスクリット原典も残されている。

今昔画図続百鬼

コンジャクガズゾクヒャッキ

Konjakugazuzokuhyakki

■日本　■図画

江戸時代中期の書物。

安永8年(1779年)の鳥山石燕《とりやませきえん》の作。雨・晦・明の3部から成る。

『画《が》図《ず》百《ひゃっ》鬼《き》夜《や》行《こう》』に続く鳥山石燕の妖怪絵本の第2作目で、内容的にも続編と呼ぶにふさわしいものになっている。が、各妖怪の図版に付けられた本文コメントは前作よりも多くなっており、余白なくびっしりと文字で埋まっている項目すら散見するようになる。

今昔百鬼拾遺

コンジャクヒャッキシュウイ

Konjakuhyakkishuhi

■日本　■図画

江戸時代中期の書物。

狩野派浮世絵師であった鳥山石燕《とりやませきえん》の安永10年（1781年）の作。

『画《が》図《ず》百《ひゃっ》鬼《き》夜《や》行《こう》』『今《こん》昔《じゃく》画《が》図《ず》続《ぞく》百《ひゃっ》鬼《き》』に続く妖怪絵本3作目で、雲・霧・雨の3部から成る。

今昔物語

コンジャクモノガタリ

Konjakumonogatari

■日本　■物語

→今昔物語集《こんじゃくものがたりしゅう》

今昔物語集

コンジャクモノガタリシュウ

Konjakumonogatarishuh

■日本　■物語

平安時代末期の説話物語集。『今昔物語』と略されることもある。

全31巻だが途中数巻が未完成。4部構成で、「天竺（インド）」「震旦（中国）」「本朝（日本）仏法」「本朝世俗」のそれぞれにまつわる説話を収録している。これらのうち「本朝世俗」以外は基本的に仏教説話で、各物語の書き出しは「今昔《いまはむかし》」が基本型。ここから、近世以前は「いまはむかしものがたり」とも呼ばれていたようだ。

「本朝世俗」の部は、その名前から分かるように世俗的な物語が多い。藤原家にまつわるものや合戦、芸能、恋愛の物語の他、鬼や怪異を扱った物語もある。

コンスタンティヌスの寄進状

コンスタンティヌスノキシンジョウ

Constitutum Constantini

■西欧　■偽書

ローマ教会が行った数多くの詐欺行為の中で、最も有名で、なおかつ最も大仰なのが、このコンスタンティヌスの寄進状を使った世俗王権への介入である。

この寄進状は、ローマ皇帝として最初にキリスト教徒になった4世紀のコンスタンティヌス大帝が、当時のローマ教皇シルベステル1世に贈ったものだ。その内容は、ローマ教皇を他のすべての総大司教より上位に置き、なおかつローマ教会に、ローマ帝国における皇帝に勝るとも劣らぬ世俗権を与えたものである。なぜこのような寄進状が書かれたのかというと、ハンセン氏病にかかっていたコンスタンティヌスを、奇跡によって治療してくれたからだという。

この寄進状によって、ローマ教会はギリシア正教との争いの際にも、自分たちの優位を説いた。また、中世期においてローマ帝国の焼け跡にできた多くの国家に対しても、そもそも自分たちがその土地の権利を持っているのだと主張し、様々な政治的介入の口実に使用した。9世紀から15世紀にかけて、この寄進状はローマ教会の格好の武器として使われ続けた。

だが、この寄進状は全くの偽物である。15世紀になり、ロレンゾ・ヴァラによって寄進状が偽物であることが論証された。だが、教会はそれを認めず、相変わらずローマ帝国における権利を主張し続けた。

だが、16世紀には、反ローマカトリックのプロパガンダとして偽寄進状の話は使用された。そして、18世紀にもなると、あらゆる人が偽物であると認めるようになった。

現在の研究では、8世紀ごろの修道士たちが、ローマ教会の権威を高めようとして捏造したのだろうといわれている。

崑崙奴

コンロンド

Kūn Lún Nú

■中国　■小説

中国唐代末期に書かれた短編の伝奇小説、剣侠小説。裴鉶《はいけい》著の短編小説集『**伝奇**』の1篇で、現在の武侠小説の源流の一つとされる。

大暦《だいれき》年間（766～779）のこと。崔生《さいせい》は父の命で当代随一の大官を訪問する。そこで接待に出た屋敷の歌妓《かぎ》・紅綃《こうしょう》と出会う。2人は互いにひと目惚れし、紅綃は手真似で自分の気持ちを伝えた。だが、崔生はその意味が分からず、家に帰って悩んでしまった。それを見た奴僕《ぬぼく》の摩勒《まろく》は、手真似の謎が十五夜の密会であることを悟り、その夜に崔生を背負い、いくつもの垣根を飛び越え、紅綃と密会させる。さらに、紅綃の不遇に同情し、彼女を塀の中から救出し、崔生と夫婦にするのである。間もなく事が露見し、大官は手勢を出して摩勒を捕らえようとするが、摩勒は匕首《あいくち》を手にし、屋根や塀を軽々と飛び越え、無数の矢をかわして姿を消した。10年後、崔家の人が洛陽《らくよう》で薬を売る摩勒を見たが、その姿は昔と少しも変わっていなかったという。

さ

サー・ガウェインと緑の騎士

サーガウェイントミドリノキシ

Sir Gawain and The Green Knight

■イギリス　■叙事詩

中英語（11～15世紀ごろ使われていた英語）で書かれた古詩。大英博物館に1部だけ存在しているものは、1400年ごろの写本だと考えられている。同じ筆跡で他に『真珠』『純潔』『忍耐』と呼ばれる詩がある。いずれにも、題名もなければ作者の名もない。現在知られている題名は、後世の者が付けた通り名である。作者も不明であるが、内容からして同じ作者のものであろうと考えられている。

このほとんど知られていなかった詩を、ジョン・ロナルド・ロウエル・トールキンが生前に現代英語に翻訳していたことが分かり、遺稿として出版された。我々が現在読むことのできるものは、このトールキン版である。

元の詩が頭韻を重ねているのに応じて、トールキン版も韻を踏むことを重視している。本来の意味よりも韻の方を重視したために、微妙にニュアンスが変わっているところもある。

また、アーサー王ものなのだから、舞台は当然我々の世界であるはずなのだが、「この世界」というところを「ミドルアース」、怪物を「トロル」と呼んでいたりするあたりは、**『指《ゆび》輪《わ》物語《ものがたり》』**の作者らしい遊びである。

サーマ・ヴェーダ

Sāmaveda

■インド　■経典

『リグ・ヴェーダ』と並ぶ**ヴェーダ**四大文献の一つ。『リグ・ヴェーダ』がホートリ神官（讃歌《さんか》を唱える役目をする、つまり讃歌を詩として唱えている）が用いる讃歌であるのに対し、『サーマ・ヴェーダ』は、ウドガートリ神官（儀式の中で讃歌を歌う役目をする、つまり讃歌を歌として詠唱する）が用いる歌である。「サ」とは静寂を、「アマ」とは流れを意味するので、あえて日本語訳をすれば、「静かなる流れの智恵」とでもいうべきものだ。ただし、讃歌自体はその多くを『リグ・ヴェーダ』から借りており、独自の讃歌は少ない。

『サーマ・ヴェーダ』の特徴は、それが歌であるという点にある。楽器を用いず、神官たちが声だけで歌う、神々を称える歌なのだ。他のヴェーダが、音の高さを高、中、低の三つでしか表さないのに対し、『サーマ・ヴェーダ』のガーナ（歌詠）では、0～6の7音階（ドレミファソラシの七つに相当する）で表す。また、音の長短なども記述されている。このため、現代でも『サーマ・ヴェーダ』の曲を歌ってみることが可能なのだ。『サーマ・ヴェーダ』はインド古典音楽の祖ともいわれる。

他のヴェーダと同じく、次の四つの部分から成る。

- 「**サンヒター**（本集）」
  マントラ、つまり祭祀の時に唱えるべき詩句や讃歌を集めた部分。ただし『サーマ・ヴェーダ』は曲集でもあるので、歌詞だけを集めた「アールチカ」と、独自の記法でメロディも記述した「ガーナ」とに分かれる。
- 「**ブラーフマナ**（梵書）」
  サンヒターを唱えるべき時とか、儀式のあらましなど、祭祀を行う方法を説明した書。『サーマ・ヴェーダ』に属するブラーフマナは「**ジャイミニーヤ・ブラーフマナ**」という。
- 「**アーラニヤカ**（森林書）」
  森林の中で伝授すべき秘伝を説いた書。
- 「**ウパニシャッド**（奥義《おうぎ》書）」
  世界をアートマン＝ブラフマンという立場から解説する哲学書。『サーマ・ヴェーダ』に属するウパニシャッドは、「**チャーンドーギヤ・ウパニシャッド**」と「**ケーナ・ウパニシャッド**」の二つがある。

西鶴諸国ばなし

サイカクショコクバナシ

Saikakushokokubanashi

■日本　■説話

江戸時代前期の説話集。『**好色一代《こうしょくいちだい》男《おとこ》**』などで知られる江戸時代の浮世草子作家･井原西鶴の著作の一つ。

江戸時代、太平の世となり、交通の整備がなされ、物流が活発になると、人々は自分の住む土地より外の世界の情報を求めるようになった。そうした風潮の中で生まれたのが「諸国噺《しょこくばなし》」と呼ばれるジャンルの書物である。

本書もそうした中の一つであり、『**耳《みみ》嚢《ぶくろ》**』と同様に噂話を集めた書物だが、本書は西鶴本人が諸国を巡り歩いて収集した話が多い点が違っている。収録された物語には怪談や奇譚が多い。それは「抜け首」を始めとした妖怪変化の噂話であったり、あるいは少女をこよなく愛する男の物語であったり、あるいは若侍と姫君の悲恋の物語であったりといった具合である。

さいき

Saiki

■日本　■説話

御伽草子《おとぎぞうし》の1篇であり、渋川清右衛門《しぶかわせいえもん》が刊行した23篇の一つ。

豊前国の佐伯《さいき》という男が、訴訟のために京へ上った際に、美しい女性と契りを交わした。佐伯は京での用事が済むと、その契りの約束を放り出して国元へと帰ってしまう。京の女は佐伯に宛てて手紙を送るが、佐伯の妻がそれを読んでしまう。京女を豊前の邸宅へと招いた妻は、彼女の美しさに感嘆し、妻の座を譲るべく出家した。それを知った愛人もまた出家して、妻と同じ庵に隠棲する。2人の女に捨てられた佐伯は生きる甲斐をなくし、彼もまた出家して高野山に籠もるのであった。

本作はある種の応報譚といえるだろう。不貞を働いた佐伯は妻も愛人も失い、僧になって世俗の幸せを失ったのだから。そして自分よりも夫の幸せを願った妻、その妻の心根を知り彼女に敬意の念を抱いた愛人は、互いに助け合う関係となったのである。

サイコ

Psycho

■アメリカ　■小説

アメリカのSF作家ロバート・ブロックによって書かれたホラー小説。また、それを原作にしてアルフレッド・ヒッチコックが制作したホラー映画。

現在まで続くサイコ・サスペンスの嚆矢であり、代表作でもある。また、猟奇殺人者をサイコというのも、この作品の影響である。

在五が物語

ザイゴガモノガタリ

Zaigogamonogatari

■日本　■物語

→伊《い》勢《せ》物語《ものがたり》

在五中将の日記

ザイゴチュウジョウノニッキ

Zaigochuhjohnonikki

■日本　■物語

→伊《い》勢《せ》物語《ものがたり》

在五中将物語

ザイゴチュウジョウモノガタリ

Zaigochuhjohmonogatari

■日本　■物語

→伊《い》勢《せ》物語《ものがたり》

祭司の書

サイシノショ

Leviticus

■中東　■経典

→レビ記

最終戦争論

サイシュウセンソウロン

Saishuhsensohron

■日本　■兵法書

大日本帝国陸軍中将の石原莞爾《いしわらかんじ》が書いた戦争史の本であり、また将来の戦争を予測する本でもある。昭和17年（1942年）に発行された時の題名は『世界最終戦論』であったが、戦後出版する時に改名された。

この本では、戦争を決戦戦争（大兵力がぶつかり合って勝敗を決する戦争）と持久戦争（直接の会戦が少なく時間のかかる戦争）に分類し、兵器の進歩や軍事思想の進歩によって、これらが交互に移り変わると主張している。そして、第1次世界大戦の教訓から、現在は防御火器の発達により、持久戦争の時代であるとしている。

この本が書かれた当時、すでに友邦であるドイツ陸軍が電撃戦《でんげきせん》を成功させており、決戦戦争が可能であることが明らかになりつつあった。ところが、この本ではドイツのフランス占領を、英仏の油断によって兵力がドイツに比べて弱小であったためだと断定している（実際にはフランスに配備されていた兵力、戦車、航空機などすべてにおいて、英仏側が同等か優勢であったことが分かっている）。そして、現在（昭和17年）もまだ持久戦争の時代であると主張している。架空戦記などにおいては、東条英機と対立していたためその先進的発想を活用できなかったとされる石原莞爾ではあるが、（少なくとも昭和17年当時の）彼が電撃戦を理解していなかったことを証明している。

この本で、石原は次の大戦で世界から戦争がなくなると主張している。というのは、点（方陣）から線（横隊や散兵）、面（戦闘群）へと進歩してきた戦争は、航空機によって体（3次元）の戦争となり、これ以上（4次元とか）は人間には理解不可能なので、戦争の発達が極限に達するからだという。そして、極限に達した決戦戦争によって世界が統一され、それで世界における戦争がなくなるのだという。

だが、石原の予想しなかった宇宙空間での戦いがすでに存在している。また、いずれは人類は宇宙へと進出し、そこに植民地《しょくみんち》が作られるだろう。とすれば、せっかく統一された世界も再び植民地と本国という構造ができ、再び戦乱が発生する可能性が高い。

残念ながら、石原の予想は外れたというべきである。

西遊記

サイユウキ

Xī Yóu Jì

■中国　■小説

孫悟空でおなじみの中国の長編伝奇小説で、**『水滸伝《すいこでん》』『三国志演義《さんごくしえんぎ》』『金瓶梅《きんぺいばい》』**と並ぶ四大奇書の一つである。

現在読まれているような全100回の長編小説として成立したのは明代で、著者にはしばしば呉承恩《ごしょうおん》（1500？～1582？）の名が挙げられる。しかし、これについてはっきりしたことは分かっていない。『水滸伝』がそうであるように『西遊記』もある歴史的事実を骨子にしており、それに長い時間をかけて大勢の人々の手が加わり、史実とはかけ離れた完全なフィクションといえる作品に成長したのである。

その元になった史実とは、唐代の高僧・玄奘《げんじょう》三蔵（602～664）の苦難に満ちた西方取経の旅である。玄奘は629年にインド（天竺）への旅に出発し、645年に600部を超す大量の経典を長安に持ち帰った。この旅の記録は玄奘自身が**『大《だい》唐西域記《とうさいいきき》』**として書き記している。

これが講談などに取り上げられるうちに、完全なフィクションへと作り変えられていった。例えば、南宋になると玄奘の旅を主題にして**『大唐三蔵取経詩話《だいとうさんぞうしゅきょうしわ》』**という最初の小説が書かれたが、これには猴行者《こうぎょうじゃ》（孫悟空の前身）、深沙神《じんしゃしん》（沙悟《さご》浄《じょう》の前身）なども登場するようになった。

元代になるとこれがさらに発展し、玉帝、西王母、二郎神君といった道教的な天界の神々や、如来、菩薩などの仏教の神々、そして様々な魑魅魍魎《ちみもうりょう》、妖怪変化が登場する荒唐無稽の物語となり、題名も『西遊記』となったのである。

しかし、そのストーリーは全体的には至って単純である。

主人公の孫悟空は東勝神州敖来国《とうしょうしんしゅうごうらいこく》花《か》果山《かさん》山頂の大石から生まれた猿だが、最初はどうしようもない暴れ者で、天界に昇って大騒ぎを引き起こした。これには天神である玉帝配下の軍団さえ手も足も出なかった。何しろ、悟空はとんでもない神通力の持ち主で、觔斗雲《きんとうん》という雲に乗って空を飛び、手には伸縮自在の如意《にょい》金箍棒《きんこぼう》を持ち、体に生えた8万4千本の毛を1本1本何にでも変身させて敵と戦わせることができる。かつ、抜いた毛は用が済むと再び元通りに体に戻るのである。

しかし、釈迦如来には全くかなわず、悟空は如来の手のひらから外に飛び出すこともできずに敗北し、五行山に500年間も閉じ込められた。だが、その後、如来の計らいで、沙悟浄、猪八戒《ちょはっかい》、玉龍三太子（三蔵の乗る白馬）と共に、天竺まで経を取りにいく三蔵法師陳玄奘の供となるのだ。そして、三蔵の旅を成功に導くために襲いくる魔物たちと戦っていく。

例えば第59回の物語では、三蔵一行の前に火焔山という恐るべき山が立ち塞がる。800里にわたって火の海で、周囲には草一本生えないという山である。当然、そのままでは一行は山を越えられないが、牛魔王の持つ芭蕉扇《ばしょうせん》があれば火が消せるという。何しろ、この芭蕉扇、1度あおげば火が消え、2度あおげば風が吹き、3度あおげば雨が降る。また、49回あおげばもう二度と山が燃えることはなくなるという不思議な代物なのである。そこで、孫悟空は牛魔王の娘で翠雲《すいうん》山《ざん》芭蕉洞に住む女仙人の鉄扇公主《てっせんこうしゅ》（羅刹《らせつ》女《にょ》）及び積雲山摩雲洞《せきうんさんまうんどう》に住む牛魔王と戦い、霊吉菩薩《りょうきつぼさつ》の援助も受けて、どうにかこうにか芭蕉扇という魔法の扇を手に入れる。おかげで三蔵一行も無事に火焔山を越えられるという具合だ。

こういう困難が次から次へとやって来て、それを孫悟空の活躍で乗り越えるというのが物語のメインである。

こうして一行はついに天竺へ到達し、膨大な経典を長安へと持ち帰る。そして、最後には仏恩によって三蔵は旃檀功徳《せんだんくどく》仏《ぶつ》、孫悟空は闘戦勝仏《とうせんしょうぶつ》、猪八戒は浄壇《じょうだん》使者《ししゃ》、沙悟浄は金身羅漢《こんしんらかん》、玉龍は八部天《はちぶてん》竜《りゅう》という仏となったところで物語は終わるのである。

→**四遊記《しゆうき》**

サガ

saga

■アイスランド　■サガ

「サガ」という名詞は一般に「語り、語られた出来事、物語」を意味する。

サガは特殊な物語で、874年から始まった、一部のノルウェー人がハラルド美髪王の圧政から逃れるために、ほぼ無人だったアイスランドへ植民《しょくみん》した後、歴史的な記録としてまとめた散文作品である。実際の「サガ」は、ゲームなどの名前によく使われる「英雄伝」といったような、華々しく荘厳なイメージとはかなり異なった、史伝的な文書である。

もちろん、サガの中にも『**ヴォルスンガ・サガ**』のような英雄伝説の書もある。しかし、サガの中で最も評価される作品は『**アイスランド人のサガ**』であり、その時代の事実を事細かに、そして淡々と記録した文学である。

サガは記録の書であるから、特定の人物への感情移入を読者に要求しない。客観的な記述がサガの特徴であり、同じ時代に記されたヨーロッパの文学とは全く異なる。

12世紀から13世紀にかけて、アイスランドの人々は口承で伝えられてきたサガを記録し、編纂するようになった。それらの物語は大陸側の文学と異なり、ラテン語ではなくすべて自国語で書かれている。その簡潔な文体はまるでレポートのようであり、これによって我々はアイスランド人の植民前後の状況や、異教からキリスト教に改宗する過程での生活、ヴァイキング活動などについての詳細を知ることができるのである。

『アイスランド人のサガ』の中で最も優れた**『エギルのサガ』『ニャールのサガ』『ラックサー谷の人びとのサガ』『エイルの人びとのサガ』**そして**『グレティル・アースムンダルソンのサガ』**の5篇の長篇は、五大サガと呼ばれている。

さざれ石

サザレイシ

Sazareishi

■日本　■説話

御伽草子《おとぎぞうし》の1篇。渋川清右衛門《しぶかわせいえもん》が『御伽草子』として刊行した23篇の一つである。

内容は次のようなものである。

成務天皇には38人の子がいた。その末子は姫君で「さざれ石の宮」という。14歳になった彼女は摂政殿の北の政所（正妻）になる。さざれ石の宮は常日頃から薬師瑠璃光如来を信心して、その名を唱えていた。ある夜、彼女の前に神将が現れ、不老不死の妙薬をたたえた瑠璃の壺を渡した。壺の底には「君が代は千代に八千代にさゞれ石のいはほとなりて苔のむすまで」の歌が刻まれていたという。この時よりさざれ石の宮は「いはほの宮」と名を改めた。そして不老不死となった彼女は、それから800歳になるまで若々しい姿で世に現れたという。が、いつものように薬師真言を唱えていたある夜、薬師如来自らが現れ、彼女を人の身のまま成仏させ、東方浄瑠璃世界へと導いたのだった。

この瑠璃の壺の底に刻まれた「君が代は～」は『古今集』にある「我が君は千代に八千代に～」の歌から取ったもの、あるいは『和漢朗詠集』に収録されたものから取ったものと思われる。が、この物語では「如来の下した壺に刻まれているのだから、この歌は薬師如来が作りたもうた首である」としている。

左氏伝

サシデン

Zuǒ Shì Zhuàn

■中国　■歴史書

→**春秋左氏伝**《しゅんじゅうさしでん》

ザ・ジャングル・ブック

The Jungle Book

■イギリス　■小説

イギリス人のノーベル文学賞作家ラドヤード・キップリングが書いた児童向けの冒険小説。1894年に出版され、1895年には続刊である『ザ・セカンド・ジャングル・ブック』が発表された。ジャングルを舞台にした小説集であり、特に狼に育てられ、ジャングル社会の一員として生きる人間の少年モーグリを主人公とした長編は、匹敵するのは**『不思議の国のアリス』**くらいしかないといわれた程、独創的な物語だった。

物語の舞台となるのは、キップリング

が幼少時代を過ごしたインドのジャングルだ（キップリングはヒンドゥー語に堪能で、この作品に登場する動物にもヒンドゥー語の名を付けている）。主人公である少年モーグリは、狼の一家に生命を救われ、育てられた野生児である。最高のハンターである黒豹のバギーラ、賢明な先生である老いた熊のバルー、巨大なアナコンダであるカー。多くの素晴らしい仲間を得たモーグリは、やがて宿敵である虎のシアカンを倒し、ジャングルの主として動物たちの頂点に君臨する。行動力に満ちあふれたモーグリが繰り広げる幾多の冒険は、読む者の心を密林の奥へといざなってやまない。

しかしモーグリが直面するのは、知恵や勇気だけでどうにかなる相手だけではない。人とジャングルのどちらにも帰属し切れない存在である彼は、一緒に育った狼の群れから放逐され、一度は戻った人間の村からも追い出される。モーグリは、結局自分にふさわしいと思える世界を見つけることができない。だがモーグリは物語の最後で、できないなりにジャングルを去り、人間として生きることを選択するのだ。

作者のキップリングは人種差別的な思想を隠さなかったことから毀《き》誉《よ》褒《ほう》貶《へん》の激しい人物であるが、この作品ではジャングルの掟により強くたくましく成長するインド人少年の姿を、実に魅力的に描き出している。

図版 11 『ザ・ジャングル・ブック』の挿絵

沙石集
サセキシュウ

Sasekishuh

■日本 ■説話

鎌倉時代中期の仏教説話集。「しゃせきしゅう」とも読む。

臨済宗の僧侶であった無《む》住《じゅう》道《どう》暁《ぎょう》による編纂、弘安6年（1283年）に成立。

他の多くの仏教説話集と同様、日本、中国、インドの3ヶ国の物語として伝わる霊験の物語や高僧伝を収録している他、無住道暁自身が諸国を遍歴して見聞した各地の情勢や庶民生活、風俗に関する事情、噂や笑話などが数多く収められている。

本著作に収録された説話で有名なものに、「ねずみの婿とり」の物語がある。娘が生まれた裕福な鼠が、天下に並ぶもののない立派な婿を迎えようと太陽に話を持ちかけると、太陽は自分は風の力で雲に隠されてしまうから風を婿にするように薦め、風は家に遮られるから家を、そして家は鼠にかじられるから鼠を薦めた。結局裕福な鼠は鼠を婿に迎え入れ、幸せに暮らした…という物語だ。幸せは身近な場所にある、という『青い鳥』の物語に通じるストーリーだ。

サタデー・イブニング・ポスト

The Saturday Evening Post

■アメリカ　■定期刊行物

『サタデー・イブニング・ポスト』は、1821年から続く伝統あるアメリカの週刊誌である。現在でも、隔月刊に変わったものの発売され続けている。

この雑誌の表紙には、麗々しく「1728年、ベンジャミン・フランクリンにより創刊」と書かれている。

だが、これは全くの嘘だ。そもそも、この雑誌は1821年創刊で、フランクリンが死んで30年以上も後のことだ。サタデー・イブニング・ポストとフランクリンには、何ひとつ関係などないことが明確になっている。

実は、1899年に当時の編集長ジョージ・H. ロリマーが、読者や広告主の注意を引くためにでっち上げたことが分かっている。

すごいのは、嘘と分かっていながら、100年以上表紙に載せ続けている厚顔さであろう。

サタンの寺院

サタンノジイン

Le Temple de Satan

■フランス　■オカルト

→呪われた学問の試論

サテュリコン

Satyricon

■イタリア　■小説

1世紀のローマの詩人で、皇帝ネロの廷臣でもあったペトロニウス（?～66ころ）が書いた長編風刺小説。元は全16巻の大長編小説だったようだが、現在残っているのはわずかな部分だけである。

物語は、エンコルピウス、アスキュルトス、ギトンという3人の同性愛者の若者が南イタリアを巡る道中記のようなもので、当時の退廃的で贅沢な生活が詳しく描かれている。

例えば、現存する部分のなかに「トリマルキオの饗宴」と呼ばれる有名な場面があるが、ここではかつて奴隷であり、今では解放されて富豪となったトリマルキオという人物が繰り広げる豪奢な宴会の様子が描かれている。

フェリーニのイタリア映画『サテリコン』は、この物語を元にしている。

左伝

サデン

Zuǒ Zhuàn

■中国　■歴史書

→春秋《しゅんじゅう》左《さ》氏《し》伝《でん》

さまよえるオランダ人

サマヨエルオランダジン

Der fliegende Holländer

■ドイツ　■音楽

1842年のワーグナーのオペラ。

喜望峰沖の嵐の海で、神に毒づいたオランダ人の船長が、神罰によって現世と煉獄の間を永遠にさまよい続けることになったという伝説を元にしている。オランダ人は7年に1度だけ上陸することができ、その時に彼に真の愛を捧げる乙女が現れれば救われる。

オペラでは、ノルウェー人の船長が、財宝の代わりにオランダ人に娘をやることを約束する。娘は、オランダ人の境遇に同情し、何とか救いたいと考える。

だが、娘に恋する他の男を見たオランダ人は、裏切られたのだと思って、再び帆をかける。それを追って娘は、誠意の証として断崖から身を投げる。

呪いは解かれ、オランダ人と娘は昇天する。

ちなみに、このオペラの英語題名は『The Flying Dutchman』であり、これを直接的に「空飛ぶオランダ人」と解釈して、1970年代オランダの名サッカー選手ヨハン・クライフのあだ名に使われた。

サムエル記

サムエルキ

Books of Samuel

■中東　■経典

『旧約聖書正典』の一つ。**トーラー**に続く前の預言者の第3書である。士師の時代が終わり、サムエルによって王制が導入され、ダビデ王の時代までを描く。

まず、預言者サムエルが生まれる。彼によってサウルが聖別され、初代の王となる。だが、サウルは神に逆らったため捨てられてしまう。そして、ダビデが新たな王となる。

ダビデは、完璧な王というわけではなかったが、神に忠実であり、その祝福を受けて全イスラエルを統一することに成功する。

→旧約聖書

猿源氏草子

サルゲンジゾウシ

Sarugenjizohshi

■日本　■説話

御伽草子《おとぎぞうし》の1篇で、渋川清《しぶかわせい》右《え》衛門《もん》が刊行した23篇の一つ。

ある時、阿漕《あこぎ》が浦《うら》の鰯売り猿源氏は遊《ゆう》君《くん》（遊女のこと）の螢火にひと目惚れをする。猿源氏は「宇都宮弾正」という大名であると偽り、螢火と契る。が、寝言で鰯行商の文句である「阿漕が浦の猿源氏が鰯買うえい」といってしまったため、卑しい正体が露見してしまう。しかし、その文句に対する螢火の数々の質問に、和歌や故事をもって返答していく猿源氏の姿を見て、彼女は本当に猿源氏が大名の宇都宮弾正であると信じるようになっていく。そして彼と共に阿漕が浦で暮らし、富を築き、子孫が繁栄したという。

物語は和歌の才覚を持つ者に対する称賛であるが、猿源氏が舌先三寸で螢火を丸め込んでいく喜劇のような色彩をも併せ持っている。

ちなみに、本作は『鰯賣戀曳網《いわしうりこいのひきあみ》』という歌舞伎演目の元となっている。これは三島由紀夫が17代中村勘三郎と6代中村歌右衛門のために脚本を書いたもので、昭和29年（1954年）11月に歌舞伎座で初演を迎えた。

サロメ

Salome

■アイルランド　■戯曲

アイルランドの作家オスカー・ワイルドが、『**新約聖書**』や『ユダヤ古代史』などの記述にある、預言者ヨハネを殺したサロメという娘の伝説を元にして書いた戯曲。フランス語で書かれ、1891年にパリで初演となった。

ユダヤ王である義父のいやらしい視線を逃れ、牢に入っているヨハネの元を訪れたサロメは、彼に心引かれる。だが、ヨハネはサロメの呪われた生い立ちをなじり、相手にしようとしない。

心に怒りを秘めたサロメは、王の前で淫蕩なる踊りを舞い、その褒美に何でも好きなものを与えようといわせる。サロメが求めたのはヨハネの首であった。そしてサロメは、皿の上の生首に接吻する。

スキャンダラスな作品（聖書の預言者を冒涜しているという意味で）であったため、毀《き》誉《よ》褒貶《ほうへん》が激しかった。

だが、この作品が有名なのは、この戯曲のドイツ語版を元にしたリヒャルト・シュトラウスのオペラ『サロメ』の大成功による。こちらは1905年に完成して、大好評のうちに初演を終えた。

また、同じワイルドの作品を元にして、伊《い》福《ふく》部《べ》昭《あきら》が1948年にバレエ音楽『サロメ』を作曲している。これも、日本国内では定番作品の一つとなっている。

讃歌

サンカ

Homeric Hymns

■ギリシア　■神話

ホメロスが書いたギリシア神話の神々への33篇の讃歌。アポロンやアフロディテ、ヘルメスやデメテルなど、22柱の神々に対して捧げられている。

ただし、実際にはこの讃歌はホメロスのものではないらしい。

三経義疏

サンキョウギショ

Sankyohgisho

■日本　■経典

聖徳太子が書いたという日本最古の仏教書で、三経の注釈書。三経とは『**法華《ほけ》教《きょう》**』『勝鬘教《しょうまんきょう》』『維摩教《ゆいまきょう》』のことを表す。特に「法華経義疏」は、聖徳太子の真筆と伝えられる。

この書を、本当に聖徳太子が書いたのかどうかというと、様々な疑問も提出されている。だが、実際に当時の人間で、この本が書けそうな教養を持った人間が（少なくとも史書には）見当たらないことからも、聖徳太子の著ないしはその周辺の人間との編著ということはほぼ確かである。

日本人が書いた漢文の文書としては現存する最古のもの。中国に逆輸入され、唐の僧侶・明空が記した『勝鬘《しょうまん》経《ぎょう》義疏《ぎしょ》私鈔《ししょう》』は、本書を参考にしているとする説もある。

三侠五義

サンキョウゴギ

Sān Xiá Wǔ Yì

■中国　■小説

中国清代の光緒《こうしょ》5年（1879年）に発刊された侠義小説。120回。石玉崑《せきぎょくこん》編。現在の武侠小説の祖先にあたるものである。

裁判小説である『**龍図公案**《りゅうとこうあん》』の影響下に生まれた作品で、宋代に実在した名裁判官・包拯《ほうじょう》が一応の主人公となっている。ただ、包拯が活躍するのは物語の始めの方だけで、その後は三侠五義と呼ばれる侠客たちの活躍が中心となる。その活躍ぶりは、魔法に類した超人的パワーを発揮するような荒唐無稽なものではなく、全く武芸と知恵による戦いという特徴がある。

『三侠五義』というタイトルは、もちろん登場する侠客たちを指している。三侠は南侠の展昭《てんしょう》、北侠の欧陽春《おうようしゅん》、双侠の丁兆蘭《ていちょうらん》・丁兆蕙《ていちょうけい》兄弟、五義は鑽天鼠《さんてんそ》の盧方《ろほう》、徹地鼠《てっちそ》の韓彰《かんしょう》、穿山鼠《せんざんそ》の徐慶《じょけい》、翻江鼠《ほんこうそ》の蔣平《しょうへい》、錦毛鼠《きんもうそ》の白玉堂《はくぎょくどう》である。

物語は北宋皇帝・仁宗《じんそう》の出生秘話から始まる。3代皇帝・真宗《しんそう》は李妃《りひ》と劉妃《りゅうひ》が同時に懐妊したのを喜び、先に太子を生んだ者を正宮にしようと約束した。ここで悪辣な劉妃は策謀を巡らした。李妃が太子を生むと産婆を使って皮を剥いだ猫と取り換えさせ、太子を殺そうとした。侍女の機転で太子は叔父・八大王に預けられ、その子供として育てられたが、李妃は化け物を生んだというので冷宮に幽閉された。こうして劉妃が皇后となり、彼女の生んだ子が太子となったが、その子は6歳で夭折し、結局は八大王に育てられた李妃の子が太子となった。その太子が李妃に似ているので疑心暗鬼になった劉妃は、今度は幽閉中の李妃を殺そうと図ったが、忠実な宦官たちの活躍で李妃は落ち延びた。

ここで物語は包拯の話題に移る。包拯は江南の盧州《ろしゅう》府合肥県《ごうひけん》の長者の家に生まれた。母親がすでに40歳を過ぎていたため、父親は子の誕生を喜べず、さらに悪い夢を見たために、なおさらその子を嫌った。遺産が減ると考えた次男夫婦も同様だった。このため、包拯は生まれるとすぐに山に捨てられたが、正直者の長男夫婦がひそかに助け、自分たちの子として育てた。こうして生き延びた包拯だが、学問を始めるやその才能を発揮した。上級の役人になるための試験を次々と突破し、知事になるや難事件を次々と解決し、人々の人気を得た。

このころには、真宗皇帝は死に、李妃の子が第4代皇帝・仁宗となっていた。ある時、草州橋を探訪した包拯の元に婦人の訴人が現れた。話を聞いて包拯はびっくりした。その人こそ仁宗皇帝の母・李妃だった。包拯は都へ帰るや事の真相を仁宗に報告した。仁宗は驚き、劉妃と共謀した宦官・郭槐《かくかい》を捕らえさせた。郭槐は悪玉だけあってなかなか白状しなかったが、包拯の活躍で最後にはすべてが露見した。そして劉妃も急死した。こうして李妃は皇帝の母として宮廷に戻ることができ、包拯も宰相へと出世したのである。

さて、ここから三侠五義の侠客たちが本格的に登場し始める。南侠の展昭は以前に数度、包拯の危難を救ったことがあり、その包拯が宰相になったというので、お祝いに駆けつけた。この時、仁宗皇帝の前で見事な武芸を披露し、官職を賜った。その身のこなしが人間技でなく、「朕の猫そっくりである」というので、これからは「御猫《ぎょびょう》」と呼ばれるようになった。また、展昭との関係で双侠の丁兆蘭・丁兆蕙兄弟、その知り合いだった北侠の欧陽春も包拯の元に参じた。ところで、丁兆蘭・丁兆蕙兄弟は漁師の親分だったが、その隣の漁場の親分に五鼠と呼ばれる5人組の義兄弟がいた。その中でも最も若く気位の高い錦毛鼠の白玉堂は、自分の二つ名が鼠なのに展昭が猫というのが気に入らず、どっちが上か確かめてやろうと都に乗り込んできた。その白玉堂を心配して義兄弟たちもやって来て、ここに五鼠対展昭の腕比べが始まったが、結局は5人とも展昭や包拯の人物に惚れ込んで帰順することになった　こうして重要な侠客たちが包拯の元に結集したあたりから、物語に巨悪たちが登場し始める。まずは杭州覇王荘の馬強《ばきょう》で、政府高官である叔父の権威を笠に着て、好き勝手の暴虐を働く男である。次に皇帝の伯父で謀反を企む襄陽王《じょうようおう》。そして、これら巨悪一味との戦いが物語後半に展開し、三侠五義の侠客たちが痛快な活躍を見せるのである。

三国遺事

サンゴクイジ

삼국유사

■韓国　■歴史書

古代朝鮮の歴史書。全5巻。高麗《こうらい》時代の高僧・一然禅師《いちねんぜんし》（1206～1289）が1280年ごろに編纂したと見られている。**『三国史記《さんごくしき》』**と並び古代朝鮮を知るための最高の資料だが、『三国史記』が正《せい》史《し》なのに対して、『三国遺事』は正史ではない。

『三国遺事』は高句麗《こうくり》、百済《くだら》、新羅《しらぎ》という三国に関して、正史である『三国史記』に漏れてしまった種々雑多な「遺事」を採録したものである。それは正史ではない代わりに、歴史とは呼べないかもしれないが、朝鮮半島に最初に生まれたとされている国である古朝鮮や、その後の朝鮮半島に生まれた扶餘《ふよ》、高句麗、百済、新羅、伽耶《かや》などの国々の建国神話、それに伝説などもふんだんに含んでいる。古代の小さな共同体の歌謡なども載せられている。

例えば、天孫である檀君《タンクン》が朝鮮半島最古の王朝・古朝鮮を建国したという物語は韓国神話の中心を成すものだが、この檀君神話が現在に残っているのは『三国遺事』のおかげなのである。ただし、『三国遺事』の編纂は一然の個人的で趣味的な仕事だったため、記述は簡単で、厳密ではなく、対象の選び方にもむらがあるという指摘がある。

三国志

サンゴクシ

Sān Guó Zhì

■中国　■歴史書

中国の**正史《せいし》**（国家によって正式に認められた王朝の歴史書）の一つ。2世紀末の後漢滅亡から、魏《ぎ》、呉《ご》、蜀《しょく》という三国の鼎立《ていりつ》時代、それが再び晋《しん》によって統一される3世紀末までの歴史を扱っている。著者は西晋の陳寿《ちんじゅ》（233～297）。「魏書」

30巻、「蜀書」15巻、「呉書」20巻から成る。明代に成立した小説『**三国志演義**《さんごくしえんぎ》』の基本になった書として非常に有名だが、邪《や》馬台国《またいこく》について記されていることで日本人におなじみの「**魏志倭人伝**《ぎしわじんでん》」も『三国志』の一部である。

著者の陳寿は西晋の官僚だったが、その西晋は初代皇帝となる司馬炎《しばえん》が、魏の元帝《げんてい》から皇帝の地位を禅譲されるという形で興された。つまり、魏の王権を受け継いだものだった。そのため、『三国志』には魏、呉、蜀のうち魏を正統な王朝として扱うという特徴がある。『三国志』は伝統的な紀伝体という形式で書かれているが、皇帝について記された「本紀」があるのは魏だけだということからも、それははっきりしている。蜀の劉備《りゅうび》、呉の孫権《そんけん》などは当時皇帝を名乗ったが、『三国志』では「列伝」の中で扱われている。この点、小説『三国志演義』が蜀を正統とするのと大きく異なっている。ただ、陳寿は蜀の出身だったので蜀にも配慮しており、様々な言葉遣いの差別化によって、魏、蜀、呉というランク付けになっている。

また、『三国志』は三国時代直後に短期間で書かれた。その時代はまだ魏の権力者やその関係者が生存していた。そのため、魏に関して不都合なことを突っ込んで書き込むわけにいかず、必然的に事件や事実だけを書くような簡潔な記述となった。陳寿の書いた『三国志』だけでは簡潔過ぎて、よく分からない、という人もいる程である。そのためかどうか、5世紀初めになって東晋の裴松之《はいしょうし》が様々な資料を集めて『三国志』に詳細な注釈を付けた。これによって、正史では扱われなかった人物や多数のエピソードまで後世に伝えられることになった。当然、それは小説『三国志演義』にも大きな影響を与えた。

三国志演義

サンゴクシエンギ

Sān Guó Zhì Yǎn Yì

■中国　■小説

中国明代初期に成立した長編歴史小説。『**水滸伝**《すいこでん》』『**西遊記**《さいゆうき》』『**金瓶梅**《きんぺいばい》』と共に中国の四大奇書とされ、中国ではもちろん日本でも、最も長く、そして最も広く読まれている中国の小説といっていい。作者は羅貫中《らかんちゅう》とされるのが一般的である。

『三国志演義』（以下『演義』）は題名の通り三国時代の史実を元にした歴史小説で、その根本には陳寿《ちんじゅ》（233～297）の著した**正史**《せいし》『**三国志**《さんごくし》』がある。また、宋・元代には『三国志』を元にした講談が盛んに演じられ、『**三国志平話**《さんごくしへいわ》』などの通俗小説も書かれた。これらが総合されてでき上がったのが『演義』である。

史実を元にしているといえば『西遊記』や『水滸伝』もそうだが、これらは史実から遠く離れた荒唐無稽な物語となっているのに、『演義』はほぼ史実に則っているところに大きな特徴がある。様々な刊本があるが、決定版といえるのは清初に毛宗崗《もうそうこう》によって刊行された全120回の『毛宗崗本』である。

物語は後漢末の黄巾《こうきん》の乱と共に始まる。これをきっかけに漢王朝は滅び、それから魏《ぎ》、呉《ご》、蜀《しょく》の三国鼎立《ていりつ》の乱世が100年続き、数多くの英雄豪傑たちが登場して華々しい戦いを繰り広げるのである。当然、登場人物の数も尋常ではなく、400人を超えるという。

正史と大きく違うのは、『演義』では三国のうち蜀を正統と見なすことである。正史では三国は公平に扱われているが、一応は魏が正統ということになっている。

それに対し、『演義』では善玉となるのは蜀の英雄豪傑となるわけだが、何といってもその中心となるのは、温厚な主人公・劉備《りゅうび》、忠義一徹の英雄・関羽《かんう》、乱暴者の豪傑・張飛《ちょうひ》であり、希代の大軍師・諸葛亮《しょかつりょう》である。また、沈着冷静な武将・趙雲《ちょううん》もいる。

これに対し、ついに魏王となる曹操《そうそう》は正史と同じく権謀術数に長けた武将ではあるが、乱世の奸雄《かんゆう》といわれるような、いかにも非情な悪玉とされる。

呉を支配することになる孫堅《そんけん》、孫策《そんさく》、孫権《そんけん》などは幾分地味な扱いをされているが、ここには諸葛亮にライバル心を燃やす智将・周瑜《しゅうゆ》が登場する。

また、単騎では最高に強いが、どうにも信用ならない流浪の豪傑・呂布《りょふ》というのもいる。

このように、数多くの英雄たちが次々と登場する長編小説なので名場面も数多い。いくつか紹介しておこう。

まず最初の名場面はやはり「桃園結《とうえんけつ》義《ぎ》」である。184年、黄巾の乱により天下が大いに乱れた時、朝廷は賊徒討伐の義勇軍を募った。これを機に劉備、関羽、張飛が出会い、意気投合して義兄弟となり、生死を共にしようと誓うのである。

しかし、劉備はその後の勢力争いの中で曹操や孫氏に出遅れてしまう。曹操は後漢の献帝《けんてい》を担いで河南・河北一帯を支配し、孫氏も軍師・周瑜を得て江東に勢力を伸ばしたのに、劉備は荊州《けいしゅう》付近を支配する劉表《りゅうひょう》の客分として無為の日々を送るのである。この状況を変えるのが諸葛亮孔明《こうめい》の登場である。孔明は太公望《たいこうぼう》とも比せられる大軍師だが、荊州で晴耕雨読の生活をしていた。そのことを人から聞いた劉備が、わざわざ3度もその家を訪ねて味方に迎えるのである。これが有名な「三顧の礼」の名場面で、時に207年のことである。

この孔明から劉備は天下三分の計を授けられ、とりあえず三国鼎立を目指すことになる。ここで起こるのが「赤壁《せきへき》の戦い」である。208年、曹操は江東平定を狙って軍を進めた。この時に劉備は孫権と手を結び、長江の赤壁でこれを迎え撃った。そして孫権軍の宿将・黄蓋《こうがい》が投降すると偽って敵船団に火を放ち、曹操軍を敗走させたのである。これによって曹操の南進及び天下統一の夢は破れ、数年内に曹操、孫権、劉備がそれぞれ王となり、魏、呉、蜀による三国鼎立の時代が始まるのである。

最終的には、天下統一を狙う蜀はその後も繰り返し魏を攻めるが、その間に関羽も張飛も劉備も死んでしまう。こうして物語も終盤に近づいてくると、それからは孔明の1人舞台である。

223年に劉備が死に、その子の劉禅《りゅうぜん》が皇帝となったが、それから孔明は呉との同盟成立、南方の異民族の平定に取り組んだ。そして228年から234年まで、魏に対して6次にわたる北伐を行った。その最後を飾るのが「五丈原《ごじょうげん》の戦い」である。この戦い、蜀軍50万と魏軍30万が渭水《いすい》南岸の五丈原で対陣するが、蜀軍がいくら仕かけても魏軍は動かない。魏の名将・司馬懿《しばい》は、すでに孔明の死期が近いことを察知していたからだ。その予想通り、孔明は長年の無理が祟って陣中に没し、蜀軍は退却を開始した。これを知った司馬懿はこの時とばかり追撃に出た。しかし、孔明に命じられた通りに「木造の孔明像」を車に乗せて整然と退却する蜀軍を見て踏み留まった。ここから、「死せる諸葛、生ける仲達を走らす」という諺ができたのである。

ここまでが『演義』の主要な物語である。この後も蜀や呉が滅亡し、魏から生まれた晋《しん》が280年に天下を統一するまで物語は続くのだが、この辺になると語り口も急ぎ足で、取って付けたような印象がある。

三国史記

サンゴクシキ

삼국사기

■韓国　■歴史書

新羅《しらぎ》、高句麗《こうくり》、百済《くだら》という古代朝鮮の三国時代を扱った歴史書。高麗《こうらい》の官僚・金富軾《きんふしょく》らが編纂し、1145年に成立した。現存する朝鮮最古の正史《せいし》であり、中国の**正史**と同様に紀伝体で書かれている。全50巻。「新羅本紀」「高句麗本紀」「百済本紀」「年表」「雑志」「列伝」で構成されている。このうち「新羅本紀」は、倭（日本）が新羅に侵攻したなど、倭に関する記述を多く含むことでも有名である。

三国志平話

サンゴクシヘイワ

Sān Guó Zhì Píng Huà

■中国　■小説

中国元代末に作られた小説。**正史**《せいし》である『**三国志**《さんごくし》』をネタにした最初の小説であり、明代に成立する『**三国志演義**《さんごくしえんぎ》』のルーツというべきものである。福建省《ふっけんしょう》の本屋・虞氏《ろし》が刊本した**全相平話**《ぜんそうへいわ》シリーズの一つ。上中下の全3巻。

中国では宋・元代に講談や演劇が流行し、当然『三国志』ネタも盛んに演じられたが、『三国志平話』はこうした芸能の内容を書物にしたものらしく、文章も簡略で無造作である。

物語的にも『三国志演義』とは違いがある。

『三国志平話』には冒頭に変な前置きがある。漢の高祖・劉邦《りゅうほう》は天下を取った後で疑心暗鬼になって功臣たちを殺戮したことで有名だが、後に天帝が裁判を行い、劉邦に殺された韓信《かんしん》、彭越《ほうえつ》、英布《えいふ》をそれぞれ曹操《そうそう》、劉備《りゅうび》、孫権《そんけん》に、さらに劉邦自身を後漢最後の皇帝・献帝《けんてい》に生まれ変わらせた。このために漢の天下は分裂するのである。そして、最終的には蜀《しょく》滅亡時に漢帝の外孫・劉淵《りゅうえん》が北方に逃げ、晋《しん》を滅ぼして漢王朝を復活させるのである。

また、『三国志演義』では乱暴者の張《ちょう》飛《ひ》の活躍は抑えられているが、『三国志平話』には『三国志演義』にはない「張《ちょう》翼徳大鬧杏林荘《よくとくだいどうきょうりんそう》」、「張翼徳単戦呂布《りょふ》」などの張飛が活躍する話がある。

三国相伝陰陽輨轄簠簋内伝金烏玉兎集

サンゴクソウデンオンミョウカンカツホキナイデンキンウギョクトシュウ

Sangokusohden-onmyohkankatsuhokinaidenkin-ugyokutoshuh

■日本　■魔術書

→金《きん》烏《う》玉《ぎょく》兎《と》集《しゅう》

三国伝記

サンゴクデンキ

Sangokudenki

■日本　■説話

室町時代の説話集。

玄棟なる仏僧による撰集。

内容は、天竺の僧侶の梵語坊、明の俗人の漢字郎、日本の遁世者である和阿弥が清水寺参詣で同道することになり、3人はそれぞれ順番に自分の国の説話をするというもの。仏教関連の説話が多いが、それぞれの国（特に日本）の同時代の社会事情についての話も盛り込まれている。

三五歴紀

サンゴレッキ

Sān Wŭ Lì Jì

■中国　■神話

中国の三国時代（220～280）に作られた神話集。徐整《じょせい》の撰。『芸文類聚《げいもんるいじゅう》』などに一部が引用されているだけで、原書は存在しない。

中国神話には、この世の初めの天地開《かい》闢《びゃく》の時に盤古《ばんこ》という巨人が誕生したという話があるが、この盤古についての最古の記述があるのが『三五歴紀』で、盤古の時代が長く続いた後で三皇（女媧《じょか》、伏《ふっ》羲《き》、神農《しんのう》）が現れたとされている。

三五歴記

サンゴレッキ

Sān Wŭ Lì Jì

■中国　■神話

→三五歴紀《さんごれっき》

三才図会

サンサイズエ

Sān Cái Tú Huì

■中国　■事典

中国明代に成立した図入りの**類書《るいしょ》**（百科事典）。王圻《おうき》著。全106巻。「三才」は「天、地、人」のことで、この世のすべてを意味する。それを天文、地理、人物、時令、官室、器用、身體《しんたい》、衣服、人事、儀制、珍寶《ちんぽう》、文史、鳥獣、草木の14部門に分類し、絵と文で簡潔に解説している。鳥獣部門には幻想動物も数多く含まれており、非常に興味深いが、このために内容が荒唐無稽だといわれることがある。特に日本で大きな影響力を持ち、寺島《てらしま》良《りょう》安《あん》の『**和漢三才図会《わかんさんさいずえ》**』はこれに触発されて書かれた。

三銃士

サンジュウシ

Les Trois Mousquetaires

■フランス　■小説

→ダルタニャン物語

三遂平妖伝

サンスイヘイヨウデン

Sān Suí Píng Yāo Zhuàn

■中国　■小説

→**平妖伝《へいようでん》**

残唐五代史演義伝

ザントウゴダイシエンギデン

Cán Táng Wǔ Dài Shǐ Yǎn Yì Zhuàn

■中国　■小説

中国元末明初ごろに成立した小説。全60巻。羅貫中《らかんちゅう》編と伝えられるがはっきりしない。

唐滅亡のきっかけとなった黄巣《こうそう》の乱に始まり、唐滅亡後に華北地方に興った五つの王朝（五代＝後梁《こうりょう》、後唐《こうとう》、後晋《こうしん》、後《こう》漢《かん》、後周《こうしゅう》）の歴史物語である。ただし、物語の主眼は後唐の滅亡までで、そこまでで50回を使っている。

物語の中では、後唐は滅亡した唐を再興したものと位置付けられ、そのために戦った英雄たちが善玉として扱われている。黄巣の乱を平定するために馳せ参じた、北方系民族出身の軍閥指導者・李克《りこく》用《よう》、克用の養子・李存孝《りそんこう》、克用の息子で後に後梁を滅ぼして後唐を興した李存勗《りそんきょ》などである。

これに対し、唐王朝を簒奪して後梁を建国した朱温《しゅおん》（朱全忠《しゅぜんちゅう》）やその将軍・王《おう》彦章《げんしょう》などが悪玉である。これらの英雄たちは前記の善玉英雄たちとしのぎを削るが、最後は滅ぼされるのである。

後唐滅亡後の後晋、後漢、後周の歴史は完全な付け足しである。

サンヒター

Saṃhitā

■インド　■経典

1.「本集」ともいう。**ヴェーダ**の中で、マントラの部分を「サンヒター」と呼ぶ。つまり、神々への讃歌《さんか》や、呪法のための祭詞など、神官が唱えるべき部分のこと。
2. **タントラ文献**の中で、ヴィシュヌ派の聖典のことを『サンヒター』と呼ぶ。

散文エッダ

サンブンエッダ

Edda

■アイスランド　■叙事詩

13世紀の詩人スノッリ・ストゥルルソンが、詩歌の入門用に書いた本が『**エッダ**』である。だが、そもそもの古歌謡と区別するため、一般に『散文エッダ』もしくは『新エッダ』と呼ばれる。

詩歌の入門書であるが、アイスランドの古歌を豊富に引用しているため、現在では北欧神話の本として読まれることが多い。

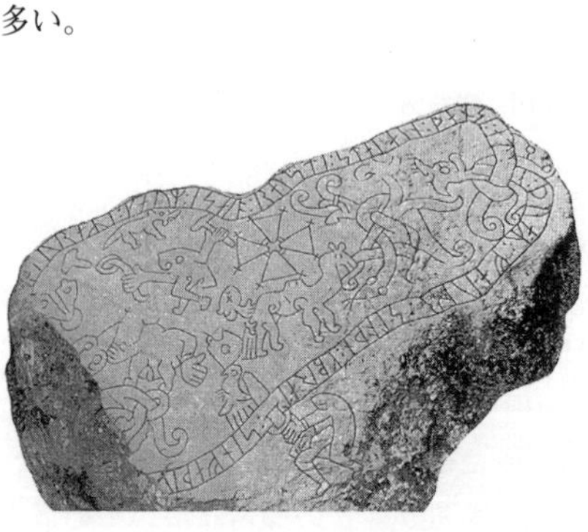

図版12　ルーン文字で石に記された物語

全部で3部から成る。

1.「ギュルヴィたぶらかし」
2.「詩人のことば」
3.「韻律一覧」

第1部は、ギュルヴィ王が神々について知ろうと思って、アースガルズへと行き、そこで3人の神、ハール、ヤヴンハール、スリジに出会って、様々な話を聞かせてもらう。題名の由来は、話が終わった後、ギュルヴィは自分が野原の真ん中に立っていることに気付くことからである。

第2部は、海神エーギルと詩神ブラギの会話によって、様々な詩的表現の元となる話を語る。例えば「黄金」のことを「エーギルの火」と呼ぶのはなぜかといった話題である。

第3部は、スノッリ自身が作ったハーコン王とスクリ侯の頌《しょう》歌《か》(誉め称える歌)と、それを題材にして詩の韻律について教えるものである。

三宝絵

サンボウエ

Sanbohe

■日本　■説話

平安時代中期の仏教説話集。正確には『三宝《さんぼう》絵《え》詞《ことば》』。

源《みなもとの》為憲《ためのり》による撰集で、後見人であった叔父・藤原光昭の死に沈む尊子内親王のための仏教入門書として作られたという。成立は永観2年(984年)。

内容は、仏法僧の三宝の功徳を、入門書と呼ぶにふさわしい穏やかな文体で説いたものである。

三宝絵詞

サンボウエコトバ

Sanbohekotoba

■日本　■説話

→三宝《さんぼう》絵《え》

三夢記

サンムキ

Sān Mèng Jì

■中国　■小説

中国唐代中期の短編伝奇小説。白居易《はくきょい》の弟・白行簡《はくこうかん》の著。他人の夢にこちらで出会う話(第1話「劉幽求《りゅうゆうきゅう》の話」)、こちらが何かしているのを他人が夢見る話(第2話「慈恩《じおん》の夢遊」)、双方が同じ夢を見る話(第3話「竇質《とうしつ》」)という三つの不思議な夢の話である。

第1話はこんな話である。則天《そくてん》武《ぶ》后《こう》の時代に劉幽求が使者の用事の帰りに夜道を行くと、とある仏堂院の中で若い男女十数人が御馳走を食べていた。その中に妻がいた。不審に思って入ろうとしたが、門が閉まっていたので瓦を投げ付けると、みな逃げ出した。家に帰ると妻が「先程夢で、十数人の人と一緒にどこかの寺に遊びにいって庭で会食した。だれかが瓦を投げ付けたので大騒ぎになり、そこで目が覚めました」というのである。

楼門五三桐

サンモンゴサンノキリ

Sanmongosannokiri

■日本　■戯曲

歌舞伎の演目の一つ。

初代並木五瓶の作で、安永7年(1778年)4月、大坂角の芝居（道頓堀角座）が初演。その時は『金門《きんもん》五《ご》三桐《さんのきり》』というタイトルだった。

本作は、安土桃山時代の大盗賊・石川五右衛門の活躍を主題とした物語である。

その内容は、明の宗祖慶なる人物の遺児であり、武智《たけち》光秀《みつひで》（史実の明智光秀に相当）に育てられた石川五右衛門と、五右衛門の実父・宗祖慶を討伐した真柴《ましば》久《ひさ》吉《よし》（史実の羽柴秀吉＝豊臣秀吉に相当）との因縁を巡る壮大な物語だ。

史実を元とした人物設定や相関関係は複雑怪奇にして矛盾を極め、初演以来全編を通して上演されることは滅多にない。現在では「絶景かな、絶景かな。春の眺めを価千金とは小せえ、小せえ」の名台詞で有名な第3幕「南禅寺山門」のみを『山門』として単独上演することがほとんどとなっている。

三略

サンリャク

Sān Lüè

■中国　■兵法書

中国古代の兵書。『**孫子《そんし》**』『**呉子《ごし》**』『**六《りく》韜《とう》**』と並び、中国古兵学の最高峰・**武《ぶ》経《きょう》七書《しちしょ》**のうちの一書とされている。「六韜・三略」というように、しばしば『六韜』と併称されるが、それぞれ別の書である。上略、中略、下略の3巻から成っていることから『三略』と称された。

伝説では、漢の高祖・劉邦《りゅうほう》に仕えた功臣の張良《ちょうりょう》が、仙人じみた謎の老人・黄《こう》石公《せきこう》から授かったとされ、『黄石公三略』とも呼ばれるが、後世の偽作である。成立は後漢末と見られる。

この書の3巻はテーマ別になっているわけではなく、全体として、政治、軍事、戦略、戦術などの要点が順番に書かれている。過酷な乱世を生き抜くための機略にあふれており、当然日本でも人気があった。例えば、北条《ほうじょう》早雲《そううん》はこの書の最初の一句「それ主将の法《ほう》は、務めて英雄の心を擥《と》り、有功を賞禄し、志を衆に通ず」（『六韜・三略』中国古典新書　明徳出版社）を聞いただけで、兵法の極意を悟ったといわれる。また「柔よく剛を制す」という名句もこの書の言葉である。

し

ジーキル博士とハイド氏

ジーキルハカセトハイドシ

A Strange Case of Dr. Jekyll and Mr. Hyde

■イギリス　■小説

イギリスの作家ロバート・ルイス・スティーヴンスン（1850～1894）が1886年に出版した小説。

医者のジーキル博士は、公衆の前ではいかにも善良な才能ある科学者として振る舞っていたが、私生活の部分は快楽好きな性格で、長い間奇妙な二重生活を送り、そのために苦しんでいた。博士はこの矛盾を解決するため、自分の性格の中から悪を分離する薬品を発明した。この薬によって、彼は邪悪で醜悪なハイド氏となり、悪行を行う。

だが、ついには薬によってジーキルに戻れなくなり、自殺する。

一種の二重人格を扱った作品であり、解離性人格障害の代名詞ともなっているが、この作品に登場する薬は、人格だけでなく容貌までも変わってしまう、全く別人になる薬である。

シークレット・ドクトリン

Secret Doctrine

■ロシア　■オカルト

ロシアのブラヴァツキー夫人が1888年に書いた、神智学《しんちがく》の基本図書。

彼女の本では、神智学の基礎として三つの概念が挙げられている。

一つは、遍在する神である。宇宙にあまねく存在し、なおかつ時間的にも無限に存在する宇宙の根本条件としての神が存在することを主張している。

二つは、宇宙は回帰する。宇宙は、昼と夜が繰り返すように、周期的に繰り返す性質を持つ。

三つに、人間の魂は、神の魂に等しい。人間の魂は、当然ながら遍在する神の一部であり、一部でありながら神そのものに等しい。

このような概念を元に神智学を作った。そして、これらの知識は、インドにいる秘密のグルからテレパシーで受け取っているのだと主張している。

ちなみに、大川隆法の『ザ・シークレット・ドクトリン』とは別物なので注意すること。

ジェイムズ王訳聖書

ジェイムズオウヤクセイショ

Authorized King James Version

■イギリス　■経典

→欽定訳聖書《きんていやくせいしょ》

ジェニーの肖像

ジェニーノショウゾウ

Portrait of Jennie

■アメリカ　■小説

ロバート・ネイサンの1940年の小説。

画家を目指す青年が、ジェニーという名の幼い女の子と出会う。彼女は別れる時に「私が大きくなるまで、あなたが待っててくれますようにと願うの。でも、きっとだめね」という。

何日か経って彼女と出会うが、彼女は何年か成長していた。その後も、彼女は出会うたびに成長している。

そして、最後に出会った時、彼女は留学するのだといった。

数ヶ月経ち、彼は海岸でずぶ濡れの彼女を見つける。助けようとするが、波にさらわれ、彼女の姿は見えなくなる。

新聞には、彼女が8年間の留学を終えて帰国する時に、客船から波にさらわれたという記事が載っていた。

世界的にはそれ程有名ではない作品だが、石ノ森章太郎や水野英子といった漫画家が描き、他にも様々な作品が、この小説を踏まえて作られている。

シオン賢者の議定書

シオンケンジャノギテイショ

The Protocols of the Elders of Zion

■ヨーロッパ　■偽書

→シオンの議定書

シオンの議定書

シオンノギテイショ

The Protocols of the Elders of Zion

■ヨーロッパ　■偽書

20世紀初頭のヨーロッパに流布し、ユダヤ人排斥の一つの原因ともなった、歴史を変えたといっていい偽書《ぎしょ》。『シオン賢者の議定書』『シオンの長老の議定書』などとも訳される。

文書は、ユダヤ人秘密政府の議事録で、そこでは24項目の決定事項が定められ、恐るべき世界征服の陰謀の計画書でもある。その基本テーゼは「民衆は無知蒙昧なので、優れた我々の専制によってのみ文明を維持することができる」である。その概要は後の反ユダヤ主義者たちが唱える「邪悪なユダヤ人の陰謀」そのものだ。その野望を語るシオンの長老たちは、ありとあらゆる手段で世界を陰から支配しようとしている。

自由主義思想やマルクス主義は社会秩序を破壊するためのユダヤ人の陰謀。

ダーウィンの進化論は教会の権威を失墜させ、キリスト教を崩壊に導こうとするユダヤ人の陰謀。

人権や平等主義は、革命を起こし国を荒廃させるために画策したユダヤ人の陰謀。

戦争や平和を管理し、逆らう者は傀儡国家の武力によって滅ぼす。

新聞やラジオといったメディア、スポーツや演劇などの娯楽は人々を白痴化させ、従順な家畜とするためのユダヤ人の陰謀。

フランス革命（これが書かれたのは、フランス第3共和制の時代）も、彼らの力で起こったのだと書いてある。

このように、本文書の中に存在する“ユダヤ人”は、馬鹿馬鹿しいまでに多岐にわたる分野に陰謀の手を伸ばしている。まっとうな人間ならば、一笑に付して終わるだろう。しかし、世の中には「これこそ世界の真実である」と信じて疑わぬ人々が存在してしまうのも確かである。

ヒトラーは、『シオンの議定書』を読むや、真剣な危機感を抱き、ユダヤ人の排除を行わなければならないと確信した。まさに、ホロコーストの原因ともなったのが、この文書である。

本書の成立には不可解な点が少なくない。19世紀末の帝政ロシアの秘密警察《オフラーナ》（反ユダヤ主義者であったラチコフスキーという説が有力だが、その説にも矛盾があり真実は定かではない）が、フランスで出版された『マキャベリとモンテスキューの地獄での対話』を種本としてでっち上げたものとするのが定説となっている。共産主義革命家たちの暗躍が活発になっていた帝政末期のロシアでは、自由主義やマルキズム、人の平等などというものは、ユダヤ人が国を滅ぼすための道具である…そのような世論を作り出したかったようだ。

が、この企みはロシアよりも他の国で大きく花開いた。欧米の各国で翻訳され、反ユダヤ思想団体の政治的喧伝工作に利用されたのである。といっても、イギリスやアメリカではすぐにこの嘘が露見し、あっという間に廃れてしまった。アメリカの自動車王として知られるヘンリー・フォードは、本書を真に受けてユダヤ人批判本『**国際ユダヤ人**（The International Jew）』を書いたが、『シオンの議定書』の嘘が暴かれた後に、正式にユダヤ人社会への謝罪を表明している。

こうしたこともあって、英語圏では『シオンの議定書』は「ただの怪文書」として歯牙にもかけられない存在となったが、ドイツでは違った。19世紀末のころより〈新聖堂騎士団《ノイエ・テンプリ・オルデン》〉などの「アーリア人至上主義」という強固な民族主義を掲げる団体が存在しており、彼らの手によって「これこそが真実である」としてユダヤ人排斥の道具とされたのである。こうした利用は後のナチスにも引き継がれることとなった。ナチスは『シオンの議定書』が偽書であることを認めつつも、「作られた経緯はどうあれ、ユダヤ人の真実を示しているのだから問題はない」というスタンスを示したという。

ともあれ、『シオンの議定書』が偽書であることは欧米圏では周知であり、第2次世界大戦後の世界では、その内容については真偽の論議を必要としない程となっている。

にもかかわらず、こうした怪文書の内容を信じてしまう者が絶えないのは、人間には「世界には隠された真実があり、あらゆる社会的存在、出来事は“何か”がプロデュースした必然によって成り立っている」という、ある種の物語を欲する心理があるからなのかもしれない。

シオンの長老の議定書

シオンノチョウロウノギテイショ

The Protocols of the Elders of Zion

■ヨーロッパ　■偽書

→シオンの議定書

志怪

シカイ

Zhì Guài

■中国　■小説

→志怪小説《しかいしょうせつ》

志怪小説

シカイショウセツ

Zhì Guài Xiǎo Shuō

■中国　■小説

中国六朝《りくちょう》時代の小説で、特に怪異の談を記したもの。「志怪《しかい》」という名もまさに「怪異を志（しる）す」という意味がある。

怪異の内容には、風神や雷神といった自然の神々の話や珍しい動植物の話、妖怪変化・幽鬼・幽界の話、動物の祟りや恩返しの話、動物などの異類と結婚した話、方士や道人の神懸かり的行為の話、当時の人々や事件にまつわる不思議な話など、実に様々なものがある。そして、それは基本的に当時の庶民の間で語り継がれた話といっていい。

小説としては極めて初期の段階にあり、とにかく作者が見聞した事実をそのままに記すという性格のもので、小説としての構成力は弱く、一つ一つの話は非常に短い。「どこそこで、これこれこういうことがありました」というような書き方である。しかし、こうした段階を経たことで、より高度な文学性を備えた唐代の伝奇小説も生まれてきたのである。

志怪小説を収めた志怪書としては、曹《そう》丕《ひ》の『列異伝《れついでん》』、干宝《かんぽう》の『**捜神記**《そうしんき》』、陶潜《とうせん》の『捜神後記』、劉義慶《りゅうぎけい》の『幽明録《ゆうめいろく》』、劉《りゅう》敬叔《けいしゅく》の『異苑《いえん》』、張華《ちょうか》の『**博物志**《はくぶつし》』、任昉《にんぼう》の『述異記《じゅついき》』などが有名である。

死海文書

シカイモンジョ

Dead Sea scrolls

■中東　■文書

『旧約聖書外典』『**旧約聖書偽典**』の一つといえなくもない。ただし、発見されたのは1947年のことである。

死海西岸（現在のパレスチナ）のクムラン丘陵にあった洞窟から、壺の中に入った3冊の文書が発見された。これがエッセネ派（ユダヤ教の一派で、現在は存在しない宗派。イエス・キリストもエッセネ派に属していたのではないかという説があるし、そうでないまでもユダヤ教異端派としての原始キリスト教が、エッセネ派と何らかの影響を及ぼし合っていた可能性は十分にある）の文書ではないかということで、学者たちが大挙してこの戦火の起こりそうな丘陵に現れた。そ

図版13　「死海文書」の断片

して、その周辺の洞窟から、全部で数百種もの文書を発見したのだ。これが、20世紀最大の歴史的発見ともいわれる「死海文書」である。発見当時、古代のクムランには大きなエッセネ派の宗教組織があって、このような文書を残したのだと考えられた。そして、これを「クムラン宗団」と呼んだ。

もちろん死海文書の中には、現在も残る聖書や外典・偽典なども多数含まれており、すべてが新発見の文書というわけではない。ただし、すでに知られた文書でも、今まで存在しなかった言語の版が発見されたり、この時代から文章内容が変化していないことが確認されたりと、その発見の意義は大きい。つまり死海文書には、聖書の正典もあればすでに知られた外典・偽典もあり、さらには未発見の外典・偽典もある。そのような大量の文書すべてを総称して「死海文書」というのだ。

ヘブライ語だけでなく、アラム語やギリシア語の文献も混じり、また執筆時期も紀元前2世紀から後1世紀くらいまでと幅広い。さらに研究が進むにつれて、一部にはエッセネ派と対立するはずのサドカイ派やパリサイ派の文書なども含まれることが分かってきた。

このため、本当にクムラン宗団が書いた写本なのか、疑問が呈されている。もちろん、エッセネ派が他派の文書を保管していてもおかしくないのだが。

1990年代からは、ユダヤ戦争で敗北したユダヤ教がエルサレム神殿の図書館から持ち出して隠した文書であるという説も復活している。他にも、初期キリスト教団の残した文書ではないかという説もある。

ちなみに死海文書の公開が大変遅れ(あまりに細かい断片が多く、編纂に時間がかかったため)、カトリックに都合の悪い内容が書かれているために公開されないのだという陰謀説が出回ったこともある。そのせいで海賊版が勝手に公開されるようになり、研究の著作権争いで問題になった。

現在では、すべての死海文書が公開され、特にカトリックに都合の悪い文書など存在しなかったことが明らかになっている。しかし、実は未公開の部分が存在し、それこそカトリックが隠したい文書なのだという陰謀説は、いまだに根強い。

→旧約聖書

史記

シキ

Shǐ Jì

■中国　■歴史書

中国前漢代に司馬遷《しばせん》によってまとめられた歴史書。中国では国家によって正式に認められた王朝の歴史書を**正史**《せいし》と呼び、清の乾隆帝《けんりゅうてい》によって正史二十四書が定められたが、『史記』はその最初に位置するものである。また、紀伝体という形式を確立し、その後の歴史書の模範となった重要な書であり、文学としても非常に優れているという定評がある。完成は紀元前90年前後と見られている。全130巻。52万6500字。ただ、すべてが司馬遷の手になるのではなく、10巻程はその父である司馬談《しばだん》が書いたといわれている。

『史記』というのは後世に付けられた名称で、司馬遷自身は『太史公書《たいしこうしょ》』と呼んでいる。

『史記』は非常に長い期間の歴史を対象にしており、伝説上の5人の帝王（五帝）の時代から始まり、夏・殷《いん》・周王朝を経て、前漢の武帝《ぶてい》の時代までが扱われている。実在したことが確認されている最古の王朝である殷は紀元前1600年ごろに興ったというから、『史記』が扱う期間は、最低でも1500年をゆうに超えることになる。このように複数の王朝にわたる長い期間を扱う歴史を通史という。ちなみに、『史記』より後に書かれた『漢書《かんじょ》』**『三国志《さんごくし》』**など中国の正史の多くは一王朝を対象にしたもので、これは断代史と呼ばれる。

全130巻の構成は、本紀12巻、表10巻、書8巻、世家《せいか》30巻、列伝70巻より成っている。

「本紀」は王と皇帝のこと、「表」は年ごとの事件、「書」は制度、「世家」は諸侯のこと、「列伝」は臣下のことを扱っている。どれも事実を詳細に記述しているが、表を使って読者の理解を助けるなど、配慮の行き届いた書といえる。

とはいえ、中でも重用なのは「本紀」と「列伝」で、『史記』以降に作られた中国の正史は、すべてこの二つを持つべきとされた。これが紀伝体という形式である。

このように『史記』は質量共に膨大な書だが、それは単なる事実の集積ではないということは注意すべきである。司馬遷の時代、歴史書といえば**『春秋《しゅんじゅう》』**だった。この時代には歴史書という分類はなく、歴史書は「春秋類」に入れられた。この『春秋』は伝説的に孔子《こうし》が書いたとされており、それは道徳の本と考えられていた。もちろん歴史的事実は記述されるのだが、それを通して「決してこんなことではいけない」という思いが述べられ、遠回しに正しい秩序が示されるということだ。

『史記』もまた、このような精神を受け継いでいた。この点に関して有名なのが、「列伝」の最初に置かれた「伯夷《はくい》列伝」にある「天道、是か非か（天のやることは正しいか、正しくないのか）」という司馬遷の問いかけである。ここに登場する伯夷と叔斉《しゅくせい》は、古代の周に仕えた義臣である。だが、彼らはその義を貫いた結果として、最期は首陽山《しゅようざん》で餓死することになった。それなのに世の中には、悪辣非道なのに天寿を全うする者も多い。そこで司馬遷は「天は常に善人に味方する」といわれているけれども、本当にそうなのかと問うのである。

こうした意識が根本にあるためか、『史記』にあっては、勝った者が善で負けた者が悪と決まってはいない。そして、人物の扱い方も独自であり、後の時代の正史と比べて遥かに多彩である。例えば、秦末乱世に活躍した項羽《こうう》は漢を興した劉《りゅう》邦《ほう》のライバルで、漢王朝から見れば敵である。また、王や皇帝として天下を治めたわけではないから、本来なら「本紀」には入らない人物である。しかし、何も持たないところから出発し、諸侯を率いて秦を滅ぼし、覇王を号した。司馬遷はこれを重要視し、「項羽本紀」として「本紀」に含めたのである。また、秦王の政（後の始皇帝）を暗殺しようとした荊軻《けいか》のような暗殺者を扱った「刺客列伝」、義理と人情に生きた人々の伝記「游侠《ゆうきょう》列伝」、商売で富を増やした人々の伝記「貨殖列伝」のようなものまである。このせいで、班彪《はんぴょう》（『漢書』を著した班固の父）のように、儒教道徳に反するという理由で『史記』を非難する人物もおり、当初は高く評価されていなかったといわれている。

とはいえ、それが『史記』の良質な点であることは間違いなく、そのおかげで我々は古代中国の歴史を生き生きと味わうことができるのである。

司教パールのサガ

シキョウパールノサガ

Páls saga byskups

■アイスランド　■サガ

司教の**サガ**と呼ばれる1篇。

有力者の息子であり、新たな司教に選ばれたパールは、子供や農場を妻に任せてノルウェーへ司教叙階に旅した。

帰国後は、教会を整備し、人々の争いを鎮めることに努めた。

また、自分の都合のために人々を破門したりする司教グズモンドとですら、争わないようにした。

彼の死には、多くの凶兆が起こったという。

司教法典

シキョウホウテン

Canon Episcopi

■イタリア　■公文書

→**司教法典《カノン・エピスコピ》**

シグルズの歌　断片

シグルズノウタ　ダンペン

Brot af Sigurðarkviðu

■アイスランド　■叙事詩

『**歌謡エッダ**』の1篇。

冒頭と末尾が失われているが、シグルズの死を扱ったもの。

シグルズの短い歌

シグルズノミジカイウタ

Sigurðarkviða hin skamma

■アイスランド　■叙事詩

『**歌謡エッダ**』の1篇。

婿選びで、シグルズを選んだつもりでいたブリュンヒルドは、実はグンナルの妻とされていた。本当はブリュンヒルドは、シグルズを愛していたのに。彼女は、手に入らないものならシグルズを死なせてしまおうとする。

シグルドリーヴァの歌

シグルドリーヴァノウタ

Sigrdrífumál

■アイスランド　■叙事詩

『**歌謡エッダ**』の1篇。

オーディンによって長き眠りに就いていたヴァルキューレのシグルドリーヴァを、シグルズが目覚めさせる。

彼女は、シグルズにルーン文字の魔法的使い方を教える。また、11個の忠告も与える。

地獄の辞典

ジゴクノジテン

Dictionnaire Infernal

■フランス　■オカルト

コラン・ド・プランシーが1818年に出版した、オカルト・魔術・悪魔事典。その後も、何度も版を重ねるたびに項目数を増やし、1863年の第6版では、総項目数3799を誇る大著となった。

『地獄の辞典』は、日本では1／10に縮めた抄訳しか出版されておらず、そこで悪魔の名前が多めに訳出されているために、悪魔の事典として理解されている。だが、全項目を見ると、悪魔よりも迷信や占い、呪いなどについての項目の方がずっと多いことが分かる。

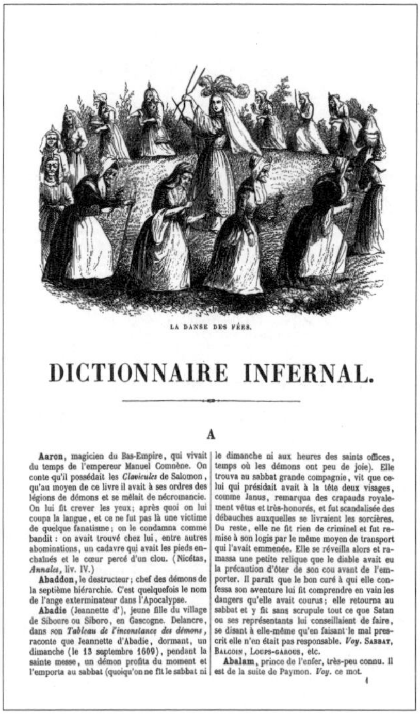

LA DANSE DES FÉES.

DICTIONNAIRE INFERNAL.

A

Aaron, magicien du Bas-Empire, qui vivait du temps de l'empereur Manuel Comnène. On conte qu'il possédait les *Clavicules* de Salomon, qu'au moyen de ce livre il avait à ses ordres des légions de démons et se mêlait de nécromancie. On lui fit crever les yeux; après quoi on lui coupa la langue, et ce ne fut pas là une victime de quelque fanatisme; on le condamna comme bandit : on avait trouvé chez lui, entre autres abominations, un cadavre qui avait les pieds enchaînés et le cœur percé d'un clou. (Nicétas, *Annales*, liv. IV.)

Abaddon, le destructeur; chef des démons de la septième hiérarchie. C'est quelquefois le nom de l'ange exterminateur dans l'Apocalypse.

Abadie (Jeannette d'), jeune fille du village de Siboure ou Siboro, en Gascogne. Delancre, dans son *Tableau de l'inconstance des démons*, raconte que Jeannette d'Abadie, dormant, un dimanche (le 13 septembre 1609), pendant la sainte messe, un démon profita du moment et l'emporta au sabbat (quoiqu'on ne fit le sabbat ni le dimanche ni aux heures des saints offices, temps où les démons ont peu de joie). Elle trouva au sabbat grande compagnie, vit que celui qui présidait avait à la tête deux visages, comme Janus, remarqua des crapauds royalement vêtus et très-honorés, et fut scandalisée des débauches auxquelles se livraient les sorcières. Du reste, elle ne fit rien de criminel et fut remise à son logis par le même moyen de transport qui l'avait emmenée. Elle se réveilla alors et ramassa une petite relique que le diable avait eu la précaution d'ôter de son cou avant de l'emporter. Il paraît que le bon curé à qui elle confessa son aventure lui fit comprendre en vain les dangers qu'elle avait courus; elle retourna au sabbat et y fit sans scrupule tout ce que Satan ou ses représentants lui conseillaient de faire, se disant à elle-même qu'en faisant le mal prescrit elle n'en était pas responsable. *Voy.* SABBAT, BALCOIN, LOUPS-GAROUS, etc.

Abalam, prince de l'enfer, très-peu connu. Il est de la suite de Paymon. *Voy.* ce mot.

1

図版 14　『地獄の辞典』第６版のＡ行

プランシーは、1818年の初版発行時には反教権主義者（教会は権力を持つべきではないと考える人）であったが、後には敬虔なカトリック信者となった。このため、「異端審問」などの項目では、初版にはあった魔女裁判への批判などが後期の版では姿を消すなど、批判精神が後退している。

だが、後期になっても新たな項目を増やすなど、プランシーは精力的に事典の整備に努めたことは確かである。

仕事と日

シゴトトヒ

Ἔργα καὶ Ἡμέραι

■ギリシア　■叙事詩

『**神統記**《しんとうき》』で有名な、紀元前700年ごろの古代ギリシアの詩人ヘシオドスが書いた教訓叙事詩。

だらしなく性悪な弟に教え諭すような形で、労働の尊さ、季節ごとに何をすればいいかという農事暦、航海する場合の注意、人生訓などが語られている。ホメロスの英雄叙事詩のように読んでいて面白いものでもないが、当時の当たり前の民衆の暮らしぶりや思想が語られているという点で、非常に貴重である。

叙事詩の冒頭部分では、プロメテウスが天界の火を盗んだ物語や、それに付随するパンドラの壺の物語、さらに人類の歴史には黄金の種族、銀の種族、青銅の種族、英雄の種族、鉄の種族が順に登場し、現在は鉄の種族の時代だという五時代の神話も語られている。

士師記

シシキ

Book of Judges

■中東　■経典

『旧約聖書正典』の一つ。**トーラー**に続く前の預言者の第2書である。カナンの地に定住したイスラエルの民が、預言者サムエルによって王制を導入するまでを描いている。

ちなみに、士師とは部族のリーダーを意味する。

ここから、イスラエルは神の命に背いては、その怒りを受ける。そして、そのたびに悔いて神に助けを求めることを繰り返す。神は毎回ユダヤ人を赦し、新たな士師を送って助けてやる。

特に、サムソンが髪を切られ目をえぐられてさえ、敵の神殿を破壊したところなどは、「士師記」のクライマックスにふさわしいドラマである。

→旧約聖書

死者の書(エジプト)

シシャノショ（エジプト）

Book of the dead

■エジプト　■経典

死者の魂が安全に彼岸にたどり着くためのプロセスと、その助けとなる呪文を、パピルスにヒエログリフ（聖刻文字）や挿画で記した葬祭文書。呪文集であり、かつ冥界への旅路の案内書のような性格も備えている。神官文字や民衆文字で記されていることもあった。

誤解を招きやすいのだが、内容が定まった1冊の『死者の書』という文献があるわけではない。これは19世紀のドイツ人考古学者レプシウスが「葬送文書（ツリン・パピルス）」を「死者の書」として発表したために定着した呼び方であって、当時のエジプトの人々は「日の下に現れ出るための書」と呼んでいたようだ。

死者の書は、古代エジプトの人々が、霊魂が無事に冥界に渡れるようにとの願いを込めて、死者と共に埋葬した副葬品だった。一般的には棺の中に一緒に埋葬されたが、小像の中に収めたり、ミイラの包帯に巻き込むようなこともあった。

そこに記されていたのは、主に死後の世界や裁きの間で必要となる呪文である。呪文は重要なものから些細なものまで、200近くもの種類が見つかっている。人々は、これら多数の呪文の中から、霊魂に必要と思われるものを選び、死者の書としてまとめて、共に葬っていたのだ。例えば死者の書のサンプルとして最もよく知られている「**アニのパピルス**」には、60種類の呪文が記されている。個々の死者の書には、オーダーメイドの高級品から引き写しの廉価版まで、埋葬者の地位や経済状況によって違いがあり、厳密な様式はなかった（とはいえ、もちろん呪文選択の際にセオリーはあったようだ)。

古代エジプトの人々は、霊魂の不滅を信じていた。死というのは、存在の在りようが変わるだけで、肉体を離れてカーと一体になった霊魂は、冥界の死者の楽園にて新たな生を得る。ただし復活を果たせるのは、正直に生きた者だけ。だからオシリス神が死者の罪の重さを見極める死者裁判をいかに乗り切るかは、まさに天国か地獄かがかかった切実な問題だったのだ。そこで「声正しき者（正直者)」として死者の王国に迎え入れられんがため、そして冥界の諸々の危険を避けるための手引書として、死者の書の数多の呪文や讃歌《さんか》は存在していた。

死者の書において、埋葬者の名にエジプトの冥界の神オシリスの名が冠されているのも、同様の理由からだ。神話において殺されたオシリスは、「日の下の」西の果ての国…つまり死者の楽園にて冥界の主として甦った。その名を冠してオシリスと一体化することで、死後の世界においては王のごとく復活を果たし、幸福な生活を送りたいという願いが込められていたのだ。

こうした死者の書は、第2中間期（紀元前1500年前半）の末ごろから民衆の間で用いられるようになり、エジプトの文化が落日を迎えるローマ統治期まで使われ続けた。

死者の書（ラマ教）

シシャノショ（ラマキョウ）

Bardo Thodol

■チベット　■経典

ラマ教（チベット仏教）における聖典の一つ。エジプトの「**死者の書**」とは全く別物なので注意すること。

この名があるのは、臨終の時にラマ僧によって読まれるからである。“Bardo”とは「中間状態」を意味し、“Thodol”は「解放」を意味するので、原題は「中間状態からの解放」を意味する。これは、死んでいる状態を「死」から次の「誕生」までの中間状態と考えているからだ。この経を唱えることで、素早く来世に行けるように、また来世に現世の経験を持っていけるように願う。

欧米では、ラマ教ニンマ派の『死者の書』が有名だが（そちらが先に翻訳されたから）、現地ではゲルク派の『死者の書』の方が一般的である。

児女英雄伝

ジジョエイユウデン

Ér Nǚ Yīng Xióng Zhuàn

■中国　■小説

1850年ごろに書かれた中国清代の長編小説。全40回。著者は文康《ぶんこう》。弾弓《だんきゅう》、拳法、日本刀、腿術《たいじゅつ》などを自由に使う美女剣士の十三妹《しいさんめい》が活躍することで、日本でも結構知られている。

主人公の十三妹は本名は何《か》玉鳳《ぎょくほう》だが、最初はそれを隠している。彼女は役人だった父を政敵に殺され、強盗稼業をしながら仇を捜しているという設定で、役人たちと次々と渡り合うというシーンが、小説のある部分の見どころとなっている。しかし、小説そのものは安っぽい才子佳人小説のパロディのようなもので、途中から十三妹と女々しい貴公子の安驥《あんき》のラブ・ロマンスの物語に変わってしまう。

安驥は世間知らずの金持ちの息子で、役人だった父・安学海の危機を救うために、大金を持って長途北京から淮安まで旅を始める。一応これが物語の始まりだが、この旅の途中、強盗寺に泊まってしまう。ここに十三妹が現れ、10人以上の悪人たちをあっという間にやっつけて、捕らわれていた美少女・張金鳳《ちょうきんほう》親子と安驥を救出する。

こうして出会った2人がやがては結婚

することになるわけだが、何といっても強盗稼業の女剣士と大金持ちの坊ちゃんという組み合わせだから、結婚までも道のりが大変なのは目に見えている。そして実際色々あるわけだが、どういうわけか話が進むにつれて十三妹はどんどん女らしくなるし、安驥もどんどん立派になって、最後には大いに出世して、めでたしめでたしということになるのである。

四書五経

シショゴキョウ

Sì Shū Wǔ Jīng

■中国　■経典

中国古代の思想家・孔子《こうし》を始祖とする儒教の経典（経書《けいしょ》）の中でも、特に重要視された四書と五経のことである。五経は五つの基本経典のことで、『**易経**《えききょう》』『書経』『詩経』『礼記《らいき》』『**春秋**《しゅんじゅう》』がある。四書は『論語』『孟子《もうし》』『大学』『中庸』の総称である。

古代中国の戦国時代は、儒家、墨家、道家、法家など様々な学派が起こり、諸子百家の時代と呼ばれるが、やがて漢代になると儒教が重要視されるようになった。そして、前漢の武帝《ぶてい》の代に、漢の国教の位置を占めるに至った。このとき五経博士の制も定められ、儒教の経典の中でも特に五経が重要なものと定められた。五経博士の制とは、それぞれが五経のうちの一つを専門に教授する博士を設置するという教育制度のことである。この結果、中国では官僚になるために五経を学ぶことが必須となり、五経こそ学問の中心とされたのである。

こうして、五経が中心の時代が長く続いたが、商工業が繁栄した宋代になって、新たな気風が生まれてきた。特に、南宋代の朱子は朱子学を起こし、儒教の神髄が五経よりも簡潔にまとめられたものとして、『論語』『孟子』『大学』『中庸』を四書として重要視した。この朱子学が隆盛し、四書が科挙の試験科目にも取り入れられるようになり、知識人に必須のものとなったのである。実際これ以降は、四書は五経よりも広く読まれたといわれている。また、四書は日本の江戸時代に広く読まれ、日本人の教養にも大きな影響を与えた。

四書五経の内容はおよそ次のようなものである。

五経

- 『易経』…五経の筆頭とされる経典で、今も行われている易占いの原典。
- 『書経』…別名『尚書《しょうしょ》』。古代の王者の言辞を記録した歴史書で、神話時代の堯《ぎょう》・舜帝《しゅんてい》から秦の穆王《ぼくおう》の時代までを扱っている。
- 『詩経』…各地の民謡、宮廷音楽の歌詞、祭祀音楽の歌詞を集めた中国最古の詩集。
- 『礼記』…周・漢時代の礼（礼儀作法）に関する記述をまとめた書物。
- 『春秋』…孔子作と信じられていた、春秋時代について書かれた歴史書。

四書

- 『論語』…孔子の言行録で、孔子と弟子たちの問答が集められた書物。孔子の死後、弟子たちがまとめた。孔子の思想を知るための第一の資料である。

- 『孟子』… 儒教では孔子に次いで重要とされる、中国戦国時代の思想家・孟子の言行録。
- 『大学』… 元々『礼記』の中の1篇で、非常に短い文章に政治思想の根幹をまとめた書物。朱子によって四書の一つとされた。
- 『中庸』… 元々『礼記』の中の1篇で、修己や倫理を中心に書かれた書物。朱子によって四書の一つとされた。

自然魔術

シゼンマジュツ

Magiae naturalis

■イタリア　■魔術書

16世紀の魔術書。

イタリアの哲学者で博物学者であったジャン・バティスタ・デッラ・ポルタ（1535～1615）の著作で、1558年に出版された。全4巻。さらにその約30年後の1589年には、大幅に増補改訂した全20巻版の『自然魔術』を出版する。

本書で扱う魔術は、いわゆる「魔術」とは毛色が異なっている。魔法の呪文もなければ儀式もいらない。神への捧げ物も悪魔との契約も必要としない。賢者の石も不老不死の秘薬も否定する…そのような魔術である。

デッラ・ポルタの魔術はすべて自然界の仕組みで説明が付くものであり、それを活用することで実践されるものが自然魔術なのだ。それゆえに、扱う内容は生物や金属、物理、医学、薬学、光学、発酵、化学といったもので、現在でいうところの自然科学に相当するものだった。

地蔵菩薩霊験記

ジゾウボサツレイゲンキ

Jizohbosatsureigenki

■日本　■説話

平安時代から鎌倉時代にかけての仏教説話。

三井寺（長等山園城寺）の僧・実叡《じっけい》が記した書物で、地蔵菩薩が地獄に落ちた者の苦しみを代わりに引き受けてくれるという「地蔵代受苦」を説いたことで、地蔵菩薩信仰を広めた。

七侠五義

シチキョウゴギ

Qī Xiá Wŭ Yì

■中国　■小説

→三《さん》侠《きょう》五《ご》義《ぎ》

七国春秋平話

シチコクシュンジュウヘイワ

Qī Guó Chūn Qiū Píng Huà

■中国　■小説

中国宋代あるいは元代に作られた「新《しん》刊全相平話《かんぜんそうへいわ》五種《ごしゅ》」の一つ。

→全相平話《ぜんそうへいわ》

七十人訳聖書

シチジュウニンヤクセイショ

Septuaginta

■ギリシア　■経典

→旧約聖書

十戒

ジッカイ

Ten Comandments

■中東　■経典

『旧約聖書』「**出《しゅつ》エジプト記《き》**」20章において、モーゼが神から受けた言葉。もちろん、10個の戒律から成る。しかし、教派によってその数え方が異なる。

ユダヤ教、東方正教会、プロテスタント諸派では以下のようになっている。

1. 私をおいて他に神があってはならない
2. いかなる像も造ってはならない
3. あなたの神、主の名をみだりに唱えてはならない
4. 安息日を心に留め、これを聖別せよ
5. あなたの父母を敬え
6. 殺してはならない
7. 姦淫してはならない
8. 盗んではならない
9. 隣人に関して偽証してはならない
10. 隣人のものを欲してはならない

ところが、ローマカトリックとプロテスタントのルター派では、以下のようになっている。

1. 私をおいて他に神があってはならない
2. あなたの神、主の名をみだりに唱えてはならない
3. 安息日を心に留め、これを聖別せよ
4. あなたの父母を敬え
5. 殺してはならない
6. 姦淫してはならない
7. 盗んではならない
8. 隣人に関して偽証してはならない
9. 隣人の妻を欲してはならない
10. 隣人のものを欲してはならない

これは、聖書においては、神の言葉が番号などなくずらずらと述べられているだけなので、そのうちどの10個を選ぶのかが、宗派によって変わってきているからである。

だが、聖書を読んでも、「隣人の妻を欲してはならない」と「隣人のものを欲してはならない」は一つの文章にまとめられている。なぜ、これをわざわざ2項目に分けたのかは、理解しにくい。

実践占星術新論

ジッセンセンセイジュツシンロン

Nouveau Traite d'astrologie pratique

■フランス　■占星術書

20世紀初頭、天王星や海王星などの宇宙観測技術の発達による新たな知見を、何とか占星術に取り込もうとしていくつもの占星術書が書かれた。

例えば、1846年に海王星が発見されてから、この惑星は不吉の星なのか幸運の星なのかで、占星術師の間で論争が起こっていた。

ジュレヴノの書いたこの本も、それら

の1冊である。
本書では、海王星は不吉の星であって、海王星と土星の合（地球から見て同じ方向にあること）は、クリミア戦争の要因となったと考えている。
ジュレヴノには、他に『進行相《しんこうそう》の鍵《かぎ》』といった著作もある。

失楽園

シツラクエン

Paradise Lost

■イギリス　■叙事詩

英国史上シェイクスピアに次ぐ文学者、詩人とされるジョン・ミルトン（1608～1674）の叙事詩。全12巻。1667年刊行。天界を追放されて地獄に落とされたサタン（堕天使ルシファー）が、神への復讐のためにエデンの園にいたアダムとイヴを堕落させるという物語で、**『旧約聖書』**の「**創世記《そうせいき》**」の物語を下敷きにしたものである。『**神曲《しんきょく》**』と並ぶキリスト教文学の最高峰とされるが、異端のアダム派の影響も感じさせる作品である。
ミルトンは1652年に失明し、全盲になりながら、口述筆記によって『失楽園』『楽園回復』『闘士サムソン』の三大作を完成した。
物語は神に反逆して敗れ、天界から遥か彼方《かなた》の地獄に落とされて横たわる悪魔軍団の描写から始まる。やがて首領のサタンが起き上がり、配下の軍勢を呼び起こす。この場面でミルトンは悪魔の首領たちを次々と紹介しているが、そこにはベルゼバブ（エクロン人の神）、モーロック（アンモン人の神）、ケモシ（モアブ人の神）、バアルとアシタロテ（メソポタミアの神）という具合に異教の神々の名が多い。
続けてサタンは新たに建造された万魔殿に悪魔の首領たちを集め、もう一度神の軍勢に挑戦すべきかどうか会議を開く。だが、答えは出ず、別なことが決定された。というのは、天界の噂によれば、もうすぐ神は新しい世界と被造物を作るとされていたが、それが本当かどうか、サタン自身が探索にいくというのである。
すべての悪魔たちの喝采を浴びた後、サタンは旅立つ。彼は敏捷な翼で飛翔し、地獄の門に達した。そこには門番がいたが、サタンはどうにか通過した。その先は「混沌」が支配する、どこまでも広がる灰色の深遠だった。サタンは「混沌」から、宇宙の最外層の原動天への道を聞き、さらに旅を続けた。やがて、サタンは天国から黄金の鎖で吊り下げられた宇宙に入り込み、太陽球に達した。そして、天使の姿に化けて、太陽球を統治する天使ウリエルから人間の住む場所を聞き出すと、ついにエデンの園にやって来てアダムとイヴを見つけた。
ここで、サタンはアダムとイヴがエデンの園の知恵の木の実を食べれば、罰として死の運命が与えられることを知り、2人にその禁を犯させてやろうと決意する。
天使ウリエルは、サタンを通過させてしまったことに気付くと地上に舞い降り、エデンの園を守る天使ガブリエルに、それを報告した。間もなく、天界から天使ラファエルがやって来て、アダムに恐るべき敵によって危機が近づいていることを忠告した。この場面では、天界で起こったサタンの軍勢と天使の軍勢の激しい戦いのことなどが、細かく説明されている。

しかし、次の日。アダムが1人で仕事に出かけた後、サタンは蛇になってイヴに話しかけた。唆《そそのか》されたイヴは知恵の木の実を食べ、アダムのためにもそれを持ち帰った。イヴの話を聞いたアダムは大いに悲しんだ。しかし、自分もまたイヴと運命を共にしようと決意し、その果実を食べたのである。こうして人間は堕落することになったのだ。

事態を知った守護天使たちは、天界へ行って神に報告した。神は自らの御子を、アダムとイヴの罪を裁かせるために派遣した。

しかし、神は人間を見放したわけではなかった。実は神は、アダムとイヴがサタンの誘惑に負けて知恵の木の実を食べることを知っていた。それを止めなかったのは、神は人間を、堕落するのも正しく生きるのも自らの意思に従うような、自由な存在として創造したからだった。その結果、人間は堕落することになったが、それはサタンにたぶらかされたためだった。それゆえ、神は人間のためにある救いを用意したのである。

間もなく、アダムとイヴをエデンから追放するために天使ミカエルが派遣された。追放にあたって、ミカエルは2人にあることを予言した。それは、まさに聖書に書かれている通りの物語だった。つまり、やがて神の御子が人間イエスとして誕生し、新しい信仰が広まること、そしてこの世の終わりの時に正しい信仰者たちはみな生き返り、エデンの園よりも幸福な楽園に住めるようになるということだった。

こうして、アダムとイヴはやがて人間に訪れる救いという希望を胸に、エデンの園から追放され、放浪の旅に出たのである。

使徒教父文書

シトキョウフブンショ

The writings of the Apostolic Fathers

■中東　■経典

キリスト教初期(90〜150)に成立した、正統信仰に則った文書のうちで、使徒によらない文書を「使徒教父文書」という。これらは、正典にこそ入らなかったものの、キリスト教会においては同等に重視され、使用された。

使徒教父（使徒の弟子たち、もしくはさらにその弟子たち）の時代、キリスト教は完全にユダヤ教と分かれ、(民族宗教としてのユダヤ教に対して）普遍宗教への道を歩んでいた。また、イエスを十字架に架けたユダヤ人というものへの憎悪を明確化し始めた（イエスも12使徒もすべてユダヤ人だったことは忘れてしまったらしい)。これは、使徒教父と呼ばれる人々が、ほとんどユダヤ人ではなかったことに原因があるのかもしれない。

このため**『新約聖書』**よりも、よりユダヤ人を非難する調子が強くなっている。

使徒言行録

シトゲンコウロク

Acts of the Apostles

■中東　■経典

『新約聖書』の5番目で、イエスの弟子たち、さらにその弟子たちの記録とされるもの。「**ルカ福音書《ふくいんしょ》**」と同じ作者の著作とされる。

キリストの復活を見た弟子たちが、どう変わったかを記録するものである。彼らは、イエスの逮捕の時のうろたえぶりとは打って変わり、鞭打たれ殺されてもキリストの教えを伝え続けた。また、彼ら及び神や聖霊の奇跡によって、様々な人がイエスの孫弟子となった。特に、キリスト教を迫害していたはずのパウロ(当初はサウロの名で登場する)の回心と、その宣教活動は大きく扱われている。

詩のエッダ

シノエッダ

Edda

■アイスランド　■叙事詩

→歌謡エッダ

しのだづま

Shinodazuma

■日本　■戯曲

江戸時代初期の古浄瑠璃。『しのたづまつりぎつね　付　あべノ晴明出生』とも。

平安時代より語り継がれ続けてきた安《あ》倍晴明《べのせいめい》伝説の一つを主題として作られた浄瑠璃である。

内容は晴明の出生にまつわる伝説に関するもので、晴明の父・安倍保名《やすな》に助けられた狐・葛の葉が人の姿を取って保名の妻となり、子をもうけるも正体を見破られたことから、元の住み処の信田の森へと帰っていく…というものだ。

しのたづまつりぎつね　付　あべノ晴明出生

シノタヅマツリギツネ　フ　アベノセイメイシュッセイ

Shinotazumatsurigitsune fu abenoseimeisyussei

■日本　■戯曲

→しのだづま

信田白狐伝

シノダビャッコデン

Shinodabyakkoden

■日本　■小説

→泉州《せんしゅう》信田《しのだ》白《びゃっ》狐《こ》伝《でん》

忍秘伝

シノビヒデン

Shinobihiden

■日本　■学術書

忍術秘伝書の一つ。服部半蔵保長(有名な服部半蔵正成の父)が永禄3年(1560年)に書いたものを、承応3年(1654年)に服部美濃部三郎が編纂し直したものが、現在残る『忍秘伝』であるという。

だが、現在残る最古の写本が享保16年(1731年)のものであり、保長の著であることどころか、三郎による改訂というところすら疑わしい。実はもっと新しく、1700年代になってからのものではないかという説が有力である。

この本には、忍術とは竊盗《せっとう》の術であると明言してある。

司馬穰苴兵法

シバジョウショヘイホウ

Sī Mă Ráng Jū Bīng Fă

■中国　■兵法書

→司馬法《しばほう》

司馬法

シバホウ

Sī Mă Fă

■中国　■兵法書

中国古代の兵法書。特に重要な兵法書である**武経七書《ぶきょうしちしょ》**の一つとされている。『司馬穰苴兵法《しばじょうしょへいほう》』『古司馬法《こしばほう》』とも呼ばれる。

春秋《しゅんじゅう》時代末期に斉《せい》の景公《けいこう》に将軍として仕えた田穰苴《でんじょうしょ》の兵法を、100年後に斉の威王《いおう》が採用し、古くから斉に伝わる兵法を総合して『司馬穰苴兵法』という書を作らせたのだという。「司馬」というのは周代における軍を司る役職名で、田氏は大司馬の職にあったので司馬氏を名乗るようになったのである。

『司馬法』は王者の徳と軍事を切り離せないものとして体系化するが、特に戦争についてのはっきりした見方を示していることに特色がある。すなわち、戦争には良いものと悪いものがあり、不正義の戦争を止める良い戦争ならばしても良く、平和のためなら人を殺しても良いのである。

縛られたプロメテウス

シバラレタプロメテウス

Prometheus Desmotes

■ギリシア　■戯曲

ギリシア三大悲劇詩人の1人といわれるアイスキュロス（紀元前6～前5世紀の人）による、プロメテウスの悲劇を描いた戯曲。ただし、アイスキュロス自身の作品かどうかについては、疑問が提示されている。少なくとも、アイスキュロス以外の人間の手が入っていることだけは確実である。

人間に火を与えたがために、ゼウスに罰せられようとするプロメテウス。しかし、彼はその正当性を信じ、ゼウスに屈することはない。

この悲劇は、他に『解き放たれたプロメテウス』『火を運ぶプロメテウス』と合わせてプロメテイア（プロメテウス3部作）を成すと考えられている。ただし、残る2作は失われており、その内容は分かっていない。

シビュラの託宣

シビュラノタクセン

Oracula Sibyllina

■中東　■予言書

『旧約聖書偽典』の一つ。

元々シビュラとは、ギリシアの伝説に登場する女予言者の名前である。本来ユダヤ教ともキリスト教とも何ひとつ関係がない。

ところが、ギリシア語を話したユダヤ人たちは、シビュラの高名を利用しようとして、偽のシビュラの予言を作成した。

そこには、ユダヤの神の優越性と、ユダヤ人の繁栄が書かれていた。これが、『旧約聖書偽典』とされる「シビュラの託宣」である。

だが、実際にはこの書はユダヤ人にはあまり受け入れられず、もっぱらキリスト教徒に愛好された。そして、さらに偽の予言が追加されていった。そして、それに合わせてシビュラは女予言者を表す普通名詞と化し、最終的には12人のシビュラが14巻の予言書を書いたことになってしまった。

内容は、複数の人物によるものなので統一性がない。

シビュレの書

シビュレノショ

Libri Sibyllini

■ローマ　■予言書

ローマ帝国において、信じられていた予言書。

シビュレとはアポロンの神託を告げる巫女であって、歴史上無数のシビュレが存在した。この書を書いたのは、キューメーのシビュレと呼ばれる。

彼女は、ローマ王タルクゥイニウス（帝政ローマの前の、共和制ローマの、そのまた前の王制ローマ時代の最後の王）の前に9冊の予言書を持って現れ、高額でこの予言書を買うようにいった。

王が断ると、そのうち3冊を火にくべて、6冊になった予言書を、やはり同額で買うようにいう。それでも王が断ると、さらに3冊を燃やし、残り3冊を同額で買うようにいった。

王は、恐れを感じて3冊の予言書を購入した。そして、6冊の予言書が失われたことを惜しんだという。

この予言書はユピテル神殿に保管され、国家の危機の時に神意を問うために使われた。だが、紀元前83年に神殿が火事となり、予言書は失われた。

後に皇帝となったアウグスティヌスが、各地の神殿に保管されていた予言書を再編して、新たに予言書を作り、アポロン神殿に収めた。現在残るシビュレの書はこれであるという。

子不語

シフゴ

Zǐ Bù Yǔ

■中国　■小説

中国の清代の短編**志《し》怪《かい》小《しょう》説《せつ》**集（怪談物語集）。袁枚《えんばい》（1716～1797）の撰述。正編24巻、続編10巻で、千以上の物語を収録している。袁枚は若くして科挙に合格し、官吏として各地を転々としたが、38歳で官を辞すると、江寧《こうねい》（南京）に「随《ずい》園《えん》」と号する庭園を造り、82歳で死ぬまで詩や文に専念した自由人、風流人である。『子不語』という題名は『論語』の「子不語怪力乱神（子、怪力乱神を語らず）」（孔子《こうし》は妖怪変化など怪しげなことは語らなかった）に由来している。この本では、孔子が語らなかった怪しげな話を集めているということである。後になって昔の書物に同じ題名のものがあることに気付いた袁枚は題名を『新斉諧《しんせいかい》』と改めたが、普通には『子不語』の題で知られている。

詩篇（旧約聖書）

シヘン（キュウヤクセイショ）

Psalms

■中東　■経典

『旧約聖書正典』の一つ。古代イスラエルで歌われた賛美歌と悲嘆の歌を、150篇程集めたもの。古代の神殿礼拝において、音楽に合わせて歌われたものだと考えられている。

→旧約聖書

詩篇（ロシア正教）

シヘン（ロシアセイキョウ）

Псалтырь

■ロシア・東欧　■経典

ロシア正教は聖書の「詩篇」を重んじ、よく典礼に用いる。中世ロシアでは民間教育は「詩篇」の暗誦から始まることになっており、「詩篇」はロシア人の教養の基礎を成した。「詩篇（プサルトゥイーリ）」の歌は伝統的にダビデ王のものとされてきたため、ダビデ王は「聖歌作者（プサルモペーヴェツ）」と呼ばれて尊ばれた。

「鳩の書」という、口伝えに伝えられた民衆詩歌がある（19世紀ごろ採録）。この詩の中では、ダヴィド・エヴセイェヴィチ王（ダビデ王）がヴォロディミル・ヴォロディミロヴィチ公（キリスト教をロシアの国教としたといわれるキエフ大公ウラジーミル）に、この世界がいかに創造され、いかにして悪が善に勝ったかを語り聞かせることになっている。

『モノマフの庭訓《ていきん》』という書物がある（12世紀ごろ著述）。キエフ大公ウラジーミル・モノマフが子供たちに残した教訓の書で、ロシアでは古典として尊ばれる。しかし何ぶん、当時のロシアは麻のごとく乱れていたので、ウラジーミルは乱世向きの人間とならざるを得ず、『庭訓』も乱世向きの書物とならざるを得なかった。ウラジーミルは13歳の時以来、対ポーロヴェツ（東方の遊牧民）戦や内戦に従った。「主な遠征は83、小なるものは記憶にも留めていない」（『ロシア中世物語集』中村喜和編訳／筑摩書房／以下引用部はすべて同じ）と豪語する程。さらに自ら語っていうには「ポーロヴェツの汗たちと和を講ずること19回、割き与えた家畜と衣服はおびただしい量に達する」「手づから野生の馬を捕らえたことも、2頭の野牛に乗馬もろとも押し倒されたことも、鹿の角にかけられたこともある。猪が余の腰の剣を引きちぎり、熊が余の膝当てを食いちぎり、狼が余の腰に飛びかかって馬もろとも転倒せしめたこともある。頭を打ち割ること2度、手足に傷を負うことは数知れなかった」という。ともあれ、この書物に記されている彼の倫理は基本的にキリスト教、それも独特のキリスト教で、事あるごとに「詩篇」から自分の心にかなう箇所を抜き出し適当に配列して誦むとか、馬上で暇な時に胸の中で「主よ憐れみたまえ」と祈るのは、何にもまして善き祈りだとか書いてある。たいそう男らしい態度だが、同じことをカトリック圏の王がいったなら、教会に決して良い顔はされなかったであろうと思う。

資本論

シホンロン

Das Kapital

■ドイツ　■思想書

カール・マルクスの著。社会主義、共産主義という思想を生み出して世界を変えた本。

その基本思想は、資本主義社会というものを、「商品」という基本概念からとらえ直すものである。そして詳細な分析の結果、資本は集中し、片や貧困が増大し、社会の矛盾が深まることで、資本主義社会は行き詰まると結論付けている。

これが、いわゆる共産主義思想の始まりとされる。この思想を持った人々は、資本主義を打倒されるべき旧時代の遺物と考え、暴力革命をもってでも、社会を変革すべきと考えるようになった。

実は『資本論』では、資本主義社会の次にどのような社会が来るのか、明確には指示していない。労働者が、自らの意思で労働する社会が来ることは言明しているが、ソ連型の計画社会などについては何ひとつ語っていない。

つまり、資本主義の次に来るのが、労働者側に選択の自由が存在する経済体制でありさえすれば、資本論的には全く問題がない。

もしかしたら、社会主義というのは、『資本論』の誤読から生まれた思想だったのかもしれない。

ジャータカ

jātaka

■インド　■説話

仏教が盛んだった古代インドで作られた釈迦の前世物語集で、仏教の教えを分かりやすく説いた教訓的説話集である。『本生譚《ほんじょうたん》』『本生談』『本生話』などと訳されることが多い。漢訳では『本生経』といい、仏教経典の一種とされていたことが分かる。

仏教徒にとっては、釈迦は超人的な聖人だった。これを輪廻転生思想によって説明すると、釈迦はこれまでの前世で何度となく生まれ変わり、立派な功徳を積んだからこそ、そのような聖人になったのだと考えられた。そこから、釈迦が多数の前世において成し遂げた立派な行為の物語として『ジャータカ』が作られたのである。

ただ、これらの物語は全く新しく作られたわけではない。インドに元々あった民話の中から、立派な行為をした人物や動物の物語が集められ、これらの人物や動物は実は釈迦の過去生だったのだという話が付け加えられ、多種多様な釈迦の前世物語が生じていったのである。

このような物語だからその数は非常に多いが、ここでは一例として法隆寺の玉《たま》虫《むしの》厨子《ずし》に描かれた絵のテーマともなっている「捨身飼虎《しゃしんしこ》」の物語を挙げておこう。薩多《さった》太子は釈迦の前世の一つだったが、ある時崖の下に落ちて飢えに苦しんでいる虎の親子を見つけた。太子は哀れに思い、衣服を脱いで木にかけ、崖から身を投げて自分自身を虎の餌とすることで、虎の親子を救ったのである。つまり、菩薩心から人を助けようと思った釈迦は、身命を捨てることも厭《いと》わなかったということだ。

シャー・ナーメ

Shah Name

■ペルシア・アラブ　■叙事詩

→王書

シャーロック・ホームズシリーズ

Sherlock Holmes

■イギリス　■小説

アーサー・コナン・ドイルの作った世界一有名な名探偵と、その小説シリーズ。推理小説の元祖であるエドガー・アラン・ポーのオーギュスト・デュパンを除き、ありとあらゆる名探偵の元祖といっても過言ではない。

天才的観察眼・推理力を持つ名探偵で、ビクトリア朝時代のロンドンのベーカー街221Bに住み、相棒ワトソン医師をお供に様々な犯罪を解明する。

現在、ベーカー街221Bはホームズ博物館となっているが、今でも本当に探偵の依頼の手紙が、世界中からやって来るという。

→養蜂《ようほう》実用ハンドブック

シャーンカーヤナ・アーラニヤカ

Śānkhāyana-āraṇyaka

■インド　■経典

『**リグ・ヴェーダ**』の「**アーラニヤカ**」の部分。

ジャイミニーヤ・ブラーフマナ

Jaiminīya-brāhmaṇa

■インド　■経典

『**サーマ・ヴェーダ**』の中で、その儀式の意味合い、実際の実行手順などを説明した「**ブラーフマナ**」の部分。

謝小娥伝

シャショウガデン

Xiè Xiǎo É Zhuàn

■中国　■小説

中国唐代晩期の伝奇小説、義侠小説。9世紀初頭の李公佐《りこうさ》作。父と夫の仇を討つ若妻《わかめ》・謝小娥《しゃしょうが》の物語である。『**太平広《たいへいこう》記《き》**』巻491所収。

謝小娥は大金持ちの商人の娘で、幼くして母を亡くし、義侠の段居貞《だんきょてい》と結婚した。父も夫婦も大勢の召使いを使い、船に品物を積んで商売をしたが、ある時盗賊に襲われ、父も夫も殺され、すべてを奪われた。小娥も怪我をして水に落ち、他の船に救われた。間もなく小娥は夢で、父の仇は「車中の猴《こう》、東門の草」、夫の仇は「禾《か》中を走る一日の夫」と告げられた。小娥は知恵者を見つけて謎を解いてもらおうと思ったが、なかなか見つからなかった。数年後、公佐《こうさ》がその謎を解き、2人の仇は申蘭《しんらん》と申春と分かった。小娥は男子に変装して各地を渡り歩き、1年後に潯陽郡《じんようぐん》（江西省）で申蘭と申春の盗賊兄弟を見つけた。小娥は下働きとして2人に近づき、申蘭を殺し、申春と一味の者たちを官に逮捕させたが、その者たちは死罪となった。こうして小娥の復讐は遂げられたのである。

沙石集

シャセキシュウ

Shasekishuh

■日本　■説話

→沙《さ》石《せき》集《しゅう》

シャタパタ・ブラーフマナ

Śatapatha-brāhmaṇa

■インド　■経典

『白ヤジュル・ヴェーダ』の中で、祭祀の実際の方法論を解く「**ブラーフマナ**」の部分。

また、神話や伝説も数多く含まれている。

→ヤジュル・ヴェーダ

シャ・ナクバ・イムル

Ša nagbu amāru

■メソポタミア　■神話

→ギルガメシュ叙事詩

ジャヤマンガラー

Jayamaṅgalā

■インド　■思想書

カーマ・シャーストラ（性愛論書）の1冊。13世紀の思想家ヤショーダラ・インドラパーダによる『**カーマ・スートラ**』の注解書。

ジャンガル

Janggar

■モンゴル　■叙事詩

モンゴルの英雄ジャンガル・ハーンの伝説を叙事詩にしたもの。『**元《げん》朝《ちょう》秘《ひ》史《し》**』『**ゲセル・ハーン物語**』と共に、モンゴル古典三大名著の一つである。

その形成時期は6〜18世紀までで定説が存在しないが、現在のところ15〜17世紀くらいという説が有力である。

内容は、ブンバ国の首領ジャンガル・ハーンと、その12人の大将、6千人の勇士が、様々な敵国と英雄的に戦う物語である。

実は『ジャンガル』は数十もの英雄叙事詩の複合体であって、それぞれの物語は独立しており、互いに関連はない（もちろん、主人公がジャンガルかその配下のだれかであるという点では関連しているのだが）。

基本的に、ジャンガルチと呼ばれる吟遊詩人が唱えることで上演される。だから、最初から終わりまで通しで上演されるということはなく、客のリクエストに応じて、多くの叙事詩の中からいくつかを選んで上演することになる。

シュヴェーターシュヴァタラ・ウパニシャッド

Śvetāśvatara-upaniṣad

■インド　■経典

『黒ヤジュル・ヴェーダ』の「奥義《おうぎ》書」の部分。詩の形で書かれている。

→ヤジュル・ヴェーダ

周易

シュウエキ

Zhōu Yì

■中国　■思想書

→易経《えききょう》

周易参同契

シュウエキサンドウケイ

Zhōu Yì Cān Tóng

■中国　■錬金術書

現存する中国最古の煉丹術《れんたんじゅつ》の書。後漢の魏伯陽《ぎはくよう》の撰述と伝えられている。本文は上篇、中篇、下篇から成っている。

「参同契」は三位一体という程度の意味で、「易」「黄老道《こうろうどう》（道教）」「煉丹術」の三者は相通ずるものであるという見解の表明となっているが、中でも周易が主となることから『周易参同契』と題されたという。その題名の通り、煉丹術や養生術を易、陰陽、五行などの論理を駆使して解説したものだが、文章には謎に満ちた例えや隠語が多く、非常に難解な内容となっている。

一部引用すると、「白を知り黒を守れば、神明自《おのずか》ら来る。白は金の精、黒は水の基《もと》。水は道の枢《すう》、その数、一と名づく。陰陽の始《はじめ》にして、玄《げん》、黄芽《こうが》を含む。五金の主にして、北方の河車《かしゃ》なり。故に鉛は外黒く、内に金の華《はな》を懐《いだ》く。褐《かつ》を被《こうむ》りて玉を懐き、外は狂夫となる。金を水の母となし、母は子の胎《たい》に隠る。水は金の子にして、子は母の胞《ほう》に蔵《かく》る。」（『周易参同契』中国古典新書　鈴木由次郎編／明徳出版社）という具合である。

しかし、多大な影響力を持ち、後世の煉丹術師や不老長生を目指す者たちから「万古丹経《ばんこたんきょう》の王」と呼ばれて重要視された。

→易経《えききょう》

集会書

シュウカイショ

Ecclesiasticus

■中東　■経典

→シラクの子イエスの智恵

四遊記

シユウキ

Sì Yóu Jì

■中国　■小説

中国の明代に成立した四つの小説を集成したもの。『**西遊記**《さいゆうき》』『**東遊記**《とうゆうき》』『**南遊**《なんゆう》**記**《き》』『**北遊記**《ほくゆうき》』がある。

十五少年漂流記

ジュウゴショウネンヒョウリュウキ

Deux Ans de Vacances

■フランス　■小説

フランスの小説家ジュール・ヴェルヌの冒険小説。1888年刊。原題は『二年間の休暇』だが、1896年に森田思軒《もりたしけん》が英語から重訳して『十五少年』と名付けてから、日本ではこの題名が一般的となっている。

ニュージーランドの首都オークランドにあるチェアマン学園の生徒たち、8歳から14歳までの14人が夏休みを利用して、2本マストのスクーナー船スラウギ号で楽しい航海旅行に出る計画を立てた。もちろん、数人の大人たちも同伴する予定だった。少年たちは前の晩から船に乗り込んで出発を待った。船には見習い水夫で12歳の黒人の少年モコも乗っていた。

ところが、少年たちが寝ている間に船をとめていたロープが解け、船は波に流されて外海を漂流し始めてしまったのだ。あげくの果てに嵐に遭い、船は壊れ、どこかの無人島へと流された。こうして、無人島における十五少年のおよそ2年に及ぶ冒険が始まったのである。

少年たちの間にはライバル関係もあり、諍《いさか》いも絶えないが、色々な難問を乗り越えながら結束を固め、みな成長していく。その成長ぶりが小説のテーマとなっている。

物語の終盤には人殺しをしてきたばかりの悪党たちも登場し、少年たちは危機を迎える。だが、何とか悪党たちをやっつけた少年たちは、彼らの船に乗って島を出る。そして、小さな汽船に救出され、ついに故郷へ帰り着くのである。

十二支考

ジュウニシコウ

Juhnishikoh

■日本　■学術書

南方熊楠《みなかたくまぐす》の著作。

十二支の動物にまつわる博物学的・民俗学的な考察、伝説や歴史的資料などを紹介している…のだが、牛に関するそれだけが欠如している。

本書は雑誌『太陽』で大正3年（1914年）から始まった連載記事をまとめたもので、連載第1回は寅年にちなんで虎を題材としたものだった。また、十二支の動物を扱う記事ではあったが、実際には猫や狐などにも言及している。

十二族長の遺訓

ジュウニゾクチョウノイクン

Testaments of the Twelve Patriarchs

■中東　■経典

『旧約聖書偽典』の一つ。正典にある「ヤコブの遺訓」と同様、ヤコブの12人の息子たちが死の床で残した遺言である。

基本的に、金や女の美しさに惑わされることなく、信仰を貫くようにというものだ。

呪術大全

ジュジュツタイゼン

Conpendium maleficarum

■イタリア　■悪魔学

イタリアの修道士フランチェスコ・マリア・ガッツオが1608年に書いた悪魔学書。

自らのミラノの異端審問判事としての経験と、過去の資料（**『魔神崇拝《まじんすうはい》』**や**『魔術探求』**など）の孫引きを合わせて書かれた。

ジュスティーヌあるいは美徳の不幸

ジュスティーヌアルイハビトクノフコウ

Justine ou les Malheurs de la vertu

■フランス　■小説

→ソドム百二十日

出エジプト記

シュツエジプトキ

Exodus

■中東　■経典

『旧約聖書正典』のうち、2番目にあるのが「出エジプト記」である。**トーラー**五書の一つ。

モーゼはここに登場し、神から律法を得て、ユダヤ人を契約の民とする決定的な役割を果たす。

物語は、エジプトに抑留されているユダヤ人の中で、モーゼが頭角を現し、ついにユダヤ人を率いてエジプトを脱出する。そして、シナイ山で神から**十戒《じっかい》**を得て、ユダヤ人が契約の民となるまでを描いている。ある意味、聖書の中で最も重要な部分である。

→旧約聖書

術士アブラメリンの神聖なる魔術の書

ジュツシアブラメリンノシンセイナルマジュツノショ

La magie sacrée d'Abramelin le Mage

■フランス　■魔術書

→魔術師アブラメリンの聖なる魔術の書

酒呑童子

シュテンドウジ

Shutendohji

■日本　■説話

御伽草子《おとぎぞうし》の1篇。渋川清右衛門《しぶかわせいえもん》が刊行した23篇のうちの1篇。

怪物退治のヒーローとして知られる源《みなもとの》　頼光《よりみつ》とその四天王にまつわる伝説の一つである「酒呑童子退治」を題材とした御伽噺である。

シュメール王名表

シュメールオウメイヒョウ

Sumerian king list

■メソポタミア　■歴史書

古代の南メソポタミアに君臨したとされる歴代の王朝、王の名と統治期間が記録された文献。碑文や粘土書板の形で残されている。各都市の伝承を集める形で最初に編纂されたのは、ウル第3王朝期（紀元前21世紀ごろ）ごろと考えられている。

古代のメソポタミアにおいては、諸々

の都市国家が並立し、互いに勢力を競っていた。シュメール王名表は、こうした都市国家のうち常に一つが王権を保持し、王朝を繋いだという前提に基づいて編纂されている。

しかし、もちろん実際には複数の王朝が並立していた時代があり、また強い勢力を誇りながら王名表には名が見えないニップル、ラガシュなどの都市も存在した。王名にも、実在が確かめられている王と、ほぼ神話と思われる王の名が混在している。すべてを押し流したとされる大洪水以前の8人の王は、在位期間を合計するとなんと20万年を超えてしまう。

こうした点から、正確な事実の記録としてシュメール王名表を鵜呑みにはできない。ただし、古代メソポタミアの王と王権についての史料として、シュメール王名表以上のものは存在しないことも、同時に付け加えておく必要があるだろう。

ジュリエット物語あるいは悪徳の栄え

ジュリエットモノガタリアルイハアクトクノサカエ

Histoire de Juliette ou les Prospérités du vice

■フランス　■小説

→ソドム百二十日

儒林外史

ジュリンガイシ

Rú Lín Wài Shǐ

■中国　■小説

中国清代の長編風刺小説。全55回。作者は呉敬梓《ごけいし》（1701～1754）。魯迅《ろじん》によって優れた風刺小説として非常に高く評価されたもので、**『紅楼夢《こうろうむ》』**と並ぶ清代の二大小説とされている。

旧中国では、天子を頂点とした巨大官僚機構が唯一絶対の支配体制であり、支配階級になるには官吏になるしかなかった。そして、官吏になるには科挙という高級官吏登用試験に合格する必要があった。科挙には全部で10回程の試験があり、合格した回数によって「生員《せいいん》（秀才）」「挙《きょ》人《じん》」と進み、すべてに合格すると「進《しん》士《し》」となって、官吏になることができた。官吏候補生という程度の生員になっただけでも、庶民から見れば特権階級だが、清代では進士になれるのは生員3千人に1人という難関で、このために激烈な競争が繰り広げられた。

『儒林外史』が風刺するのはまさにこの科挙という制度であり、これによって生まれた官吏をありがたがって疑わない社会である。

長編小説だが、一貫した主人公がいるわけではない。数多くの登場人物がおり、その人物が一場の主人公となって、次から次と様々なエピソードが繋がっていくという構成になっている。

例えば、范進《はんしん》は54歳でやっと生員に合格する。試験官の周進というのが60歳過ぎて賄賂を使ってやっと生員となり、その後、どういうわけか進士にまでなってしまったような人物で、全く文章を見る目がなかったからだ。つまり、范進は本来なら不合格であるべきなのに合格したのだ。それが続けて挙人にも合格してしまい、近所は大騒ぎとなり、土地や家屋敷まで贈られ、数ヶ月でお大尽様になってしまった。これに驚いたのが范進の母で、嬉しさのあまり昇天してしまうのである。

金東崖《きんとうがい》の物語はこうだ。彼はかつて高官の私設秘書をしていたが、自分は科挙に合格したことはなかった。そこで息子を受験させたいと思うが、不出来なのは分かっているので、替え玉を雇ってどうにか生員に合格させた。だが、それが露見しそうになったので、慌てて金で事を済ませ故郷に逃げ帰るのである。

もちろん、描かれるのは科挙の合格を目指す者たちばかりではない。科挙に合格して官吏となった者たちの腐敗ぶりや愚かさも、ユーモラスな筆致で描かれている。

春秋

シュンジュウ

Chūn Qiū

■中国　■歴史書

中国古代の歴史書。春秋《しゅんじゅう》時代の魯《ろ》の国の公式の記録であり、年代記である。古代中国では孔子《こうし》が制作に関与したと信じられたが、真の制作者や制作年代は不明である。『春秋』自体は残っていないが、その解説書である『**春秋《しゅんじゅう》公羊伝《くようでん》**』『**春秋《しゅんじゅう》穀梁伝《こくりょうでん》**』『**春秋《しゅんじゅう》左氏伝《さしでん》**』の春秋三伝があり、その内容を知ることができる。それによると『春秋』が扱っているのは魯の君主の在位年を基本に、隠公《いんこう》元年（紀元前722年）からで、その下限は『公羊伝』『穀梁伝』では哀公《あいこう》14年（紀元前481年）、『左氏伝』ではその2年後までとなっている。歴史学でこの時代のことを春秋時代というのは、それが『春秋』で扱っている時代だからである。

『春秋』は魯の国の歴史書だが、その内容は魯に限定されているわけではなく、国や諸侯の盛衰、主君の暗殺事件、自然災害など、当時の中国全地域が対象になっている。ただ、記述は簡単で、箇条書きのように単純に事件が羅列されているだけである。

ところが、紀元前3世紀の戦国時代の思想家・孟子《もうし》が、『春秋』の編纂には孔子がかかわっており、そこには孔子の高邁な道徳思想が隠されていると言い出した。このため、中国では古くから『春秋』は非常に重要な書と目され、儒家の教科書である五経の一つとされた。

前漢代に『**史記《しき》**』を作った司馬遷《しばせん》もそれを信じており、次のように書いている。

「私は董仲舒《とうちゅうじょ》先生がこういったのを聞いています。『周の王道が衰えてから、孔子が魯の司寇《しこう》（刑罰警察を司る官）となった。諸侯はこれを忌み嫌い、大夫はこれを妨げた。孔子は自分の説が用いられず、道の行われないのを知ると、242年間（魯の隠公元年から哀公14年に至る）の史実について褒貶《ほうへん》を加え、これを天下君民の儀表（かがみ）とした。諸侯の非行をけなし、大夫の悪行を正し、これによって王道を達成しようとしたのである』と。また孔子は、『私はこれを空言（抽象的な言葉）で記載しようと思ったのであるが、やはり行跡によって示す方が明瞭である』といいました」（『史記8　列伝四』司馬遷著／小竹文夫ほか訳／筑摩書房）

つまり孔子は、物事の善悪をより具体的に示すために、抽象的議論ではなく年代記という形を取って、実際の出来事に沿って述べることにした。そういう意図の下にでき上がったのが『春秋』だというのだ。

このため『春秋』の簡単な記述をどのように解釈するかは、古代中国では非常に重要な課題となり、春秋三伝のような解釈書も書かれたのである。

→四書五経

春秋公羊伝

シュンジュウクヨウデン

Chūn Qiū Gōng Yáng Zhuàn

■中国　■歴史書

中国古代の歴史書『**春秋**《しゅんじゅう》』の解説書で、『**春秋穀梁伝**《しゅんじゅうこくりょうでん》』『**春秋左氏伝**《しゅんじゅうさしでん》』と共に、春秋《しゅんじゅう》三伝といわれる。漢代初期の成立。伝承によると、孔子《こうし》の門人・子夏《しか》が公羊《くよう》高《こう》に口授したものが代々伝えられ、漢の景帝《けいてい》時代（紀元前156～前141）に公羊高5世の孫・公羊寿《くようじゅ》によって文字にされたという。

成立後間もなくから、『春秋』を理解するための公式テキストとして採用され、漢代には政治方針を決定する重要なイデオロギーとされた。イデオロギーの中心にあるのは大義名分論で、その動機が正しければ、負けても良いと考えられた。大義名分の基本には父祖・肉親の愛、民衆生活の安定などが置かれた。だから、暴君を討伐するのは正しかったし、父祖の仇は100年後にも討つべきだった。また、中国（中華）に対して異民族（夷《い》狄《てき》）を蔑《さげす》む思想などが打ち出されているという特徴がある。

春秋穀梁伝

シュンジュウコクリョウデン

Chūn Qiū Gŭ Liáng Zhuàn

■中国　■歴史書

中国古代の歴史書『**春秋**《しゅんじゅう》』の解説書で、『**春秋公羊伝**《しゅんじゅうくようでん》』『**春秋左氏伝**《しゅんじゅうさしでん》』と共に、春秋《しゅんじゅう》三伝といわれる。伝承では魯《ろ》の人・穀梁が孔子《こうし》の門人・子夏《しか》から口授されたものが伝わったといわれる。前漢の宣帝《せんてい》（在位紀元前74～前49）の時代には成立していた。その内容は、『公羊伝』を前提にしながら異なる思想を述べたもので、動機や心情よりも果たすべき責任を重要視しているという特徴がある。しかし、『公羊伝』『左氏伝』程には重要視されなかった。

春秋左氏伝

シュンジュウサシデン

Chūn Qiū Zuǒ Shì Zhuàn

■中国　■歴史書

中国古代の歴史書『**春秋**《しゅんじゅう》』の解説書。『**春秋穀梁伝**《しゅんじゅうこくりょうでん》』『**春秋公羊伝**《しゅんじゅうくようでん》』と共に春秋《しゅんじゅう》三伝といわれ、経書《けいしょ》（儒教の最重要文献）に準ずるものとされている。伝承では、作者は孔子《こうし》と同時代人の魯《ろ》の左《さ》丘明《きゅうめい》といわれるが、確かではない。とにかく、その後『左氏伝』は長らく歴史的には忘れられた存在となった。前漢末になって、学者・劉歆《りゅうきん》が宮中の蔵書の中から、先秦時代の古文字で書かれた『左氏伝』の文章を発見した。しかし、この時点で『左氏伝』には『春秋』を解説した部分しかなく、『春秋』自体の記述は載せられていなかった。西晋《せいしん》（265～

316）になって、杜預《とよ》（222～284）が『春秋』の経文と『左氏伝』の解説を相互に照応できるような形に整え、『春秋経伝集解《けいでんしっかい》』という注釈書をまとめた。現在読まれている『春秋左氏伝』はみな、この書を元にしているという。

『左氏伝』研究は、三伝の中では『公羊伝』研究と共に『春秋』学の主流派を争った程盛んだったが、この書は他の2書とは異なる特徴があった。『公羊伝』『穀梁伝』は『春秋』の経文に沿って、ほとんど文字単位で解説を加え、孔子の精神を読み取ろうとしているのに、『左氏伝』では事件にかかわるような歴史的な説話が大量に取り入れられているのである。『公羊伝』『穀梁伝』からうかがえる本来の『春秋』には載っていなかった歴史的事実も『左氏伝』には数多く載せられ、その説明も膨大なものになっている。このため、春秋時代の歴史物語の宝庫ともいわれ、『春秋』解釈などとは関係なしに、文学的な読み物としても面白いものになっている。また、春秋時代の歴史を知る上で、なくてはならない資料となっているのである。

春秋分点

シュンジュウブンテン

Equinox

■イギリス　■定期刊行物

アレイスター・クロウリーが主宰していた魔術結社〈A∴A∴〉の機関誌。

様々な記事が掲載され、現代でも一級の資料として扱われている。

春曙抄

シュンショショウ

Syunsyosyoh

■日本　■随筆

→ 枕草子《まくらのそうし》

小イリアス

ショウイリアス

Little Iliad

■ギリシア　■叙事詩

ホメロスの『**イリアス**』の欠落部分を補完するべく書かれた作品の一つ。

アキレスの死から、木馬の建造までを扱う。

聶隠娘

ジョウインジョウ

Niè Yǐn Niáng

■中国　■小説

中国唐代末期に書かれた短編の伝奇小説、剣侠小説。裴鉶《はいけい》著の短編小説集『**伝奇**』の1篇で、現在の武侠小説の源流の一つとされる。

唐の貞元《ていげん》年間（785～805）のこと。魏博《ぎはく》（河北省南部あたり）の将軍であった聶鋒《じょうほう》の娘・聶隠娘は10歳の時に尼僧に誘拐され、深山で秘術を仕込まれ、超人的な暗殺者となった。5年後、家に戻った彼女は夜な夜などこかへいなくなったが、家族の者は怖くて何も聞けなかった。間もなく魏博の節度使の直属の部下となった彼女は、陳許《ちんきょ》の節度使・劉昌裔《りゅうしょうえい》暗殺を命じられた。しかし、劉昌裔の人物を知った彼女は寝返った。そして、新たに送られてきた精精児《せいせいじ》、空空児《くうくうじ》といった暗殺者たちと全く超人的な戦いを繰り広げ、見事に撃退するのである。

傷寒雑病論

ショウカンザツビョウロン

Shāng Hán Zá Bìng Lún

■中国　■学術書

中国後漢末に張仲景《ちょうちゅうけい》が作ったとされる医書。全16巻。湯液《とうえき》（せんじ薬）を中心とする療法と薬の処方を集成したもので、今日行われている漢方湯液療法の原点というべき古典である。また、実在した個人の名を持つ最古の医書である。

張仲景が書いた元のテキストは現在には伝わっていない。『傷寒雑病論』は題名の通り「傷寒」と「雑病」を扱ったひとまとまりの書だった。唐代になり、1065年に傷寒を扱った部分が『傷寒論《しょうかんろん》』、1066年に雑病を扱った部分が『金匱要《きんきよう》略《りゃく》』という題名の本として出版され、これによって『傷寒雑病論』の内容が後世に伝わることになった。

『傷寒論』は全10巻、全22編で、112の薬方と72種の薬物から構成されている。「傷寒」とは腸チフスのような急性熱性病であり、風邪とかインフルエンザもこれに含まれるらしい。『傷寒雑病論』にあったとされる張仲景自身の自序によると、ある時期に200人以上もいた彼の一族のうち2／3が死んだが、傷寒によるものが7／10を占めた。それゆえ医書の作成に取り組んだというから、『傷寒論』が『傷寒雑病論』の中心部分だったことが分かる。

『金匱要略』は全25巻、全25編である。「雑病」とはその他の様々な疾病ということで、扱っている病気は多い。循環器・呼吸器・泌尿器・消化器などの障害や皮膚病、婦人病、精神病、救急治療法などまで扱っている。

いずれも古い本ではあるが現在も高い価値を持っており、そこに書かれた漢方処方には今日でも頻用されているものが多い。

傷寒論

ショウカンロン

Shāng Hán Lún

■中国　■学術書

→**傷寒雑病論《しょうかんざつびょうろん》**

上宮聖徳法王帝説

ジョウグウショウトクホウオウテイセツ

Johguhshohtokuhohohteisetsu

■日本　■歴史書

法隆寺の秘蔵の宝として、その存在すらほとんどの人が知らないままであった、古代日本の史書。聖徳太子に関する最古の伝記である。

作者、成立年代は共に不明だが、法隆寺に残されていた写本が法隆寺五師の1人である相慶《そうけい》という12世紀後半の仏僧であったことから、12世紀以前のものであることは明白である。

それからさらにどのくらい遡れるかについては、諸説あって明らかではない。だが、少なくとも内容の一部は『**古事《こじ》記《き》**』『**日本書紀《にほんしょき》**』をも遡る文献からの引用であることが分かっている。

聖徳太子の来歴や事績などが記された

伝記で、系図なども掲載されている。事績で中心となっているのは仏教的事象である。現存する代表的写本は、聖徳太子と縁深い法隆寺に収蔵されていたもので、現在は知恩院が所蔵、管理する国宝である。

象形寓意図の書

ショウケイグウイズノショ

le Livre des Figures Hieroglyphiques

■フランス　■錬金術書

伝説の錬金術《れんきんじゅつ》師ニコラ・フラメル（1330～1418）の自伝。

実際にその存在が世に知らしめられたのは、16世紀のアルノー・ド・ラ・シュヴァルリーなる人物の研究論文で言及されたのが最初であり、多くの隠秘学関連文書と同じく、ニコラ・フラメル本人が書いたものではないようだ。

伝説によれば、本書『象形寓意図の書』は本来ラテン語で書かれていたらしい。が、原本となるラテン語版『象形寓意図の書』はその断片すら発見されておらず、実在していないと思われる。

彼は、ユダヤ人アブラハムが書いたカバラの奥義《おうぎ》書を得たが、解読することができなかった。そこで、スペインのサンチャゴ・デ・コンポステラ（古くからの聖地）への巡礼を思い付く。幸いに、そこで改宗ユダヤ人から本の秘密を解き明かしてもらう。そして、長年の研究の末、錬金術の奥義を得てパリへと戻った。

そして、その技によって財を成し、教会や病院などへも多額の寄進を行った。

ただし、本物のフラメルが錬金術師だったという記録はなく、後世の偽書《ぎしょ》であるという説が有力である。ただし、この本自体は、錬金術の奥義書として広く知られるようになった。

賞讃すべき薔薇十字友愛団の名声

ショウサンスベキバラジュウジユウアイダンノメイセイ

Fama Fraternitatis, des Löblichen Ordens das Rosenkreutzes

■ドイツ　■魔術書

17世紀前半、西洋の神秘学世界に大きな影響を与えることとなる一つの文書が世に現れた。その名を『賞讃すべき薔薇十字友愛団の名声（ファーマ・フラタルニタティス・デス・レーブリヒェン・オルデンス・ダス・ローゼンクロイツ）』という。『名声（ファーマ）』との略称で呼ばれることもあるこの文書は、1614年、ドイツのカッセルで発行された。

『名声』の内容は、今日では〈薔薇十字団〉として知られる秘密結社〈薔薇十字友愛団〉に関するものであり、その存在を公にした世界で最初のものだった。この小冊子に記されていたのは、〈薔薇十字友愛団〉の創設者たる伝説的達人《アデプト》クリスチャン・ローゼンクロイツの生涯、そして団そのものについてである。

それによれば、ブロッケン山近くに領地を持つドイツ貴族の家系に生まれたローゼンクロイツは、若いころから東方を旅し、アラビアの賢者から古代よりの秘伝知識を授けられた。これを元に『**Mの書**』なる文書を記している。帰郷した彼は忠実な8人の会員と共に僧院〈聖霊の館《サンクティ・スピリトゥス》〉を設立し、世界各地で知識を獲得しつつ、持てる知識を活かして病人の治療などの慈善事業に努めたとされる。が、こうした活動に従事した会員は、決して自分の身分…特にローゼンクロイツの僧院のメンバーであることを知られないように、注意を払っていたという。知識獲得と慈善活動に生涯を費やしたローゼンクロイツは、106歳でこの世を去った。彼の墓（「哲学者の山」と名付けられていた）は長らく不明であったが、1604年、会員の1人により発見される。墓所の内部は永遠に灯るランプに照らされ、「私は120年の後に甦るであろう」と記された碑が納められていた。彼の遺体は全く腐敗しないで、生前のままだったという。

『名声』では、その「120年後」こそが文書の発行された1614年だと主張している。

こうしたローゼンクロイツの伝記の他、『名声』では〈薔薇十字友愛団〉への参加方法が説明されていた。それは至極簡単なものだった。口頭または各種の著作、創作によって〈薔薇十字友愛団〉に対して関心を抱いていることを表明すればいい——ただそれだけだった。そうすれば、いずれ〈薔薇十字友愛団〉の会員が接触してくるであろう、と。

後に『**薔薇《ばら》十《じゅう》字《じ》団《だん》の信条告白《しんじょうこくはく》**』『**クリスチャン・ローゼンクロイツの化学の結婚**』の二つの文書が世に出回ると、多くの人々はそれに従って〈薔薇十字友愛団〉への賛同の意を示した。だが、『名声』で示されたように〈薔薇十字友愛団〉会員からの接触があった者は、だれ1人として現れなかった。

ちなみに、薔薇十字団の六つの信条とは、次の通りである。

1. 無料で病人の治療を行うこと
2. 特殊な服装をせず、その国に合った服装でいること
3. 毎年、聖霊降誕祭の会合に出席すること
4. 自分の跡継ぎを必ず見つけること
5. “R. C.”を、印章や合言葉などに用いること
6. 団の存在は100年秘密にしておくこと

将帥論

シヨウスイロン

Strategicos

■イタリア　■兵法書

1世紀にローマ帝国のオナサンデルが書いた、将軍に必要な用兵法についての本。

18世紀ごろまで読まれ続けた超ロングセラーであり、英語、ドイツ語、フランス語、スペイン語などにも訳され、各国の将軍たちが読んだとされる。

単に用兵についてだけでなく、幕僚の人事や恩賞、行軍法から訓練法、野外における衛生まで幅広く論じており、これ1冊読めば、将軍に必要なことはたいてい間に合うという便利な本であり、18世紀プロイセンのフリードリヒ大王の著書にすら、この本の影響が見えるという。

小創世記

シヨウソウセイキ

Book of Jubilees

■中東　■経典

→**ヨベル書**

情憎録

ジョウゾウロク

Qíng Zēng Lù

■中国　■小説

→**紅《こう》楼《ろう》夢《む》**

上洞八仙伝

ジョウドウハッセンデン

Shàng Dòng Bā Xiān Zhuàn

■中国　■小説

→**東《とう》遊《ゆう》記《き》**

聖徳太子未来記

ショウトクタイシミライキ

Shohtokutaishimiraiki

■日本　■予言書

→**未来記**

正忍記

ショウニンキ

Shohninki

■日本　■学術書

忍術秘伝書の一つ。天和2年（1682年）に紀州藩士の藤一水名和三十郎正武によって書かれた名取流忍術の秘伝書である。藤一水とは、藤林のことなので、著者の名前は藤林正武、**『萬川《ばんせん》集《しゅう》海《かい》』**の著者名によく似ているので、親兄弟か親類ではないかといわれている。

紀州の忍術は、伊賀や甲賀の忍術とは微妙に異なる。

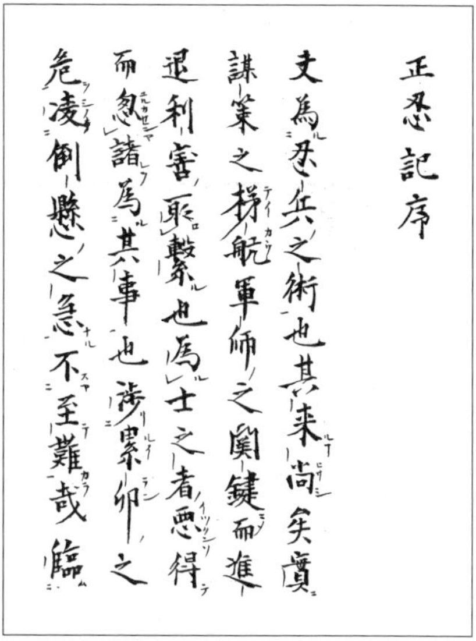

正忍記序
夫為忍兵之術也其来尚矣實
謀策之梯航軍師之関鍵而進
退利害取繋也焉士之者悪得
而忽諸焉其事也渉累卵之
危凌倒懸之急不至難哉臨

図版15　『正忍記』序の部分

少年探偵団

ショウネンタンテイダン

Shohnentanteidan

■日本　■小説

江戸川乱歩の少年探偵団シリーズの総称、及びその第2作の題名。

→**怪人《かいじん》二《に》十《じゅう》面相《めんそう》**

小惑星の力学

ショウワクセイノリキガク

The Dynamics of an Asteroid

■イギリス　■架空

シャーロック・ホームズの好敵手であるジェームズ・モリアーティ教授が書いた天文学論文。非常に高度な数学を利用して書かれており、理解できる人間は少ない。

アーサー・コナン・ドイルの『恐怖の谷』で言及されている。このことを受けて、後のシャーロック・ホームズのパスティーシュでは、この題名の本が作られたこともある。

続日本紀

シヨクニホンギ

Shokunihongi

■日本　■歴史書

『**日本書紀**《にほんしょき》』に続く日本の正史《せいし》を取り扱う国史書。

菅野《すがのの》真《ま》道《みち》らによって編纂され、延暦16年(797年)に完成した。全40巻から成り、文武天皇から桓武天皇までの時代、約95年を取り扱う。

『日本書紀』と同じく漢文の編年体の体裁で記されている。

植民の書

ショクミンノショ

Landnámabók

■アイスランド　■サガ

→入植の書

諸国百物語

ショコクヒャクモノガタリ

Shokokuhyakumonogatari

■日本　■物語

百物語の一つ。

延宝5年（1677年）に刊行された怪談集で、作者は不明。現存する百物語集では唯一100話収録されている。

「百物語」とは日本の伝統的な怪談集会の形式である。夜中に数人のグループで集まり、青い紙で覆いを付けた行灯と100の灯芯を用意して行われる。この時、参加者は全員青い色の衣を身にまとい、帯刀してはならないとされていた。また会場は2間以上の部屋が適切で、怪談会を開くのとは別の部屋に鏡を設置する。

そして1人ずつ怪談をするのだが、話し終えた者は灯芯を一つ消し、鏡をのぞき込まなければならなかった。100の怪談を語り終え、すべての灯芯の火が消えた時、幽冥の怪異が場に現れる…といわれるが、実際には99談で止めていたようだ。

叙事詩環

ジョジシカン

Epic-cycle

■ギリシア　■叙事詩

トロイア戦争を描いた叙事詩群のこと。

ホメロスの作った戦争前半を描いた『**イリアス**』や、その後のオデュッセウスの帰国を描いた『**オデュッセイア**』を代表とする。

他にも、ホメロスが描かなかった部分を多くの詩人が作成している。

これらを全部合わせて「叙事詩環」と呼ぶ。『イリアス』などを除いて、これらの多くは散逸してしまった。だが、なお一部残ったものもあり、また他の作品に引用されたり原典とされたりして、概略が分かっているものも多い。

これらを通して、我々はトロイア戦争の進行をおよそのところで追うことができる。

以下の作品を叙事詩環と呼ぶ。

- 『**キュプリア**』
- 『イリアス』
- 『**アイティオピス**』

- **『小《しょう》イリアス』**
- **『イーリオスの陥落』**
- **『帰国物語《きこくものがたり》』**
- 『オデュッセイア』
- **『テレゴニー』**

諸世紀

シヨセイキ

Centuries

■フランス　■予言書

→百《ひゃく》詩篇《しへん》

諸預言者と諸王の歴史

シヨヨゲンシャトショオウノレキシ

Tarikh al-Rusul wa al-Muluk／Tarikh al-Tabari

■中東　■歴史書

→タバリーの歴史

シラクの子イエスの智恵

シラクノコイエスノチエ

The Wisdom of Jesus son of Sirach

■中東　■経典

『旧約聖書外典』の一つ。知恵文学（道徳や処世術を教える文書）の一つ。『ベン・シラ』とも『集会書』とも呼ばれる。イエスといっているが、イエス・キリストとは関係がない。シラクの子イエスが著者である。『外典』の中で最長の作品で、しかもその著者名が分かっている唯一の作品でもある。ギリシア語序文には、元々はヘブライ語文書だったが、著者の孫が紀元前132年にギリシア語に訳したとある。

→旧約聖書

白縫譚

シラヌイタン

Shiranuitan

■日本　■物語

→不知火《しらぬい》物語《ものがたり》

白縫物語

シラヌイモノガタリ

Shiranuimonogatari

■日本　■物語

→不知火《しらぬい》物語《ものがたり》

不知火物語

シラヌイモノガタリ

Shiranuimonogatari

■日本　■物語

江戸時代の**草双紙《くさぞうし》**の一つ。『白縫物《しらぬいもの》語《がたり》』『白縫譚《しらぬいたん》』とも。

戯作者《げさくしゃ》・柳下亭種員《りゅうすいていたねきよ》が嘉永2年(1849年)より刊行を開始する。

菊池家に滅ぼされ、一般の民家で成長した大伴家の息女である若菜姫が、父の仇を討つべく義兵を挙げようとする物語。彼女は、蜘蛛の精霊より授かった蜘蛛の妖術を操る妖術使いであると同時に、時には男装して白縫大尽と名乗り、遊郭で女遊びをするという豪傑（？）でもある。

シリア語バルク黙示録

シリアゴバルクモクシロク

Apocalypse de Baruch

■中東　■経典

→バルク黙示録

死霊解脱物語聞書

シリョウゲダツモノガタリブンショ

Shiryohgedatsumonogataribunsho

■日本　■物語

江戸時代中期に刊行された仮名草子の一つ。元禄3年（1690年）。作者は不明。

怪談として有名な「累《かさね》ヶ《が》淵《ふち》」である。

寛文12年（1672年）正月、下総国岡《しもうさのくにおか》田郡《だのこおり》羽《は》生村《にゅうむら》。この村にいた菊という娘に突如霊が降りる。その霊は菊の父・与右衛門が26年前に殺した妻・累《かさね》であった。性悪な醜女として知られていた累の資産を目当てに結婚した与右衛門は、26年前のある日、妻を残忍に責め殺し川に沈めて目的を達したのである。お菊はその後に迎えた6番目の妻の娘だ。累の霊はお菊の口を通して自分を弔うように要求し、それが受け入れられるまで菊を苛んだ。僧侶に経をあげてもらい、石仏を建てて供養して…という弔いのたびに累は菊の体から離れるのだが、何かあるたびに取り憑き直しては、村に厄介事を持ち込んでくる。この噂を聞きつけた祐天上人が村を訪れ、力づくで累の霊を成仏させた。その後、さらに菊に霊が憑依するが、これは累の父親の妻の手で幼いころに間引きされた少年だった。祐天上人はこれも成仏させ、天下の名僧と称えられるようになったという。

これが本書の筋書きである。この物語は全くの架空のものだったわけではないようだ。舞台となった羽生村にある法蔵《ほうぞう》寺《じ》には、累と与右衛門の墓が今も残っており、累を成仏させるのに使われた祐天上人の数珠も安置されている。

羽生村の憑霊事件から18年後にあたる元禄3年（1690年）に、この事件の詳細を伝える仮名草子として出版されたのが本書だ。これ以前から江戸では噂話として知られてはいた。また天和2年（1682年）成立の『犬著聞集《いぬちょもんじゅう》』に事件のあらましが掲載されているが、事件の詳細が明らかになったのは本書『死霊解脱物語聞書』の功績によるところが大きい。本書は元禄3年に出版されて以後、江戸時代を通して写本や重版、あるいは再出版され続けた。

シルマリルの物語

シルマリルノモノガタリ

The Silmarillion

■イギリス　■小説

イギリスの言語学者ジョン・ロナルド・ロウエル・トールキンの作品集で、彼の死後1977年に、息子のクリストファー・トールキンの編集によって発表された。**『指《ゆび》輪《わ》物語《ものがたり》』**の世界における神話や英雄譚などを集めたもので、以下の5部から成る。

最初がアイヌリンダレ。これはイルーヴァタアルによる創世と、メルコオルの反逆について書かれている。

次がヴァラクウェンタ。これは、ヴァラアルやマイアアル、そして敵であるメルコオルについて書かれている。

三つめが、クウェンタ　シルマリルリオン。シルマリルの宝玉と、エルフたちの物語。

四つめがアカルラベース。第二紀の人間とエルフの物語。メルコオルの配下であったサウロンが力を付けるが、エルの怒りに震えて逃げ出す。

最後が、力の指輪と第三紀のこと。サウロンが力の指輪を作り、それが滅びるまで。

白ヤジュル・ヴェーダ

シロヤジュルヴェーダ

Zuklayajurveda

■インド　■経典

→ヤジュル・ヴェーダ

讖緯書

シンイショ

Chèn Wěi Shū

■中国　■予言書

→緯書《いしょ》

新浦島

シンウラシマ

Shin-urashima

■日本　■小説

→新世界の浦島

新エッダ

シンエッダ

Edda

■アイスランド　■叙事詩

→散文エッダ

新刊全相平話楽毅図七国春秋後集

シンカンゼンソウヘイワガッキズシチコクシュンジュウコウシュウ

Xīn Kān Quán Xiāng Píng Huà Lè Yì Tú Qī Guó Chūn Qiū Hòu Jí

■中国　■小説

→七国《しちこく》春《しゅん》秋《じゅう》平《へい》話《わ》

新刊全相平話五種

シンカンゼンソウヘイワゴシュ

Xīn Kān Quán Xiāng Píng Huà Wǔ Zhǒng

■中国　■小説

→全《ぜん》相《そう》平《へい》話《わ》

新刊全相平話三国志

シンカンゼンソウヘイワサンゴクシ

Xīn Kān Quán Xiāng Píng Huà Sān Guó Zhì

■中国　■小説

→三国《さんごく》志《し》平《へい》話《わ》

新刊全相平話秦併六国

シンカンゼンソウヘイワシンヘイリッコク

Xīn Kān Quán Xiāng Píng Huà Qín Bìng Liù Guó

■中国　■小説

→秦併六国《しんへいりっこく》平《へい》話《わ》

新刊全相平話前漢書続集
シンカンゼンソウヘイワゼンカンジョゾクシュウ

Xīn Kān Quán Xiāng Píng Huà Qián Hàn Shū Xù Jí

■中国　■小説

→**前《ぜん》漢《かん》書《じょ》平《へい》話《わ》**

新刊全相平話武王伐紂書
シンカンゼンソウヘイワブオウバッチュウショ

Xīn Kān Quán Xiāng Píng Huà Wǔ Wáng Fá Zhòu Shū

■中国　■小説

→**武《ぶ》王《おう》伐《ばっ》紂《ちゅう》平《へい》話《わ》**

神曲
シンキョク

La Divina Commedia

■イタリア　■叙事詩

14世紀のイタリアの大詩人ダンテの代表作である大長編叙事詩。「地獄篇」「煉獄篇」「天国篇」の3部構成である。ちなみに『神曲』とは、日本だけのオリジナル題名である。まだこの叙事詩が未訳のころ、森鴎外がこう名付けたために広まったもので、本来の題名を直訳すれば『神聖喜劇』となる（日本で大西巨人が同名の長編小説を書いているが、もちろんこの叙事詩を意識してのことだろう）。しかも、「神聖（Divina）」の部分は、後になってジョヴァンニ・ボッカッチョ（『**デカメロン**』などを書いたイタリアの作家）が付け加えた部分で、ダンテ自身は単に『喜劇（Commedia）』と呼んでいたらしい。ただし、ここでいう喜劇とは、笑い話とかを意味するのではなく、最後がめでたしめでたしで終わるものは悲劇ではなく喜劇に分類されるというくらいの意味合いである。

その内容は、作者ダンテ自身が深い森へと迷い込み、そこから、地獄、煉獄、天国を巡るという物語になっている。

地獄と煉獄を案内するのが、古代ローマの詩人ウェルギリウス。天国を案内するのが永遠の淑女ベアトリーチェである（ウェルギリウスは、キリスト以前の人物なので当然洗礼を受けておらず、天国には入れない）。

地獄では多くの罪人が苦しんでいるが、その中には実在の人物も多い。特に、ダンテの政敵や嫌いな人物が（存命の人物も一緒くたに）地獄で苦しんでいるのは、ダンテ自身の恨みつらみを、この作品で晴らしているのだろう。そのおかげか、地獄の描写は迫真の出来で、この作品の評価を高めている。

箴言
シンゲン

Book of Proverbs

■中東　■経典

『旧約聖書正典』の一つ。いわば、ユダヤの諺集である。ソロモンの箴言とされるが、ほとんどはソロモンの言葉ではない。イスラエルの歴史上の各時代から、さらに外国人の言葉まで集めたものである。

→**旧約聖書**

真誥

シンコウ

Zhēn Gào

■中国　■経典

中国の道教上清派の経典。上清派の確立者である陶弘景《とうこうけい》（456～536）によって編纂された。

上清派の歴史や教義がまとめられたもので、真人《しんじん》になる方法、上清派の福地（天国）である句曲山《くぎょくざん》（茅山《ぼうざん》）の状況、冥界及び地獄である羅鄷山《らほうさん》の状況などが述べられている。真人というのは仙人に類したものだが、葛洪《かつこう》が『**抱朴子**《ほうぼくし》』に述べるような煉丹術《れんたんじゅつ》による方法ではなく、自分自身の力で心身を錬成して、宇宙的生命＝真を体得した神のような人のことである。

現行の書は①運題象《うんだいしょう》篇（4巻）、②甄《けん》命受《めいじゅ》篇（4巻）、③協昌期《きょうしょうき》篇（2巻）、④稽神枢《けいしんすう》篇（4巻）、⑤闡幽微《せんゆうび》篇（2巻）、⑥握真輔《あくしんほ》篇（2巻）、⑦翼真検《よくしんけん》篇（2巻）の7篇20巻から成る。

この書の成立過程は次のようなものだという。364年、句曲山において南岳魏《なんがくぎ》夫人《ふじん》を始めとする真人が霊媒の楊羲《ようぎ》に降り、上清派の教義を授けた。それを許《きょ》謐《ひつ》・許翽《きょかい》父子が筆写した。この後も多くの真人が色々な霊媒に降りて、教義が授けられ、経典が増えていった。こうした経典を後になって陶弘景が編集したのが『真誥』で、書名は「真人の誥（お告げ）」という意味である。

進行相の鍵

シンコウソウノカギ

Clef des directions

■フランス　■占星術書

→実践占星術新論《じっせんせんせいじゅつしんろん》

信仰の砦

シンコウノトリデ

Fortakicum fidei

■フランス　■悪魔学

改宗ユダヤ人（ユダヤ教からキリスト教に改宗した人）であるアルフォンスス・デ・スピナ（？～1492）の、最も初期に書かれた魔女に関する本（1467年刊行）。ただし、1冊すべてが魔女に関する本というわけではない。

この本は5章から成るが、その1章が魔女にあてられている。

- 第1章：信仰とは
- 第2章：異端者との戦い
  （ここにあるのは本当にキリスト教異端派のことで、魔女に関する話はない）
- 第3章：ゼウス信仰
  （当時はギリシアの神々を信じる人も、まだまだいた）
- 第4章：サラセン
  （つまり、イスラム教を信じる人々についての論説）
- 第5章：魔教とその全容
  （これが魔女と妖術に関する部分）

第5章では、悪魔の所業を10種類に分類して、いかに悪魔たちが女を誘惑して異端や魔女へと導くかを解説している。

とはいえ、最初期の本であることもあり、後世の魔女狩り本に比べれば遥かに穏健な表現ではあるが、魔女が異端であることを主張していることに変わりはない。

任氏伝

ジンシデン

Rèn Shì Zhuàn

■中国　■小説

中国唐代中期の伝奇小説。沈既済《しんきせい》（750ころ～800ころ）作。狐が美人に化け、貧乏人の妻になる話である。『**太平広記**《たいへいこうき》』巻452に「任氏」という題で収録されている。

鄭六《ていろく》は武術の心得があったが、今は身を持ち崩していた。ある時、任氏という美人に誘惑されて一夜の契りを結んだ。翌日、町の人から彼女は狐だと知らされたが、美人だったので諦め切れず、次に町で見かけた時に言い寄った。任氏は正体がばれているので逃げようとしたが、鄭六がそれでもかまわないというので妻になった。その後、任氏は未来予知の能力を発揮し、鄭六を金持ちにした。やがて、鄭六は武術の力を買われ、西方の地方官庁に任官することになった。任氏は方角が悪いといって辞退したが、鄭六は何とか説得して旅に出た。その途中、猟犬を見た任氏は狐の正体を現し、猟犬に追いかけられて食い殺されてしまったのである。

心中天網島

シンジュウテンノアミシマ

Shinjuhtennoamishima

■日本　■戯曲

日本の江戸時代中期の浄瑠璃の演目。

近松門左衛門《ちかまつもんざえもん》の作で、享保5年（1720年）、大坂竹本座が初演。

同年に起きた紙屋の治兵衛《やへい》と遊女・小春の心中事件を元に作られた。

妻子ある身でありながら曽根崎新地（大坂の遊郭街）通いを続け、小春という遊女と深い仲になる紙屋の治兵衛。2人の仲はもうだれにも引き離すことができない程となっており、見るに見かねた店の者が何とかして引き裂こうと画策する。これを悲しんだ2人は、引き離されるのならば（小春が他の者に落籍《ひか》されるならば）いっそ…と心中を誓うのだった。

そんなある日、小春に侍の客が付く。侍は小春が物騒なことばかりいうのを訝しみ、訳を問うと、心中の約束のこと、そして実は自分は心中するつもりなどないということを打ち明ける。そして治兵衛が諦めるように、自分の客として通い続けてほしいと頼む。間の悪いことにそれを治兵衛が立ち聞きして…と物語は進む。

実は、治兵衛と心中の約束をした小春に、治兵衛の妻・おさんは「夫を死なせないでくれ」との手紙を出し、小春はそれに応えて治兵衛が愛想を尽かすように、侍を自分の固定客にしようとしたのだ。

様々な経緯を経て治兵衛は小春と縁を切るのだが、ある日、小春が天満のお大尽に落籍されるという噂を聞きつける。夫から先の心中の約束を教えられたおさんは、小春が死ぬつもりなのだと思い、それでは義理が立たぬと、金や質草を用意して先に小春を落籍させようとしたのだが、運悪くおさんの父親がやって来る。遊女を落籍させようとしていることに激怒したおさんの父は夫婦を離縁させ、おさんを実家に連れ帰ってしまう。

こうして望みを失った治兵衛は小春と心中することとなったのだった。

この物語の核となっているのは、遊女の小春と治兵衛の妻・おさんとの間の「女同士の義理」である。そして互いに義理を果たそうと己を犠牲にした結果、心中へと繋がっていってしまったのだ。

新ジュスティーヌ

シンジュスティーヌ

La Nouvelle Justine ou les Malheurs de la vertu

■フランス　■小説

→ソドム百二十日

新斉諧

シンセイカイ

Xīn Qí Xié

■中国　■小説

→子不語《しふご》

神聖言語の原理原則

シンセイゲンゴノゲンリゲンソク

Principes et Elements de la langue sacree

■フランス　■オカルト

ザンヌ（本名オーギュスト・ヴァン・デケルコヴ）の書いた、真正の「失われた言語」の解説書。

ヘブライ語やローマ文字の背後には、この真正なる言語が存在し、他の言語はその影響下で発生したのだという。アトランティス大陸などでも、この神聖言語から派生した言葉が使われていた。

ただし、この言葉には発音が存在しない。書き言葉だけの言語であったという。

ザンヌの他の著作には『大宇宙開闢《だいうちゅうかいびゃく》論《ろん》』『西洋のオカルティズムと東洋の秘教』などがある。

新世界の浦島

シンセカイノウラシマ

Shinsekainourashima

■日本　■小説

本作はアメリカの短編小説『**リップ・ヴァン・ウィンクル**』の邦訳版。『新浦島』とも呼ばれる。

ワシントン・アーヴィングによる短編小説『リップ・ヴァン・ウィンクル』を『新世界の浦島』として訳出したのは、『舞姫』や『うたかたの記』で知られる森鴎外である。本作が発表されたのは明治22年（1889年）、隔週刊の少年雑誌『少年園』においてだ。

神仙伝

シンセンデン

Shén Xiān Zhuàn

■中国　■オカルト

中国西晋《せいしん》時代に成立した仙人伝。全10巻。『**抱朴子**《ほうぼくし》』の著者として有名な葛洪《かつこう》（283～363）の作。道教の教祖として神格化されている老子《ろうし》、養生術の一種である房中術《ぼうちゅうじゅつ》の祖とされる彭祖《ほうそ》、現存最古の煉丹書《れんたんしょ》『**周易参同契**《しゅうえきさんどうけい》』を著した後漢末の神仙・魏伯陽《ぎはくよう》、中国最古の道教教団・五斗米道の開祖とされる張道陵《ちょうどうりょう》、『**三国志**《さんごくし》』で有名な魏《ぎ》の曹操《そうそう》を翻弄した神仙・左慈《さじ》、不老不死の薬を作るための煉丹術の始祖とされる漢代の神仙・李少君《りしょうくん》、女仙人として有名な麻姑《まこ》など、総勢90人以上の仙人が紹介されている。それぞれの伝記の記述は『**列仙伝**《れっせんでん》』より遥かに詳細で、仙人たちがどのような経歴の持ち主で、どうやって仙人になったか比較的詳しく語られている。葛洪は『抱朴子』の中で、仙人になるには煉丹術によって不老不死の丹薬を作り、それを服用するのが一番だと主張している。『神仙伝』はその証明のために書かれた本なので、ここで紹介されている仙人たちは基本的に丹薬を服用して仙人になったとされている。

現在に伝わる『神仙伝』は、紹介されている仙人の顔ぶれなど、すべてが葛洪が書いた当時と同じとはいえないようだが、平凡社の「中国古典文学大系」の『神仙伝』には次の92神仙の伝記が載せられている。

- 巻一：広成子《こうせいし》、老子、彭祖、魏伯陽
- 巻二：白石先生、黄初平、王遠、伯山《はくざん》甫《ぼ》、馬鳴生《ばめいせい》、李八百、李阿
- 巻三：河上公《かじょうこう》、劉根《りゅうこん》、李仲甫《りちゅうほ》、李意期、王興《おうこう》、趙瞿《ちょうく》、王遙《おうよう》、李常在《りじょうざい》
- 巻四：劉安《りゅうあん》、陰長生《いんちょうせい》、張道陵
- 巻五：泰山老父《たいざんろうふ》、巫炎《ふえん》、劉憑《りゅうひょう》、欒巴《らんぱ》、左慈、壺公《ここう》、薊子訓《けいしくん》
- 巻六：李少君、孔元方《こうげんほう》、王烈、焦先《しょうせん》、孫登《そんとう》、呂文敬《りょぶんけい》、沈建《しんけん》、董奉《とうほう》
- 巻七：太玄女《たいげんじょ》、西河少女《せいかしょうじょ》、程偉《ていい》の妻、麻姑、樊夫人《はんふじん》、厳清《げんせい》、帛和《はくわ》、東《とう》陵聖母《りょうせいぼ》、葛玄《かつげん》
- 巻八：鳳綱《ほうこう》、衛叔卿《えいしゅくこう》、墨子《ぼくし》、孫博《そんはく》、天門子、玉子《ぎょくし》、沈羲《しんぎ》、陳安世《ちんあんせい》、劉政《りゅうせい》
- 巻九：茅君《ぼうくん》、孔安国、尹軌《いんき》、介象《かいしょう》、蘇《そ》仙公《せんこう》、成仙公、郭璞《かくはく》、尹思《いんし》
- 巻十：沈文泰《しんぶんたい》、渉正《しょうせい》、皇化《こうか》、北極子、李修《りしゅう》、柳融《りゅうゆう》、葛越《かつえつ》、陳永伯《ちんえいはく》、董《とう》仲君《ちゅうくん》、王仲都、離明《りめい》、劉京《りゅうけい》、清平吉《せいへいきつ》、黄山君《こうざんくん》、霊寿光《れいじゅこう》、李《り》根《こん》、黄敬《こうけい》、甘始《かんし》、平仲節、宮《きゅう》嵩《すう》、王真、陳長《ちんちょう》、班孟《はんもう》、董子《とうし》陽《よう》、東郭延《とうかくえん》、戴孟《たいもう》、魯女生《ろじょせい》、陳《ちん》子皇《しこう》、封衡《ほうこう》

神智学

シンチガク

Theosophie

■ドイツ　■オカルト

オーストリアの神秘思想家ルドルフ・シュタイナーが神智学について書いた本で、多くの著書があるシュタイナーの主要著書の一つでもある。

彼の著によれば、人間は通常の五感だけに頼っていては駄目で、霊感ともいうべき超感覚が必要になる。ただし、超感覚の世界を得るためには、何よりも正しい思考を行うことが必要になる。つまり、自らの頭脳で考えることを重視している。

タイトルからも明らかなように、神智学協会を設立したブラヴァツキー夫人の影響下で書かれた本で、年齢、性別、肌の色などで人を差別せず、普遍的価値の下で、霊の世界を見るべきであることを主張している。

ただし、後に神智学協会がクリシュナ

ムルティをキリストの再来として教祖にしようとした時、シュタイナーは協会を脱退し、自ら人智学協会を設立する。
　このような、霊の世界を見る神秘思想家であると共に、社会運動家でもあり、特にシュタイナー教育（人智学を基本とした教育）で有名であり、日本にもその理念に基づいて設置された学園がいくつかある。

信長公記

シンチョウコウキ

Shinchohkohki

■日本　■歴史書

　天下布武を目前にしながら、本能寺の変に倒れた織田信長の一代記。織田信長と豊臣秀吉に仕えた武将・太田《おおた》牛一《ぎゅういち》の手によって書かれた。
　『信長公記』は大きく2部構成となっている。まず「首巻」という前半部分では、信長の出生から京都上洛を果たすまでの出来事が、順を追って解説されている。そしてメインとなる後半部分では、上洛以後の本能寺の変に至る永禄11年（1568年）から天正10年（1582年）までが「年代記」としてまとめられている。
　現代の我々が知る織田信長についての物語は、基本的にこの『信長公記』を下敷きにしている。
　本書が完成したのは、奥書によれば慶長15年（1610年）である。信長の死から20年程が経過しているが、「この書物はかつて記しておいたものが、自ずと集まったもの」と著者自身が述べているように、史料的な価値が極めて高いと考えられている。太田牛一は、伝記作家として同様のテーマに取り組んだ小瀬《おせ》甫庵《ほあん》から「愚直で、最初に聞いたことだけを真実と思い込む」から批判された頑固な人物だったようだが、だからこそ彼が「あったことを除かず、なかったことは付け加えていない」と明言する『信長公記』は、当時の事跡を追うための一級の資料として、今日なお参照され続けているのである。

新著聞集

シンチョモンジュウ

Shinchomonjuh

■日本　■説話

　江戸時代中期の説話集。
　神谷《かみや》勇軒《ゆうけん》の寛延2年（1749年）の著作。
　怪談奇談を数多く集めた説話集であるが、赤穂浪士の討ち入りや亀山仇討ち事件といった、時事の記録も蒐集している。

新手相術

シンテソウジュツ

Chiromancie nouvelle

■フランス　■オカルト

　手相占い師であったアドルフェ・デバロル（1801～1886）が1859年に書いた手相占いの本。
　今まで経験頼りで体系的知識の存在しなかった手相に、エリファス・レヴィの哲学を導入して体系化したのが、この本である。
　指は、第1指節が天上界、第2指節が頭脳界、第3指節が物質界に属している。また、親指を除く4本の指と指節を、一生を分かつ四つの時代、四季、12ヶ月に相当させている。そして、なぜ手相で占いができるのかを、手は星気体《アストラル》の顔のようなもので、個人の無意識を表示しているからだと説明している。

他に、『手の神秘』(1878) も書いている。

神統記

シントウキ

Theogonia

■ギリシア　■神話

ヘシオドス（紀元前8～前7世紀のギリシアの詩人）の書いた神話叙事詩。

1022行もある長い叙事詩は、大きく分けて三つの部分から成る。

最初は、ウラノスとガイアによってティターン神族が生まれ、その長たるクロノスがウラノスの性器を切り取って、神々の王座に就く。

次は、クロノスとレイアの間に生まれたゼウス率いるオリュンポス神族と、クロノス配下のティターン神族との戦い。そして、オリュンポス神族の勝利である。

最後が、ゼウスが神々の王となり、最初の妻メティスを飲み込んでしまうことで王位継承の戦いを終わらせる。さらに、神々が結婚し子供ができる。

特に、2番目のオリュンポス対ティターンが量も多く、力も入っている。

神道集

シントウシュウ

Shintohshuh

■日本　■思想書

南北朝時代中期の宗教説話集。

正平10年／文和4年前後（1350年代）に成立したとされる神道説話集。編纂者は現代の歴史学において安居院《あぐい》唱導《しょうどう》教《きょう》団《だん》と呼ばれている宗団とされる。全5巻50話。

主に東国の神社の縁起を中心として、本地垂迹説《ほんちすいじゃくせつ》（仏教の仏たちが、日本の人々を救うために日本の神々となって現れたという、神仏習合論の一つ）に基づいた神仏の説話が収録されている。

神皇正統記

ジンノウショウトウキ

Jinnohshohtohki

■日本　■歴史書

南北朝時代に作られた歴史書。

本書は高畠親房《たかばたけちかふさ》が南朝の正統性を示すために記したものである。成立年代は諸説あるが延元4年／暦応2年（1339年）ごろとされる。

その内容は、神代から後醍醐天皇即位までの歴史を歴代天皇ごとに記したもので、その過程で、帝として即位する最重要条件として「三種の神器の保有」を挙げ、その他にも神武以来の血統のみならず、個人として君主たる徳性を有していることを重視している。

先に述べたように、南朝方に肩入れする歴史書であったことから、本書を読むこと、所有することは（南北朝統一後も）北朝皇統に対する叛意を意味するようになる。『神皇正統記』が研究され、正当な評価を得るには、江戸時代に入り、徳川光圀が『大日本史』において高畠親房の主張を高く評価するまで待たなければならなかった。

神農本草経

シンノウホンゾウキョウ

Shén Nóng Běn Cǎo Jīng

■中国　■医学書

後漢代に成立したとされている中国最古の薬物学書。当時の薬物知識を集大成したもので、『**黄帝内経**《こうていだいけい》』『傷寒論《しょうかんろん》』と共に、漢方の三大古典とされている。『神農本草経』の原文は現在では失われているが、500年ごろに陶弘景《とうこうけい》がこの本を底本に、詳しい注釈書である『神農本草経集注』を著した。これによって、『神農本草経』の内容が今日に伝わることになった。

神農は中国神話中の帝王、医薬神である。各地からあらゆる草木を集め、自らなめてその効果を探り、1日に70種の毒にあたったこともあるが、これによって薬草の効用を極めたという伝説がある。

『神農本草経』には1年にちなんで365種の漢方薬（動・植・鉱物薬）が収録され、薬効によって上品（上薬）、中品（中薬）、下品（下薬）に分類されている。

上薬とは、健康維持のために普段から長期間服用できる、毒性のないものである。霊芝《れいし》、人参《にんじん》、地黄《じおう》、甘草《かんぞう》、茯苓《ぶくりょう》、沢瀉《たくしゃ》、黄連《おうれん》、大棗《たいそう》、枸杞《くこ》など120種がある。中薬とは、虚弱な者の体力増強、病気予防を目的とし、使用法によって毒にも薬にもなるものである。黄連、黄芩《おうごん》、乾姜《かんきょう》、麻黄《まおう》、葛根《かっこん》、芍薬《しゃくやく》、牡丹《ぼたん》、当帰《とうき》、山梔子《さんしし》など120種がある。下薬とは、有毒であり、病気治療に使用される薬であって、長期間服用してはいけないものである。附子《ぶし》、桃仁《とうにん》、杏仁《きょうにん》、大黄《だいおう》、半《はん》夏《げ》、蜀椒《しょくしょう》、常山《じょうざん》、甘遂《かんすい》、水蛭《すいてつ》など125種がある。

興味深いのは、健康維持、病気予防などの薬が上位に、病気を治す薬が下位に置かれているところだ。現在の西洋医学の薬は、漢方的にはほとんどが下位の薬なのである。

薬の性質、効能、配合法、製造法、服用法なども網羅されており、現在も中国伝統医学の基本書籍とされ、薬学研究において参考にされている。

→**傷寒雑病論**《しょうかんざつびょうろん》

神秘の戸口にて

シンピノトグチニテ

Au seuil du mystere

■フランス　■オカルト

→**呪われた学問の試論**

シンフィエトリの死について

シンフィエトリノシニツイテ

Frá dauða Sinfjötla

■アイスランド　■叙事詩

『**歌謡エッダ**』の1篇。

『**ヴォルスンガ・サガ**』の主人公シグムンドの子シンフィエトリが、継母ボルグヒルドに殺される話。

秦併六国平話

シンヘイリッコクヘイワ

Qín Bìng Liù Guó Píng Huà

■中国　■小説

中国宋代あるいは元代に作られた『新《しん》刊全相平話五種《かんぜんそうへいわごしゅ》』の一つ。

→**全相平話**《ぜんそうへいわ》

新編五代史平話

シンペンゴダイシヘイワ

Xīn Biān Wǔ Dài Shǐ Píng Huà

■中国　■小説

→五代史平話《ごだいしへいわ》

申命記

シンメイキ

Deuteronomy

■中東　■経典

『旧約聖書正典』のうちの5番目にあり、**トーラー**の最後になるのが「申命記」である。

荒れ野の旅の続きであり、またモーゼの死を描く作品でもある。

また、神の定めた律法の掲載された書でもある。

特に、6章4節から始まる部分はシェマと呼ばれ、ユダヤ教の基本的聖句である。

「聞け、イスラエルよ。我らの神、主は唯一の主である。あなたは心を尽くし、魂を尽くし、力を尽くして、あなたの神、主を愛しなさい」

→旧約聖書

新約聖書

シンヤクセイショ

New Testament

■中東　■経典

キリスト教の正典。キリスト教文書は多数存在したが、その中で正典とされたのは、以下のような基準によるとされる。

1. 正統な教説に合っていること
2. 使徒によって書かれていること
3. 各地の教会で広く用いられていること
4. 典礼に用いられていること

このため、グノーシス派の教義を取り入れた「**トマスによる福音書《ふくいんしょ》**」などは正典に入らない。また、正統な教義に合っているものの、使徒によって書かれていないものも正典に入らない（「**使徒教父《しときょうふ》文書《ぶんしょ》**」というサブテキストになっている）。

この正典は、カトリックでは367年に神学者アタナシオスによって提案され、397年のカルタゴ会議で承認された。東方教会でも同じ聖書を正典としている。また、プロテスタントにおいても、17世紀に同じ聖書を正典とすることが確認されている。

しかし、この基準はあまりあてにならない。

なぜなら、正典にはパウロの手紙が多数入っているが、パウロは12使徒ではない（イエスの死後に信者になっているから）。また、使徒によって書かれていることになっているものも、多くの正典文書が使徒自身の手によって書かれたものではないことが、現在の年代研究によってほぼ明らかになっている。

その意味では歴史的正当性というのは、聖書の正典には存在しない（仏教の経典も、その意味では同じである。ただし、あらゆる宗教の経典が歴史的正当性を持たないわけではない。『コーラン〈**クルアーン**〉』のように、比較的歴史的正当性の高い経典もある）。教義の内容で決められたと考えていいだろう。

新約聖書外典

シンヤクセイショガイテン

Apocrypha

■中東　■経典

初期キリスト教会で書かれた文書のうち、正典に取り入れられなかったものを『新約聖書外典』と呼ぶ。これらも『**新約聖書**』と同じく、**福音書**《ふくいんしょ》、使徒行伝、手紙、黙示録などの形を取っているが、資料的にも内容的にも正典に比べて一歩劣るものが多く、正典を真似て作られた偽物というべきものだとされる。

しかし、イエスの幼少時代を描く「**トマスによるイエスの幼児物語**」のように、正典にない独自の物語を描いているものもあり、一概に捨ててしまうわけにはいかない。

また、**死海文書**《しかいもんじょ》や**ナグ・ハマディ文書**のように、現代になって発見された貴重な資料もあり、これらも『外典』と呼ばれる。キリスト教史の研究には欠かせないものであると共に、キリスト教異端思想の研究にも欠かせないものとなっている。

新約聖書の手紙

シンヤクセイショノテガミ

Epistles in Bible

■中東　■経典

『**新約聖書**』には、多数の書簡が収められている。これらは、有名無名のキリスト教会指導者が、地中海世界各地の信徒や教会に向けて書いたものである。特に、パウロは筆まめだったのか、多くの手紙を書き、それが聖書に数多く含まれている。

一般に「〜への手紙」と呼ばれるが、略して「〜書」とされることも多い。

「パウロの手紙」は、多くは教会の信徒に宛てて書かれたものである。おそらく、その地の教会において朗読されることを期待して、当時の修辞学的テクニックを用いて書かれている。

パウロの書簡とされるのは、以下の通りである（この中には、研究によってパウロの著作ではないと断定されたものも含む）。

- ローマの信徒への手紙
- コリントの信徒への手紙1
- コリントの信徒への手紙2
- ガラテヤの信徒への手紙
- エフェソの信徒への手紙
  （パウロの著でないという説もあり）
- フィリピの信徒への手紙
- コロサイの信徒への手紙
  （パウロの著でないという説もあり）
- テサロニケの信徒への手紙1
- テサロニケの信徒への手紙2
  （パウロの弟子の著という説もあり）
- テモテへの手紙1
  （パウロの著でないという説が有力）
- テモテへの手紙2
  （パウロの著でないという説が有力）
- テトスへの手紙
  （パウロの著でないという説が有力）
- フィレモンへの手紙
  （パウロの著でないという説もあり）

これらの中で、「ローマ書」「1コリント書」「2コリント書」「ガラテヤ書」をもって「四大書簡」と呼ぶ。それだけ重要な書簡と見なされている。

また、「フィリピ書」「コロサイ書」「フィレモン書」「エフェソ書」「2テモテ書」

の5通は牢獄の中で書かれたので「獄中書簡」と呼ばれる。

さらに、「1テモテ書」「2テモテ書」「テトス書」の3通は、共同体の牧会の問題、教会生活についてなどの注意や指針が書かれているため「牧会書簡」と呼ばれる。

「パウロの手紙」でない、「ヤコブの手紙」「ペトロの手紙1」「ペトロの手紙2」「ヨハネの手紙1」「ヨハネの手紙2」「ヨハネの手紙3」「ユダの手紙」は「公同書簡」と呼ばれる。特定の人々や教会に向けてではなく、教会全体に向けて書かれた手紙であると解釈されるからである。間違えては困るが、ここにあるユダはキリストを裏切ったイスカリオテのユダとは別人。ユダヤ人にはユダという名前の人物は多い。

「ヘブライ人への手紙」は、手紙というよりは、論文か講話であるとされる。ユダヤ人キリスト教徒に対して、決してユダヤ教に戻ることなく、キリスト信仰を保ち続けるよう勧告し、その優位性を論証している。

森林書

シンリンショ

Āraṇyaka

■インド　■経典

→アーラニヤカ

真霊位業図

シンレイイギョウズ

Zhēn Líng Wèi Yè Tú

■中国　■経典

中国六朝《りくちょう》時代に南斉《なんせい》や梁《りょう》に仕えた陶《とう》弘景《こうけい》（456～536）が作成した道教経典、道教の神統譜。道教の神々の位階表で、ここで初めて道教神格の最高位に元始天尊が置かれ、道教の基本的な神学が確立されることになった。この位階表は道教の神々を7階位に分け、各階に主尊を定め、その左右に数多くの神々を配したもので、各位階の主尊、左位筆頭、右位筆頭は以下のようになっている。

階位	主尊	左位筆頭	右位筆頭
第一	元始天尊	五霊七明混生高上道君	紫虚高上元皇道君
第二	上清高聖太上玉晨玄皇大道君	左聖紫晨太微天帝道君	右聖金闕帝晨後聖玄元道君
第三	太極金闕帝君姓李	太極左真人中央黄老君	太極右真人西梁子文
第四	太清太上老君／上皇太上無上道君	正一真人三天法師張	太清仙王趙車子
第五	九宮尚書	左相	右相
第六	右禁郎定録真君中茅君	三官保命小茅君	右理中監劉翊
第七	酆都北陰大帝	北帝上相秦始皇	中既直事如世尚書

す

水滸伝

スイコデン

Shuǐ Hǔ Zhuàn

■中国　■小説

天罡星《てんこうせい》36柱、地煞星《ちさつせい》72柱の生まれ変わりとされる108人の豪傑たちが次から次と破天荒な大活躍をする、中国明代の小説。『**三国志演義**《さんごくしえんぎ》』『**西遊記**《さいゆうき》』『**金瓶梅**《きんぺいばい》』と共に、中国四大奇書の一つとされる。

『水滸伝』は中国に起こった実際の事件を元に、長い時間をかけて現在の形に成長したものである。

その昔、中国にあった宋は北宋と南宋の時代に分けられる。この北宋の最後の皇帝·徽宗《きそう》の宣和年間（1119～1125）に、現在の山東省《さんとうしょう》のあたりに強盗の一味が登場し、大いに暴れ回った。この一味の頭領が宋江《そうこう》という名で、配下が36人だったのだ。彼らは官軍さえも打ち負かし、安徽省《あんきしょう》、江蘇省《こうそしょう》、河北省、河南省にも侵入した。この盗賊集団の末路は、官軍に投降したとも、朝廷に帰順して方臘《ほうろう》の反乱を鎮圧したともいわれていて、はっきりしない。しかし、この盗賊集団の活躍が民衆の想像力を刺激し、『水滸伝』の元になるような物語が作られるようになった。

南宋時代（1127～1279）には、『水滸伝』に登場する個々の豪傑たちを主題にした、『青面獣《せいめんじゅう》』（楊志《ようし》）、『花和尚《かおしょう》』（魯《ろ》智深《ちしん》）、『武行者』（武松《ぶしょう》）などといった講談が上演されるようになった。

元代（1271～1368）になると、これまでに書かれた個々の物語をまとめた『**大宋宣和遺事**《だいそうせんないじ》』という歴史読み物も登場した。総大将の宋江の他に36人の豪傑が登場する物語で、内容は簡略だが、豪傑たちが梁山泊に結集し、朝廷のために方臘を討伐するという枠組みができ上がっている。この時代に人気のあった演劇の中には、36人の大頭領の下に72人の小頭領がいたというセリフもあり、『水滸伝』のメンバーが108人になったことも分かる。

これが現在あるような大長編小説『水滸伝』として最初にまとめられたのは、明代（1368～1644）初期のことで、編者は羅貫中《らかんちゅう》とも施耐庵《したいあん》ともいわれる。

その物語は大きく分けると、前半と後半の2部構成になっている。

『水滸伝』に登場する108人の豪傑たちは、運命のいたずらで、結局は梁山泊に結集することになった山賊の親分たちである。親分たちの下には、最盛期では10万を超える手下がいた。梁山泊は彼らの寨《とりで》の名前で、梁山泊という水沢地にあったので、そう呼ばれたのである。

これだけの豪傑が一度に梁山泊に集まってくるわけがないので、物語はこの108人が梁山泊に結集する前と、その後とに大きく分けられる。

大集結以前の前半部分は、いうなれば豪傑たちの義士銘々伝《ぎしめいめいでん》で、これらの豪傑たちの個人的な活躍が取り上げられている。あくまでも個人的な活躍で、『水滸伝』全体の物語とはあまり関係のないものが多い。しかし、そこが『水滸伝』の最も面白い部分でもある。

これが、後半になってがらりと変わる。後半部分は戦記物語で、梁山泊集団が宋という国の軍隊となって、敵対勢力との戦争を繰り広げるのである。

『水滸伝』では物語全体が何回かに分けて語られるが、現在日本で翻訳されている『水滸伝』には、この回数が100回のものと120回のものがある。小説後半の戦記物語の部分に遼国戦争と方臘討伐が語られるのが100回本で、120回本では遼国戦争と方臘討伐の間に、田虎《でんこ》討伐と王慶討伐の話が追加されている。

このうち100回本の方が明代初期に成立したものに近いと見られている。120回本はその後増補されたもので、増補者は楊定見《ようていけん》である。

だが、これが『水滸伝』のテキストのすべてではなく、明代末には金聖嘆《きんせいたん》が改編し、70回本というのが生まれた。これは108人の豪傑たちが梁山泊に勢ぞろいしたところで終わってしまうもので、物語の最も面白い部分だけがあるというものだ。そのため、それ以降の中国では、この70回本が『水滸伝』の主流となったのである。

隋史遺文

ズイシイブン

Suí Shĭ Yí Wén

■中国　■小説

中国明代末に作られた小説。隋《ずい》末の混乱から唐建国への時代を扱った数ある**隋《ずい》唐物語《とうものがたり》**の一つ。崇禎《すうてい》年間（1628～1644）に蘇州《そしゅう》の文人・袁于令《えんうれい》が刊行。全60回。

初期の隋唐物語は、唐を建国した太宗の中国統一事業が物語の中心だったが、『隋史遺文』は北周の北斉《ほくせい》侵攻から玄武門の変までを扱い、秦瓊《しんけい》を中心とした唐建国の英雄たちの若き日々の活躍にスポットを当てているという特徴がある。

隋唐演義

ズイトウエンギ

Suí Táng Yăn Yì

■中国　■小説

中国清代康熙《こうき》34年（1695年）刊行の歴史小説で、いわゆる**隋唐物語《ずいとうものがたり》**の一つ。『隋唐両朝史伝』『**隋史遺文《ずいしいぶん》**』『**隋煬帝艶《ずいようだいえん》史《し》**』などの内容を綴り合わせたようなもので、褚人穫《ちょじんかく》の編。全100回。

隋《ずい》が全国統一を成し遂げるところから物語は始まり、隋の滅亡、唐建国と続くが、秦叔宝《しんしゅくほう》や花木欄《かもくらん》といったこの時代の英雄の話は、最初の1／5程で終わってしまう。しかし、物語はさらに続き、則天武后《そくてんぶこう》の時代、玄宗皇帝の時代となり、楊貴妃《ようきひ》一族が没落した安史の乱（755～763）まで扱われる。そして、玄宗皇帝と楊貴妃は隋の煬帝と朱貴児《しゅきじ》の生まれ変わりだったと分かって物語は終わる。

隋唐物語

ズイトウモノガタリ

Suí Táng Wù Yŭ

■中国　■小説

中国明清代に作られた小説で、隋《ずい》末の混乱と唐の建国を扱った物語の総称。『唐書志伝通俗演義』『隋唐両朝史伝』『**隋唐《ずいとう》演義《えんぎ》**』『大唐秦王詞話』『**隋史遺文《ずいしいぶん》**』『説唐全伝』などがある。

随筆

ズイヒツ

Zuihitsu

■日本　■随筆

日本の文学形態の一つ。

日常の体験、経験や伝聞、読書などの知的経験を元に、感想や考察などを文章として書き留めたもの。日記や備忘録に近いものである。いわゆるエッセイだ。

『枕《まくらの》草子《そうし》』などが有名。江戸時代になると、様々な階級の人々が、この形態で記録を残すようになる。**『耳嚢《みみぶくろ》』**を始めとする江戸時代に記された怪異録の多くは、人々の伝聞や又聞きをまとめた随筆である。

こうした「日常的体験を元に感想や考察、そこから派生した個人的思想を書き記す」という行いは、今日のウェブ日記やブログに通ずるものといえるだろう。

水妖記

スイヨウキ

Undine

■ドイツ　■物語

ドイツの物語、及びそれを元とした戯曲、オペラ。

フリードリヒ・ド・ラ・モット・フーケの1811年の作。

本作は、人間の騎士フルトブランドと水界の王女ウンディーネの悲恋の物語である。領主の娘ベルタンダの願いで森の湖を訪れた騎士フルトブランドは、そこで奔放な少女ウンディーネと出会う。フルトブランドは彼女に心引かれ、その家で数日を暮らす。そして折良く湖に流れ着いた司祭の前で結婚の誓いをする。魂を得て貞淑かつ善意のみで行動するようになったウンディーネは、自分が精霊であり、魂を得るために人間と結婚するため、フルトブランドの前に現れたのだと打ち明ける。フルトブランドはウンディーネを伴って町へと帰る。そこには彼を森に送り出したベルタンダが待っていた。魂を持った時から奔放さを失い、従順な女性へと性格が変わってしまったウンディーネから心が離れ、逆に我儘なベルタンダに引かれていくフルトブランド。この3人の関係は、結局はウンディーネを水の世界へと追い返すこととなってしまうのである。

筋だけを追っていくとラブコメ漫画のそれによく似ている。フーケの作品が時代を超越する程素晴らしいのか、人が思い描く物語にさほどの進化がないのか、それについては結論を出さないでおこう。

隋煬帝艶史

ズイヨウダイエンシ

Suí Yáng Dì Yàn Shǐ

■中国　■小説

中国明代の小説。全40巻。崇禎《すうてい》4年（1631年）刊。煬帝《ようだい》といえば中国史上まれに見る暴君で、貪欲、奢侈、淫蕩であり、土木事業に民衆を酷使し、武力を乱用し、ついに隋《ずい》を滅亡させたことで知られている。その暴挙の数々が描かれている。煬帝を風刺した小説では、唐代の**『開河《かいか》記《き》』『迷楼《めいろう》記《き》』『海山《かいざん》記《き》』**が有名だが、その系統に繋がるものである。

隋煬帝開河記

ズイヨウダイカイカキ

Suí Yáng Dì Kāi Hé Jì

■中国　■小説

→開河記《かいかき》

推理小説作法の二十則

スイリショウセツサホウノニジュッソク

Twenty rules for writing detective stories

■アメリカ　■文書

アメリカ黄金期の推理作家S. S. ヴァン・ダインが定めた、推理小説を書くときに守るべき20のルールのこと。

内容は以下の通りであるが（『ウインター殺人事件』ヴァン・ダイン著／井上勇訳／東京創元社より引用）、フェアプレイ型の、がちがちの本格推理のルールである。当時はまだハードボイルドもなく、本格推理だけがミステリであった。

ただし、ヴァン・ダイン自身の小説が、必ずしもこのルールに従っていないのはご愛敬である。

一。謎を解くにあたって、読者は探偵と平等の機会を持たねばならない。すべての手がかりは、明白に記述されていなくてはならない。

二。犯人が探偵自身にたいして当然用いるもの以外のぺてん、あるいはごまかしを、故意に読者にたいしてもてあそんではならない。

三。物語に恋愛的な興味を添えてはならない。恋愛を導入することは、純粋に知的な実験を、筋ちがいな情緒によって混乱させる。当面の課題は犯人を正義の庭にひきだすことであり、恋に悩む男女を結婚の祭壇に導くことではない。

四。探偵自身、あるいは捜査当局の一員が犯人に豹変《ひょうへん》してはならない。これは、厚顔な詐術であり、ぴかぴかの一セント銅貨を五ドル金貨だと称してひとに与えるのと同然である。

五。犯人は論理的な推理によって決定されねばならない。—偶然とか、暗合とか、無動機の自供によって決定されてはならない。後者のような犯罪問題の解決法は、読者を故意に無用の暗中模索に狩りたて、それが失敗に終わるのを待って、おまえが捜しまわっていたものは、はじめから、おれの懐のなかにあったと告げるに等しい。このような作者の態度は、わるふざけ以上のものではない。

六。推理小説には、そのなかに、探偵が登場しなくてはならない。そして、探偵は探偵しなくては探偵とはいえない。その任務は手がかりを集めて、それによって、最後に、第一章で悪行を働いた人物を突きとめるにある。探偵がそれらの手がかりを分析して結論に到達しないなら、その探偵は算数の本の巻末を見て解答を知る小学生と同じで、問題を解いたことにはならない。

七。推理小説には死体が絶対に必要である。死体がよく死んでおればおるだけいい。殺人以下の小犯罪では不充分だろう。殺人以外の犯罪のために三百ページを割《さ》くのは大げさすぎる。要するに、読者の手数と精力の消耗は報いられなくてはならぬ。アメリカ人は本質的に人間的であり、したがって、凶悪な殺人はその復讐《ふくしゅう》心と恐怖心をかきたてる。加害者を正義の手に渡したいと望む。《いかなる場合でも非道な殺人》(ハムレット) が行なわれたときには、ひと一倍温厚な読者までが、このうえない正当な情熱をもって、その追跡に当たることができる。

八。犯罪の謎《なぞ》は厳密に、自然な方法で解決されねばならない。真相を知るのに瓦《かわら》占い、コックリさん、読心術、降霊術、水晶占い等々の方法を用いるのは禁忌である。読者は合理的推理によって知能を競うときはチャンスがあるが、霊魂の世界と競争し、形而上の四次元の世界を漁《あさ》り歩かねばならないとなると、ab《アブ》 initio《イニシオ》 (出発点からして) 負けている。

九。探偵はひとりだけ――つまり、推理の主人公はひとりだけ――deus《デウス・》 e x《エクス・》 machina《マキナ》 (時の氏神) はひとりだけでなくてはならぬ。ひとつの問題を扱うのに、三人、四人の探偵、時としては探偵の集団の頭脳をもってくるのは興味を分散させ、論理の直接の脈絡を断ち切るばかりでなく、発端からして、自分の頭脳を探偵のそれと取り組ませて、知能的戦いをする心がまえの読者に、不当な不利益を与えることになる。ひとり以上の探偵がいると、読者は、その相手とする推理者がどれであるかわからなくなる。それは、読者をリレー・チームと競争して走らせるようなものだ。

十。犯人だと判明する人物は物語のなかで、大なり小なり重要な役割を演じた人物でなくてはならない――つまり、読者になじまれ、関心をいだかれていた人物でなくてはならない。最後の章で、局外者あるいは物語のなかで全然重要な役割を演じなかった人物に罪を着せる作者は、読者と知能を競う能力がないことを告白するものである。

十一。作者は使用人――執事、馬丁、部屋男、猟番、料理人等々のごとき――を犯人として選んではならない。それは高尚な問題の論点をごまかすことである。あまりにも安易な解決である。不満足感を与え、読者をして、時間を浪費したと感じさせる。犯人は、絶対に、相当な人物――ふつうでは、嫌疑《けんぎ》をかけられない人物でなくてはならない。犯罪が召使風情《ふぜい》の下劣な仕事であれば、作者は、それを記録にとどめるために、本の形にまでする必要はないからである。

十二。いかに多くの殺人が犯されるにしても、犯人はただひとりだけでなくてはならない。もちろん、犯人は端役《はやく》の協力者または共犯者を持ってもいい。しかし、全責任は、ひとりの人物の双肩にかからねばならない。読者の全憎悪《ぞうお》は、単一の邪悪な性質の持ち主に集中するようにされねばならない。

十三。秘密結社、カモラ党、マフィア党 (ともにイタリアの犯罪陰謀団) 等々は推理小説に持ちこんではならない。その場合、作者は冒険小説やスパイ・ロマンスの分野にはいって行くことになる。魅力ある、ほんとうにみごとな殺人は、このような十ぱひとからげの有罪性によって、償い得ないまでに汚毒される。たしかに、推理小説中の殺人犯人は正々堂々としたチャンスを与えられてしかるべきであるが、(いたるところに避難所を持つとか、集団的保護を与える）秘密結社に逃避を許すのは行きすぎである。第一級の自尊心ある殺人犯人はだれしも、警察との一騎打ちにおいて、このような優位を欲しないだろう。

十四。殺人の方法とそれを探偵する手段は、合理的で、科学的でなくてはならぬ。つまり、えせ科学、純粋に空想的で、投機的な手法はroman policier《ロマン・ポリシエ》（探偵小説）では許されない。たとえば、新しく発見されたと称する元素——超ラジウムといったような——で、被害者を殺すのは推理小説として正統な手段ではない。また、作者の想像のなかでのみ存在する珍奇で、未知の毒物を服用させてはならない。推理小説の作者は、毒物学的にいえば、薬局方の範囲内にとどまらねばならない。ひとたび作者が、ジュール・ヴェルヌ式の空想世界にあま翔《がけ》り、野放図もない冒険の領域に跳躍《ちょうやく》すれば、推理小説の埒外《らちがい》に逸脱する。

十五。問題の真相は、終始一貫して、明白でなくてはならぬ——ただし、読者が、それを見るだけの鋭敏な目をそなえていることを要する。ということは、読者が犯罪の解明を知ったあと、もう一度、その作品を読みかえして、解答は、ある意味で、面前で読者を凝視していたこと——すべての手がかりは、事実上、犯人を指向していたこと——読者が探偵と同じように頭がよかったならば最後の章にいたらずとも、自分で謎《なぞ》を解き得たことを悟ることを意味する。賢明な読者がしばしば、このようにして問題を解決することはいうまでもない。推理小説についての私の基本的理論のひとつは、推理物語が公正に、正統的に構成されていれば、全部の読者を相手に解決を防止することは不可能だというにある。作者と同じ程度に俊敏な読者が常に相当数いることは避けがたいだろう。作者が犯罪とその手がかりの叙述と提出のしかたについて、適当なスポーツマンシップと誠実性を示せば、これらの洞察《どうさつ》力をもった読者は分析、消去法、論理を駆使して、探偵と同時に犯人を指摘しうるだろう。そして、そこにこのゲームの妙味がある。また、そこに、ふつうの《大衆》小説を鼻であしらう読者が、顔を赤らめないで推理小説を読む事実の説明がある。

十六。推理小説には、長たらしい説明の章節、わき道にそれた問題についての文学的饒舌《じょうぜつ》、精緻をきわめた性格分析、《雰囲気《ふんいき》》の過重視があってはならない。そのような事柄は犯罪の記録と推理では重要な地位を占めていない。筋の運びを抑止して、主目的と筋違いな問題を導入する。推理小説の主目的は、問題を提出し、これを分析し、成功裏に結論に導くことである。もちろん、物語に、真実性を与えるためには、適当な説明と性格描写がなくてはならぬが、推理小説の作者が、迫真の現実感を創《つく》り出し、登場人物と問題にたいする読者の興味と共感を獲得する程度まで文学的才能を発揮したら、それでもって犯罪事件の記録が必要とする、正当で適正な、純《文学的》技法は尽くされたとすべきである。推理小説は冷厳な仕事であり、読者がこれを手にするのは、文学的扮飾や、スタイルや、美しい叙景や、にじみ出る情緒にひかされたためではなく、──ベースボールの試合や、クロスワード・パズルに熱をあげるのと同様に──頭脳の刺激と知的活動のためである。ポロ・グラウンド球場（ニューヨークの）の試合最中に、自然の美しさについての講演は、しのぎをけずる、ふたつの野球チームの死闘への興味を高めるにはいささかも役立たないだろう。クロスワード・パズルの鍵《かぎ》のなかに、語源学や綴字法についての講釈をさしはさむことは、言葉を正しく組み合わせようと努力している解き手をいらだたせるだけだろう。

十七。職業的犯罪者に、推理小説の犯罪の責任を負わせてはならない。押し入り強盗や山賊による犯罪は警察の領分であり──推理小説の作者や明敏な素《しろ》人《うと》探偵の扱う分野ではない。そのような犯罪は、警察の殺人課の日常の仕事に属する。真に魅力ある犯罪は、教会の重鎮とか、慈善事業で知られた独身婦人によって行なわれたものである。

十八。推理小説中の犯罪は、おしまいになって、事故死とか、自殺となってはならない。探偵推理のオデュセイアをこのような竜頭《りゅうとう》蛇《だ》尾《び》で終わらせるのは読者にたいして許すべからざる欺瞞《ぎまん》行為を行なうことである。もしも、本の買い手が犯罪がいんちきだったという理由で、二ドルの返還を要求した場合、正義感をもつ法廷だったら、原告に有利な判決を下し、善意をもって信用した読者を、このようなぺてんにかけた作者に厳重な戒告を加えるであろう。

十九。推理小説における、すべての犯罪の動機は個人的なものでなくてはならない。国際的陰謀や戦争政策は別の部類の小説──たとえば、スパイ物語に属する。しかし、殺人物語はいわばGemütlich《ゲミュートリヒ》（心情）を含んでいなくてはならぬ。読者の日々の経験を反映し、読者自身の抑制された欲求と感情に、ある程度はけ口を与えねばならない。

二十。そして、私は（私の《信条》の項目を偶数にするために）自尊心のある推理小説作家ならだれしも、今では、使うことをいさぎよしとしない、いくつかの手法のリストをここに掲げる。それらの手法は、あまりにもしばしば使用されてきて、文学的犯罪の真の愛好者すべての馴染《なじ》みとなっている。それを使うことは、作者の無能と独創性の欠如を告白するものである。

イ。犯罪の現場に遺棄されていたシガレットの吸いさしと、容疑者のふかしている銘柄を比較して、犯人の正体を決定すること。

ロ。えせ降霊術で犯人をおどし、自供させること。

ハ。偽の指紋。

ニ。替え玉によるアリバイ。

ホ。犬が吠《ほ》えないので、侵入者が馴《な》染《じ》みのものだとわかる。

ヘ。ふた子とか、嫌疑《けんぎ》はかけられているが無実な人間と瓜《うり》二つの近親者を最後に犯人として取り押える。

ト。皮下注射器や即死をもたらす毒薬。

チ。警察が現実に踏みこんだあとでの密室殺人。

リ。言葉の連鎖反応実験による犯人の指摘。

ヌ。最後になって、探偵が解読する文字または数字による暗号。

ズー神話

ズーシンワ

Anzu myth

■メソポタミア　■神話

→アンズー神話

スキールニルの歌

スキールニルノウタ

Skírnismál

■アイスランド　■叙事詩

『歌謡エッダ』の1篇。

フレイの召使いスキールニルが、フレイの使いとして女巨人ゲルズに求愛にいく話。

この時、スキールニルはフレイの魔法の剣と魔法の馬を得る。

そして、女巨人を脅して、フレイの求愛を受け入れさせる。

この叙事詩には書かれていないが、剣を召使いに与えてしまったことが原因となって、ラグナロクの時にフレイは戦いに敗れる。

過ぎた日の物語、教訓付き・ガチョウおばさんの話

スギタヒノモノガタリ、キョウクンツキ・ガチョウオバサンノハナシ

Histoires ou contes du temps passé, avec des moralités: Contes de ma mère l'Oye

■フランス　■民話

17世紀のフランスで名声を博した文筆家シャルル・ペローの手による民話集。

1695年に書かれた『韻文による物語』や、それまでに発表された民話に続き、民間伝承を読みやすい散文に直し、子供にも親しみやすくまとめ上げたのが、1697年に発表された、この『過ぎた日の物語』である。この民話集の最初の版は著者名がないことで有名で、本当の作者がだれであったかについては、今日なお議論がある。というのは、第2版の献辞には当時まだ10代であったペローの息子の署名があるからだ。一応の定説として、息子が民話を記録したノートに、ペローが大幅に手を入れて出版したものとされている。

『過ぎた日の物語』に含まれていた民話は、「眠りの森の美女」「赤ずきんちゃん」「青ひげ」「長靴をはいた猫」「妖精たち」「サンドリヨン（シンデレラ）」「巻き毛のリケ」「親指小僧」の8編で、その大半がだれもが聞いたことのある児童用の物語の定番として、不朽の名声をほしいままにしている。現在一般に「ペロー童話集」として知られているのは、これらの作品と『韻文による物語』の童話を合わせたものである。

例えばグリム兄弟、例えばハンス・クリスチャン・アンデルセンのような作家と比べると、日本における知名度にはや

や欠ける面があるペローだが、民話、童話という分野に彼が残した足跡は、極めて大きい。ペローが行ったのは、実際に語り継がれてきた昔話を文章としてまとめ直す再話だった。これはグリム兄弟と同じ手法であるが、ペローはグリム童話集より100年余りも前に、口伝えによって語り継がれていた民話を収集し、文字として記録していたのである。後年のグリム兄弟も、ペローの先駆的な作品に敬意を払い、その序文において業績を称賛している。

『過ぎた日の物語』は、単に世界的に有名な数々のお話を最初に紹介した民話集であるだけでなく、口承文学の保存と研究という分野においても、重要な一里塚となった作品なのだ。

→子どもと家庭の童話

スザンナ

Susanna

■中東　■経典

『旧約聖書外典』の一つで、三つの「**ダニエル書補遺**」のうちの一つ。

情欲に燃えた長老2人が、スザンナという貞淑な夫人を襲おうとして失敗した。だが、長老はスザンナを姦淫の罪に陥れようとした。その時、若きダニエルが現れ、長老の偽証を暴き、スザンナの貞淑を立証した。

『**ヴルガータ**』では、「**ダニエル書**」の第13章となっている。だが、『七十人《しちじゅうにん》訳聖書《やくせいしょ》』では、「ダニエル書」の冒頭に持ってきている。というのも、この物語はダニエルの若いころのエピソードであり、このことによってダニエルの名声が高まったものなので、最初に持ってくる意味があったのだろう。

→旧約聖書

スシュルタ・サンヒター

Suśruta-saṃhitā

■インド　■医学書

インドの古典医学書。全6巻186章。『**チャラカ・サンヒター**』と共に、「アーユル・ヴェーダ（生命の科学）」と呼ばれるインドの伝統医学の二大古典書といわれる。題名は「スシュルタの著作集」という意味。著者とされるスシュルタは伝説的人物で、紀元前6世紀の人とも紀元後4世紀の人ともいわれる。何にしても、この書は1人の人間の手になるのではなく、数世紀という時間をかけて、3〜4世紀ごろに完成したと見られている。

『スシュルタ・サンヒター』の中では、その起源は神と結び付けられている。それはまずブラフマー神によって説かれ、プラジャーパティ神→アシュヴィン双神→インドラ神と神々の間に伝えられた。それから、ブラフマー神の権化とされるベナレス地方の王ディヴォーダーサ・ダンヴァンタリ→スシュルタと伝えられたという。それで、記述の仕方もダンヴァンタリがスシュルタに教えるという体裁になっている。

全体は①総説篇（46章）、②病因篇（16章）、③身体篇（10章）、④治療篇（40章）、⑤毒物篇（8章）、⑥補遺篇（66章）から構成されている。

同じアーユル・ヴェーダの古典だが、

『チャラカ・サンヒター』が内科的治療中心なのに、こちらは外科的治療法についても詳しく語っているという特徴がある。しかも、その治療法は当時の世界の最先端をいくものだったと見られている。

ステガノグラフィア

Steganographie

■ドイツ　■オカルト

ベネディクト会修道院長も務めたヨハネス・トリテミウス（本名ヨハン・フォン・ハイデルベルグ〈1462～1516〉）が書いた暗号論書。3巻目の途中で終わっている。

この本は、1巻2巻は純然たる暗号技術の本である。だが、3巻目になると、学のない人でも即座にラテン語を学べる方法とか、天使や精霊を呼び出して伝令に使う方法など、オカルト的な内容となっている。

他にも、彼はもう1冊『ポリグラフィア』という暗号論の本も書いている。また、『妖術駁論大全《ようじゅつばくろんたいぜん》』という呪いに対する反駁の書を書いている。さらに『七つの第二原因について』では、7人の天使が順番に354年と4ヶ月ずつ権力の座にあることで、世界創造から終末までを支配するのだという。彼の計算では、歴史の終末は2235年のことである。

ストルルンガ・サガ

Sturlunga saga

■アイスランド　■サガ

サガの1篇。12～13世紀ごろに作られたと考えられている。

ストルルング一族の物語。9世紀にハラルド美髪王の力を逃れてアイスランドにやって来た人々の物語である。

12～13世紀のアイスランド史を研究する際に、重要な史料として使われる。

砂の妖精

スナノヨウセイ

Five Children and It

■イギリス　■小説

イギリス人の女流作家イーディス・ネスビットが書いたファンタジー小説。出版されたのは1902年。子供向けの作品は生活のために書いていたつもりのネスビットだが、皮肉にも彼女の最大のヒット作となった。『砂の妖精』は古くから伝わる民話ではなく、近世の作家が作り上げた子供用の読み物、現代のおとぎ話の初期の傑作として、またエヴリディマジックというファンタジー・ジャンルの嚆矢となった作品として、その名を残している。

英文のタイトルが示すように、お話の中心は兄弟姉妹の5人の子供と、砂の妖精サミアドである。父母が留守の間、我が家に留守番して生活していた幼い兄弟姉妹4人と1人の赤ん坊は、ある日砂場で遊んでいる時に、願いをかなえてくれる砂の妖精サミアドと出会う。

サミアドがかなえた願いは、その1日、太陽が沈むまでしか効果がない。もちろん子供たちはそんなことにはかまわず、「綺麗な子になりたい」「お金がたくさんほしい」「翼がほしい」「お城に住みたい」などと、次々と夢を実現してもらうのだが、決まって予想外のトラブルに発展し、最後には大騒ぎして事態を収拾するという結果に終わるのだ。

不思議な日々は、帰ってきた母親に降りかかった災難をナシにしてもらう代償に、子供たちがサミアドに「もう願い事をしない」と約束をすることで終わる。おとぎ話の魔法は、保護者たる父母の帰還と共に解ける。

だが、サミアドと子供たちの物語は、そこではおしまいとはいかなかった。高い人気から、ネスビットは『火の鳥と魔法のじゅうたん』『魔除け物語　続砂の妖精』という2冊の続編を書いている。これらの作品を合わせて、『砂の妖精』は3部作を構成している。

現代まで連綿と続くイギリスの子供向け魔法童話の伝統に大きな弾みを付けた名作童話であり、近代にはこれを原作とした映画やアニメーションも作られている。

スノッリのエッダ

Edda

■アイスランド　■叙事詩

→散文エッダ

全ての文明の源アトランティスをどうやって見つけたか

スベテノブンメイノミナモトアトランティスヲドウヤッテミツケタカ

How I Discovered Atlantis, the Source of All Civilizations

■ドイツ　■歴史書

ポール・シュリーマン（トロイ遺跡を発見したハインリッヒ・シュリーマンの孫）が雑誌に発表した「アトランティスを発見した」という文章。

彼によると、その秘密は祖父から受け継いだものだという。シュリーマンの名声から、信じる者も現れたが、残念ながらポール・シュリーマンは、その証拠となるべき祖父から譲り受けた壺を公開したことがなく、現在では祖父の名声を汚す眉唾ものと考えられている。

すべてを見たる者

スベテヲミタルモノ

Ša nagbu amāru

■メソポタミア　■神話

→ギルガメシュ叙事詩

スライム

Slime

■アメリカ　■小説

アメリカのホラー作家ジョセフ・P.ブレナンが1959年に書いた短編小説。作品自体としては、粘液状の生物がニューイングランド地方の町を襲うというもので、ブレナンの他の作品同様、大傑作というわけではなく、作品自体は忘れられていった。
ただ、彼が命名した「スライム」という怪物は、他の作家たちにも使われ始め、一般用語となった。

スラブ語エノク書

スラブゴエノクショ

Book of Enoch

■東欧　■経典

→エノク書

スリュムの歌

スリュムノウタ

Þrymskviða

■アイスランド　■叙事詩

『歌謡エッダ』の1篇。
トールの槌が盗まれる。盗んだのは巨人の王スリュムで、フレイヤを妻に寄こさないと返さないという。当然フレイヤは断る。
そこで、トール自身に花嫁衣裳を着せて、ロキが侍女に化けてスリュムの元へ行く。花嫁は大食らいで恐ろしげな目をしているが、巨人たちはトールが化けたことになぜか気付かない。
そして、花嫁の清めのために槌を持ってきたところで、トールは槌を手にして、巨人たちを皆殺しにする。

スンナ

Sunnah

■中東　■経典

「慣行」「ならわし」を意味するアラビア語。イスラム法学的には、しばしば「預言者のスンナ」、つまり「預言者ムハンマドは、これこれの時には、これこれこのように行動するのが慣例であった」ということを意味する。「だから、我々もムハンマド（もしくはその同志）に習うべきである」という意味合いが背景にある。
イスラム法では**『クルアーン』**に次ぐ第2の法源(法律を定める根拠)とされる。スンナを知る上で最も重視されるのが、ムハンマドとその同志たちの言行録**『ハディース』**である。なお、スンナという書物があるわけではない。

せ

聖アントワーヌの誘惑

セイアントワーヌノユウワク

La Tentation de saint Antoine

■フランス　■小説

フランスの小説家ギュスタヴ・フロベールの夢幻小説。1874年刊行。
聖アントワーヌ（アントニウス）は4世紀ごろの上エジプト生まれのキリスト教の聖人で、砂漠に住み、瞑想と苦行の生活をした。この時、彼は修行を邪魔する悪魔のために様々な幻覚に苦しめられたと伝えられており、その場面は古くから「聖アントワーヌの誘惑」と呼ばれ、絵画などのテーマとされてきた。

フロベールの小説も同じ主題を扱ったもので、物語らしい物語があるわけではなく、修行するアントワーヌを邪魔するために、次から次と様々な幻覚が現れては消えていくというものである。それゆえ登場するのは全く幻想世界のものたちで、悪魔、シヴァの女王、異教徒たち、神秘主義哲学者、ギリシアやローマの神々から、果ては一角獣、ミルメコレオ(蟻ライオン)、マンティコラス、キノケファルス（犬頭の狒々《ひひ》)、グリフォンといった多種多様な幻想動物にまで及ぶ。

有名なホルヘ・ルイス・ボルヘスとマルガリータ・ゲレロの『**幻獣《げんじゅう》辞典《じてん》**』でも、この小説は言及されている。

西欧における魔女信仰

セイオウニオケルマジョシンコウ

Witch-Cult in Western Europe

■イギリス　■学術書

マーガレット・マレー博士著。1921年の出版。初版は近代的なイギリスの八つ折り版であるが、その後色々な言語に訳され、世界各国で読まれている。

中世西欧における魔女信仰は、その起源がキリスト教以前の古代宗教に求められるという説を唱えた本である。H. P. ラヴクラフトの恐怖小説群「クトゥルフ神話」に大きな影響を与えた。

まじめな研究書であるが、オカルト方面にも大きな影響を与えた。

聖オーラーヴ王のサガ

セイオーラーヴオウノサガ

Ólafs saga helga

■アイスランド　■サガ

13世紀の詩人スノッリ・ストゥルルソンが編纂した『**ヘイムスクリングラ**』の1篇。

オーラーヴ王の息子で、オーラーヴ2世ともいわれる王の話。彼は、ノルウェーの守護聖人となったので、聖オーラーヴと呼ばれる。

正史

セイシ

Zhèng Shǐ

■中国　■歴史書

中国の歴史書で、皇帝によって公認されたもののこと。

中国の歴史書は当初は個人によって書かれたが、唐代からは王朝に任命された史官たちが歴史書を作るようになった。この結果、皇帝が公認した歴史書が「正史」と呼ばれるようになった。「正史」という言葉が最初に使われたのは、7世紀に完成した『隋書』においてだといわれている。

正史は一つの王朝が滅びた後で、新しくできた王朝が滅びた王朝について書いたものである。そうすることで過去を清算し、自分たちの正当性を主張するのが目的といっていい。だから、正史というのはあくまでも国家公認の歴史書という意味で、「正しい歴史」の書という意味ではないということは注意が必要だろう。自分たちの王朝に不利な事柄を好き好んで書く者はいないからだ。

また、王朝は次々と滅び誕生するので、正史の数はどんどん増えていった。現在、正史は『**史記**《しき》』から『明史』まで24あるが、最後の『明史』は清代の乾隆《けんりゅう》4年(1739年)に、乾隆帝によって正史と認められたものである。そして、清は中国最後の王朝で次の王朝は存在しないから、清の歴史を扱った正史は存在しないのである。ただ、中華民国時代の1922年に編纂された『新元史』も正史とし、その数を25とする見方もある。

25の正史は表の通りだが、このうち個人が作った私撰の正史は『史記』『漢書《かんじょ》』『後漢書』『**三国志**《さんごくし》』で、その他は王朝に任命された者が作った官修である。

	書名	巻数	編者	完成年（時代）
1	史記《しき》	130巻	司馬遷《しばせん》	前90年ころ（前漢）
2	漢書《かんじょ》	100巻	班固《はんこ》	82年ころ（後漢）
3	後漢書《ごかんじょ》	120巻	范曄《はんよう》	445年以前（南朝宋）
4	三国志《さんごくし》	65巻	陳寿《ちんじゅ》	297年以前（晋）
5	晋書《しんじょ》	130巻	房玄齢《ぼうげんれい》ほか	648年（唐）
6	宋書《そうじょ》	100巻	沈約《しんやく》	502年以降（梁）
7	南斉書《なんせいしょ》	59巻	蕭《しょう》 子顕《しけん》	537年以前（梁）
8	梁 書《りょうじょ》	56巻	姚思廉《ようしれん》ほか	636年（唐）
9	陳書《ちんしょ》	36巻	姚思廉ほか	636年（唐）
10	魏書《ぎしょ》	114巻	魏収《ぎしゅう》ほか	554年（北斉）
11	北斉書《ほくせいじょ》	50巻	李 百 薬《りひゃくやく》ほか	636年（唐）
12	周 書《しゅうじょ》	50巻	令狐徳棻《れいことくふん》ほか	636年（唐）
13	隋書《ずいしょ》	85巻	長孫無忌《ちょうそんむき》、魏徴《ぎちょう》	656年（唐）
14	南史《なんし》	80巻	李延寿《りえんじゅ》ほか	659年（唐）
15	北史《ほくし》	100巻	李延寿ほか	659年（唐）
16	旧唐書《くとうじょ》	200巻	劉 昫《りゅうく》ほか	945年（後晋）
17	新唐書《しんとうじょ》	225巻	欧陽修《おうようしゅう》、宋祁《そうき》	1060年（北宋）
18	旧五代史《きゅうごだいし》	150巻	薛居正《せつきょせい》ほか	974年（北宋）
19	新五代史《しんごだいし》	74巻	欧陽修	1053年ころ（北宋）
20	宋史《そうし》	496巻	脱脱《トクト》ほか	1345年（元）
21	遼 史《りょうし》	116巻	脱脱《トクト》ほか	1344年（元）
22	金史《きんし》	135巻	脱脱《トクト》ほか	1343年（元）
23	元史《げんし》	210巻	宋濂《そうれん》ほか	1370年（明）
*	新元史《しんげんし》	257巻	柯劭忞《かしょうびん》	1922年以前（中華民国）
24	明史《みんし》	332巻	張 廷玉《ちょうていぎょく》ほか	1739年（清）

清少納言記

セイショウナゴンキ

Seisyohnagonki

■日本　■随筆

→ **枕 草子**《まくらのそうし》

精神分析入門

セイシンブンセキニュウモン

Vorlesungen sur Einfuhrung in die Psychoanalyse

■ドイツ　■学術書

ドイツ在住のユダヤ人医師ジークムンド・フロイトが、ウイーン大学で行っていた精神分析の講義をまとめて1917年に出版した本。入門者向けの本なので、フロイト説のより専門的な理解には、他の著書を読む必要がある。

現在では、フロイト博士の理論は大きな批判を受けており、あらゆることを性的コンプレックスと見るような古典的フロイト理論は廃れている。

だが、無意識というものを提起し、精神医学や心理学の世界に新たな地平を開いたという意味で、彼とその著書の意義は大きい。

生と覚醒のコメンタリー

セイトカクセイノコメンタリー

Commentaries on Living

■インド　■オカルト

一時的に神智学《しんちがく》協会の長であり、自ら教団を解散した教祖としても知られるクリシュナムルティの、数多い著書の一つ。

青嚢書

セイノウショ

Qīng Nāng Shū

■中国　■架空

『三国志演義《さんごくしえんぎ》』の中で、中国の伝説的名医・華佗《かだ》が書いたとされている医書。『三国志演義』第78回によれば、曹操《そうそう》に捕らえられた華佗は獄中で死を覚悟し、世話をしてくれた獄卒・呉押獄《ごおうごく》に医書『青嚢書』を与えた。しかし、呉の妻がこれを燃やしてしまったために、後世に残らなかったという。

聖ブレンダンの航海

セイブレンダンノコウカイ

The Voyage of St. Brendan

■アイルランド　■イムラヴァ

10世紀ごろにアイルランドで成立したイムラヴァ（航海譚）の一つ。6世紀のキリスト教の聖人で、アイルランドの12使徒の1人に数えられる聖ブレンダンが、7年の航海の後に「約束の地」とも呼ばれる天国に最も近い島に到達する物語である。アイルランドのその他のイムラヴァ、エフトリ（冒険譚）と同様にそれは不思議議に満ちた異界の旅であり、ブレンダン一行は航海の途中、「羊の島」「鳥の島」「聖歌隊の島」「ブドウの島」などいくつもの異界の島や海域に遭遇する。「約束の地」は美しい花々が咲き乱れる楽園だが、そこで一行の前に若い男が現れ、「やがてキリスト教徒が迫害を受ける時、この島はそなたたちの後継者に知られるようになるだろう」と予言し、この地にある果物と宝石を持って帰るようにとうながす。そこでブレンダンはいわれた通りに船を出し、アイルランドに戻るのである。

→ブランの航海、マルドゥーンの航海

西洋のオカルティズムと東洋の秘教

セイヨウノオカルティズムトトウヨウノヒキョウ

Occultisme occidental et esoterisme oriental

■フランス　■オカルト

→神聖言語《しんせいげんご》の原理原則《げんりげんそく》

セーフェル・ハ・ゾーハル

Sefer ha-Zohar

■ヨーロッパ　■経典

→光輝《こうき》の書

セームンドのエッダ

Edda

■アイスランド　■叙事詩

12世紀の僧セームンドが書いた叙事詩であると思われていたため、このような呼び名がある。だが、現在ではこの説は誤りであるとされる。

→歌謡エッダ

世界最終戦論

セカイサイシュウセンロン

Sekaisaishuhsenron

■日本　■兵法書

→最終戦争論

世界の王

セカイノオウ

Le Roi du monde

■フランス　■オカルト

ルネ・ゲノン（1886～1951）が1921年に出版した秘教知識の本。隠された土地アガルタについての記述がある。この年、彼は『ヒンドゥー教義研究のための一般序説』『神智主義《しんちしゅぎ》、ある似非宗教《えせしゅうきょう》の歴史《れきし》』『心霊主義の誤り』を出している。

題名から分かるように、ゲノンは神智学や心霊主義はまやかしか詐欺だと考えていた。

また、後にはイスラム教に改宗したが、その後も『量の支配と時代の兆候』『イニシエーション概論』などの本を書いている。

彼の仕事は、秘教に関することすべてをまとめ上げることにある。

世界の叙述

セカイノジョジュツ

Le divisament dou monde

■イタリア　■旅行記

→東方見聞録《とうほうけんぶんろく》

ゼカリヤ書

ゼカリヤショ

Book of Zechariah

■中東　■経典

『旧約聖書正典』の一つ。「十二小預言書」の11番目のものである。

八つの幻と、エルサレムの未来についての預言書である。

→旧約聖書

石頭記

セキトウキ

Shí Tóu Jì

■中国　■小説

→紅楼夢《こうろうむ》

石碑の人々

セキヒノヒトビト

People of the monolith

■アメリカ　■架空

クトゥルフ神話の謎と知識を織り込んだ詩集。著者はジャスティン・ジェフリー。1926年、彼の自費出版で1200部程がイリノイ州で発行されたに過ぎない。

内容に関しては、評価が人によってそれぞれ異なる。ある評論家は支離滅裂で侮蔑的、冒涜的グロテスクな妄想を書き綴った駄文に過ぎないといい、ある文学研究者は破滅的でありながら謎めいた幻想的な叙情詩だという。しかし禍々しく恐ろしい“なにか”を感じさせる不吉な印象の詩集であるという点は、両者とも一致した見解だ。

このように謎の多い詩集だが、これら

の謎は永遠に解き明かされることはなかった。なぜなら詩集出版の翌年、著者ジェフリーは精神病院に収容され、そこで世間から隔離されたまま一生を終えたからである。

→クトゥルフ神話の魔道書

石碣天書

セッケツテンショ

Shí Jié Tiān Shū

■中国　■架空

→石碣天文《せっけつてんぶん》

石碣天文

セッケツテンブン

Shí Jié Tiān Wén

■中国　■架空

小説**『水滸伝《すいこでん》』**第71回において、空から落ちてきたとされる碑（石碣《せっけつ》）に記されていた文のこと。『水滸伝』によれば、梁山泊に108人の豪傑が勢ぞろいしたのは宣和2年（1120年）4月だが、この時に総頭領の宋江《そうこう》は、前任の総頭領で最近戦死した晁蓋《ちょうがい》のために、7日間にわたる大々的な供養を営んだ。その7日目の夜、天から火の玉が落ちるという事件があり、宋江がその場所を掘り返させると1枚の碑が出てきた。その碑に刻まれていた古代文字を、供養のために招かれていた博識の道士が解読したところ、碑の表には「替天行動《たいてんこうどう》（天に替わって道を行う）」という文字と、天罡星《てんこうせい》36人の名が席順に刻まれていることが分かった。さらに碑の裏にも文字があり、そこには地煞星《ちさつせい》72人の名が席順に刻まれていた。これを見た宋江は初めて、梁山泊の頭領108名が上天の星の生まれ変わりであり、ここに集まるように運命付けられていたのだということを悟ったのである。

ゼファニヤ書

ゼファニヤショ

Book of Zephaniah

■中東　■経典

『旧約聖書正典』の一つ。「十二小預言書」の9番目のものである。

ユダ王国に神の審判が下ることと、それでも正しき者は救われ、エルサレムが世界を支配することを約束している。

→旧約聖書

セフェル・イェツィラー

Sefer Yetzirah

■ヨーロッパ　■経典

→創造の書

セプトゥアギンタ

Septuaginta

■ギリシア　■経典

→旧約聖書

セラエノ断章

セラエノダンショウ

Celaeno Fragments

■アメリカ　■架空

→セラエノ図書館

セラエノ図書館

セラエノトショカン

Celaeno library

■アメリカ　■架空

クトゥルフ神話に出てくる図書館。といっても地球上のものではなく、遥かヒアデス星団の中の惑星セラエノにある。

ここにはグレート・オールド・ワン（旧支配者）がエルダー・ゴッド（旧神）から盗み出した様々な文書類が収められている。もちろん、それら文書類の形態は紙ではなく、石版（石碑）などの形をしているものが多い。

この図書館に長く滞在し、その蔵書の一部を英語に翻訳したという書物が『セラエノ断章』(1915) である。著者のシュリュズベリー博士はこの草稿をあげた直後、謎の失踪を遂げている。

このセラエノ図書館にどのような知識が収められているかは、『セラエノ断章』からある程度推し量ることができる。すなわち、アザトースその他の旧神や旧支配者などに関する秘密が書かれているものと考えられる。

なお、セラエノにはクトゥルフ神話の邪神ハスターが眠っているとされている。ひょっとしたら、ハスターはセラエノ図書館を守っているのかもしれない。

千一夜物語

センイチヤモノガタリ

Alf Lailat wa Lailat

■ペルシア・アラブ　■物語

中世アラビアの物語集。9～16世紀ごろ成立。欧米では『アラビアン・ナイト』とも呼ばれる。

全体の筋書きはといえば、この世にかつて偉大な帝王があったが、この王は妻に裏切られて以来、人間、ことに女というものを信じられなくなった。王は日ごとに1人の美しい乙女を娶《めと》っては一夜明けるとこれを切り殺してしまうのであった。そこで大臣の娘シェヘラザードは進んで王の后となり、不眠に悩む王のために物語をしては、面白いところで「朝の光が射すのを見て慎ましく口を噤《つぐ》む」のだった。王は話の続きを聞くまではこの女を殺すまいと思い、かくてシェヘラザードの命がけの物語は千一夜に及んだ…というもの。

『**千物語**《せんものがたり》』『**カリーラとディムナ**』など、ペルシアやアラビアの多くの枠物語（物語の登場人物の語る物語）集の影響を受けて成立した。魔法昔話、恋物語、史上の人物の逸話、動物寓話など、様々な物語を含む。「多数の人物が登場するが、史上実在の人々もあれば、街頭を行き交う無名の男女、まったく架空の人物とさまざまである。人間に交ってジン（妖精）や食人鬼（グール）の眷属も出没する。善玉あり悪玉あり、悪にも強く善にも強いしたたか者も現われている。」(『千夜一夜物語と中東文化』前嶋信次著／平凡社)。

18世紀にヨーロッパに紹介されて以来、欧米におけるイスラム圏イメージの大きな源泉となった。

『千一夜物語』には、元々アラビア語の時点で多くの異本があった。これらを元に多くの人が欧州諸語に訳したので、さらに多数の版が存在することとなった。最も古い翻訳はフランスのガランによるもので、大人と子供のための読み物として優れるが、当時のヨーロッパ人の好みに合うよう変更を加えた部分が多く、また性的な描写の多くが割愛されている。イギリスのレーン版は翻訳としては正確だが、こちらも性的な描写の多くが割愛されている。フランスのマルドリュスによるものは翻訳というより翻案として優れており、ガランやレーンとは逆に、性的な描写を原典より大幅に増量してある。イギリスのバートンによるものは同国のペインによる翻訳を参考にしつつ、注釈でアラビアの性風俗について虚実取り混ぜて面白おかしく記してある。これが欧米の一部に「好色なアラビア人」というステロタイプを作り上げたことはいうまでもない。伝記によれば、バートンは自分の訳した『千一夜物語』の翻訳の大人気を見て、上機嫌で妻に「イギリスの好みは分かった。もう金には困らんぞ」といったという。19世紀のある書評子はこれを評して「ガラン訳は子供部屋向き、レーン訳は図書館向き、ペイン訳は書斎向き、バートン訳は下水溝向き」と吠えた。

現在の日本で入手しやすいところでは、岩波文庫『完訳千一夜物語』(マルドリュス版)、ちくま文庫『バートン版千一夜物語』(バートン版)、国書刊行会バベルの図書館『千夜一夜物語――ガラン版』(ガラン版)、平凡社東洋文庫『アラビアン・ナイト』(アラビア語原典からの翻訳) などがあり、いずれも別物として味わい深い。

山海経

センガイキョウ

Shān Hǎi Jīng

■中国　■小説

中国古代の地理書。現存する書のうち、古代中国神話の資料を最も多く保存しているといわれる奇書である。古代の巫師が神事を記録した巫書だともいわれる。全18巻で、次のような構成になっている。

五蔵山経	①南山経、②西山経、③北山経、④東山経、⑤中山経
海外経	⑥海外南経、⑦海外西経、⑧海外北経、⑨海外東経
海内経	⑩海内南経、⑪海内西経、⑫海内北経、⑬海内東経
大荒経	⑭大荒東経、⑮大荒南経、⑯大荒西経、⑰大荒北経
海内経	⑱海内経

このように、『山海経』は古代中国の世界をいくつかの地域に分け、その特色を順次記述したもので、その地の動物、植物、鉱物、神々、住人などがひたすら羅列されている。

伝説では、夏王朝の始祖である禹《う》の臣下・伯益《はくえき》の著とされる。実際には戦国時代初期から秦・漢時代にかけて、多くの人の手で次々と新しい部分が書かれたので、著者は不明である。

こうして成立した『山海経』は古くは図入りだったが、それは現在には伝わっていない。

晋《しん》代の学者・郭璞《かくはく》は『山海経』に序と注を追加したが、その序に「世の『山海《せんがい》経《きょう》』をよむ人たちは、いずれもその荒唐無稽にして奇怪奇抜な言葉が多いために(その内容の真実性に)疑問をもたないものはない。」(『山海経』高馬三良訳／平凡社／以下引用部はすべて同じ)と書いた。この言葉の通り、全く空想的な動物や妖怪めいた神々、奇怪な人々が次々と登場する。例えば「海外北経」には次のような記述がある。

「無䏿《むけい》の国は長股《こ》の東にあり、人となり䏿《ふくらはぎ》がない。鍾《しょう》山の神の名は燭陰《しょくいん》。(この神が)目を開けば昼となり、目を閉じれば夜となる。吹けば冬となり、呼べば夏となる。飲まず食わず息《いき》せず、息すれば風となる。身の長さ千里、無䏿の東にあり、この物たるや人面蛇身で色赤く、鍾山のふもとに住む。一目《いちもく》国はその東にあり、一つの目が面《かお》の真中にある。柔利国は一目の東にあり、人となり一つの手、一つの足、膝《ひざ》が反《そ》り、足はまがって上にあり。共工の臣を相柳《しょうりゅう》氏という。九つの首で九つの山のものを食う。」

体長が千里の人面蛇身の神だとか、九つの首を持つ相柳氏だとか、手も足も1本しかない人間だとか、「奇怪奇抜」で信じられないとされるのは当然といっていいだろう。だが、近年の研究で、このような「奇怪奇抜」さこそ、中国の原始神話、原始宗教の姿をそのまま伝えるものだということが分かってきた。中国古代神話の資料として『山海経』が重要視される所以である。

ところで、古代の中国には「天円地方」という考え方があり、大地(中国帝国)は正方形で、その周りを「四海」が取り囲んでいるとされた。ここで「四海」といっているのは、実際の海のことではなく、異民族の土地のことである。

中国古代の地理書『山海経』も基本的に同じ構造で、中国帝国とその外にある異民族の土地の、2種類のことが書かれていると考えられる。すなわち、中国帝国内＝五蔵山経＝海内経であり、異民族の地＝海外経＝大荒経である。

同じ1冊の本の中で、同じ土地のことが別な呼び方をされ、繰り返し記述されているというのは奇妙かもしれないが、現在の『山海経』は元は1冊ではなかったらしい。『中国の神話伝説』の著者である袁珂氏は、現在の『山海経』は元は3書であり、〈五蔵山経＋4編の海外経〉〈4編の海内経〉〈大荒経4編＋1編の海内経〉という組み合わせだったろうと見ている。また、『山海経』世界の中心、つまり五蔵山経の中心は洛陽《らくよう》というのが一般的な見方である。

仙鑑

センカン

Xiān Jiàn

■中国　■伝記

→**歴世真仙体道通鑑《れきせいしんせんたいどうつがん》**

前漢書平話

ゼンカンジョヘイワ

Qián Hàn Shū Píng Huà

■中国　■小説

中国宋代あるいは元代に作られた『新《しん》刊《かん》全相平話《ぜんそうへいわ》五種《ごしゅ》』の一つ。

→**全相平話《ぜんそうへいわ》**

仙境異聞

センキョウイブン

Senkyohibun

■日本　■オカルト

江戸時代後期の国学者・平田篤胤が記した書物。

文政3年（1820年）10月、浅草観音堂前に1人の少年が現れた。名を寅吉という。幼いころより親の怪我を予知するなどの霊能を見せていた子で、7歳のころから仙境の師について武術や祈祷、呪《まじな》い、呪符や武器、医薬の作り方などを学び、文政3年3月、13歳の時に行方をくらませた子である。

本書では、寅吉と平田篤胤及びその門人との問答という形で、幼い日々に山人天狗の師より伝授された修行や、行方をくらませていた半年あまりの生活の日々について語られている。

善家秘記

ゼンケヒキ

Zenkehiki

■日本　■説話

平安時代中期の書。

文章博士として朝廷に仕えた漢学者・三《み》善清行《よしきよゆき》が記したとされる怪異説話集。現物や完本の写本は現存しておらず、他の書に引用された一部分が残るのみである。

ちなみに著者である三善清行は『**今《こん》昔物語集《じゃくものがたりしゅう》**』では、購入したあばら屋に住み着く妖魅を相手に正論をかざし、呪符も退魔の剣もなしに退散させる程豪胆な——言い換えれば頑固で決まり事に忠実な人間として描かれている。

戦史

センシ

Historiae

■ギリシア　■歴史書

古代ギリシア世界における最大の戦役であったペロポネソス戦争（紀元前431～前405、途中6年の休戦期間を含む）についての記録書。著者は同戦役にアテナイ側の武将として参加した経験を持つツキジデス（生没年不詳）。

ツキジデスは戦争前半である紀元前424年の戦いでの失策によって20年間追放され、一族の故郷であるトラキアに隠遁。追放期間中にこの戦争が後世に残すべき大事件であると認識し、中立の立場を活かして、戦役が続いている間、アテナイ側及びスパルタ側という紛争の両陣営から資料の収集を行っていた。

そしてアテナイ敗北の後、戦争の全貌を総括する著作に取りかかるが、21年目の411年の記述を最後に著者は死去し、同書は未完に終わった。

本書は戦争の各年度に起きた事件を夏と冬の二つに分けて記述しているが、特徴的なのは、それまでに書かれた古代の史書の多くとは異なり、内容が単なる事物や伝承の記録、あるいは英雄伝説となるに留まらず、両陣営の政治的あるいは軍事的決断と帰趨をその要因から探求し、連続する事件の因果関係を明らかにしようと試みている点である。

そしてその因果関係は、意志決定に参加した人物の演説という形で語られる。この演説はもちろん、特定の日時に行われた実際の演説の記録ではなく、著者による事件の解説と批判を、登場人物の言葉を借りて述べているものだといっていい。
また、同書は敗戦国アテナイに属する著者による「敗者の書」である点も見逃せない。従来ギリシアの覇権は、海上を制するものが獲得するという思想があった。しかし、強大な海軍力を有するアテナイは、陸軍国であるスパルタに敗北を喫した。著者には執筆に先立って、なぜこのようなことが起きたのだろうかという問題提起があった。
そしてその視点が本書に、君主や英雄の威光を称えるのではなく、事件の原因究明と歴史の因果関係の記述をもたらしたのである。
ツキジデスは、戦争を有利に進めていたアテナイが紀元前415年にシチリア遠征を企てたことを、敗北の大きな理由として挙げている。アテナイは有利な情勢をより強固にしようと試み、有事の最中に新たな戦争を、それもそれまでの戦いに劣らず大規模な戦役を始めてしまった。それがアテナイを疲弊させ、スパルタに対して持っていた優位を失わせる結果となったという。
このような現代にも通じる史観を垣間見ることのできる本書は、今日において「最初の真の歴史書」として高く評価されている。

泉州信田白狐伝

センシュウシノダビャッコデン

Senshuhshinodabyakkoden

■日本　■小説

江戸時代中期の小説。
宝暦7年（1757年）、誓誉《せいよ》の作。全5巻。
数々の安倍晴明《あべのせいめい》伝説を元に記された仏教説話小説で、特に晴明の出生…つまり信田の白狐伝説と天文道の伝来を主なテーマとしたもの。

→しのだづま

戦術論

センジュツロン

Dell'arte della guerra

■イタリア　■兵法書

→戦争の技術《わざ》

戦争と平和

センソウトヘイワ

Война и мир

■ロシア　■小説

ロシアの作家レフ・トルストイが1865～1869年に発表した小説。『**アンナ・カレーニナ**』と並ぶ彼の二大傑作とされる。
ナポレオンのロシア戦役を中心に、様々な人々の営みが描かれる壮大な群像劇である。
実在の人物としては、ロシアのクトゥーゾフ将軍が、非常に高く評価されて描かれている。歴史における将軍の実像以上の高評価（クトゥーゾフ将軍は有能な軍人だが、歴史に残る名将という程でもない）は、この『戦争と平和』の影響も大きい。
また、この作品以降、『戦争と○○』といったタイトルの作品がたくさん作られるようになった。これも、この作品の影響といえるだろう。

戦争の技術

センソウノワザ

Dell'arte della guerra

■イタリア　■兵法書

15～16世紀のイタリア人ニッコロ・マキャベリが生存中に出版した唯一の本。ギリシアやローマの古典を研究し、そこから戦争に必要な技術を戦略、戦術の区別なく取り出している。

16世紀中に21版を重ねたというから、当時のベストセラーの1冊といえるだろう。

日本では、『兵法論《へいほうろん》』『戦術論』などという題名で翻訳されたこともある。

全相平話

ゼンソウヘイワ

Quán Xiāng Píng Huà

■中国　■小説

中国宋代あるいは元代に作られた**平話《へいわ》**で、次の5種の物語が含まれている。なお、各タイトルにある「全相」とは全ページ絵入り（上部1／3が絵、下部が文）ということである。

- 『新刊全相平話《しんかんぜんそうへいわ》武王伐紂書《ぶおうばっちゅうしょ》』（『**武王伐《ぶおうばっ》紂《ちゅう》平話《へいわ》**』）
  周の武王が殷《いん》の紂王《ちゅうおう》を討伐し、周王朝を興す話。『**封神演義《ほうしんえんぎ》**』の元ネタだが話はシンプルで、那托《なた》や楊戩《ようぜん》といった仙人や道士はほとんど登場しない。
- 『新刊全相平話《しんかんぜんそうへいわ》楽毅《がっき》図《ず》七国春秋後集《しちこくしゅんじゅうこうしゅう》』（『**七国春秋平話《しちこくしゅんじゅうへいわ》**』）
  春秋時代に斉《せい》を滅亡寸前まで追い込んだ武将・楽毅、その斉を再生させた武将・孫臏《そんぴん》らの物語。
- 『新刊全相平話《しんかんぜんそうへいわ》秦併六国《しんへいりっこく》』（『**秦併六国《しんへいりっこく》平話《へいわ》**』）
  秦による史上初の中国統一とその滅亡の物語。
- 『新刊全相平話《しんかんぜんそうへいわ》前漢書続集《ぜんかんじょぞくしゅう》』（『**前漢書《ぜんかんじょ》平話《へいわ》**』）
  漢帝国を興した高祖・劉邦《りゅうほう》が功臣たちを粛清した物語。
- 『新刊全相平話《しんかんぜんそうへいわ》三国志《さんごくし》』（『**三国志平話《さんごくしへいわ》**』）
  『**三国志《さんごくし》**』をネタにした最初の小説で、明代に成立する『**三国志演義《さんごくしえんぎ》**』のルーツというべきもの。

戦争論

センソウロン

Von Kriege

■ドイツ　■兵法書

19世紀のプロイセン将校カール・フォン・クラウゼヴィッツ（1780～1831）によって記された軍事学の古典。

クラウゼヴィッツは、7年戦争などの戦史研究及びナポレオン戦争への従軍経験を元に、プロイセン士官学校長時代に本書を執筆したが、内容不十分と考え、生前の刊行を認めず、彼の死後に妻マリーの手によって『クラウゼヴィッツ遺稿集』全10巻の1～3巻として1832年に出版された。

内容は全8章から成り、第1～3章は戦争の定義と概要及び研究方針、第4～7章が19世紀における戦争の具体的な戦術と現象の記述、第8章が戦略の解説となっている。

『戦争論』では、今日でも用いられる様々な軍事上の定義や用語が提示されているが、戦略と戦術という二つの概念を明確にしたことも、本書の大きな意義とされている。

本書の中で最もよく知られた記述は「戦争は異なる手段をもってする政治の延長に他ならない」である。これによって、それまで独立した活動として研究、執筆されていた戦争を、政治（より詳細には外交）の一部と明確に定義したという点で、一般の兵法書とは一線を画する軍事学の事始となった。

また、本書は「絶対戦争」という抽象的な概念を導入したことから、後世の軍人に直接攻撃と作戦の重視、そして戦略軽視という誤解を少なからず招き、後のバジル・ヘンリー・リデルハートもその点を批判しているが、これは本書の真意をとらえているとはいいがたい。

「絶対戦争」は、戦争は両者が互いに相手を屈服させようとする相互作用によって究極までエスカレートするという理論だが、これは前述の「戦争は政治の一手段である」という結論を導き出すための論理的な過程に過ぎない。またクラウゼヴィッツは本書において、戦争は不確定要素が多く、なおかつ両陣営が互いに意志決定を繰り返すことから、科学のような規則的な法則性は当てはまらないと述べている。

文中には「かくあるべき」という記述が多く見られるが、これは「そうであるはずだ」という必然を述べたもので「そうするべきだ」という指南ではない。つまり『戦争論』は戦争を哲学的視点から分析する試みであって、いわゆるハウ・ツー本的な兵法書ではない。

『戦争論』の直筆原稿及び初版本は現存せず、後世に流布している本書はたいてい1933年版あるいは1956年版を元にしているが、両者には文章などに多少の改変がある。日本では明治時代に、当時陸軍軍医でドイツ留学経験のあった森鴎外によって訳されたのを皮切りに、いくつかの邦訳が出版されている。

『戦争論』はエンゲルスやレーニンなどに影響を与えた他、旧日本陸軍や陸上自衛隊を始め、旧ソ連赤軍などプロイセン軍学の影響を受けた各国では、本書を教科書として広く用いている。

先代旧事本紀

センダイクジホンギ

Sendaikujihongi

■日本　■偽書

聖徳太子と蘇我馬子《そがのうまこ》が推古天皇の命を受けて記した歴史書…ということになっている。

天地の始まりから推古天皇までの時代の歴史が記されている。全10巻。『旧事《くじ》紀《き》』『旧事本紀《くじほんぎ》』の別名でも呼ばれる。

『日本書紀《にほんしょき》』の推古天皇の件《くだり》にも本書（に相当する史書）を作成する命を出した旨があるため、江戸時代の中ごろまでは正史《せいし》として扱われていたが、徳川光圀《とくがわみつくに》などの研究、検証により偽書《ぎしょ》であると判明する。

内容は**『古事記《こじき》』**や『日本書紀』など先行して成立した歴史書からの引用が大部分を占めている。しかし、それ以外にも引用元となる文献の存在しない物部氏にまつわる記述も多く、そうした部分に関しては一定の資料性が認められている。

剪灯新話

セントウシンワ

Jiăn Dēng Xīn Huà

■中国　■小説

中国明代初期の短編小説集。文人・瞿《く》佑《ゆう》（1341～1417）の作。**志怪小説《しかいしょうせつ》**・伝奇小説の伝統を引くもので、怪奇な物語20篇を収めている。日本で一般的に『**怪《かい》談牡丹燈籠《だんぼたんどうろう》**』として知られている怪談は、この本に収められた「**牡丹燈記《ぼたんとうき》**」が元になっているなど、日本にも大きな影響を与えた。例えば、江戸時代に浅井了意《あさいりょうい》の書いた『**伽婢子《おとぎぼうこ》**』には『剪灯新話』のほとんどが翻案されているし、上田秋成《うえだあきなり》の『**雨月物語《うげつものがたり》**』には「浅茅《あさじ》が宿《やど》」（愛卿《あいきょう》伝《でん》）、「仏法僧」（龍堂霊怪録）、「吉備津の釜」（牡丹燈記）などの翻案がある。

宣和遺事

センナイジ

Xuān Hé Yí Shì

■中国　■小説

→**大宋宣和遺事《だいそうせんないじ》**

千物語

センモノガタリ

Hazār Afsān

■ペルシア・アラブ　■物語

『**千一夜物語《せんいちやものがたり》**』の原型と呼ばれる物語集。中世ペルシア語では『ハザール・アフサーナ』という。ササン朝ペルシアで成立し、8世紀ごろアラビア語に訳された。『千物語』自体は失われて久しいが、古いアラビアの書物によれば、全体の筋は今の『千一夜物語』と同様であったという。

戦略

センリャク

Staregicon

■ギリシア　■兵法書

6世紀の東ローマ皇帝マウリキウスが、まだ将軍だった578年に書いたビザンチン帝国最高の兵法書。

ビザンチン帝国は人的資源が乏しく、また東西の交通路にあるため、常に外敵からの攻撃に脅えなければならなかった。このため、西ヨーロッパが騎士道だ何だと呑気なことをいっている時代も、常在戦場の国家運営を強いられていた。このため、無為に兵士の命をすり減らす勇猛果敢な攻勢は罪悪であるとされ、他に手段があるならば戦闘は避けるべきものとされた。

そして、最少の兵力と資金と損害で、必要なだけの戦果を得ることを最上の行為と考えた。そのためには、頭の固い西洋の騎士たちが彼らを「狡猾なギリシア人」と蔑《さげす》むような汚い策略も平気で使った。

マウリキウスの本でも同様である。しかし、策略を使うから軍が弱体でもいいというわけではない。彼の本では、兵数が少ないからこそ、軍隊には軍紀と訓練が重要であると説いている。また、宿営地の建設や補給手段の確保など、少ない軍隊をフル活用するための方法論について詳細に述べている。

また、蛮族傭兵を雇うことが、国家の堕落と、国庫の枯渇を招いていることを説いている。実際、皇帝になってからのマウリキウスは徴兵制こそ布けなかったものの、税金の減免の代わりに兵役に就く農民兵の軍団（テマ）を創設し、帝国の軍制を改革した。

戦略論

センリャクロン

Strategy

■イギリス　■兵法書

20世紀最高の戦略思想家といわれるバジル・ヘンリー・リデルハートの代表作(19世紀最高のカール・フォン・クラウゼヴィッツの代表作は『**戦争論**』)。

彼の戦略思想は「間接アプローチ戦略」と呼ばれる。これは、戦争に勝利したとしても、あまりに犠牲が大き過ぎた場合、その勝利は意味を失う（ましてや負けた場合においては）という点に着目したものである。

このため、ナポレオン－クラウゼヴィッツの大量集中理論（戦力を集中して、敵の戦闘力を壊滅させることにより勝利するという一種の決戦思想）を批判した。

そして、代わりに提出したのが「間接アプローチ」である。これは、物心両面において敵を撹乱し、指揮能力や交通線を破壊することでその戦争遂行能力を奪い、多大な犠牲を払うことなく戦争に勝利するという思想である。

これは、リデルハート自身が第1次世界大戦に参戦し、ソンムの戦いに参加して指揮する大隊を壊滅させてしまった経験から導き出されたものだと考えられている。

だが、この影響を受けた英国首相チェンバレンはヒトラーに融和的態度を取り続け、結局はより悲惨な戦争となった第2次世界大戦を引き起こしてしまった。

また、機甲部隊の役割については、英国では採用されず、ドイツ軍の電撃戦《でんげきせん》に使われた。

このように、リデルハートの理論は功罪半ばするものであるが、現在でもその信奉者は多く、湾岸戦争などでも米軍は、この「間接アプローチ」的戦術を採用して勝利している。

そ

創意に富んだ絵図

ソウイニトンダエズ

Le Tableau des riches inventions

■フランス　■錬金術書

フランソワ・ベロアルド・ド・ヴェルヴィルが1600年に出した、錬金術《れんきんじゅつ》の寓《ぐう》意《い》を表した絵図。

荘子

ソウジ

Zhuāng Zǐ

■中国　■思想書

古代中国の戦国時代（紀元前403～前221）の思想家・荘子《そうし》の思想書で、老子《ろうし》の思想を受け継いだ道家思想を大成したものである。荘子は姓は荘、名は周で、荘周とも呼ばれる。紀元前4世紀ごろの人と推定されている。

荘子の読みは「そうし」だが、書物の『荘子』は日本では「そうじ」と読む習慣がある。

現行本『荘子』は内篇7、外篇15、雑篇11の全33篇から成る。前漢末の時代には52篇あったが（『漢書《かんじょ》』「芸文志《げいもんし》」）、そこには鬼神や怪物など奇怪なものを扱った内容も混在していたため、西晋《せいしん》(265～316）の学者・郭象《かくしょう》がそれを削除し、現在の形に定めたという。

ただ、『荘子』の中で荘子の思想を忠実に伝えているのは「内篇」の7篇であり、「外篇」と「雑篇」は、荘子以降の荘子学派の人々が書いただろうといわれている。「内篇」の中では「逍遥遊《しょうようゆう》篇」「斉物《せいぶつ》論《ろん》篇」に特に荘子らしい思想があるとされている。

老荘思想といわれるように、荘子の思想は老子の思想を受け継ぐもので、その基本にあるのは「無為自然」「自然に帰れ」ということである。そのうえで、特に「万物斉同」「絶対無差別」というのが荘子の思想の中心にあるといわれる。

それは、すべてのものは結局は同じであって、上下、善悪、生死などといった差別は存在しないということである。その種の区別を超えたところに無限者としての「道」があり、それに入り込むことで完全な人間性が回復できると考えるのである。

しかし、一概に老荘思想といっても、荘子と老子には違いもある。

君主が無為無策なら民は自然と純朴になるというように、『**老子**《ろうし》』の中には天下国家について語った部分も多い。それだけ老子は政治的ということだが、荘子は徹底的に個人主義的で天下国家についてなどほとんど語らないのである。そんなことは気にせず、自由気ままに超越的世界を逍遥するという感じである。

また、『老子』はたった5千余字の書で、内容も断片的で一種の格言集のようなところがある。これに対し『荘子』は6万5千字あり、突拍子もない比喩やたとえ話が多く、観念的、思弁的、文学的で、どこか荒唐無稽な感じさえするという特徴がある。

こういう本なので『荘子』には興味深い物語が数多く含まれているが、特に有名なものに「斉物論篇」にある「胡蝶の夢」の寓話がある。

ある時荘子は夢を見たが、そこで胡蝶となってうきうきと空を飛んでいた。自分が荘子だとは思いもしなかった。それなのに突然目覚めてみると自分は荘子だった。それで、荘子が夢の中で胡蝶になったのか、胡蝶が夢で荘子になったのかさっぱり分からなくなった。物の変化とはこういうものなのだ。

つまり、夢も現実も一つの変化の表れなのであるから、どちらも肯定しよう。そして、それは生死についても同じだというのである。

なお、『荘子』33篇は以下の通りである。

- 内篇

逍遙遊／斉物論／養生主／人間世《じんかんせい》／徳充符／大宗師／応帝王

- 外篇

駢拇《べんぼ》／馬蹄《ばてい》／胠篋《きょきょう》／在宥《ざいゆう》／天地／天道／天運／刻意／繕性《ぜんせい》／秋水／至楽／達生／山木／田子方／知北遊

●雑篇
庚桑《こうそう》楚《そ》／徐無鬼／則陽／外物／寓言／譲王／盗跖《とうせき》／説剣／漁父《ぎょほ》／列御寇《れつぎょこう》／天下

捜神記

ソウシンキ

Sōu Shén Jì

■中国　■小説

中国六朝《りくちょう》時代の**志怪《しかい》小説《しょうせつ》**集。晋《しん》の干《かん》宝《ぼう》著。数多い志怪書の中でも、最も代表的なものである。

『隋書』「経籍志」、『唐書』「芸文志《げいもんし》」では全30巻とされているが、その形のものは伝わっていない。現在に伝わっているのは明代に翻刻された20巻本で、平凡社の東洋文庫にその全訳があり、464の説話が収められている。

「志怪」とは「怪を志（しる）す」という意味だが、その言葉通り様々な怪異な話が収められている。

東洋文庫のあとがきでは20巻本の各巻の内容を次のようにまとめて紹介している。

●巻一：神仙に関する説話
●巻二：方士に関する説話
●巻三：占卜《せんぼく》・医術の名人に関する説話
●巻四：風神・雨神・水神に関する説話
●巻五：土地神・祠《ほこら》に関する説話
●巻六、巻七：凶兆の話
（五行説による解釈）
●巻八：天子が天命を受ける前兆の伝説
●巻九：吉兆・凶兆に関する説話
●巻十：夢兆の説話
●巻十一：孝子・列女に関する説話
●巻十二：異物・妖怪に関する説話
●巻十三：山川・水陸及び動植物の怪異に関する説話
●巻十四：異婚・異産、その他動物と人間との交渉に関する説話
●巻十五：再生に関する説話
●巻十六、巻十七：幽鬼に関する説話
●巻十八、巻十九：妖怪に関する説話
●巻二十：動物の報恩・復仇に関する説話

創世記

ソウセイキ

Genesis

■中東　■経典

『旧約聖書正典』のうち、最初にあるのが「創世記」である。**トーラー**の最初でもある。

天地創造からアダムとイヴの楽園追放、アブラハムとその一族、ヤコブとエサウ兄弟の話、ヨセフの物語などが入っている。

→旧約聖書

創造の書

ソウゾウノショ

Sefer Yetzirah

■ヨーロッパ　■経典

ユダヤ教の密儀カバラの根本教理書が『創造の書（セフェル・イェツィラー)』である。『形成の書』と訳されることもある。

その内容は、カバラの根幹を成す「生命の木」に関する解説、万物照応を知る上で必要不可欠なヘブライ文字への神秘学的知識などである。

著者に関しては、ユダヤ人の始祖アブラハムをその人物とする説があるが、実際の成立年代が3～6世紀ごろとするのが定説となっており、説得力がない。実際にはラビ・アキバ及びラビ・ハラビ（「ラビ」はユダヤ教聖職者を指す）の手によるものとする説が有力視されている。

壮麗の書

ソウレイノショ

Sefer ha-Zohar

■ヨーロッパ　■経典

→光輝《こうき》の書

曽我物語

ソガモノガタリ

Sogamonogatari

■日本　■物語

建久4年(1193年)5月28日に起きた「曽我兄弟の仇討ち」事件を題材とした、中世日本の軍記物語。

作者不明、成立時期も不明だが、南北朝時代の初期にはすでに成立していたとされる。

「曽我兄弟の仇討ち」事件とは、この年に源頼朝が富士山麓で催した巻狩《まきがり》（遊興などのために行われた狩競。狩猟大会的イベント）に乗じて、曾我十郎祐成《すけなり》と曾我五郎時致《ときむね》の兄弟が、父の仇である工藤祐経《すけつね》を討ち取った事件だ。

兄弟の父である河津祐泰《かわづすけやす》は、工藤祐経の放った刺客の手にかかって生命を落とした。十郎と五郎は母の再婚相手の所領である曾我の里で成長しながら、実父の復讐を忘れなかった。源平争乱を経て、工藤祐経は源頼朝の側近として権勢を振るうようになり、五郎は出家させられるが、兄弟は悲願を諦めない。北条時政の後援を得ながら機会を待ち続けた兄弟は、頼朝が富士の裾野で催した盛大な狩りにまぎれ、工藤祐経の寝所に潜り込み、17年の歳月を経て父の仇を討ち果たした。十郎はその場で討ち果たされ、五郎は祐経の主である頼朝の寝所に向かう途中で捕らわれ、処刑された。

「忠臣蔵」「鍵屋の辻の決闘」と並び、日本三大仇討ちの一つに数えられている。

この事件に関する公的な歴史記録は『吾妻鏡』に類似する記録があるのみで、この件を鎌倉幕府が隠蔽しようとしたのではないかといわれている。だが、仮にそのような事実があったにせよ、それはうまくいかなかった。書物の形で記録されるまで事件の詳細を伝えてきたのは修験者や比丘尼《びくに》、絵解法師《えときほうし》ら遊行者たちの口伝で、そうした者たちが口伝《くちづたえ》で伝えていくうちに物語としての骨格が作り上げられていった。語り部は主として盲目の女性で、曾我十郎と契りを結んだ遊女・虎御前が、恋人の霊を弔うために語ったのが最初であるという伝説が残されている。後世には能、浄瑠璃、歌舞伎、小説などの題材にも好んで取り上げられ、今日なお日本人に愛され続けている。

続日本往生伝

ゾクニホンオウジョウデン

Zokunihon-ohjohden

■日本　■思想書

→続本朝往生伝

続本朝往生伝

ゾクホンチョウオウジョウデン

Zokuhonchohohjohden

■日本　■思想書

平安時代の仏教書。『続日本往生伝』とも。

大江匡房《おおえのまさふさ》が撰述したもので、康和元年(1099年) から康和5年 (1103年) の間に成立したとされる。

本書は『**日本往生極楽記**《にほんおうじょうごくらくき》』の続編として制作が開始されたもので、42人の異相往生人の生涯を収録、それにより浄土の教えを説く。異相往生とは「病に侵されての死では極楽浄土へ至ることができないため、健康であるうちに自主的に往生し極楽へ到達しよう」という考えの元での自殺である。

楚辞

ソジ

Chŭ Cí

■中国　■詩

古代中国の詩集。戦国時代の楚《そ》の歌謡及びその伝統を引く歌謡を集めたもの。前漢末期に劉向《りゅうきょう》によって16巻本が編纂され、後漢になって王逸《おういつ》が自作を加えて17巻本とした。

『楚辞』の作者としてはとにかく屈原《くつげん》が有名である。

『楚辞』の17巻は、①離騒《りそう》、②九歌、③天問、④九章、⑤遠遊、⑥卜居《ぼくきょ》、⑦漁《ぎょ》父《ほ》、⑧九弁、⑨招魂、⑩大招、⑪惜誓《せきせい》、⑫招隠士《しょういんし》、⑬七諫《しちかん》、⑭哀時命、⑮九懐、⑯九嘆、⑰九思より成る。諸説あるが、このうち①②④⑤⑨は屈原作だろうと考えられている。

屈原は楚の貴族の出身で、楚の懐王《かいおう》の信任を得て三閭《さんりょ》大夫の地位にまで上った有能な政治家である。当時、周辺諸国の制覇を狙っていた秦は、遊説家の張儀《ちょうぎ》を楚に派遣して秦・楚の連合を説かせた。屈原はこれに反対し、秦ではなく斉《せい》と同盟すべきだと主張した。だが、彼の才能を妬んだ上官の中傷によって懐王から遠ざけられた。しかも、懐王は誘われるままに同盟を結ぶために秦に入り、捕虜となって死んだ。次に即位した頃襄王《けいじょうおう》も取り巻きたちの意見を入れ、屈原を洞《どう》庭湖《ていこ》周辺の江南に追放した。以降、屈原はその地を放浪して暮らしたが、やがて秦が楚の都の郢《えい》を陥《おと》すと、絶望した屈原は石を抱いて汨羅《べきら》の淵に身を投げて死んだ。こうした境遇の中で屈原の代表作「離騒」は作られたという。

この結果として「離騒」には極めて人間的な孤独感や悲憤がこもっている。また屈原の想像力は神話世界まで及び、作品に浪漫的で幻想的な雰囲気も添えている。

この性格が『楚辞』全体に及んでおり、『楚辞』は中国古代世界の神話や歴史のロマンに触れるための格好の材料となっているのである。

ソドム百二十日

ソドムヒャクニジュウニチ

Les Cent Vingt Jaurnees de Sodome ou L'ecole du Libertinage

■フランス　■小説

サディズムの語源となったフランス革命期の貴族マルキ・ド・サドの大変淫猥な著作。澁澤龍彦《しぶさわたつひこ》の翻訳によって有名になったが、その翻訳は全6部の序章だけしか訳されていない。一部訳である理由は、後半は日記形式のシノプシスであり、まだ小説になっていないからだと思われる。

4人の有閑紳士が、人里離れた城に42人の美少女と美少年を集め、淫蕩の限りを尽くすというのが、その内容である。

内容は、数百種類もの変態性欲のカタログともいうべきもので、この本にないものを探す方が難しいかもしれない。

サドの著作としては他に、身持ち固く信心深い女性が、その性格ゆえに不幸になり、ついには死刑囚に落ちぶれる『美徳の不幸』(2度増補され、『ジュスティーヌあるいは美徳の不幸』、さらに『新ジュスティーヌ』となった) や、淫蕩で邪悪なその姉がついには伯爵夫人にまで成り上がる『ジュリエット物語あるいは悪徳の栄え』などもある (日本では澁澤龍彦の抄訳版『悪徳の栄え』が有名である)。

曽根崎心中

ソネザキシンジュウ

Sonezakishinjuh

■日本　■戯曲

江戸時代中期の浄瑠璃演目。

近松門左衛門《ちかまつもんざえもん》の作で、元禄16年 (1703年) 5月、大坂の竹本座が初演。

同年4月、曽根崎の露天神の森で起きた、醤油屋の手代・徳兵衛と遊女・お初《はつ》の心中事件を元としている。まさに、起きたばかりの事件を扱った、のぞき趣味丸出しの作品でもある。

醤油屋の手代である徳兵衛と遊女のお初は恋仲であった。が、徳兵衛の叔父でもあった店の主は、自分の姪と結婚させて店を持たせようという話を持ってくる。徳兵衛はお初のこともあって断るのだが、叔父は徳兵衛に無断で結納まで済ませてしまう。それを知った徳兵衛が頑として突っぱねるのに叔父は怒り、大坂で商売はさせない、出ていけと勘当を言い渡す。徳兵衛は継母が受け取っていた結納金を何とか取り返したものの、どうしても金が必要だという友人・九平次に3日の約束でそれを貸すこととなった。

しかし、九平次は約束の3日が過ぎても金を返さない。借金など知らぬと逆に徳兵衛を公衆の面前で詐欺師呼ばわりし、面目を失わせた。結納金は返せない。身の潔白を証明する手段もない。こうなっては死んでそれを証とするしかない…と徳兵衛は覚悟を決め、お初の元を訪れ、それを告げた。

そしてその夜、2人は露天神で命を絶ったのである。

本作は同じく近松門左衛門の作である『**心中**《しんじゅう》**天網島**《てんのあみしま》』と共に好評を博した。特に本作は浄瑠璃や歌舞伎といった演劇界に心中もののブームを作り出したのみならず、心中そのもののブームまで作り出してしまった。そのため、『心中天網島』初演の3年後 (享保8年／1723年)、幕府により上演禁止令が出されてしまった。

ちなみに日本では、この後にも心中ブームが起きている。

昭和7年 (1932年) には坂田山で調所《ずしょ》五郎《ごろう》と湯山八重子《ゆやまやえこ》の心中事件 (坂田山心中事件) が起きた。事件は『天国に結ぶ恋』として映画化され、感銘を受けた若者たちが心中するブームが起きたのである。

映画の主題歌の歌詞「2人の恋は清かった 神様だけが御存知よ」のフレーズは、

当時の流行語にもなっている。

また、昭和32年（1957年）には静岡県天城山で起きた大久保武道と愛新覚羅《あいしんかぐら》慧生《えいせい》（清朝最後の皇帝の弟・愛新覚羅溥《ふ》傑《けつ》の娘）の心中事件（天城山心中事件）が起きている。「戦後版坂田山心中」などと書き立てられ、坂田山心中事件と同様に『天城心中 天国に結ぶ恋』として映画化されているが、こちらでは心中ブームは起きず、「純愛ブーム」が発生するに留まった。

ゾハル

Zohar

■ヨーロッパ　■経典

→**光輝《こうき》の書**

ソロモン王の鍵

ソロモンオウノカギ

Key of Solomon the King ／ Clavicula Salomonis

■イギリス　■魔術書

→**ソロモンの大きな鍵**

ソロモン王の洞窟

ソロモンオウノドウクツ

King Solomon's Mines

■イギリス　■小説

イギリスの作家サー・ヘンリー・ライダー・ハガードが書いた伝奇冒険小説。彼は、ロバート・ルイス・スティーヴンスンの**『宝島《たからじま》』**に対抗意識を燃やし、わずか6週間で書き上げたという。

初老の冒険家アラン・クォーターメンと、英国貴族ヘンリー・カーティス卿、ジョン・グッド大佐の3人を主人公として、アフリカの奥地に眠るというソロモン王の秘宝を求めて大冒険を繰り広げる。その途中に、知られぬ王国の王位継承や生け贄の美女を救うなど、波乱万丈の物語が描かれる。

この作品のヒットにより、同じ主人公たちを主役とした続編も書かれている。

ソロモンの大きな鍵

ソロモンノオオキナカギ

Key of Solomon the King ／ Clavicula Salomonis

■イギリス　■魔術書

著名な魔術奥義《おうぎ》書の一つ。『ソロモン王の鍵』とも。単に『ソロモンの鍵』とする時は**『ソロモンの小さな鍵』**ではなくこちらを指すことが多い。

その内容は7惑星（太陽、月、水星、金星、火星、木星、土星）に対応する神霊の護符や、その性質に関する説明などである。

ソロモンの鍵

ソロモンノカギ

Key of Solomon the King ／ Clavicula Salomonis

■イギリス　■魔術書

→**ソロモンの大きな鍵**

ソロモンの詩篇

ソロモンノシヘン

Psalms of Solomon

■中東　■経典

『旧約聖書偽典』の一つ。18篇の詩から成る。

『旧約聖書正典』の「**詩篇**《しへん》」がダビデ王の詩篇であるのに対し、こちらはソロモン王の詩篇となっている。もちろんソロモン王の作というのは真実ではない。原文はヘブライ語だと考えられているが、発見されているのはギリシア語訳とシリア語訳のみである。

→旧約聖書

ソロモンの小さな鍵

ソロモンノチイサナカギ

The Goetia the Lesser Key of Solomon／Clavicula Salomonis Regis

■イギリス　■魔術書

最も有名な魔術奥義《おうぎ》書の一つ。『ゲーティア』や『レメゲトン』の名で呼ばれることもある。

本書は4部から成り立っている。

第1部「ゲーティア」では、いわゆる「ソロモンの72の精霊」に関する解説や呼び出すための呪文が記され、第2部「テウギア・ゲーティア」において東西南北の四方位の悪魔に関する呪文、第3部「パウロの術」では1日の各時間や黄道12宮を守護する天使を呼び出す方法、第4部「アルマデル」で各方位を守護する天使の解説が行われている。

これらのうち、第1部の「ゲーティア」のみが『レメゲトン』の内容である。

『ソロモンの小さな鍵』の成立年代は不明である。原著者はもちろん、原本が書かれた地域すら不明だ。両書が明確な形で世に現れたのは、19世紀末の西洋魔術界の碩学にして魔術復興の立役者の1人であるサミュエル・リデル・マクレガー・メイザースの手によってだ。〈黄金の夜明け団〉設立の準備（理論構築や各種の儀式手順の作成が彼の担当だった）のために大英図書館の保管庫に入り浸り、資料を漁っていた彼は、分類はおろか目録すら作成されずに死蔵されていた膨大な文書の中から、本書の第1部にあたる「ゲーティア」を発見したのだという。

ソロモンの智恵の書

ソロモンノチエノショ

Wisdom of Solomon

■中東　■経典

『旧約聖書外典』の一つ。知恵文学（道徳や処世術を教える文書）の一つ。ソロモン王自身の書いた箴言《しんげん》ということになっているが、実際には紀元前1～後1世紀ごろの作であろう。

ギリシア哲学の知識を持ったユダヤ人が、その論理を用いて、ユダヤ教の正しさを主張したもの。

→旧約聖書

孫子

ソンシ

Sūn Zǐ

■中国　■兵法書

中国古代の兵法書。中国の兵法書の中でも最古のものである。中国古代の優れた兵法書を集めて**武経七書**《ぶきょうしちしょ》と呼ばれるが、『孫子』はその中でも最良のものと評価が高い。春秋《しゅんじゅう》時代末期に呉《ご》王・闔《こう》廬《ろ》（在位紀元前514～前497）に仕えた孫武《そんぶ》の著作とされている。

「計（始計）」「作戦」「謀攻」「形（軍形）」

「勢（兵勢）」「虚実」「軍争」「九変」「行軍」「地形」「九地」「火攻」「用間」の13篇から成る。

『漢書《かんじょ》』「芸文志《げいもんし》」では「呉孫子兵法八十二篇」となっているが、それがどのようなものだったかは分かっていない。現在一般的な13篇から成る『孫子』は、魏《ぎ》の武帝《ぶてい》（曹操《そうそう》）が整理した『魏武注孫子』を元にしている。

『孫子』巻頭の「計篇」冒頭に「孫子《そんし》曰《い》わく、兵とは国の大事なり、死生の地、存亡の道、察せざるべからざるなり。」（『新訂 孫子』金谷治訳注／岩波書店／以下引用部はすべて同じ）とあるように、戦争というものを非常に重要なものとして考察を行っている。

しかし、決して好戦的な書ではない。「謀攻篇」に「孫子曰《い》わく、凡そ用兵の法は、国を全《まっと》うするを上《じょう》と為《な》し、国を破るはこれに次ぐ。」「是《こ》の故に百戦百勝は善の善なる者に非《あら》ざるなり。戦わずして人の兵を屈するは善の善なる者なり。」とあるように、単に戦術や戦略を述べるだけでなく、国家運営を含めた遥かに大きな視野の中で戦争を考えているという特徴がある。

その優れた思想性ゆえに、本家中国以外の国にも『孫子』の影響は及んでいる。

日本では特に有名なものとして、戦国武将・武田信玄の旗指物に書かれていた「風林火山」を挙げることができる。これは『孫子』「軍争篇」の「故に其の疾《はや》きことは風の如く、其の徐《しずか》なることは林の如く、侵掠《しんりゃく》することは火の如く、知り難きことは陰の如く、動かざることは山の如く、動くことは雷の震《ふる》うが如くにして、郷を掠《かす》むるには衆を分かち、地を廓《ひろ》むるには利を分かち、権を懸《か》けて而して動く。」から取られている。

ヨーロッパではナポレオン・ボナパルトが有名で、戦場には常に『孫子』の翻訳を携帯していたという。

著者の孫武がどのような人であるか詳しいことは分からないが、司馬遷《しばせん》の『**史《し》記《き》**』「孫子呉起列伝」に、孫武が呉王闔廬に謁見した時の興味深い逸話が紹介されている。

た

ターザン

Tarzan of the Apes

■アメリカ　■小説

アメリカの作家エドガー・ライス・バロウズが1912年に『オール・ストーリー・マガジン』に連載した冒険小説。

イギリス貴族の息子が、赤ん坊の時にアフリカに投げ出され、類人猿《るいじんえん》に育てられて逞しく育つ。

ターザンは映画の方が遥かに有名で、「あーあーあー」という叫びと共に蔓にぶら下がって現れるターザンを見た人もいるかもしれない。

だが、原作のターザンは、最初こそ教育を受けずに育ったために拙いものの、自ら教育を受け、イギリス紳士としての一面を身に着ける。紳士としての人格教養と、野蛮人の肉体を持った、高貴な野蛮人がターザンであり、「俺ターザン」などという喋り方は似合わない。

『ターザン』はバロウズの代表作となり、以下のように多数の本が書かれた。日本語題名は早川書房のもの。年号は雑誌掲載時のもの（書き下ろしの場合は単行本発行時のもの）。

- 『類猿人ターザン(Tarzan of the Apes)』(1912)
- 『ターザンの復讐(The Return of Tarzan)』(1913)
- 『ターザンの凱歌(The Beasts of Tarzan)』(1914)
- 『ターザンの逆襲(The Sons of Tarzan)』(1915～1916)
- 『ターザンとアトランティスの秘宝(Tarzan and the Jewels of Opar)』(1916)
- 『ターザンの密林物語（Jungle Tales of Tarzan)』（1916～1917)
- 『野獣王ターザン(Tarzan the Untamed)』(1919)
- 『恐怖王ターザン(Tarzan the Terrible)』(1921)
- 『ターザンと黄金の獅子（Tarzan and the Golden Lion)』（1922～1923)
- 『ターザンと蟻人間（Tarzan and the Ant Man)』（1924)
- 『ターザンと双生児（The Tarzan Twins)』(1927)
- 『ジャングルの帝王ターザン（Tarzan, Lord of the Jungle)』（1927～1928)
- 『ターザンと失われた帝国（Tarzan and the Lost Empire)』（1928～1929)
- 『地底世界のターザン（Tarzan at the Earth's Core)』（1929～1930）［バロウズの別シリーズ「ペルシダー」とのコラボ作品］
- 『無敵王ターザン（Tarzan the Invincible)』(1930～1931)
- 『勝利者ターザン（Tarzan Triumphant)』(1931～1932)
- 『ターザンと黄金都市（Tarzan and the City of Gold)』（1932)
- 『ターザンとライオンマン（Tarzan and the Lion Man)』（1933～1934)
- 『ターザンと豹人間（Tarzan and the Leopard Men)』（1932～1933)
- 『Tarzan and the Tarzan Twins with Jad-Bal-Ja, the Golden Lion』（1936)
- 『ターザンの追跡（Tarzan' Quest)』(1938)
- 『ターザンと禁じられた都（Tarzan and the Forbidden City)』（1938)
- 『ターザンと女戦士（Tarzan the Magnificent)』（1938)
- 『ターザンと外人部隊(Tarzan and “The Foreigb Legion”)』（1947)
- 『ターザンと狂人（Tarzan and the Madman)』（1964)
- 『ターザンと呪われた密林（Tarzan and the Castaways)』（1940～1941)

ターヘル・アナトミア

Tafel Anatomie

■オランダ　■学術書

→解体新書《かいたいしんしょ》

大アルベルトゥス
ダイアルベルトゥス

The Book of Secrets of Albertus Magnus

■ドイツ　■魔術書

13世紀ごろの魔術書。

ドイツのドミニコ会修道士であったアルベルトゥス·マグヌスの著作…ということになっているが、本書が世に現れたのは彼が死して数百年経った17～18世紀。

生前の彼はアリストテレスや新プラトン主義の研究を行い、アリストテレスの『動物論』『植物論』『鉱物論』といった古い科学書の注釈書を書き、当時立ち後れていたヨーロッパの科学的知を大きく前進させた。そのためだろうか、彼には様々な魔術的伝説がある。彼の名が全く無縁な魔術書のタイトルに使われたのには、そうした理由があったがゆえだろう。

本書に記されている魔術は、主に鉱物や薬草を利用したものだ。

ちなみに同種の魔術書籍として『小アルベルトゥス』と呼ばれるものもある。こちらは多分に呪術的な内容であり、オカルト小道具として知られる「栄光の手」に関する記述があることで知られている。

第1エズラ記
ダイイチエズラキ

Vulgata 1 Esdras

■中東　■経典

→エズラ記

大宇宙開闢論
ダイウチュウカイビャクロン

Grabde Cosmogonie

■フランス　■オカルト

→神聖言語《しんせいげんご》の原理原則《げんりげんそく》

第5エズラ記
ダイゴエズラキ

Vulgata 5 Esdras

■中東　■経典

→エスドラス第2書

醍醐男色絵巻
ダイゴダンショクエマキ

Daigodansyokuemaki

■日本　■図画

→稚児之草子《ちごのそうし》

第3エズラ記
ダイサンエズラキ

Vulgata 3 Esdras

■中東　■経典

→エスドラス第1書

太史公書
タイシコウショ

Tài Shǐ Gōng Shū

■中国　■歴史書

→史記《しき》

大正新脩大蔵経

タイショウシンシュウダイゾウキョウ

Taishohshinshuhdaizohkyoh

■日本　■経典

→仏典《ぶってん》

大聖書

ダイセイショ

Authorized King James Version

■イギリス　■経典

→欽定訳聖書《きんていやくせいしょ》

大蔵経

ダイゾウキョウ

Daizohkyoh

■アジア　■経典

→仏典《ぶってん》

大宋宣和遺事

ダイソウセンナイジ

Dà Sòng Xuān Hé Yí Shì

■中国　■小説

中国元代（1271～1368）に書かれた歴史小説で『**水滸伝**《すいこでん》』の原型となったもの。『水滸伝』に登場する有名な豪傑たちの物語は、『青面獣《せいめんじゅう》』（楊志《ようし》）、『花和《かお》尚《しょう》』（魯智深《ろちしん》）、『武行者』（武松《ぶしょう》）などといった題名の講談として、すでに南宋時代（1127～1279）には行われていた。『大宋宣和遺事』はこうしてでき上がった個々の物語をまとめたもので、総大将の宋江《そうこう》の他に36人の豪傑が登場する物語で、内容は簡略だが、豪傑たちが梁山泊に結集し、朝廷のために方臘《ほうろう》を討伐するという枠組みができ上がっている。

タイタス・アローン

Titus Alone

■イギリス　■小説

→ゴーメンガースト3部作

タイタス・グローン

Titus Groan

■イギリス　■小説

→ゴーメンガースト3部作

タイティリーヤ・アーラニヤカ

Taittirīya-āraṇyaka

■インド　■経典

『黒ヤジュル・ヴェーダ』の中で、秘儀秘法を説く「**アーラニヤカ**」の部分。

→ヤジュル・ヴェーダ

タイティリーヤ・ウパニシャッド

Taittirīya-upaniṣad

■インド　■経典

『黒ヤジュル・ヴェーダ』の「奥義《おうぎ》書」の部分。「古ウパニシャッド」に属し、散文で書かれている。

→ウパニシャッド、ヤジュル・ヴェーダ

タイティリーヤ・ブラーフマナ

Taittirīya-brāhmaṇa

■インド　■経典

『黒ヤジュル・ヴェーダ』の中で、祭祀の実際の方法論を解く「**ブラーフマナ**」の部分。

→ヤジュル・ヴェーダ

大唐西域記

ダイトウサイイキキ／ダイトウセイイキキ

Dà Táng Xī Yù Jì

■中国　■旅行記

中国唐代の高僧・玄奘《げんじょう》三蔵（602～664）によってなされた西方取経の旅の旅行記。また、当時の印度（インド）・西域諸地域に関する非常に優れた地誌ともいえる。全12巻。13世紀のヴェネチア人マルコ・ポーロの『**東方見聞録**《とうほうけんぶんろく》』、9世紀の日本人僧・円仁の『入唐求法巡礼行記』と共に、世界三大旅行記ともいわれる。

玄奘は幼少のころより仏法を学んだが、様々な疑問に出合うにつけ、ぜひとも印度に赴いて疑問を解決し、かつ仏教経典を入手したいと考えるようになった。しかし、7世紀という古い時代に、中国から印度へ旅することなど、全く想像を絶する危険極まりないことであり、太宗皇帝はそれを許さなかった。そこで玄奘は、ついに禁令を破って印度へ旅することを決意した。

629年8月に長安を出発した玄奘は、タクラマカン砂漠とゴビ砂漠の間にある玉門関という関所を出て、高昌故地《カラコージャ》、阿耆尼《カラシャール》国、屈支《クチャ》国から天山南路の北道を通り、パミール高原を越えて印度に入った。そして健駄羅《ガンダーラ》、迦湿弥羅《カシミール》国など北印度の各地を巡歴し、中印度の摩掲陀《マガダ》国に至った。そこで5年間那爛陀《ナーランダ》寺に留まり、さらに東・南・西印度の各地も歴遊し、天山南路南道を通り、瞿薩旦那《コータン》国を経て645年2月に長安に帰国した。この間に玄奘が旅した国は110ヶ国、持ち帰った仏教経典は657部に上った。

『大唐西域記』は、これら実際に玄奘が旅した110ヶ国と伝聞による28ヶ国についての詳細な報告である。その内容は、各国の概要から始まり、仏教遺跡、気候、風土、習俗、言語、地理、物産、伝説など、非常に広範囲にわたっている。完成したのは帰国翌年の646年7月で、玄奘自身の旅行記録や印度の書物を元に、玄奘の指導の下、弟子の手でまとめられたと見られている。

この書は、7世紀の印度や西域諸国を記録した唯一のものであり、現在でも重要資料とされているのは当然だが、玄奘三蔵が未知の世界を旅した事実は人々の想像力を刺激し、それを元にした物語も作られた。その代表が『**西遊記**《さいゆうき》』であり、この小説では玄奘は三蔵法師と呼ばれている。

大唐三蔵取経詩話

ダイトウサンゾウシュキョウシワ

Dà Táng Sān Zàng Qǔ Jīng Shī Huà

■中国　■小説

中国の南宋時代の小説。唐代の高僧・玄奘《げんじょう》三蔵の西方取経の旅という史実を骨子として書かれた、現存する小説の中で最も古いもので、ストーリーは単純だが、猴行者《こうぎょうじゃ》（孫悟空の前身）、深沙神《じんしゃしん》（沙悟浄《さごじょう》の前身）なども登場する。つまり、後の明代に大成する『**西遊記**《さいゆうき》』の卵というべき小説である。

第2エズラ記

ダイニエズラキ

Vulgata 2 Esdras

■中東　■経典

→**エスドラス第2書**

大日経

ダイニチキョウ

Da Ri Jing

■インド　■経典

『**金剛頂経**《こんごうちょうきょう》』と並ぶ密教の根本経典。正式名称は『大毘盧遮那成佛神變加持《だいびるしゃなじょうぶつしんぺんかじ》経《きょう》』という。

我々が知る『大日経』は、唐代にインドから来た僧の善無畏《ぜんむい》によって、サンスクリット語から中国語に翻訳されたもの。

その経の思想を図示したものが、胎蔵界曼荼羅である。

大日本国法華経験記

ダイニホンコクホッケキョウゲンキ

Dainihonkokuhokkekyohgenki

■日本　■思想書

平安時代の仏教書。『法華験記《ほっけげんき》』『本朝《ほんちょう》法華験記《ほっけげんき》』とも。

比叡山の横川の首楞嚴院の沙門・鎮源《ちんげん》が記した書物で、**法華経**《ほけきょう》信者の霊験を集めたもの。

大毘盧遮那成佛神變加持経

ダイビルシャナジョウブツシンペンカジキョウ

Dà Pí Lú Zhē Nà Chéng Fó Shén Biàn Jiā Chí Jīng

■インド　■経典

→**大日経**《だいにちきょう》

大仏供養物語

ダイブツクヨウモノガタリ

Daibutsukuyohmonogatari

■日本　■説話

御伽草子《おとぎぞうし》の一つ。

室町時代に成立した物語で、東大寺の由来縁起を記したものである。

平重衡《たいらのしげひら》による南都焼き討ち（治承4年／1181年）で焼失した東大寺の再建を命じられた春乗坊重源《しゅんじょうぼうちょうげん》（俊乗坊重源）の活躍と、文治元年（1185年）の大仏開眼法要、建久元年（1190年）の再建された大仏殿の落慶法要などが記されている。

太平記

タイヘイキ

Taiheiki

■日本　■物語

日本の軍記物語の代表作の一つ。

文保2年（1318年）の後醍醐天皇の即位から貞治6年（1367年）に足利義詮《あしかがよしあきら》が死んで足利義満が将軍に就任するまでの約50年間を描いた軍記物語である。『**平**《へい》**家物語**《けものがたり》』と並んで、軍記物語の代表的な作品とされる。ただ、その作風は対照的で、すべてが終わってから文学的な一貫性を念頭に執筆された叙情的な『平家物語』と比べ、『太平記』は事変や戦が起こるたびに記事が書き加えられていった。そのため全体を見渡した統一性にはやや欠けるが、逆に時代の息吹を伝える叙事性が重視され、明日をも知れぬ混沌とした当時の世相をよく活写しているといえる。

全40巻であるが、そのうちの第22巻（後醍醐帝が没した巻の次巻にあたる）はかなり早い時期に失われており、前後の巻から補完していると思われる。

その内容は、大きく3部に分けられる。

まず第1部は、後醍醐天皇の倒幕の企てに始まる。後醍醐天皇は幾度も失敗を繰り返し、ついには隠岐島に流されるが、楠木正成の忠節と、足利尊氏、新田義貞らの挙兵によって鎌倉が攻略され、鎌倉幕府は倒れる。

第2部では、建武の新政とその後の混乱の末、足利尊氏を中心とする武家方と、後醍醐天皇を奉じる宮方に分かれての対立が描かれる。尊氏は、一度は九州に都落ちするも、大軍勢を率いて上洛し京を奪還する。逆に宮方は、楠木正成、新田義貞、北畠顕家ら有力な武将を次々と失い、吉野に避難を余儀なくされる。後醍醐天皇は結局京に戻ることができないまま、吉野で没する。

そして第3部になると、観応の擾乱という武家方の内部抗争を軸に、宮方が巻き返しを図るという図式が展開する。そして尊氏、義詮の代を経て幼い足利義満が将軍職に就き、ようやく太平が訪れる。

その内容は、史実を大胆に脚色している。妖術使い的な僧侶・文観が天に妖星を呼び出したり、後醍醐帝の没後、足利幕府で南朝勢の怨霊が跋扈したりするなどは、その典型的な例だろう。また、描写は一貫して南朝寄りになっている。それは元南朝側の人間の手によるものとも、敗北者鎮魂の意味合いがあったともいわれている。

『太平記』が40巻という形で成立したのは、義満が将軍となって間もなくとされ、最終記事からほとんど間もない。これ程までに早く原型が完成したのは、『太平記』が戦乱の起こった同時代に、動乱の進行を追いながら書かれていったためだ。例えば『太平記』内の重要な登場人物である足利直義が、「30巻本太平記」の朗読を聞き、その内容に不満を抱き訂正を求めたという記録がある。この物語が実際に戦乱を体験した人々と同じ時代に記されたことを端的に表すエピソードだろう。

『太平記』の作者は小嶋法師とされるが、厳密には不詳である。仮にそうだったとしても、他にも多くの人々が修正に携わり、今日残されている『太平記』が形成されていったことは間違いない。

太平経

タイヘイキョウ

Tài Píng Jīng

■中国　■経典

中国道教の初期の経典の一つ。後漢末、張角《ちょうかく》はこの経典を読んで黄巾《こうきん》の乱を指導し、太平道を興したといわれる。混乱する地上世界を救済し、太平の世をもたらすにはどうすればいいかが『太平経』の教えの中心テーマである。簡単にいえば、天は人間の行為を逐一監視しており、自然や人倫が調和すれば太平の世が実現するというのである。

『太平経』がいつごろどのように成立したかははっきりしない。前漢時代には甘忠可が『包元太平経』12巻を著し、成帝に献上するということがあった。後漢の順帝の時には宮崇《きゅうすう》という者が、その師の于吉《うきつ》が手に入れたという神書『太平青領書』100巻あまりを献上したことがあった。これらの書が『太平経』の前身としてよく取り上げられている。

太平広記

タイヘイコウキ

Tài Píng Guǎng Jì

■中国　■事典

中国宋代初期に編纂された小説集。全500巻。漢代から宋代までの奇異で怪異な物語（**志怪小説**《しかいしょうせつ》、伝奇小説など）を収集し、分類整理したもので、怪異な物語の**類書**《るいしょ》（百科事典）である。宋の太平興国2年（977年）に皇帝の命令が下り、李昉《りほう》ら13人が約1年半をかけて編集した。過去の500種近い小説や小説集から、約7千編の物語が集められ、神仙、方士、異僧、報応、夢、幻術、神、鬼、妖怪、再生など92項目に分類されている。出典となった書物はその半数以上が現在では失われているため、『太平広記』でなければ知ることのできない過去の作品は数多く、資料としても存在価値が非常に高い。

太平百物語

タイヘイヒャクモノガタリ

Taiheihyakumonogatari

■日本　■物語

百物語の一つ。刊行は享保17年（1732年）。全5巻で収録されているのは50話。

太平要術

タイヘイヨウジュツ

Tài Píng Yào Shù

■中国　■架空

中国明代の小説『**三国志演義**《さんごくしえんぎ》』の中で、黄巾《こうきん》の乱の首謀者・張角《ちょうかく》が山中で南華老《なんかろう》仙《せん》から授かったとされている3巻の書物。一種の魔術書で、張角は日夜勉強努力して『太平要術』を学び、風雨を呼び起こしたり、人々の病を治したりした。こうして人心を掌握した張角は「青天（後漢）」のあとは我々「黄天」の時代だと言い広め、4、50万の黄巾族の首領「天公将軍」となって蜂起し、妖術を駆使して官軍を苦しめたのである。

太平洋地政治学

タイヘイヨウチセイジガク

Geopolitik des Pazifischen Ozeans

■ドイツ　■兵法書

ドイツの地政学者カール・ハウスホーファーが、日本滞在中の経験を活かして（彼は日本滞在時に日本語や中国語なども話せるようになったという）書いた地政学の本。

大陸系地政学の本として、東洋は汎アジア圏としてまとまると主張している。このあたりが、日本陸軍の中国大陸進出の理論的背景となったのではないかとも考えられている。

ハウスホーファーは「ヒトラーの悪魔的天才」と呼ばれ、ヒトラーの世界制覇の野望の裏には、ハウスホーファーの後押しがあったかのように書かれることが多い。

しかし、実はハウスホーファーの妻はユダヤ系だし、息子（当然ユダヤの血を引いている）はヒトラー暗殺未遂事件にかかわり、ゲシュタポに殺されている。ヒトラー政権下でも、彼が昇進したとか優遇されたという記録はなく、ナチスは彼の理論を利用したが、彼自身を高く遇することはなかったようだ。

ただ、彼はドイツにおける東アジア専門家として、ナチス政権以前から、ドイツ政府や軍にその知見を提供していた。そして、彼が日本を高く評価していたことが、後の三国同盟に繋がったことは否定し得ない。

また、日本において、1930年代から一種のハウスホーファーブームがあり、大東亜共栄圏思想がその影響を受けていたことも確かである。

ハウスホーファーとナチスは直接の関係はなかったが、その思想はナチスや日本に影響を与えたというのが結論だろう。

タイム・パトロール

Guardians of Time

■アメリカ　■小説

アメリカのSF作家ポール・アンダースンの1960年刊行のSF小説。

時間旅行ができるようになった世界で、歴史を守るために設立されたタイム・パトロールの活躍を描いた小説。タイム・パトロールものの最初の作品である。

後のタイム・パトロールものは、すべてこの作品の影響下にあるというべきだろう。

タイム・マシン

Time Machine

■イギリス　■小説

イギリスの作家ハーバート・ジョージ・ウェルズが1895年に発表したSF小説。時間を旅するタイム・マシンという概念を作った作品である。

それ以前にも、タイム・トラベルをする作品ならチャールズ・ディケンズの『**クリスマス・キャロル**』(1843) などがある。強欲で孤独なスクルージ爺さんが過去へと戻る。だがこの作品では、過去を追体験するだけで、過去で何事もできなかった。

過去に戻って活動するという意味では、マーク・トウェインの『**アーサー王宮廷のヤンキー**』(1889) もある。これは、その名の通りアーサー王の時代にアメリカ人が行く。

また、時間を移動させる機械という意味では、エドワード・ペイジ・ミッチェルの『逆回りの時計』(1881) という作品もある。壊れた時計が逆回りに回転し、主人公の少年たちを過去へと送り込む。

だが、搭乗者の意図によって時間を遡行し、もしくは先行する機械という意味では、この作品が最初のものである。そして、その後のタイム・マシンという言葉も、この作品によって作られた。

大目乾連冥間救母変文

ダイモッケンレンメイカンキュウボヘンブン

Dà Mù Qián Lián Míng Jiàn Jiù Mǔ Biàn Wén

■中国　■説話

中国唐代後期に寺院などで語られた**変《へん》文《ぶん》**と呼ばれる作品の一つで、特に有名なものである。釈迦十大弟子の1人・目連《もくれん》が地獄に落ちていた母を救う物語で、盆の行事の由来を語る『**盂蘭盆経《うらぼんきょう》**』と同じ話題だが、遥かに物語性に富んだ内容となっている。

目連は、今は亡き父母の恩に報いるために釈迦に入門し、修行によって大いなる神通力を手に入れる。そして両親に会うために天界へ昇るが、父は梵天宮《ぼんてんきゅう》にいたものの、母は天界にはいなかった。父によれば、母は生前に多くの罪を犯したので、今は地獄に落ちているというのだ。

驚いた目連はすぐにも地獄に向かい、閻魔の庁を訪ねた。だが、閻魔大王も母の居場所を知らなかった。目連はさらに地獄の奥へと進み、奈河《なか》（三途の川）を越えた。その先に五道将軍がいて、母が地獄の中でも最悪の阿鼻《あび》地獄にいることを教えてくれた。目連は刀山剣樹地獄、銅柱鉄床地獄などを越え、どんどん地獄の奥へ向かった。そして、阿鼻地獄で母を見つけた。母は体中に49本の釘を打たれ、口の中で猛火が燃え上がっていた。しかし、いかに神通力のある目連でも、地獄の刑罰から母を救うことはできなかった。

それでもどうにかしたい目連は、地獄から引き返し再び釈迦を訪れた。釈迦は無数の龍神や天人を従えて地獄に下った。すると、神々の放つ五彩の光によって地獄の刑罰がすべて消え失せ、美しく輝く大地や泉が生まれた。多くの地獄の罪人たちも、天上に転生して救われた。

ところが、目連の母は救われなかった。彼女の生前の罪はあまりにも大きかったので、今度は餓鬼道《がきどう》に落ち、飢えと渇きに苦しめられたのである。目連はすぐにも鉢《はち》に入った食事を母の元へ運んだが、母がそれを食べようとすると、飯が口の中で猛火に変じた。目連はガンジス川まで飛んで水を汲んできたが、この水までが母親の口に入ると猛火に変じた。

目連は絶望し、またしても釈迦に救いを求めた。事情を知った釈迦は、目連の母親を救うには、1年後の7月15日に盛大な盂蘭盆を営む必要があるといった。目連は1年に1度だけではなく、せめて月に1度は母親を満腹にしてやりたいといった。が、釈迦がいうには、盂蘭盆は決して目連の母のためだけに行うのではなく、すべての餓鬼を満腹にするために行うので、1年に1度でなければならないといった。

こうして1年経った7月15日、目連は盛大な盂蘭盆を営んだが、そうすると目連の母もその盆の中から食事を得て、初めて満腹することができた。この後、目連の母はさらに黒犬に生まれ変わってしまうのだが（畜生道）、母を思う目連が7日7晩大乗経典を読み続けたことで、最後は人間の姿に戻り、ついに天界に生まれ変わることができたのである。

第4エズラ記

ダイヨンエズラキ

Vulgata 4 Esdras

■中東　■経典

→エスドラス第2書

第4の書

ダイヨンノショ

Book 4

■アメリカ　■魔術書

→魔術

台湾の歴史と地理の解説

タイワンノレキシトチリノカイセツ

Historical and Geographycal Description of Formosa

■イギリス　■偽書

1704年に詐欺師ジョルジュ・サルマナザールが台湾人を自称して書いた、台湾の解説書。

サルマナザールはフランス人だが、ロンドンに渡る時、自分は台湾人であると称した。当時、台湾人を見た人などほとんどいなかったので、西洋人の容貌そのままのサルマナザールでも、簡単に台湾人に化けられたのだ。東洋人なのに色が白いことについて質問されると、彼を含む王族は「涼しい日陰か地下の広くて立派な部屋」で過ごすので日焼けしないのだと答えた。

そして、台湾人として自らの故郷である台湾を解説する本を書いた。それが本書である。

その内容は多岐にわたり、台湾の人々の衣装や風俗、彼らの言語や使用する文字まで、大変詳しく解説されている。

基本的には、台湾人は日本人の一部が移住したものとして説明されている。このため、風俗や文化、言語などは日本に似ている部分も多い。

しかし、文字は台湾独自のものを使っており、わずか20文字で言語を表現している。

彼は、この本及び各地での講演や有力者からの援助などで、大変裕福になった。

もちろん、すべてはでたらめであり、彼は名声を失って田舎へと隠遁することになった。

高き者の言葉

タカキモノノコトバ

Hávamál

■アイスランド　■叙事詩

→オーディンの箴言《しんげん》

宝島

タカラジマ

The Sea Cook, or Treasure Island

■イギリス　■小説

スコットランド出身の作家ロバート・ルイス・スティーヴンスンの手による、子供向けの海洋冒険小説。

元々は子供向け雑誌に連載されていた作品が、1883年に一つの物語として出版された。スティーヴンスンの出世作であり、後の彼の作家活動の礎となった。スティーヴンスンによる作品には、他に**『ジーキル博士とハイド氏』**などがある。

『宝島』の物語は、主人公である少年ジム・ホーキンスの視点から語られる。

宿屋の息子であったジムは、宿代を払わないまま死んだガラの悪い元海賊の男の荷物から、凶悪な海賊船長フリントが無人島に隠した宝のありかを示す地図を発見する。地元の資産家を中心に捜索隊が編成され、ジム少年もキャビンボーイとして参加する。

しかし航海の後に、目的の宝島に到着した直後、船員たちはコックとして船に潜り込んでいた片足の海賊ジョン・シルバーの扇動によって、暴動を起こす。船を乗っ取られ、捜索隊は多勢に無勢。これまでかと思われるも、ジム少年の活躍と、仲間と仲違いしたジョン・シルバーの意外な協力により、海賊たちは打倒される。そして見つかった海賊の宝は、無事に捜索隊によって持ち帰られる。

世界中の男の子、そしてかつて男の子であった大人たちを夢中にさせたこの冒険物語は、元々はスティーヴンスンと彼の親戚の子供との会話から誕生した。子供に面白い物語をねだられた彼は、自作の地図に地名を書き入れ、物語をでっち上げた。それが『宝島』の原型だった。最初のタイトルは『海のクック（The Sea Cook）』であり、敵役でありながら食えない魅力を備えたジョン・シルバーが、当初から重要なキャラクターとして考えられていたことが分かる。作者の思惑通り、片足のジョン・シルバーは海賊の定番的なキャラクターイメージとして、以後長く愛されることになった。

竹内文献

タケウチブンケン

Takeuchibunken

■日本　■偽書

日本の偽書《ぎしょ》。俗に古史古伝と呼ばれる文献の一つ。5世紀の末ごろ、竹内宿《たけのうちのすく》禰《ね》の孫・平群《へぐりの》真鳥《まとり》によって記されたとされている。

正確にいえば「竹内文献」とは、神代文字で記されている、上古代以来伝承されてきた（と主張する）古文書と神宝類とを併せた資料類のことである。この竹内文献は昭和2年（1927年）に発表されたが、発見者である竹内巨麿《きよまろ》によれば発見自体は明治中期に遡るという。

竹内巨麿は、それ以前から修験道を通じて天都《あまつ》教会《きょうかい》（後に天津教に改名）を開き、祈祷を生業としていた。だが養父から譲り受けた古文書が日本の歴史観を引っ繰り返す“超古代史”であることに気が付き、神宝の認知と古文書に書かれている「皇祖皇太神宮」の再興を国家や社会に求め始めた。

竹内文献が主張する上古以前の世界とは、つまりこうである。

天から“天浮船《あまのうきふね》”に乗って降りてきた神々やその子孫が超古代文明を作って、日本のみならず全世界を従え、治めていた。いわば、当時の日本は世界の中心だったのだ。その後いくつかの天変地異や戦乱を経て崩壊し、やがて（正史《せいし》である）大和朝廷に繋がっていくという。

また「外八州史観」を大きく打ち出しているのも竹内文献の特徴である。外八州史観とは、日本が全世界の雛形である、という考え方だ。九州がアフリカ大陸、四国がオーストラリア、本州がユーラシア大陸、北海道がアメリカ大陸を写しているのだという。外八州史観自体は竹内文献以外の古史古伝にも見られるが、竹内文献はこの史観によって、先程述べた超古代日本世界中心説を補強している。

その他、世界最古のピラミッドが日本にあるとか、モーゼ、釈迦、キリスト、マホメットなどが日本に来て学んだなどという記述もある。

この突飛でありながらダイナミック、かつ少し歪んだナショナリズムに訴える諸要素は、大正から昭和初期の時代の雰囲気とマッチして、天津教の信者が爆発的に増えるのに役立った。特に華族や財閥関係者など、社会的経済的に力を持つ人々に影響力を持つようになったのである。

これを重要視した当局は、天津教を認知するどころか取り締まり、神宝や文書の実物を没収したのであった。それらの多くは、その後戦災で焼失してしまったという。

竹取物語

タケトリモノガタリ

Taketorimonogatari

■日本　■物語

日本最古とされる物語。

作者及び成立年代は不明だが、仮名書きであることや『**万葉集**《まんようしゅう》』に「竹取の翁」が詠んだとする首があることから、平安時代前期の貴人が作者と考えられている。

物語は竹取の翁こと讃岐造麿《さぬきのみやつこまろ》が竹林で赤子を拾ってきたところから始まる。その赤ん坊はすくすくと育ち、三月《みつき》程で美しい娘になる。「なよ竹のかぐや姫」と名付けられた娘の元に、多くの男性が求婚するも、かぐや姫はこれを拒み続けた。拒まれ続けても彼女の元には5人の貴人が通い続ける。石作《いしづくりの》皇子《みこ》、車持《くらもちの》皇子《みこ》、右大臣《うだいじん》阿倍《あべの》御主人《みうし》、大納言《だいなごん》大伴《おおともの》御行《みゆき》、中納言《ちゅうなごん》石上《いそのかみの》麻呂《まろ》の5人だ。かぐや姫は彼らそれぞれに求婚を受け入れる条件として、仏の御石の鉢《はち》、蓬莱《ほうらい》の玉の枝、火鼠の裘《かわごろも》、龍の首の珠、燕の子安貝を要求する。5人は偽物を作らせたり、あるいは騙されて偽物を売り付けられたり、あるいはこれはとにらんだ宝を取ろうとして命を失ったりで、だれ1人としてかぐや姫から与えられた使命を達成することはできなかった。そしてかぐや姫の噂は帝の元にまで届いた。帝自らかぐや姫に会いにくるも、彼女は1度顔を会わせるだけで、それ以上は拒絶する。それでも歌を交わすようにはなった。3年程したころ、かぐや姫は、自分は月の世界に帰らなければならないことを告白した。帝は兵を連れてかぐや姫を守ろうとするが、月の使者の前に歯が立たない。かぐや姫は帝に不老不死の霊薬を与え、月へと帰っていく。帝はかぐや姫のいない世で不死を得ても仕方ないと、富士山の頂でそれを燃やしてしまった。

これが大まかな筋書きだ。

『竹取物語』の登場人物には、それぞれ原型となった人物が実在する。

かぐや姫に求婚した5人の貴人は『**続**《しょく》**日本紀**《にほんぎ》』などの記録の中に、天武、持統、文武の3帝に仕えた人物としてその名が見える。特に阿倍御主人は平安時代の陰陽道の大家として知られる安倍晴明《あべのせいめい》の祖先にあたる人物だ。

また、なよ竹のかぐや姫に関しては、

垂仁天皇の妃に迦《か》具《ぐ》夜《や》比《ひ》売《め》命《のみこと》の名があるが、5人の貴人の時代（7世紀後半から8世紀初頭）とは600年近く時代が隔たっているため、『竹取物語』は史実性のあるエピソードとはいえないだろう。

立川文庫

タチカワブンコ

Tachikawabunko

■日本　■物語

大正末期から昭和初期にかけて、大阪の立川文明堂という書店から出版され、当時の少年たちの心を熱くさせた本のシリーズ。版形は125mm×89mmと文庫本よりも小さく、丁稚奉公している少年でも買える程安かった。

「立川文庫」という名前のシリーズが存在したので、狭義にはそれだけを「立川文庫」と呼ぶ。けれども、「立川文庫」の流行を真似て、他社からも似たような時代ものヒーロー小説が多数出版された。広義には、それら後発シリーズも「立川文庫」と呼ぶことがある。

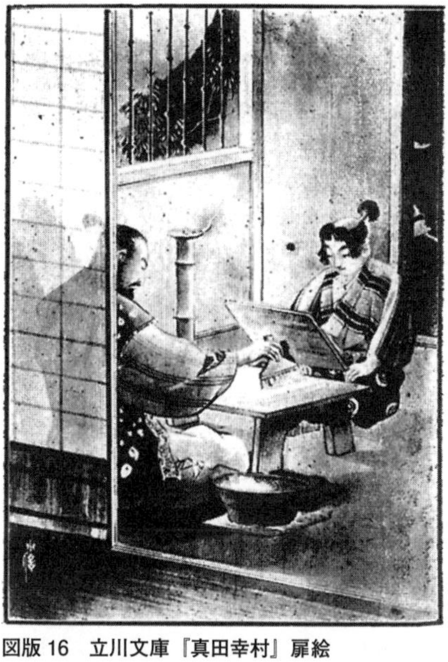

図版16　立川文庫『真田幸村』扉絵

第1巻は『諸国漫遊一休禅師』であり、その後も教訓ものや軍談もの、豪傑ものなどが主流であった。

ここに、第40巻に『真田三勇士忍術名人猿飛佐助』が出て、大ヒットとなった。それまで、忍者を主人公にする物語などなかったところに、明るく楽しい忍者が大活躍する物語という、非常にオリジナリティがあり、面白い物語が書かれたからだ。

その後、他の三勇士も書かれ、それだけでは足りずに、七勇士、十勇士と、人数まで増やされることになった。

もちろん、その内容を荒唐無稽な子供騙しと切って捨てる批評家も多いが、当時の少年たちは貪るように読んだ。現代のアニメやコミック、ライトノベルのようなものと考えればいいだろう。

堕天使と悪魔共の変節の図

ダテンシトアクマドモノヘンセツノズ

Tableau de Lincons tance des mauvais anges et demons

■フランス　■悪魔学

フランス人の異端審問官ピエール・ド・ランクル（スペインのバスク地方で600人もの魔女を処刑して恐れられた）が1612年に書いた裁判と審問の記録。

彼が書いた同様の本に『妖術への不信と誤信』（1622）『妖術』（1627）がある。

ダニエル書

ダニエルショ

Book of Daniel

■中東　■経典

『旧約聖書正典』の一つ。敬虔な若者ダニエルが奇跡を起こし、バビロンを陥落させたメディアの王ダレイオスによって認められる話。

ダレイオスという王は、聖書でもここにしか出てこないし、歴史的にもその名の王がバビロンを落としたという記録はない。単なる架空の人物か、さもなければペルシア王キュロス（バビロニアを征服したから）のことではないかといわれている。

→旧約聖書

図版 17　『旧約聖書』12 世紀の写本の挿絵

ダニエル書補遺

ダニエルショホイ

Rest of Daniel

■中東　■経典

『旧約聖書外典』の一つ。『旧約聖書正典』の「**ダニエル書**」になく、『七十人《しちじゅうにん》訳聖書《やくせいしょ》』の「ダニエル書」には存在する部分のこと。「**アザリヤの祈りと三童子の歌**」「**スザンナ**」「**ベルと竜**」の三つがある。

→旧約聖書

信有奇怪会

タノミアリバケモノノマジワリ

Tanomiaribakemononomajiwari

■日本　■物語

江戸時代後期の**草双紙**《くさぞうし》。

十返舎一九《じっぺんしゃいっく》の寛政8年（1796年）の作。作・画共に一九が担当している。

内容は、妖怪退治の豪傑・坂田金平《さかたのきんぴら》に捕らえられたろくろ首を救出するべく、恋人の見越入道《みこしにゅうどう》が活躍するというもの。なのだが、結局ろくろ首は死に、仇討ちにいった父の三つ目入道は金平に振り回される始末。仇討ちどころか、ほうほうの体で逃げ出した三つ目入道は、蜜柑籠で作ったハリボテの「金平の首」を獄門に掲げるも、雨に濡れて壊れてしまう。そんなこんなで金平を恐れる妖怪たちは、箱根の山の向こうへと移り住んで物語は終わる。

坂田金平やその他の妖怪退治の豪傑が登場する妖怪ものの草双紙の多くでは、最後は決まって妖怪たちが箱根の向こうへと逃げていってしまう。これは「箱根よりこっちに野暮と化け物はない」というのが、江戸っ子たちの定番の文句だからだろう。

タバリーの歴史

タバリーノレキシ

Tarikh al-Rusul wa al-Muluk ／ Tarikh al-Tabari

■中東　■歴史書

タバリーは9～10世紀のアラブの歴史家でコーラン（**クルアーン**）学者。カスピ海南岸のタバリスタンに生まれ、バグダードで学問を修めた。生涯娶《めと》らず、たいそう健康に気を遣っていたため、80歳にして鬚も髪も黒かったといわれる。**ハディース**を収集するかたわら、現存するイスラム世界最初の年代記『諸預言者と諸王の歴史』、俗称『タバリーの歴史』（『イスラム年代記』とも呼ばれる）などを著した。これは極力自分の考えを差し挟まず、あらゆる伝承を、出典を明らかにして記したもので、史料として高く評価されている。また、この態度のためイスラム以前の歴史に関する部分には悪霊、妖術、怪異、奇跡の類に関する記述も少なからず見られる。

タブロー・ナチュレル～神、人間、宇宙の関係～

タブローナチュレル～カミ、ニンゲン、ウチュウノカンケイ～

Le Tableau naturel des rapports qui existent entre Dieu, l'homme st l'univers

■フランス　■オカルト

→渇望する人

玉水物語

タマミズモノガタリ

Tamamizumonogatari

■日本　■説話

御伽草子《おとぎぞうし》の1篇。『たまみつ』『紅葉合《もみじあわせ》』の別名もある。

美しい姫を見初めた雄狐が女に化け、「玉水の前」という名をもらって彼女に仕えるという物語だ。玉水の前は、姫が参内《さんだい》（宮中に仕えること。女性の場合は女官として内裏に住み込むことを指す）したのを機に、想いの文を残して姿を消したという。

人と異類との恋物語において、狐は女性であることが一般的である。これは陰陽説において、狐が陰性の動物と分類されるためだといわれる。すなわち、女性的な動物とされていたのだ。ゆえに狐が化けるのは常に、同じ陰性である女性になるのだという。本作で雄狐が女性に化けたのは、その平仄に則ってのものだったのだ。

たまみつ

タマミツ

Tamamitsu

■日本　■説話

→玉水物語《たまみずものがたり》

玉蟲の草子

タマムシノゾウシ

Tamamushinozohshi

■日本　■説話

御伽草子《おとぎぞうし》の1篇。

その内容は次のようなものだ。

野の草花の下、蟲の世界に玉蟲姫という姫がいた。蟲たちは彼女に想いをかけ、歌を贈る。それが、人間の耳には秋の夜の虫の声として聞こえているのである、と。

田村

タムラ

Tamura

■日本　■戯曲

室町時代初期の謡曲。

猿楽師として知られる世阿弥《ぜあみ》の作。

平安時代における東征討夷の英雄として知られる坂上《さかのうえの》田村麻呂《たむらまろ》の伝説を謡ったもので、京に上ってきた東国の僧が、音羽山で坂上田村麻呂本人の霊からその生涯を聞くという体裁を取っている。

田村三代記

タムラサンダイキ

Tamurasandaiki

■日本　■戯曲

奥浄瑠璃。

平安時代の英雄として知られる坂上《さかのうえの》田村麻呂《たむらまろ》の活躍を謡ったもので、立烏帽《たちえぼ》子《し》という魔王の娘に関するエピソードがよく知られている。

天竺の魔王の娘である立烏帽子が鈴鹿山に降り立った。日本には立烏帽子に匹敵する悪鬼・大嶽丸《おおたけまる》が住んでおり、両者が手を結んでは一大事、ということで田村丸（史実の坂上田村麻呂）に追討命令が下る。いざ鈴鹿山で田村丸と立烏帽子が対峙すると、立烏帽子は、日本を滅ぼすためにこの地に降臨するが女の身、大嶽丸と協力しようと何度も文を送っているが返事がない。こうなっては日本転覆は諦め、悪鬼鎮圧の力となるから妻にしてほしい、駄目なら殺す、と田村丸に降服とも求婚とも脅迫ともつかぬ申し入れをする。田村丸は「折を見て討てばいいだろう」と、それを受け入れるのだった。

物語はこの後、東国に棲む高丸や、先に言及された大嶽丸などを退治する話になっていく。

なお、奥浄瑠璃とは江戸時代から昭和初期ごろまで、主に東北地方の一帯で盲目の琵琶法師たちによって弾き語られ続けたものである。

ダルタニャン物語

ダルタニャンモノガタリ

D'Artagnan

■フランス　■小説

フランスの作家アレクサンドル・デュマ（『椿姫』を書いた同名の息子と区別するために「大デュマ」と呼ばれる）によって書かれた長編小説。第1部『三銃《さんじゅう》士《し》』（1844）、第2部『二十年後』（1845）、第3部『ブラジュロンヌ子爵』（1851）から成るが、日本では第1部の『三銃士』が特に有名で、優れた3人の人物がいる場合、「～三銃士」というふうに呼ぶことも多い。

主人公ダルタニャンを三銃士の1人と誤解する人が多いが、三銃士は別にいて、ダルタニャンは、登場した時には田舎の青年で、銃士ですらない。その主人公が、三銃士たちと友誼を結び、様々な冒険と共に成長していく話が第1部の『三銃士』であり、最後にはダルタニャンも含めて四銃士となる。

第2部は、題名の通りに『三銃士』の20年後の話であり、四銃士たちも敵味方に分かれてしまう。また、第3部は、さらにその10年後の話となっている。

第3部『ブラジュロンヌ子爵』には、有名な「鉄仮面」が登場する。これは、実際にフランスのバスティーユ監獄に収監されていた顔を隠した囚人（本物はベールで顔を隠していたという）をモデルにしたものである。デュマは、顔を隠すものをベールではなく鉄仮面とし、その人物をフランス王ルイ14世の双子の兄弟ということにした。この鉄仮面はよほど印象深かったのか、後に鉄仮面で顔を隠した人物（その正体は、重要な登場人物の血縁である）が、多くの創作に登場するようになった。それこそ『スター・ウォーズ』のダース・ベイダー卿も、鉄仮面の後裔である。

ダルマ・シャーストラ

Dharma-śāstra

■インド　■思想書

インドの4階級それぞれの権利や義務などを記した書。「律法書」ともいう。

『マヌ法典』なども、その一つである。

タルムード

Talmud

■中東　■経典

ユダヤ教の第2の正典というべき文書。モーゼから伝えられた口伝律法を集めたものとされる。

ユダヤの伝承では、モーゼは**トーラー**以外にも、口伝による律法を神から与えられていたという。だが、口伝のままでは変質したり失われたりする。特に2世紀ごろ、ユダヤ戦争を経たユダヤ人は、口伝のトーラーが失われることを恐れて、これをミシュナという文書に仕立てた。

これに詳細な注解（ゲマラ）を付けたものが『タルムード』である。つまり『タルムード』はミシュナとゲマラを合わせたものといえる。

『タルムード』は、その解説文の系統によって「エルサレム・タルムード」と「バビロニア・タルムード」の2系統が存在するが、ユダヤ教で正統とされるのは後者である。

タロットと呼ばれるカード遊戯の楽しみ方

タロットトヨバレルカードユウギノタノシミカタ

Maniere de se recreer avec le jeu de cartes nomme tarots

■フランス　■オカルト

世界初の職業的カード占い師ともいわれるパリのエテイヤが書いた、1783年に発行されたタロット占いの基本図書。

『トートの書』の78の神聖文字をタロットに結び付け、タロットカードの1枚1枚は『トートの書』の各章に相当することを解説している。

彼のタロットは、現在一般的に使われているものと大きく異なるが、それゆえに後世の世俗化したタロットではない、本来のタロットとして尊重する人も多い。

俵藤太物語

タワラノトウタモノガタリ

Tawaranotohtamonogatari

■日本　■説話

御伽草子《おとぎぞうし》の1篇。

平将門を討ち取ったことで知られる藤原秀郷こと俵藤太の物語である。

いわゆる武家ものの御伽草子で、2部構成で成り立っている。前半は大蛇に請われて百足退治をした物語、後半は平将門を討ち取る物語だ。

特に後半は、将門にまつわる多くの伝説が取り込まれており、将門の体は矢も刃も通さず（鉄身伝説）、また6人の分身を持つ（七人将門の伝説）とされていた。またその将門は身の丈7尺（約212cm）、左目は重瞳《ちょうどう》（片目に二つの瞳を持つ、優れた人物に顕れる異貌）という偉丈夫である。それを、小宰相から弱点を聞き出した俵藤太が、そこ（こめかみ）を正確に射貫いたのである。

また、この後半部では「将門の首」についても言及されている。獄門の木に掲げられた将門の首は幾日過ぎても目に生気満ち、顔色が変わらず、時には歯を剥き出して怒りの表情を見せるといった具合だったという。

ダンテの秘教

ダンテノヒキョウ

L'Esoterisme de Dante

■フランス　■オカルト

→世界の王

タントラ文献

タントラブンケン

Tantra

■インド　■経典

タントラとは、世界最古の宗教の一つとされる､性を通して真理に至る道である。

だが、他の宗教でも、タントラに影響を受けて、様々な性愛の教えを持つ。ヒンドゥー教にもタントリズムはあり、その文献のことをタントラ文献という。

現在残るタントラ文献は、三つに分類される。

- 『**サンヒター**』：ヴィシュヌ派の聖典
- 『**アーガマ**』：シヴァ派の聖典
- 『タントラ』：シャークタ派の聖典

多少ややこしいが、この三つをまとめてタントラ文献という。

ち

小さな白い鳥

チイサナシロイトリ

The Little White Bird

■イギリス　■小説

ピーター・パンの作者として有名なイギリスの作家ジェイムズ・マシュー・バリーの大人向けの幻想小説で、ピーター・パンが初めて登場した小説である。1902年刊。

小説の全体は、語り手である私キャプテンWとデイヴィドという子供の関係を軸に展開するが、全26章のうちの第13章の終わりに突然ピーター・パンの名が登場し、第14章から第18章までがピーター・パンを主人公にした物語になっている。小説の中では、この部分はキャプテンWとデイヴィドが共同で作り上げた物語という設定になっている。

つまりピーター・パンは、最初は独立した物語の主人公ではなく、別な小説の中の一挿話の登場人物だったのである。

だが、バリーは後にこれを元にして児童劇「ピーター・パン」を作り、1904年に初演した。この劇は以降も1940年を除いて毎年クリスマスに上演されているが、この劇を元にして書かれたのが、日本で最もよく知られているピーター・パンの小説『ピーターとウェンディ』（後に『**ピーター・パンとウェンディ**』に改題）で、1911年に出版された。また、劇の評判が良かったことから、1906年には『小さな白い鳥』の中のピーター・パンの登場する部分だけがほぼそのまま抜粋され、一つの小説として出版された。これが『**ケンジントン公園のピーター・パン**』である。

小さなトロールと大きな洪水

チイサナトロールトオオキナコウズイ

Smatrollen och den stora oversvamningen

■フィンランド　■小説

ムーミン童話で有名なスウェーデン系フィンランド人の作家トーベ・ヤンソン（1914～2001）が書いた小説の処女作で、ムーミントロールが最初に登場する小説。1945年刊。

これより7、8年後から一般によく知られているムーミン童話が書き始められ、『ムーミン谷の彗星』『楽しいムーミン一家』『ムーミンパパの思い出』などが日本でも次々と翻訳されて人気を博した。

『小さなトロールと大きな洪水』は、これらムーミン童話全体のプロローグともいえる物語である。暗い大きな森の中をムーミントロール（ムーミン）とそのママ（ムーミンママ）がさまよっている場面から物語は始まる。冒険の旅に出て行方知れずになったパパを捜しているのである。ここに、その後のムーミン童話でもおなじみのスニフやニョロニョロなども登場し、2人のパパ捜しは続く。やがて大雨になり洪水が起こった時、パパからのSOSの手紙が入ったビンが流れてくる。ムーミンとムーミンママとスニフの3人はコウノトリの背中に乗って飛び回り、ついに木の上に避難していたパパを救出する。洪水の前、パパは家族と住むために立派な家を建てたのだが、すべて流されてしまったのだという。ところが、水か引いた後でムーミン一家とスニフが小さな谷にやって来ると、草地の上に流されてしまった家が建っていたのだ。こうしてムーミン一家は、その家で暮らすようになったのである。

竹書紀年

チクショキネン

Zhú Shū Jì Nián

■中国　■歴史書

中国古代、戦国時代の魏《ぎ》の歴史書。作者は不明。太古の神話時代から魏の襄王《じょうおう》（安釐王《あんきおう》。在位紀元前276～前243）までを扱っている。西晋《せいしん》時代の咸寧《かんねい》5年（279年）に襄王の墓（河南省汲県《きゅうけん》）から、『逸周書《いっしゅうしょ》』『**穆天子伝**《ぼくてんしでん》』と共に出土した。竹簡《ちくかん》に書かれていたので「竹書紀年」と名付けられ、13篇にまとめられた。南宋代に散逸したが、中華民国になってから逸文を集めて復元作業が行われている。夏、殷《いん》、周の中国最古の3王朝に関して独自の記述があり、夏王朝の年代推定などにも利用されている。

稚児之草子

チゴノソウシ

Chigonosohshi

■日本　■図画

室町時代に作られたと思しい絵巻物。

僧侶と稚児との性的交渉を描いた絵巻物で、現代風にいえば男色ポルノである。作者は不明だが、挿画は鳥羽僧正覚猷《とばそうじょうかくゆう》とされる。

最古と思われる写本に書かれた日付では、元亨元年（1321年）6月18日。この時代ですでに多種多様な（同性愛交渉のではあるが）性戯が存在していたことを示す資料となっている。

先に挙げた写本は『醍醐男色絵巻《だいごだんしょくえまき》』とも呼ばれ、京都の醍醐三宝院に秘蔵され、一般には公開されていない。

地底探検

チテイタンケン

Voyage au Centre de la Terre

■フランス　■小説

フランスの作家ジュール・ヴェルヌ（1828～1905）のSF小説。1864年刊。

18歳のぼく（アクセル）は孤児で、ドイツのハンブルグの大学で地質学教授をしているおじリーデンブロッグ博士の助手として暮らしていた。そんなある時、博士が古本屋で大昔のアイスランドの本を見つけてきたが、その中にルーン文字で書かれた暗号文があった。やっとのことで解読すると「勇敢な探検家へ。7月1日前にスネフェルス山の噴火口にスカルタリスの影が落ちる。そこから下りれば、地球の真ん中に着くことができる」と書かれていた。こうして、博士とアクセルの地底探検が始まった。

博士とアクセルはすぐにアイスランドに行き、案内人ハンスと共にスネフェルス山の噴火口から地下世界へと入っていった。それから、3人は地下世界の海を筏で航海中に、プレシオサウルス（首長竜）とイクチオサウルス（魚竜）に襲われたり、その向こうの陸地で巨象マストドンと巨人の原始人の戦いを目撃したりしながら、冒険を繰り広げる。そして最後は筏ごと溶岩流に吹き上げられて、全く奇跡的に地上へと生還するのである。

地底の国のアリス

チテイノクニノアリス

Alice's Adventures Under Ground

■イギリス　■小説

→不思議の国のアリス

チャーンドーギヤ・ウパニシャッド

Chāndogya-upaniṣad

■インド　■経典

『サーマ・ヴェーダ』の「奥義《おうぎ》書」の部分。「古ウパニシャッド」に属し、散文で書かれている。

→ウパニシャッド

茶の本

チャノホン

The Book of Tea

■アメリカ　■思想書

明治時代の書物。

ボストン美術館東洋部長であった岡倉天心が1906年（明治39年）にニューヨークで出版した書物。内容は、日本茶道の作法や、そこに込められた思想を通じて日本の文化を欧米に紹介したものである。

チャラカ・サンヒター

Caraka-saṃhitā

■インド　■学術書

インドの古典医学書。全8巻120章。**『スシュルタ・サンヒター』**と共に、「アーユル・ヴェーダ（生命の科学）」と呼ばれるインドの伝統医学の二大古典書といわれる。題名は「チャラカの著作集」という意味。著者とされるチャラカについては、クシャーナ王朝のカニシカ王（100年ごろ）の宮廷侍医だったといわれることがあるが、はっきりしない。何にしても、『チャラカ・サンヒター』はチャラカ1人の手になったものではなく、数世紀という長い年月をかけて何人もの人々によって改編され、500年ごろまでに最終的な形にでき上がったと見られている。

『チャラカ・サンヒター』の中では、この書の起源は神と結び付けられている。それによれば、アーユル・ヴェーダを最初に説いたのはブラフマー神で、プラジャーパティ神→アシュヴィン双神→インドラ神と神々の間に伝えられた。それから、バーラドヴァージャ仙人→アートレーヤ＝プナルヴァス→アグニヴェーシャ→チャラカと人間の間に伝えられた。それで、記述の仕方もアートレーヤがアグニヴェーシャに教えを伝えるという体裁になっている。

全体は、①総説篇（30章）、②病因篇（8章）、③病理篇（8章）、④身体篇（8章）、⑤感官篇（12章）、⑥治療篇（30章）、⑦毒物篇（12章）、⑧成就篇（12章）で構成されている。

教えの根本にあるのは、人間の体内に

あるヴァータ、ピッタ、カパという三つのドーシャ（病因要素）のバランスが崩れることで病気になるというトリ・ドーシャ理論である。そして、いかにしてトリ・ドーシャのバランスを保ち、健康を維持したり、病気を治したりすべきかが詳細に語られている。その方法としては、特に睡眠と食事を重要視しているという特徴がある。また、内科治療法が中心となっており、『スシュルタ・サンヒター』と異なり、外科治療法についてはほとんど触れていないという特徴がある。

注目すべき人々との出会い

チュウモクスベキヒトビトトノデアイ

Meetings with Remarkable Men

■ロシア　■オカルト

ロシアの神秘思想家ゲオルギイ・グルジェフ（1866～1949）の自伝。

それによると、彼は青年時代アルメニアの古都の遺跡で、サルムング教団のことが書かれた羊皮紙を発見した。それに心引かれた彼は、教団を探しに旅立った。

そして、真理の探求者というグループに属し、かつて存在したといわれる古代の唯一の世界宗教を求めて各地を放浪した。

インドでは、ユダヤ教異端のエッセネ派の僧院を発見し、そこに「光明の王」の教えが手付かずで残されているのを発見する。

彼の自伝は、完全な事実というよりも、事実を寓話化して読者に何らかの思想を教えるために書かれたのではないかと考えられている。

注文の多い料理店

チュウモンノオオイリョウリテン

Chuhmonnoooiryohriten

■日本　■童話

明治から昭和初期にかけて活躍した日本の作家・宮沢賢治の童話の1篇。

大正13年（1924年）に出版された短編集のタイトルであり、その表題作。

猟に来たものの、成果のないまま森に迷っていた2人の紳士が、「山猫軒」という西洋料理店に行き当たる。猟犬を死なせてしまい、さらには案内人ともはぐれていた2人は、安堵して店に入る。店には店員の姿はなく、店内にはやたらと扉があり、そのそれぞれには「注文はずいぶん多いでしょうがどうか一々こらえて下さい。」などの文字が書かれていた。それらを自分に都合よく解釈して従っていく2人は、やがて大変な目に遭うのである。

本作に登場する2人の紳士は、見た目こそイギリス風の紳士然としているものの、傲慢さに満ちあふれたその素行言動は、とても紳士と呼べたものではない。その2人が自然の脅威の顕現ともいえる「山猫軒」で恐怖を体験し、そして同じく自然の顕現たる存在により救済される…それが本作である。

忠烈侠義伝

チュウレツキョウギデン

Zhōng Liè Xiá Yì Zhuàn

■中国　■小説

→三《さん》侠《きょう》五《ご》義《ぎ》

長恨歌

チョウゴンカ

Cháng Hèn Gē

■中国　■詩

中国唐代の詩人・白居易《はくきょい》（772～846）が806年に作った七言120句の長編詩。

唐の玄宗皇帝（漢詩中では「漢皇」〈漢の皇帝〉と表現されている）と楊貴妃《ようきひ》の悲恋を描いたストーリー性の高い詩である。

玄宗皇帝は美しい楊貴妃に夢中になり、楊貴妃やその一族をどんどん出世させるなど、政治をないがしろにするようになる。これに不満を持った安禄山《あんろくざん》が反乱を起こし、楊貴妃もその一族も殺されてしまう。やがて情勢は変化し、皇帝は都に戻るが、どうしても楊貴妃のことが忘れられない。これを見た部下は、道教の修験者に楊貴妃の霊を探させた。修験者はようやくのことで海上の神仙の山にいる楊貴妃の霊と対面するが、この時に彼女から玄宗への伝言を頼まれた。それというのが、玄宗と楊貴妃だけが知っている秘密の愛の言葉だったという。

玄宗と楊貴妃をテーマにした作品は、その多くが玄宗の悪政を非難する傾向にあるが、この作品は感傷的な悲恋の歌になっているという特徴がある。中国だけでなく、日本でも古くから人気のある作品である。

鳥獣戯画

チョウジュウギガ

Chohjuhgiga

■日本　■図画

平安時代末期から鎌倉時代初期の絵巻物。日本最古の漫画ともいわれる。

『鳥獣戯画』甲巻の相撲を取る兎と蛙

正式名称は『鳥獣人物戯画絵巻《ちょうじゅうじんぶつぎがえまき》』。

作者は不明だが、鳥羽僧正覚猷《とばそうじょうかくゆう》とするのが定説。

兎や蛙、馬、牛などを始めとして竜、麒麟、狼といった幻獣が登場し、人間の真似をして遊びに興じる様が描かれている。一説には、この絵巻物に描かれているのは、当時の仏教界に対する風刺だという。動物たちが遊び…特に賭博に興じているのは、このころの仏僧が堕落し、世俗的な遊びに興じていたことを表しているのだ、と。

鳥獣人物戯画絵巻

チョウジュウジンブツギガエマキ

Chohjuhjinbutsugigaemaki

■日本　■図画

→鳥獣戯画《ちょうじゅうぎが》

チラム・バラムの書

チラムバラムノショ

Chilam Balam

■マヤ　■神話

マヤの残した予言書と考えている人が多い。

本来、チラム・バラムとは「預言者ジャガー」という意味である。そして『チラム・バラムの書』とは、スペイン人によりユカタン地方が征服された後で、ヨーロッパの言語で書かれた書物のことで、もちろん予言書もその一部には含まれているが、すべてが予言書というわけではない。

その多くは、マヤの歴史、暦、土地所有、病気とその治療などについての実用的な情報から成る。おそらく、征服以前には絵文字で書かれていた記録を、征服後はアルファベットで記すようになったものだと考えられている。

マヤの歴史観では、世界は54年ごとに更新されると考える。『チラム・バラムの書』にある歴史では、スペイン人による征服も、その一部として考えられている。つまり、54年ごとの世界の更新としてスペイン人がやって来たのであって、それによってマヤが滅んだとは考えていない。単に、マヤに新しい要素としてスペイン人が加わったのだと考えている。

治療薬集成

チリョウヤクシュウセイ

Antidotarium

■ドイツ　■錬金術書

ヨハン・ダニエル・ミュリウスが1620年に出版した全4巻の医療用治療薬の解説書。

調剤のための基礎知識、様々な治療薬の紹介などから成る。

枕中記

チンチュウキ

Zhěn Zhōng Jì

■中国　■小説

中国唐代中期の8世紀後半に書かれた短編伝奇小説。沈既済《しんきせい》の作。『**太平広記**《たいへいこうき》』巻82に「呂翁《りょおう》」という題で収録されている。現在でも、人生の栄枯盛衰の儚《はかな》さのことを「邯鄲《かんたん》の夢」「黄粱一炊《こうりょういっすい》の夢」などというが、それはこの小説に基づいている。

主人公の盧生《ろせい》は邯鄲（河北省南部の平原にある都市）に中規模の土地を持つ農民である。人生に飽き足らず、学問によって立身出世したいと望んでいたがうまくいかず、意気消沈して近くの旅籠《はたご》で休んでいた。すると、呂翁という不思議な老人が青磁の枕を貸してくれた。彼はすぐに横になった。そこから、彼の非常にリアルな夢が始まる。間もなく科挙の試験に合格した盧生は資産家の娘を嫁にもらい、どんどん出世する。途中、政敵に陥れられたりするがどうにか乗り切り、最後は政府最高の宰相の地位にまで上る。そして栄華を極めた80年の生涯を送って亡くなるのである。とはいえ、それはすべて夢であり、目覚めた盧生は相変わらず旅籠にいて、主人が煮ていた粥《かゆ》もまだでき上がっていなかった。こうして盧生は人生の虚しさを知るのである。

沈黙の書

チンモクノショ

Mutus Liber

■フランス　■錬金術書

アルトゥスなる人物が1677年に書いた錬金術《れんきんじゅつ》書（実際の作者はヤコブ・シュラらしい）。その題名は、一切の文章が載せられておらず、すべては挿画によってのみ記述されているからである。徹底したことに、挿画にも文字はほとんど使われていない。

図版18　『沈黙の書』タイトルページ

つ

ツァラトゥストラはかく語りき

ツァラトゥストラハカクカタリキ

Also Sprach Zarathustra

■ドイツ　■思想書

ドイツの哲学者ニーチェによって書かれた寓話による哲学書。

ゾロアスター教の教祖ゾロアスター（ドイツ語ではツァラトゥストラとなる）が、行動し人々に語ることによって、ニーチェの哲学を明らかにする。ただし、主人公ツァラトゥストラが語る内容はゾロアスター教とはほとんど関係がない。内容的には、あくまでもニーチェの思想である。

その思想とは「超人」と「永劫回帰」の二つである。

「超人」といっても、空を飛んだりするわけではない。他人の思惑に振り回されて自己を持たない人々に対し、自ら決し、自ら行動する、自立した人間への進歩を促すという意味である。

また「永劫回帰」とは、「時間は無限であり、物質は有限である」。つまり、宇宙の状態が現在と全く同じ状態が、過去にも何度も繰り返され、未来にも何度でも繰り返されるであろうという考えだ。これだけでは、現在や自己の意義が低下し、所詮は何度でも繰り返されることの一つに過ぎないというペシミスティックな考えも発生する。だが、ニーチェの「永劫回帰」は、「そうだとしても、私は今の瞬間の私であることを望む」という、ペシミズムを超克することも含んだ概念である。

だが、特に「超人」思想は、様々な誤解を生んだ。「自立した個」ではなく「すごい人」としての「超人」として、ニーチェを誤解し、もしくは捻じ曲げる者も多い。後のナチスですら、アーリア人＝超人というイメージを生み出した。

この本に影響を受けて、リヒャルト・シュトラウスは、交響詩『ツァラトゥストラはかく語りき』を作曲した。映画『2001年宇宙の旅』の冒頭で、この曲の導入部がかかっているのは、この映画で主人公が人を超えることを暗示している。

ツー・ワールズ

Two Worlds

■イギリス　■定期刊行物

1887年に、霊媒エマ・ハーディングによって創刊された心霊主義の月刊雑誌。現在でも毎月発行されている。

東日流外三郡誌

ツガルソトサングンシ

Tsugarusotosangunshi

■日本　■偽書

青森の津軽地方の和田家に伝わっていた古文書。江戸時代に秋田藩主の名で編纂されたという。

内容は大和時代、津軽の地に大和朝廷と同じくらいの文明を持った荒吐《あらはばき》族の古代津軽国が存在したというもの。この古代津軽国は、大和朝廷と幾度となく戦争を繰り返した。その後、古代津軽国は分裂して安部氏、安東氏、秋田氏になったが、中央との抗争の中でそれぞれ没落していったという歴史となっている。

公開当時から大きなセンセーションを巻き起こした本書であるが、部分部分に（成立年代といわれる江戸時代より）新しい言葉遣いや用語がかなりの数使用されている。擁護側はこれを、写本で伝わる際に写本者が書き換えたものとしているが、これを裏付ける物証は出されていない。

このように、現在公開されているのは写本のみで、元本は秘蔵されたままである。その点について憶測が憶測を呼び、現在ではそのほとんどが偽書《ぎしょ》とされている。これに対して（元本が伝えられたとされている）和田氏側も有力な反論反証をしておらず、このまま偽書に認定されるのも時間の問題であろう。

月之抄

ツキノショウ

Tsukinoshoh

■日本　■兵法書

講談や大衆小説でおなじみの柳《や》生《ぎゅう》十《じゅう》兵衛《べえ》三厳《みつよし》（1607～1650）の書いた兵法書。寛永19年（1642年）に成立。

三厳は江戸柳生家の祖・柳生宗矩《むねのり》の長男で、元和5年（1619年）から家光の小姓として出仕したが、家光が将軍となって後の寛永3年（1626年）、将軍を怒らせるようなことがあって出仕を止められた。寛永15年（1638年）には将軍の勘気も解けて、三厳は御書院番として再出仕するようになるが、これまでの12年間、ほとんどを柳生の庄で過ごし、ひたすら柳生新陰流の実技と理論の研究に没頭した。そして、その成果を『月之抄』にまとめたのである。

この中で、三厳は新陰流に伝わる“目録”を徹底的に吟味し、230項目の剣技や心構えについて、祖父・宗厳《むねよし》や、父・宗矩の言葉を引用しながら解説を加えた。

“目録”というのは、師が弟子に対して渡す各流儀の履修内容の認定書のようなものだが、古い時代には構えや技法の名称だけを羅列したものが多かった。内容については、師から弟子へと口伝《くでん》されているので、特に書く必要はないからだ。だから、目録を見ただけでは、部外者には何のことやらさっぱり分からないということになる。そんな、名称しか分からないような構えや技法について、それがどのようなものか解説したということだ。

ここで一例だけを挙げておくと、新陰流兵法目録に〈三見之事《さんけんのこと》〉という教えがよく出てくる。これについて、『月之抄』は次のような解説を加えている。

「老父云、太刀サキ三つ見ヤウアリ。構ヲミル也。敵ノ太刀サキ前ニアルカ、後ニアルカ、動か、三つヲミ分ル心持也。三つヲみわけて種々の仕掛もアルニヨリ是を専トスルナリ。三つをみるにより三見ナリ。

亡父之目録ニハミ《三》ヤウ《様》也。太刀サキ、こふし、身也ト書セルアリ。亦云、敵の心さしヲミるよりも、三つをかんかへへし。動・懸・待ト心得へし。動ハすはらぬ心をおもふへし。」（『改訂 史料柳生新陰流〈下巻〉』内「月之抄」今村嘉雄編／新人物往来社）

月の抄

ツキノショウ

Tsukinoshoh

■日本　■兵法書

→月之抄《つきのしょう》

付喪神

ツクモガミ

Tsukumogami

■日本　■説話

御伽草子《おとぎぞうし》の1篇。

「陰陽雑記に云ふ。器物百年を経て、化して精霊を得てより、人の心を誑《たぶら》かす、これを付喪神と号すと云へり」

康保年間（964～967）のころのことである。洛中にあった古道具が一堂に集まり、「長らく忠義を尽くしたにもかかわらず、感謝されるどころか打ち捨てられて、牛馬に踏みつけられる有様」として恨みの声を上げる。口々に恨み事や、いかに家人に復讐するかを話し合う古道具たち。その中の1人であった物知りな古文書が「自分たちは器物であるのだから、造化の神に身を任せれば、精霊を得て妖物と変成することができるはずだ」とアイデアを出す。そして彼らは自ら命を絶ち、その身を造化の神に委ね、見事妖物へと生まれ変わった。妖物と化した古道具たちは、牛馬や人間の男女を連れ去り、宴を開いてそれを貪り食ったという。が、それも長くは続かなかった。仏法諸尊の加護を受けた僧が、彼らの根城に乗り込んできたのである。妖物たちはこれを恐れ、降服したのだった。そして僧が命じた通り、自分たちが殺し、食った者たちの菩提を弔ったという。

て

ティマイオス

Timaios

■ギリシア　■思想書

プラトンの後期の対話編で、プラトンの著作中唯一、自然論を語っている作品でもある。

宇宙の始まりや、四元論（物質はすべて地水火風から成るという考え）について述べているが、最も有名なのはアトランティスの歴史について書いた部分である。

アトランティスが大西洋に浮かぶ大陸であって、一夜にして海に沈んだという話は、すべてこの『ティマイオス』が元ネタである。

我々がアトランティスについて知るほとんどは、『ティマイオス』と『**クリティアス**』を元にしている。

ティル・オイレンシュピーゲルの愉快ないたずら

ティルオイレンシュピーゲルノユカイナイタズラ

Till Eulenspiegels lustige Streiche

■ドイツ　■音楽

1895年リヒャルト・シュトラウスによって書かれた交響詩。

ティル・オイレンシュピーゲルは、14世紀ドイツにいたといわれる、伝説的いたずら者。日本でいうなら、一休さんとか吉四六さん、彦一などに相当する。

この人物を取り上げて、物語風の交響詩にしたのがシュトラウスである。

ティルは、司祭や騎士に化けたり、市場で牛を暴走させたりと、したい放題するが、ついには捕らえられて絞首刑にされるという物語を表すように、音楽が作られている。

デカメロン

Decamerone

■イタリア　■小説

イタリアの作家ジョヴァンニ・ボッカッチョ（1313～1375）が書いた短編小説集。1353年完成。その名は日本語では昔は「ボッカチオ」と表記するのが一般的だった。「デカメロン」はラテン語で「十日」という意味なので『十《とお》日《か》物《もの》語《がたり》』と訳されることもある。

ヨーロッパではまだ詩的な雰囲気の作品が主流だった時代に、高度に完成された散文によって書かれた極めて世俗的な説話集であり、近代的小説の先駆けといわれる。

1347年から1349年にかけて、ヨーロッパでは猛烈な勢いでペストが蔓延した。フィレンツェにおいては、それは1348年に大流行した。

この時サンタ・マリーア・ノヴェッラ教会で7人の若い女性と3人の若い男性がたまたま出会った。彼らはみな近親だったり友人だったりという関係で、話し合って、疫病を避けるためにどこかの田舎に避難することにした。こうして10人の男女は、翌日からフィレンツェの南のフィエロゼの丘にある館で2週間を過ごすことになった。とはいえ、退屈してはいけないので、この2週間のうちの10日間は、10人の参加者がそれぞれ1話ずつ、全部で10の話をして過ごすことにした。この結果、1日10話、10日間で100話の物語が語られることになった。

こういう前提のもとに、ここで語られた100の物語が収められているのが『デカメロン』なのである。

しかも、語り手が当たり前の市民なので、登場人物の職業、身分、性格なども千差万別で、道徳的に立派な人物だけでなく、非道徳的な者や好色的な者も多い。また、僧侶の悪徳なども遠慮なく暴き出されている。

そのため、16世紀にはローマ教皇庁の禁書目録に入れられてしまったが、それでもヨーロッパ中で読まれ、この影響下にジェフリー・チョーサーの『**カンタベリー物語**』なども書かれたのである。

哲学者の塩

テツガクシャノシオ

De Roode Leeuw

■オランダ　■錬金術書

→紅い獅子

哲学者の光

テツガクシャノヒカリ

De Groene Leeuw

■オランダ　■錬金術書

→緑の獅子

占星四書

テトラビブロス

Tetrabiblos

■エジプト　■占星術書

2世紀ごろに、エジプトのアレキサンドリアに居住するギリシア人占星術師プトレマイオス・クラウディオスが書いた、占星術の基本となる書。

ホロスコープを作ること、惑星の角相《アスペクト》(ホロスコープで二つの惑星が成す角度)と、それぞれの角度の意味など、占星術の基本となる概念は、すべてこの本が出典である。

→アルマゲスト

手の神秘

テノシンピ

Les Mysteres de la main

■フランス　■オカルト

→新《しん》手《て》相術《そうじゅつ》

テレゴニー

Telegoneia

■ギリシア　■叙事詩

ホメロスの『**イリアス**』の前後を埋めるべく書かれた作品。

オデュッセウスとキルケーの間の息子テレゴノスが、知らずにオデュッセウスを殺してしまう話が書かれている。

デ・レ・メタリカ

De re metallica

■ドイツ　■学術書

鉱山学、冶金学に関する技術書。書名は「金属について」あるいは「金属の」の意味。

1556年、ドイツ人ゲオルグ・アグリコラ（ゲオルグ・バウアー）の著作。錬金《れんきん》術《じゅつ》と冶金学との橋渡しをした書物として知られ、当時の鉱掘や冶金の現場で使われた道具や技法などが、約300枚の精密な木版画で描写されている。ゲーテはこれを「後世への貴重な贈り物」と評した。

天界と地獄

テンカイトジゴク

De Caelo et Ejus Mirabilibus et de inferno. Ex Auditis et Visis

■スウェーデン　■オカルト

前半生では、有能な哲学者、数学者、科学者として貴族の称号まで得たエマニュエル・スウェーデンボルグ（1688～1772）が、1743年の大病から回復すると幻視者となっていた。その幻視者となってからの代表作が、この『天界と地獄』（1758）である。

天使が現れて、彼にメッセージを寄こすようになった。それこそ、食事の支度から霊的問題まで、アドバイスをしてくれるのだ。

彼の本によると、キリスト教の三位一体の教義（カトリックでもプロテスタントでも共通の教義）は誤りで、新たな新エルサレムの時代には、古臭い教義は廃されるだろうと書いた。父なる神そのものがキリストとなって磔刑に架かったのだという。

また、グノーシス主義的な、霊的世界と人間と自然との照応や、これら三つの世界は生命として繋がっていること、神の似姿としてまた小宇宙《ミクロコスモス》としての人体など、カバラなどの影響もある。

これらの著作により、彼はルター派教会から異端として破門されそうになる。幸いにして、彼の才能を惜しんだ王の仲介で破門は免れたが、彼はその後半生をイギリスで暮らすことになる。

伝奇

デンキ

Yún Qí

■中国　■小説

中国唐代末の短編伝奇小説集。裴鉶《はいけい》の著。原本は失われたが『**太平広記《たいへいこうき》**』に24編が収められている。有名なものに「**聶《じょう》隠娘《いんじょう》**」「**崑崙奴《こんろんど》**」がある。神仙怪奇の物語が多く、後世の小説戯曲の格好のネタとされただけでなく、小説のジャンルとしての「伝奇」という名もこれに基づいている。

電撃戦

デンゲキセン

Erinnerungen eines Soldaten

■ドイツ　■兵法書

第2次世界大戦において、ドイツの電撃戦を指導した名将ハインツ・グデーリアンの回顧録（原題は「兵士の思い出」というくらいの意味）。おそらく、ヨーロッパ大戦を扱った書物で、この本を引用しない本はないといわれる程で、第2次世界大戦研究の基本書籍とされる。

戦車の可能性にかけて、数々の妨害を乗り越えて自ら装甲部隊を育て上げ、そして実際の戦場でそれを確かめた人物の歩みが描かれている。良き国家指導者に恵まれなかったのが、彼の悲劇であることがうかがわれる本である。

転校生

テンコウセイ

Tenkohsei

■日本　■映画

→おれがあいつであいつがおれで

天書

テンショ

Tiān Shū

■中国　■文書

中国において、天（もしくは神）から授かった本のことを天書という。

授かる方法は様々で、眠っている時に夢を見て、目覚めると懐に入っているという場合もある。また形態も様々で、本の形ではなく、石版だったり、巻物だったりすることもある。

天書を授かった人物は、何らかの天の意志を実現することを期待されている人物であるとされる。このため、天書を偽造するという例も多い。

天書大中祥符

テンショダイチュウショウフ

Tiān Shū Dà Zhōng Xiáng Fú

■中国　■偽書

中国北宋第3代皇帝・真宗《しんそう》が大臣の王《おう》欽若《きんじゃく》と図って偽造した**天書**《てんしょ》3篇のこと。

中国には古くから泰山《たいざん》において天地の神々を祀る「泰山封禅《ほうぜん》」という儀式があり、天下泰平をもたらした聖天子だけが執り行えると考えられていた。歴史的には秦の始皇帝、漢の武帝《ぶてい》、唐の高宗などが行っていた。

真宗皇帝は、自分もまたその儀式を行いたいと考えたが、強引に挙行する程気も強くなかった。そこで、真宗は王欽若と図り、天下泰平の印となる天書を偽造することにした。

その準備として真宗は、1007年暮れの真夜中に神人が現れ「天書大中祥符」3篇が降るというお告げがあったと嘘をついた。すると､翌年正月（日本の旧正月）、承天門の上に引っかかっていた黄色い絹布に結び付けられた天書が発見された。そこに「恒《こう》（真宗）に天書を授ける。天子として正義を守れば、宋の時代は平和に700年続くだろう」という程度のことが書かれていた。これを受けて真宗は「大中祥符」と改元した。この事件が評判となったので、真宗はすぐにも第2の天書を宮中の功徳閣に降らさせた。6月には泰山でも天書が発見された。

こうして、真宗はこの年10月に泰山において大規模な封禅の儀式を執り行うこととなったのである。

転身物語

テンシンモノガタリ

Metamorphoses

■ギリシア　■神話

→変身物語《へんしんものがたり》

伝説の時代

デンセツノジダイ

The Age of Fable

■アメリカ　■神話

→ギリシャ・ローマ神話

天地創造の叙事詩

テンチソウゾウノジョジシ

Enûma Eliš

■メソポタミア　■神話

バビロニアの創世神話。アッシリアの古都ニネヴェなどから、粘土書板の形で発見された。天地の創造から神々の争いを経た新秩序の確立に至る長編の神話が、粘土書板7枚にわたって物語られている。粘土板には欠損部分も多く、完全な形ではないが、それでも大筋の理解には問題ない。

『ギルガメシュ叙事詩』と並んでメソポタミア地域で最も有名な文献であるが、こちらは広範囲に広まりはしなかった。それは、この物語が宗教的文献であったためと考えられる。『天地創造の叙事詩』は、王の宗教権威を更新するためのバビロニアの新年祭において、大神マルドゥクの栄光を称えるために吟唱されていた。文学というよりは、聖典、讃歌《さんか》のような位置付けの文献だった。

『天地創造の叙事詩』は、古代メソポタミアにおける書名の慣例に従い、『エヌマ・エリシュ』と呼ばれることも多い。『エヌマ・エリシュ』は「まだ上方に天は…」という意味で、叙事詩の書き出しの2語にあたる。冒頭の語句を書名代わりに使うのは古メソポタミアの伝統であったが、現代では基本的に『ギルガメシュ叙事詩』**『イナンナの冥界降り』**などと分かりやすいタイトルが付けられている。その中でこの『天地創造の叙事詩』だけは、今も古代と同じ書名でも通用している。

叙事詩の筋書きは波乱に富んでいる。天地にいまだ名がない創世の時代、神々の父母たる男神アプスーと女神ティアマトは、子の神々を生んだ。神々は大いに増え、世界に活力と変化をもたらした。だが年経た父母神にとって、その騒々しさは忍耐の限度を超えていた。男神アプスーは子供たちの抹殺を計画するが、逆に知恵の神エアに寝首をかかれ、神々の覇権は次の世代に簒奪される。

そうしてエア神の息子として誕生するのが、暴風を従える神マルドゥクである。四つの目、四つの耳、普通の神の2倍の神力を持つマルドゥクは、その大いなる力ゆえに母神ティアマトをひどく苛立たせ、他の神々に恐れられた。

敵対する神々は、ティアマトを中心に決起した。ティアマトは戦いのために数多の怪物を生み出し、キングーという神を総指揮官に選び出して**天命《てんめい》の書板《しょばん》**を授けた。ティアマトの軍団を迎撃に出たエア神が、続いてアヌ神があえなく敗北を喫した。

最後の勇士として名指しされたマル

ドゥクは、戦う条件として神々の長として認められることを望んだ。12星座を消し、また現して見せたマルドゥクを、神々の集会は王として認めた。

勇躍して出陣したマルドゥクは、嵐の戦車に乗り、七つの悪風を従えて神々の母ティアマトに挑んだ。激しいが短い戦いの後、マルドゥクはティアマトを殺した。

支柱を失った敵軍は瓦解し、キングーも捕らわれた。マルドゥクは神々の母の死体を二つに引き裂き、その片方を天、もう片方を大地となした。さらに竜神たる母神の蛇体から山を、河を作った。暦を定め、天に星座を配し、神々に新たな役割を与えた。そしてキングーを斬首し、その血から神々の下僕として人間を作り出した。『エヌマ・エリシュ』は、こうして新しい世界秩序を定めたマルドゥクを、神々が称えて終わる。

天地始之事

テンチハジマリノコト

Tenchihajimarinokoto

■日本　■経典

日本固有のキリスト教宗派である「隠れ切支丹《きりしたん》」の教典。

一般に日本にキリスト教が伝来したのは、室町時代の末期、いわゆる戦国時代と呼ばれる時代のことである。異論や異説はあるが、多数のイエズス会士が日本に到来し、キリスト教の布教に努めた記録が残っているのは、その時代のことである。当時の為政者は「万民平等」を説くキリスト教の教義や、宣教師や彼らと共にやって来たヨーロッパ人商人が奴隷商いをしていたことなどを理由として、キリスト教の布教とその信仰を禁じた。

が、教えを捨てずに地下に潜伏した日本人キリスト教徒も少なくはなかった。それが隠れ切支丹である。後に禁教令が解かれると、隠れ切支丹となった人々のうち多くは教会の教えに戻るが、中には頑なに自らが慣れ親しんできた教えを固持する者もいた。彼ら隠れ切支丹の教えは、教会の教えとは「別の宗教」と呼べる程にまで変質してしまっていたのである。

それを端的に示しているのが、彼らにとっての聖書である本書『天地始之事』だ。

大筋は『**旧約聖書**』の「**創世記**《そうせいき》」と同じ内容であるが、楽園にいるころから「あだん（アダム）」と「ゑわ（エヴァ）」の間には2人の子供「たんほう」と「ちころう」がいたことになっている他、彼らが楽園から追放されたのは蛇によってではなく、「じゅすへる（ルシフェル）」に唆《そそのか》されて「まさん（林檎）」の実を口にしたことが原因とされている。この後、あだんとゑわを唆したじゅすへるは雷の神として天地の狭間をさまよう罰を与えられ、じゅすへるに従った「あんじょ（天使）」たちは天狗に堕ちた。

本書は『旧約聖書』を基盤としつつ、日本人的な宗教観が大きく入り込んでおり、仏教や神道、各種の民間信仰が入り混じったものと化している。

伝道の書

デンドウノショ

Ecclesiastes

■中東　■経典

→コヘレトの言葉

テンペスト

The Tempest

■イギリス　■戯曲

→**あらし**

デンマーク人の事績

デンマークジンノジセキ

Gesta Danorum

■デンマーク　■歴史書

デンマークの歴史家サクソ・グラマティクス(1150〜1220)が書いたデンマークの歴史書。太古の昔から著者の時代までのデンマーク人の歴史を全16章で書いたもの。

当時、興隆を始めていたデンマークにも、他国に負けない国家の歴史がほしいと考えたデンマーク司教アブサロンの意を受けて、彼の書記であったサクソが書いた本である。ただし、書き上がる前にアブサロンが死去したため、本自体は後継の司教スネノンに献上された。

この本は大きく三つに分けられる。

第1〜9の書は、伝説の時代を扱う。神話の時代から、デンマークの伝説的国家建設者まで。もちろん、この時代の内容は歴史とはいえないが、『**古事記**《こじき》』が史書だというのなら、この本も十分に史書である。また、北欧神話とゲルマン英雄伝説についての基本図書の一つとなっている。

例えば、第3の書の1／3程は、アムレートという人物が、叔父と母に殺された父の復讐をする話だ。狂気のふりをして叔父を欺き、最後に復讐を遂げる。つまり、シェイクスピアの『**ハムレット**』の元となったエピソードである。

第10〜13の書は、ハラルド青歯王からニルス王までの、歴史的史料の残っている時代。第14〜16の書は、現代（当然著者であるサクソにとっての現代、すなわち12〜13世紀）を扱っている。

天命の書板

テンメイノショバン

Tablet of fate

■メソポタミア　■伝説

メソポタミアの神話にしばしば登場する、神々の長たることを象徴的に示す神秘的な書板。すべての神々の役割、すべての人間の寿命が記されているという。特別な呪力が備わっており、神々に命令する最高の権威だけでなく、大いなる力をも所持者に授けた。

メソポタミアでは、この天命の書板を所持していることが最高神たる資格とされた。母神ティアマトは自分の総大将たるキングーに天命の書板を授けた。彼女を倒したマルドゥックは、キングーから天命の書板を取り上げ、自分の印を押してから、だれからでも見えるよう首から胸に下げた。自分が天命の書板を持ち、神々を束ねる権利があると誇示したのだ。

天命の書板の権威は極めて強かった。怪鳥ズーがエンリルから書板を盗み出した際、神々は逆らうことは不可能だと恐れ、だれ1人として取り戻しにいこうとしない程だった。

東海道四谷怪談

トウカイドウヨツヤカイダン

Tohkaidohyotsuyakaidan

■日本　■戯曲

日本の著名な怪談の一つで、4代鶴屋南北の歌舞伎狂言。文政8年（1825年）、江戸中村座で初演された。

主君の塩冶《えんや》高貞《たかさだ》が高師直《こうのもろなお》を切り付けたために取り潰された塩冶家の元家臣で浪人の民谷伊右衛門は、その悪行（御用金の横領）を理由に実家に連れ戻されていたお岩を強引に連れ帰り、（反対するお岩の父を殺害してまで）復縁した。その後、お岩が子を生むと産後の肥立ちが悪く伏せりがちになり、子供の夜泣きがやまないこともあって、伊右衛門は妻子を疎むようになる。ちょうどそのころ、高師直の家臣・伊藤喜兵衛の孫娘のお梅は伊右衛門にひと目惚れし、喜兵衛は伊右衛門を孫の婿にと申し入れる。お梅はお岩に「産後の肥立ちに良い」という薬を渡すが、これを飲んだためにお岩の顔は醜く崩れ、髪は抜け落ちてしまう。伊右衛門はお岩に横恋慕していた宅悦を利用し、不貞を働かせて離縁しようと画策する。が、もみ合ううちにお岩は切り殺されてしまう。お岩の遺体は民谷家家宝の薬を盗んだ下男と共に戸板に貼り付けられ、川に捨てられた。伊右衛門はお梅と祝言を挙げるが、その席でお岩の幽霊を見、錯乱してお梅と喜兵衛を始め伊藤家の者を惨殺する。お岩の死は妹のお袖に知らされ、その夫の与茂七が仇である伊右衛門を討つこととなる。

というのがおおまかな筋である。

本作は『**仮名手本忠臣蔵**《かなてほんちゅうしんぐら》』の幕間に上演されたもので、夏場の客入りが悪いことを小屋主から相談されてのことだった。

この物語は、世間に流布していた数々のお岩伝説を元に『仮名手本忠臣蔵』のストーリーを組み合わせて作り上げたもので、後には『東海道四谷怪談』のみを独立して上演するようにもなった。

この怪談を著名なものとしているのは、その物語的な完成度もさることながら、その興行に関連した人物が不審な事故や死を遂げるケースが、まま見られるところにある。これは現代に至るも続いており、各種興行に先立ってお岩を祭った神社（お岩稲荷）でお祓いを受けないと祟られるのだという。

桃花源記

トウカゲンキ

Táo Huā Yuán Jì

■中国　■小説

中国六朝《りくちょう》時代の詩人・陶淵明《とうえんめい》（365～427）の書いた、散文の非常に短い物語。中国のユートピア伝説として有名な「桃源郷」のルーツとなった作品である。

4世紀のこと。河南省の武陵《ぶりょう》の漁師が魚を捕るうちに渓谷の奥深くに迷い込んだ。そこは両側にびっしりと桃の花だけが咲き乱れる渓谷で、その先の小山に洞窟があった。漁師は船を捨てて洞窟の奥へと進んだ。と、やがて洞窟は終わり、不思議な村が出現した。平和な美しい村で、村人たちは漁師を家に招待して大いにもてなした。そして、次のように話した。

「自分たちの祖先は秦の時代に戦乱を逃れて人里離れたこの土地にやって来た。それ以来、村からは一歩も出ていない」

つまり、その村人たちは500年間も、世の中と切り離された場所で生活していたのである。今が何時代かさえ、彼らは知らなかった。

その後、漁師は数日間温かくもてなされた。もう一度来たいと思った漁師は途中、印を付けながら自分の町まで帰った。ところが、漁師の話を聞いて大いに興味を持った町の長官が、部下を派遣してその村を捜させたが、もう二度と見つけることはできなかったのである。

桃山人夜話

トウサンジンヤワ

Tohsanjinyawa

■日本　■図画

江戸時代後期の書籍。

作者は桃山人《とうさんじん》なる人物で、絵師は竹原《たけはら》春泉《しゅんせん》が担当している。一説には、桃山人は戯作者《げさくしゃ》の桃花園三千麿《とうかえんみちまろ》の別名義。天保12年（1841年）に刊行された。

その内容は、鳥山石燕《とりやませきえん》の一連の妖怪書籍と同種の書物である。本書は正確には『絵本百物語』で、『桃山人夜話』というのは後の世に付けられた副題である。

道成寺縁起

ドウジョウジエンギ

Dohjohjiengi

■日本　■図画

和歌山県の名刹《めいさつ》・道成寺《どうじょうじ》の縁起を語った絵巻物である。

その内容は、熊野詣でにまつわる伝説として知られる「安珍清姫伝説」、あるいはその源流たる**『大日本国法華経験《だいにほんこくほっけきょうげん》記《き》』**や**『今昔物語集《こんじゃくものがたりしゅう》』**に収録されている物語とほぼ同じものだ。

熊野詣での旅をする若く美しい僧と年配の2人の僧侶がいた。旅の途中、彼らは若後家《わかごけ》の家に宿を借りた。その夜、若後家は若い僧侶に夜這いをする。彼女は若い僧侶にひと目惚れしていたのである。彼は「自分には宿願があり、熊野権現に詣でるまでは清浄な身でなければならない、帰りに立ち寄り、あなたの望みを聞き入れましょう」とその場を言い逃れた。その後、いくら待っても戻ってこないことに業を煮やした若後家は、若い僧侶を出迎えるべく街道に出て、熊野詣での帰りの僧に問い、件《くだん》の2人は別の道を使って帰ったことを知る。怒り狂った若後家は家に閉じ籠もり、そのまま息絶えてしまう。彼女が死んでいた寝所からは五尋《いつひろ》（両手をいっぱいに広げた長さ）もある毒蛇が出てきたという。人づてにこの顛末を聞いた2人の僧は、道成寺に逃げ込んだ。寺の僧たちは事情を知り匿うが、程なくして大蛇が寺へやって来ると、釣鐘を下ろして若い僧をその中に隠した。大蛇は門戸を破って寺の境内へと入り込み、若い僧を隠した釣鐘をその毒気で焼き払った。そして毒蛇は血の涙を流して、もと来た方へと消えていった。釣鐘を上げると、中にいたはずの僧の姿はなく、少しばかりの灰しか残っていなかった。その後、道成寺の老僧の夢に若い僧が現れ、自分と若後家の菩提を弔ってくれるように懇願する。老僧が法華経の如来寿量品を書写して供養すると、またも夢に現れ、自分たちが救われたと告げたという。

元は法華経の威徳、素晴らしさを説く説話だったものが、徐々に悲恋的な要素が強くなっていき、安珍清姫伝説となったのだろう…が、どちらかというと女の情念の強さ、恐ろしさを物語るものとなっていったというべきだろう。

道徳経

ドウトクキョウ

Dào Dé Jīng

■中国　■経典

→老子《ろうし》

動物寓意譚

ドウブツグウイタン

Bestiary

■ヨーロッパ　■物語

この動物譚《ベスティアリ》とは、様々な動植物の習性を、宗教的な戒めを含んだ教訓や象徴性と一緒に紹介している寓意《ぐうい》集である。

中世ヨーロッパ、特に12世紀のイギリスとフランスにおいて広く愛読された。

犬猫や狼、山羊といった身近な家畜から、ライオンや虎、ビーバーや象、ワニといった伝聞上の生物、ユニコーンやグリフォン、マンティコアといった空想上の怪物まで、取り上げられている動物は多彩だ。その解説は、検証や観察に基づいた生物学的な見地ではなく、俗に信じられている動物の生態や習性を、西洋世界のキリスト教的世界観から解釈している。

例えば獣の王である獅子の子は、死産の状態で生まれるが、3日後に雄の親の息を吹きかけられて命を得る。これはキリストの復活に倣っていると説明される。

また満腹したパンサーが、やはり3日間巣で眠った後で出すおくびは、香しい芳香がするという。げっぷの音を聞いたすべての動物はその下に向かうが、ドラゴンだけはこれを聞いただけで自分の塒《ねぐら》に逃げ込み、死んだふりを決め込む。ドラゴンは悪魔の象徴であり、パンサーはソロモン王が指摘したように、キリストを象徴する動物の一つだからだ。

こうした『動物寓意譚』の記述には、今日の我々の認識からするといささか荒唐無稽に感じられる部分も多い。現実のアンテロープは角で木を伐ったりはしないし、にらんだだけで人を殺すバジリスクなどという怪物もいない。だが、世界を知る手段の限られていた当時の人々にとって、『動物寓意譚』に記された数々の驚異は、興味をそそる印象深い記録であったに違いない。写本には、解説と共に美しい動物の挿画が描かれ、いわば当時の動物図鑑のような書籍として、聖書に次ぐ人気を誇ったという。

様々な種類の写本が存在する『動物寓意譚』の底本となったのは、2世紀ごろにギリシア語で書かれた『フィシオロゴス』という文献だった。アリストテレスや大プリニウスの著作を参考に編纂されたこの書物には、全部で55種類に及ぶ動物や植物の性質や、そのキリスト教的な解釈がまとめられていた。

これに、セビリアのイシドルスや聖アンブロジウスらが、聖書や『七十人訳《しちじゅうにんやく》聖書《せいしょ》』などからの宗教的教訓を書き加えて成立していった。ユニコーンが清純な乙女を好むなど、この書籍によって広まった伝承は多く、その幻想的な記述と挿画から様々な作家にインスピレーションを授けた。

東方見聞録

トウホウケンブンロク

Le divisament dou monde

■イタリア　■旅行記

ヴェネチア商人マルコ・ポーロ（1254～1324）が口述したアジア旅行記で、正しいタイトルは『世界の叙述（Le divisament dou monde)』という本。ただしオリジナルは早くに失われ、『百万（Il Milione)』というタイトルの写本が最も多く残っている。これは、マルコがアジアの事物を、何でもかんでも「百万」あるといったことからきているのだと考えられている。

マルコは1271年、父と叔父に連れられて中東、中央アジアを経由して、中国に至った。当時、中国はモンゴル民族の元が支配した時代で、マルコは元の上都開平府（内モンゴル自治区）でフビライ・ハーン（元の世祖）に会い、そのまま17年間もその朝廷に仕えた。そして、朝廷の使者として中国各地を回り、見聞を広めた。その後、マルコは東南アジア、イランなどを経由してヴェネチアに帰国したが、ジェノヴァとの戦争中に捕虜となり、牢獄に閉じ込められた。この牢獄の中でマルコが口述した内容を文人ルスチケロが筆記したのがこの本である。

こうしてでき上がった『世界の叙述』は、実際の見聞に基づいてアジアのことを詳しく紹介したヨーロッパ初の本だったので、ヴェネチアやジェノヴァの商人、貴族の間ですぐに有名になり、いくつもの写本が作られた。そして、後には大航海時代にも大きな影響を与えた。

ただし、出版当時は、嘘つき呼ばわりされたことも多かったようである。

ただ、内容には伝聞に基づいたものもあり、かなり空想的な部分もある。

日本では、この本は「黄金の国ジパング（日本)」について語られていることでよく知られているが、その部分で語られているのはだいたい次のようなことである。

「ジパングは東の方、大陸から1500マイルの大洋にある大きな島である。それは独立国で、国王がいるが、非常に豊かに金を産し、国民はみな莫大な量の黄金を所有している。国王の宮殿は大きく、純金で覆われており、屋根は純金で葺いてあり、各部屋は全部指2本の厚さの純金が敷いてある。また、たくさんの真珠が取れ、他にも色々な宝石が豊富に産出する」

確かに日本には中尊寺金色堂（1124年落成）のように金箔で覆われた建物はあったが、内容的にずいぶん誇張されていることが分かる。

東方旅行記

トウホウリョコウキ

Travels of Sir John Mandeville

■西欧　■旅行記

14世紀に成立した半空想的な東洋旅行記。サー・ジョン・マンデヴィルの著作とされる。マンデヴィルがどこのだれなのかははっきりしていないが、最初の写本はフランス語で書かれていたという。

一応、東洋の旅行案内記という体裁ではあるが、実用のための本ではなく、当時のヨーロッパ人のエキゾチックな東洋幻想を満足させるための本である。そもそも、マンデヴィルは実際には旅行しておらず、当時の書物に書かれていた東洋に関する記述をつぎはぎしてこの本を作ったのである。しかも、当時のヨーロッパ人は東洋のことなど基本的には何も知らなかったので、その内容はほとんどが迷信的な事柄の列挙である。そのため、未知の世界の奇怪な習俗、存在し得ない異形の人間、多くの幻想動物などに関する大量かつ詳細な記述がある。東洋とはそんな不可思議な世界だとヨーロッパ人は思っていたのである。

マンデヴィルの出発地はイングランドで、その後、コンスタンティノープル、エルサレム、エジプト、シチリア島、バビロン、ガリラヤ地方、インド周辺、ジャヴァ島、シナ、ペルシアなどを回ったとされている。中世のヨーロッパ人が東洋に存在すると信じていたプレスター・ジョンの王国も訪れているが、マンデヴィルはこの地に長く逗留したという。出発したのは1332年、旅を終えたのは1366年だとされている。

東遊記

トウユウキ

Dōng Yóu Jì

■中国　■小説

中国明代の神魔小説。中国で古くから特別に人気の高い8人の仙人（八仙）、張《ちょう》果老《かろう》、鍾離権《しょうりけん》、曹国舅《そうこっきゅう》、藍采和《らんさいわ》、李鉄拐《りてっかい》、韓湘子《かんしょうし》、何仙姑《かせんこ》、呂洞賓《りょどうひん》が活躍する小説で、2巻56回。著者は呉元泰《ごげんたい》とされる。

物語は、まず8人の仙人がどのようにして得度し仙人となったかを語る。そしてある時、八仙たちは西王母が主催する蟠桃大会《ばんとうだいえ》に天界に招かれ、大いにもてなされた。その帰り道、八仙はそれぞれ自分たちの宝物を履いて海を渡るが、ここに龍王の王子が現れ、藍采和が履いていた玉板を奪ってしまう。そこで、八仙と龍王の間に激しい戦いが起こったが、最後は観音菩薩が乗り出し、玉帝の前で和解が成立し、天下泰平の時代が始まるという話である。

→四遊記《しゆうき》

十日物語

トオカモノガタリ

Decamerone

■イタリア　■小説

→デカメロン

トートの書

トートノショ

The Book of Thoth

■イギリス　■オカルト

20世紀最大の魔人と呼ばれるアレイスター・クロウリー死後の1944年に出版されたタロットの本。

彼自身が主宰する魔術結社〈A∴A∴〉の機関誌『**春秋分点**《しゅんじゅうぶんてん》』に掲載された小論が元となっている。

クロウリーによれば、タロットはカバラの生命の樹に関連し、カバラによって予言を行うために作られたものである。そして、78枚のカード1枚1枚について、その魔術的意味の詳細な解説が行われている。

ただし、本書に載っているトート・タロットは、一般的なタロットとは異なり、ヨーガやカバラ（特に〈黄金の夜明け団〉による独自発展型カバラ）はもちろんのこと、彼自身の幻視や彼の独自思想たるテレマ哲学を組み合わせたものとなっていた。

また、この解説ではオカルト界、魔術界で広く普及しているウェイト版タロット（あるいはライダー版タロット）ではなく、クロウリー自身が考案し、女流画家フリーダ・ハリスが美術担当した「トート・タロット」を使用している。

大アルカナの違いは以下の通り。

トート・タロット	一般のタロット
調整（Adjustment）	正義（Justice）
欲望（Lust）	力（Force）
技（Art）	節制（Temperance）
永劫（The Aeon）	審判（Judgement）
宇宙（The Universe）	世界（The World）

この違いを、クロウリーは本書の中で解説している。例えば、正義は人間的概念であり、自然の事実ではない。自然は正確なのである。よって、カードの名称と意味は変更されたのだという。

次に、小アルカナの違いは以下の通りで、コートカード（トランプでいう絵札）の名称が異なっている。

トート・タロット	一般のタロット
騎士（Knight）	王（King）
女王（Queen）	女王（Queen）
王子（Prince）	騎士（Knight）
王女（Princess）	小姓（Page）

あまり一般的ではないが、クロウリーの魔力に期待してか、マニアックな人に好んで使われる。

遠野物語

トオノモノガタリ

Tohnomonogatari

■日本　■学術書

明治時代に編纂された伝承説話集。民俗学者の柳田國男《やなぎだくにお》の著作。

知人の佐々木喜善《ささききぜん》が語った郷土岩手県遠野市の民話伝承を元に編纂したもので、その内容は座敷童子や河童といった妖怪談、オシラサマという地域固有の習俗的信仰、神隠しに関する民話、雨乞いや飯綱使いの土着呪術などだ。

ちなみに『遠野物語』には最初に作られた本編の他、その増補版というべき『遠野物語拾遺』が存在する。本編は119話、拾遺には299話収録。

トーラー

Torah

■中東　■経典

『旧約聖書正典』のうち、最初の5書。すなわち「**創世《そうせい》記《き》**」「**出《しゅつ》エジプト記《き》**」「**レビ記**」「**民数《みんすう》記《き》**」「**申命《しんめい》記《き》**」の五つをまとめて「トーラー」もしくは「モーゼ五書」と呼ぶ。

「トーラー」とは「神の導き」のことである。これは、モーゼが神から律法を授かり、ユダヤ人が契約の民となったこと、そしてその契約に導かれて生きていくことを表している。

すべての書がモーゼについて書かれたものであるが、これはモーゼが著者であることを意味しない。実際、モーゼの死などはモーゼ自身に書けるわけがないし、「モーゼは人間の中で最も謙遜である」などと自分で書いたら、それは矛盾であろう。

→旧約聖書

ドグラ・マグラ

Doguramagura

■日本　■小説

夢野久作が1935年に発表した探偵小説。小栗虫太郎の『黒死館殺人事件』、中井英夫の『虚無への供物』と並んで、日本三大奇書とされる。

精神病棟で目覚めた記憶を失った青年「私」が主人公とされるが、胎児の夢やら、謎の祭文やらが入り込み、非常に難解である。

さらに、この『ドグラ・マグラ』自体が、記憶を失った「私」が書いた作品であることが明かされるなど、一種のメタ・フィクションにもなっている。

読んだ人間が必ず狂気に侵されるといわれる怪作である。

土佐日記

トサニッキ

Tosanikki

■日本　■日記

平安時代前期の**随筆《ずいひつ》**。

三十六歌仙の1人として知られる紀貫《きのつら》之《ゆき》が、土佐の国司の任期を終え、京へ帰国する際（935年／承平5年）の出来事や心証を書いた日記。特に、土佐で没した愛娘に対する気持ちがこもっている。

だが、彼は日記を単なる日記として書かなかった。男性は漢文を使うものと決まっていた時代、彼はかなで日記を書いた。だが、それは男のすることではない。よって、彼は女性を装い、紀貫之の帰国に随伴する女房《にょうぼう》の1人のふりをして日記を書いた。男性としては、死んだ娘に対する切々とした気持ちが書きにくかったからかもしれない。

「をとこもすなる日記といふ物を、ゝむなもしてみむとてするなり」で始まる土佐日記は、日本初の日記文学であると共に、ひらがなによる文学表現というものを作り出した記念碑的作品である。

特に、後世の女流文学に与えた影響は大きく、『土佐日記』がなければ、清少納言も紫式部も現れなかっただろうともいわれる。

だが、考えてみれば、男性なのに女性

のふりをして日記を書くというのは、現代的にいえばネカマの元祖ともいえるかもしれない。

杜子春伝

トシシュンデン

Dù Zǐ Chūn Zhuàn

■中国　■小説

中国唐代晩期の短編伝奇小説。9世紀半ばの李復言《りふくげん》の伝奇集『続玄怪録』所収。芥川龍之介の短編小説『杜子春』は、この小説の翻案である。

周から隋《ずい》にかけての時代のこと。遊び呆けて財産を失った杜子春が、ぼろをまとい長安の東市の西の木戸あたりをうろついていると、不思議な老人が現れ、子春に300万の銭を与えた。だが、子春はまた遊び呆けて、1、2年のうちに一文無しになった。すると前回と同じ場所に老人が現れて、今度は1千万の銭をくれた。ところが、今度もまた子春は放蕩三昧の暮らしを始め、1、2年のうちに前よりひどい貧乏人になってしまった。その時、また同じ場所で老人に会うと、老人は今度は3千万の銭をくれた。これまでのことがあったので子春も反省し、この金で世間の義理を果たしたら、何もかも老人のいう通りにしようといって再会を約束した。やがて期日が来た。すでに身辺を整理し、世のためになることもした子春が崋山に行くと約束の場所に老人がいた。老人は丸薬を与え、子春がそれを飲むと、これから起こることはすべて幻だから、何があってもものをいってはいけないといって立ち去った。それから、幻が子春を襲い始めた。まず、大勢の武者が出現して子春を脅した。さらに、毒竜、獅子、さそり、蝮《まむし》などが出現した。鬼が現れ、子春を釜茹でにすると脅し、子春の妻を鞭打った。子春は首を切られ、冥土であらゆる責め苦を受けた。その後、閻魔は子春を女に生まれ変わらせた。子春はものをいわなかったので周囲から唖《おし》だと思われたが、縁があって結婚し、子をもうけた。それでも子春は黙り続けたが、ある時夫が激怒して幼い子供の頭を石に叩き付けた。これを見た子春は老人との約束を忘れ、あっと声を上げた。この瞬間幻が消え、子春は元の場所に座っていた。老人は残念がった。実は老人は、仙人になるための霊薬を作っていたところで、もし子春が人間のあらゆる感情を忘れ、黙り続けていれば霊薬は完成し、子春は仙人になれたのだという。だが、子春はただ一つ「愛」を忘れられなかった。このため、子春はこの後も俗界で生きなければならなくなったのである。

トビト書

トビトショ

Book of Tobit

■中東　■経典

『旧約聖書外典』の一つ。紀元前3世紀ごろに、東方のディアスポラ・ユダヤ人（東方に拡散したユダヤ人たち）の間で書かれたものと考えられている。

義人トビトの物語。最初のあたりは一人称なのだが、一人称で貧しい人に施しをしたとか、死者を葬ってやったとか書いてあると、多少鼻につく部分もある。だが、それは最初だけで、後は三人称になって普通に読むことができる。

トビトは義人であったが、それゆえに苦難に陥り、ついには失明してしまう。

失明したトビトは息子のトビアスに、預けてあった金を受け取りにいくように命じた。息子は大天使ラファエルの変身した人間と一緒に旅立ち、途中で7人の夫と結婚して結婚前に死なれてしまった乙女サラと出会い、結婚する。

このままではトビアスも死ぬところであったが、ラファエルの助けで悪魔アスモデアスを追い出すことに成功する。

そして、ラファエルの教えでトビトの失明も治り、これも神の恩寵であるとして、めでたしめでたしで終わる。

→旧約聖書

鳥部山物語

トベヤマモノガタリ

Tobeyamamonogatari

■日本　■説話

御伽草子《おとぎぞうし》の1篇。

武蔵国（東京都西部）の民部卿という法師が都に上ったが、色に迷ってしまう様を記した物語だ。それもただの色欲というわけではなく、稚児愛（少年愛）に溺れていくのである。

日本文学にはこのような物語は少なくはなく、「稚児物語」という一つのジャンルを形成するに至っている。

また、本作が成立した時代（室町時代のころと思われる）の仏教界では衆道（男色）は珍しくはなく、特に寺小僧など稚児との性的交渉は「神仏の子との交合」という法悦と認識されていた節があった。

ちなみに、タイトルにある「鳥部山」とは京の近郊にある「鳥辺山」のことである。古くは火葬場があった土地で、平安の時代には疫病などでたくさんの死者が出ると、遺体をこの地に投棄していたという。

トマス行伝

トマスギョウデン

Acts of Thomas

■中東　■経典

『新約聖書外典』の一つ。使徒トマスがインドに伝教を行い、最後は殉教する物語である。

第1部に登場するグンダファル王は、実際に北インドとパルティアを支配していたことが分かっている。ただし、紀元前1世紀の人物なので、トマスと出会うことはあり得ないのだが。また、第2部のマツダイ王は、歴史上名前が残っていない人物だが、その描写から南インドのことだと考えられている。

実際、南インドのマルパール地方には、シリアン・クリスチャンと呼ばれるキリスト教信者が住んでおり、彼らのマル・トマ教会はトマスを創設者として敬している。

この書には、ギリシア語写本とシリア語写本が存在するが、ギリシア語写本がグノーシス派の影響が強いのに、シリア語写本はそれを修正し正統信仰に合わせようとしている。元の原本はシリア語であったと考えられているが、それがギリシア語でグノーシス主義的影響を受けて書き換えられた。そして、その後に再修正を受けたのが、現在残るシリア語写本と考えられている。

トマスによるイエスの幼時物語

トマスニヨルイエスノヨウジモノガタリ

Infancy Gospel of Thomas

■中東　■経典

『新約聖書外典』の一つ。かつては、「**トマスによる福音書《ふくいんしょ》**」の一部だと考えられていたが、**ナグ・ハマディ文書**の発見によって、別物であることが判明した。書かれたのは2世紀かそれ以前といわれ、ギリシア語、ラテン語、エチオピア語、シリア語など、多くの言語に翻訳されている。これは、人々が求めたからだと考えられている。

『新約聖書』では、イエスは生まれた時に登場してから、12歳になるまでが空白のまま放置されている。しかし、信者としては幼いイエスの姿を知りたいと考えるのは自然だろう。そこで作られたのが、この文書だとされる。

正統キリスト教では、イエスは幼い時から超自然的力を持っていたのではなく、成長するにつれ、だんだんと目覚めていって、大人になって初めて神の子であることを自覚したとされる。

しかしこの文書では、幼いイエスはすでに超自然的な力を持っており、人々を呪い殺すも生き返らせるも自由自在である。

トマスによる福音書

トマスニヨルフクインショ

The Gospel of Thomas

■中東　■経典

『新約聖書外典』の中で最も有名なのが、この「トマスによる福音書」である。また、正統派教会からは、解除すべき異端書物の第一に挙げられる文書でもある。その存在は古くから知られていたにもかかわらず、実物が発見されないままだった。だが、1945年にエジプトのナグ・ハマディにおいて発見された**ナグ・ハマディ文書**の中に、この「トマスによる福音書」のコプト語版が含まれており、世紀の発見ともいわれた。

この文書は**福音書《ふくいんしょ》**と呼ばれているが、他の福音書のようなイエスの物語ではなく、イエスの語録である。

これが異端とされているのは、極めてグノーシス派的な思想によって書かれているからである。その内容は、正典福音書のイエスの言葉をグノーシス的に解釈したものだが、中には正典以外の古い文献から引用されたと思われる部分もあり、著者が正典とは別系統の古い資料を持っていたと考えられている。

かつては「**トマスによるイエスの幼時物語**」も、「トマスによる福音書」の一部と考えられていたが、ナグ・ハマディ文書の発見によって、別物であることが判明した。

ドラキュラ

Dracula

■アイルランド　■小説

アイルランド（当時はイギリス支配下にあった）の作家ブラム・ストーカーが1897年に出した、吸血鬼小説の集大成ともいうべき傑作。

ジョン・ポリドリの**『吸血鬼』**以来の、貴族の吸血鬼というモチーフを採用している。また、故郷の先輩作家であるジョゼフ・シェリダン・レ・ファニュの『**吸血鬼カーミラ**』の影響も受けている。だが、より強大な吸血鬼を登場させるため、実在のワラキア公ヴラド・ツェペシにモチーフを取った。これによって、高貴でありなおかつ恐るべき怪物を作り出した。

ドラキュラとは、ルーマニア語のドラクリヤ（竜の息子）である。ヴラド自身がヴラド＝ドラクリヤと署名したこともあり、当人としては強き者の意味合いで使用していたと考えられている。

だが、現在ではドラキュラは竜の意味合いを失い、吸血鬼の代名詞となっている。

というのも、この作品が大ヒットし、各国語に訳されたためである。また、映画の勃興と同時期であったため、この作品を元に多くの吸血鬼映画が制作され、人々の間に高貴な呪われた怪物としての吸血鬼は完全に定着した。

ドリアン・グレイの肖像

ドリアングレイノショウゾウ

The Picture of Dorian Gray

■イギリス　■小説

劇作家オスカー・ワイルドが1890年に出した唯一の長編小説。

ドリアン・グレイという美青年が、快楽主義者のヘンリー卿に毒されて、どんどん悪徳に落ちていくが、その姿は美しいままである。

だが、その代わりに画家のバジルが描いた彼の肖像画の方が、醜く歪み年老いていく。

最後に、ドリアンは醜い肖像画をナイフで切り裂くが、発見されたのは、美しい肖像画と醜い初老の男の死体だった。

トリスタン・イズー物語

トリスタンイズーモノガタリ

Le Roman de Tristan et Iseut

■フランス　■叙事詩

イギリス、コーンウォール地方のトリスタンとイゾルデ（イゾルデはドイツにおける名前）の伝説は、12世紀ごろのフランスで叙事詩として愛好された。クレティアン・ド・トロワらも、この伝説を元に叙事詩を書いたといわれるが、完全に失われている。他にも、数多くの詩人が、この題材を元にした長編詩を書いており、その一部が残っていたり、翻訳されて外国語になったものが残っていたりする。

残された本は、大きく二つに分けられる。一つは、古来の荒々しくも生き生きした登場人物の活躍する流布本である。もう一つは、12世紀になって、ミンネ（宮廷恋愛）の作法に従った恋愛詩が主流となったフランスで、騎士道的価値観によって書き換えられた騎士道本である。内容的には、流布本の方がより古い形が残されている。

流布本は、フランスの詩人ベルールの作品や、ドイツのオーベルゲの作品などである。ベルン写本『トリスタン佯狂《ようきょう》』や『散文トリスタン』などが、流布本の系統である。

騎士道本は、トマの作品に代表される。オックスフォード写本『トリスタン佯狂』やノルウェーの『サガ』、ドイツの宮廷詩人ゴットフリート・フォン・シュトラスブルクの未完の作品『トリスタンとイゾルデ』（1210ごろ）などが、騎士道本の系統である。

これら残された断片を、フランスのジョゼフ・ベディエが再編補完して1890年に出版したのが、現在知られる『トリスタン・イズー物語』である。ベディエの作品は、より古い形である流布本に従ったものになっている。

その内容は、以下のようなものである。

コーンウォール王の甥トリスタンと、コーンウォール王に嫁ぐアイルランド王女イズーは、誤って愛の媚薬を飲み、愛し合うようになる。だが、叔父の妻になる人、さらにコーンウォールとアイルランドの戦いを終わらせる友好の証である婚姻を、やめるわけにはいかない。こうして、悲劇の幕が開く。

だが、騎士道本においては、媚薬などで愛し合うというのが、騎士道的に許しがたかったのだろう。元々愛し合っていたが無意識のうちに抑え付けていた2人の愛を、媚薬が燃え上がらせたというストーリーに変えられている。

もちろん、いずれの結末も悲劇となり、2人は愛し合いながら死んでしまう。

トリッグヴィの息子オーラーヴ王のサガ

トリッグヴィノムスコオーラーヴオウノサガ

Ólafs saga Tryggvasonar

■アイスランド　■サガ

13世紀の詩人スノッリ・ストゥルルソンが編纂した『**ヘイムスクリングラ**』の1篇。

オーラーヴ王が、父を殺したハラルド王になり代わり、王になるまでを主体にした話。それによれば、オーラーヴは、奴隷に売られたり、神聖ローマ皇帝の下で働いたりするなど、波乱万丈の人生を送る。

ドリトル先生

ドリトルセンセイ

Dr. Dolittle

■アメリカ　■小説

ヒュー・ロフティングの書いたアメリカの児童書シリーズ。動物と話せる医者のジョン・ドリトルが活躍する物語。

本来、ドリトル先生は人間の医者だったが、動物好きで家の中が動物だらけになってしまい、人間の患者が来なくなった。暇にあかせて、人間語と動物語の両方を話せるオウムのポリネシアから、動物語を習った。動物たちの勧めで、獣医になっていったん成功した。ところが、サーカスから逃げ出したワニを引き取ったため、やはり患畜が来なくなった。困った先生を、動物たちが助けてあげようと考えるが、なかなかうまくいかない。そうするうちにアフリカから、猿の疫病が流行しているので助けてくれとツバメがやって来た。そこで、先生はアフリカへと出かけて大冒険をする（『ドリトル先生アフリカゆき』）。

人気が出たために続編も書かれ、夫人が遺稿を整理した2冊を含め、全部で13冊ある。翻訳は井伏鱒二のものが決定版である。

- 『ドリトル先生アフリカゆき（The Story of Doctor Dolittle)』（1920）
- 『ドリトル先生航海記（The Voyages

of Doctor Dolittle)』(1922)

- 『ドリトル先生の郵便局 (Doctor Dolittle's Post Office)』(1923)
- 『ドリトル先生のサーカス (Doctor Dolittle's Circus)』(1924)
- 『ドリトル先生の動物園 (Doctor Dolittle's Zoo)』(1925)
- 『ドリトル先生のキャラバン (Doctor Dolittle's Caravan)』(1926)
- 『ドリトル先生と月からの使い (Doctor Dolittle's Garden)』(1927)
- 『ドリトル先生月へゆく (Doctor Dolittle in the Moon)』(1928)
- 『ドリトル先生月から帰る (Doctor Dolittle's Return)』(1933)
- 『ドリトル先生と秘密の湖 (Doctor Dolittle and the Secret Lake)』(1948)
- 『ドリトル先生と緑のカナリア (Doctor Dolittle and the Green Canary)』(1950)
- 『ドリトル先生の楽しい家 (Doctor Dolittle's Puddleby Adventures)』(1952)
- 『ガブガブの本 (Gub-Gub's Book, An Encyclopaedia of Food)』(1932) 番外編

ちなみに、井伏鱒二の解説によると、ロフティングは少年文学について以下のような抱負を持っていたという。本作品は、まさにその典型のような作品である。

「子供の読み物は、まず、面白くなくてはいけない。その面白さは何物に代えても守らなければいけない。しかし、単に面白がらせるために媚ることは、大きな間違いである。

決して調子を下ろしてはいけない。調子を下ろされることは、心ある子供の嫌悪するところである。

心ある子供の真に喜ぶものが、正しい読み物である。

子供の読み物として上乗のものは、同時に、大人の読み物としても上乗のものでなくてはならない。

子供は常に大人になりたいと望み、また大人は子供に帰りたいと願っている。子供と大人の間には、あまりはっきりとした境界線を引くことができないものである」(『ドリトル先生アフリカゆき』ヒュー・ロフティング著／井伏鱒二訳／岩波書店)

ドレスデン絵文書

ドレスデンコデックス

Codex Dresdensis

■中央アメリカ　■経典

→**絵文書《コデックス》**

ドロプラウグの息子たちのサガ

ドロプラウグノムスコタチノサガ

Droplaugarsona saga

■アイスランド　■サガ

アイスランドの**サガ**の1篇。

ドロプラウグの息子ヘルギが、傲岸不遜で悪知恵の働く人物だったので、同名の別のヘルギに殺されてしまう。

弟のグリームルが兄の仇を討つが、ノルウェーへと追放されてしまう。

ドン・キホーテ

El ingenioso hidalgo Don Quijote de la Mancha

■スペイン　■小説

セルバンテス著、1605～1615年刊。原題は直訳すれば「奇想驚くべき郷士ドン・キホーテ・デ・ラ・マンチャの物語」となる。セルバンテスは、本書の初版において「ドン・キホーテ」を“Don Qvixote”と綴ったが、現代スペインでは“Don Quijote”と書く。

スペインはラ・マンチャ地方の郷士アロンソ・キハーノは騎士物語を読み耽るあまり狂気にとらわれ、実際に自らが遍歴の騎士であると思い込んでしまった。彼は近所に住む少々頭の弱い農夫サンチョ・パンサを従者とし、痩せ馬ロシナンテにまたがって遍歴の旅に出る。道中、風車を百腕の巨人と思い込んで突っ込んでいったり、羊の群れを軍勢と思い込んだりして、とんちんかんな活躍をいくつも繰り広げる。続編ではドン・キホーテ主従の活躍を聞き及んだ公爵夫妻が彼らを担いで屋敷の者たちの笑いの種にしようとし、悪ふざけを繰り返す。

セルバンテスは世にはびこる騎士物語の千篇一律ぶりに呆れ、「騎士道物語が俗世間に有する、権勢と人気を打倒するため」にこれを書いたと自称している。それ自体は間違いない。しかしドン・キホーテ氏の中には騎士物語の騎士の心根の最良の部分があり、それは元となった騎士物語の廃れた後も残った。「ドン・キホーテは17世紀には哄笑により、18世紀には微笑により、そして19世紀には涙によって迎えられた」という言葉もある。

かくて『ドン・キホーテ』は優れた小説の常として作者の思いも寄らぬ受け取り方をされ、長い生命を誇っている。聖書の次に売れた世界的ベストセラーともいわれ、日本では雑貨店の名前にも採用された。去る2005年はドン・キホーテ正編出版400周年にあたるため、スペイン語圏（スペインと中南米）では各種イベントや現代語訳の出版などが連続し、ベネズエラでは政府による『ドン・キホーテ』の無料配布まで行われた。

だいたいにおいて、この地球上で多少なりともマイノリティの自覚のあるインテリ及び亜インテリで、ドン・キホーテが嫌いな人間はそういないと思う。なかんずく、ロシア・東欧のインテリゲンツィアには異常に高い人気を誇った。

帝政ロシアの文人ツルゲーネフは評論『ハムレットとドン・キホーテ』の中で、この2人を世界文学上の二大類型として称揚する。同じく帝政ロシアの文人ドストエフスキーは、ツルゲーネフを大いに嫉視していた人で、小説『悪霊』の中ではそのことを隠そうともしていないのだが、少なくともドン・キホーテ好きに関してはツルゲーネフと趣味が一致していた。彼は独特のおおげさな書きぶりで「『ドン・キホーテ』は人間の天才によって創造されたあらゆる書物の中で、最も偉大な書物であり、人間の精神が発した、最高にして最後の言葉である」と絶賛している。

ソ連時代に入っては、連邦初代教育人民委員（他国でいうところの文部大臣）を務めた文人ルナチャルスキーに『解放されたドン・キホーテ』という戯曲がある。革命はあらゆる人間を救い得るかもしれない、だがドン・キホーテを救うことはできない。彼は地上に築かれつつある、あらゆる良きものに背を向けて、遍歴の旅をなおも続ける……という、叙情と皮肉を併せ持った傑作である。

近年でもポーランドの文人スタニスワフ・レムは「世界文学の中で好きな作品は」と聞かれて「何といっても『ドン・キホーテ』」と答えた。元ソ連大統領ゴルバチョフは「私の人生の結論はドン・キホーテだ」といい、ロシアの指揮者ロストロポーヴィチは「音楽を通じて作曲家の感情を伝えることができるのは、ドン・キホーテの心を持った人だけです」という。

遁甲天書

トンコウテンショ

Dùn Jiă Tiān Shū

■中国　■架空

中国明代の小説『**三国志演義**《さんごくしえんぎ》』の中で、仙人の左慈《さじ》が峨嵋山《がびさん》で授かったとされる**天書**《てんしょ》。左慈は道術を駆使する魔術師で、1年間石造りの部屋に閉じ込められ、水以外に何も口にしなくても元気でいられるような、不思議な能力の持ち主である。そこで、魏《ぎ》王の曹操《そうそう》は魔術の秘密を聞き出そうとしたが、これに対し左慈は次のように答えている。

「それがしは西川《せいせん》、嘉陵《かりょう》の峨嵋《がび》山中にて三十年道術を学びましたが、あるとき、岩の壁の中からそれがしの名を呼ぶ声がするので、驚いて見ましたが、何も見えませなんだ。かようなことが何日かあり、ある日、雷が落ちて岩が裂け、『遁甲《とんこう》天書』と申す天書三巻を手にいれることができました。上の巻は『天遁』、中の巻は『地遁』、下の巻は『人遁』と申します。この天遁とは、雲に乗り風に乗って中空を飛ぶことができ、地遁とは山をうがち石を透《とお》すことができ、人遁とは雲に乗って四海をへめぐり、身をかくしまた変えることができ、また剣を飛ばし刀を投げて人の首をとることができる術。大王もすでに位人臣をきわめられたのでござるから、この上は位を退いて、それがしについて峨嵋山中へ修業にまいられたらいかがでござる。三巻の天書をお譲りいたしましょうぞ」（『三国志演義5』羅貫中著／立間祥介訳／徳間書店）

な

長靴をはいた猫

ナガグツヲハイタネコ

Le Maître chat ou le Chat botté

■フランス　■物語

→過ぎた日の物語、教訓付き・ガチョウおばさんの話

ナグ・ハマディ文書

ナグハマディブンショ

Nag Hammadi library

■中東　■文書

1945年にエジプトのナグ・ハマディ村の近くで発見された、『**新約聖書外典**』

を多く含んだ写本。ほとんどがコプト語で書かれている。

その多くは、キリスト教異端派であるグノーシス派の文書であるが、他にもプラトンの著作なども含む。

この中に、名前だけ知られていた「**トマスによる福音書**《ふくいんしょ》」の完全な文書が含まれており、キリスト教正統派によって弾圧され、資料が破棄されたがゆえにあまり知られていなかったグノーシス派の研究が進むことになった。

抛入花伝書

ナゲイレバナデンショ

Nageirebanadensho

■日本　■学術書

華道の芸道論。

貞享元年（1684年）の刊。

抛入花を最初に紹介した書物で、後世の華道に大きな影響を与えたとされる。抛入花とは「茶花」とも呼ばれ、即興で作っていく、主に接客のための華道の技だ。

ナコト写本

ナコトシャホン

Pnakothic Manuscripts

■アメリカ　■架空

クトゥルフ神話の魔道書。現存する5部はすべて英語の写本であるが、これに先立ち、ギリシア語版があったらしい。

著者、翻訳者すべてが不明であるが、本の中で著者は、原本が人類発生以前に、人類以外の生物によって書かれたものであると主張している。著者によれば、その生物が戯れに、人類を地球上に“発生”させたのだそうだ。

このような（一神教的な）神を冒涜するような内容であるため、たびたび権力者の焚書の対象とされ、現代ではわずかに5部がひそかにヨーロッパ、米国などの図書館に保管されているのみである。

ナザレ人福音書

ナザレジンフクインショ

Gospel of the Nazoraeans

■中東　■経典

『**新約聖書外典**』の一つ。ナザレ人（シリアに住むユダヤ人）キリスト教信者が使った**福音書**《ふくいんしょ》である。かつては、「**ヘブル人福音書**」と同一のものであると考えられていたが、現在では別物であるとされる。

現在では、本文は失われ、クレメンスやオリゲネスなどの引用文から全体を推測するのみである。「**マタイ福音書**」と共通の部分が多く、「マタイ福音書」の2次作品であると考えられている。成立は、2世紀には成立していたことが分かっている。

夏の夜の夢

ナツノヨノユメ

A Midsummer Night's Dream

■イギリス　■戯曲

16世紀末期にシェイクスピアが書いた喜劇的な戯曲。

愛し合う2人の男女ライサンダーとハーミア、ハーミアに恋するディミートリアス、そしてディミートリアスに想いを寄せるヘレナという4人の若者の恋模様を中心に、妖精の王オベロンと王妃ティターニア、妖精パック、芝居稽古のために集った職人といった面々が加わり、祝祭前夜の森の中で、一夜の恋の大騒ぎが繰り広げられる様がコミカルに描かれる。そして一体どうなるのかと観客をハラハラさせた後、一夜が明けると恋人たちは皆収まるべき鞘にぴたりと収まり、劇は見事なハッピーエンドという大団円に落着するのである。

シェイクスピアはその生涯において数多の名作を残したが、この『夏の夜の夢』もその一つで、特に作中の詩文の美しさと、神秘的な妖精を登場人物として取り上げたことでよく話題となる。妖精王であるオベロン、その王妃ティターニア、妖精パック（ロビン・グッドフェロー）は古典文学やイギリスの民話など、様々な場所から集められたようだ。

なお原題を直訳すれば「夏至の夜の夢」となるが、作中の公爵の言葉に従えば、物語は五月祭前夜を舞台としているようである。

七草草子

ナナクサゾウシ

Nanakusazohshi

■日本　■説話

御伽草子《おとぎぞうし》の一つ。渋川清右衛門《しぶかわせいえもん》が刊行した23篇のうちの1篇。

七草の由来を物語としたものだ。

それによれば、楚《そ》国の近傍に「大しう」という人物が住んでいた。彼は大変に親思いであったが、その両親はすでに齢100を数える老人だった。目はかすみ、耳も遠い。大しうは両親のその姿を悲しみ、天に両親の若返りを祈り続けた。すると帝釋天王《たいしゃくてんのう》（仏教守護の神）が現れ、「須弥山の南に棲む白鷲鳥《しろがちょう》は8千年を生きている。この鳥は年の初めに7種の草を食べることで若返っている」と教え、七草を集めて両親に食べさせるように告げる。その通りにすると、両親は20歳程に若返った。このことは世に聞こえ、大しうは長安の帝に召され、官位を賜ったという。

ここにいう七草とは、せり・なずな・ごぎょう・はこべら・ほとけのざ・すずな・すずしろの七つで、いわゆる「春の七草」のことである。

七つの第二原因について

ナナツノダイニゲンインニツイテ

De seprem secundeis

■ドイツ　■オカルト

→ステガノグラフィア

鍋島論語

ナベシマロンゴ

Nabeshimarongo

■日本　■思想書

→葉隠《はがくれ》

ナホム書

ナホムショ

Boof of Nahum

■中東　■経典

『旧約聖書正典』の一つ。「十二小預言書」の7番目のものである。

ナホムによれば、ニネベ（アッシリアの都）が敗北し復讐がなることを預言している。

→旧約聖書

奈与竹物語

ナヨタケモノガタリ

Nayotakemonogatari

■日本　■説話

→鳴門中将物語《なるとちゅうじょうものがたり》

鳴門中将物語

ナルトチュウジョウモノガタリ

Narutochuhjohmonogatari

■日本　■説話

御伽草子《おとぎぞうし》の1篇。『奈与竹物語《なよたけものがたり》』『くれ竹物語』とも。

ある年の春、後嵯峨天皇が、花徳門《かとくもん》の御壺《おつぼ》で行われた蹴鞠《けまり》を見物にきていた某少将の妻を見初めた。それを所望したところ、少将も妻も抗うこともできずこれに応じた。帝は中将に昇進させることでそれに報いたが、彼は人々から「鳴門中将」と揶揄され、妻のおかげで出世できたといわれるようになった。

彼が「鳴門中将」とあだ名されたのは、鳴門が「良き若布《わかめ》」（良質のワカメ）の産地であり、某少将が「良き若妻《わかめ》」を帝に差し出して昇進したことに由来している。

南柯太守伝

ナンカタイシュデン

Nán Kē Tài Shǒu Zhuàn

■中国　■小説

中国唐代中期の短編伝奇小説。『**太平《たいへい》広記《こうき》**』巻475に収められている。伝奇作家・李公佐《りこうさ》（770ころ～850ころ）の代表作。淳于棼《じゅんうふん》という遊侠の士が蟻の世界へ行くという不思議な夢の話で、古くから儚《はかな》い夢のことを「南柯の夢」というのは、この小説に基づいている。

唐代のこと。官職を捨ててうらぶれた生活をしている淳于棼の家に、大きな槐《えんじゅ》の木があった。ある時、友と酒を飲んで酔って昼寝をすると、夢に2人の使者が迎えにきて、彼は車に乗って槐の木の穴に入っていった。車は見慣れぬ風景を進み、大槐安国と書かれた城門を潜った。彼は盛大な歓迎を受け、帝王に謁見し、王女と結婚した。南柯郡の太守に任命され、20年間善政を行い、立派な功績を挙げ、権勢をほしいままにした。その後、檀羅国《だんらこく》との戦争に敗北し、妻も死んだ。すると王は彼を罷免し、故郷に帰るように命じ、「3年したら迎えにいこう」といった。彼は2人の使者に送られ、もと来た道を戻った。こうして彼はまるで一生を過ごしたような気分で目覚めたが、そこは彼の家の東廊下で、すぐそばに友がいて、酒樽もそのままだった。不思議に思った彼は庭の槐の木の穴を調べたが、中は空ろになっていて無数の蟻がいた。そこで、さらによく調べると、大槐安国、南柯郡、檀羅国と思われる場所までが見つかったのだ。彼は感慨を催し、すべてを元通りに戻したが、その夜の暴風雨で蟻はすべていなくなってしまった。このことがあって、彼は人生の空しさを悟り、その後は道門に入り、3年後に亡くなるのである。

難経

ナンギョウ

Nán Jīng

■中国　■医学書

→**黄帝八十一難経**《こうていはちじゅういちなんぎょう》

南総里見八犬伝

ナンソウサトミハッケンデン

Nansohsatomihakkenden

■日本　■物語

江戸時代の読本《よみほん》。

曲亭馬琴《きょくていばきん》の作で、文化11年（1814年）から天保13年（1842年）までの28年がかりで刊行された。全98巻106冊の大著。

よく知られているように、この物語は八つの霊珠の縁に結ばれた8人の剣士の物語である。南総里見家の姫君・伏姫《ふせひめ》と勲功を挙げた犬・八房《やつふさ》の異類婚により生まれた霊性を宿していることから、彼らは「八犬士」と呼ばれ、その体のどこかに牡丹型の痣が、そして名には「犬」の文字が入っていた。

悪漢、妖魔、美女といった脇を固める数々の魅力的なキャラクターや名刀村雨《むらさめ》を巡る因縁、荒唐無稽な冒険譚といった、ありとあらゆる娯楽要素が詰め込まれ、今日に至るも人々を魅了してやまぬ名作活劇といえる。

本作は中国の古典小説『**水滸伝**《すいこでん》』から着想を得たといわれている。彼らの因縁の具現たる八つの霊珠は『水滸伝』における108の宿星に相当するものであり、本編にも『水滸伝』から引用したと思われるシチュエーションが数多く登場する。

ちなみに本作は元々毎年正月に刊行し、3年程で完結する予定だったという。途中で構想が膨らみに膨らみ、98巻にまでなってしまったのだ。

南方録

ナンポウロク

Nanpohroku

■日本　■学術書

茶道の芸道論。

立花家に伝わる書物で、千利休の秘伝書ともいわれ、「わび茶」の概念を形成する上で重要な書籍と見なされている。

著者は南宗寺集雲庵の庵主であった南坊宗啓とされるが、千利休が没して100年も経ったころに立花実山の写本が出現するまでは、読んだという記録が一つも残っていない書物である。また、著者とされる南坊宗啓という僧の存在自体が確認されておらず、そのため偽書《ぎしょ》説が唱えられている。

南遊記

ナンユウキ

Nán Yóu Jì

■中国　■小説

中国明代の神魔小説で、**四遊記**《しゆうき》の一つ。4巻18回。明末の本屋·余象斗《よしょうと》の編。五顕霊官大帝《ごけんれいかんたいてい》・華光《かこう》を扱った物語で、主人公の華光が様々な罪を犯し、そのたびに生まれ変わるが、最後は仏道に帰依するという話で、孫悟空や那托太子《なたたいし》も登場する。

華光は、最初は妙吉祥《みょうきっしょう》童子として天界で釈迦如来に仕えていたが、人騒がせな性格で、毒火大王を殺して如来の怒りを買い、下界へ落とされて馬耳娘娘《ばじにゃんにゃん》の息子として生まれ変わる。その名は三眼霊光で、強力な神通力があった。だが、父の仇を討とうと霊界へ赴き、金槍を盗んで天帝に殺される。こうして華光はさらに生まれ変わる。

こんなことが繰り返されて、ついに人間界に生まれ変わり、華光となる。だが、相変わらず神通力は持っており、大騒動続きである。さらに死んだ母を慕って地獄に赴き、そこでも騒動を起こすが、実は母というのが妖怪だったことが分かる。妖怪は、とある長者の妻を食い、その姿になり済まして華光を生んだのである。そんな悪行のせいで母は地獄で報いを受けていたが、華光はそれを救出する。

その後、華光は人を食うという母の病気を治すために、斉天大聖（孫悟空）に化けて天界にある仙桃を盗み出す。このため本物の斉天大聖と戦うことになり、それは撃退したものの、その娘が持っていた古髏骨という不思議な武器のために華光は動けなくなる。ここで火炎王光仏が仲裁に入り、華光は動けるようになり、最後は仏道に帰依するのである。

に

ニーベルンゲンの歌

ニーベルンゲンノウタ

Das Nibelungenlied

■ドイツ　■叙事詩

1200年ごろに成立したといわれるドイツの国民的叙事詩。作者の名前は伝わっていない。長らくその存在は忘れられていたが、18世紀半ばに写本が次々と発見されて、その存在が明らかになった。

現在では「ドイツ民族の名を最も輝かしく世に残すべき作品を挙げよとならば、我々はそれをただ2編の文学に極言することができる。それはすなわち『ニーベルンゲンの歌』とゲーテの『**ファウスト**』である」といわれる程である。

およそ、英雄ジーフリトが暗殺される前半と、その妻クリエムヒルトが凄惨な復讐劇を見せる後半とに分かれる。

ちなみに、ワーグナーのオペラ『**ニーベルンゲンの指輪**』は、この作品をヒントに作られた作品だ。だが、ジークフリート（ジーフリト）の妻ブリュンヒルデはワルキューレである。また、陰謀によりジークフリートが自分を愛した記憶を失うと、彼女は復讐のために夫を殺してしまう。このように、内容は大幅に異なる。

ニーベルンゲンの指輪

ニーベルンゲンノユビワ

Der Ring des Nibelungen

■ドイツ　■音楽

1848年から1874年までの26年をかけ

て作曲された長大なワーグナーのオペラ。

全4部から成り、通して演奏すると15時間もかかるため、通常は4日かけて公演される。各部のタイトルは以下の通り。

- 序夜：ラインの黄金（Das Rheingold）
- 第1部：ワルキューレ（Die Walküre）
- 第2部：ジークフリート（Siegfried）
- 第3部：神々の黄昏（Götterdämmerung）

ニヴルング族の殺戮

ニヴルングゾクノサツリク

Dráp Niflunga

■アイスランド　■叙事詩

『歌謡エッダ』の1篇。

シグルズの妻グズルーンは、忘れ薬を飲まされて、アトリに嫁がされる。

ニキウのヨハネス年代記

ニキウノヨハネスネンダイキ

Chronicle of John of Nikiu

■エジプト　■歴史書

7世紀後半を生きたエジプト人のキリスト教聖職者にして歴史家ヨハネスが記録した年代記。ニキウの司祭としてエジプトのキリスト教会でも重要な立場にあったが、罪を犯した修道僧に厳罰を与え、結果的に死に至らしめたために、その地位を剥奪された人物という。

神によるアダムの命名から7世紀後半までを取り扱っている。その記述は、ビザンチン帝国の多くの年代記同様、基本的にヨハネス・マララスの著名なビザンツ帝国『年代記』をなぞったり、引き写したりしている。ただし7世紀のヘラクリウス帝の即位や、アムル・イブン・アル＝アースによるエジプト征服の様相についての記述は、この年代記にしか見られない。

『ニキウのヨハネス年代記』の大半はギリシア語で書かれていたが、エジプトに関する部分だけはコプト語だったようだ。ようだ、というのは原典が失われており、アラビア語からエチオピア語に翻訳された形でしか内容が残されていないという事情による。

逃げるアタランテ

ニゲルアタランテ

Atalanta Fugiens

■ドイツ　■錬金術書

ドイツの宮廷医師ミヒャエル・マイアー（1566～1622）が1618年に発行した錬金術《れんきんじゅつ》寓意《ぐうい》画集。

この本は、50枚の錬金術寓意画と、それぞれに6行のラテン語の詩、そしてそ

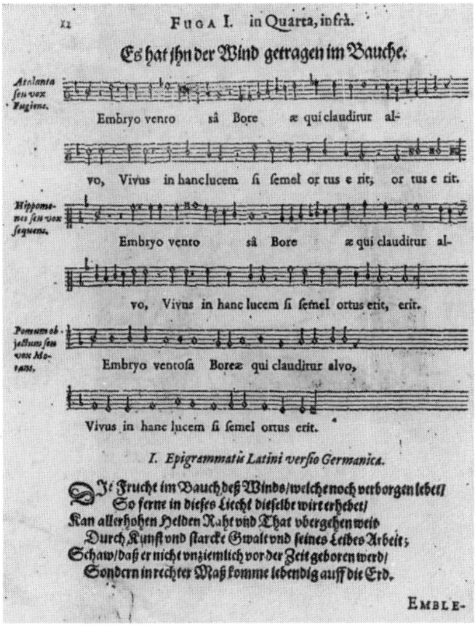

図版19　『逃げるアタランテ』に収録された楽譜

れぞれに合わせて聞くべき音楽から成る。

他に、この著者は『**秘中《ひちゅう》の秘《ひ》**』(1614)、『真面目《まじめ》な遊戯《ゆうぎ》』(1616)、『蜜蜂《みつばち》の群れ』(1617)、『厳粛《げんしゅく》なる冗談』(1617)、『黄金の卓の象徴』(1617)、『黄金の三脚台』(1618)、『道案内』(1618) なども書いている。いずれも、寓意画の多く載った錬金術書である。

ニコデモ福音書

ニコデモフクインショ

The Gospel of Nicodemus

■ギリシア　■経典

『**新約聖書外典**』の一つ。ニコデモ（この人物に関しては名前以外何も分かっていない）による、イエスの受難を記録したもの。元々はギリシア語で4世紀ごろに書かれたものだとされる。だが、内容が庶民的で分かりやすいこともあって、各国語に訳され使用された。

3部から成るが、特に第3部のイエスの冥府下りが有名である。

イエスは死んだために、いったんは冥府に下る。ところが、そうすると冥府の上に太陽のような光が輝き始める。

冥府の人々は、今こそイエスに懺悔し、天国へ行ける機会だと色めき立つ。

この時、死の王サタンは、冥府にイエスを閉じ込めておくよう依頼する。だが冥府は、死者を言葉一つで生き返らせる者を、どうやって閉じ込めておけるのかと、サタンにイエスを冥府に入れないようにすればいいと返事をする。

サタンは冥府の門に閂をかけるが、イエスの「門よ開け」という言葉と共に、閂は壊れ門は開く。そして、サタンは鎖に繋がれ、冥府の奥深くへと閉じ込められる。

イエスは、アダムとイヴに「あなたたちとあなたたちの子孫が、永遠に平安であるように」といい、人々を救った。

また、この書では、イエスの処刑をユダヤ人のせいにし、ローマ人を擁護する内容になっている。

ニザーミーの五部作

ニザーミーノゴブサク

Hamse

■ペルシア・アラブ　■叙事詩

→**五部作《ごぶさく》**

二十四孝

ニジュウシコウ

Nijuhshikoh

■日本　■説話

御伽草子《おとぎぞうし》の1篇で、渋川清右衛門《しぶかわせいえもん》が刊行した23篇の一つ。

中国において、特に優れた孝ある行いをなした人物24人を称揚したものである。

元は中国のものであるが、『御伽草子』に収録されたことにより、寺子屋などで孝行を説く教材として用いられるようになった。

また、本作をネタに、そのものズバリ『二十四孝』という落語演目も作られている。

二十世紀の神話

ニジュッセイキノシンワ

Der Mythus des zwanzigsten Jahrhunderts

■ドイツ　■扇動書

アルフレート・ローゼンベルクが1930年に出版したナチスの根本原理書の一つ。

アーリア人種の優等性を説き、それがセム族（ユダヤ人を含む）の悪影響によって堕落しつつあることを嘆く。そして、これに対処するためには、優等人種の保護と育成が必要であると主張している。

また、他にも、アトランティスやアガルタやトゥーレといった失われた（もしくは隠された）パラダイスに関する記述などといったものまで入っている、統一性のない本というのが一般の評価である。

ちなみに、このような思想の源泉として、偽書《ぎしょ》として有名な**『シオンの議定書』**の影響が考えられる。

偐紫田舎源氏

ニセムラサキイナカゲンジ

Nisemurasakiinakagenji

■日本　■物語

江戸時代後期の**草双紙**《くさぞうし》の1篇。

柳亭種彦《りゅうていたねひこ》の作で、挿画は歌川国貞《うたがわくにさだ》が担当し、江戸鶴屋喜右衛門《つるやきえもん》が刊行。文政12年（1829年）から天保13年（1842年）にかけて、38編172冊の大長編として刊行された。

室町時代を舞台に**『源氏物語』**《げんじものがたり》を翻案した小説で、足利義正（『源氏物語』での桐壺《きりつぼ》帝に相当）の息子である光氏（光源氏に相当）は、御家乗っ取りを企む奸臣・山名宗全との戦いに身を投じ、その過程で数々の女性遍歴を重ねることとなる。

物語は原作でいうところの「桐壺の巻」から「真木柱の巻」に相当する部分までであり、未完となっている。というのも、11代将軍・徳川家斉の私生活や大奥での振る舞いなどに触れたという噂が立ち、38編で出版禁止、絶版が命ぜられたのだ。…といわれているが、当時は天保の改革の真っ最中であり、本作以外にも多数の草双紙に対して出版禁止命令が出ている。

二年間の休暇

ニネンカンノキュウカ

Deux Ans de Vacances

■フランス　■小説

→**十五少年漂流記**《じゅうごしょうねんひょうりゅうき》

日本往生極楽記

ニホンオウジョウゴクラクキ

Nihon-ohjohgokurakuki

■日本　■思想書

平安時代中期の仏教書。

慶滋保胤《よししげのやすたね》の作。天元6年／永観元年（983年）から永観3年／寛和元年（985年）の間に成立したとされる。

異相往生を果たした者45名の伝記を収録したもので、これにより阿弥陀信仰、浄土信仰を説いている。

日本紀

ニホンギ

Nihongi

■日本　■歴史書

→**日本書紀**《にほんしょき》

日本現報善悪霊異記

ニホンゲンホウゼンアクリョウイキ

Nihongenhohzen-akuryohiki

■日本　■説話

→日《に》本《ほん》霊《りょう》異《い》記《き》

日本国現報善悪霊異記

ニホンコクゲンホウゼンアクリョウイキ

Nihonkokugenhohzen-akuryohiki

■日本　■説話

→日《に》本《ほん》霊《りょう》異《い》記《き》

日本書紀

ニホンショキ

Nihonshoki

■日本　■歴史書

『**古事記**《こじき》』と並ぶ、神代の時代よりの日本の歴史を伝える書物。別名を『日本紀』。

全30巻から成る史書で、720年に舎人《とねり》親王《しんのう》らによって編纂された。基本コンセプトは、『漢書《かんじょ》』や『後漢書』などの中国の史書に倣って「日本書」に相当する日本の正史《せいし》書を作ろうとしたもので、書体は漢文の編年体となっている。

日本昔話名彙

ニホンムカシバナシメイイ

Nihonmukashibanashimeii

■日本　■学術書

日本の民俗学者である柳《やなぎ》田《だ》國《くに》男《お》が記した昔話研究書。昭和23年（1948年）。

本書では約3千の昔話を資料として「完形昔話」「派生昔話」の2種に大別した。

完形昔話はさらに「誕生と奇瑞」「不思議な成長」「幸福なる婚姻」「まま子の話」「兄弟の優劣」「財宝発見」「厄難克服」「動物の援助」「ことばの力」「知慧のはたらき」に、派生昔話は「因縁話」「化物話」「笑話」「鳥獣草木譚」「その他」にそれぞれカテゴライズした。

柳田は完形昔話を「異常かつ不思議な出生と体験を通して幼い子が成長していき、災難に遭遇しつつ幸福な婚姻を得る」、1人の人間の一生の完結形とし、これ以外はすべて完形物語からの派生形であると位置付けている。

日本霊異記

ニホンリョウイキ

Nihonryohiki

■日本　■説話

平安時代初期に作られた仏教説話集。正式には『日《に》本《ほん》現《げん》報《ほう》善《ぜん》悪《あく》霊《りょう》異《い》記《き》』あるいは『日《に》本《ほん》国《こく》現《げん》報《ほう》善《ぜん》悪《あく》霊《りょう》異《い》記《き》』。著者は薬師寺の僧・景戒《きょうかい》。

全3巻116話。収録されている物語の多くは仏教的な因果応報や神威、怪異などで、転生にまつわるものも少なくない。

ニャールのサガ

Brennu-Njáls saga

■アイスランド　■サガ

五大**サガ**と呼ばれるサガの中で「最も優れている」と評価されることが多いサガ。膨大な長さのサガで、3部に分かれており、登場人物は500名に近い。記録的なサガではなく、登場する人物も他のサガから属性を借用したようなものが多い。第1部、第2部の中心人物であるニャールは、実在した人物ではあるらしいのだが、このサガを除いては、ほとんどその詳細が分からない人物である。

それでも、このサガが『**アイスランド人のサガ**』の中で傑作かつ有名な物語である理由として、作者が物語を構築するにあたって、素晴らしい才能を持った人物であったことが挙げられる。作者は明らかではないが、古代アイスランドにおいてしばしば発生した復讐の連鎖を悲しむ心があった人物であることは明らかで、主人公ニャールを通じて作者が表現したかったものは「調停」だと考えられている。

物語の発端として、賢者ニャールと、彼と友情で結ばれた勇士グンナルの物語が描かれる。美しいが高慢で不遜な心を持つグンナルの妻ハルゲルズと、ニャールの妻であるベルグソーラの対立が主題となり、妻2人はお互いの使用人の殺害競争という陰湿な争いを行うが、ニャールとグンナルの友情は揺るがない。やがて、ハルゲルズの悪事によってグンナルは殺され、ニャールの長男である勇士スカルプヘジンは、グンナルの子たちと共にグンナルの殺し手に復讐する。他のサガと同様に、このサガも復讐が幾度も繰り返されることになるが、作者は明らかに復讐よりも調停を重んじる理想を持っており、殺し合いの循環を断つ展開を物語の中にいくつも織り込んでいることが、この傑作サガの最大の特徴であるといえるだろう。

ニュー・アトランティス

New Atlantis

■イギリス　■小説

イギリスの大法官であり哲学者としても高名なフランシス・ベーコンの遺稿として、死の翌年の1627年に発行されたユートピア小説。

1隻の船が、忘れられた島にたどり着く。その島こそアトランティスであり、そこの住民の生活が細々と解説されている。特に、ソロモンの館と呼ばれる学術機関について詳しい。

だが、そもそもベーコンがこの小説を書いた理由は何なのか。学者の連帯を訴えたかったのか、それともアトランティスをネタに人間の生き方を説きたかったのか。

オカルト的には、ベーコンは最初期のフリーメーソンの1人でもあり、秘密結社の真実をアトランティスに仮託して描いたのだとか、他のメーソンに対してメーソンのあり方を説いたのだとか、色々な説がある。

入植の書

ニュウショクノショ

Landnámabók

■アイスランド　■サガ

サガの1篇。その名の通り、アイスランド入植を扱ったもの。

その内容に従えば、最初の植民者《しょくみんしゃ》はノルウェーから来たインゴールヴという男で、874年にレイキャビクに家を建てたという。

如意冊

ニョイサツ

Rú Yì Cè

■中国　■架空

中国明代の神魔小説『**平妖伝**《へいようでん》』の中で、天罡《てんこう》36、地煞《ちさつ》72、合計108の秘術が記されているとされている**天書**《てんしょ》。

如意宝冊

ニョイホウサツ

Rú Yì Bǎo Cè

■中国　■架空

→**如意冊**《にょいさつ》

人相について

ニンソウニツイテ

De humana physionomia

■イタリア　■オカルト

ジャン・バティスタ・デッラ・ポルタ（1535～1615）が1586年に書いた近代観相術の嚆矢となる書。

彼は、顔だけでなく人体すべてを観相の対象にした。特に、性器の形状に関して考察を行ったのは、彼が最初である。

彼は、観相術だけでなく様々な魔術に精通していたらしく、『**自然魔術**』という本も書いている。だが、この本はその題名にかかわらず、近代科学の方法論の走りとも見られる記述が散見されており、彼を魔術師と科学者の中間的存在と考えることもできる。

ね

ネクロノミコン

Necronomicon

■アラビア　■架空

クトゥルフ神話の魔道書の中でも、最も有名な魔道書。

「久遠に臥したるもの、死することなく、怪異なる永劫のうちには、死すら終焉を迎えん」（『クトゥルフ神話TRPG』サンディ・ピーターセン、リン・ウィリスほか著／中山てい子、坂本雅之訳／エンターブレイン）という有名な言葉は、この本の中の文章に由来する。

原本は8世紀ごろアラビア語で書かれた『キタブ・アル＝アジフ（Kitab al Azif）』（砂漠のデーモン、あるいは精霊の遠吠えの本）という本で、この著者は“狂えるアラブ人”の二つ名で知られるアブドゥル・アルハザード（アブド・アル＝アズラット）である。彼は、この本の執筆後、ダマスカスの路上で見えない怪物に生きたまま貪り食われたと伝えられる。

これが10世紀、ビザンチン人テオドラス・フィレタスによってギリシア語に翻訳される際に『ネクロノミコン』となり、以後の各国翻訳版もこの名前を使用している。『ネクロノミコン』とは「死者の書」

の意である。

この危険な書は11世紀に、時の総司教によって焚書の対象とされたが、一部が錬金術《れんきんじゅつ》師やオカルティスト、占星術師によってひそかに保管され、後の時代に伝えられた。

13世紀以降、ギリシア語版からラテン語版と英語版に翻訳され、何度か出版されるが、その危険で冒涜的な内容のために何度も焚書に遭ったため、現存しているものは、ほんのわずかである。また、その内容の不道徳さが逆に物好きな人々の興味を引いたのか、粗悪な訳による改竄版、あるいは完全なニセモノの版がこれまた何度も出版されている。

英語版で最も有名なのが、16世紀にジョン・ディー博士によって訳された版である。ジョン・ディー博士は実在の人物で、数学者、占星術家、そしてエリザベス女王の主治医として知られるが、当時の多くの科学者と同様、オカルティストでもあった。ジョン・ディー版の『ネクロノミコン』は、当時存在した中で最もオリジナルに近いギリシア語版に忠実に翻訳されているといわれるが、残念なことに未完で、意図的に削除されたらしい部分も見受けられる。このジョン・ディー版は出版されたことは一度もない。

完全な形ではなく、『ネクロノミコン』の一部だけが翻訳されたこともある。それは筆者が選んでそうしたのかもしれないし、他の章が不完全な本を得て、仕方なく完全な章のみを翻訳したのかもしれない。

そういった不完全な翻訳書の中でも有名なのは、俗に『サセックス断章』と呼ばれるものである。この本の正式名は『悪の祭祀』あるいは『クルトゥス・マレフィカルム』といい、イギリスのサセックスで、八つ折り版で印刷された。ギリシア語版からの翻訳であるが、間違いが多い雑な訳である。

その他、『ネクロノミコン』そのもの、あるいはその一部を訳したと称した偽本は1世紀に4、5種程の割合で世界各国のいずれかで必ず出版されている。名前の有名さの割に内容が皆目不明であるという事実に触発された詐欺師が、そういった“禁断の書”に憧れる、浅はかで金持ちな好事家に対して売り付けるためである。

日本でも1980年代後半に『恋のおまじない・ネクロノミコン』なる本が出版されたことがある。筆者は本屋でこのタイトルを見ただけでくらくらと目眩を起こし、中を立ち読みして腰が砕けてしまった想い出がある。結局購入しなかったが、現在になって購入しておくべきだったと返す返すも後悔している。

『ネクロノミコン』の装丁についても色々なことがいわれている。一説には人間の皮で装丁されているともいわれるが、これは正確ではない。なぜなら、19世紀までの本は、購入者が自分で装丁を専門の業者に頼むのが当たり前だったからである。18世紀までは、本の題名すら表紙や背表紙に表記しなかったのである。従って、人間の皮で装丁された『ネクロノミコン』も存在するかもしれないが、すべての『ネクロノミコン』が人間の皮で装丁されているわけではない。例えば、**ミスカトニック大学図書館**にある『ネクロノミコン』は漆でなめしたヤギ革の装丁で、『イスラムの琴』という間違ったタイトルが型押しされている。

また、極論をいってしまえば『ネクロノミコン』は魔道“書”ですらないかもしれない。あるクトゥルフ神話作品では、ネクロノミコン自身が生命を持つ怪物であったというオチが付いているし、あるゲーム作品では、本ではなく少女の姿をした擬似生命体として登場している。

かように名前ばかり有名な『ネクロノミコン』であるが、その内容は、原著者アブド・アル＝アズラットが魔術を通じて知り得たクトゥルフ神話の宇宙的真理についてである。具体的には、“外なる神々”や、それと接触する方法、その際に自分の精神や身を守る方法、時間と空間を超越する方法、あるいはクトゥルフ神話内での地理や地名や物品のことなど、様々なことが網羅されて書かれている。

これらの知識を彼は、超宇宙的存在から学んだり、秘術の末に体験したりしたのである。“狂える”の二つ名の通り、その文章は混乱していて、論旨も行ったり来たり飛躍したりと非常に読み辛いものであるが、それでも『ネクロノミコン』は人間がクトゥルフ神話の知識を得ようとする際に最も最適な魔道書であるといわれている。それだけに、魔導師を目指す者には垂涎の的なのである。

ところで、『ネクロノミコン』則ち『死者の書』は歴史上、実在する（先程の『恋のおまじない……』のことではない）。古代エジプトで、ミイラの棺桶に入れられる副葬品の一つが「**死者の書**」だ。これは、死後の世界の法律のことなどがエジプト象形文字で書かれたパピルスのことである。約200章あるといわれるが、それぞれのミイラの死者の書にはその中の何章かしか書かれていないことが多い。

ここに書かれた呪文を埋葬された死者が唱えれば、来世の幸福が得られると信じられていたらしい。呪文は危険を避けるものから、ミイラにカビが生えないようにするためのものまで様々にわたる。

H. P. ラヴクラフトは、この実在の「死者の書」をヒントに『ネクロノミコン』を着想したものと思われる。

→エノクの書

猫の草子

ネコノソウシ

Nekonosohshi

■日本　■説話

御伽草子《おとぎぞうし》の1篇で、渋川清右衛門《しぶかわせいえもん》が刊行した23篇の一つ。

本作は、慶長7年（1602年）に京に掲げられた「一、洛中猫の綱をとき、放ちがひにすべき事、一、同じく猫うりかひ停止の事」の高札に由来する物語である。

先に述べた高札の布令により、京では猫を放し飼いするようになり、また洛中で猫の売り買いがなくなった。これに困ったのが京の鼠たちである。毎日毎夜猫に追い立てられるようになった鼠は、高僧に化け、信心深く徳の高い出家の夢を訪れて窮状を訴えた。次の夜になると、今度は猫が出家の夢に現れて、鼠のいうことには耳を貸すなといってくる。猫は由緒正しき虎の末裔であり、鼠などとは格が違う、毎日朝日に向かって「御代が500年も続きますように」と喉を鳴らして祈っているのだと。出家は困り果て「朝夕に鰹に田作に鯡《にしん》、乾鮭などを供すから殺生を控えないか」と申し入れるが、猫は聞き入れない。結局鼠たちは京から逃げ出し、野に住まうようになる。正月の御馳走のおこぼれにあずかれなくなるのに未練を残しながら。

本作は他の多くの御伽草子よりも新しい、17世紀に入ってからの創作物である。また、全体的にユーモラスな調子で物語が進んでいくこともその特徴である。

ネヘミヤ記《ネヘミヤキ》

Book of Nehemiah

■中東　■経典

『旧約聖書正典』の一つ。バビロンから帰還した人々の生活を立て直そうとする、ユダヤ総督ネヘミヤの回想録。彼は、周辺に住んでいた異民族の脅迫をはねのけ、エルサレムの城壁を再建し、そこに人々を住まわせることに成功した。

ただし、ネヘミヤはユダヤの王ではない。ペルシア王国に派遣されたユダヤの総督である。元々ペルシア王国の官僚であった。

ここでも、異民族との通婚は罪であると強調される。異民族の妻を取ることも、異民族の妻になることも罪であると。そして、異民族の妻と離縁しなかった人間を追放している。

→旧約聖書

ネルガルとエレシュキガル

Nergal and Ereshkigal

■メソポタミア　■神話

ネルガル神が冥界降りをきっかけとして冥府の女神エレシュキガルに見初められ、冥界の神となる顛末を描く物語。紀元前15世紀ごろのエジプトの版と、紀元前7世紀ごろに記録されたメソポタミアの版が見つかっている。両時代の版では、主役のネルガルの気性に変化が見られるが、おおまかな筋書きにおいては共通している。

天界のアヌ神と冥界のエレシュキガルの間で表敬の使者が行き来した際、ネルガル神だけが冥府の女神の使者に敬意を払うことを怠った。それゆえに、ネルガルは冥界に赴かねばならなくなる。

ネルガルは拗ね、嘆くが、父エアから冥府の食物を口にしてはならないなどの禁忌を教えられ、やむなく冥界に降っていった。

だが、冥界でエレシュキガルと会ったネルガルは、彼女の女としての魅力に負け、禁忌を無視して交わりを結んでしまった。ネルガルは、後のことは知らぬとばかりにこっそりと天界に逃げ戻ったのだが、恋の虜となったエレシュキガルは諦められず、ネルガルを送ってくれなければ、死者を甦らせて地上を滅茶苦茶にする、と天界を脅してきた。掟を破った自業自得のネルガルは、冥界の神となることを余儀なくされる。

冥界の七つの門を押し通ったネルガルは、笑いながらエレシュキガルに近づき、彼女の髪をつかんで玉座から引きずり下ろした。そしてエレシュキガルの愛の告白と懇願を受け、彼女に口づけして、冥界の主人として共に君臨することを承諾したのである。

の

ノストラダムスの大予言

ノストラダムスノダイヨゲン

Nosutoradamusunodaiyogen

■日本　■予言書

→**百《ひゃく》詩篇《しへん》**

のせ猿草子

ノセザルソウシ

Nosezarusohshi

■日本　■説話

御伽草子《おとぎぞうし》の1篇であり、渋川清《しぶかわせい》右衛門《えもん》が刊行した23篇の一つ。

ノックスの十戒

ノックスノジッカイ

Father Knox's Decalogue

■イギリス　■文書

英国のカトリック大司教で、『**ヴルガータ**』を英訳した『ノックス聖書』でも高名なロナルド・A. ノックスは、推理作家としても有名である。

そのノックスが、推理小説として守るべき10のルールを、1928年に編集した『年間推理小説ベスト』に発表した。それがノックスの十戒である。

それらは、以下の通り。

1. 犯人は物語の初期から言及されている人物でなければならない。
2. 犯罪は、超自然的に解かれてはならない。
3. 秘密の部屋や通路は、一つ以上使ってはならない。
4. 未知の毒物を使ってはならない。
5. 中国人を登場させてはならない。
6. 犯罪は、偶然や単なる直感だけで解かれてはならない。
7. 探偵が犯人であってはならない。
8. 探偵は、手がかりを読者から隠してはならない。
9. ワトソン役の人物は、自分の考えを隠してはならない。彼は、平均的読者より少々愚かであるべきだ。
10. 双子や、影武者を出してはならない。

(『陸橋殺人事件』ロナルド・A.ノックス著／宇野利泰訳／東京創元社)

これは、推理小説の解決のフェアプレイを強調したものだ。

中国人を出すなというのは、当時のストーリーマガジンにおいて、謎の中国人による奇想天外な犯罪（というより、どう考えても実行不可能なのに東洋の神秘によって実行される犯罪）というのが頻繁に登場したので、それをやめろという意味である。

呪われた学問の試論

ノロワレタガクモンノシロン

Essais de science maudite

■フランス　■オカルト

黒魔術師と伝えられる詩人スタニスラス・ド・ガイタの代表作。1886年から順次発行されていった。エリファス・レヴィの著作に影響を受けて魔術に興味を持った彼は、『神秘の戸口にて』を発行し（後に4部作の第1巻となる）、多くの弟子を得た。

彼の代表作である『呪われた学問の試論』は全4部作で、それぞれ『神秘の戸口にて』『サタンの寺院』『黒魔術の鍵』『悪の問題』と題名が付けられている。ただし、最後の『悪の問題』は未完で終わった。

『神秘の戸口にて』は、主にカバラについて。だが、『サタンの寺院』は黒魔術の目的と方法論について。さらに『黒魔術の鍵』はサタンの力について書いてある。これらの著作によって、ガイタは黒魔術師との評判を得た。

彼は、薔薇十字カバラ団の創設者の1人でもあるが、この団体は1944年にナチスの弾圧によって壊滅した。

は

ハーメルンの笛吹き男

ハーメルンノフエフキオトコ

Rattenfänger von Hameln

■ドイツ　■童話

グリム兄弟の『ドイツ伝説集』にある話。ハーメルンに伝わる伝説を童話にしたもので、同様の伝説を記録している著者は何人もいる。

内容は、およそ以下の通りである。ハーメルンの町にやって来た鼠取りが、笛を吹いて鼠をおびき出し、溺れさせて退治した。ところが、町の人間は報酬を払うのを渋った。男は怒って再び笛を吹くと、今度は子供がおびき出されて、洞窟へと入っていった。そして、盲目の子供と足が悪くて遅れた子供の2人だけを残して、すべての子供はいなくなってしまった。

この伝説は、驚くべきことに起こった日付まで1284年6月26日と分かっている。

さすがに、本当に笛吹き男に連れていかれたとは思えないので、様々な原因が推測されてきた。説だけなら20以上ある。以下のようなものが有力とされる。

1. 東方移民説：当時、ドイツから東方に新たな土地を求めて移民する人が多かった。笛吹き男は、この移民団のリーダーだったという説。
2. 十字軍説：少年十字軍に参加し（他の少年十字軍と同様に）向こうで死んでしまって帰らなかったという説。笛吹き男は、十字軍のリーダーか新兵徴募官であるという説。
3. 伝染病説：子供たちは伝染病に罹ったため、病気を移さないように隔離された。そしてそこで死んだ。笛吹き男は、死神を象徴しているという説。

この笛吹き男の伝説は、英語圏ではロバート・ブラウニングの詩『ハーメルンのまだら色の服を着た笛吹き男』で知られている。

また、この伝説は印象が強かったのか、これを元にした創作作品がいくつも作られている。

ハールヴダン黒王のサガ

ハールヴダンコクオウノサガ

Hálfdanar saga svarta

■アイスランド　■サガ

13世紀の詩人スノッリ・ストゥルルソンが編纂した『**ヘイムスクリングラ**』の1篇。

ユングリング家のハールヴダン黒王(ハラルド美髪王の父)の物語。

ハールバルズの歌

ハールバルズノウタ

Hárbarðsljóð

■アイスランド　■叙事詩

『**歌謡エッダ**』の1篇。

渡し守のハールバルズに、トール神が川を渡してくれるよう頼むが、渡し守はトールをからかうような態度で話をする。

トールは、各地で敵と戦ったことを自慢する。それに対し、ハールバルズは各地で女をたらし込んだことを自慢する。

叙事詩の中では明かされていないが、ハールバルズはオーディンが姿を変えたものだという。

灰色マントのハラルド王のサガ

ハイイロマントノハラルドオウノサガ

Haralds saga gráfeldar

■アイスランド　■サガ

13世紀の詩人スノッリ・ストゥルルソンが編纂した『**ヘイムスクリングラ**』の1篇。

ハラルド王は、ホーコン善王の兄で追放された血斧エイリークの長子。ホーコン王が戦傷で死んだ後にノルウェーの王となったが、彼の権威が行き渡ったのは、ノルウェーの一部だけであった。

バイバルス物語

バイバルスモノガタリ

Sirat Baybars

■ペルシア・アラブ　■物語

バイバルスは13世紀エジプトの実在の帝王。元は中央アジア、キプチャク大草原のトルコ系民族の出だが、モンゴル軍の捕虜となって奴隷として売り飛ばされた。その後、流転の末にエジプト宮廷に仕えて将軍として活躍、ついにはクーデターを起こして王位に就いた。王となったバイバルスは十字軍とモンゴル軍の双方と戦い、どちらに対しても勝利を収めた。『**千一《せんいち》夜《や》物語《ものがたり》**』にも登場するが、独立した長編物語の主人公ともなっている。それが『バイバルス物語』である。物語はバイバルス王の即位から始まり、王が十字軍やモンゴル相手に縦横無尽の活躍をする様を描く。読書人の間には物語の描写の血なまぐささや繰り返しの多さを非難する声もあったが、民間では高い人気を誇った。

パウロ行伝

パウロギョウデン

Acts of Paul

■小アジア　■経典

『**新約聖書外典**』の一つ。テルトゥリアヌスの証言によれば、パウロを敬愛する小アジアの教会長老によって200年ごろに書かれたという。

1894年に発見された6世紀のコプト語ハイデルベルグ・パピルスの断片（およそ2千の断片になっていた）を、C. シュミットが繋ぎ合わせて「パウロ行伝」が再構成された。

有名なのが、パウロによって信仰を得た処女テクラが婚約者を捨て、様々な苦難を越えて故郷に宣教を行うというもの。

また、3章にある「小柄で頭がはげ、足はまがっていたが、しかし健康そうで、幾分しかめ面をし、鼻が高く、慈愛に満ちたパウロの姿」（『新約聖書外典』青野太潮訳／講談社）は、その後のキリスト教絵画におけるパウロの描写に大きな影響を与えた。

パウロの黙示録

パウロノモクシロク

Apocalypse of Paul

■ローマ　■経典

『新約聖書外典』。「パウロの黙示録」と呼ばれている書物は2種類ある。

一つは、**ナグ・ハマディ文書**の中に含まれている断片で、3世紀ごろに作られたものと考えられている。

もう一つは、4世紀末から5世紀ごろにローマで作られたと考えられているものである。ローマ皇帝テオドシウス（在位379～395）の元に、聖パウロの屋敷跡に住んだ人がそこで「パウロの黙示録」を発見して献上するというプレストーリーがあるので、その時代だと考えられている。

いずれにせよ、時代から考えてパウロのものではあり得ない。

ハガイ書

ハガイショ

Book og Haggai

■中東　■経典

『旧約聖書正典』の一つ。「十二小預言書」の10番目のものである。

ペルシアの支配下にあったユダヤで、神殿の再建を行うように、主が総督のゼルバベル（ダビデ王の末裔）に求める。

→旧約聖書

バガヴァッド・ギーター

Bhagavad-gītā

■インド　■経典

元々は**『マハーバーラタ』**に含まれ、クリシュナ神と主人公の1人アルジュナの対話で、クリシュナがアルジュナに、人としての我を捨てて、生来の義務（ダルマ）を行うよう説いた部分である。

物語の一部ではあるものの、ヒンドゥー教においては**ヴェーダ**そのものよりも重要視されることすらある聖典である。

葉隠

ハガクレ

Hagakure

■日本　■思想書

肥後佐賀藩士として生き、2代目藩主・鍋島光茂《なべしまみつしげ》の死後、髪を切って隠棲していた山本常朝《やまもとじょうちょう》という人物の口述を、同じく佐賀藩士の田代陣基《たしろつらもと》が7年の歳月をかけて筆録した修身書。「武士道《ぶしどう》とは死ぬことと見つけたり」「武士道とは死狂いなり」といった峻烈な教訓や逸話が収められていることで有名な書籍で、単に武道だけでなく、平時の「奉公」の上での武士の心構えを説いている。

全11巻の内容は、常朝が直接に陣基に口述した教訓、鍋島直茂・勝茂・光茂・綱茂の歴代佐賀藩主の言行、佐賀藩士や他国の藩士たちの逸話や噂話となっている。そこで称賛されている武士像は、当時の儒学で奨励されていた武士道との間に大きな隔たりがあったため、当初『葉隠』は、佐賀藩内で禁書とされていたという。また、元々暗記したら焼き捨てるという約束の上で筆記されたものらしく、原本は失われている。このため正確な著作年は不明だが、享保元年（1716年）成立という説が主流となっている。

しかし『葉隠』の内容は、書写によって連綿と受け継がれ、当初は異端とされたその思想も、後には『鍋島論語』と呼ばれたように、佐賀藩の教育の要とされるようになった。一部だけを取り出せば、さながら死を賛美するような記述もあり、そのために戦時中に玉砕や自決を正当化する論拠に使われもしたが、実際には緊張感を備えた心の持ちようを説いているのであり、必ずしも死を推奨するような書籍ではない。

白沢図

ハクタクズ

Bái Zé Tú

■中国　■事典

中国古代の一種の妖怪図鑑。作者不詳。

中国神話によると、中央の天帝である黄帝はある時東方に巡行し、海浜で白沢という神獣を捕まえた。神獣は人の言葉を理解し、万物の事情に精通しており、黄帝の質問に対して、天下の鬼神の数は1万1520種だと答えた。そこで黄帝は白沢が語った鬼神を図に描かせ、天下に示し、人々が鬼神の害に遭わないようにしたという。

この神話を元にして実際に作られたのが『白沢図』である。この書は現存しないが、『隋書』「経籍志」と『新唐書』「芸文志《げいもんし》」に記録がある。

伝説によれば、諸葛孔明《しょかつこうめい》の甥の諸葛恪《しょかつかく》も『白沢図』を読んだことがあるらしい。**『捜神記《そうしんき》』**巻十二「山中の怪」によると、恪が江蘇省《こうそしょう》の太守だったころ、狩りに出かけた。すると、山中に子供の妖怪が現れ、人の手を引っ張ろうとした。そこで恪は相手に手を伸ばさせておき、逆にそれを引っ張ると、妖怪は自分の足場から離れたとたんに死んだ。人々は恪が神通力を持っているといったが、彼は平然と次のようにいったという。「このことは『白沢図』に書いてあるのだ。『二つの山の山あいに住む子供に似た精は人の手を引っ張ろうとする。それは傒囊《けいのう》という名だが、立っている場所から引き離せば死ぬ』と。だからこんなことは不思議ではない。みなこの本を読んでいないだけなのだ」と。

博物誌

ハクブツシ

Naturalis Historia

■ローマ　■事典

1世紀ローマの政治家、軍人、学者であった大プリニウスが77年に完成させた、おそらく世界最古の百科事典。全37巻の大著。

構成は以下のようになっている。

- 第1巻：皇帝への献辞、参考にした著者
- 第2巻：宇宙誌
- 第3～6巻：地理
- 第7巻：人間論
- 第8～11巻：動物誌
- 第12～19巻：植物誌
- 第20～27巻：植物薬剤
- 第28～32巻：動物薬剤
- 第33～35巻：金属、金属製品（絵具を含む）、薬剤、絵画彫刻、建築
- 第36～37巻：鉱物と宝石、及びその薬剤

植物だけでも千項目を超えている。また、地中海には姿を見せない大型鯨について記述されているなど、当時としては非常に広範囲からの情報を集積した労作といえるだろう。

だが、確認できたことだけではなく、荒唐無稽な伝聞情報もそのまま載せたためか、トンデモない項目も多い。

例えば、世界各地に居住する珍妙な人種を読むと、本当にここは地球なのか疑問に思うだろう。以下のような、ものすごい人々がいることになっている。

○頭がなく、胸に顔がある人々
○一つ目の人々
○足が後ろ向きに付いているので、後ろに向かって走ることのできる人々
○両性具有で左が女、右が男の人々
○頭が犬の人々
○頭が象の人々
○巨大な足が1本だけあり、頭の上に上げて日除けにしている人々

→**博物志《はくぶつし》**

博物志

ハクブツシ

Bó Wù Zhì

■中国　■事典

西晋《せいしん》の宰相も務めた張華《ちょうか》（232～300）が撰述した民族風物詩。全10巻。各地の地理、動植物、服飾器物、人物など、百般の事物を網羅し、神話伝説や不思議な事柄などについても数多く記された百科《ひゃっか》全書《ぜんしょ》的書物で、後代の様々な文献に引用されている。七夕伝説について記された最も古い本でもある。

大プリニウスの『**博物誌《はくぶつし》**』は「Naturalis Historia（Natural History）」で直訳すれば「自然史」だが、これが日本で「博物誌」と翻訳されたのは、張華の『博物志』が知られていたからだといわれる。

化物草紙

バケモノゾウシ

Bakemonozohshi

■日本　■説話

御伽草子《おとぎぞうし》の一つ。

夜中に相撲を取る不思議な2人の男の話や、九條の外れの荒屋に住む女の話、

溺れ死んだ蠅が鼻に入った人物が溺れる夢を見たという話など、五つの怪異の話をまとめたものである。

天怪着到牒

バケモノチャクトウチョウ

Bakemonochakutohchoh

■日本　■物語

江戸時代中期の**草双紙《くさぞうし》**。

作・画共に北尾政美《きたおまさよし》が担当。天明8年(1788年) の作。

見越入道《みこしにゅうどう》や大侍、一つ目小僧に河太郎といった様々な化け物妖怪が人々を驚かし、最後に朝比奈《あさひな》三郎に倒される様が描かれているだけで、特にストーリーらしいストーリーは存在しない。

江戸時代の妖怪ものの草双紙の多くでは、見越入道が妖怪の大親玉として描かれているが、本作でもそれに倣っている。また親分格のキャラクターではない時でも、主人公的な役回りで登場することが多い。

→朝比奈《あさひな》

化物の娵入

バケモノノヨメイリ

Bakemononoyomeiri

■日本　■物語

江戸時代後期の**草双紙《くさぞうし》**。

十返舎一九《じっぺんしゃいっく》の文化4年（1807年）の作。勝川春英の画。

内容は、妖怪ももんじいの娘と一つ目入道の息子の婚姻…見合いから結婚、出産、子供のお宮参りまでを描いたもので、当時の草双紙の定番題材の一つであった、嫁入りもののそれを踏襲している。が、人の世ならぬ怪異の世界でのそれである。価値観は逆転しており、見合いでは、娘は息子の口が歯糞だらけなところを気に入り、息子は娘の不器量さにひと目惚れ。出産では赤ん坊にへその緒が2重に絡み付いているのを喜び、お宮参りでは「払ひたもふな、清めたもふな」と祈願されるといった具合だ。

価値観の逆転こそあるが、当時の婚姻にまつわる諸々の儀礼を網羅しており、江戸時代のそれがどのようなものであったのかを知ることができる。

羽衣

ハゴロモ

Hagoromo

■日本　■戯曲

古来より日本各地に伝わる伝説を原型とした謡曲。

その筋書きは、基本的に伝説のそれをなぞっている。水辺に舞い降りた白鳥が人（天女）へと変じ、水浴びをしている姿を男がのぞき見る。天女に心奪われた男は、近くにかけてあった羽衣を奪い隠し、彼女を天へ帰れないようにしてしまう。天女は男に嫁ぐが、男の隙を見て羽衣を奪い返し、天へと帰っていく…というところだ。

先に日本各地に伝わると述べたが、最も古いと思われるのは滋賀県余呉《よご》町に伝わる伝説である。そこでは、伊香刀美《いかとみ》という男が、余呉湖に降り立った8人の天女の沐浴《もくよく》を目撃し、犬に末妹の羽衣を盗ませ、彼女を虜とした。この天女は伊香刀美との間に子をもうけたが、ある時羽衣を取り戻し、天へと帰っていったのであった。

また、今日において羽衣の舞台のイメージソースとなっているのは、静岡県静岡市清水区の三保《みほ》の松原である。ここにも羽衣伝説があり、天女が舞い降りたとされる「羽衣の松」という老木（樹齢約650年）、そして羽衣の切れ端とされる遺物が残されている。

ハザール・アフサーナ

Hazār Afsān

■ペルシア・アラブ　■物語

→千物語《せんものがたり》

バジョーフ民話集

バジョーフミンワシュウ

■ロシア　■民話

バジョーフは20世紀ソ連の作家。ウラル地方の青銅工場の職人の家に育ち、村の老人たちから土地の昔話を聞いた。ロシア革命に際し、赤軍兵として内戦に参加、後に新聞記者から著述の道に進んだ。45歳の時、初めて創作民話集『ウラル故事集』を上梓、60歳の時『くじゃく石の小箱』を発表して文名にわかに高まった。ちなみに「バジョーフ民話集」という本は存在しない。

元来ロシアには、ロシア文学の父といわれるプーシキン以来、民話を元にした創作民話の伝統があった。プーシキンのロシア語は、乳母から聞かされたロシア民話の言葉が元となっているともいわれる。その後もゴーゴリの『ディカーニカ近郷夜話』、レフ・トルストイの『イワンの馬鹿』など、創作民話の傑作は数多く生まれた。バジョーフの民話集もこの流れの上に位置付けられよう。

バジョーフの創作民話のほとんどはウラル地方を舞台としており、当地の民話をほぼそのまま語ったものもあれば、大幅な改変を加えたものもある。作中ではしばしば、腕の良い職人、働き者の若者と気立ての良い娘、輪になって転がっていき黄金のありかを示す水色の小さなヘビ、「鉱山《やま》のあねさま」「山の女王」と呼ばれる不思議な魔力がある女性…などが活躍する。代表作の一つ『石の花』はバレエや映画にもなり、人気を博した。

全くの余談だが、1990年代にロシア大統領エリツィンの側近として活躍した政治家エゴール・ガイダルは、バジョーフの孫にあたる。

ハスティアーユル・ヴェーダ

Hasty-āyurveda

■インド　■学術書

アルタ・シャーストラの中には、他には類のない書もある。

この本もその一つで、象医学の書である。象の食事、住居、交配、治療など、象に関するありとあらゆる知識を集めた本である。

裸のカバラ
ハダカノカバラ

Kabbala Denudata

■ドイツ　■魔術書

ドイツの政治家であり学者であったクリスチャン・クノール・フォン・ローゼンロートによる『**光輝《こうき》の書**』のラテン語訳版。

1678年に『Kabbala Denudata, sive Doctrina Hebraorum Transcendentalis et Metaphysica Atque Theologia』として刊行され、1684年に改訂版である『Kabbala Denudata』が出版された。

サミュエル・リデル・マクレガー・メイザースによる『**ヴェールを脱いだカバラ**』の底本となった。

裸足のマグヌス王のサガ
ハダシノマグヌスオウノサガ

Magnúss saga berfætts

■アイスランド　■サガ

13世紀の詩人スノッリ・ストゥルルソンが編纂した『**ヘイムスクリングラ**』の1篇。

オーラーヴ平和王の跡を継いだマグヌス3世の物語。前王には嫡子がなかったので、庶子のマグヌスが後継者となった。

アイルランドを征服しようとして戦死した。

ハタ・ヨーガ・プラディーピカー

Hata Yoga Pradīpikā

■インド　■経典

インドの伝統的修行法であるヨーガにはいくつかの流派があるが、これはハタ・ヨーガの最も標準的な教典である。16世紀ごろにスバートマーラーマが書いた。

ヨーガの教典としては、2～5世紀ごろにパタンジャリによって作られたとされる『**ヨーガ・スートラ**』が有名である。この系統のヨーガは「ラージャ・ヨーガ」と呼ばれるが、その特徴は、内面的な心の統一、沈静化によって解脱《げだつ》を目指すところにあった。

これに対し、13世紀ごろの聖者ゴーラクナートに始まるとされるハタ・ヨーガは、様々な身体技法を重要視し、身体の生理的操作によって宇宙そのものとの合一を目指すものだった。現在世界で流行しているヨーガもこの系統を主流としているので、我々はヨーガというと、すぐに身体を使った様々なポーズが思い浮かぶのである。ちなみに「ハタ」は「力を加える」という意味で、ハタ・ヨーガは一種の体操といっていいものである。

『ハタ・ヨーガ・プラディーピカー』は、このハタ・ヨーガについて明快に解説した書である。それで、この書には現在のヨーガでもよく使われる数多くの座法（アーサナ）や姿勢（ムドラー）について具体的な説明がある。また、ハタ・ヨーガの根幹とされるプラーナーヤーマ（調気法）―プラーナ（気）のコントロール―についても具体的な説明がある。

鉢かづき

ハチカヅキ

Hachikazuki

■日本　■説話

御伽草子《おとぎぞうし》の1篇で、渋川清右衛門《しぶかわせいえもん》が刊行した23篇の一つ。

『鉢かづき姫』とも呼ばれる。

河内国の長者に娘がいた。その娘は美しかったのだが、母親が亡くなる前に大きな鉢を被せたところ、どうやっても取れなくなってしまう。長者が迎えた後添え（後妻）は娘をいじめ、家を追い出してしまう。娘は世をはかなんで入水するも、大きな鉢のおかげで一命を取りとめ、それどころか三位の中将に助けられて、その家で下女として働くこととなった。そして中将の四男に求婚されるのだが、中将の妻はこれを阻むべく、3人の兄の妻たちと「嫁比べ」をして諦めさせようとする。しかし、その時のことである。どうやっても外れなかった娘の頭の鉢が外れ、美しい貌が露になった。詩歌に優れ、学もあることが分かると、四男と娘は結婚したのだった。

本作は「日本版シンデレラ」と呼ばれることもある。裕福な家の娘が継母にいじめられ、下女働きをするが、ある時幸せを見出すという基本的筋書きが似通っていることから来る評価であるが、こうした「幸せの願望」は東西問わぬものであるということだろう。

鉢かづき姫

ハチカヅキヒメ

Hachikazukihime

■日本　■説話

→鉢かづき

八十日間世界一周

ハチジュウニチカンセカイイッシュウ

Le Tour du Monde en Quatre-vingt Jours

■フランス　■小説

フランス生まれの作家ジュール・ヴェルヌ（1828～1905）が書いた小説。1873年刊。

ロンドンで暮らす主人公の独身貴族フィリアス・フォッグは、何事も正確でなければ気が済まない性分だったが、1872年10月2日に革新クラブの仲間たちとトランプ遊びをしながら、ある賭けをした。今から80日間で世界一周できるし、それに2万ポンド賭けるというのだ。理由は簡単で、その日の新聞にそれが可能だと書かれていたからだった。

こうして、フォッグは下男のパスパルトゥーを連れて旅に出ると、郵船、鉄道、馬車、ヨット、商船、橇《そり》、象など、その土地ごとに利用可能なあらゆる輸送手段を使って、ついに80日間で世界一周を成し遂げるのである。旅の途中、ヨコハマにも立ち寄っている。

ただし、物語の序盤から、フォッグを最近起こった銀行強盗犯と勘違いしたイギリス刑事フィックスなども登場し、旅は決して順調ではない。インドでは若く美しい女性アウーダと出会い、連れ帰って結婚するというロマンスもある。しかも、期限ぎりぎりでロンドンに帰り着いたとたんに銀行強盗犯として逮捕され、フォッグ自身も一度は賭けに敗北したと信じた程である。ところが、フォッグは東回りで世界を1周したので、1日分だけ計算を間違えており、釈放後にもぎりぎりで約束の場所に帰り着くことができたのである。

バッコスの信女

バッコスノシンジョ

Bacchae

■ギリシア　■戯曲

ギリシア三大悲劇詩人の1人エウリピデス（紀元前480ごろ～前406ごろ）の最晩年の作とされている古代ギリシア悲劇。

バッコスとは葡萄酒の神ディオニュソスのことだが、この神への信仰は紀元前7、8世紀ごろに小アジアからギリシアに入って広まったようで、当初は既成の社会秩序との間に大きな摩擦があったといわれる。

この作品も、その種の伝説に基づいたもので、ディオニュソス神を信じなかった者に恐ろしい神罰が下る物語である。

ある時、都市国家テバイを中心とした地方にディオニュソス信仰が広まり、女たちが野山で踊り狂うようになったが、その信女たちの中には、ペンテウス王の母アガウエまでが交じっていた。若いペンテウスはそんな状況に耐えられず、ディオニュソス信仰を弾圧し始めた。そんな時、ディオニュソスの信者だという若者が現れたが、実はそれはディオニュソス自身だった。何も知らない王はその若者を牢屋に入れたものの、逆に若者に唆《そそのか》され、信女たちの狂乱ぶりを自分の目で確認することにした。王は女装し、若者の案内でキタイロン山に登り、木の上から信女たちを観察した。だが、その時母であるアガウエたちが王を見つけると、彼をライオンだと勘違いした。こうして、王は狂乱状態の母アガウエたちの手で八つ裂きにされて殺され、女たちはその首を杖の先に掲げて、テバイの町へ凱旋するのである。

八仙出処東遊記伝

ハッセンシュッショトウユウキデン

Bā Xiān Chū Chù Dōng Yóu Jì Zhuàn

■中国　■小説

→**東《とう》遊《ゆう》記《き》**

ハディース

Hadith

■中東　■経典

イスラム教の経典の一つ。『**クルアーン**』がムハンマドを通じて語られた神の言葉であるとされるのに対し、『ハディース』はムハンマド自身の言行を記録したものである。

ハディースとは、本来アラビア語で「伝承」の意味だが、しばしば「預言者ムハンマドやその教友（ムハンマドと同時代のイスラム教徒の同志）たちの言行に関する伝承」を意味する。実はすべてのハディースが、1冊の本にまとまっているというわけではない。イスラム圏では古来、複数のハディース集が刊行されて、宗教書としても法源（法律を定める根拠）

としても活用された。むろん、どのハディース集を正統と見なすかは、宗派や学派によって異なる。

また、ハディースには、それをだれが語ったかも重要な情報とされる。つまり「ムハンマドが～と語った。とAさんが語った。とBさんが語った。とCさんが語った」というふうに、だれがどのような経路でその情報を伝えたのかまで含めてハディースである。ちなみに、このうち「ムハンマドが～と語った」という部分を「マトン（本文）」といい「とAさんが語った。とBさんが語った。とCさんが語った」という部分を「イスナード（伝承経路）」という。

このため、ハディースが本物なのかどうかということは確認しやすい。例えば「ムハンマドが～と語った。とAさんが語った。とBさんが語った。とCさんが語った」というハディースと、「ムハンマドが～と語った。とAさんが語った。とDさんが語った。とEさんが語った」というハディースがあれば、少なくとも「ムハンマドが～と語った。とAさんが語った」ということが本当であることが、高い蓋然性で確認できるわけだ。

これらを研究することによって、ハディースは「サヒーフ（真性）」「ハサン（良好）」「ダイーフ（脆弱）」の3種に分類される。そして、サヒーフとされたものは特に重視され、それを元にハディース集が編纂されている。

内容は、当然ながら逸話の宝庫となっており、ハディース中のムハンマドや教友たちは実に人間的である。例えば、スンニ派のブハーリーの編んだハディース集には、以下のような逸話までもが収められている。

- ある時ムハンマドは娘婿、無双の豪傑アリーに深夜の礼拝を呼びかけた。するとアリーは「いや義父さん、この世に起きる出来事は創造の日にすべて天の書に書かれていて、人間の努力ではどうにもならないのです。そして僕は今、人間の努力ではどうにもならない程眠いのです」といって断固として寝た。
- ある時ムハンマドは敵の都市を攻略し、戦功第一の部下に何でも好きなものを与えるぞといった。件《くだん》の部下は町で一番の美女を我がものとした。これを知ったムハンマドは、かの美女をしげしげと見た後、件の部下に「別の女を取れ」といった。

はてしない物語

ハテシナイモノガタリ

Die unendliche Geschichte

■ドイツ　■小説

ドイツの作家ミヒャエル・エンデの書いたファンタジー小説。

背が低く小太りのいじめられっ子、バスチアン・バルタザール・ブックスは、母を亡くし、傷心の父の関心を失い、物語に没頭することだけが楽しみとなっていた。

彼はある日、古本屋から「はてしない物語」という本を万引きし、学校の屋根裏部屋で読み耽る。

危機に陥ったファンタージエン国を救うため冒険するアトレーユ少年の物語は、バスチアンを魅了する。

物語は、バスチアンと彼が読むアトレーユの二重構造になっているが、中盤で融合する。

バスチアンは全能の力を得て、思いのままにファンタージエン国を再生するが、その力を行使するたびに自分自身の何かを失い、アトレーユとも反目し、自滅の危機に陥った。

この作品で最も重要なアイテムである、バスチアンが手にした本は、表紙は2匹の蛇が描かれたあかがね色の絹張りで、内容は2色刷り。挿絵はないが、各章の初めに大きな飾り文字がある。

岩波書店版ハードカバーの『はてしない物語』は全くその通りに作られたため、エンデを感激させたという。

逆に、映画はエンデのテーマと異なったものになっており、訴訟騒ぎにまでなった。

花みつ

ハナミツ

Hanamitsu

■日本　■説話

御《お》伽《とぎ》草《ぞう》子《し》の1篇。

播磨国赤松家の家臣に岡部という者がおり、花みつという子がいた。岡部は主の命により上洛した際に出会った女と月みつという子をもうけ、播磨へと連れ帰る。10歳になった花みつは学問を修めるべく、書写山別当に稚児として預けられる。数年の後に月みつもまた同じく稚児として出され、2人は共に書写山で可愛がられた。が、花みつの母が没すると、月みつの母は岡部に花みつの悪口を吹き込むようになる。父に疎まれ見放されたと誤解した花みつは、懇意にしていた法師に月みつを惨殺するよう依頼する。法師は約束通りに子供を切り殺すのだが、それは月みつに変装した花みつであった。後には己の思いを綴った歌が残され、それを知った岡部や月みつ、彼らの身元を引き受けていた別当や、花みつを殺した法師も発心し、遁世して花みつの菩提を弔ったという。

パナリオン

Panarion

■キプロス　■思想書

パレスチナ生まれでキプロスのサラミス司教となったエピファニオスが、あらゆる異端を病と見なし、それに対する治療薬として書いた本。題名は「薬箱」といった意味。

80種類もの異端に対し、それを正すための教えを書いている。

ハバクク書

ハバククショ

Book of Habakkuk

■中東　■経典

『旧約聖書正典』の一つ。「十二小預言書」の8番目のものである。

ハバククは、神にイスラエルに対する抑圧がいつまで続くのか問う。神は、ユダヤの民への裁きとしてバビロニア人を使っていると答える。

次にハバククは、なぜ悪しきバビロニア人の力を、律法に反する人々だけでなく義人にまで向けるのかを問う。神は、正しき人々は信仰の力によって生きると答える。

→旧約聖書

バベルの図書館

バベルノトショカン

La biblioteca de Babel

■アルゼンチン　■架空

ホルヘ・ルイス・ボルヘスの短編小説の題名であると共に、そこに登場する図書館の名前。1941年に刊行された『八岐の園』に収録されている。

その内容は、実に哲学的かつ幻想的だ。その巨大な図書館には6角形の部屋があり、そのうち4方向の壁に5段の書棚があり、一つの棚には本が32冊並んでいる。残る二つの壁はホールに繋がっていて、他の（同様の形と本の並んだ）書庫に通じている。また、部屋の真ん中には螺旋階段があり、上下に行くと、同じ形で同じように本の並んだ書庫がある。そして、書庫は上下左右に無限に広がっている。

また、この図書館にある本はすべて同じ大きさで、410ページから成り、1ページに40行、1行に80文字と決まっている。また、使われている文字は、22文字のアルファベットと空白、コンマ、ピリオドの25種類だけである。

無限とも思える広大な書庫の中には、この25文字で書かれた文字列の、ありとあらゆる組み合わせが網羅されており、同じ本は1冊もない。

ほとんどの本は、無意味な文字の羅列に過ぎない。だが、その中には、かつて存在した名作から、未来に書かれる作品まで、ありとあらゆる本が含まれている。

そうした書物群を管理する司書たちは、この図書館に住み、その管理だけで生涯を閉じるのだ。彼らは、この図書館にはこの世の「文字で表現できるすべて」が存在すると信じている。

浜出草子

ハマイデゾウシ

Hamaidezohshi

■日本　■説話

御伽草子《おとぎぞうし》の1篇で、渋川清《しぶかわせい》右衛《え》門《もん》が刊行した23篇の一つ。

蛤の草子

ハマグリノソウシ

Hamagurinosohshi

■日本　■説話

御伽草子《おとぎぞうし》の1篇で、渋川清《しぶかわせい》右衛《え》門《もん》が刊行した23篇の一つ。

天竺（インド）に「しじら」という、母と暮らす親孝行な中年男がいた。ある日、しじらは海で蛤を釣り上げる。と、その蛤は見る間に大きくなっていき、黄金の光を放ちながら開き始める。貝の中からは18歳程の美女が現れ、求婚してきたので、しじらは美女を家に連れ帰った。彼女は童男童女身という観音の眷族で、親孝行な善男に富と長寿を与えに地上へと顕現したことを明かし、しじら親子に富と長寿を与えて観音の使命を果たすと、添い遂げることなく、そのまま白雲に乗って天へと帰っていったという。

ハムジルの歌

ハムジルノウタ

Hamðismál

■アイスランド　■叙事詩

『**歌謡エッダ**』の1篇。

元々はゴートの伝説だったのが、北欧神話に導入されたものである。

グズルーンの息子のハムジルとセルリが、身内の復讐に出かけるが、旅先で死ぬ。

ハムレット

The Tragedy of Hamlet, Prince of Denmark

■イギリス　■戯曲

シェイクスピアの四大悲劇の一つで、シェイクスピアの戯曲中、最長のものである。四大悲劇の他の三つは『**リヤ王**』『**マクベス**』『**オセロウ**』である。

シェイクスピアが『**デンマーク人の事績**』の一エピソードにヒントを得て書いたものだが、内容は大きく変えられている。

父を殺した母と叔父に対するハムレット王子の復讐譚だが、その間に恋人オフィーリアの父を誤って殺してしまい、オフィーリアが狂気に陥って溺死したり、父と妹の仇を取ろうとするレアティーズとの決闘があったりと、盛りだくさんである。

『ハムレット』には有名な台詞がいくつもあり、多くの作品に引用されたり、もじって使われたりしている。

その代表である“To be, or Not to be: that is the question”は、日本でも「生きるべきか、死ぬべきか。それが問題だ」を筆頭に様々な訳のバリエーションがあり、また、様々な作品で使われている。

薔薇十字団の信条告白

バラジュウジダンノシンジョウコクハク

Confessio oder Bekenntnis der Societät und Bruderschaft Rosenkreuz

■ドイツ　■オカルト

いわゆる「薔薇十字文書」と呼ばれる神秘学的文書の一つである。

『**賞讃《しょうさん》すべき薔薇《ばら》十《じゅう》字《じ》友愛団《ゆうあいだん》の名声《めいせい》**』の翌年1615年に発行された薔薇十字団のプロパガンダ。『告白』と略されることもある。

『名声』『**クリスチャン・ローゼンクロイツの化学の結婚**』の2冊がドイツ語で書かれていたのに対し、『告白』はラテン語が使われていた。

この本では、間もなく歴史の1巡が終わり、転換期が来る。よって、薔薇十字団は、そのような時代に対応できるように、人々の間に哲学（錬金術《れんきんじゅつ》などを含むオカルト哲学）を広めんとする。

そのためには、聖書を読み、さらに錬金術などの哲学を身に着ける必要がある。そして、叡智を得た者だけが、栄光を得ることができると主張している。

薔薇十字団の名声

バラジュウジダンノメイセイ

Fama Fraternitatis, des Löblichen Ordens das Rosenkreutzes

■ドイツ　■魔術書

→ **賞讃《しょうさん》すべき薔薇《ばら》十《じゅう》字《じ》友愛団《ゆうあいだん》の名声《めいせい》**

薔薇の名前

バラノナマエ

Il Nome della Rosa

■イタリア　■小説

イタリアの記号論学者ウンベルト・エーコが書いた一種の推理小説。

14世紀イタリアの修道院を舞台に、フランシスコ修道会士ウィリアムが、ベネディクト修道会士アドソを助手に、次々と起こる死の謎を解き明かしていく。そして、その謎が、修道院の広大な迷宮図書館にあると考える。

古今の小説を踏まえて書かれた小説で、あちこちに名のある小説の断片がほのめかされている。

例えば、ウィリアムは「バスカヴィルのウィリアム」と呼ばれるが、これはアーサー・コナン・ドイルの『バスカヴィル家の犬』を思い出させるし、迷宮図書館はホルヘ・ルイス・ボルヘスの『**バベルの図書館**』である。

また、そもそもウィリアムたちが修道院にやって来た理由は、フランシスコ修道会とローマ教会の清貧論争と呼ばれる異端論争にあるなど、キリスト教文献（特に異端文献を）も縦横無尽に使っている。

腹腹時計

ハラハラドケイ

Haraharadokei

■日本　■扇動書

昭和49年（1974年）に発行された都市ゲリラの教本。別名を『兵士読本Vol.1』。

発行者は、1970年代に連続企業爆破事件を起こしたことで知られる東アジア反日武装戦線。その“狼”部隊であるとされている。

本書は一般には「爆弾製造教本」として知られているが、実際には都市におけるゲリラ活動を行うための手引書だ。爆弾製造に関しては1段を割いているのみで、大部分は潜伏拠点（住居）の内装や普段の生活に関する注意点、打ち合わせなどで使う場所の選び方などの説明に費やされている。

ハラルド苛烈王のサガ

ハラルドカレツオウノサガ

Haralds saga Sigurðarsonar

■アイスランド　■サガ

13世紀の詩人スノッリ・ストゥルルソンが編纂した『**ヘイムスクリングラ**』の1篇。

聖オーラーヴ王の異父弟で、ノルウェー王を自称し、甥のマグヌス善王を追放して王位に就いたハラルド3世の物語。

ハラルドの息子たちのサガ

ハラルドノムスコタチノサガ

Saga Inga konungs og bræðra hans

■アイスランド　■サガ

13世紀の詩人スノッリ・ストゥルルソンが編纂した『**ヘイムスクリングラ**』の1篇。

ハラルド苛烈王の息子たち、シグルド2世、エイステイン2世、インゲ1世の物語。

ハラルド美髪王のサガ
ハラルドビハツオウノサガ

Haraldar saga hárfagra

■アイスランド　■サガ

13世紀の詩人スノッリ・ストゥルルソンが編纂した『**ヘイムスクリングラ**』の1篇。

ノルウェーを統一した王ハラルド1世の物語。

彼は、エイリーク王の娘に求婚したが、彼女は全ノルウェーの王とでなければ結婚しないと答えた。

そこで彼は、ノルウェー王になるまでは髪を切らず梳《くしけず》りもしないという誓いをし、10年かけてノルウェーを統一した。そして、それまでは「もじゃもじゃ頭」とか「もつれ髪」とか呼ばれていた髪を整え「美髪王」と呼ばれるようになった。

さすがに、この内容は、騎士道ロマンスなどの影響で生まれた創作だと考えられている。

パリ絵文書
パリコデックス

Codex Paris

■中央アメリカ　■経典

→**絵文書《コデックス》**

パリセードの虐殺
パリセードノギャクサツ

Massacres at Palisade

■アメリカ　■音楽

1870年代に、アメリカの西部にある恐ろしい町のニュースが新聞を賑わしていた。それはパリセードという町で、鉄道が通っているだけが利点という田舎町だ。だが、ここはシカゴ以西で最も物騒な町である。

町に鉄道が着くと、そこでは殺し合いの真っ最中だ。ガンマンが撃ち合っている。もちろん、片方が倒れるまで銃撃は続く。乗客は思わず身を伏せ、一刻も早い鉄道の出発を望む。ようやく鉄道が発車するころに窓から見えるのは、町の住民が死体を担いで葬儀屋へ運んでいく様子だ。時には、1対1の対決などではなく、銀行強盗と保安官の銃撃戦に出合うこともある。さらには、インディアンの襲撃で住民が撃ち殺されることすらある。

だが、実はこれは単なる芝居だった。鉄道の乗客を驚かせてやろうという町の住民のいたずらだったのだ。弾丸はすべて空砲だった。新聞は、このような暴力的な事態を一掃するよう要求したが、町の住民すべてが協力している以上、それは不可能だった。もちろん、襲ってくるインディアンも、近所の仲間だ。軍に出動を依頼しても、軍もいたずらのことを知っていて知らんふりを続けている。

だが3年経って、あまりに悪名が高くなり過ぎたため、パリセードはいたずらをやめることにした。保安官すらいない平和な町へと戻ったのだ。

だが、その記憶は『パリセードの虐殺』というざれ歌になって残った。

バルク書
バルクショ

Book of Baruch

■中東　■経典

『旧約聖書外典』の一つ。預言者エレミアの書記バルクの手による預言書とされるが、実際には紀元前1～後1世紀ごろの作品。特に、前半と後半は明らかに別人の書いたものである。

→旧約聖書

バルク黙示録
バルクモクシロク

Apocalypse de Baruch

■中東　■経典

『旧約聖書偽典』の一つ。預言者エレミアの書記バルクの残した黙示録である。現在「シリア語バルク黙示録」と「ギリシャ語バルク黙示録」が残されている。

それによると、ユダヤの残された2部族（本来ユダヤ民族は12部族あったが、そのうち10部族は失われて、残るのは2部族だけである）が悪行をしているので、主は彼らに対する加護をやめ、エルサレムは敵の手に渡るだろうという。

預言者エレミアは、虜囚と共にバビロンへと旅立った。だが、バルクは破壊されたシオン（エルサレム）に残って、主の言葉を聞いた。彼は、どうして異教徒が栄え、ユダヤ人が苦難に陥るのかを主に問うた。すると、主はユダヤ人が律法をないがしろにしたので、異教徒を使って罰を与えているのだという。さらに、ではなぜ異教徒が栄えているのかと問うと、その繁栄は仮初めのもので、ユダヤ人が主の言葉に忠実になれば、すぐに元に戻るのだという。

バルドルの夢
バルドルノユメ

Baldrs draumar

■アイスランド　■叙事詩

『歌謡エッダ』の1篇。ただし『王の写本』には載っていない。

オーディンが死せる巫女を墓から甦らせ、バルドル神の運命を聞く。

パルプマガジン

pulp magazine

■アメリカ　■定期刊行物

20世紀前半のアメリカで発行された娯楽小説雑誌の総称。けばけばしい表紙と、安っぽい作りで、大衆向けに書かれた娯楽小説などを掲載していた。この名称は、安っぽい紙（パルプ）で作られた本だからだという。

典型的な表紙としては、主役であるヒーローの助けを待つ半裸の美女のイラストがある。それに迫りくる悪漢が、覆面の男なのか、猛獣なのか、怪しい異星人なのか、吸血鬼なのか、モンスターなのかが、ジャンルの違い（犯罪もの、秘境探検もの、SF、ホラー、ファンタジー）を表しているが、物語の構造は似たり寄ったりだった。

SFやヒロイック・ファンタジーなども、初期はこのパルプマガジンとして発売されていた。

イギリスでは、同様の雑誌をストー

リー・ペーパーといい、日本では**カストリ雑誌**という。

播州皿屋敷

バンシュウサラヤシキ

Banshuhsarayashiki

■日本　■戯曲

江戸時代中期の浄瑠璃。

為永太郎兵衛《ためながたろべえ》、浅田一鳥《あさだいっちょう》という2人の浄瑠璃作家による合作。寛保元年（1741年）の作。

作者の生業からも分かるように、本作は元々浄瑠璃のために書き下ろされたものである。その元となったのは、『播州皿屋敷実録』という姫路の十二所神社に伝わる浄瑠璃だ。

寛保元年7月、大坂の豊竹座にて初演された『播州皿屋敷』の内容は次のようなものだ。

永正年間（1504～1520）、播州姫路城の第9代城主・小寺則職《こでらのりもと》の家臣であった青山鉄山は、御家乗っ取りを企んでいた。これを察知した忠臣が、お菊を青山の家に女中として潜り込ませる。お菊は、青山が花見の宴席で主《あるじ》たる小寺則職を毒で暗殺する計画を練っていることを探り出し、見事それを阻止する。それを知った青山は家宝の皿を1枚隠し、その責任をお菊になすりつけて惨殺、死体を古井戸に投げ込んだ。それ以来、夜な夜なお菊が皿を数える声が井戸から聞こえてくるようになる。が、数える声は「9枚」までで止まり、すすり泣きながら、また1枚目から数え直す。それが毎晩のように続いた。そうこうするうちに青山一派は忠臣たちにより滅ぼされ、姫路城は安定を取り戻したのである。

ちなみに、『播州皿屋敷』の元となった『播州皿屋敷実録』は「実録」と付いてはいるが事実というわけではない。

萬川集海

バンセンシュウカイ

Bansensyuhkai

■日本　■学術書

忍術秘伝書の一つ。延宝4年（1676年）に藤林保武という武士によって書かれた。本の題名は、多くの川が集まって海になるように、多くの忍術を集めて海のように大きな本にしたという意味であろう。甲賀忍者の秘伝書といわれるが、伊賀忍者の秘伝書であるという説も有力である。

数ある忍術秘伝書の中で、質量共に最大級のものである。悪口をいえば、あちこちの秘伝書を集めてきただけといえなくもない。関ヶ原の戦いが終わって76年も経ち、すっかり平和になって忍術の必要がなくなった時代に書かれたので、各地の忍者の秘伝も隠しておく必要性が薄れていたのだろう。

すでにこの時代、いくつもの秘伝が失われたためだろう、水蜘蛛（足に丸い浮きを付けて水上を歩く）のように全く役に立たないものが載っていたりするが、これなどは中国の本などから丸写ししたものである。

ちなみに女忍者を「くのいち」というのも、この本が出典である。

バンダマンナ・サガ

Bandamanna saga

■アイスランド　■サガ

アイスランドの**サガ**の1篇。

オーフェイグルとその息子オッドルは、不仲な親子である。だが、商人となったオッドルの財産を奪おうという陰謀があった時、オーフェイグルは知恵をもって息子を救い、親子の仲は修復される。

パンチャヴィンシャティ・ブラーフマナ

Pañcaviṃśati-brāhmaṇa

■インド　■経典

『サーマ・ヴェーダ』の中の「**ブラーフマナ**」の部分。

パンチャ・シッダーンティカー

Pañca-siddhāntikā

■インド　■占星術書

6世紀の天文学者にして占星術師であるヴァラーハミヒラの書いた天文学と占星術の書。

この本によると、当時すでにインドでは三角関数が知られていたことが分かる。

番町皿屋敷

バンチョウサラヤシキ

Banchohsarayashiki

■日本　■物語

日本の著名な怪談噺の一つ。

日本各地にある皿屋敷ものの怪談の一つである。

火付盗賊改め青山主膳《あおやましゅぜん》は、当時江戸を荒らし回っていた盗賊・向坂甚内《こうさかじんない》を捕縛、拷問の末に処刑する。甚内にはお菊という娘がいた。青山はこれを下女として屋敷で働かせることにした。お菊が16歳になったころ、青山は彼女を妾にしようとするが拒絶される。この時から青山はお菊に辛く当たるようになった。そんなある時、お菊は青山家の家宝の皿を1枚割ってしまう。その罰として青山に右手中指を切り落とされたお菊は、屋敷の庭の古井戸に身を投げた。その日から青山の屋敷に怪異が起こるようになる。生まれた青山の子供には右手中指がなく、夜になると家鳴りがして、どこからともなく物悲しげで恨めしげに数を数える声が聞こえてくるといった具合だ。奉公人は次々と辞めていく。山伏の祈祷も効果がなかった。そしてついには、お菊の自殺が公に露見し、青山の家はお取り潰しになってしまったのである。が、話はこれで終わらない。その後も屋敷の跡地では数々の怪異が起こり続けたのである。その噂を聞いた伝通院の了《りょう》誉《よ》上人《しょうにん》がお菊の幽霊退治に乗り出した。三七《さんしち》日（21日）の祈祷の末、お菊の幽霊が「…七つ…八つ…九つ…」と数えた瞬間、「とお！」と気合を入れた。するとお菊は満足して成仏したのである。

一説にはこの怪談は、日本各地に点在する「皿屋敷」と呼ばれる地名や建物名にまつわる伝承と、相互に影響を与えながら成立したものだとされている。他の皿屋敷伝説でも、「お菊」という娘と「失われた皿」という要素が登場する。

また、大正5年（1916年）には、岡本綺堂が本怪談を元に物語を執筆している。そこでは青山（主膳ではなく播磨）とお菊は身分違いの恋をしている。お菊は青山の自分への愛を確かめるべく青山家伝来の皿を1枚割る。青山はこれを許すが、本当はわざと割ったことを知り、お菊が自分を信じていなかったことに激怒してお菊を殺してしまう。この後、青山の心は荒み、それを表すかのように青山家も荒れ果てていったのである——というのがその筋だ。こちらには怪談的な要素は存在せず、人の愛と情念の物語となっている。

万物の根幹

バンブツノコンカン

La Racine du tout

■中東　■オカルト

1世紀に実在した魔術師シモンが書いたといわれる本。シモンはキリストと同時代の人間で、同じくサマリアの出身といわれる。『**新約聖書**』にも名前が登場するが、当然のことながら貧乏くじを引かされる役どころである。

だが、彼は彫像を歩かせたり、火の中で平気でいたり、空を飛んだりできる魔術師であった。

その彼が書いた本では、万物の根幹は「火」であるとする。もちろん、ここでいう火は単なる炎ではなく、魂が生まれ出る世界の中心たる火のことである。

ハンムラビ法典

ハンムラビホウテン

Codex Hammurabi

■メソポタミア　■法律書

「目には目を、歯には歯を」の条文で有名な、バビロニア第1王朝のハンムラビ王によって制定された法典。ハンムラビは紀元前18世紀に群雄割拠のメソポタミアを統一し、大帝国を築いたバビロンの王である。

ハンムラビ法典は、19世紀初頭にイランのスサで発見された玄武岩の石碑に刻まれていたことから、世に知られた。この石碑は元々シッパルの正義の神シャマシュの神殿に安置されていたのが、戦利品としてイランに持ち去られ、そこで発見されることになったのだ。高さが2.25m、周囲が2mの石碑の表面には、前書き、後書き、そして282条の条文が、アッカド語の楔形文字でびっしりと刻み込まれている。

発見当初、ハンムラビ法典は最古の成文法として大きな注目を浴びた。現在ではより古い法典が見つかっているが、同時代の法律の最も優れた史料としての地位はいささかも揺らいでいない。

一般的に法典という単語が使われるが、内容はどちらかといえば判例集に近く、ハンムラビ王の裁判における理念を記したものらしい。同時代の裁判において、条文と相反する判決が下されているのだ。ハンムラビ王の理念とは正義と自由であり、それは前文の「強き者が弱き者を虐げることがないように」という言葉に表されている。よく知られる復讐法（「目には目を、歯には歯を」）も、過剰な罰を禁じ、無秩序な報復合戦を戒めるための条文だった。

ハンムラビ法典は人々からいたく尊重されたようで、その条文を写した写本が多数発見されている。

ひ

ピーターとウェンディ

Peter and Wendy

■イギリス　■小説

→ピーター・パンとウェンディ

ピーター・パンとウェンディ

PeterPan and Wendy

■イギリス　■小説

有名なピーター・パンが活躍する、イギリスの作家ジェイムズ・マシュー・バリーの小説。1911年刊。

バリーは1902年に大人向けの幻想小説『**小さな白い鳥**』を発表し、この小説の挿話として初めてピーター・パンを登場させた。その後、ピーター・パンの構想は発展し、1904年に児童劇「ピーター・パン―おとなにならない少年」を上演した。この劇が物語に改められたのが『ピーター・パンとウェンディ』である。最初は『ピーターとウェンディ』という題名だったが、1921年に改題された。

この物語のピーター・パンは見た目5歳くらいの男の子で、決して歳を取らない。ピーター・パンは元々は人間の子供なのだが、大人になるのを拒否して家を逃げ出し、今では妖精のようになっている少年なのである。そして、彼は木の葉の服を着ており、妖精国ネヴァーランドで、相棒の妖精ティンカーベルたちと楽しく暮らしている。ティンカーベルは女の子の姿で、羽根の生えた非常に小さな妖精である。

そんなピーター・パンがある時、人間の世界にあるダーリング家にやって来る。そして少女ウェンディとその弟のジョンとマイケルを連れ、空を飛んでネヴァーランドへ旅をする。こうして始まる冒険が『ピーター・パンとウェンディ』の主題である。

ところで、冒険が終わって家に帰ったウェンディはやがて大人になり、結婚してジェインという女の子の母親になった。すると、ある時またピーター・パンが現れ、今度はジェインを連れてネヴァーランドに旅をするのである。永遠に子供のままのピーター・パンは、こんなふうにしていつまでも子供たちの前に現れ続けるというのだ。

ピーター・パンを主人公にした物語には、この他にも『**ケンジントン公園のピーター・パン**』があるが、これにはネヴァーランドで暮らすようになる以前のピーター・パンの様子が描かれている。

鼻行類

ビコウルイ

Bau und Leben der Rhinogradentia

■ドイツ　■学術書

1957年、無名の生物学者ハラルト・シュテュンプケによって書かれた生物学の論文。哺乳類の新たな目《もく》が発見されたことを知らせる貴重な文献である。

その目が鼻行類である（ということは正確には鼻行目なのではなかろうか）。この生物は、太平洋のハイアイアイ諸島にだけ生息し、そこで特殊な進化を遂げたものと考えられている。

その発見も、数奇なものである。日本の捕虜収容所から脱出したスウェーデン人が、ハイアイアイ諸島の一つハイダダイフィ島に漂着したことが始まりであるという。原住民に救われた彼は、その島で奇妙な生物を発見した。これが鼻行類である。

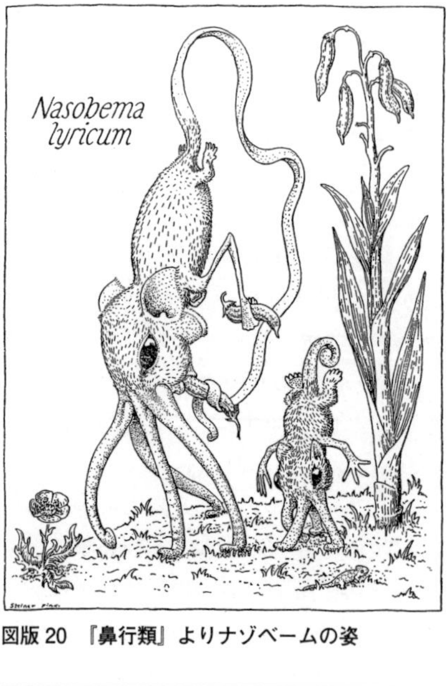

図版20　『鼻行類』よりナゾベームの姿

だが、20年程経った1957年、某国の地下核実験の影響で、ハイアイアイ諸島は海に沈んでしまった。運悪く、著者のシュテュンプケも資料標本を持参してハイアイアイ諸島に出かけており、奇禍に遭って死亡した。このため、残念ながら鼻行類の標本も残っていない。

鼻行類は、鼻が発達し様々な機能を持った生物である。大きく広がって花に擬態するものや、鼻を触手のように伸ばして餌を取るものもある。だが、何より特徴的なのは、鼻で歩いたりジャンプしたりするものたちだ。

発売されるや否や、この本は本当なのか偽書《ぎしょ》なのかパロディなのかで、激しい論争が起こった。

シュテュンプケは無名であったが、この本の書評を新聞に載せたのは、高名なドイツの生物学者ホルストであるし、フランス語版の序文を書いたのは、これまた高名な生物学者グラッセである。また、内容も、生物学の本として非常にまともな論文として書かれている（このため、パロディ本と思って読む人は、あまりに物堅い内容に戸惑ってしまうようだ）。

とはいえ、本当にハイアイアイ諸島なる島があったのか、そもそもシュテュンプケという生物学者がいたのかというと、何の証拠もないのだ。それですら、原住民ともども何人もの学者を殺してしまった某国が、それを隠すために証拠を消してしまったのだという説もあり、真偽は定めがたい。

美人くらべ

ビジンクラベ

Bijinkurabe

■日本　■説話

御伽草子《おとぎぞうし》の1篇。

五条の宰相には2人の娘がいた。1人は先妻との間に生まれた「もせ姫」、もう1人は今の妻の娘である「しらん姫」である。丹後の少将はこの姉妹に心寄せていたが、清水寺で2人を見比べ、もせ姫に求婚する。これに怒った後妻はもせ姫を殺すよう武士に命じるも、武士はもせ姫に同情して逃がす。逃げている時に熊野帰りの尼と出会ったもせ姫は、彼女に伴われて信濃国の伏屋《ふしや》へと落ち延びる。一方、丹後の少将は老人に化身した住吉明神の助けを借り、伏屋へと到達、もせ姫と再会する。この後2人は上洛して結婚、末長く暮らした。その一方、義理とはいえ自分の娘を殺そうとした後妻は自害したという。

この物語は、散逸した平安朝時代の物語『ふせや』を元にした、あるいは『ふせや』を改作した御伽草子『伏屋の物語』を元にしたとされている。

秘中の秘

ヒチュウノヒ

Arcana Arcanissima

■ドイツ　■錬金術書

ドイツの宮廷医師ミヒャエル・マイアー（1566～1622）が1614年に発行した錬金術《れんきんじゅつ》寓意《ぐうい》画集。マイアーの最初の作品である。

この本は、エジプト神話をヘルメス学（錬金術などを含むオカルト）的に解釈している最初の本でもある。例えば、エジプト神オシリスは硫黄であり、イシスは水銀である。この両者の対立は、錬金術における硫黄と水銀の対立を寓意しているのだという。

もちろん、他の錬金術書と同じようにギリシア神話のヘルメス学的解釈も行われている。

美徳の不幸

ビトクノフコウ

Les infortunes de la vertu

■フランス　■小説

→ソドム百二十日

ヒトラーの日記

ヒトラーノニッキ

Hitler's Diaries

■ドイツ　■偽書

「私が若いころに書いた覚書は、その一部が紛失してしまったので、ここにある文書類は常に党の公文書保管所に置いて、私が自由に見られるようにしておく。

これらはあくまで私の所有物である。

1932年9月　アドルフ・ヒトラー」

（『詐欺とペテンの大百科』カール・シファキス著／鶴田文訳／青土社）

1983年に、この前書きと共に62冊のヒトラーの日記が発見されたとして、世界が大きく揺らいだ。歴史家や筆跡専門家たちの多くが、これを本物と認め、歴史的発見だと世界中の出版社や新聞社が掲載権を争った。

だが、これはコンラッド・フィッシャーという詐欺師がでっち上げげた代物で、ドイツの高級紙シュテルンまでが騙されて高額の版権を購入した。

秘密教義

ヒミツキョウギ

Secret Doctrine

■ロシア　■オカルト

→シークレット・ドクトリン

百詩篇

ヒャクシヘン

Centuries

■フランス　■予言書

予言者ノストラダムスの予言詩を集めて、1555年に出版されたもの。一般には『諸世紀《しょせいき》』として知られるが、これは誤訳であろう。この本では、ノストラダムスは自らの詩100個をひとまとめにして整理している。よって“centurie”は「世紀」ではなく「100」の意味で用いられていると考えるべきであろう（フランス語の「世紀」は“siècle”である）。

実のところ、1999年7月に恐怖の大王は降ってこなかったし、ノストラダムスの信憑性はかなり落ちている。だが、まだ信じている人もいるだろう。

1999年7月が有名になってしまったために、ノストラダムスは日付を明確にして予言を行っていると誤解している人も多い。だが、かの予言は非常に例外的である（さすがのノストラダムスも、自分の予言書が20世紀末まで残ることは予知できなかったのだろう）。彼の予言詩の99％以上は、日付も場所も明確に書かれてはいない。さらにいうと、彼の本には戦争の予言が非常に多い。

考えてみると、人類は戦争ばかりしている生物なので、戦争の予言をたくさんしておけば、どこかで戦争が起これば、それに当てはまる予言詩の一つや二つは簡単に見つけることができる。

つまり、ノストラダムスの予言は、構造的に必ず当たるように書かれているのだ。

『ノストラダムスの大予言』は、五島勉がこの本から適当に選び出した予言を並べて日本で出版した時のタイトルで、このような本はフランスにはない。

百万

ヒャクマン

Il Milione

■イタリア　■旅行記

→東方見聞録《とうほうけんぶんろく》

百万塔陀羅尼

ヒャクマントウダラニ

Hyakumantohdarani

■日本　■経典

陀羅尼《だらに》経。

天平宝字8年（764年）、孝謙上皇の勅願によって恵美押勝《えみのおしかつ》の乱（藤原仲麻呂の乱）の平定を願って作り始められたもので、宝亀元年（770年）、称徳天皇の代に完成した。

小さな木製の塔に納めた陀羅尼経を100万部作成し、畿内の十大寺（大安寺、元興寺、弘福寺、薬師寺、四天王寺、興福寺、法隆寺、崇福寺、東大寺、西大寺）

に10万部づつ奉納した。

この経典は「2008年現在において年代が特定可能な印刷物では世界最古のもの」である（印刷自体は7世紀ごろの中国ですでに行われている）。紙を下に版を押しつけるスタンプ方式であると考えられているが、その版が木製なのか金属製なのかは不明。

現在では法隆寺所蔵のものが国宝指定を受けて現存。他の9寺に奉納されていたものは戦乱や火災などによって焼失・散逸している他、明治時代の廃仏毀釈のころに（破棄損壊を免れた少数が）売買されて博物館や個人のコレクションとなっている。

百科全書

ヒャッカゼンショ

Encyclopédie ou Dictionnaire raisonné des sciences, des arts et des métiers

■フランス　■事典

フランス革命前夜にあたる1751～1772年に、フランスの啓蒙思想家たちが作った百科事典。ヴォルテールやジャン・ジャック・ルソー、モンテスキューらも執筆者に名を連ねている。

この執筆にかかわった人々を、百科全書派と呼ぶ。フランス啓蒙思想を広く知らしめ、フランス革命の思想の母体となるべき人的集団を作るのに影響があったといわれている。

百器徒然袋

ヒャッキツレヅレブクロ

Hyakkitsurezurebukuro

■日本　■図画

→画《が》図《ず》百《ひゃっ》器《き》徒然《つれづれ》袋《ぶくろ》

百鬼夜行絵巻

ヒャッキヤギョウエマキ

Hyakkiyagyohemaki

■日本　■図画

室町時代に成立したと思われる絵巻物。

作者は不明。

その名から想像できるように、この絵巻物の主題となっているのは妖怪たちの姿だ。といっても、妖怪が群れを成して夜の市中を徘徊する「百鬼夜行」とは違い、ここで描かれているのは古道具が妖変した姿である。いわゆる「器物の変化」「付《つく》喪《も》神《がみ》」のそれだ。元となっている品物は、神事や仏事に用いられる物や貴族の女房《にょうぼう》の持ち物などが多く、当時の貴族の世界に対する風刺的な性質もあったようだ。

→付喪神

ヒュミルの歌

ヒュミルノウタ

Hymiskviða

■アイスランド　■叙事詩

『歌謡エッダ』の1篇。

フロールリジ（トールの別名）とチュールが、巨人ヒュミルのところまで大鍋を借りにいく話。

色々あって、鍋は借りたもののチュールには動かすことはできない。だが、怪力無双のトールは鍋を担いで神々のところに戻ることができた。

このため、神々は麦酒を十分飲むことができるのだ。

ヒュンドラの歌

ヒュンドラノウタ

Hyndluljóð

■アイスランド　■叙事詩

『**歌謡エッダ**』の1篇。ただし、『王の写本』には載っておらず、『**フラテヤーボック**』にのみ完全な形で残っている。一部は『**散文エッダ**』に引用されているので、成立がそれ以前であることは分かっている。

女神フレイヤが、祖先比べの勝負をする人間の戦士オッタルのために、女巨人ヒュンドラに依頼して、彼の祖先を明らかにする。

ヒョルヴァルズの子ヘルギの歌

ヒョルヴァルズノコヘルギノウタ

Helgakviða Hjörvarðssonar

■アイスランド　■叙事詩

『**歌謡エッダ**』の1篇。

三つの内容から成る叙事詩で、それぞれの間の関連は少ない。もしかしたら、三つの詩を合体させたものかもしれない。

一つは、ヒョルヴァルズ王が4人目の妻を選ぶ話。

次が、女巨人フリームゲルズと、勇士ヘルギとアトリの口論。

最後がヘルギとヴァルキューレのスヴァーヴァとの恋とヘルギの死。

いずれも短いものである。

ピラミッド・テキスト

Pyramid texts

■エジプト　■経典

エジプト古王国時代後期（紀元前2300年代）から第1中間期（紀元前2000年代）にかけての王のピラミッド9基の内部には、玄室から通路にかけて、壁面にびっしりとヒエログリフ（聖刻文字）で呪文が刻まれている。それは600にも及ぶ膨大な数の祭儀文と呪文であり、大半が死した王の葬礼と死後の復活のためのものだ。

第6王朝期の王のピラミッド（一部王妃のピラミッドも）内部を飾る、この宗教的呪術的な祭儀の呪文を、ピラミッド・テキストと呼ぶ。文学作品としても、また葬祭文書としても、現存するエジプト最古の記録だ（それまでのピラミッドは、こうした装飾が刻まれていない“無銘”ばかりだった）。

ピラミッド・テキストの内容は、王が無事に来世で復活し、神々や偉大な祖先の王の一員に加わるための祭儀の呪文だ。偉大なる王は、死後に昇天して神の一員となり、太陽神ラーの航海に加わる。あるいは冥界の王オシリスの下で至福の生活を送る。それを保証するよう神に懇願し、また強制するための呪《まじな》いなのだ。時代的に太陽神信仰が盛んであったためか、ピラミッド・テキストには王が昇天する内容の文章が多い。

ピラミッド・テキストの、死せる王へ

の配慮は徹底しており、そのためヒエログリフの形にまで修正が加えられている。人間や危険な動物を意味する文字から、ご丁寧にも王を害するかもしれない部位が取り除かれているのである（例えば人間は手足など）。

当初は王が死後に神になることを保証するためのものであった墓所の装飾は、やがて一般化していく。中王国時代（紀元前2000～前1700年代）には、より死者の遺体に近い棺そのものに、祭儀文と呪文を描くようになったのだ。これをコフィン・テキスト（棺柩文《かんきゅうぶん》）と呼ぶ。

ピラミッド・テキストの時代には、オシリスと一体となり、あるいはラーと共に死後も生きる保証を得られるのは、王の特権だった。だが、歴史が下り王の権威が失墜したことで、だれにでも来世での復活の機会があるのだと信じられるようになった。そこで高価な棺を用意できる宮廷人や富裕層は、棺を美麗なヒエログリフや挿画で飾り、王と同じ祭儀文や呪文を用いることで、自分たちも死後の世界で幸福を得ようと願ったのである。

そしてこれらの儀礼がさらに大衆化し、だれにでも手に届くようになった姿が、パピルスに書かれた「**死者の書**」なのだ。

ピラミッドよりのぞく目

ピラミッドヨリノゾクメ

The Eye in the Pyramid

■アメリカ　■小説

→イルミナティ３部作

ピリ・レイスの地図

ピリレイスノチズ

Piri Reis map

■トルコ　■地図

ピリ・イブン・ハジド・メムド・レイス（ピリ提督）が1513年に作らせたといわれる地図。実際の発見は1929年のイスタンブール。

この地図には、制作年代（16世紀）を考慮すると、不可思議なものが書かれている。南アメリカ大陸や大西洋とその島々、周辺の陸地、そして南極大陸の一部（のようなもの）である。

ピリ提督はこの地図を「コロンブスが新大陸を発見した航海の時に持って出た地図」をベースに作ったと書き残している。コロンブスが新大陸を記した地図を持って航海に出たという説は以前からあったため、一時期はセンセーションを起こした。

また、この地図自体、ピリ提督が測量したものではなく、過去の様々な地図（中にはアレクサンダー大王時代の地図もあるという）を参考に作成されたと書き残されている。

しかし、1929年といえばトルコのナショナリズムが一気に燃え上がった時期であり、そういう時期に「我が国は昔からこんなに偉大だったのである」という過去文書や記録が捏造されるのはよくあることである。日本の偽書《ぎしょ》はほとんどがそうだし、少し前にはソビエト連邦が、現代では韓国がよくやっている。ナショナリズムの高揚⇒偽書の作成という構図は、世界中で共通なのだ。

現代では、コロンブス以前に様々な民

族が、南北アメリカ大陸を“発見”していたというのは定説になっているが、その証拠としてこのピリ・レイスの地図を持ち出す者はほとんどいない。

ピルケ・アボス

Pirke Aboth

■中東　■経典

『旧約聖書偽典』の一つ。ユダヤ教の律法学者の言葉を集めたもので、**『旧約聖書』**の「**箴言**《しんげん》」などと同等のものだ。

キリスト教で非難されているパリサイ派の言葉であるが、人間について含蓄のある言葉が並ぶ。これを読めば、キリスト教側の非難が一方的なものであることが分かるだろう。実際、ユダヤ人の多くはキリスト教よりも、旧来のユダヤ教を選んだのだ。それは、キリスト教に移る必要のないだけの魅力が、ユダヤ教にあったからだと考えるべきだろう。

ヒルデブランドの歌

ヒルデブランドノウタ

Das Hildebrandslied

■ドイツ　■叙事詩

9世紀ごろに成立した、古ドイツ語で書かれた叙事詩。老騎士ヒルデブランドと若き騎士ハドゥブランドの戦い。実は、彼らは父子である。

この詩は結末が失われているが、名称などを除いてほとんど同じ話の**『勇士殺しのアースムンドのサガ』**などから、父が子を殺す結末になると考えられている。

ヒルデブランドの挽歌

ヒルデブランドノバンカ

Hildibrands Sterbelied

■アイスランド　■叙事詩

『歌謡エッダ』の1篇。詩自体は**『勇士殺しのアースムンドのサガ』**の最後に掲載されている。この**サガ**自体は、ドイツの**『ヒルデブランドの歌』**を翻案したものだが、一部内容が異なるため、別の原本があるのかもしれないと考えられている。

部下が多数殺されたことを知ったヒルデブランドは、ベルセルクの怒りに我を忘れ、息子を殺して兄のアースムンドにまで切りかかる。そして、重症を負ってついには死んでしまう。

ファーヴニルの歌

ファーヴニルノウタ

Fáfnismál

■アイスランド　■叙事詩

『歌謡エッダ』の1篇。英雄シグルズの物語の一つ。

レギンに唆《そそのか》されて、龍ファーヴニルを殺したシグルズは、レギンの求め通り、ファーヴニルの心臓を焼いてレギンに渡そうとした。

だが、その直前に、火に焼けた熱い心臓を触ってしまい、それを口にくわえたところ、ファーヴニルの血が口に入り、鳥の言葉が分かるようになった。

そして、鳥がレギンの裏切りについて告げたので、レギンも殺し、その宝を1人占めにする。

ファーマ・フラタルニタティス・デス・レーブリヒェン・オルデンス・ダス・ローゼンクロイツ

Fama Fraternitatis, des Löblichen Ordens das Rosenkreutzes

■ドイツ　■魔術書

→賞讃《しょうさん》すべき薔薇《ばら》十《じゅう》字《じ》友愛団《ゆうあいだん》の名声《めいせい》

ファウスト

Faust

■ドイツ　■戯曲

ドイツの文豪ゲーテ（1749～1832）が生涯をかけて書き上げた2部から成る戯曲。近代人の象徴である主人公ファウストの愛、苦悩、救済がテーマだといわれたりするが、物語には聖書、ギリシア神話、各種の伝説などの要素が数多く散りばめられ、極めて幻想的な作品になっている。そもそもファウスト自体が、ドイツの民間伝承に登場する錬金《れんきん》術《じゅつ》師のファウスト博士をモデルにしているといわれる。

第1部はファウストとグレーチヒェン（マルガレーテ）の恋愛悲劇が物語の中心となる。

すでに老齢に達した学者ファウストはあらゆる学問を究めたが、人生には絶望していた。そこに悪魔メフィストフェレスが現れ、彼にある契約を持ちかける。魂と交換にこの世の享楽を体験させ、満足させてやろうというのだ。自分が満足するなどあり得ないと考えていたファウストは、すぐに契約した。すると、メフィストはファウストを魔女の厨《くりや》に連れていった。そこで魔女の作った秘薬を飲んだ彼は若返り、町に出ると純情可憐な美少女マルガレーテと恋に落ちた。だが、この結果は恐ろしいものだった。メフィストの案内で彼が「ワルプルギスの夜」という魔女や妖精の集まる宴に参加している間のこと。1人残されたマルガレーテは、絶望のあまりファウストとの間に生まれた赤ん坊を殺してしまい、牢獄に繋がれて狂気に陥った。ファウストはすぐにも救出にいったが、マルガレーテは彼のそばに悪魔がいるのを見つけ、信仰心から脱獄を拒否した。ファウストは絶望のうちにその場を去るしかなかったのである。

第2部は、英雄的冒険の末にファウストが救済される物語である。

マルガレーテと別れてどれくらい経ったのか、楽園のような優美な地方で妖精たちの歌を聞くうちに、ファウストは気力を回復した。と、一転して彼は神聖ローマ帝国皇帝に仕える身となる。そのファウストに皇帝は、美男美女の典型である古代ギリシアのパリスとヘレネを見たいと望む。ファウストはメフィストの力を借り、虚無の世界から英雄パリスと美女ヘレネの霊を一時的に宮殿に呼び出した。ところが、美しいヘレネを見たファウストは、どうしても生きている彼女と結婚したくなった。しかし、キリスト教的悪魔であるメフィストは、現実的な古代ギリシア世界には手が出せなかった。ここに、ホムンクルス（人造人間）が登場する。かつて老学者だったファウストには、ヴァーグナーという弟子がいた。このヴァーグナーが今や大学者となり、ファウストの実験室でホムンクルスの製造に成功したのだ。小さなフラスコの中に誕生した光り輝くホムンクルスは、フラスコごと宙に舞い上がり、ファウストとメフィストを古代ギリシア世界へと案内した。ファウストたちはエーゲ海の上を飛び、神々や精霊のいる土地を回る。そして、メフィストの策略で、ファウストはスパルタ王メネラオスの妻だったヘレネを手に入れ、中世風の城で彼女と暮らした。2人の間にはオイフィリオンという子供も生まれた。だが、オイフィリオンは空を飛ぶことに憧れ、ある時高い岩の上から空中に身を投げて死に、ヘレネも息子を追って冥界へ帰ってしまった。取り残されたファウストは古代ギリシア世界を去り、再び皇帝に仕えると、メフィストの魔法で反逆皇帝の軍を打ち破る活躍をし、報酬として海岸地帯を手に入れる。これからファウストは、海岸を埋め立て干拓するという大事業に乗り出す。長い年月が経ち、ファウストも年老いる。そのころには事業はほぼ成功しているが、海辺に住む老夫婦が立ち退かないためになかなか成就せず、ファウストは満足できなかった。するとメフィストが、老夫婦を追い出そうとして誤って殺してしまう。これを知ったファウスト

図版21　1832年に出版された『ファウスト』の挿絵

は自責の念に駆られ、「憂い」の精霊の息で視力を奪われてしまった。もはやファウストの死も近いと考えたメフィストは、悪霊たちを集めて墓を掘らせた。だが、目の見えないファウストは、土を掘る音を聞くと、彼の大事業がまだ前進中だと勘違いした。そして、大きな満足のうちに息絶えた。メフィストは、ファウストが満足したという理由で、その魂を手に入れようとした。だが、ファウストは決して契約にあったような、享楽によって満足したのではなかった。彼の満足は、人々が自由に暮らせる土地を作り出そうという意欲と、不断の努力から生み出されたものだった。このためファウストの魂は、メフィストの手をすり抜ける。そして、聖母マリアの許可を得た最愛の女性グレーヒチェンによって天国に迎えられることで、救済されるのである。

ファティマの予言

ファティマノヨゲン

The three Secrets of Fatima

■ポルトガル　■予言書

1917年5月13日、ポルトガルのサンタレン県のファティマという村で、3人の子供が聖母マリアと出会った。

彼女は、第1次世界大戦の終結や、子供の2人が早世することなどを含め、様々な予言を行った。実際、第1次世界大戦は1918年に終結したし、2人の子供は1919年と1920年に亡くなっている。

最初、だれも信じなかった聖母の出現だが、やがてヨーロッパ全土に大ブームを巻き起こした。ファティマは聖地となり、巡礼者が列を成した。後には、カトリック教会そのものも、聖母の出現を奇跡と認め、早世した2人の子供を福者（聖者より下のランク）に叙した。長生きしたルシア・ドス・サントスは2005年に死んだので、まだ列福（福者にすること）も列聖もされていないが、いずれは何らかの栄誉を受けることは確実であろう。

この聖母の予言の中で、重大なものが三つあった。

一つは、ロシア帝国の崩壊と共産主義の勃興である。予言では「戦争（第1次世界大戦）は終わるが、ロシアは変えられてしまう。そして、多くの国が絶滅させられる」とある。これは、ロシアの共産主義革命と、さらなる革命の輸出による衛星国の成立を意味しているものと考えられている。

次の予言は、核兵器の開発である。「聖母は、地底にあるような炎の海を私たちに見せた」「空中に炎が吹き上がり、巨大な煙の雲となった」とあり、核爆発の火球及びキノコ雲を表したものであると考えられている。

第3の予言であるが、これは長らくカトリック教会によって隠されてきた。このため、様々な陰謀史観に基づく本が書かれることになった。だが、それも2000年になって第3の予言が教皇庁そのものから発表されたことによって終わりを告げた。第3の予言は、教皇の暗殺と、その背後に組織的関与があることを告げるものだった。

だが、陰謀史観の持ち主たちは、公表された予言は偽物だとか、実は第4の予言があるとか、様々な憶測を述べている。

ファファード・アンド・グレイマウザーシリーズ

Fafhrd and the Gray Mouser

■アメリカ　■小説

アメリカのSF作家フリッツ・ライバーが1939年から書き始めたファンタジー小説。ロバート・E. ハワードの**コナンシリーズ**などの影響を受けて書かれたものだが、より人間味のあるヒーローを描き出している。

ファファードは北方の蛮人で大柄、グレイマウザーは小柄な盗賊で魔法使いに弟子入りしたこともある。彼らは悪党であり、その意味ではピカレスク・ロマン（悪漢小説）の後継といえる部分もある。

彼らの活躍は、ネーウォンという世界を舞台にし、特にその最大の都市であるランクマーを舞台にすることが多い。ちなみにネーウォンとは「何時でもない（Nowhen）」を逆に綴ったものだ。

フィネガンズ・ウェイク

Finnegans Wake

■アイルランド　■小説

1939年にアイルランドの作家ジェイムズ・ジョイスが書いた小説。

ただし、この本をまともに読むことはできない。というのも、基本は英語で書かれているのだが、古ゲルマン語、ケルト語、ヘブライ語などから作り出したジョイス特有の人工言語が無数に散りばめられており、通常通りに読むことは不可能である。

元々の内容は、大工のフィネガンが梯子から落っこちて死んでしまう。だが、葬式に親類縁者が集まって大乱闘になり、酒がフィネガンにかかると、何と生き返ってしまったという、馬鹿馬鹿しいもの。

もちろん、この小説ではそれだけではなく、フィネガンとは別の家族の物語や、その家族の物語を寓意《ぐうい》として、人類について、ダブリンについて書かれていたりする。

こうして小説の中に、堕落と贖罪、永劫と輪廻などといった哲学的課題を織り込んで、さらにそれを人工言語で書くという離れ業を行ったのが、この本である。

ブィリーナ

Былина

■ロシア　■叙事詩

ロシアの民間に口承で伝えられた一群の英雄叙事詩を総称して「ブィリーナ」という。題名は、訳すれば「昔あったこと」「往事」程の意。余談ながら、一般にはブィリーナのうちには数えられない**『イーゴリ軍記』**の冒頭にも「我らはこの物語を今の世のブィリーナとして始めよう」という一節がある。

ブィリーナの内容は様々だが、代表的なものとして…

- 強力《ごうりき》の巨人スヴャトゴル、自在に鷹や狼や赤牛に姿を変える変幻自在のヴォルクなど、異教時代の伝説の名残と見られる太古の勇士たちの活躍を描いたもの。
- キエフ大公ウラジーミルに仕える高潔

な勇士イリヤ・ムウロメツらの冒険を描いたもの。

- 商人サドコや無法者ワシーリイら、商都ノヴゴロドの抜け目のない勇士たちが知恵を働かせて危機を切り抜けたり、勝手放題にゆすりたかりを働いたりする様を描いたもの。

…などがある。成立年代は定かでないが、大部分はほぼ16世紀までに成立していたと考えられる。19世紀以降、本格的な収集と刊行が行われるようになった。なお20世紀には「現代の社会主義的建設者を歌った史詩」もブィリーナと呼ばれることがあった。

風月宝鑑

フウゲツホウカン

Fēng Yuè Bǎo Jiàn

■中国　■小説

→**紅楼夢《こうろうむ》**

風姿花伝

フウシカデン

Fuhshikaden

■日本　■学術書

能の芸道論。

世阿弥が記したもので、その内容は、父である観阿弥の教えを元に世阿弥自身の解釈で芸道を論じたものである。

成立は15世紀前半、応永年間（1394～1427）のころ。

フェイェルバリー・メイヤー絵文書

フェイェルバリーメイヤーコデックス

Codex Fejervary Mayer

■中央アメリカ　■経典

→**絵文書《コデックス》**

フェヴァルの息子ブランの航海と冒険

フェヴァルノムスコブランノコウカイトボウケン

The Voyage of Bran, son of Febal

■アイルランド　■イムラヴァ

→**ブランの航海**

武王伐紂平話

ブオウバッチュウヘイワ

Wǔ Wáng Fá Zhòu Píng Huà

■中国　■小説

中国宋代あるいは元代に作られた『新《しん》刊全相平話五種《かんぜんそうへいわごしゅ》』の一つ。

→**全相平話《ぜんそうへいわ》**

武経七書

ブキョウシチショ

Wǔ Jīng Qī Shū

■中国　■兵法書

中国で古くから重要視された七つの兵法書の総称。北宋の第6代皇帝・神宗《しんそう》（在位1067～1085）の時代に武官養成の教科書に定められ、今日に至っている。**『孫子《そんし》』『呉子《ごし》』『六韜《りくとう》』『三略《さんりゃく》』『司馬法《しばほう》』『尉繚子《うつりょうし》』『李衛公問対《りえいこうもんたい》』**がある。これらは北宋以前の中国の古代軍事著作の代表作であり、多くの普遍的軍事原則を含んでいることから、現代の戦略や戦術を研究する参考資料ともなっている。

福音書

フクインショ

Evangelium

■中東　■経典

キリスト教において、福音（良い知らせ）を伝えるために書かれた書物。注意すべきは、例えば「**マタイ福音書**」は、「マタイの福音」ではなく「マタイによる福音」である。つまり、福音とはマタイの言葉ではなくキリストの言葉であり、それを伝えるのがマタイなのだ。この点を間違ってはならない。つまり、すべての良い知らせは、キリストが発するものなのだ。

正典に属する「マタイ福音書」「**マルコ福音書**」「**ルカ福音書**」「**ヨハネ福音書**」が有名だが、他に『外典』や『**旧約聖書偽典**』に属する福音書が24もある。

正典四つのうち、「マタイ」「マルコ」「ルカ」の三つは、同じ物語（キリストの生と死と復活）を別の視点で描いているので、「共観福音書」と呼ばれる。

福富草子

フクトミゾウシ

Fukutomizohshi

■日本　■説話

御伽草子《おとぎぞうし》の1篇。

あるところに福富の織部という長者がいた。この長者、元は貧しい生まれであり、何とかその苦境を脱しようと社に参り、神頼みを続けた。そのおかげで織部は類まれなる音曲を奏でる能力を獲得する…といっても、それは楽器を使うわけでも口で歌うわけでもなかった。放屁にて音楽を奏でる力を得たのである。この他に類を見ない芸により、織部は長者となった。その長者の近隣に藤太という男が住んでいた。彼は自分も金持ちになりたいと思い、織部に弟子入りする。そして放屁の秘術の秘薬の製法を聞き出し、今出川の中将の前でそれを披露した…のだが、藤太の尻から出てくるのは玄妙なる放屁の調べなどではなく、ただの屁と水溶化した大便。織部が伝授した秘術はまるででたらめ、真っ赤な嘘だったのである。今出川の殿様の白州で汚物を撒き散らした藤太は手ひどく打ち据えられ、半殺しの目に遭ってほうほうの体で逃げ帰った。藤太の家人は、血塗れで帰ってきた藤太を見て赤い小袖を褒美にもらってきたものと勘違いして「もうこんな古着はいらない」と着ていた物を焼き捨ててしまったという。

この物語は、才覚があり、技芸に通じていれば貧しい出でも裕福になれるのだという庶民の願いが描かれていると同時に、それに続こうとする人間の失敗をユーモラスに描き出している。むしろ後者にウェイトが置かれているのは、御伽草子の通俗性の顕れといえるだろう。

ふくろう

Fukuroh

■日本　■説話

御伽草子《おとぎぞうし》の1篇。

少し昔のことである。加賀国に梟《ふくろう》という83歳になる鳥がいた。ある時、梟は鶯姫に恋をする。梟は友人の鷲に相談し、山雀に恋文を託し、薬師如来に願をかけた。鶯姫はその恋文を受け取らなかったが、山雀に口説かれて返答の首を渡す。山雀の報告に梟は落ち込むものの、薬師如来が現れ、その首に込められた謎を解いてみせる。そして梟は阿弥陀堂で鶯姫と契りを交わす。このことは鳥たちの間で噂になった。以前より鶯姫に懸想していた鷹は、それを聞いて怒りのあまり姫を殺してしまう。梟は絶望して自害しようとするが、木菟に止められ、梓巫女に頼んで鶯姫の霊と会い、その後は剃髪して菩提を弔う旅に出たという。

不思議の国のアリス

フシギノクニノアリス

Alice's Adventures in Wonderland

■イギリス　■小説

イギリスの数学者チャールズ・ラトウィッジ・ドジソンがルイス・キャロルのペンネームで書いた児童文学。

白兎を追いかけて、不思議の国に行ったアリスの奇妙な冒険の物語。

1862年に、ドジソンが3人の娘ロリーナ・シャーロット・リデル、アリス・プレザンス・リデル、イーディス・メアリ・リデルと河下りをしていた時、彼が創作して話してやったアリスの冒険が下敷きになっている。その後、アリスの求めによって、それを『地底の国のアリス』という題名の肉筆本にしてクリスマスプレゼントにした。これが、1865年に出版されて、非常に評判を呼んだ。

ジョン・テニエルによる『不思議の国のアリス』の挿絵

1871年には、続編の『鏡の国のアリス』も出版され、やはり大人気となった。

後に、13歳になったアリス・リデルに求婚したという逸話（ただし、これを裏付ける資料は存在しない）などから、ドジソンがロリータ・コンプレックスであるという説が出た。だが、最近の研究により、彼は大人の女性との交際も十分に行っており、その説は単なる神話に過ぎないことが分かっている。

武士道

ブシドウ

Bushidoh : The Soul of Japan

■日本　■思想書

新渡戸稲造《にとべいなぞう》が明治33年（1900年）に書いた英語の本。

広く海外でも読まれ、その評判が逆輪

入の形で日本に伝えられ、日本語版が後から作られた。

それによれば、武士道とは “Bushido, then, is the code of moral principles which the knights were required or instructed to observe. It is not a written code; at best it consists of a few maxims handed down from mouth to mouth or coming from the pen of some well-known warrior or savant.” であるとされる。

ただし、新渡戸の武士道が、日本古来の武士道と完全に一致しているわけではない。キリスト教徒である新渡戸によって現代風（本書が書かれた明治における）解釈をなされた、当時の道徳に合わせられた武士道である。

富士草帋

フジノソウシ

Fujinosohshi

■日本　■説話

→富士《ふじ》の人穴草子《ひとあなそうし》

富士の人穴草子

フジノヒトアナソウシ

Fujinohitoanasohshi

■日本　■説話

御伽草子《おとぎぞうし》の1篇。

富士山にある人穴の伝説を語った物語である。『富士草帋《ふじのそうし》』とも。

正治元年（1199年）のことである。源頼家は和田平太に富士の人穴の探索を命じる。が、和田が人穴に入っていくと、美しい女性が現れて彼を追い出した。そこで今度は自ら名乗り出た仁田四郎を送り込んだ。仁田が人穴に入ると大蛇が現れ、太刀を所望した。仁田がそれに従うと、大蛇は浅間大菩薩の正体を現し、六《りく》道《どう》を案内した。そして最後に地獄極楽の様を記した草子を与え、ここで見聞きしたことは31歳になるまで他言してはならない、もし破れば命が絶たれると忠告する。無事帰還した仁田は頼家に召し出され、人穴内部の様子を問われた。主君の命に抗うことができず、体験した不思議を語ったところ、仁田は浅間大菩薩の言葉の通りに絶命してしまった。

ここで言及される人穴とは、溶岩流の表面が冷えて固まった後、中のまだ熱い部分が流れ出てできた洞窟である。山岳信仰で重視されており、その中には胎内神社などと呼ばれる社が建立されていたりする。

なお、この物語はほぼ同じ内容のものが『吾妻鏡』や『**伊勢物語《いせものがたり》**』にも収録されている。

二人兄弟の物語

フタリキョウダイノモノガタリ

story of two brothers

■エジプト　■小説

イネナという新王国時代の書記によって記録されたエジプトの民話。大英博物館に収蔵されているドービニー・パピルスに、神官文字で記された唯一の写本がある。二つの別々の民話を巧みに繋げ、一つの物語としたものと考えられている。

主人公となるのは、兄のアンプー（アヌビス）、弟のバータという2人の兄弟のうち、弟の方だ。兄と一緒に生活していたバータには、牛と話したり、怪力を発揮できたりと、不思議な力が備わっていた。その力に性的な興味を覚えたのが、兄アンプーの妻だった。彼女は夫の不在にバータを誘惑するが、きっぱりと拒絶される。義弟の口から自分の不実が伝えられるのを恐れた兄嫁は、バータの方が強引に邪《よこしま》な欲望を果たそうとしたのだと、正反対の嘘を兄アンプーに吹き込んだ。

激高したアンプーは、弟を槍でひと息に刺し殺す気で待ち伏せるが、バータは牛の助言で生命を救われる。その場を逃れたバータは、ワニがうようよする大河を挟んで兄に身の潔白の証を立ててから、レバノンの松の森に逃れる。真相を知った兄は、悲嘆に暮れながら家に戻り、妻を殺してその遺体を犬に投げ与えた。

人里離れた谷に移り住んだバータは、弱点である自分の心臓を取って杉の木の上に隠した。そんな彼に、九栄神が世界一美しい娘を嫁として授けた。だが海の神の策謀によって、彼女の存在はファラオの知るところとなる。差し向けられた兵士はバータによって討ち取られるが、煌びやかな装身具に心奪われた娘はファラオに靡き、バータの弱点である心臓の所在を教えてしまう。心臓の木は切り倒され、バータは死ぬ。娘はファラオの寵愛を得て、宮廷一の立場を占めるようになった。

だが幸いなことに、バータは和解した兄に、万一の事態になった時のことを言い含めていた。

兄の尽力で蘇生したバータは、牛に変化してファラオの宮廷に赴く。その正体を知った元妻は、奸知を働かせて王に牛を殺させた。するとバータは、今度は梨の木に変じ、再度妻を非難する。元妻はこれもファラオを騙して切り倒させた。だがバータは木屑となって女の体内に潜り込み、男の子となって誕生した。そして長い時を経てファラオが世を去った後、王に即位したバータは、自分の正体を明かして、今度こそ妻であり母である女の罪を裁いた。バータの死後、その地位は兄によって受け継がれた。

この『二人兄弟の物語』は、欠損なくほぼ完全な状態で残っているという点で珍しい古代エジプトの文学作品であり、そのため当時の文書を研究する際の格好の手がかりとなった。また人妻が義理の弟に恋慕の情を向け、拒絶されると一転して彼を陥れるという物語のパターンの、ごく初期の作品でもある。例えば『**旧約聖書**』のヨセフの物語や、ギリシア悲劇などに、このようなモチーフは受け継がれていった。

仏説盂蘭盆経

ブッセツウラボンキョウ

Fó Shuō Yú Lán Pén Jīng

■中国　■経典

→**盂《う》蘭《ら》盆《ぼん》経《きょう》**

仏説大蔵正経血盆経

ブッセツダイゾウショウキョウケツボンキョウ

Fó Shuō Dà Cáng Zhèng Jīng Xuè Pén Jīng

■中国　■経典

→**血《けつ》盆《ぼん》経《きょう》**

仏典

ブッテン

Butten

■世界　■経典

仏教の聖典のこと。後世に作られたものも合わせれば、8万4千あるという。

大まかに分けて、経蔵、律蔵、論蔵の3種がある。これを「三蔵」という。

経蔵とは、釈迦や仏弟子の説教を集めたもの。一番普通に聖典と考えられるのが、これだ。

律蔵とは、釈迦によって定められた仏教教団の規則。伝承によれば、釈迦入滅後、仏弟子が集まって、生前釈迦から聞いた「法」と「律」をまとめて確定させた（これを「結集」という）ものだという。

論蔵とは、釈迦の説教の解釈研究である。論蔵が必要な理由は、釈迦は相手を見てその人に合わせて説教を行ったので、別の相手には違うことを説くことがあった。このため、釈迦の真意は何だったのかを解釈する必要があったからだ。

だが、初期仏教団では、これらは暗誦されるものであって、記録されなかった。このため釈迦入滅後100～200年経つと、教団は多くの分派に分かれ、ぞれぞれの三蔵に差ができてしまった。

現在残る最も古い三蔵は、スリランカに残る『パーリ語三蔵』である。

中国では、2世紀ごろから仏典の漢訳が始められた。4世紀ごろには、この三蔵に中国で書かれた注釈書を加えて「大《だい》蔵経《ぞうきょう》」が作られた（「一切経《いっさいきょう》」ということもある）。そして、これに含まれないものを「蔵外」と呼んだ。特に、730年に智昇《ちしょう》が『開元釈教録《かいげんしゃくきょうろく》』全20巻を書き、大蔵経に入れるべき仏典5048巻を確定した。これが、中国における大蔵経の基準となっている。

チベットにも大蔵経は存在する。7世紀ごろから始まったチベット語訳が、13世紀にはまとまって大蔵経となった。しかも、このチベット大蔵経には原典にも漢訳にもないインド後期仏教の仏典を多く含む。さらにありがたいことに、チベット語とサンスクリット語は非常に近い言語で、ほとんど逐語訳するだけで済む。つまり、チベット語訳があれば、元のサンスクリット語仏典を復元することができるので、仏教史研究に欠かせない文献となっている。

日本では、漢訳された仏教を受け入れてきた。このため、中国の大蔵経を基準としており、天平7年（735年）に玄昉《げんぼう》が中国の欽定大蔵経を招来してから、何度も中国から輸入しては国内で広めることを行っている。最も新しい大蔵経は、1924～1934年に出された『大正新脩《たいしょうしんしゅう》大蔵経《だいぞうきょう》』である。

不動智神妙録

フドウチシンミョウロク

Fudohchishinmyohroku

■日本　■兵法書

臨済宗大徳寺派の優れた禅僧だった沢《たく》庵《あん》和尚（1573～1646）が江戸柳生《やぎゅう》家の祖である柳生宗矩《むねのり》に書いた手紙を集めたもので、剣禅一如《けんぜんいちじょ》を説いた武芸論。沢庵は若いころから2歳年上の宗矩と交友関係があり、精神的な意味で大きな影響を与えたが、特に『不動智神妙録』によって『**兵法家伝之書**《へいほうかでんのしょ》』に結実する宗矩の兵法理論に決定的な影響を与えたといわれる。

内容は〈無《む》明《みょう》住《じゅう》地《ち》煩悩《ぼんのう》〉と〈諸仏《しょぶつ》不《ふ》動《どう》智《ち》〉という対極的な二つの概念によって剣法家の状態を表し、〈無明住地煩悩〉を脱して〈諸仏不動智〉に到達するための方法を説くものである。

〈無明住地煩悩〉とは、心が何かに留まってしまうことで、禅においては避けねばならないことだが、それは剣法でも同じであり、「敵の太刀に心をおけば太刀に心を取られてしまう。拍子に心をおけば拍子に心を取られてしまう。自分の太刀に心をおけば、やはりそれに心を取られてしまう。このために自分は抜け殻となってしまう（この結果、敵に切られてしまう）」と沢庵はいう。

これに対して〈諸仏不動智〉は、何事にもとらわれぬ不動の心で、不動でありながら自由な働きをする心である。沢庵によれば、これこそが剣法の極意であり、この極意によって無敵の境地に達するとされる。というのも「例えば10人してひと太刀ずつ打ち込んできたとしても、ひと太刀を受け流して跡に心を留めなければ、敵のどのひと太刀にも心が機敏に働かないということはない（その結果10人の敵にも勝てる）」からである。

このようにして、『不動智神妙録』では〈無明住地煩悩〉を脱して〈諸仏不動智〉に達することを目的とし、どうすればそうすることができるかを丁寧に説明していくのである。

風土記

フドキ

Fudoki

■日本　■学術書

日本の中世時代前期である奈良時代に編纂された地理書。

元明天皇の和銅6年（713年）の勅により制作が開始された書物で、制作実務は各国庁が担当した。その内容は、国内の各地名、地名の起源、地質の状況、産物、土地に残る伝承や逸話などだ。

現存しているのは出雲、常陸、播磨、豊後、肥前の5書のみだが、ほぼ完本に近い形で残っているのは『出雲国風土記』のみ。これら以外にも約30国の風土記は断片的にしか残っておらず、後世の書に引用されたものが、逸文という形で存在しているのみである。

フラート島本

フラートシマホン

Flateyjarbók

■アイスランド　■サガ

→フラテヤーボック

プラーナ

Purāṇa

■インド　■経典

「プラーナ」とは「古い物語」という意味で、ヒンドゥー教の聖典である。プラーナは1冊ではなく、主なものだけで「18プラーナ」もしくは「大プラーナ（マハプラーナ）」と呼ばれる。これに対し、マハプラーナの補遺にあたるものを「小プラーナ（ウパプラーナ）」という。

プラーナは歴史書であり、「宇宙の創造」「周期による宇宙の破壊と再創造」「神々と聖仙の系譜」「人類の創造と系譜」「王朝の歴史」の五つの主題で書かれている。宇宙の創造が歴史なのかと考える人もいるだろうが、**『日本書紀《にほんしょき》』**などでも、その始まりは世界の創造からなので、古代の歴史書としてはごく普通の体裁である。

18プラーナは以下の通り。

- ブラフマ・プラーナ
- パドマ・プラーナ
- ヴィシュヌ・プラーナ
- ヴァーヤヴァ・プラーナ
- バーガヴァタ・プラーナ
- ブリハンナーラディーヤ・プラーナ
- マールカンデーヤ・プラーナ
- アグニ・プラーナ
- バヴィシュヤ・プラーナ
- ブラフマヴァイヴァルタ・プラーナ
- リンガ・プラーナ
- ヴァラーハ・プラーナ
- スカンダ・プラーナ
- ヴァーマナ・プラーナ
- クールマ・プラーナ
- マツヤ・プラーナ
- ガルダ・プラーナ
- ブラフマーンダ・プラーナ

ブラーフマナ

Brāhmaṇa

■インド　■経典

「梵書《ぼんしょ》」ともいう。**ヴェーダ**の中で、「**サンヒター**」に付属して祭祀の方法などを具体的に説明した部分のこと。

プラウダ

Правда

■ロシア　■定期刊行物

元ソ連共産党中央委員会機関紙。紙名は「真実」を意味する。1912年、帝政下のペテルブルクで創刊。たび重なる弾圧にしばしば紙名を変えつつ刊行を続けた。革命後、編集部をモスクワに移して急速に部数を伸ばし、ソ連政府機関紙イズヴェスチヤ（「報道」の意）と並んでソ連を代表する新聞となった。その記事内容は、当然ながら国策を色濃く反映したものであり、西側の資本家に蛇蝎のごとく嫌われたばかりでなく、ソ連国内でも「プラウダ（真実）にイズヴェスチヤ（報道）なくイズヴェスチヤ（報道）にプラウダ（真実）なし」と皮肉られた。

ソ連解体後、1991年には時の大統領エリツィンの大統領令により停刊。同年、独立採算制の新聞として復活した。以後、次第に硬のイズヴェスチヤ、軟のプラウダという「住み分け」がなされる。2000年代に入ってからは、独自の売りとして「科学の謎不思議」欄を設けるようになり、これがUFOマニアやオカルトマニアに大人気となった。当欄の記事例を挙げるなら「火星の氷の中に氷漬けの殺人エイリアンが!?」「シベリアの湖に謎の水棲マンモスを見た！」といったものである。この分野で、この品質の記事を、この分量で生産し続けるメディアは、世界的に見てもまれといっていいため、しばしばマニアの「ネタ元」として活用される。ロシアの市場経済化と独立採算制に、よく適応したものというべきであろう。

フラヴンケルのサガ

Hrafnkels saga Freysgoða

■アイスランド　■サガ

アイスランドの**サガ**の1篇。

ノルウェーから移民してきたハッルフレズルの息子フラヴンケルは、父から独立して新しい土地を開拓し、そこのゴジ(「首領」といった意味)となった。彼は信心深く、自分の支持者には優しかったが、そうでない者には傲慢だった。

彼が、誓いに従ってエイナルという少年を殺した時、その従兄弟のサームルは訴訟に打って出て、フラヴンケルを追放刑にし、またその屋敷を襲って彼を追い出した。これは、フラヴンケルを好いた人が少なかったからだった。

追い出されたフラヴンケルは、神を信じるのをやめ、代わりに人々に優しくなって支持者を増やした。

そして、サームルを襲って自分の地位を取り戻す。

プラシュナ・ウパニシャッド

Praśna-upaniṣad

■インド　■経典

『**アタルヴァ・ヴェーダ**』の「奥《おう》義《ぎ》書」の部分。「新ウパニシャッド」に属し、散文で書かれている。

→ウパニシャッド

フラテヤーボック

Flateyjarbók

■アイスランド　■サガ

北欧ヴァイキングに伝わる**サガ**の写本の一つ。14世紀のものだと考えられている。『フラート島本』ともいう。

レイヴ・エイリークソンがヴィンランド(北アメリカのことだと考えられている)を発見する顛末を描いた『**グリーンランド人のサガ**』を含むため、コロンブス以前にヨーロッパ人がアメリカを発見していたという論拠の一つとなっている。

→ヴィンランドの地図

フランケンシュタイン

Frankenstein: or The Modern Prometheus

■イギリス　■小説

英国の作家メアリ・シェリー(1797～1851)の恐怖小説。人造人間の物語である。正確な題名は『フランケンシュタイン:もしくは現代のプロメテウス』である。

普通フランケンシュタインといえば、死体から作られた身長が2m以上もある怪物を思い浮かべるが、実はこれは怪物の名前ではなく、怪物を作った大学生の名前である。

フランケンシュタインは子供のころから自然科学が好きで、やがて賢者の石や生命の霊薬、解剖学、死体などを研究し、ついに無生物に生命を吹き込む方法を発見する。彼は納骨堂から骨を、解剖室と屠殺場から種々の材料を手に入れて独房のような実験室に閉じ籠もった。こうして、彼は身長8フィートの人造人間を作り上げたが、その恐るべき姿に驚いてスイスへと逃亡してしまった。しかし、人造人間は見た目は醜かったが優れた知性の持ち主だった。彼は孤独であり、救いを求めていたので、遥かスイスまでたどり着くと、フランケンシュタインに自分の孤独を救い、恋人となってくれるもう1人の怪物を作ってくれるように頼んだ。だが、この頼みを断られ、人造人間は失望のあまり、恐ろしい殺人鬼へと変貌するのである。

フランス田園伝説集

フランスデンエンデンセツシュウ

Legendes rustiques

■フランス　■物語

フランス中部ベリー地方の民間伝承を、作家ジョルジュ・サンド（1804〜1876）が採集してまとめた伝説集。1858年刊。短編集の形式になっており、それぞれの物語の中で幻想的な妖怪や妖精の類が、極めて詳細にかつ具体的に描かれている。橋の上で人間を待ち伏せる「ダーム・ブランシュ（白い貴婦人）」、オオカミの姿をした妖精「リュバン」、犯した罪のために洗濯をしなければならない「夜の洗濯女」、エプ・ネルの岩の下に潜む妖怪「エプ・ネルの子鬼」などの物語がある。

ブランの航海

ブランノコウカイ

The Voyage of Bran

■アイルランド　■イムラヴァ

7世紀ごろのアイルランドで成立したイムラヴァ（航海譚）。古代アイルランド文学にはケルトの異界を描いた作品群として、「エフトリ（冒険譚）」「イムラヴァ」というジャンルがあるが、その中でも最も初期のものである。

物語は以下の通り。フェヴァル王の息子ブランは、ある日1人の美しい乙女に出会った。彼女が美しい声で歌い、彼を“エヴナの国”へ誘った。それは素晴らしい“安息の国”“女人の国”で、老いも悲しみもなく、飢えも寒さもないのだという。そして、歌い終わると女は消えた。

翌朝、ブランは27人の乗組員を3隻の船に乗せ、出帆した。2日後、海上を走る2輪馬車に乗ったマナナン・マック・リルという海神に出会った。マナナンは歌を歌い、女人の国まではそう遠くないと語った。間もなくブランは、ある島を通りかかった。住人たちがみな笑っている島で、ブランが乗組員の1人を上陸させると、その男も笑いが止まらなくなった。それは“喜びの島”だったのだ。ブランはやむなく彼をその島に置き去りにした。

ブラン一行はその日のうちに、美しい娘たちでいっぱいの女人の島に到着した。先程のことがあったのでブランは上陸するのを躊躇したが、女王がブランに向けて糸玉を投げて寄こすと糸玉は彼の手にくっつき、船は港に引き寄せられた。そしてそれからは、まるで夢のような喜びの日々が続いた。

ずいぶん経ってブランがアイルランドに戻る決心をすると、女王は「決して陸地に足を触れてはならない」と忠告した。

ブランたちは出帆した。アイルランドの岸辺に近づいた時、ブランは「私はフェヴァルの息子ブランだ」と、そこにいた人々に名乗った。人々は答えた。「そんな人は知らない。フェヴァルの息子ブランが女人の国を求めて船出したという昔話は知っているが」と。この時、乗組員の1人が船から飛び降り、岸辺に向かったが、彼がアイルランドの岸に触れたとたん、彼の体は崩れ、灰の山になってしまった。ブランたちは女人の島に1年程しかいなかったと思っていたが、その間に人間の世界では数百年が過ぎており、彼が大地に触れたとたんに、その年月の重みが一気に襲いかかってきたのだ。これを見てブランはアイルランドに戻ることを諦め、岸辺の人々に自分の航海のすべてを語り、再び沖へと出ていった。それから彼らがどうなったか、知る者はいないのである。

ブリハドアーラニヤカ・ウパニシャッド

Bṛhadāraṇyaka-upaniṣad

■インド　■経典

『白ヤジュル・ヴェーダ』の「奥義《おうぎ》書」の部分。「古ウパニシャッド」に属し、散文で書かれている。

→ウパニシャッド、ヤジュル・ヴェーダ

ブリハト・サンヒター

Bṛhat-saṃhitā

■インド　■占星術書

6世紀の天文学者にして占星術師であるヴァラーハミヒラの書いた占星術の書。

当時の占星術を包括した、また占星術だけでなく、気象、動物、鉱物など、あらゆる前兆から未来のことを予見する、一種の占術百科事典である。

ブリュンヒルドの冥府への旅

ブリュンヒルドノメイフヘノタビ

Helreið Brynhildar

■アイスランド　■叙事詩

『歌謡エッダ』の1篇。

死んだブリュンヒルドが冥府に向かう途中で、女巨人に自分の行動を語る。

プルターク英雄伝

プルタークエイユウデン

Parallel Lives

■ギリシア　■歴史書

→英雄伝

フルディング殺しのヘルギの歌

フルディングゴロシノヘルギノウタ

Helgakviða Hundingsbana

■アイスランド　■叙事詩

『歌謡エッダ』の叙事詩。その1とその2がある。

その1は、英雄ヘルギの誕生と、その

武勲を描いた勇壮なもの。

その2は、英雄ヘルギとヴァルキューレのシグルーンとの愛、及びヘルギの死を描くもの。

フレイル神ゴジ・フラヴンケルのサガ

フレイルシンゴジフラヴンケルノサガ

Hrafnkels saga Freysgoða

■アイスランド　■サガ

→フラヴンケルのサガ

プレスター・ジョンの手紙

プレスタージョンノテガミ

Letter of Prester John

■ヨーロッパ　■偽書

1165年からヨーロッパに広まった、伝説のプレスター・ジョンの国の王からビザンチン帝国皇帝マヌエル1世宛てに送られた手紙。

十字軍を送ってエルサレム周辺を侵略したものの、イスラム国家の反撃を受けて苦戦していたヨーロッパ諸国で、イスラム国家の向こうに強大なプレスター・ジョン王の支配するキリスト教国があるという噂が広まっていた。その背景として、ネストリウス派によって、東方布教が精力的に行われていたことが挙げられるだろう（実際、中国にまで景教と呼ばれるキリスト教会が存在した）。その伝説の国が、イスラム国家を破りヨーロッパ諸国に協力してくれるのではないかという甘い願望がその背景にある。

手紙の内容は、プレスター・ジョン王はキリスト生誕の時に現れた東方の三博士の子孫であり、インドの王であるという。彼の王国は72州から成り、端から端まで歩くと3ヶ月以上かかる大国であるという。そして、その強大な国家が、ヨーロッパ諸国に親善を求めているというものだった。

当時、苦戦していた十字軍にとって、これは大きな願望となった。イスラム勢力を背後から攻撃してくれる国があれば、十字軍も勝利できると考えたのだ。実際、この手紙は非常に影響力が大きく、各国語に翻訳された（現在でも写本が100通以上残っている）。さらに、当時のローマ教皇アレクサンデル3世が、実際に使者を送ったことがバチカンの記録に残っている。使者がどうなったのかは、だれも知らない。

その後、エチオピアに本当にキリスト教国があることが判明し（コプト派キリスト教）、それこそプレスター・ジョンの国とヨーロッパ人は色めき立ったが、エチオピア王国に、自分たちはシヴァの女王の子孫で4世紀からキリスト教国であり、プレスター・ジョンなどではないと否定された。

現在の研究では、当時のヨーロッパ人が捏造したものであることが判明している。

フレズの歌

フレズノウタ

Hlöðskviða

■アイスランド　■叙事詩

『歌謡エッダ』の1篇。詩自体は、『ヘルヴォルとヘイズレク王のサガ』に収録されたもの。

4世紀に実際に起こったフン族とゴー

ト族の戦争を扱ったもので、おそらく登場人物はモデルとなった実在の人物がいると考えられている。

文正草子

ブンショウゾウシ

Bunshohzohshi

■日本　■説話

御伽草子《おとぎぞうし》の1篇で、渋川清右衛門《しぶかわせいえもん》が刊行した23篇のうちの一つ。

この物語は、鹿島神宮に下働きとして仕えていた文正という働き者が、鹿島明神の加護の下、とんとん拍子に財を成し、ついには2人の娘がそれぞれ中将の北の方（正妻）、帝の女御（妃）になり、自分は大納言《だいなごん》となるというものだ。

娘の輿入れによって父親が大きく出世するという物語であったことから縁起物とされ、娘が嫁ぐ際には『文正草子』を持たせることが多かった他、町人の家では娘の良縁を願って、正月にこれを読んだという。

フン戦争の歌

フンセンソウノウタ

Hlöðskviða

■アイスランド　■叙事詩

→フレズの歌

へ

平家物語

ヘイケモノガタリ

Heikemonogatari

■日本　■小説

平安末期から鎌倉初期にかけて、平家と源氏が覇を競った源平争乱の顛末を描いた、軍記物語の代表的作品。

平安時代末期、平家は平清盛の立身によって、源氏と公家を圧倒して栄華を極める。だが清盛の死を境として坂道を転げ落ちるような衰運に見舞われ、無常にも壇ノ浦で滅亡し、一門断絶の憂き目を見る様子が、無常観を込めて描かれる。

『平家物語』は、盲目の琵琶法師たちによって日本の津々浦々で語り広められたため、文字の読めない人々の間にもよく知られるようになった。『**源氏物語**《げんじものがたり》』や『**古事記**《こじき》』などと共に、日本を代表する文学作品の一つでもある。

『徒然草《つれづれぐさ》』が『平家物語』を、信濃前司行長と盲人の生仏との合作としているのは有名な話だが、これはあくまで説の一つでしかない。著者については諸説があり、その正確な成立時期と並んで、定説はない（確認されている最古の写本は、14世紀初頭の延慶本）。

また、『平家物語』には定まった形が存在しないため、作者の確定のしようがないという言い方もできる。『平家物語』には極めて多数の異本が存在し、「これが底本」と呼べる版が存在しないのだ。読本《よみほん》（普通に読むために書かれたもの）と語り本（読み上げるために台本として書かれたもの）という大きな2系統があり、それぞれの系統に巻数（6巻から48巻まで）や内容、方向性の違う諸本が存在する。『**源平盛衰記**《げんぺいせいすいき》』のように、書名まで違うものも少なくない。

13世紀半ばに成立してから、『平家物語』は多くの人々の改作や修正、加筆や省略を受け続けた。その結果、『平家物語』は特定の書籍というよりも、源平争乱を語る作品群を包括するカテゴリーと呼ぶべき作品となっている。

兵士読本Vol.1

ヘイシドクホンボリュームワン

Heishidokuhon Vol.1

■日本　■扇動書

→**腹腹時計**《はらはらどけい》

兵法家伝書

ヘイホウカデンショ

Heihohkadensho

■日本　■兵法書

→**兵法家伝之書**《へいほうかでんのしょ》

兵法家伝之書

ヘイホウカデンノショ

Heihohkadennosho

■日本　■兵法書

柳生宗矩《やぎゅうむねのり》（1571～1646）が62歳の寛永9年（1632年）に完成したとされる柳生新陰流の兵法書。宗矩は、徳川2代将軍・秀忠、3代将軍・家光の剣術師範を務め、江戸柳生家の祖となった剣豪で、『兵法家伝之書』は宗矩の兵法観の集成ともいえるものである。

宗矩の時代は徳川幕藩体制が安定する時期で、武士が戦場において剣を振るう機会は遠のいていた。このような時代には、ただ腕っ節が強いだけの武士は望まれていなかった。必要なのは文武両道の武士だった。

宗矩はこのことを十分に理解していた。活人剣《かつにんけん》や無刀取りなどがある新陰流は、当初からある程度の精神的達成を要求するものだったが、宗矩はこれをさらに高度なレベルに発展させた。すなわち、技能の優秀さが求められたことはもちろんだが、それ以上に技能を裏付ける心構えが重要視された。しかも、宗矩は将軍の兵法指南だったので、その兵法は将軍や大名、武将など、江戸時代の支配者の器量を磨くものである必要があった。この結果、宗矩の柳生心陰流は「治国平天下の剣」、つまり国を治めるための剣法となった。

『兵法家伝之書』の本質にあるのは、このような考えである。例えば、この書の序文の中で、宗矩は次のような意味のことをいっている。

「天道は人を活かす道だから、人を殺すことを目的とする兵法は天道の憎むところである。しかし、やむを得ない場合には、人を殺すことも天道だといえる。例えば、1人の悪人によって万人が苦しんでいるような場合がある。この時には、悪人1人を殺すことで万人が生きることになるので、これは天道といえる。殺人刀が活人剣になるからである。また、兵法には1対1の小さな兵法もあれば、軍勢対軍勢の大きな兵法もあるが、国が平和な時に乱のことを忘れないのも兵法であって、国が乱れないように細心の注意を払うのも兵法なのである」

さらに、宗矩は次のようなこともいっている。

「人間は何も学ばない間は胸に何もないので、何事も不審に思わない。一度学び始めると、胸の中に不審が生まれて何事もやりにくくなる。しかし、完全に知り尽くしてしまえば、不審はなくなって心が空っぽになり、何事もやりやすくなる。剣法も同じである。100手の太刀を習い尽くし、身構え、目付き、ありとあらゆる技能を習い尽くして稽古するのは、完全に知り尽くすためである。こうして習い尽くせば、その時には習ったことが胸の中から消えてしまう。体はすべてを知っているのに、心には何もない状態になる。こうなって初めて自由自在に技を振るうことができるのである」

柳生新陰流にとって心構えがいかに重要か、よく分かるだろう。

兵法論

ヘイホウロン

Dell'arte della guerra

■イタリア　■兵法書

→戦争の技術《わざ》

ヘイムスクリングラ

Heimskringla

■アイスランド　■サガ

13世紀の詩人スノッリ・ストゥルルソンが編纂した**サガ**で、王のサガの中で最も有名なもの。1230年ごろの成立とされる。題名の「ヘイムスクリングラ」とは「世界の環」といった意味。

伝説の時代から1177年までのノルウェー王朝の歴史を綴ったもので、客観的に歴史を記述しようとしている。

北欧の神々を信仰していた時代の歴史や文化の記述から、キリスト教の伝来、改宗後の歴史や生活・文化の変化などが書かれており、ゲルマン人の歴史を知る上で貴重な史料である。

この本は、以下の16のサガから成る。

- **「ユングリング家のサガ」**
- **「ハールヴダン黒王のサガ」**
- **「ハラルド美髪王のサガ」**
- **「ホーコン善王のサガ」**
- **「灰色マントのハラルド王のサガ」**
- **「トリッグヴィの息子オーラーヴ王のサガ」**
- **「聖オーラーヴ王のサガ」**
- **「マグヌス善王のサガ」**
- **「ハラルド苛烈王のサガ」**
- **「オーラーヴ平和王のサガ」**
- **「裸足《はだし》のマグヌス王のサガ」**
- **「マグヌスの息子たちのサガ」**
- **「マグヌス盲王のサガ」**
- **「ハラルドの息子たちのサガ」**
- **「肩広のホーコン王のサガ」**
- **「エルリングの息子マグヌスのサガ」**

平妖伝

ヘイヨウデン

Píng Yāo Zhuàn

■中国　■小説

中国明代末期に成立した長編小説で、全40回。元末に羅《ら》貫中《かんちゅう》によって全20回の『三遂平妖伝《さんすいへいようでん》』が作られたが、それを文学者の馮夢龍《ふうぼうりゅう》が改訂して内容を膨らませた。

『水滸伝《すいこでん》』や**『西遊記《さいゆうき》』**などのように、一応は史実が元になった小説である。北宋の仁宗《じんそう》皇帝の代に貝州《ばいしゅう》（河北省）で王《おう》則《そく》の乱があった。宗教的な農民暴動だが、そこに妖術を使う多数の妖人が加わっていたと、『宋史』にも記されている。この事件が人々の注目を集め、『西遊記』のごとく多数の妖怪、妖人が登場する荒唐無稽な神魔小説としてまとめられたのである。

小説『平妖伝』で王則の反乱を扱っているのは物語も終盤になってからで、全体の1／4程に過ぎない。そこまでは王則の乱に参加する様々な妖人たちの物語で、いわば妖人銘々伝《めいめいでん》となっている。

物語の舞台は北宋・仁宗皇帝の代だが、その発端は春秋《しゅんじゅう》時代まで遡る。ある時、妖術使いの白猿神《はくえんしん》・袁公《えんこう》という者が天界の書物庫の宝箱をこじ開けて、1冊の本を盗み出した。天罡《てんこう》36、地煞《ちさつ》72、合計108の秘術が記された**『如意冊《にょいさつ》**（如意宝《にょいほう》冊《さつ》）』である。袁公はすぐに故郷の雲夢《うんぼう》山白雲洞に逃げ帰り、その内容を石壁に書き写した。このことはすぐに玉帝（天界の王）の知るところとなり、袁公は捕らえられ、罰としてその内容が漏れないように白雲洞の番人を命じられるのである。

ここから一気に時代が飛んで北宋の仁宗皇帝の代となり、後に王則の乱に協力することになる妖人たちの銘々伝が始まる。

まずは、変化の術を使う狐の親子で、母の聖姑姑《せいここ》、兄の胡黜児《こちゅつじ》、妹の胡媚児《こびじ》である。ある時、黜児が人を化かそうとして左股に重傷を負ったのを機に、一家は旅に出る。その途中、崋山の近くで聖姑姑の前に悪名高い唐代の女帝・則天武《そくてんぶ》后《こう》の霊が現れ、あることを告げる。自分はこれから生まれ変わり、前世と同じく皇帝になる。28年後に貝州で会おう、というのである。

続いて蛋子《たんし》和尚が登場する。蛋子とは卵のことである。ある時、泗州迎暉寺《ししゅうげいきじ》の慈雲老人が川を流れる卵を拾って温めたところ、人が生まれた。それが蛋子和尚である。15歳で修行の旅に出た蛋子和尚だが、その途中で雲夢山白雲洞に忍び込み（袁公は留守だった）、石壁から『如意冊』の内容を写し取ったのである。蛋子和尚はその文字を解読できなかったが、聖姑姑ならば読めると聞いて彼女の元を訪ねる。

こんなふうに、妖人たちを巡る物語が次から次と展開する。そして、妖人たちは都で大騒動を起こした後でついに貝州へ赴き、そこで軍人の王則に出会う。この王則こそ、則天武后の生まれ変わりなのである。

これから、王則が不平を持つ兵士や農民を結集して反乱を起こすが、強烈な妖人たちが味方にいるので、朝廷の討伐軍も敵ではない。反乱軍の勢力は一気に拡大する。しかし、この反乱の遠因が『如意冊』の秘術だったことは天界でも問題となっており、ついに九天玄女《きゅうてんげんじょ》などの天界の神仙たちが、朝廷軍の応援に駆けつけることとなった。こうして反乱は鎮圧され、さしもの妖人たちも退治され、それ相応の処罰を受け、王則も処刑されることになる。まさに、『平妖伝』＝「妖魔を平らげる（退治する）物語」なのである。

平話

ヘイワ

Píng Huà

■中国　■小説

主に中国宋元代に作られた物語で、講談の台本、あるいは講談師の話を文字に写したものを「平話」と呼んでいる。現在まで伝わっているものに、**『五代史平《ごだいしへい》話《わ》』『大宋宣和遺事《だいそうせんないじ》』『全相平話《ぜんそうへいわ》』**がある。

ベーオウルフ

Bēowulf

■イギリス　■叙事詩

8世紀ごろに作られたと推定されるイギリスの英雄叙事詩。古英語で書かれ、上代イギリス文学の最大の傑作といわれる。約3千行から成る。作者は不詳。

物語は、英雄ベーオウルフの若き日の活躍を描いた前半部分と、老齢になってからの活躍と死を描いた後半部分に分けられる。

前半の舞台はデネ（デンマーク）王国である。デネ王フロースガールは、ある時ヘオロット（牡鹿）館という豪勢な宴の館を造営し、毎晩酒宴を行った。荒れた沼沢地の底にある洞窟に母の女怪と一緒に住んでいた怪物グレンデルが、この騒ぎに腹を立てた。グレンデルは宴の後のヘオロット館を襲うと、警護の兵士30人を殺し、その後も宴の館を脅かして悪行を働いた。このためヘオロット館に住む者はいなくなり、12年が過ぎた。この噂を、イェーアト族（スウェーデン南部の部族）のヒイェラーク王の甥である若き勇者ベーオウルフが聞き、14人の従士を率いて海を渡り、救援のためデネ王国に駆けつけた。そして、激闘の末に怪物グレンデルとその母の女怪を退治するのである。

後半の舞台はイェーアト国である。グレンデル退治後に帰国したベーオウルフは間もなく王となり、50年間平和に統治し、老境に達した。ところが、ある貴族の家僕が荒れ地に住む竜の宝に手を出したことから、怒った竜が炎を吐き散らして人里を襲うようになった。そこでベーオウルフは、11人の従士を率いて竜退治に向かった。しかし、恐るべき竜の前にウィーイラーフを除く従士たちはみな逃げ出してしまった。ベーオウルフはウィーイラーフと共に戦い、何とか竜を退治したが、竜の牙で首に致命傷を負い、ついに命を落としたのである。

ペトロ行伝

ペトロギョウデン

Acts of Peter

■中東　■経典

『新約聖書外典』の一つ。使徒シモン・ペトロの業績を描く。元々はギリシア語で書かれたものだったが、現在は当初の2／3のサイズのラテン語版のみが残っている。

この書には、有名な逸話が多い。

ペトロが魔術師シモンを打ち負かす話が最も大きい。シモンが殺した若者をペトロが生き返らせたり、シモンがまやかしで生き返ったように見せかけた死体を見破ったりする。そしてシモンが空を飛ぶと、神の名において地面に落下させる。

だが何より有名なのは、ローマ皇帝の不興を買ってローマから逃げ出す時、ローマに向かうイエスと出会う。ここでペトロは「クォ・ヴァディス（主よ、何処に行き給うか）」と尋ねると、イエスは「再び十字架に架からんと、ローマに入る」と答えた。この言葉に悔い改めたペトロは、ローマに戻り十字架に架かった。

『外典』ではあるが、キリスト教徒に大きな影響を与えた書である。

ペトロによる福音書

ペトロニヨルフクインショ

Gospel of Peter

■中東　■経典

『新約聖書外典』の一つ。1886年にエジプトで発見された。イエスの死と復活のみを描いた**福音書**《ふくいんしょ》である。

この書では、イエス処刑の責任はピラト総督ではなくヘロデ王にあるとし、刑の執行者もローマ兵ではなくユダヤ人に帰せられている。そして、ヨセフを「ピラトの友」と呼ぶなど、ユダヤ人を貶め、ローマ人を擁護する内容である。

蛇舌グンラウグのサガ

ヘビジタグンラウグノサガ

Gunnlaugs saga ormstungu

■アイスランド　■サガ

アイスランドの**サガ**の1篇。短くて登場人物も少なく分かりやすいので、アイスランドでも人気が高い。

毒舌なので蛇舌グンラウグと呼ばれる男と、そのかつての友で彼の婚約者ヘルガを奪ったフラヴンとの対決物語。結局、決闘によって両者とも命を落とし、女はしばらくして、別の男の妻となる。しかし、女は死ぬまでグンラウグのことを想っていた。

ヘブル人福音書

ヘブルジンフクインショ

Gospel of the Hebrews

■中東　■経典

『新約聖書外典』の一つ。ヘブル人（エジプトに住んでいた、ギリシア語を母国語とするユダヤ人）キリスト教信者が使っていた**福音書**《ふくいんしょ》である。本文は失われており、クレメンスやオリゲネスらによる引用から全体を推測することしかできない。

この書では、聖霊がイエスの母であるとされ、ヤアウェの女性の面を表すものとされていたり、イエスの兄弟ヤコブの権威を高めてイエスの復活の最初の証人とするなど、正典と異なる部分も多い。

ペリー・ローダン

Perry Rhodan

■ドイツ　■定期刊行物

ドイツで、1961年から週刊で発行され、2008年現在でも発行し続けている（2千巻を軽く超える）、世界最長のスペースオペラシリーズ。または、それを掲載している週刊誌の名前。

プロット作家が粗筋を作成し（674話までは立ち上げ人であるK. H. シェールがプロット作家の地位にあった）、そのシノプシスに合わせて、複数作家がそれぞれの話を肉付けするという形態で書かれている。

内容は、世界初の月面着陸船の宇宙飛行士ペリー・ローダンが、月に不時着した異星文明と出合い、その科学力をもって人類を統一し、テラナーとして宇宙へ進出する。そして、様々な宇宙種族（なぜか人間型が多い）と出会い、戦ったり同盟したりしながら、より広大な宇宙へと広がっていくというもの。

ベルと竜

ベルトリュウ

Bel and the Dragon

■中東　■経典

『旧約聖書外典』の一つで、三つの「**ダニエル書補遺**」のうちの一つ。

「ベルと竜」は、二つの物語から成る。

バビロニア人の拝むベル（後にキリスト教において悪魔とされるバエルのこと）の神殿は、奇跡の起きる神殿であった。神像に食物を供えると、夜のうちに像が食べてしまうのだ。王も、ベルを崇拝していた。だが、ダニエルは偶像を笑い、王が食物を供える時、床に薄く灰を撒いておいた。夜のうちに、ベルの祭司たちが食物を取りに現れた。

翌朝、王は食物が消えていることに驚いたが、ダニエルに灰の上の足跡を指摘され、ベルの祭司たちのいかさまに気付き、彼らを死刑にした。

竜は、バビロニア人が崇拝するもう一つの神だった。だが、ダニエルはこれも否定し、脂肪や毛髪などを混ぜたものを食わせたら、竜はあっさり死んでしまった。

怒った人々はダニエルを殺すよう求め、飢えたライオンの穴にダニエルを投げ込んだ。だが神は彼を助け、ライオンはダニエルを食わないでいた。

7日目、ダニエルの死を見届けにきた王は、ダニエルが生きてぴんぴんしているのを見た。そして、ダニエルの神の偉大なることを知り、ダニエルを殺そうとした連中をライオンの穴に放り込んだ。もちろん、彼らはあっという間に食われてしまった。

『**ヴルガータ**』などでは、「**ダニエル書**」の第14章となっている。

→旧約聖書

ヘルメス学の勝利

ヘルメスガクノショウリ

Le Triomphe Hermetique

■フランス　■錬金術書

アレクサンドル＝トゥッサン・ド・リモージョン・ド・サン＝ディディエというフランスの名門貴族が書いた錬金術《れんきんじゅつ》書。

ヘルメス学の奥義《おうぎ》に関して、または賢者の石に関して書かれている。この本は評判が良く、英語版やドイツ語版も存在する。

ヘルメス文書

ヘルメスブンショ

Musaeum Hermeticum

■ヨーロッパ　■オカルト

古代の賢者ヘルメス・トリスメギストス、もしくはギリシアの神ヘルメスが書いたとされる膨大な文書の総称である。特に、ヘルメス文書として一つを挙げる場合、11世紀に編纂された『ヘルメス撰集』のことを指す。

当然、ヘルメス神自身が書いたものであるはずがないし、また1人の作者のものでないことも、文献比較によって明らかとなっている。

3世紀ごろに、新プラトン主義やグノーシス主義の影響下において、エジプトで成立したとされる。アラブにおいては、かなり知られていた文書だったが、文明の遅れた西ヨーロッパには15世紀になって初めて伝えられた。

だが、それ以降の西洋においてはオカルティズムのみならず、哲学思想や科学にまで大きな影響を及ぼした。特に、その中の**エメラルド・タブレット**は、錬金《れんきん》術《じゅつ》の奥義《おうぎ》が書かれているものとされ、多くのオカルティストの研究対象となった。

その内容は極めて難解。占星術やグノーシス、ネオプラトニズムといった、今日に至るオカルティズムの基盤となる思想がまとめられている…とされる。

ペロー童話集

ペロードウワシュウ

Histoires ou contes du temps passé, avec des moralités : Contes de ma mère l'Oye

■フランス　■民話

→過ぎた日の物語、教訓付き・ガチョウおばさんの話

ベン・シラ

Ben Sira

■中東　■経典

→シラクの子イエスの智恵

変身物語

ヘンシンモノガタリ

Metamorphoses

■ギリシア　■神話

オウィディウス（紀元前1～後1世紀のローマの詩人）の書いた、多少エロティックな雰囲気のあるギリシア神話集。その名前の通り、主に変身譚を収録している。

ただし、オウィディウスはローマ人なので、神々はすべてローマ名で書かれている。ゼウスはユピテルだし、アフロディテはヴェヌスである。

辨の草紙

ベンノソウシ

Bennosohshi

■日本　■説話

御伽草子《おとぎぞうし》の1篇。

平昌保（平貞国の次男）に千代若という子がいた。父の死した後に生まれ、幼少のころから稚児として仏寺に預けられた彼が長じて僧・辨公昌信となり、父の17回忌の法要を行い、その菩提を弔うという物語である。

幼いころの彼は聡明で文筆に優れていたことから、身元を引き受けていた僧に可愛がられ、長じて出家してからもその美しさで愛された。いわゆる「稚児物語」と呼ばれる類の山門もの（仏教社会を主題とした物語）の御伽草子である。

変文
ヘンブン

Biàn Wén

■中国　■説話

中国唐代中後期に大寺院で参詣者を相手に語られた物語の一種。「変」とか「変相」と呼ばれる絵を示しながら語られた。叙述は散文と韻文が繰り返される形式で、散文の部分は語られ、韻文の部分は歌唱されたと考えられる。作者・演出者などについては何も分かっていない。

しかし、変文という形式はその後長く忘れられていた。20世紀初頭にフランスの学者ポール・ペリオなどの活動によって、敦煌《とんこう》の洞窟に埋もれていた膨大な量の古文書が900年間の眠りから目を覚ました。これがいわゆる敦煌文書だが、この中に変文とか変という語のついた題名の作品が相当量交ざっており、変文という文学が世に知られるようになったのである。

仏教に取材した『**大目乾連冥間救母《だいもっけんれんめいかんきゅうぼ》変文《へんぶん》**』『八相変』『破魔変』『降魔変』、古代史に取材した『**伍子胥変文《ごししょへんぶん》**』『**孟姜女《もうきょうじょ》変文《へんぶん》**』『**王昭君変文《おうしょうくんへんぶん》**』などがよく知られている。

ヘンリー二世
ヘンリーニセイ

Henry II

■イギリス　■偽書

→**ヴォーティガーン**

ほ

ボアズキョイ文書
ボアズキョイブンショ

Bogaskoy text

■ヒッタイト　■文書

紀元前1500年前後の数世紀にわたり、小アジア、シリアにはヒッタイト王国が覇を唱え、オリエントにおける有力な勢力の一つとして長く繁栄した。ヒッタイト王国は製鉄技術を独占したことで知られている古王国で、紀元前1200年前後に消滅したと考えられている。

このヒッタイト王国の首都はハットウシャ。20世紀初頭にはボアズキョイ村と呼ばれたこの地から、20世紀初頭にドイツの探検隊の手で、多くの粘土書板が発見された。これらがボアズキョイ出土文書である。王家の文書庫や神殿跡からは、古代オリエント世界の実像を解明する様々な政治的な文献の他にも、神話や伝説を記録した宗教的な文献も少なからず発見された。

大臣の地位にあったクマルビ神が、アヌ神から天上の支配者の地位を簒奪し、次には自分がアヌの息子たる天候神によって打倒される「クマルビ神話」。クマルビの息子である石巨人ウルリクムミが、父の復讐のために天候神に挑み、天界を震撼させるも、知恵の神エアの剣によって足の腱を切られて敗れ去る「ウルリクムミの歌」。竜神が人間の英雄によって酒を飲まされ殺されるが、その英雄も女神の逆鱗に触れて殺される「イルルヤンカシュ神話」。豊穣神の失踪とその発見を描く「テリピヌ神話」。ヒッタイト人の神話として今日知られる物語は、大半がこのボアズキョイから発見された粘土書板群を底本としている。

棒打たれのソルステインの話

ボウウタレノソルステインノハナシ

Þorsteins þáttr stangarhöggs

■アイスランド　■サガ

アイスランドの**サガ**の1篇。

ソルステインという無口で男気のある男が、富豪のビャルニの召使いを3人殺すが、それでもビャルニに男として認められる話。

法王の予言

ホウオウノヨゲン

Prophetia S. Malachiae, Archiepiscopi, de Summis Pontificibus

■アイルランド　■オカルト

アイルランドのカトリック大司教聖マラキ（1097～1148）が書いたとされる、1143年のケレンティヌス2世以降の112人の歴代法王に関する予言書。

それぞれの予言は、ほんの数語の意味深長なものであるが、信奉者によれば驚く程当たっているのだという。ただし、最後の予言だけは長めであり、「ローマ聖教会に対する極限の迫害の中で着座し、七つの丘の町（ローマをこう呼ぶ）は崩壊し、恐るべき審判が下される」とある。

ちなみに、現在のベネディクト16世は111人目の教皇であり、彼の次の教皇の時に世界の終末が来ると主張している人もいる。

ただし、この112番目の予言は、後世の追加であるという説もある。また、そもそもこの予言自体が、聖マラキのものではなく、16世紀末ごろに作られた偽書《ぎしょ》であるという説も強い。

法王ホノリウスの教憲

ホウオウホノリウスノキョウケン

the Constitution of Honorius

■イタリア　■魔術書

→教皇ホノリウスの魔法教書

包公案

ホウコウアン

Bāo Gōng Àn

■中国　■小説

→龍《りゅう》図《と》公案《こうあん》

北条五代記

ホウジョウゴダイキ

Hohjohgodaiki

■日本　■歴史書

江戸時代初期の軍記物語。

北条家の旧臣であった三《み》浦《うら》浄心《じょうしん》が記した文書で、寛永18年（1641年）に刊行された。

北条《ほうじょう》早雲《そううん》から、北条家が滅亡する北条氏直《うじなお》までの5代の逸話を集めた書物で、関東への鉄砲伝来の様子などが記されている。

封神演義

ホウシンエンギ

Fēng Shén Yǎn Yì

■中国　■小説

中国明代末の長編小説で、数多くの英雄や神々、神仙、妖怪などが登場し、活劇を繰り広げる神魔小説、神怪小説である。全100回。作者は許仲琳《きょちゅうりん》とも陸西星《りくせいせい》ともいわれる。

『西遊記《さいゆうき》』『水滸伝《すいこでん》』などと同じく、『封神演義』もある歴史的事実を骨子としている。

紀元前11世紀、中国では600年も続いた古代王朝の商（殷《いん》）が滅び、周王朝が成立した。商の紂王《ちゅうおう》が暴君であり、美女・妲己《だっき》を溺愛して政治を顧みなかったことから、周の文王《ぶんおう》・武王親子が反乱を起こしたのである。この時、武王を補佐した太公望呂尚《たいこうぼうりょしょう》は、軍師として大いに活躍したと伝えられている。

これがいわゆる商（殷）周革命だが、この戦いを利用する形で多数の神仙や妖怪たちによる荒唐無稽な戦いが繰り広げられるのが『封神演義』なのである。

主人公は姜子牙《きょうしが》（太公望呂尚）である。呂尚は歴史上実在の人物だが、物語の中では仙人で、仙界から降りてきて武王に仕えることになったとされている。

次のような物語である。

商王朝の紂王は元々は力も強く、頭も良く、即位して7年間は非常に優れた王として国を治めた。しかし、命運は尽きようとしていた。ある時、女媧宮《じょかきゅう》を参拝した紂王は女神・女媧を描いた壁画の美しさに心を乱され、宮の壁に淫らな詩を書き付けた。これを知った女神は激怒した。女媧は妖怪・九《きゅう》尾《び》狐《こ》狸《り》精《せい》を呼び、商の宮中に潜入して紂王を狂わせるよう命じた。狐狸精はこのころ、紂王の後宮入りが決まった美女・妲己の体を乗っ取った。紂王はそれが妖怪とは知らずに妲己を溺愛し、心を操られ、暴君として振る舞うようになった。このため、これまでは商に従っていた各地の諸侯たちの間に、離反の動きが起こり始めたのである。

まさにこのような時、仙人の世界にも重要な動きがあった。というのは、このころ仙人たちは「殺劫《さつごう》」に苦しめられていた。それは仙人が持つどうしても抑えられない殺人の衝動で、1500年に1度やって来るのである。そこで、崑崙山《こんろんさん》の仙人たちはこれから地上で始まる戦争を利用して、その殺人衝動を一気に解放することにし、ある計画を立てた。これを機に仙界と人間界の間に神界を作り、中途半端な仙人や特別な能力を持つ人間たちを大量殺戮し、神として封じようというのだ。そして、神として奉じるべき365名のリスト「封神傍《ほうしんぼう》」まで完成させた。

その上で仙人たちは、この計画の遂行者として崑崙山で修行中だった道士・姜子牙を選び、地上へと派遣した。姜子牙は偶然を装って周の武王に近づき、軍師として採用されたのである。

ところで、崑崙山の仙人たちは人間から構成される仙界の主流派閥・闡教《せんきょう》に属していた。そして、仙人の中でも自然界の動植物などから成る派閥・截教《せつきょう》を嫌っていた。このため、封神の計画は全く闡教による截教粛清計画でもあったのである。当然、姜子牙の元に馳せ参じた仙人・道士たちは闡教に属する者で、その代表が那托《なた》や楊戩《ようぜん》である。一方、截教の仙人たちは商の最強武将・聞仲《ぶんちゅう》の元に集まった。聞仲自身が截教の道士で、自分の仲間を結集したからだ。こうして、商周革命の戦争が仙界の二大派閥の代理戦争のように展開することになるのである。

その結果は当然のことだが、紂王や妲己の死と商の滅亡であり、姜子牙による封神計画の完遂である。そして、周の武王によって周王朝が打ち立てられたのである。

封神伝

ホウシンデン

Fēng Shén Zhuàn

■中国　■小説

→封神演義《ほうしんえんぎ》

封神榜

ホウシンボウ

Fēng Shén Bǎng

■中国　■小説

→封神演義《ほうしんえんぎ》

封神榜演義

ホウシンボウエンギ

Fēng Shén Bǎng Yǎn Yì

■中国　■小説

→封神演義《ほうしんえんぎ》

法の書

ホウノショ

Liber AL vel Legis

■イギリス　■魔術書

近代西洋魔術における重要文書の一つ。英語での書名は『the Book of Law』。

この魔術書は「世界最大悪人」や「食人鬼」「悪魔主義者」などなど、無数のあだ名で呼ばれた怪人物アレイスター・クロウリーの手によってこの世に送り出された。

「クロウリーの手によって書かれた」ではなく「世に送り出された」としたのは、この『法の書《リベル・AL・ヴェル・レギス》』は大本教の「お筆先」など、霊界文書に似た経緯を経てもたらされたものだからである。

クロウリーを通じて本書が世に出現したのは、1904年、クロウリーが妻ローズと共に新婚旅行でエジプトのカイロを訪れた時である。突然ローズが神懸かり、「ホルスの怒りを買ったので謝罪をするべきだ」と口にした。クロウリーの妻ではあったものの、ローズは魔術や神話といった世界とは無縁な人間である。ホルスの名も知らなかった。これを重く見たクロウリーはホルス召喚の儀式を行うが、そこに現れたのは彼の守護天使エイワスだった。エイワスがクロウリーの手を借りて、自動筆記で書き上げたのが『法の書』だ。

短い本だが、全体で3部構成になっている。

第1部は宇宙論である。これはヌイト(エジプトのヌト女神)による宇宙論である。

第2部はテレマの教えである。テレマ

とは意思のことで「汝の意思するところを行え。これこそ法のすべてとならん」というクロウリーの主張である。ただし、これは勝手なことをしろというのではない。自分自身の本質である神性に耳を塞ぐことなく、本当の意思に従って生きよといっている。

第3部は性魔術である。といっても、性魔術の実際について書かれているわけではない。ただ、性魔術というものの大きさについて記しているだけだ。

その内容は難解を極めるが、主張するところは二つ。

一つはクロウリーに『法の書』が伝授された時点をもって、人が神に隷属する時代〈オシリスのアイオーン〉は終わりを告げ、人が神へと至る時代〈ホルスのアイオーン〉の幕が開けたということ。

もう一つは、あらゆる人間には等しく神性が内在しており、それに由来する「真なる意思」に従って生きなければならないということ。

クロウリーはこれら二つを基軸として「テレマ哲学」を提唱したのだが、過激な表現で語られる内容に世間からの反発は強く、悪魔主義の教典的な風評が立つようになってしまったのである。

クロウリー自身は、この本を一種の占いに使っていたという。何か迷うことがあった場合『法の書』をランダムに開き、そこを読むのだ。すると、その時のヒントが得られるのである。

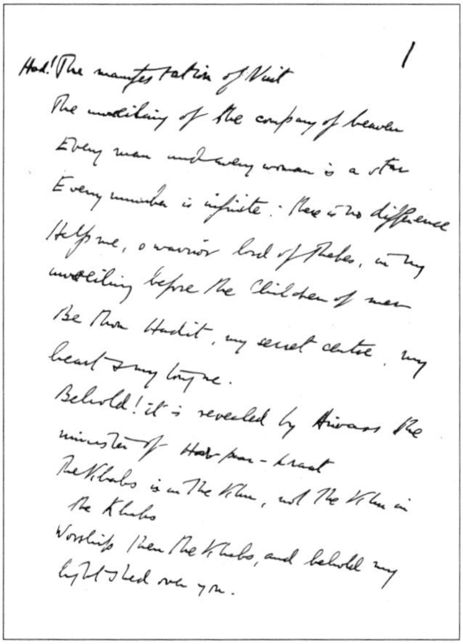
1
Had! The manifestation of Nuit
The unveiling of the company of heaven
Every man and every woman is a star
Every number is infinite. There is no difference
Help me, o warrior lord of Thebes, in my
unveiling before the Children of men
Be thou Hadit, my secret centre, my
heart & my tongue.
Behold! it is revealed by Aiwass the
minister of Hoor-paar-kraat
The Khabs is in the Khu, not the Khu in
the Khabs
Worship then the Khabs, and behold my
light shed over you.

図版22 『法の書』アレイスター・クロウリーの自筆の原稿

抱朴子

ホウボクシ

Bào Pǔ Zǐ

■中国 ■錬金術書

中国東晋《とうしん》代（317～420）に葛洪《かつこう》（283～363）によって書かれた神仙道の書。煉丹術《れんたんじゅつ》（錬金術《れんきんじゅつ》）書。神仙になるための仙薬の製造法や服用法、補助的な仙術などが詳述されており、これによって初めて道教の教学が体系化された。

内篇20巻、外篇50巻から成る。外篇は政治、社会、文明の批判書となっている。重要なのは内篇で、ここにおいて葛洪は不老長寿を求める神仙道の様々な技術を語り、その中で煉丹術こそ最重要な技術だとして説明したのである。

中国には古くから様々な養生法や長生法があり、神仙道に取り込まれていたが、葛洪によれば、そのような技術を追求しても長寿は得られるけれども、真の不老不死は得られない。不老不死を得るには、煉丹術によって丹薬を作り、それを服用する以外には方法がないからである。だが、丹薬を作るのは困難で時間もかかるので、それが得られるまでの間は様々な養生法、長生法でとにかく長生きするしかないのだという。

煉丹術の中では葛洪は『太清丹経』『九鼎丹経《きゅうていたんきょう》』『金液丹経』に基づくものを特に重要視した。これらの経典にはいわれがある。かつて、後漢末期の錬金術師・左慈《さじ》が修行していた時、山中に神人が現れ、それを授けた。それが師から弟子へと手渡され、左慈→葛玄→鄭隠《ていいん》→葛洪と受け継がれたのである。

不老不死の丹薬を作る具体的方法については、『抱朴子』内篇の「金丹篇」「黄白篇」に数多く書かれている。その方法は主に水銀と各種の金属を焼成してアマルガム（合金）を作るというものである。例えば、「金桜先生が青林子から伝授された黄金合成法」は次のようなものである。

「まず錫を鍛《きた》えて幅六寸四分、厚さ一寸二分の板にする。赤塩を灰汁《あく》と和《あ》えて泥状にし、右の錫の表面に塗る。その厚さは平均に一分。赤土の釜の中に重ねて置く。錫十斤に対して赤塩四斤の割合である。封をして、縁《へり》のところをピッタリ固める。馬糞の火で温めること三十日。火を引いて蓋をあけて見ると、錫のなかみは全部灰状になって、その中に豆のようなものがコロコロとつながっている。これが黄金である。土の甕《かめ》に入れ、炭火とふいごで加熱する。十回鍛煉するとすべて完成する。大体、十斤の錫で黄金二十両が出来る。」（『抱朴子』内篇・黄白篇　葛洪著／本田済訳／平凡社）
こうしてできた黄金は不老不死の薬にもなるもので、金丹と呼ばれる。

ただし、手順さえ正しければそれでいいというものではないようだ。例えば、西洋錬金術と同じように、中国の煉丹術でも丹薬作りの奥義《おうぎ》は師から弟子へと直接伝授されるもので、煉丹術を極めるには、必ず優れた師に入門する必要があるのだという。また、煉丹術を行う前には、100日間の斎戒《さいかい》、五香の湯での沐浴《もくよく》、体を清浄にする、穢《けが》れたものに近づかない、俗人と交際しないなど、様々な決まりを守る必要があった。つまり、術者の精神性が重視されたのである。

ところで、葛洪自身はこうした方法で不老不死を手に入れることができたのだろうか？　残念ながらそうではないようだ。葛洪は江蘇《こうそ》地方の名門の生まれで、少年時代に父を失い、貧苦の中で独学し、やがて神仙道・煉丹術に打ち込むようになった。そして、左慈から伝わる重要な経典も手に入れ、ついに中国で最高の煉丹術書『抱朴子』まで書き上げた。だが、葛洪はその間ずっと貧乏で、材料も買えず、実験することもできなかったのだという。

謀略論

ボウリャクロン

Strategomata

■イタリア　■兵法書

1世紀ローマのフロンティヌスが書いた兵法書。ニッコロ・マキャベリの**『戦争の技術《わざ》』**にも多く引用されている。ギリシア・ローマ史上の戦争から、将軍たちが行った計略の実例を収集した本。

ホーコン善王のサガ

ホーコンゼンオウノサガ

Hákonar saga Aðalsteinsfóstra

■アイスランド　■サガ

13世紀の詩人スノッリ・ストゥルルソンが編纂した『**ヘイムスクリングラ**』の1篇。

ハラルド美髪王の末っ子のホーコン善王の物語。善王と呼ばれるのは、ノルウェー最初のキリスト教徒の王だから。

ホーンブロワーシリーズ

Horatio Hornblower series

■イギリス　■小説

英国の作家セシル・スコット・フォレスター（1899～1966）の海洋冒険小説シリーズ。

ナポレオン戦争時代を背景に、ホレイショ・ホーンブロワーを主人公に、彼が士官候補生の時代から提督になるまで（提督になってからの作品もあるが、作者の死により未完）を描いたもの。

ホーンブロワーは海軍士官なのに、船酔いはするし、様々なシーンで悩むことも多い。だが、その人間としてのホーンブロワーが、あくまで人間として勇敢に振る舞い、英雄となっていくところが、小説シリーズとして高い評価を得ている所以である。

英国の海洋冒険小説に多大な影響を与え、有望な新シリーズがあれば「第2のホーンブロワー」と呼ばれる程である。また、ホーンブロワーは架空の人物だが、英国人にとっては英国海軍にホーンブロワーが存在したことは常識であり、お遊びでホーンブロワーをちょい役で登場させる作品も多数ある。

墨子

ボクシ

Mò Zǐ

■中国　■思想書

中国の戦国時代初期（紀元前5世紀ごろ）に活躍した墨子《ぼくし》（本名は墨翟《ぼくてき》）の思想をまとめた書。ただし、墨子本人が書いたのはごく一部で、ほとんどはその思想を受け継いだ墨家《ぼくか》の人々の手になるといわれる。全53篇。『漢書《かんじょ》』「芸文志《げいもんし》」には71篇とされているが、18篇は失われてしまった。

墨子に始まる墨家は、紀元前5世紀半ばから前3世紀半ばまで、孔子《こうし》に始まる儒家と並んで諸子百家の中の二大勢力だった。そのことは前3世紀の書である『韓非子《かんぴし》』「顕学《けんがく》篇」にも記されている。しかし、前3世紀半ばに秦の始皇帝が全国統一を成し遂げてから、墨子の思想を受け継ぐ者はなくなり、突如として絶学の道をたどることになった。どうしてそうなったか、大きな謎とされている。

そんな『墨子』が再び注目されたのは19世紀の清朝末期、西欧列強の進出の前に中国が危機的状況を迎えていた時代だった。その時になって、中国人は「西欧的な学問がすでに『墨子』の中にある」ことを発見したのである。

では、『墨子』の語る思想とは何なのか。

『墨子』の中心思想は十論にあるといわれる。十論はそれぞれ上中下の3篇で構成されており、その一部は失われてしまっているが、そのタイトルと内容は次のようになっている。

- 「尚賢」能力主義を唱える
- 「尚同」統治者に従えと教える
- 「兼愛」自他共に愛せと教える
- 「非攻」侵略戦争を否定する
- 「節用」「節葬」節約を唱える
- 「天志」「明鬼」天帝や鬼神への信仰を勧める
- 「非楽」贅沢としての音楽を否定する
- 「非命」宿命を否定する

なかでも、兼愛と非攻は墨子思想の特異さを示す代表とされている。

兼愛はもちろん自他共に愛することだが、それは儒家のいうような家族愛や国家愛とは全く違っている。家族愛や愛国心は自他を区別するが、そのような区別をせずに万人を愛せというのである。封建諸国がしのぎを削った戦国時代にこんな思想があったというだけで不思議ではないだろうか。当然、墨家は儒家を否定するし、儒家及び他の諸子百家は墨家を否定することになった。

同じように、侵略戦争を否定する非攻もまた戦国時代とは思えぬ思想で、「非攻篇上」には次のような記述がある。

「一人の人間を殺せば、これを不義といい、必ず一人の死刑が行なわれる。この論法でゆけば、十人を殺せば、不義は十倍となり、必ず十倍する死刑が行なわれよう。(中略) これらのことは、天下の君子がみなよくわきまえて非難し、不義とよんでいる。ところが国を攻めるという大きな不義を行うばあいには、非難しようともせず、かえってそれを誉めて正義であるといい、それが不義であることを知らない。そのために国を攻撃した話を後世に書き残してきた。もしこれが不義であることを知っておれば、どうしてこの不義の事実を後世に書き残すようなことがあろうか。」(『中国古典文学大系5　韓非子　墨子』藪内清訳／平凡社)

しかも、『墨子』の思想は単なる空想的な理想主義でもなかった。墨家教団は団結力が強く、宗教集団のようであり、同時に兵法家・技術者の集団でもあり、防御のための戦いは厭《いと》わなかった。それを表す逸話が、『墨子』の「公輸《こうしゅ》篇」にある。公輸盤《こうしゅはん》が楚《そ》国のために雲梯《うんてい》（ハシゴ車のような攻城兵器）という機械を発明し、宋を攻めようとした時のことである。侵略戦争を嫌う墨子は出かけていって楚王に面会し、宋を攻めないように説得した。そして、机上で模擬戦を行い、公輸盤の繰り出すすべての攻撃を防いだ。最後に、「ここで私を殺しても無駄です。私の弟子300人が私の作った防御の道具を持って、すでに宋の城に入っているからです」といい、楚の攻撃を中止させたのである。つまり、墨家教団は小国の依頼によって、城を守るための戦いを実際に請け負っていたのである。このことは、『呂氏春秋《りょししゅんじゅう》』のような歴史書からもうかがうことができる。

したがって、墨家の思想には様々な攻撃に対する防御法も含まれているので、『墨子』の第51「備城門篇」から巻末の第71「雑守篇」には、そのための技術や道具について具体的に記されているのである。

北宋三遂平妖伝

ホクソウサンスイヘイヨウデン

Běi Sòng Sān Suí Píng Yāo Zhuàn

■中国　■小説

→**平妖伝《へいようでん》**

穆天子伝

ボクテンシデン

Mù Tiān Zǐ Zhuàn

■中国　■小説

中国最古の小説といわれるもの。西晋《せいしん》の咸寧《かんねい》5年（279年）、河南省汲県《きゅうけん》の平民・不準《ふじゅん》が魏《ぎ》の襄王《じょうおう》の墓を盗掘した時、『逸周書《いっしゅうしょ》』『**竹書紀年《ちくしょきねん》**』と共に竹簡《ちくかん》の形で出土した。成立年代は不明で、その内容には神話伝説的な要素が多く含まれている。

周の穆王《ぼくおう》が8頭の駿馬の引く馬車に乗り、黄河の水源から西遊し、砂漠を越え、崑崙山《こんろんさん》に至る旅行記風の物語である。崑崙山では、穆王は西王母と会見し、2人は宴席で互いに詩を唱和し合い、再会を約束する。

北遊記

ホクユウキ

Běi Yóu Jì

■中国　■小説

中国明代の神魔小説で、**四遊記《しゆうき》**の一つ。4巻24回。明末の本屋・余象斗《よしょうと》の編。宋明代に大いに信仰された玄天上帝を主人公にした物語である。

隋《ずい》の煬帝《ようだい》の時代、天界の最高神である玉帝が何としても地上に降りたくなって、自分の3魂のうちの一つを、劉《りゅう》氏の子として人間界に生まれ変わらせる。だが、最高神が地上にいるというのは不自然なので、三清天尊と呼ばれる道教の3人の最高神がやって来て説得し、玉帝の分身であるその子を得度させて蓬莱山《ほうらいさん》に隠棲させる。

だが、玉帝の凡心は治まらず、さらに哥闍国《かじゃこく》の王子に、次には西霞《せいか》の王子に生まれ変わる。そこで三清がまたやって来て、修行を終えさせる。こうして分身は天へ昇り、玉帝に謁見し、「蕩魔天尊《とうまてんそん》」に封ぜられる。分身は玉帝自身のはずだが、なぜか玉帝の部下になるのである。

ところで、このころ天界の36将が逃げ出し、魔物となって地上で騒動を起こしており、蕩魔天尊はそれを捕まえるように命じられる。そこで、その力を身に着けるため浄洛国《じょうらくこく》の皇子に生まれ変わり、武当山で修行して得道する。そして玉帝から「玄天上帝《げんてんじょうてい》」に封じられ、「北方真《ほっぽうしん》武《ぶ》大将軍」の称号を与えられる。

ここから玄天上帝の活躍が始まり、天下を巡って魔物たちを帰順させ、ついに36天将を引き連れて天界へ帰り、彼らを自分の部将とする。こうして天下泰平になるという話である。

法華経

ホケキョウ

Lotus Sutra

■インド　■経典

インドで成立した大乗仏教の経典。それを漢文に翻訳したもの。

漢文への翻訳は全部で16回行われたとされるが、その中で5世紀に作られた『妙法蓮華経』が最も優れた訳とされ、日本の仏教においても『法華経』といえば、この訳を使う。このため、法華経とは妙法蓮華経の省略だと勘違いしている人も多い。

その思想は、あらゆる人は、いつか（女人成仏も可能だし、悪人もいつか改心するから）必ず仏になるという平等なものである。

補江総白猿伝

ホコウソウハクエンデン

Bǔ Jiāng Zǒng Bái Yuán Zhuàn

■中国　■小説

中国唐代初期または中期の短編伝奇小説。白猿神《はくえんしん》（猿の妖怪）が人間の女性を誘拐し、妊娠させるという物語である。作者不詳。『**太平広記**《たいへいこうき》』巻440に「欧陽《おうよう》紇《きつ》」という題で収録されている。

南朝梁《りょう》の大同《だいどう》末年のこと。将軍の欧陽紇は美人の妻を帯同して南征した。その途中妻が猿の妖怪に誘拐され、妊娠させられて子を生んだ。詢《じゅん》と名付けられたその子は猿にそっくりだったが神童だった。後に欧陽紇は罪を犯して殺され、詢は陳の尚書令・江総《こうそう》に養育されたが、長じてから書道家、学者として名をなしたのである。

ところで、欧陽詢という人物は実在していた。彼は唐の太宗時代の功臣だったが、容貌は猿に似て醜悪だった。このため宋代ごろから、この作品は実在の欧陽詢を揶揄、攻撃するために書かれたという説がある。

ホセア書

ホセアショ

Book of Hosea

■中東　■経典

『旧約聖書正典』の一つ。「十二小預言書」の中で最初のものであり、また最も長い預言書である。

ホセアの妻ゴメルが他の男の子供を次々と生んだように、イスラエルの民はカナンの地の異教徒の生活を取り入れ、土地の豊饒神を拝むようになった。

だが、ホセアがゴメルの悔悟を待つように、神は民の帰還を待つ。イスラエルの民を愛しているからなのだ。

→旧約聖書

牡丹燈記

ボタントウキ

Mǔ Dān Dēng Jì

■中国　■小説

中国明代初期の怪奇小説集『**剪灯新**《せんとうしん》**話**《わ》』（瞿佑《くゆう》作）に収められた1篇で、日本で有名な『**怪談牡丹燈籠**《かいだんぼたんどうろう》』の元になった小説。

次のような話である。元末、明州（浙江省鄞県《きんけん》）では正月元宵《げんしょう》の燈籠見物が賑わった。妻を亡くして1人暮らしだった喬生《きょうせい》という男が寂しく門に佇んでいると、夜更けに17、8歳の美人が牡丹の形の燈籠を侍女に持たして通りかかった。あまりに美しいので後をつけると、彼女は笑いながら話しかけた。彼女の名は符漱芳《ふそうほう》、字《あざな》は麗卿《れいきょう》、もとの奉化《ほうか》の州判の娘だが、今は侍女の金蓮と2人きり、月湖の西に住んでいるという。その夜、彼女は彼の家に泊まったが、次の日もその次の日も彼女はやって来て彼と愛し合った。

半月程経ち、隣家の老翁が不思議に思って壁に穴を開けて中をうかがうと、化粧した骸骨が喬生と睦まじく語り合っていた。老翁は驚き、翌朝すぐに喬生に事実を告げた。そして、彼女が住んでいるという西湖に行ってみれば正体が分かるだろうといった。彼が行ってみると、湖心寺という古寺の奥の一室に棺が置いてあり、「もとの奉化州判の娘、麗卿の柩」と書いた紙が貼られていた。その前には牡丹燈があり、その下に人形の侍女が立っていて、背中に「金蓮」と書いてあった。彼は恐怖に青ざめ、一目散に逃げ帰り、その夜は老翁の家に泊めてもらった。翌日、老翁の勧めで、呪《まじな》いでは当代随一という玄妙観の法師を訪れ、お札をもらったので、それからは麗卿はやって来なくなった。

ところが、ひと月程して喬生は友人と酒を飲んで酔っ払い、その帰り道に湖心寺の前を通ってしまった。すると門前に金蓮がおり、彼の薄情を責め、寺の奥の部屋まで彼を引き込んだ。そこには麗卿がいてやはり彼の薄情を責めたが、彼の手を引いて棺の前まで行くと棺の蓋が開き、2人が中に入るやぴたりと閉じた。

この日、彼が帰らないのを知った隣家の老翁は心配してあちこち捜し回ったが、寺に来ると棺から彼の着物がはみ出していた。寺僧に頼んで蓋を開けると、喬生は女の死体と重なるようにして、すでに死んでいた。そして、女の顔はまるで生きているようだった。それから、月の見えない暗い夜には喬生と麗卿が手を携え、その先を牡丹燈を持った侍女が歩いていくのが見られるようになったのである。

牡丹燈籠

ボタンドウロウ

Botandohroh

■日本　■物語

→怪談《かいだん》牡丹燈籠《ぼたんどうろう》

法華験記

ホッケゲンキ

Hokkegenki

■日本　■思想書

→大日本国法華経験記《だいにほんこくほっけきょうげんき》

北方真武玄天上帝出身志伝

ホッポウシンブゲンテンジョウテイシュッシンシデン

Běi Fāng Zhēn Wǔ Xuán Tiān Shàng Dì Chū Shēn Zhì Zhuàn

■中国　■小説

→北遊記《ほくゆうき》

ボナパルト秘密の愛の物語

ボナパルトヒミツノアイノモノガタリ

Amours secrettes de Napoleon Buonaparte: par l'Auteur duPrecis historique, des Memoires secrets et de la Defense dupeuple francais

■フランス　■偽書

ナポレオン・ボナパルトの回顧録。

1815年にシェ・ジェルマン・マチオなる人物により出版された。作者は不明。

最初に述べたように、本書はナポレオン・ボナパルトの半生を綴った回顧録である。その内容の多くは、彼の若いころに成し遂げた数多くの冒険、そしてそこで出会った数多くの美しい女性たちとの（表の歴史では語られることのない秘密の）愛の物語だ。

その中の一つに、18歳の若き軍人ナポレオン・ボナパルトが、燃え盛る建物から気絶した女性を救い出すエピソードがある。

炎に進退を塞がれたナポレオンは、建物の壁をぶち破り、隣の建物へと脱出する。そこは鍵のかかった空き部屋だった。ようやく落ち着いた彼が救出した女性を改めて見ると、若く魅力的で、しかも裸同然の状態だった。長らく女性と情愛を交わしていなかった若き日のナポレオンは辛抱できなくなってしまう。意識を取り戻しかけ、朦朧としていたその女性との情事の後、部屋の鍵をこじ開けて脱出した彼は、仲間の兵隊に英雄として迎えられたのだった。

どれだけ歴史を引っ繰り返そうが、ナポレオンのこのエピソードは出てこない。ナポレオン本人すら、この本で語られる幾多の英雄的活躍の逸話、数々の女性の名をどれ一つ知らなかった（セント・ヘレナ島に幽閉されていた当時、ナポレオン自身も本書を読んでいる）。それも当然である。本書は完全に創作されたインチキ回顧録なのだから。

ホノリウスの書

ホノリウスノショ

the Constitution of Honorius

■イタリア　■魔術書

→教皇ホノリウスの魔法教書

ホビットの冒険

ホビットノボウケン

The Hobbit, or There and Back Again

■イギリス　■小説

イギリスの言語学者ジョン・ロナルド・ロウエル・トールキンが、1937年に発表したファンタジー小説。**『指《ゆび》輪《わ》物語《ものがたり》』**の前日譚にあたる。

ホビットのビルボ・バギンズは、ドラゴンのスマウグに奪われたドワーフの宝を取り返すために、13人のドワーフと魔法使いガンダルフと共に「はなれ山」へと出かけることになる。

そして、様々な冒険の末、懐かしい我が家に帰ってきて、めでたしめでたしとなる。

だが、この冒険の途中で、ビルボは姿を消すことのできる黄金の指輪を手に入れる。この指輪こそ『指輪物語』の主題となる「一つの指輪」であるのだが、この本の中ではそれは明かされない。

ポポル・ヴフ

Popol Vuh

■マヤ　■神話

キチェ・マヤ族の神聖な書。題名は「評議会の書」という意味である。

16世紀にキリスト教がマヤの人々にも広まりつつあったころ、匿名のキチェ貴族が、マヤの象形文字で書かれていたであろう原本を、アルファベットで書き直したものと考えられている。

その後18世紀になって、キチェ語を読めるスペイン人フランシスコ・ヒメネスがキチェ語テキストとスペイン語の対訳写本を作った。これが、現存する『ポポル・ヴフ』である。

本書は3部構成で、第1部は大地の創造とそこに最初の住人が現れる話。第2部は双子の英雄とその父祖の話。最後がキチェ王家の創立からスペイン人による征服までである。

ホメロス以後のこと

ホメロスイゴノコト

Posthomerica

■ギリシア　■叙事詩

ホメロスの『**イリアス**』は、トロイア戦争を描いたあまりにも有名な作品ではあるが、残念ながらトロイア戦争すべてを書き切ってはいない。

そこで、3世紀の小アジア、スミュルナの詩人コイントス（クイントゥスともいう）が、『イリアス』以後の物語をまとめて叙事詩として残している。だが、これらには題名がなかったため、『ホメロス以後のこと（ポストホメリカ）』とか『ホメロスの続き（タ・メタ・トン・ホメーロン）』と呼ばれる。

例えば、トロイア戦争に参加すると死ぬと予言されたアキレスだが、『イリアス』はヘクトールを倒したところで終わっており、まだアキレスは生きている。

この作品では、ヘクトールを倒したところから物語が始まり、トロイが陥落し、ギリシア勢が帰国の途に着くまでを扱っている。

だから『イリアス』が「馬を馴らすヘクトルの葬儀はこのように営まれたのであった」（『イリアス』ホメロス著／松平千秋訳／岩波書店）で終わるのを受けて、本作は「神にも匹敵するヘクトルは、ベレラスの子に討たれ、葬儀の炎が消えて、今や彼の骨は地下にある」で始まる。

また、戦後の帰国で大変な目に遭うオデュッセウスは、すでにホメロスが『**オデュッセイア**』で書いているので、遠慮したのか、扱われない。

彼の作品は、『**アイティオピス**』『**小《しょう》イリアス**』『**イーリオスの陥落**』『**帰《き》国《こく》物《もの》語《がたり》**』からネタを取捨選択して作られている。

ホメロスの続き

ホメロスノツヅキ

Τά μετά τόυ Όμηρου

■ギリシア　■叙事詩

→**ホメロス以後のこと**

ほら男爵冒険談

ホラダンシャクボウケンダン

Baron Munchausen's Narrative of his Marvellous Travels and Campaigns in Russia

■イギリス　■物語

ドイツのハノーヴァに生まれたフリードリヒ・ヒエロニムス・フォン・ミュンヒハウゼンという人物が、故郷に帰って友人にほら話をした。

それを聞いていたルドルフ・エーリッヒ・ラスペという男、犯罪がばれてイギリスに逃げ出した後で、ミュンヒハウゼンの話を英語で書いて勝手に出版した。これを聞いたミュンヒハウゼンは非常に怒ったというが、そのおかげで彼のほら話を、我々も読むことができる。

冬の日に、雪野原で杭を見つけて馬を結び付けておくと、翌朝雪が解けて馬は教会の尖塔の上にぶら下がっている。

愛犬のグレイハウンドは何度も狩りに連れていかれたため、ついに足が磨り減ってテリアになってしまう。

凍り付くような寒い日、角笛を吹くが全く音がしない。宿屋について、笛を暖炉の傍に置いておくと、ひとりでに鳴り出す。

このような、融通無碍なほら話が多数載っている。

ポリグラフィア

Polygraphie

■ドイツ　■オカルト

→ステガノグラフィア

ボルジア絵文書

ボルジアコデックス

Codex Borgia

■中央アメリカ　■経典

→絵文書《コデックス》

滅ぼされる災いのヒュドラ

ホロボサレルワザワイノヒュドラ

L'Hydre Morbifique Exterminee

■フランス　■錬金術書

ダヴィド・ド・プラニス・カンピが1628年に書いた錬金術《れんきんじゅつ》的医学書。

化学のヘラクレスによって、災いのヒュドラ（7種類の今まで治療できなかった病気）が倒される（治療可能になった）ことを明らかにし、その治療法を述べたもの。

図版23『滅ぼされる災いのヒュドラ』タイトルページ

本集

ホンシュウ

Saṃhitā

■インド　■経典

→サンヒター

梵書

ボンショ

Brāhmaṇa

■インド　■経典

→ブラーフマナ

本生経

ホンジョウキョウ

jātaka

■インド　■説話

→ジャータカ

本生譚

ホンジョウタン

jātaka

■インド　■説話

→ジャータカ

本生談

ホンジョウダン

jātaka

■インド　■説話

→ジャータカ

本生話

ホンジョウワ

jātaka

■インド　■説話

→ジャータカ

本草綱目

ホンゾウコウモク

Běn Cǎo Gāng Mù

■中国　■医学書

中国明代の本草書（薬物書）。李時珍《りじちん》(1518～1593）著。古今の本草書などを集大成したもので、1892種の薬物が収録されている。全52巻。中国の本草史上画期的な書で、内容的に最も充実しており、後代において本草書の代名詞的存在となった。日本の本草学にも大きな影響を与え、江戸時代の本草学者の規範とされた。

それ以前の本草書は本草の古い形態を保存することを旨としていたが、『本草綱目』は過去の形態にこだわらず、独自の新しい立場で編纂されている。例えば、それまでの分類法を一新し、全体を16部（綱）60種（目）とした。さらに、それぞれの薬物ごとに釈名《しゃくめい》（別名、名称の由来、字義など）・集解《しっかい》（産地、形状など）・正誤（諸家の意見）・修治（加工法）・気味（毒性など）・主治（薬効）・発明（薬理説）・附方（処方）の8項目について説明するという記述形式を採用したという特徴がある。

本朝法華験記

ホンチョウホッケゲンキ

Hontyohhokkegenki

■日本　■思想書

→大日本国法華経験記《だいにほんこくほっけきょうげんき》

梵天国

ボンテンコク

Bontenkoku

■日本　■説話

御伽草子《おとぎぞうし》の1篇で、渋川清右衛門《しぶかわせいえもん》が刊行した23篇の一つ。

次のような内容だ。

淳和《じゅんな》天皇の時代、五條の右大臣《うだいじん》に「たかふぢ」という人物がいた。容姿端麗にして才覚あふれ、多くの富を持つ人物であったが、子供だけはできなかった。たかふぢ夫妻は清水に詣で、3333度も五體（首と両手足）を地に投げ出して祈った。この時「この願いが達せられたなら、毎月金銀それぞれ33枚の八花形《やつはながた》の御帳臺《おんちょうだい》（八つの花弁型の台を持つ御帳）を奉納し、3年間毎日萬燈《まんどう》（たくさんの灯）を灯して100人の僧侶に**法華経**《ほけきょう》を読ませ、さらに金泥《こんでい》（金字）の観音経を3303番書かせよう」と誓言した。すると7日目の夜、夢に高僧が現れ、玉を取り出して「これが子となる」と右大臣の左袖に入れた。その後すぐに奥方は懐妊、若君が生まれた。この子は玉若殿と呼ばれるようになった。たかふぢは玉若殿を可愛がり、常にそばに連れていた。玉若殿が2歳のころ、たかふぢが内裏への参内《さんだい》に連れていくと帝はこれを面白がり、玉若殿に四位の侍従の官位と、丹後と但馬《たじま》に領地を与えたという。

ま

マーナヴァ・ダルマシャーストラ

Mānava-dharmaśāstra

■インド　■法律書

→マヌ法典

マーンドゥーキヤ・ウパニシャッド

Māṇḍūkya-upaniṣad

■インド　■経典

『アタルヴァ・ヴェーダ』の「奥義書《おうぎ》」の部分。「新ウパニシャッド」に属し、散文で書かれている。

→ウパニシャッド

マイトリ・ウパニシャッド

Maitri-upaniṣad

■インド　■経典

『黒ヤジュル・ヴェーダ』の「奥義書《おうぎ》」の部分。「新ウパニシャッド」に属し、散文で書かれている。

→ウパニシャッド、ヤジュル・ヴェーダ

マカベア第1書

マカベアダイイチショ

1 Maccabees

■中東　■経典

『旧約聖書外典』の一つ。紀元前175〜前135年の歴史を記した書。

アレクサンドロス大王の死去後、帝国は配下の将軍たちに分割された。彼らを「ディアドイコイ（後継者）」という。ユダヤはシリアとエジプトの間にあったため、彼らの争奪地となった。その時、マカベアの異名を持つユダが王として立ち、彼らに対して戦いを挑んだ。そして、少数ながらも、土地を知り尽くし士気も高い兵を率いて、勝利を繰り返した。

だが、ユダも戦死し、その弟であるヨナタンが戦うも敗れ、さらに兄シモンが戦う。

資料として、同時代を描いた唯一の一次資料である。また、内容的にも、多少の誤りはあるものの、ほぼ正確な歴史を描いているといわれる。

『外典』になっているものの、原本は紀元前100年ごろにヘブライ語で書かれたものと考えられている。

→旧約聖書

マカベア第2書

マカベアダイニショ

2 Maccabees

■中東　■経典

『旧約聖書外典』の一つ。紀元前175～前150年の歴史を記した書。

「**マカベア第1書**」の前半と同じ時代を扱っているが、その視点は大幅に異なる。「第1書」では、民族の英雄たるマカベア及びその一族の戦いを描くものだったが、「第2書」では神の恩寵によってユダヤ民族が救われ、敵は倒れる。

これは、ハスモン家（マカベアの家）と疎遠だったパリサイ派の人々が、勝利はハスモン家のものではなく、神のものであると主張するために書いたからだと考えられている。

だが面白いことに、この書の内容は、伝統的ユダヤ教からは外れた宗教観が見て取れる。特に殉教思想など、ユダヤ教からは失われ、キリスト教にこそ強い影響を与えた。

イエスが非難したパリサイ派の人々が書いた本が、ユダヤ教徒にではなくキリスト教徒に影響を残したというのは、いささか歴史の皮肉を感じさせないでもない。

→旧約聖書

マカベア第4書

マカベアダイヨンショ

4 Maccabees

■中東　■経典

『**旧約聖書偽典**』の一つ。書かれたのは1世紀らしい。「**マカベア第2書**」と同時期を描くが、より殉教思想が強く現れている。このためか、ユダヤ教ではこの文書はほとんど無視されているが、キリスト教はこの文書を愛好し、しばしば利用している。

その文体から、読む本ではなく、実際に行われた説教を書物にしたものだと考えられている。

その内容は、シリアのアンティオコス王が、ユダヤ人にその律法を捨てて豚の肉を食べるように命じたが、9人のユダヤ人は、だれ1人その誘惑に負けることなく、苛烈なる拷問に耐えて信仰を守って死んでいったという物語である。

マグヌス善王のサガ

マグヌスゼンオウノサガ

Magnúss saga góða

■アイスランド　■サガ

13世紀の詩人スノッリ・ストゥルルソンが編纂した『**ヘイムスクリングラ**』の

1篇。

オーラーヴ2世の私生児で、デンマークの王にもなった、マグヌス1世の物語。

マグヌスの息子たちのサガ

マグヌスノムスコタチノサガ

Magnússona saga

■アイスランド　■サガ

13世紀の詩人スノッリ・ストゥルルソンが編纂した『**ヘイムスクリングラ**』の1篇。

シグルド、オーラーヴ、エイステインの3人の兄弟たちの物語。彼らは、父マグヌスの後を継いでノルウェー王になった。また、十字軍にも参加したという。

マグヌス盲王のサガ

マグヌスモウオウノサガ

Magnúss saga blinda og Haralds gilla

■アイスランド　■サガ

13世紀の詩人スノッリ・ストゥルルソンが編纂した『**ヘイムスクリングラ**』の1篇。

シグルドの息子マグヌス4世の物語。彼は叔父のハラルドと戦って破ったが、そこで気を抜いて軍を解散したので、新たな軍勢を連れてきたハラルドに敗北し、盲目にされて修道士として生きることになった。

だが、ハラルドが死んだ後に復位する。

マクベス

Macbeth

■イギリス　■戯曲

シェイクスピアの四大悲劇の一つ。他の三つは『**リヤ王**』『**ハムレット**』『**オセロウ**』である。『ハムレット』を外して三大悲劇という場合もあるようだ。

粗筋としては、魔女の予言を信じて王位簒奪を狙ったマクベス将軍とその夫人が、いったんは王位を得るものの、やがて破滅するまでを描いた作品である。四大悲劇の中で最も短い。

枕草子

マクラノソウシ

Makuranosohshi

■日本　■随筆

平安時代中期の**随筆**《ずいひつ》。『枕草紙』『枕冊子』『春曙抄』『清少納言記』などの別名もある。

作者は女流作家、歌人として宮中に仕えていた清少納言。

本書は彼女の日常の出来事に対する想いを綴ったものである。癇の強い人物であったらしく、何かにつけて「うるさし」（煩わしい）との感想を残している。

枕草紙

マクラノソウシ

Makuranosohshi

■日本　■随筆

→ **枕草子**《まくらのそうし》

枕冊子

マクラノソウシ

Makuranosohshi

■日本　■随筆

→ 枕草子《まくらのそうし》

マザー・グースのメロディ

Mother Goose's Melody or Sonnets for the Cradle

■イギリス　■詩

18世紀の半ばにイギリスで出版された童謡集。ロンドンの出版業者ジョン・ニューベリーが、52篇の童謡を集めて出版したもの。イギリスの伝統童謡集にマザー・グースの名が結び付けられて公に出版された、初めての例として記憶されている。

元来、イギリスの童謡や童謡集は伝統的に「ナーサリー・ライム」と呼ばれていた。現在もイギリスではそうである。マザー・グースがイギリスの童謡の総称として通用するのは、日本やアメリカなど、ごく限られた地域に過ぎない。

そもそも『マザー・グースのメロディ』が発売されるまで、この童謡群とマザー・グースの間には、何の関係もなかった。物語をよく知っているガチョウおばさん（マ・メール・ロワ）という存在は、イギリスではなくフランスで知られていたのだ。そしてこの本の出版前に、マザー・グースの名を副題に使ったフランスの文学者シャルル・ペローの童話集**『過ぎた日の物語、教訓付き・ガチョウおばさんの話』**がイギリスで翻訳され、大好評を博していた。

ニューベリーはこのガチョウおばさんというキャラクターが童謡のイメージに打って付けだと考え、名前を拝借して自分の童謡集に冠した。この目論見は図に当たり、童謡集はヒット。マザー・グースとイギリス民謡との結び付きが発生した。

その後アメリカにおいて、マザー・グースが17世紀のボストンに生きた実在の人物だったという説がまことしやかに囁かれ、『まざあ・ぐうす』として日本語に翻訳される際に、訳者の北原白秋によって紹介された。こうした背景から、アメリカや日本ではイギリス民謡といえばマザー・グースという認識が定着した。ただ元をたどれば、その錯誤が生じた端緒には、本来何の関係もなかったはずのキャラクターを童謡のシンボルとした『マザー・グースのメロディ』があるのだ。

魔術

マジュツ

Magick

■アメリカ　■魔術書

アレイスター・クロウリーの晩年の著作の一つ。

1911年、スイスのホテルに宿泊していたクロウリーが、当時の伴侶だったメアリ・デスティ・スタージを通じて接触した「魔法使い《ウィザード》アブ＝ウル＝ウィズ」よりの啓示を受けて書き上げた魔術書である。

4部構成で成り立っており、クロウリーの魔術及び思想に関するひと通りの知識や技巧が記されている。

それぞれの内容は次のようなものだ。

第1部「神秘主義《ヨーガ》」では、ヨーガに関するクロウリー流の考察がなされ、さらには西洋魔術にそれを取り込んで構築された理論の説明がなされている。

第2部「魔術」は、西洋魔術で用いられる各種の魔術用具の使用法や象徴的な意味合いの解説。

第3部「**魔術―理論と実践**」は、本格的な魔術理論と実践に関する手引きとなっている。

第4部「法《テレマ》」において、クロウリーのオカルト的理論の基盤となるテレマ哲学の説明が行われる。

ちなみに、第1部と第2部は、『コンクス・オム・パックス』に収められていた日本探訪紀の体裁を取った風刺エッセイ「覚醒世界」「天道」を加えて『神秘主義と魔術』としてまとめられている。

魔術師

マジュツシ

The Magician

■イギリス　■小説

20世紀前半のイギリス作家サマーセット・モームが書いた錬金術《れんきんじゅつ》ホラー。アレイスター・クロウリーをモデルにしたオリヴァ・ハドゥーを主要登場人物とする。

オリヴァは、ホムンクルスを作ろうとしており、それには成功する。しかし、できた生き物は、おぞましい化け物のような姿のものばかりである。

魔術師アブラメリンの聖なる魔術の書

マジュツシアブラメリンノセイナルマジュツノショ

La magie sacrée d'Abramelin le Mage

■フランス　■魔術書

14～15世紀の魔術師アブラメリンが書いた魔術書で、後世の魔術師にも多大な影響を与えた本とされる。

アブラメリンはドイツ在住のユダヤ人で、その出自もあってカバラに詳しかった。

このアブラメリンの著になるとして、18世紀ごろにフランス語で出版されたのが本書である。本の主張するところによれば、1458年に彼が息子のためにヘブライ語で書いた手稿を、フランス語に翻訳したものだという。

俗に「アブラメリン魔術」と呼ばれるこの魔術大系は、強力な効果を発揮する代わりに、非常に多くの制約が課せられている。例えば、魔術実践者は春分から秋分までの6ヶ月間を隠遁しなければならず、その期間中は一切の肉食や太陽が出ている間に眠ること、病気治療以外の外出や薬物摂取が制限される。この他にも大量に存在する細々とした条件をクリアした後になってようやく、魔術の実践が許されるのだ。

この奥義《おうぎ》書もまた『**ソロモンの小さな鍵**』と同じくサミュエル・リデル・マクレガー・メイザースによって世に送り出された。パリのラルセナル図書館の保管庫で死蔵されていた古書の山の中から、彼の手によって発掘されたことになっている。実際には、アブラメリンの名を借りて、18世紀にフランス語で書かれたものだと考えられている。

魔術師の朝

マジュツシノアサ

Le Matin des Magic iens

■フランス　■オカルト

ジャック・ベルジュとルイ・ポーヴェルによって1960年に書かれた、非常に物議をかもした本。

魔術師、錬金術《れんきんじゅつ》師などについて書いていると共に、ナチスを魔術的社会主義として再評価しようとしたのだから、ナチス憎しの念で固まっていた当時のフランスで、ものすごい悪評を振り撒いたのも当然といえよう。

さらに、現在の人類は、次の新人類が登場するまでの間に合わせに過ぎない。新人類は優れた知性を持っている。しかも、すでに存在していて、ひそかに連絡を取り合っているのだと主張している。

大部なので、日本では抄訳しか存在していない。

魔術探求

マジュツタンキュウ

Disquisitionum magicarum

■ベルギー　■悪魔学

プロテスタントのジュスイット派の悪魔学者マルタン・アントワーヌ・デル・リオが、1599年に書いた悪魔学の百科事典ともいうべき書。

魔女狩りは、何もカトリックに限ったことではなく、プロテスタントも熱心に魔女を火あぶりにしていた。この本は、その集大成ともいうべき大著である。

この本では、悪魔や魔女に関することを、次の六つに分類して解説している。

- 魔術一般、自然魔術と人工魔術
- 悪魔による魔術、サバトにおける魔女
- 不運とは何か、神はなぜ悪霊が人間を苦しめることを許すのか
- 予言、占い
- 異端審問官と宗教裁判官のマニュアル
- 告白した者への祭儀

このように、悪魔、魔女、妖術など広い範囲を扱っており、プロテスタントにおける**『魔女への鉄槌』**である。

魔術—理論と実践

マジュツ—リロントジッセン

Magick in Theory and Practice

■アメリカ　■魔術書

希代の魔術師にして20世紀最大級の怪人アレイスター・クロウリーの1929年の著書で、晩年における代表作。

書名が示す通り、クロウリー流の魔術の理論及びその実践に関する手引きが記されている。といっても、秘儀の本ではなく、あくまでも一般読者向けに書かれた入門書である。このため、クロウリーとも思えぬ非常に穏当な宣言から始まる。

「魔術とは、人間が人生を生きるために自らを鍛え、最終的に望む変化をもたらすために使う技術である。ある意味、魔術とは、科学の別名である」

おそらく、この宣言は一般人に対する方便であろう。実際には、章が進むにつれて、様々な儀式魔術の方法や精神について詳しく書かれていき、科学とは全く関係がなくなっていく。クロウリーの書籍としては比較的分かりやすく（といってもオカルティズム…特に魔術に関する深い造詣とクロウリー独特の言い回し

を理解するための知識が大前提である)、現在に至るも近代魔術を志す者たちに人気がある。

魔術とは儀式であり、儀式とは魔術師と神が一つになることだという。そして、それには必要な呪文（ヤーヴェとかエロイムとかアブラカダブラとか）があり、生け贄（生命体の持つエネルギーを死によって解放すること）が必要とされる。

また、東洋の魔術（ヨーガなどはクロウリーには魔術に見えたらしい）を西洋化して取り入れている。

本書を書いたころのクロウリーは、儀式魔術が黒魔術に使われることを恐れ、魔術の善用を主張している。とても、後年になって自らを666（黙示録の悪魔）であると主張した人物には見えない。

なお、本書は4部から成る『**魔術**』(『第4の書〈Book 4〉』『ABAの書《リベルABA》〈Liber ABA〉』の別名あり）の第3部を独立させたものである。

魔女

マジョ

La Sorciere

■フランス　■悪魔学

1862年にソルボンヌ大学教授の歴史学者ミシュレが書いた魔女に関する本。ミシュレは、フランスにおいては歴史学そのものともいうべき大家中の大家である。フランス人が「フランスの歴史」について語る時、その念頭にあるのはミシュレの『フランス史』であり、フランス革命について語る場合は同じくミシュレの『フランス革命史』である。

ところが、この『魔女』は、著者の生前にはなんと2冊しか印刷されなかった。しかも、片方は教会が問題視しそうな2ヶ所を破り取られた形で存在した。そして、その形で版を重ねた。完全版が出版されたのは、何と20世紀になってからである。

19世紀には、カトリック教会の禁書であった。というのも、ミシュレは「魔女はローマ教会の犯した犯罪である」と断言しているからである。

本の内容としては、キリスト以前の古代の神々が生きていた時代から書き起こし、フランス革命の始まる少し前の1730年までの魔女の系譜である。そして、その中でローマ教会の愚劣さを徹底的にあげつらっている。

魔女に与える鉄槌

マジョニアタエルテッツイ

Malleus maleficarum

■ドイツ　■悪魔学

→魔女への鉄槌

魔女の鉄槌

マジョノテッツイ

Malleus maleficarum

■ドイツ　■悪魔学

→魔女への鉄槌

魔女への鉄槌

マジョヘノテッツイ

Malleus maleficarum

■ドイツ　■悪魔学

ヤコブ・シュプレンゲルとハインリヒ・クラメルが1486年に書いた、魔女狩り本の中でも最右翼にある書。『魔女に与える鉄槌』『魔女の鉄槌』ともいう。発表されるや版を重ね、200年近くにわたって聖書に次ぐベストセラーの座を守った。カトリックだけでなく、プロテスタントもこの本を利用して魔女裁判を行った。このように広まったために、ヨーロッパにおける魔女裁判に深刻な影響を与えた。

この本は3部構成になっている。これは、トマス・アクィナスの『神学大全』を意識して書かれたといわれている。ちなみに『神学大全』は、「神と神学について」「倫理と人間について」「キリストについて」の3部構成である。

『魔女への鉄槌』の第1部は、悪魔と魔女について解説している。まず、**『旧約聖書』「出《しゅつ》エジプト記《き》」**22章17節に「女呪術師を生かしておいてはならない」とあることから、魔女の存在を信じないことは聖書に逆らう行為であり、異端であると主張している。

また、悪魔と魔女が「全能なる神の許しを得て」人々に悪行を行っていると主張している。魔女たちが存在して悪行を行っていることを神が許していなければ、それらが存在し続けることなどできないからだ。残念ながら、人間には全能なる神の計画を知ることはできないので、その理由は分からない。だが、悪魔が世界を破壊してしまわないのは、それを神が許していないからであり、悪魔は神の手の上でコントロールされていることを説明している。

その上で、悪魔と魔女は、夢魔によって人間を誘惑する。また、人々の間に憎しみを広める。家畜を殺し、不妊にする。人間を獣に変身させる…などを行っているという。

第2部は、魔女の行う妖術と、その対処方法について。これは、著者らがかかわった魔女裁判などで登場した豊富な実例を元に構成されている。悪魔との契約、呪いや生け贄（特に子供の生け贄が多い)、悪魔との性交など、内容は多岐にわたる。中には、落語か小話のような例すらある。

そして第3部は、魔女裁判の実用書だ。

例えば、証言をいかに認定するか。すべての善良な者は魔女を憎む。だから、被告に敵対的な者の証言であっても採用すべきである。

自白を得るにはどうするか。1年も投獄されながら自白しないのは、悪魔の援助を得ているからであろう。だから、積極的に拷問を行って自白を取るといい。また、判事は被告が自白すれば罪を軽く

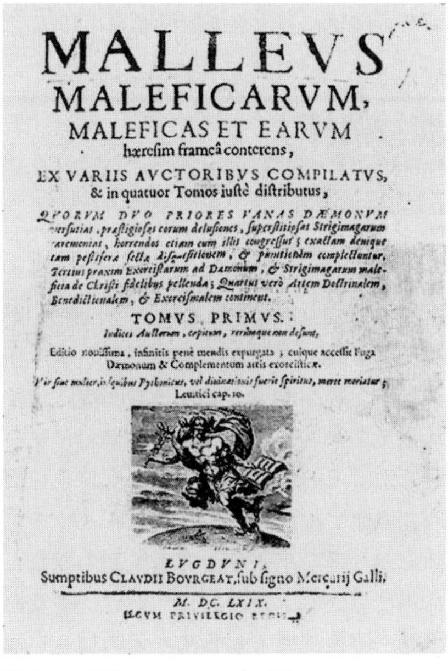
MALLEVS
MALEFICARVM,
MALEFICAS ET EARVM
hæresim frameâ conterens,
EX VARIIS AVCTORIBVS COMPILATVS,
& in quatuor Tomos iustè distributus,
QVORVM DVO PRIORES VANAS DÆMONVM versutias, præstigiosas eorum delusiones, superstitiosas Strigimagarum cæremonias, horrendos etiam cum illis congressus; exactam denique tam pestiferæ sectæ disquisitionem, & punitionem complectuntur. Tertius praxim Exorcistarum ad Dæmonum, & Strigimagarum maleficia de Christi fidelibus pellenda; Quartus verò Artem Doctrinalem, Benedictionalem, & Exorcismalem continent.
TOMVS PRIMVS.
Indices Auctorum, capitum, rerumque non desunt.
Editio nouissima, infinitis penè mendis expurgata; cuique accessit Fuga Dæmonum & Complementum artis exorcisticæ.
Vir siue mulier, in quibus Pythonicus, vel diuinationis fuerit spiritus, morte moriatur; Leuitici cap. 10.
LVGDVNI,
Sumptibus CLAVDII BOVRGEAT, sub signo Mercurij Galli.
M. DC. LXIX.
CVM PRIVILEGIO REGIS.

『魔女への鉄槌』タイトルページ

してやると、嘘をいっても良い。それは、社会と国家の利益のためであり、正しいことなのだ。

そして、判決の指針もある。よほど例外的な軽い罪を除き、基本的には魔女は死刑をもって処すべきである。

一見体系的に書かれているように見えるが、内容には矛盾も多い。ある箇所では、悪魔は魔女を使って善良な人を苦しめるとあるが、別の箇所では、邪悪な者程攻撃を受けやすいとある。判事は魔女の妖術などにはかからないと書いてあるところもあれば、魔女は目差しで判事を惑わすので、塩と秘蹟で身を守れともある。

この著者らは高名な学者たちであり、また1484年には当時のローマ教皇インノケンティウス8世から、ドイツ北部全域で魔女を起訴する資格を与えられた人物で、いわばカトリックお墨付きの本であり、後世に多大な悪影響を与えた。

魔神崇拝

マジンスウハイ

Demonolatreiae

■フランス　■悪魔学

フランスの悪魔学者ニコラ・レミが1595年に書いた魔女狩り本。彼は、ロレーヌ地方の検事総長として、15年間で900人以上の人間を魔女として火刑台に送り込んだ。その経験を元に、魔女狩りをより組織化するため、この本を書いた。

だが、その出来はとても統制の取れたものではなく、雑多な法廷記録、魔女の逸話、講義録などを集めたものにしかならなかった。

マソラ本文

マソラホンモン

Masoretic Text

■中東　■経典

→旧約聖書

マタイ福音書

マタイフクインショ

Gospel of Matthew

■中東　■経典

『新約聖書』の最初にあり、また、**福《ふく》音書《いんしょ》**の最初にあたる。長きにわたって、「マタイ」こそが福音書の最初のものであり、**「マルコ福音書」**や**「ルカ福音書」**は、「マタイ」を参考にして書かれた福音書であると考えられてきた。このため、キリスト教会においても、非常に重要視されてきた。だが、現在の研究では、「マルコ福音書」こそが最も古い福音書であり、「マタイ」と「ルカ」が「マルコ」と別の出典(「資料Q」と呼ばれる)を使って書かれたとされている。

「マタイ福音書」においては、キリストはユダヤ教の預言にあるメシアである(**『旧約聖書』**の預言はすべてキリストによって成就されたとする)と説くことで、ユダヤ教徒に語りかけると共に、キリストは神との約束を万民に広めたとして、非ユダヤ人キリスト教徒にも語っている。

例えば、キリスト生誕を祝うために訪れる東方の三博士だが、これは「マタイ」にのみ登場する。これによって、キリストの生誕はユダヤ人だけでなく、すべての人にとっての祝いであることを明示したのだろう。

これは「マタイ福音書」が、キリスト教徒におけるユダヤ人と非ユダヤ人の比率が逆転し始めた85～90年ごろに書かれたからだとされる。

考えてみれば明らかなのだが、キリスト教はユダヤ教の分派なので、初期キリスト教徒は、12使徒やキリスト自身を含め、すべてユダヤ人である。それが、非ユダヤ人への布教によって、非ユダヤ人キリスト教徒が増加したため、上のような主張になったのだと考えられている。

松帆浦物語

マツホウラモノガタリ

Matsuhouramonogatari

■日本　■説話

御伽草子《おとぎぞうし》の1篇。

少年愛的要素の強い物語で、いわゆる「稚児物語」である。

マドリッド絵文書

マドリッドコデックス

Codex Madrid

■中央アメリカ　■経典

→**絵文書**《コデックス》

マナス

Манас

■中央アジア　■叙事詩

中央アジアの国々、特にカザフスタン、キルギスタンなど比較的イスラム化するのが遅かった国々には、古来の英雄叙事詩がよく残っている。ことに有名なのがキルギス（クルグス）族の『マナス』である。架空の英雄マナスとその子孫たちの生涯を語るものであり、一切の伴奏なく肉声のみで、単純な節を付けて語られる。

この叙事詩によれば、かつてキルギス族はクタイ（中央アジアのカラキタイ、もしくは中国の清朝を指すといわれる）やカルマク（モンゴル系の集団）の民との抗争に明け暮れていた。そんな中で、長らく子供に恵まれなかった勇士ジャクブに、年老いてから初めて子供が生まれた。これが勇士マナスである。マナスは駿馬アクララや、初めは仏教徒であったが改宗してマナスと同じイスラム教徒となった盟友アルマンベトらの力を借りて、諸方の敵と戦う。

キルギスタンでは今なお、マナスチュ（マナス語り）と呼ばれる語り手が、この叙事詩を語り伝えている。キルギスの作家アイトマートフによれば、大祖国戦争（第2次世界大戦）の折には出征する兵士たちに向かって妻や母が「勇士マナスの霊がお前たちを守ってくれるよ！」と声をかけたという。

マナセの祈り

マナセノイノリ

Prayer of Mannaseh

■中東　■経典

『旧約聖書外典』の一つ。「**歴代誌**《れきだいし》・下」第33章では、ユダヤの悪しき王マナセが捕らえられてバビロンに連れていかれて後、悔い改めて神に祈った。

この神への祈りの内容が、「マナセの

祈り」である。もちろん、本物ではなく、後世の人々による創作である。

『七十人訳聖書《しちじゅうにんやくせいしょ》』では「**詩篇**《しへん》」の付録に収録されているが、『**ヴルガータ**』では『**新約聖書**』の後ろに付け加えられている。

→旧約聖書

マニ教の聖典

マニキョウノセイテン

canon

■ペルシア・アラブ　■経典

→正典《カノン》

マヌ法典

マヌホウテン

Mānava-dharmaśāstra

■インド　■法律書

『マーナヴァ・ダルマシャーストラ』ともいう。紀元前後2世紀ごろに書かれた法律の集大成。

人類の始祖であるマヌが書いた韻文だとされるが、もちろんそれは後世の権威付けである。

インドの4大身分（バルナ）であるバラモン、クシャトリヤ、バイシャ、シュードラも、この法典で定められている。

マハーナーラーヤナ・ウパニシャッド

Mahānārāyaṇa-upaniṣad

■インド　■経典

『黒ヤジュル・ヴェーダ』の「奥義《おうぎ》書」の部分。詩の形で書かれている。

→ヤジュル・ヴェーダ

マハーバーラタ

Mahābhārata

■インド　■叙事詩

『**ラーマーヤナ**』と共にインドの二大叙事詩の一つといわれる、全18巻22万行にも及ぶ長大な物語（『**イリアス**』『**カレワラ**』と共に、世界三大叙事詩の一つともいわれる）。題名は「偉大なるバーラタ一族」程の意。紀元前4世紀ごろから作られ始め、詩人たちに歌われて広がり、5世紀ごろに現在の形にまとまったとされる。

昔、インドの北の方、今のデリーのあるあたりに、バーラタ族という一族があり盛強を誇った。この一族に属する兄弟、パーンドゥ王とクル王には、それぞれパーンドゥの五王子とクルの百王子と呼ばれる子供たちがいたが、百王子は五王子を妬み、事あるごとにこれを陥れようとした。さて、五王子の長兄ユディシュティラは円満の君子人であったが、一つだけ欠点があって無類の博打好きであった。そこで百王子の長兄ドゥルヨーダナは、これを誘っていかさま賭博で打ち負かし、賭けの約束によって13年の国外追放を課した。五王子は艱難辛苦の末、13年後に領地の返還を要求したが、ドゥルヨーダナは約束を反故にして聞き入れない。かくて五王子軍と百王子軍の内戦が始まり、多くの勇将賢人が空しく命を落とす次第となる…というのが全編の粗筋。

なお、本編は地球上の各民族の古典叙

事詩のうち、おそらく最長のものであり、多くの枠物語（物語の登場人物の語る物語）や哲学的問答を含む。枠物語だけが独立の単行本として刊行あるいは翻訳される例も少なくない（『ナラ王物語』『サーヴィトリー物語』など）。中でも有名なのが、最後の戦を前にして五王子の三男、弓の名手アルジュナが親族と戦うことを躊躇するのに対し、軍師クリシュナが「殺すとは何をいうのか。人の個我は不変であり、あの生からこの生へと移ろうに過ぎない。火もこれを焼き得ず、水もこれを潤し得ず、刀もこれを切り得ない。天国への大門というべきかかる大戦に遭遇し得たのは、武人にとってはよくよくの幸運である」といい、欲望や得失を考えることなく各自の本分を尽くすことが解《げ》脱《だつ》への道であると説く件《くだり》で、この部分がヒンドゥー教徒の聖書とも呼ばれる『**バガヴァッド・ギーター**』である。

マハプラーナ

Mahapurāṇa

■インド　■経典

→プラーナ

マビノギオン

Mabinogion

■イギリス　■神話

英国ウェールズ地方に吟遊詩人たちによって伝えられてきた口承文芸が、11世紀ごろから当地の僧院に住んでいた修道僧たちによって記録されたもの。

実は、『マビノギオン』という本は、本来存在しなかった。

現存しているのは、ウェールズ国立図書館にある14世紀の写本『レゼルッフの白い本』と、オックスフォード大学にある14～15世紀の写本『ヘルゲストの赤い本』などの中世期の写本である。これらには『マビノギオン』といった題名は付いていなかった。だが、それらに入っていた物語を、シャーロット・ゲスト女史が英語に訳して編纂し、1838年に出版した時、タイトルとして付けたのが『マビノギオン』である。

ところが、この題名には大きな誤りがあった。元々「マビノギの四つの物語」を含む11の物語をまとめた時、マビノギの複数形（ウェールズ語ではオンをつけることが多い）として「マビノギオン」と名付けた。ところが、「マビノギ」という言葉自体、「マビ（若者）」という言葉の複数形だったのだ。だから、「マビノギオン」をあえて日本語にすると「若者たちたち」という珍妙なものになる。だが、このタイトルで世界中に広まってしまい、今やこの間違った題名が、正式なものとして定着してしまっている。

ちなみに、ゲスト女史の訳は、楽しく読めるようにと大胆な意訳を行ったもので、文学的価値は高いものの、歴史資料的価値はあまり高いとはいえない。

一般に、マビノギオンと呼ばれているのは、以下の11篇である。

A：マビノギの四つの物語
- ダヴェドの大公プイス
- スィールの娘ブランウェン
- スィールの息子マナウィダン

●マソヌウイの息子マース

B：カムリに伝わる四つの物語

●マクセン・ウレディクの夢

●スイッズとスェヴェリスの物語

●キルッフとオルウェン

●ロナブイの夢

C：アルスルの宮廷の三つのロマンス

●ウリエンの息子オウァインの物語、もしくは泉の貴婦人

●エヴラウクの息子ペレドゥルの物語

●エルビンの息子ゲライントの物語

11篇は、大きく分けて三つのグループに分かれており、それぞれの雰囲気は大きく異なる。Aは、神話に近い幻想物語である。Bは、ウェールズの民話とアーサー王伝説の原型となる物語である。Cは宮廷ロマンスである。

魔法修行

マホウシュギョウ

Apprenticed to Magic

■イギリス　■魔術書

第2次世界大戦後のイギリスを代表する魔術師ウォルター・アーネスト・バトラーが記した近代西洋魔術の入門書。1962年の出版。

本書の内容は、魔術を志す上での心構えに始まり、呼吸法や瞑想法、視覚化、アストラル体投射といった魔術技法、カバラ知識の教授など。

魔術の師匠が弟子に教えを講義するというスタイルを取っており、実際に師となる魔術師を持たなかったり、魔術結社に加入していなかったりする魔術志願者に最適な魔術指南書となっている。

魔法使いの弟子

マホウツカイノデシ

The Charwoman's Shadow

■アイルランド　■小説

アイルランドのファンタジー小説。

アイリッシュ、ケルト風ファンタジーの大家ロード・ダンセイニの作で、1926年刊行。

〈塔の岩の森〉を領有する父に命じられ、ラモン・アロンソ・マシュー＝マーク＝ルーク＝ジョンは妹の婚礼支度金を（文字通りの意味で）作るため、森深いところに住む魔法使いの弟子になる。ラモン・アロンソはそこで知り合った掃除女を救うため、魔法使いの師匠から掃除女の影を取り戻す約束をするのだった。

物語は、玄妙なる秘術を教えるたびにラモン・アロンソに「何か」を差し出させる魔法使いの師匠や、遥か東方から伝わってきた漢字を使った魔術、そして「陽の高さに関係ない長さの噓影」などを描写しつつ、幻想に満ちて進行していく。

魔法入門

マホウニュウモン

Mahohnyuhmon

■日本　■魔術書

第2次世界大戦後のイギリスを代表する魔術師ウォルター・アーネスト・バトラーが記した2冊の魔術入門書を、魔術や隠秘学関連書籍の翻訳で知られる大沼忠弘が翻訳・再編集したもの。出版は昭和49年（1974年）。

本書の元となっているのは『Magic, its Ritual, Power and Purpose』（1952）と

『The Magician: His Training and Work』(1959) である。

本書はカバラに関する知識から呼吸法、追儺の儀式など、西洋魔術を学ぶ上での基本をほぼ完全に網羅している。

マラキ書

マラキショ

Book of Malachi

■中東　■経典

『旧約聖書正典』の一つ。「十二小預言書」の12番目のものである。また、**『旧約聖書』**の最後の書でもある。

このためか、民に悔い改めを求め、神との契約を遵守するように求めている。

マリアによる福音書

マリアニヨルフクインショ

Gospel of Maria

■中東　■経典

19世紀にエジプトで発見された**『新約聖書外典』**。イエスの母のマリアではなく、マグダラのマリアによる**福音書**《ふくいんしょ》である。

復活したイエスは使徒たちに宣教を命じるが、弟子たちは怯える。それをマリアが励ます。また、マリアに啓示された神の真理を使徒たちに伝えるが、彼らは信じない。など、マリアが使徒よりも神とイエスを理解していることが示される。

マルコ福音書

マルコフクインショ

Gospel of Mark

■中東　■経典

『新約聖書』の2番目であり、最も短い**福音書**《ふくいんしょ》が「マルコ福音書」である。19世紀まで、「マルコ福音書」は「**マタイ福音書**」の要約に過ぎないと考えられ、重視されてこなかった。だが現在では、「マルコ」こそ最古の福音書（65～75年ごろ成立）であり、「マタイ福音書」も「**ルカ福音書**」も、それを増補したものだと考えられている。その意味では、最も初期キリスト教的で、もしかすると最もキリスト自身の思想に近い福音書なのかもしれない。

ちなみに、本来の「マルコ福音書」は、イエスが死に、その墓を後で開けてみると空っぽであったというところで終わっている。その後、イエスがマグダラのマリアや弟子たちの前に姿を現すという件《くだり》は、別人の文体で書かれた追加である。もしかしたら、弟子たちは復活したイエスの姿など見なかったのかもしれない。

マルドゥーンの航海

マルドゥーンノコウカイ

The Voyage of Máel Dúin

■アイルランド　■イムラヴァ

8～9世紀ごろにアイルランドで成立したイムラヴァ（航海譚）。**『ブランの航海』『聖ブレンダンの航海』**などと同じく、いかにもケルトらしい異界の物語である。

主人公マルドゥーンの父はニノサ（ア

ラン諸島）の族長だったが、彼がまだ生まれる前に、別な部族の襲撃に遭って殺されてしまった。母の手で育てられ美貌の戦士となったマルドゥーンは、父の仇を討つため、17人の仲間と共に敵のいる島へ向けて出帆した。しかし、その途中で嵐に遭い、彼の船は漂流し、ついに九つ目の波を越えて異界へとさまよい込んだ。

異界の海でマルドゥーン一行は、次々と不可思議な島や海域に出合った。子馬程もある巨大な蟻《あり》の群れが住む島、足跡が船の帆程もある巨大な馬たちが疾走している島、海辺にある館の中に海から勝手に鮭が飛び込んでくる島、海底まで透き通った水晶のような海、海底に美しい国があり怪物が棲んでいる海、食べると心地良く眠ってしまう果実のある島、周囲が炎で囲まれている島、などである。中でも最も素晴らしかったのは女人の島で、マルドゥーン一行は若い乙女たちに大いにもてなされ、島の城砦に数ヶ月間も滞在したのである。

こうやって、マルドゥーン一行は異界の海で全部で30ヶ所以上もの不思議な場所を巡り、その後、アイルランドへ帰還したのである。

万葉集

マンヨウシュウ

Man-yohshuh

■日本　■詩

奈良時代末期ごろに成立したとされる歌集。

本書は全20巻から成り、巻一から巻六までは雑歌《ぞうか》（種別分類外の雑多な歌）や相聞歌《そうもんか》（恋の歌）、挽歌《ばんか》（人の死を悼み悲しむ歌）といった歌の種別ごとに章立てされているが、それ以降は採集年代ごとに編年体方式でまとめられている。収録歌数は約4500首。その作者は、多くは皇族や貴族であるが、農民や遊女、乞食といった下層階級の者が作った歌も少なくない。

現存するものでは日本最古の歌集であるが、その成立の過程には不明な点が多い。一般的には、大伴家持《おおとものやかもち》の手によって編纂されたとする説が知られているが、この他にも橘諸兄《たちばなのもろえ》説や帝による勅撰説などがある。

み

ミカ書

ミカショ

Book of Micah

■中東　■経典

『旧約聖書正典』の一つ。「十二小預言書」の6番目のものである。

ミカは、神の審判を預言する。というのも、この時代、王も祭司も預言者ですら腐敗していたからだ。そして、人々にもう一度神との契約を思い出させる。

ここに、ユダヤ教の**トーラー**の精髄ともいえる言葉がある。

人よ、何が善であり

主が何をお前に求めておられるかは
お前に告げられている
正義を行い、慈しみを愛し
へりくだって神と共に歩むこと、こ
れである

→旧約聖書

巫女の予言

ミコノヨゲン

Völuspá

■アイスランド　■叙事詩

『歌謡エッダ』の最初にある詩で、巫女が世界の起源と神々の成り立ち、未来の予言を語るもの。北欧神話におけるラグナロクとその後の新世界の神話は、おおむねこの詩による。

ミシュナ

Mishnah

■中東　■経典

→タルムード

ミスカトニック大学図書館

ミスカトニックダイガクトショカン

Library of Miskatonic University

■アメリカ　■架空

アメリカ・マサチューセッツ州の架空の街アーカムに存在する、架空の大学がミスカトニック大学である。

クトゥルフ神話の創設者H. P. ラヴクラフトが作り出した街は、ラヴクラフト自身だけではなく、彼の後継者たちによっても、何度もクトゥルフ神話作品の舞台にされている。

そんな街にある大学であるから、その図書館には**『ネクロノミコン』**を始めとして、（クトゥルフ神話的に）貴重な魔道書が数多く所蔵されている。世界中でここだけしか現存していないとされる魔道書も多い。極論すれば、クトゥルフ神話作品群に登場する魔道書の8割は、ここにも所蔵されていると思われる。

もちろん、それら**クトゥルフ神話の魔道書**は、普段は人目につかないところに秘蔵されており、その存在すら秘匿されている。目にできるのは、ほんの一部の人たちだけである。そこに書かれている禁断の知識から人類を守るために、そうしているのである。

元々クトゥルフ神話の根底には、「人類には知ってはならない宇宙の真理がある」という思想が流れている。だから、クトゥルフに関して書かれた数々の魔道書には、人類の正気や存在意義を脅かす“真実”が書かれている場合が多い。それらを無造作に、普通の人間の前に投げ出しておくわけにはいかない。それら禁断の知識を保管し、隔離しておく場所が必要である。

人類がクトゥルフ邪神やその眷属に対抗できる知識を蓄えると同時に、人類が知ってはいけない禁断の知識を押さえ込む最後の砦、それがミスカトニック大学図書館なのだ。

水の神

ミズノカミ

Dieu d'Eau;Entretiens avec Ogotemmeli

■フランス　■民話

フランス民俗学の祖の1人に数えられる民俗学者マルセル・グリオールの手による著作。グリオールは1946年のアフリカ現地調査の最中に、ドゴン族の盲目の呪医オゴテメリから招待され、33日間にわたってドゴン族に伝わる神話と伝承の伝授を受けた。この『水の神』は、グリオールがオゴテメリと出会い、秘伝を聞き取る過程を、小説に近い筆致で記した作品である。一般的な民俗学のレポートという体裁を取っていないのは、著者が一般の読者を対象としていたからのようだ。

『水の神』が大きな驚きをもって迎えられたのは、オゴテメリが語ったとされるドゴン族の神話と世界観が、文明の発達した諸地域の宗教と比較しても遜色ない程に、複雑かつ精緻に体系立てられていたからだった。その内容は、単純素朴ゆえに原始的と認識されていた非文明地域の信仰にも、整然とした宇宙観が備わり得る例示であると考えられた。

緑の獅子

ミドリノシシ

De Groene Leeuw

■オランダ　■錬金術書

ホーセン・ファン・フレースウェイクが1674年に書いた錬金術《れんきんじゅつ》書。『哲学者の光』とも呼ばれ、植物や動物についての見解を述べた本。もちろん、金属や鉱物についても記述している。

耳嚢

ミミブクロ

Mimibukuro

■日本　■随筆

江戸時代後期の**随筆**《ずいひつ》。

南町奉行であった根岸鎮衛《ねぎししずもり》が、佐渡奉行在任中の天明5年（1785年）から没する直前まで著し続けた随筆で、全10巻。その内容は、彼の耳に入ってきた世間の噂話や奇談の類である。エピソードの採集対象は町人から同僚の同心、土地の古老と幅広い。

風聞や珍奇な話を集めただけあって、荒唐無稽な話が多い。有名なところでは、鳩を取り逃した猫が「残念なり」と洩らしたのを、飼い主の住職に見つかる話だろう。住職は猫にもう人前では話さないように約束させて放免したが、猫は姿を消してしまう。

このような珍妙な話の他、幽霊絡みの話や狐狸の類が人を化かす話、怪しげな薬の話など、彼が耳にした面白い話が多数収録されている。ちなみに、収録されている噂話の1篇として、稲生武太夫《いのうぶだゆう》の妖怪談――『**稲生物怪録**《いのうもののけろく》』に関連するものがある。

未来記

ミライキ

Miraiki

■日本　■予言書

聖徳太子が書いたという未来記（予言書）。聖徳太子が予言を能くしたという根拠は、『**日本書紀**《にほんしょき》』巻第二十二、推古天皇元年四月の記述に、「兼ねて未然《ゆくさきのこと》を知ろしめす」（『日本書紀』岩波書店）とあるからだという。

その内容は、聖徳太子が100代先までの世の治乱を予見したものとされ、天王寺（現在の四天王寺）に収められていたという。

『**平家物語**《へいけものがたり》』や『**太平記**《たいへいき》』にも、『未来記』は登場し、平家の没落を告げていたり、楠木正成に幕府の崩壊と後醍醐天皇の復権を知らせたりしている。

このことから、後の時代になると「『未来記』を読む、所有する」行為は体制に対する叛意の証のように扱われていく。

が、『未来記』そのものの実在は怪しい。その名を冠した書物や写本は多数発見されてはいるが、それらのほとんどは愚にもつかない偽書《ぎしょ》である。鎌倉時代以降、そのような偽書がたくさん作られた。

それらの総称として「聖徳太子《しょうとくたいし》未来記」という名前が用いられている。

未来の記憶
ミライノキオク

Erinnerungen an die zukuft

■スイス　■オカルト

宇宙考古学者として知られるスイス人エーリッヒ・フォン・デニケンの代表作。1968年に出版された。

英語版タイトルは『Chariots of the Gods』。

古代遺跡などから出土する、その時代にそぐわない高度な技巧品…いわゆるオーパーツや、ナスカの地上絵やエジプトのピラミッドなど大規模な土木建築物について、それを古代人の遺産ではなく、古代に地球を訪れた宇宙人に由来するものとして説明付けた書物。

本書で唱えられた宇宙考古学は、UFO信者《ビリーバー》や（オカルト的解釈での）超古代文明の世界ではもはや基本知識ともいうべき仮説となっているが、実際には無理やりこじ付けた理屈や、「宇宙人による干渉があった」という結論を最初に用意した上での理論展開が多い。

民数記
ミンスウキ

Book of Numbers

■中東　■経典

『旧約聖書正典』のうち、4番目にあるのが「民数記」である。**トーラー**五書の一つ。

この書は、シナイ山を過ぎたユダヤ人が、約束の地であるカナンにたどり着くまでの物語である。

「民数記」といわれるのは、この書では様々な数値調査が行われているからである。例えば、2度にわたる人口調査、部族の序列、指導者の数など、様々な規定がここでなされている。

→旧約聖書

民明書房
ミンメイショボウ

Minmeishoboh

■日本　■架空

宮下あきらの描く『魁!!男塾』『暁!!男塾』に登場する出版社。

このコミックに登場するとんでもない

奥義《おうぎ》を解説する本は、常に民明書房というところから出版されている。そして、コミックの中で、通常の本のように引用され、解説されている。

もちろん、民明書房もその本も実在はしない。偉そうな本を引用して仰々しい解説を行うこと（本書など、その典型であるが）に対するパロディである。

む

昔々の物語

ムカシムカシノモノガタリ

Histoires ou contes du temps passé, avec des moralités : Contes de ma mère l'Oye

■フランス　■民話

→過ぎた日の物語、教訓付き・ガチョウおばさんの話

無限、宇宙、諸世界について

ムゲン、ウチュウ、ショセカイニツイテ

De l'Infinito, Universo e Mondi

■イタリア　■学術書

16世紀に生きた知識人で、時代を超えた自由思想の持ち主として、また有能な科学哲学者として知られ、ローマ・カトリック教会によって異端者として火刑にされたジョルダーノ・ブルーノの天文学書。カトリック教会の行った悪行の一つとされる（教皇ヨハネ・パウロ2世によって、この判決は不当であると宣言され、ブルーノの名誉は400年近く経って取り戻された）。

この本は、ギリシア・ローマ時代以降初めて地動説を唱え、また空の星はすべて太陽と同等であると主張し、そこには地球と同じような惑星があって、生命が発生しているであろうと予言したもの。

ちなみに、シェイクスピアの**『あらし』**に登場する魔術師プロスペローのモデルはブルーノだという。

無名祭祀書

ムメイサイシショ

Unaussprechlichen Kulten

■ドイツ　■架空

クトゥルフ神話の魔道書。フリードリッヒ・ウィルヘルム・フォン・ユンツ著。原著は1839年に出版されたクォート版サイズの本。別名『黒の書』。ギュンター・ハッセの恐ろしい版画が挿絵に使われているのが特徴である。ヨーロッパと米国に6部存在するのが確認されている。

その後、1845年イギリスで出版された。これは完訳版であるが、翻訳に不備が多い代物だった。

1909年、アメリカでゴールデン・ゴブリン・プレス社より、その削除修正版が発行されるが、簡略版で省略されている内容も多い。

内容は、主に原著者と様々なカルトや教団との関係が書かれているが、その中に様々なクトゥルフ神話の秘術や真理が隠して描かれている。

ちなみに、原題の『Unaussprechlichen Kulten』は、最初に登場させたR. E.ハワードがあまりドイツ語が得意でなかったために『Nameless Cults』を誤訳したものではないかと考えられている。ドイツ語題名の意味は「言葉にならぬ祭祀」となってしまう。

ムンダカ・ウパニシャッド

Muṇḍaka-upaniṣad

■インド　■経典

『アタルヴァ・ヴェーダ』の「奥義《おうぎ》書」の部分。詩の形で書かれている。

め

メアリー・ポピンズ

Mary Poppins

■オーストリア　■小説

オーストリアの作家パメラ・リンドン・トラヴァースが、1934年に発表した児童文学。『風に乗ってきたメアリー・ポピンズ』ともいう。

こうもり傘を差して、風に乗ってやって来た魔法使いのナニー（乳母と家庭教師の中間くらいの役目）、メアリー・ポピンズが活躍する物語。

1964年にディズニー映画の『メリー・ポピンズ』が大ヒットしたが、トラヴァースは映画は甘過ぎると不満だったらしい。

しかし、魔法使いの家庭教師やお手伝いさんといったキャラクターを定着させたのは、映画の功績であろう。

明月記

メイゲツキ

Meigetsuki

■日本　■日記

鎌倉時代初期の歌人として知られる藤原定家の日記で、治承4年（1180年）から嘉禎元年（1235年）にかけての記録。克明、詳細な記録であることから、歴史資料としても重要視されている。

個人の日記であるが、彼自身の体験や見聞によらない記録も少なくない。

例えば、天喜2年（1054年）の記録として（定家が生まれる100年程前である）、おうし座SN 1054の超新星爆発に関するものがある。この年の4月中旬（現在の3月上旬）の丑の刻（午前2時ごろ）、東の空に歳星（木星）程の大きさの星が現れたと記されている。

またその50年程前に起きたおおかみ座SN 1006の超新星爆発に関する記録も残している。これは安倍晴明《あべのせいめい》の息子の吉昌の観測記録を収録したもので、寛弘3年（1006年）4月2日（現在の暦では5月1日）、南の空に巨大な星が現れたという。

これらの記録から、考古天文学などの科学的な資料としても扱われている。

名所江戸百景

メイショエドヒャッケイ

Meishoedohyakkei

■日本　■図画

江戸時代後期の連作浮世絵。

安政3年（1856年）から安政5年（1858年）にかけて歌川広重《うたがわひろしげ》によって制作された。が、広重は完成を見ることなく没し、2代目広重の補筆によって完成する。

「百景」とはいうが、118枚の浮世絵から成る。

本作はゴッホを始めとする西洋の画家にも影響を与え、西洋における日本文化ブームである「ジャポニズム」の絵画的側面を代表するものとなった。

名声

メイセイ

Fama Fraternitatis, des Löblichen Ordens das Rosenkreutzes

■ドイツ　■魔術書

→賞讃《しょうさん》すべき薔薇《ばら》十字《じゅうじ》友愛団《ゆうあいだん》の名声《めいせい》

迷楼記

メイロウキ

Mí Lóu Jì

■中国　■小説

中国唐末の伝奇小説。韓偓《かんあく》著。『**海山記**《かいざんき》』『**開河記**《かいかき》』と同じく、中国史上比類なき暴君とされる隋《ずい》の煬帝《ようだい》を風刺した小説である。煬帝の淫蕩ぶりや、民衆の犠牲の上に成り立つ宮廷の豪奢な生活が描かれている。

→隋煬帝艶史《ずいようだいえんし》

メシアニズム、あるいは人知の絶対的改革

メシアニズム、アルイハジンチノゼッタイテキカイカク

Messianisme, ouer forme absolue du savoir humain

■フランス　■オカルト

ポーランド生まれの数学者ハーネー・ウロンスキーが1847年に書いた人類の霊的改革の書。

30代のウロンスキー（当時フランス国籍を取得していた）は、才能のある数学者であり、『数学の至高法則』『数学の普遍的問題』『無限の哲学』『蓋然性の計算の改革』などといった数学論文を次々と執筆している。高名な数学者ラグランジェは数学から無限の概念を排除したが、ウロンスキーによって再び「無限」が数学の扱うものとなった。

だが、彼は無限の概念をさらに敷衍《ふえん》し、ついには予言や幻視の世界にまで到達してしまう。こうして、幻視者ウロンスキーが誕生した。

彼の著作は、ポーランドの伝統的メシアニズムと数秘術《カバラ》を合体させたもので、ユートピア論とオカルトを一つにまとめようとしたものである。この本は、特にエリファス・レヴィに大きな影響を与えた。

また、ウロンスキーは、ギャンブルの倍賭け理論（ギャンブルで負けたら、次には倍の金額を賭ける。さらに負けたらさらに倍。こうしていれば、いつか勝った時には、今までの負けを一気に取り返して儲けることができるという理論）の

完成者でもある。

さらに、過去と現在の情報をすべて保持することで、未来を予測する円盤予知装置《プログノメーター》という万能機械を考え出し、また空気の入ったタイヤなども発明している。

メデイア

Mηδεια

■ギリシア　■戯曲

紀元前431年にアテナイのディオニュシア祭で初演された、古代ギリシアの作家エウリピデス作の悲劇。夫イアソンに裏切られた妻メデイアの復讐の物語である。

英雄イアソンといえば、イオルコス市の王子であり、金羊毛皮を手に入れるためにアルゴー探検隊を率いて黒海東岸のコルキスの地まで冒険したことで有名である。この冒険で、イアソンはコルキス王の娘メデイアをギリシアに連れ帰って結婚したのだが、目的としていたイオルコス市の王とはなれなかった。そして、メデイアと2人の息子を連れて亡命し、コリントス市に移り住んだ。ところが、それから間もなくイアソンは妻と子を捨てて、コリントス王クレオンの娘グラウケとの結婚を決意した。

こういう物語を前提にして、エウリピデスの『メデイア』は始まる。

夫の裏切りに嘆き苦しんだメデイアはついに復讐を決意し、毒を塗り込んだ衣装と宝冠をグラウケに贈る。この結果、その衣装を着たグラウケが焼けただれて死んだだけでなく、それを助けようとしたその父クレオンも死んでしまう。メデイアはさらにイアソンを苦しめるために、自分の子供2人も殺してしまう。そこへ、事態を知ったイアソンが駆けつけるが、メデイアは空飛ぶ竜車に乗って逃げ去ってしまうのである。

→アルゴナウティカ

メリュジーヌ物語

メリュジーヌモノガタリ

Melusigne

■フランス　■民話

作家ジャン・ダラスによって14世紀末期に記された、ポワトゥの大貴族リュジャニャン家のルーツにまつわる伝奇的な伝説。人間に嫁いだ半妖精の悲しい宿命の物語である。

物語は、スコットランドの王エリナスが、森の中で美しい女性に出会い心奪われるところから始まる。プレジーヌと名乗った女性は、出産には立ち会わないという不思議な条件で、王の元に嫁ぐことを承知した。そして彼女はメリュジーヌ、メリオール、パレスティーヌという3人の娘を出産したのだが、王は約束を破り、産褥の床をのぞいてしまった。その結果プレジーヌは娘たちを連れ、アヴァロン島に隠遁せざるを得なくなったのだ。

やがて18歳になったメリュジーヌは、父の裏切りをひどく憎んだ。彼女は妹たちと語らい、復讐としてエリナスをアヴァロンの山中に幽閉したのだが、いまだに夫を愛していたプレジーヌは激怒し、逆に娘たちを罰した。特に首謀者のメリュジーヌには厳しく、彼女は毎週土曜日には蛇体に変じるよう呪われたのである。その運命から救われるためには、人間の夫と結婚して添い遂げねばならない。だが、もし夫に蛇体を見られれば、神の救済は得られないのだ。

やがてメリュジーヌは、運命の人であるフォレ伯の息子レイモンダンと、森の中で出会う。誤って叔父を殺めてしまい、窮地に陥っていたレイモンダンに、彼女は自分と結婚すれば家門を繁栄させようと、救いの手を差し伸べる。メリュジーヌが要求した条件は、むろん土曜日に自分の姿を見ないこと、であった。

半妖精の奥方の助力を得て、レイモンダンはリュジャニャンの城を拠点とする大領主となった。多くの子宝にも恵まれたが、母親の血のせいか、子供たちの大半は体のどこかに常人と違う部分を備えており、六男の「大歯のジョフロワ」のように並外れて気性の荒い者もいた。

実はレイモンダンは、妻との約束を完全に守ったわけではなかった。メリュジーヌが土曜日には愛人と逢い引きしているのではないかという疑惑に苛まれた彼は、一度だけ入浴をのぞき、鱗のある蛇のごとき下半身を見てしまっていたのだ。妻への愛ゆえにレイモンダンはそれを隠し、メリュジーヌも知って知らぬふりをしていた。だが六男のジョフロワが修道院と修道僧たちを焼くという凶行に及んだ時、レイモンダンは悲嘆から愛妻を蛇と罵ってしまった。

メリュジーヌの夢は破れた。彼女は翼あるドラゴンという正体を現して飛び出し、悲しげに城の周囲を3度回ると、いずこかへ飛び去った。彼女はその後、まだ乳飲み子の子供の寝所を幾度か訪れ、また城の周囲で悲しげに鳴く声を子孫に聞かれたが、二度とその姿を見せることはなかった。レイモンダンは絶望のあまり出家し、そのまま生涯を終えたという。

めんどりのソーリルのサガ

Hænsna-Þóris saga

■アイスランド　■サガ

アイスランドの**サガ**の1篇。

めんどりのソーリルと呼ばれる嫌われ者の金持ちと、ブルンド＝ケティルという評判の良い金持ちの争いと、子供たちの時代における和解の物語。

も

孟姜女変文

モウキョウジョヘンブン

Mèng Jiāng Nǚ Biàn Wén

■中国　■説話

中国唐代後期に寺院などで語られた**変**《へん》**文**《ぶん》作品。民間伝説としてあまりに有名な、孟姜女《もうきょうじょ》の物語の一つである。

秦の始皇帝の時代。孟姜女の夫は万里の長城建設に徴用されるが、工事中に死に、他の死者と共に長城の中に埋められてしまう。夫に会うためにやって来た孟姜女は、それを知って号泣する。すると長城が崩れ、無数の白骨が現れたのである。

毛語録

モウゴロク

Máo Yǔ Lù

■中国　■思想書

『毛主席語録《もうしゅせきごろく》』は、中国共産党の指導者であった毛沢東の言葉を編集して出版されたもの。中国共産党における思想の基盤となる書物の一つ。基本的には赤い表紙の本である。

「文化大革命」という名の民衆虐殺においては、紅衛兵が全員1冊ずつ携帯し、人々を指弾するのに用いた。

毛主席語録

モウシュセキゴロク

Máo Zhǔ Xí Yǔ Lù

■中国　■思想書

→毛語録《もうごろく》

モーゼ五書

モーゼゴショ

Torah

■中東　■経典

→トーラー

モーゼの黙示録

モーゼノモクシロク

Life of Adam and Eve

■中東　■経典

→アダムとエヴァの生涯

戻橋

モドリバシ

Modoribashi

■日本　■戯曲

歌舞伎演目の一つ。

源《みなもとの》頼光《よりみつ》の四天王の1人である渡辺綱《わたなべのつな》の茨木童子《いばらきどうじ》退治の伝説を題材とした、常《とき》盤津《わづ》の歌舞伎演目である。明治23年(1890年)、歌舞伎座で初演された。河竹黙阿《かわたけもくあ》弥《み》の作。

一条戻橋で美女と出会った綱は、彼女を目的地まで送るべく同道することとなる。が、五条の渡しまで来た時、美女は鬼へと変じ、髻《もとどり》(冠を被るために頭髪を束ねる髪型) をつかんできたため、その右腕を切り落とす。鬼は愛宕山の方へと逃げ去った…というのが、本作の粗筋である。渡辺綱の茨木童子退治の物語を、前半部を本作に、後半部を同作者の河竹黙阿弥による長唄『**茨木《いばらき》**』に分割したような構成となっている。が、本作で綱が切り落とすのは右腕、『茨木』で取り戻しにくるのは左腕である。これは単に「右腕を隠して舞台で舞い続ける」ことの難しさから書き換えられたものとされている。

物くさ太郎

モノクサタロウ

Monokusataroh

■日本　■説話

御伽草子《おとぎぞうし》の1篇で、渋川清右衛門《しぶかわせいえもん》が刊行した23篇の一つ。

信濃国に、落ちている物を拾うのすら面倒臭がる物臭太郎《ものぐさたろう》という男がいた。太郎は都で妻を探すように勧められ、また夫役《ぶやく》（賦役《ふえき》、労役）のために都へと上った。無事労役を終え、妻となる女性を探すべく清水寺に詣でた太郎は、そこで美しい女性を目にする。ひと目惚れした太郎は何とか女性を妻に迎えようと食い下がる。一方、女性の方は何とかして逃れようと次々に謎々を繰り出していく。出題を解いていく太郎に、女性もついには観念してひと晩のもてなしをする。そして落ち着いて会話し、歌を交わしているうちに、女性は太郎を気に入り契りを結ぶ。そして太郎を風呂に入れ、汚れや垢を落とすと、太郎は玉のような男になった。太郎の噂は広がり、やがて帝の耳に入ると、参内《さんだい》するようにとの命が下る。太郎の歌に感心した帝は身元を尋ねるが、太郎の「知らない」という返答を聞くと、信濃国に問い合わせる。すると、仁明天皇の第2皇子の二位の中将が信濃国に流された後にもうけた子だということが判明する。帝は太郎を信濃の中将に任命する。太郎は故郷の信濃国で栄華を極め、120歳まで生きた。死した後は、太郎は「あたがの大明神」、太郎の妻は「あさいの権現」という恋愛成就の神になったという。

本作は、下賤の民と思われていた者が、実は高貴な人間の落とし胤であったという、御伽草子などではまま見られる類型の物語である。

紅葉合

モミジアワセ

Momijiawase

■日本　■説話

→玉水物語《たまみずものがたり》

紅葉狩

モミジガリ

Momijigari

■日本　■戯曲

能の演目の一つ。

平維茂《たいらのこれもち》の、鬼女・紅葉退治の伝説を題材とした演目。室町時代の能作者である観世小次郎信光《かんぜこじろうのぶみつ》の作とされる。

平維茂は郎党と共に鹿狩りに信濃国の戸隠山中にいた。その途中で、上臈《じょうろう》女《にょう》房《ぼう》が多くの侍女と共に紅葉狩りの酒宴をしているところに出くわす。維茂は邪魔をしないように迂回しようとするが、女房は一行を呼び止め、酒宴に加わるように誘ってきた。最初は断っていた維茂だが、女房の招きに応じることになる。酒杯を重ねるうちに維茂は眠ってしまう。夜も更けたころに維茂が目を覚ますと、女房や侍女たちが鬼女と化して、今にも襲いかからんとしていた。維茂は狼狽することなくこれを討ち取ったのだった。

戸隠山近郊の戸隠や鬼無里《きなさ》には、同山に棲む鬼女伝説がある。本作『紅葉狩』はそれを題材としたものだ。

モモ

Momo

■ドイツ　■小説

ミヒャエル·エンデのファンタジー小説。

時間泥棒の灰色服を着た男たちから、時間を守る女の子モモの物語。

時間を貯金するように、人々に勧める灰色服の男。貯金しておけば、後で有意義に使えるのだという。しかし、それによって人々の生活は潤いのないものになってしまう。
実は、灰色服の男は、人々の時間を盗む時間泥棒だったのだ。

モラリア

Moralia

■ギリシア　■随筆

帝政ローマ期のギリシア人プルタルコス（『**英雄伝**《えいゆうでん》』の執筆者として高名）の書いた文集。エッセーの元祖といわれる。
特に、その中の「**イシスとオシリス**」という項目は、エジプト神話の貴重な資料としても知られる。

モルグ街の殺人

モルグガイノサツジン

The Murders in the Rue Morgue

■アメリカ　■小説

1841年にエドガー・アラン・ポーが書いた、世界初の推理小説。また、主人公のオーギュスト・デュパンは、世界初の名探偵といわれる。さらに、密室殺人事件を扱う世界初の物語でもある。
この作品によって、推理小説という一ジャンルが生まれることになった、記念碑的作品である。このような作品であるため、後世の推理小説に与えた影響は計り知れない。
知的で格好の良い名探偵は、デュパンによって生まれた。彼がいなかったら、シャーロック・ホームズもルパンも、明智小五郎も存在しなかった。
また、この事件がなかったら、密室ものという推理小説のジャンルはなかった。『まだらの紐』も『黄色い部屋の謎』も『本陣殺人事件』も、存在しなかったかもしれないのだ。

モルモン経典

モルモンキョウテン

Book of Mormon

■アメリカ　■経典

キリスト教系新興宗教の一つ、モルモン教（末日聖徒イエス・キリスト教会）の聖典。モルモン教内部では『モルモン書』と呼ぶ。
モルモン教では、聖書よりも、この『モルモン経典』の方が上位の聖典である。聖書は、長い時を経るにつれて書き換えられたり失われたりした部分があるので、正確にキリストの言葉を受け継いでいない。だから、『モルモン経典』によって補ってやって、初めて聖典としての価値があるものとされる。
さらに、モルモン教会においては、預言者（現在のモルモン教会の大管長）こそが、過去の預言者（前の大管長）や経典に優先すると規定されている。よって、『モルモン経典』に載っていることであっても、現在の預言者が変更を指示すれば、それは変え得るのだ。実際、現在までに経典は文法の訂正まで含めれば数千ヶ所もの修正を受けている。
本書の内容は、ヘブライから脱出したリーハイとその家族が約束の地バウンテフル（アメリカ大陸）に渡り、人口を増やしていった。そして、復活したキリストはアメリカに渡り、12人を弟子として選び、新たな説教を行った。だが、そこで彼らは、神の教えに従うニーファイ人と神に背くレーマン人に分かれた。レーマン人は、神に逆らったため肌が黒くなり、ニーファイ人は白いままとなった（この部分は人種差別的と指摘され、現在の『モルモン経典』からは削除されている）。だが、ニーファイ人も驕り高ぶり、結局レーマン人に滅ぼされることになった（つまり、アメリカ先住民は神に逆らうレーマン人の子孫であると主張しているのだが、これも人種差別的という指摘がある）。

『モルモン経典』とは、古代アメリカに存在した預言者モルモン（及び他の預言者たち）の言葉を黄金の板に記したものを、421年にニーファイ人最後の預言者モロナイが山に隠したものである。それを、モロナイの啓示を受けた教団の創設者ジョセフ・スミスJr.が掘り起こし、改良エジプト文字で書かれたヘブライ語から英語に翻訳したものである。もちろん、スミスJr.にヘブライ語など読めるわけがない。だが、天使が現れ、「ウリムとトリム」という一種の翻訳機を与えた。スミスJr.は、ただ翻訳機に現れた英語を読み上げ、書記に記録させただけだという。翻訳後に原書は天に返したため、黄金の板の現物は存在しない。

これに対して、様々な疑問が出されている。そもそも、『モルモン経典』の原書は存在したのか。見たと証言しているのは当然のことながら教団の創設者たちであり、客観的な証人は存在しない。それに、古代アメリカにヘブライ語を使う民族が存在し得たのか。歴史的に見て、かなり無理がある設定といえよう。さらに、経典ではアメリカ先住民はユダヤ人の子孫になっているが、本当は日本人などと同じくモンゴロイドだということが、DNA調査によって確認されている。そして何より、内容に人種差別が散見されるのが問題とされる。

このようなこともあって、カトリックやプロテスタント諸派は、モルモン教をキリスト教とは認めていない。ただ、アメリカでは、単なるプロテスタント諸派の一つと考えられているようである。

けれどもこの本が、1830年以来、全世界で1億部以上売れた大ロングセラーであることは確かである。

モルモン書

モルモンショ

Book of Mormon

■アメリカ　■経典

→モルモン経典

モンテ・クリスト伯爵

モンテクリストハクシャク

Le Comte de Monte-Cristo

■フランス　■小説

アレクサンドル・デュマ（同名の息子と区別するため「大デュマ」と呼ばれる）が、1844～1846年に新聞連載した小説。

無実の罪で陥れられ、孤島の監獄に14年間も入れられていた主人公エドモン・ダンテスが、脱獄して大金を手に入れ、自分を陥れた奴らに復讐する物語である。

日本では、黒岩涙香《くろいわるいこう》による翻案『巌窟《がんくつ》王《おう》』が有名となり、長らくこの名前で知られることになった。無実の罪を訴えて長い間刑務所に入っている人を「○○巌窟王」と呼ぶのは、この小説が元になっている。

門の書

モンノショ

book of gates

■エジプト　■経典

新王国時代からファラオの玄室を飾った葬送文書の一種。コフィン・テキストとして多く見られ、類似のものに「洞穴の書」「隠された部屋の文書」「昼の書」「夜の書」などがあり、これらをアムドゥアトと総称することもある。

門の書の中では、冥界（ドゥアト）の構造とその住人が語られ、その中で王は死後の世界の12の領域を旅することになる。つまり基本的なモチーフにおいては、**アムドゥアトの書**と何ら変わる点はない。ただその旅を遮るかのように、たどるべき道は12の門で閉ざされている。これらの門はそれぞれ固有の女神と関連付けられており、死者の魂は女神の性質を的確に回答せねばならない。失敗した者には、炎の湖で焼かれる運命が待つという。

や

薬物誌

ヤクブツシ

De Materia Medica

■ギリシア　■事典

1世紀のギリシア人ペダニオス・ディオスコリデスが77年に書いた、薬品についての百科事典。全5巻で、薬用植物60種、薬用動物80種、薬用鉱物50種が記録されている。

15世紀ごろまで、ヨーロッパにおいて薬品百科事典として実際に使われた。

ヤコブ原福音書

ヤコブゲンフクインショ

Protoevangelium of James

■中東　■経典

『新約聖書外典』の一つ。「原福音書」と呼ばれるのは、イエスの誕生物語の前の時代を扱った**福音書**《ふくいんしょ》だからである。つまり、この書は処女マリアの物語である。

マリアは敬虔なヨアキムとアンナから、主の告知を受けて生まれる。そして、一切の穢《けが》れを避けて育てられる。

12歳になると、神の定めによって男やもめのヨセフが彼女の保護者となる（この書では、ヨセフは年老いた男やもめとして描かれ、マリアの夫というよりも義父のような立場を与えられている）。

マリアは神殿の垂れ幕を紡ぐ7人の処女に選ばれ（ここでも、ヨセフがマリアの夫の役割を果たしていないことが強調される）、そのまま清らかに過ごし、16歳になって神の告知によって身籠もり、洞窟で（馬小屋ではない）イエスを出産する。

カトリックでは排除されたものの、東

方教会やコプト教会、シリア教会、アルメニア教会などでは高く評価されている。また、カトリックでも、人々の処女マリア信仰に大きな影響を与えた。

ヤジュル・ヴェーダ

Yajurveda

■インド　■経典

ヴェーダ四大文献の一つ。祭壇の配置や供物の調理など、祭祀の実務を司るアドヴァリユ神官の書。

彼らが祭具を並べる時、供物を準備する時、それらの道具がきちんと役目を果たし、祭祀がうまくいくようにと、一定の所作を行いながら、道具たちに言葉をかける。これがヤジュスであり、『ヤジュル・ヴェーダ』は、これらを集めたものである。

『ヤジュル・ヴェーダ』には、『黒ヤジュル・ヴェーダ』と『白ヤジュル・ヴェーダ』の二つがある。『黒ヤジュル・ヴェーダ』は「**サンヒター**」と「**ブラーフマナ**」が混在しており、きちんと区別されていない。それに対し、『白ヤジュル・ヴェーダ』はきちんと区別されている。これらのことからも、『黒ヤジュル・ヴェーダ』の成立は、『白ヤジュル・ヴェーダ』より古いと考えられている。

大和本草

ヤマトホンゾウ

Yamatohonzoh

■日本　■学術書

江戸時代中期の本草書。

貝原益軒《かいばらえきけん》の著作で、宝永7年（1710年）に刊行された。

本書は『**本草綱目《ほんぞうこうもく》**』（中国の本草書で、本草学の基本教書的存在）での分類法を元に、独自に編纂された。『**和漢三才図《わかんさんさいず》会《え》**』と並ぶ日本の本草学（博物学）の重要書籍である。

『大和本草』以前にも本草書はないではなかったが、それらは基本的に『本草綱目』そのものの研究書的性質が強く、それに含まれない日本独自の品（各種の草木や動物など）に関しては無視されるか、無理やり『本草綱目』での分類に当てはめられ、的確さに欠くものが多かった。

友愛団の告白

ユウアイダンノコクハク

Confessio oder Bekenntnis der Societät und Bruderschaft Rosenkreuz

■ドイツ　■オカルト

→**薔薇十字団《ばらじゅうじだん》の信条告白《しんじょうこくはく》**

ユーカラ

Yukar

■日本　■民話

→**ユカラ**

勇士殺しのアースムンドのサガ

ユウシゴロシノアースムンドノサガ

Ásmundar saga kappabana

■アイスランド　■サガ

古代の**サガ**、もしくは伝説のサガと呼ばれる1篇。

異父兄弟であるヒルデブランドとアースムンドの戦いを描く。

『デンマーク人の事績』の第7の書にも、名前など細部に違いはあるものの、おおむね同じ話が掲載されている。

また、同様の物語は古ドイツ語で書かれた**『ヒルデブランドの歌』**（こちらでは異父兄弟ではなく親子になっているが）にも語られており、この伝承の広がりを感じさせられる。

この物語の最後に載せられた詩は、**エッダ**の一つとして**『ヒルデブランドの挽歌《ばんか》』**と呼ばれている。

遊仙窟

ユウセンクツ

Yóu Xiān Kū

■中国　■小説

中国唐代初期の伝奇小説。異世界探訪記の一種。張鷟《ちょうさく》（字《あざな》は文成）作。

朝廷の使者・張生は黄河上流への旅の途中、積石山で道に迷い、神仙の窟《ほこら》に入り込んだ。そして、美しい2人の神女、崔十娘《さいじゅうじょう》と五嫂《ごそう》に歓待され、夢のような一夜を過ごすのである。

物語は非常に単純だが、韻文を交えた流麗な文体、委曲を尽くした叙述と描写に定評がある。また、この作品は中国では失われたが、日本には奈良時代に輸入され、日本文学に多大な影響を与えた。

ユートピア

Utopia

■イギリス　■小説

イギリスの思想家トマス・モアが1516年に出した本。その名の通り、理想の世界を描いている。この本以降、ユートピア文学と呼ばれる、人間の理想の世界を描く文学が書かれるようになった。

この本のユートピアは、超管理社会である。住民は白くて美しい衣服を着けているが、全員が同じデザインの服しか着ていない。物の私有は許されず、必要な時に共同の倉庫から取り出す。人間は勤労の義務を有するが、それは1日6時間に過ぎず、残る時間は科学や学問、芸術などに使う。ただし、それらの時間は厳密に決められ、労働の時間は必ず労働、食事の時間も規定の時間でなければならず、就寝時間も一定である。

そして、これらの規則を守っていることを相互に監視し合い、守らない者は奴隷に落とされる。

当時の思想家にとって、これが理想の世界であった。当時、これに最も近い生活を送っている世界は修道院であった。

だが、これを現実のものとした（はずの）共産主義国家で何が起こっているのかが知られるようになると、逆ユートピア（ディストピア）を描いた作品が書かれるようになった。だが、これらで描かれている世界と『ユートピア』の世界は、ほとんど変わらない。

日本では、ユートピアというと「良い所」という意味合いが強いが、トマス・モアのユートピアは、我々にとって「地獄のような所」でしかない。

酉陽雑俎

ユウヨウザッソ

Yǒu Yáng Zá Zǔ

■中国　■随筆

中国唐代末期、9世紀中葉の雑記集。段成式《だんせいしき》（803？～863）編著。正編、続編合わせて全30巻から成る。まるで博物学のように非常に広範な事柄が集められている。君王、道教、仏教、儀式習俗、異国、天界、呪術、食品、料理、動植物、夢、超常現象、珍事、冥界、魚介類、妖怪変化、鳥類のことなど、とにかく何でも集められている。南方熊楠《みなかたくまぐす》はこの書を一風変わった大著述として大いに評価し、大プリニウスの『**博物誌**《はくぶつし》』に比している。何でも集められているせいか、昔から荒唐無稽の内容が多いという評価もあった。

題名の「酉陽」は湖南省の酉陽山（小酉山）に由来するという説がある。「雑俎」とは、いうなればごった煮である。また、酉陽山の下の石穴に、古代の穆《ぼく》天子が奇異な書物を大量にしまっていたという伝説がある。それで、「酉陽雑俎」とは奇異な事柄を集めたごった煮という程度の意味になるようだ。

シンデレラ物語は同型の物語が世界中にあることで有名だが、『酉陽雑俎』には「葉限《しょうげん》」という娘を主人公にした物語があり、これが記録された世界で最も古いシンデレラ物語だといわれている。

幽霊狩人カーナッキ

ユウレイカリュウドカーナッキ

the Casebook of Carnacki the Ghost Finder

■イギリス　■小説

20世紀初頭のイギリス人作家ウィリアム・ホープ・ホジスンの小説。

1910年に概要を載せた小冊子が、1913年にその完全版の単行本が出版される。

「カーナッキもの」と呼ばれるシリーズで、『見えざるもの』『魔物の門口』『月桂樹に囲まれた館』『非響の部屋』『街外れの家』『見えざる馬』『ジャーヴィー号の怪異』『発見』『妖豚』の9篇（2008年の新訳版ではさらに1910年の小冊子『探偵の回想』が追加されている）から成る。

本シリーズの主人公カーナッキは電気式五芒星（光る真空管で作られた五芒星護符）と古文献、科学とオカルトを駆使して数々の怪奇現象に立ち向かうのだ。また『シグザンド写本（Sigsand Manuscript)』や『サアアマアア典儀(Saaamaaa Ritual)』といった謎に満ちた古の文献に言及する。

本シリーズは、冒険より帰還したカーナッキの話をドジスンやその友人たちが聞くという、当時の探偵小説と似た体裁を取っている。これは、当時の小説界では**シャーロック・ホームズシリーズ**が大人気だったことが影響しているといわれており、そのためか本シリーズの書評ではホームズが引き合いに出されることがたびたびある。

ユカラ

Yukar

■日本　■民話

「ユーカラ」「ユカル」とも。

沿海州から樺太、北海道にかけて居住していたアイヌ民族の民話である。

アイヌ民族は文字を持たない民族だったため、ユカラは口伝により伝承されてきた。

ユカラは大きく2種類に分けられる。

一つは神謡「神《カムイ》のユカラ」。

熊や狼、狐などの動物の神、トリカブトやオーウバユリといった植物の神、そして火の神、風の神などの自然の神々が主人公となり、その経験を一人称で語る物語である。また人間の始祖となった神であるオイナカムイ（地方によってはアイヌラックル、オキクルミ、サマイクルなどとも）の物語も含まれている。

もう一つは、戦いと恋愛を謡った英雄叙事詩「人間《アイヌ》のユカラ」。

これは人間の英雄…主に少年英雄ポイヤウンペの活躍を謡ったものだ。地方によって活躍する主人公はユカルやサコルペ、ヤイラプ、ラウ、ハウキなどになるが、名前が違うだけで物語の筋書きはほぼ変わらない。単に「ユカラ」といった場合、この「人間のユカラ」を指すのが一般的である。

ユカル

Yukar

■日本　■民話

→ユカラ

ユダの福音書

ユダノフクインショ

Gospel of Judas

■中東　■経典

『新約聖書外典』の一つ。180年ごろの**『異端反駁論《いたんはんばくろん》』**で否定されていることから、おそらく2世紀ごろに書かれたものだと考えられている。その否定記事の内容から、グノーシス主義の影響を色濃く持つ文献だと考えられていた（それは正しかった）が、長らくその存在は幻のままであった。ところが、1970年代になってエジプトで発見されたパピルスの中に、「ユダの福音書」の断片があるらしいことが『ナショナルジオグラフィック』の2006年4月号で発表され、一種のセンセーションを巻き起こした。

その内容は驚くべきもので、ユダはイエスを裏切ったのではなく、イエスの指示に従って、わざとイエスを売ったのだとされる。そして、イエスの思想を最もよく理解していたのも、ユダなのだという。

もちろん、書かれた時期から考えても、ユダ本人の書とは考えにくい。

→福音書《ふくいんしょ》

ユダヤが解ると世界が見えてくる

ユダヤガワカルトセカイガミエテクル

Yudayagawakarutosekaigamietekuru

■日本　■オカルト

日本における反ユダヤ思想の根幹となる書物。

数々の「ユダヤ人と世界の真実」に関する書籍を書いている宇野正美の手によるもので、1986年に出版された。

その内容を簡単に説明するならば、「現代版**シオンの議定書**」である。本書の中に存在するユダヤ人はありとあらゆる手段（主にアメリカが持つ各種の力）を行使して日本を滅ぼそうとしている…そういったものだ。

ユデト書

ユデトショ

Book of Judith

■中東　■経典

『旧約聖書外典』の一つ。一種の歴史物語である。

アッシリアの王ネブカドネザルがメディアの王アルパクサドと戦った時、西方諸国に檄を飛ばしたが、どの国も協力しなかった。そこで、ネブカドネザルはメディアに勝利後、これら諸国を平定するために将軍ホロフェルネスを遣わした。そして、いくつもの国が平定され、ついにはユダヤの番になった。

包囲され、水源を押さえられて乾き切ったベツリアの町は、ついに降伏を選ぼうとしていた。

その時、ユデトという娘が、わざと美しく着飾って敵将ホロフェルネスの所に行き、その油断を見計らって首を落とした。

とはいえ、この話は歴史的に見て無茶苦茶である。何より、バビロニアの王であるネブカドネザルを、アッシリアの王にしているなど、著者にろくな歴史の知識がなかったことは明らかである。

ただし、物語としてはよくできており、また宗教書としても様々な教訓を含んでいる。著者に文才があったことも確かである。

→旧約聖書

指輪物語

ユビワモノガタリ

The Lord of the Rings

■イギリス　■小説

イギリスの言語学者ジョン・ロナルド・ロウエル・トールキンが、1954年に発表したファンタジー小説。『**ホビットの冒険**』の後日談にあたる。

ビルボから甥のフロドに引き継がれた魔法の指輪は、冥王サウロンの指輪であった。その力を失わせるためには、その冥王の版図にある火山に指輪を投げ込むしかない。

この目的のために、ガンダルフを始めとする人々（エルフやドワーフ、ホビットも含む）が旅立つ。彼らが「指輪の仲間」と呼ばれる者たちだ。

このあまりにも有名な作品は、エンタテインメントだけでなく、社会にも大きな影響を与えた。聖書と同様に、一種の知的アイテムとして、この作品を引用することは知性の表れと考えられている。

幻想小説の中には、『指輪物語』の影響を受けた作品が多数存在する。また、ゲーム界においても、世界最初のRPGである『ダンジョンズ＆ドラゴンズ』は、明らかに『指輪物語』の世界を前提として作られている。

ユングリング家のサガ

ユングリングケノサガ

Ynglinga saga

■アイスランド　■歴史書

13世紀の詩人スノッリ・ストゥルルソンが編纂した**『ヘイムスクリングラ』**の1篇。

スウェーデンの伝説的王家ユングリング家と、その子孫がノルウェー王になる話が書かれている。

それによると、スウェーデン最初の王はギュルヴィ王である。彼は、同じくスノッリの**『エッダ』**第1部「ギュルヴィたぶらかし」で神々に騙されるギュルヴィ王そのものである。

→散文エッダ

よ

妖怪談義

ヨウカイダンギ

Yohkaidangi

■日本　■学術書

民俗学者として知られる柳田國男《やなぎだくにお》の著書。

その名の通り妖怪に関する書物で、それまで渾然一体としていた「化け物」を「妖怪」と「幽霊」に切り分け、妖怪を「神の零落した姿」と位置付けたことで知られている。

本書は昭和31年（1956年）に出版されているが、実際に執筆されたのは明治42年（1909年）から昭和14年（1939年）ごろだった。

楊家将演義

ヨウカショウエンギ

Yáng Jiā Jiāng Yǎn Yì

■中国　■小説

中国明代の小説。「楊家将演義」と称される小説には2種類の系統がある。『北宋志伝』10巻50回、『楊家府演義（楊家府世代忠勇通俗演義志伝）』8巻58則である。ただ、『北宋志伝』系統の方が多く刊行されたため、一般的に楊家将演義といえばこの本を指すことが多い。

北宋初期に実在した将軍の楊業《ようぎょう》・楊延《ようてい》昭《しょう》親子をモデルに、彼らを中心とした楊家一門の武将たちが北方騎馬民族の遼

（契丹《きったん》）や西夏との戦争で活躍する物語である。旧中国では『**三国志演義**《さんごくしえんぎ》』に次いで人気の高い小説だった。

父親である楊業を筆頭に、その息子たちである延平（太郎）、延定（二郎）、延輝（三郎）、延朗（四郎）、延徳（五郎）、延昭（六郎）、延嗣《えんし》（七郎）、六郎の子・楊宗保など、楊家の武将たちが次々と登場する。これら男性陣の妻や娘も女武将として活躍する。楊業の妻・佘太君《しゃたいくん》、楊宗保の妻・穆桂英《ぼくけいえい》などである。

売国奴のような奸臣もいる。その代表は潘仁美《はんじんび》である。仁美は宋軍の将軍だったが、個人的な恨みから作戦中に楊業を救援せず、このため楊業は非業の死を遂げるのである。七郎延嗣も仁美に救援を求めにいって、逆に弓で射られて殺されてしまう。仁美が失脚したあとは、スパイとして送り込まれた王枢密が暗躍する。このため、楊家一門は敵だけでなく味方とも戦わなければならず、次々と死んでしまうのである。

物語には『**西遊記**《さいゆうき》』のような神魔小説的要素もあり、天界の仙人・呂洞賓《りょどうひん》や椿木の精が遼軍に加担したり、天界の鍾離《しょうり》権《けん》が宋軍に加担したりもする。

物語の最終盤のクライマックスでは、楊家の男の武将たちはほとんどが死んでしまい、ここぞとばかり西夏の軍が中原攻略のために南征し、楊宗保の軍が包囲されてしまう。ここで活躍するのは何と楊家の女将軍たちで、12人の女将たちが馳せ参じ、包囲軍を打ち負かす。こうして宋軍は西夏の本拠地を攻め、敵を降伏させ、天下に平和をもたらすのである。

ちなみに『**水滸伝**《すいこでん》』の豪傑・青面獣《せいめんじゅう》楊志《ようし》は楊業の孫という設定なので、こういうところからも楊家将の人気が分かる。

妖術師の狼憑き、変身、脱魂について

ヨウジュツシノオオカミツキ、ヘンシン、ダッコンニツイテ

De la lycanthropie, transformation et extase des sorciers

■フランス　■悪魔学

フランスの医師ジャン・ド・ニノーによって書かれた魔女狩り本。

ニノーは「いかなる悪魔の手段を以てしても、人間が獣に変身することはない。同じく悪魔は、妖術師の体から一瞬たりとも生きた魂を引き離し、またもとに戻すことはできない」（『狼憑きと魔女』ジャン・ド・ニノー著／富樫瓔子訳／工作舎）と書

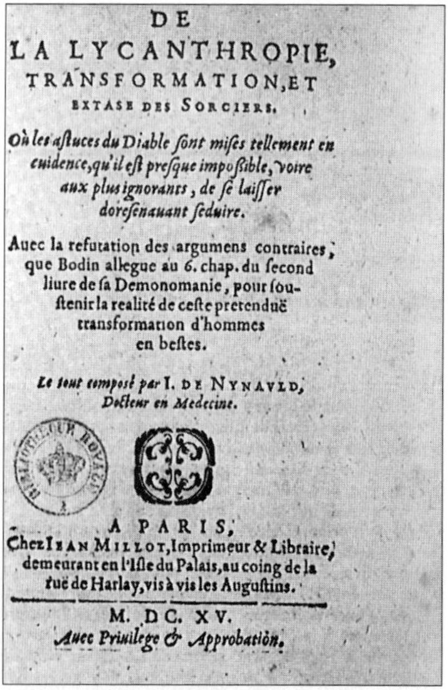

DE
LA LYCANTHROPIE,
TRANSFORMATION,ET
EXTASE DES SORCIERS.

Où les aſtuces du Diable ſont miſes tellement en euidence, qu'il eſt preſque impoßible, voire aux plus ignorants, de ſe laiſſer doreſenauant ſeduire.

Auec la refutation des argumens contraires, que Bodin allegue au 6. chap. du ſecond liure de ſa Demonomanie, pour ſouſtenir la realité de ceſte pretenduë transformation d'hommes en beſtes.

Le tout composé par I. DE NYNAVLD, Docteur en Medecine.

A PARIS,
Chez IEAN MILLOT, Imprimeur & Libraire, demeurant en l'Iſle du Palais, au coing de la ruë de Harlay, vis à vis les Auguſtins.

M. DC. XV.
Auec Priuilege & Approbation.

図版24　『妖術師の狼憑き、変身、脱魂について』タイトルページ

いている。というのは、悪魔は神と違って事物の本質を変えることなどできないからだという。そのため、悪魔は幻覚を使って、それらをごまかしているだけなのだ。また、幻覚でさえ、キリスト教の信仰に篤い者を騙すことはできないとする。

それどころか、そのようなことを信じる者は、神に匹敵する力が悪魔にあると考えることによって、神の栄光を傷付ける不信心者だとまでいう。

この点において、ニノーはジャン・ボダンの**『悪魔憑きと妖術使い』**（変身や脱魂はあると書かれている）を口を極めて非難している。

ところが、魔女が空を飛ぶことに関しては、逆にニノーは実在すると主張する。ただし、それは空飛ぶ薬などではないという。悪魔は、薬で感覚を狂わされた魔女たちを運んでいるのだという。元は天使なのだから、空くらい飛べて当然という主張だ。

また、**福音書《ふくいんしょ》**に悪魔がイエスを別の所に運ぶという記述があるのだから、それを信じないのも不信心であるという。

妖術師論

ヨウジュツシロン

Discours des Sorciers

■フランス　■悪魔学

フランスの法学者で、長年ブルゴーニュ伯のもとで裁判長を務めていたアンリ・ボゲが1602年に書いた悪魔学書。

この本によれば、ボゲが過去2年間に扱った魔女裁判の実例に基づいて書かれている。普通の人々を魔女に追い込む拷問の手口が事細かに書かれていると共に、自白させられた人々が生きながら火刑にされる情景を嬉々として描き出している。完全にサディストの変態としか思えない本である。

妖術の暴露

ヨウジュツノバクロ

Discoverie of Witchcraft

■イギリス　■悪魔学

レジナルド・スコットが1584年に自費出版した反魔女狩り本。

彼は、魔女に対する迷信を晴らし、異端審問を暴挙として指弾した。

この本で、スコットは魔女を四つに分類している。

- 誤った告発による無実の者
- 気が狂って、自分がサタンと契約したと思い込んでいる者
- 悪意のある魔女（ただし、妖術などは使えない。毒などを使う悪人）
- 偽の呪いや予言で金を稼ぐ詐欺師

そして、後ろ二つを魔女であるとする。ただし、その場合でも、彼らは悪魔から魔力を得ていることなどない、毒もしくはペテンによって妖術に見せかけているだけだという。

また、ジェイムズ1世の**『欽定訳聖書《きんていやくせいしょ》』**の「魔女を生かしておいてはならない」という一節に、「魔女」と訳されたヘブライ語のkashaphは、正確には「毒殺者」であるといった指摘もしている。

だが、ジェイムズ1世はこれに反発し（上の一節は、彼のお気に入りであったからだともいう）、この本を焚書にした上で反駁の書**『悪魔学』**を書いた。

妖術駁論大全

ヨウジュツバクロンタイゼン

Antipalus malefciorum comprehensus

■ドイツ　■オカルト

→ステガノグラフィア

楊太真外伝

ヨウタイシンガイデン

Yáng Tài Zhēn Wài Zhuàn

■中国　■小説

中国宋代の短編伝奇小説。上下2巻。楽史《がくし》（930～1007）作。

唐朝の第6代皇帝・玄宗（在位712～756）は、自分の第18子・寿王《じゅおう》の後宮にいた楊氏を寵愛し、貴妃に取り立てた。その日から楊貴妃《ようきひ》の一族の者たちはみな出世し、立派な屋敷を与えられ、中でも貴妃のまたいとこの楊国忠《ようこくちゅう》は、最後には宰相にまで出世した。だが、節度使だった安禄山《あんろくざん》の乱により、楊国忠など貴妃の一族は次々と殺され、貴妃自身も高力士《こうりきし》によって殺された。以上は全く史実だが、『楊太真外伝』には、この史実が比較的忠実に描かれている。ただ、楊貴妃の死後に道術使いの方士が冥界を訪ね、玄宗皇帝のために楊貴妃からの伝言を預かってくるなど、ロマンチックなフィクションも少しはある。

養蜂実用ハンドブック

ヨウホウジツヨウハンドブック

Practical Handbook of Bee Culture

■イギリス　■架空

シャーロック・ホームズが書いた養蜂の実用書。探偵を引退して、養蜂家になったホームズが書いたとされる。

ヨエル書

ヨエルショ

Book of Joel

■中東　■経典

『旧約聖書正典』の一つ。「十二小預言書」の2番目のものである。

イスラエルは、イナゴと旱魃によって、一切のもの、神殿に捧げるべきものすら失われる。そこで、神に対して悔い改めが要求される。だが、神に帰依すると、神は豊かな収穫を約束してくれる。

→旧約聖書

ヨーガ・スートラ

Yoga Sūtra

■インド　■経典

インド正統派哲学思想は6派ある。それは、ミーマーンサー学派、ヴェーダーンタ学派、サーンキヤ学派、ヨーガ学派、ヴァイシェーシカ学派、ニヤーヤ学派の六つである。これらは、現代インド哲学にも様々な影響を残している。

その中で、現在では一種の修行システムとして世界に広く知られるヨーガの古典とされるのが、『ヨーガ・スートラ』である。

この本は、ヨーガ学派の開祖であるパタンジャリの著作であるとされる。だが、パタンジャリが2世紀の人間であるのに対し、『ヨーガ・スートラ』には、仏教の唯識論（3～4世紀に起こった大乗仏教の説）への反論と見なされる部分も含まれている。また、テキスト分析によると、この本の文章は複数の人間の筆によるものだとされる。結論として、2～5世紀に書かれた複数の人間の著作物（その中には、パタンジャリ自身の著作も含まれているのかもしれないが、検証は不可能である）をまとめて、5世紀ごろにまとめられたものと考えられている。

横笛草紙

ヨコブエソウシ

Yokobuesohshi

■日本　■説話

御伽草子《おとぎぞうし》の1篇で、渋川清右衛門《しぶかわせいえもん》が刊行した23篇の一つ。

本作は武家ものであると同時に恋愛ものであり、またなおかつ出家遁世ものという性質を持つ。

平重盛に仕える斉藤瀧口時頼は、建礼門院（平徳子。時頼の主君・重盛の異母妹）に仕える横笛という女性と恋仲となる。が、身分の違いから引き裂かれる。時頼は出家して嵯峨の往生院に籠もる。夢のお告げで居場所を知った横笛は時頼に会おうとするも、彼は頑として顔を見せない。往生院の門の内外で歌を交わし合うだけだった。この後、横笛は大井川で入水、それを知った時頼は彼女の菩提を弔うべく高野山へ登り、より一層の修行に励むのだった。

この物語は**『平家物語《へいけものがたり》』**に類話「横笛」が存在する。そこでは横笛もまた剃髪して寺に入り、間もなく没したとされている。

ヨシュア記

ヨシュアキ

Book of Joshuah

■中東　■経典

『旧約聖書正典』の一つ。**トーラー**に続く前の預言者の第1書である。イスラエルの民がモアブの平原に集結し、カナンの地を征服するまでを描いている。

ユダヤ人は、神の命令により、カナン人（ユダヤ人より前にこの地に住んでいた人々）の都市を破壊し、人々を殺し尽くす。

そして、その地を12部族に分割する。

→旧約聖書

ヨナ書

ヨナショ

Book of Jonah

■中東　■経典

『旧約聖書正典』の一つ。「十二小預言書」の5番目のものである。ところが、この書だけは、預言書の一つであるにもかかわらず、全く預言書に見えない。一種のヨナの冒険譚になっている。

ヨナがニネベに対し警告を与えるように神に命じられる。だが、ヨナはその任務を恐れて逃亡する。神は嵐を送って、ヨナは海に投げ出され、大魚の腹の中に飲み込まれる。

ヨナが神に祈ると、魚は陸地にヨナを吐き出した。そこで、ヨナは今度こそニネベに警告を与える。すると、ニネベは警告に従い、贅沢をやめ断食を行うようになったため、神はニネベを滅ぼすのをやめる。

ヨナは、ニネベが救われたことに不満だったが、神はそれを諭した。

→旧約聖書

ヨハネ行伝

ヨハネギョウデン

Acts of John

■中東　■経典

『新約聖書外典』の一つ。グノーシス派の影響が強く、異端の書となっている。

いくつか無関係な文書が無秩序に集められて一つの書となっているらしく、カリマコスのドゥルネシアに対する横恋慕の物語と、イエスが多様な姿で現れるグノーシス哲学の部分には、ほとんど関係が見られない。

ヨハネの問い

ヨハネノトイ

Interrogatio Johannis

■中東　■経典

12世紀ごろの異端アルビ派に伝えられたグノーシス主義文書。

それによると、世界はサタンが作ったものである。神に反逆しても、サタンには心の平安は訪れなかった。そこで神は7日の猶予を与え、好きなものを作るようにいった。

そこでサタンは、7日間をかけて世界を作り、第二天の堕天使に彼の作った肉体に入るよう命じ、アダムを作った。次に、第一天（最下級）の堕天使に別の肉体に入るよう命じ、エヴァを作った。

そして、作られたカップルは、淫蕩な快楽に耽り、悪魔と蛇を生み続けたというもの。

また、イエスはマリアの体に耳から入ったとする。というのも、「**ヨハネ福《ふく》音書《いんしょ》**」に「言は肉となって、私たちの間に宿られた」とあるからである。

ヨハネの黙示録

ヨハネノモクシロク

Book of Revelation

■中東　■経典

『新約聖書』の最後の文書。黙示録とは、現象の背後にある隠された真理を教えるものである。この書は、使徒ヨハネの著とされるが、実際に書かれたのは1世紀末で、おそらくは使徒ヨハネの書ではない。同名の別人かもしれないが。

「ヨハネの黙示録」ではサタンと神との闘争が描かれ、最終的勝利が神のものであることが示される。

また、封印が解かれて地上に災厄が（神によって）もたらされること、キリスト教によって義とされない人々がことごとく滅びることも預言される。

そうした後に、ようやくキリストの千年王国ができ、神による正義の統治が行われるとされる。

「ヨハネの黙示録」は恐ろしい災厄を数多く預言しているため、オカルト的な解釈をされることも多い。

ヨハネ福音書

ヨハネフクインショ

Gospel of John

■中東　■経典

『新約聖書』の4番目で、他の**福音書《ふくいんしょ》**と毛色の異なるのが「ヨハネ福音書」である。例えば、他の福音書はイエスの系譜で始まるのに、「ヨハネ」では天地創造から始まる。

ヨブ記

ヨブキ

Book of Job

■中東　■経典

『旧約聖書正典』の一つ。サタンによって義人ヨブは試され、妻子を失い、家畜も失う。ヨブは神を批判するが、神は人間には理解できないことを行うのだとする。最後には、ヨブは悔い改め、ヨブの幸せは回復される。

ここに登場するサタンは、悪魔ではない。神の忠実な僕《しもべ》であり、あまりに忠実なために、人間を厳しく試すのである。サタンが悪魔になるのは、キリスト教になってからのことである。

→旧約聖書

ヨベル書

ヨベルショ

Book of Jubilees

■中東　■経典

『旧約聖書偽典』の一つ。別名「小創《しょうそう》世記《せいき》」ともいう。紀元前2世紀の書とされるが、一部**「エノク書」**からの引用があることから、「エノク書」の成立よりも後であることは確実である。また、紀元前150～前140年ごろのダマスコ文書には「ヨベル書」の引用があることから、それ以前であることも確かである。よって、紀元前2世紀中期と考えるのが妥当であろう。原典はヘブライ語で書かれていたが、現在ではエチオピア語版しか全文で残されていない。

「小創世記」といわれる訳は、この書が世界創世から現在（この書が書かれた現在）までを1期49年の49ヨベルに分けて述べたからだという。つまり、世界創世は（この時点の）2401年前ということになる。だが、この年代はさすがに短過ぎると考えられたのか、ユダヤ教でもキリスト教でも採用されていない。

ら

ラーマーヤナ

Rāmāyaṇa

■インド　■叙事詩

『マハーバーラタ』と並び称されるインドの二大叙事詩の一つ。筋は遥かにすっきりしており、主要登場人物数も枠物語（物語の登場人物の語る物語）も少ない。「ラーマーヤナ」とは「ラーマの旅」といった意味。全7巻で、5万行近い長大な叙事詩である。成立年代は不明、おそらく3世紀前後ではないかといわれる。

昔、ガンジス川の中流に位置するコー

サラ国には4人の王子がいた。王子たちは仲良く育ち、いずれも智勇に優れていたが、中でも抜群に優れていたのが長兄ラーマだった。実は、ヴィシュヌ神が人間の子ラーマ王子として生まれていたのだ。だが、継母のカイケーイーは、王を説き伏せて自分の子バラタを太子とし、ラーマを14年間追放した。ラーマは妻である絶世の美女シータと弟ラクシュマナを連れて森に入り、森の羅刹（ラークシャサ。武勇に優れた魔物）を退治した。ランカ（スリランカ）の羅刹王ラーヴァナはこれを知ってラーマを憎み、かつシータをひと目見て魅了されたので、シータを奪い去ってランカの宮中に幽閉した。ラーマとラクシュマナはシータ救出に向かう。道中知り合った猿の王ハヌマット（ハヌマンともいう）の助けを借りてランカ国に攻め込み、羅刹の英雄インドラジッドや羅刹の王ラーヴァナを退治する。

だが、帰還したシータは貞節を疑われてしまう。シータは、大地に向かって自分が貞節ならば大地に迎えられるように訴えると、地の女神グラニーが現れ、彼女を地下へと連れ去る。ラーマは悲しみ、新たな妻を迎えることなく亡くなった。

後にラーマはヴィシュヌの化身とされ、『ラーマーヤナ』はヒンドゥー教の聖典とされた。東南アジア諸国の伝説や影絵芝居にも大きな影響を与えている。また、ハヌマットはタイのハヌマーンのことでもあり、また孫悟空（→**西遊記**《さいゆうき》）の原型と見る説もある。

登場人物がバラモン（僧侶階級）ではなくクシャトリア（戦士階級）なのは、この作品の制作時期（3世紀ごろと推定されている）におけるクシャトリア階級の興隆を反映しているものと考えられている。この点が、バラモン階級がきちんと活躍している『マハーバーラタ』と違うところである。

羅生門

ラショウモン

Rashohmon

■日本　■戯曲

歌舞伎や能の演目の一つ。

室町時代の能の作者である観世小次郎《かんぜこじろう》信光《のぶみつ》の作といわれる。

源頼光《みなもとのよりみつ》の四天王の1人である渡辺綱《わたなべのつな》の茨木童子《いばらきどうじ》退治の伝説を題材とした演目である。

酒呑童子《しゅてんどうじ》退治も終わった後のことである。源頼光とその配下の四天王が酒宴を開いていた。その席で、羅生門に鬼神が住んでいるという噂話が話題になる。そして本当にいるのか見にいこうということになった。武装した綱が羅生門に行くと、楼上から巨大な腕が伸びてきて綱をつかもうとする。その腕の鬼こそ、酒呑童子が倒された時に大江山を逃げ出した茨木童子であった。綱はその腕を切り落としたのだった。

ちなみに、本作が発表される以前は「羅生門」は「らせいもん」ないし「らじょうもん」と呼ばれていた（そもそも、羅生門は元は「羅城門」と表記した）。今日のように「らしょうもん」と呼ぶようになったのは、観世信光が本作を発表して後のことである。

→**茨木**《いばらき》**、酒呑童子**

ラックサー谷の人びとのサガ

ラックサーダニノヒトビトノサガ

Laxdœla saga

■アイスランド　■サガ

五大**サガ**と呼ばれる傑作サガの一つだが、女性を中心として物語が進み、さらに女性の揺らぐ心、愛情と復讐心を物語の作者が肯定して描いていることが、他のサガと決定的に異なる、このサガ独自の主題となっている。

北欧のサガは、物語自体が人々の系図となっているため、主人公が登場するまで、だれがだれの息子、また娘であり、だれと結婚してだれが生まれたという記述が続くのが特徴であり、このサガも人々の出自の説明から始まる。しかも、このサガは非常に長く、さらに主人公格であるグズルーンという女性が登場するのが物語の半ばという、のんびりしたペースである。

だが、比類なき美貌と聡明さではアイスランドで一番といわれた彼女が登場してからは、植民《しょくみん》の記録から逸脱し、グズルーンにかかわる男たちの友情と勇壮な戦い、そして死について語る物語へと変わっていく。

グズルーンは自分が見た四つの夢を賢者ゲストに解釈してもらうが、それは、グズルーンの4回の結婚と、そこから生じる悲劇を予知したものだった。

有力な首長「孔雀の」オーラーヴの息子で、美と強さにおいて随一の若者キャルタンと、オーラーヴの養子でこちらも美丈夫に成長したボリの2人は、強い友情で結ばれていた。グズルーンはキャルタンを愛するが、キャルタンがグズルーンを待たせてボリと共にノルウェーに渡ったことが、悲劇の始まりとなる。ノルウェー王とその妹に気に入られたキャルタンは帰国が遅れ、彼の自分への愛を疑ったグズルーンが、先に帰国していたボリの求婚を不本意ながら受け入れてしまったことを発端にして、争いの連鎖が始まってしまう。

彼らグズルーンの4人の夫たちの物語が、これまたうんざりするぐらい長いエピソードで綴られている。しかし、ここを読まなければ終章を楽しむことはできない。

終章において、息子から「どの夫を一番愛していたか」と尋ねられ、年老いたグズルーンが、それに答える。この最後の言葉は、この長い物語を読破した者だけが味わえる感動の会話である。

ラティラハスヤ

Ratirahasya

■インド　■思想書

『カーマ・シャーストラ』の1冊。題名は「情事の秘密」という意味。コーッカカの著。

→カーマ・スートラ

ラテン語エズラ記

ラテンゴエズラキ

2 Esdras

■中東　■経典

→エスドラス第2書

ラパチーニの娘

ラパチーニノムスメ

Rappaccini's Daughter

■アメリカ　■小説

19世紀アメリカの小説家ナサニエル・ホーソンの短編作品。

1846年『デモクラティック・レビュー』誌での掲載が初出。

ある日、医学生ジョヴァンニ・グァスコンティはベアトリーチェ・ラパチーニという美しい娘と出会う。彼女は毒物研究に心血を注ぐ名医学者ジャコモ・ラパチーニの娘だった。ベアトリーチェと密会を繰り返すうちに、ジョヴァンニは奇妙な光景を目にすることとなる。彼女の吐息を受けた羽虫が死に、ジョヴァンニが贈った花が彼女の手に渡って幾時間もしないうちに枯れ果ててしまったのである。ジョヴァンニはかつてアレキサンダー大王がインドの王より贈られた毒女の存在を、さらにジャコモ・ラパチーニがその実験を行っていることを知る。そしていかなる毒をも無毒化する解毒剤を手に入れたジョヴァンニは、それをベアトリーチェに与えるのだが…。

本作に登場するベアトリーチェは、漫画や小説などでまれに見ることができる「幼いころより毒を与えられ続けた“存在そのものが毒物と化した生ける猛毒”“触れ得ざる美女”」である。

その幻想的かつ退廃的なイメージの源流は、『アリストテレスの養生訓』や『諸国の名所と人間の物語』（13世紀イランの地理学者アブー・ヤフヤー・ザカリーヤー・アル・カズウィーの著作）に見ることができる。

また本作と同じく「毒の娘」を主題とした物語に、19世紀末から20世紀初頭のロシア人作家フョードル・クジミッチ・ソログープの『毒の園』がある。

蘭学事始

ランガクコトハジメ

Rangakukotohajime

■日本　■歴史書

江戸時代後期の蘭学者・杉田玄白《すぎたげんぱく》が記した手記。文化12年（1815年）の作。

83歳の老境に達した玄白が、若き日の蘭学創世期を回想したものである。

内容は、戦国時代の日本と西洋の学問との接触から始まり、蘭学勃興期の当事者としての彼の体験した事柄が書き記されている。歴史を俯瞰した際の役割関係などの齟齬はあるが、当事者の目と耳と記憶によるもののため仕方ないところだろう。この中で、彼の訳著書として知られる『**解体新書**《かいたいしんしょ》』の翻訳作業や、刊行までの詳しい経緯が説明されている。

本書は元々、玄白の弟子の1人であった大槻玄沢《おおつきげんたく》へ送った手記で、それは蘭学創世期当時のことを知る者がいなくなることを惜しんでのことだったという。

個人へ宛てて送った手記ではあるが、江戸時代中に写本が出回っていた。書籍の形で出版されたのは明治2年（1869年）、福沢諭吉の手によってであった。

李娃伝

リアデン

Lǐ Wá Zhuàn

■中国　■小説

中国唐代中期の伝奇恋愛小説。白居易《はくきょい》の弟の白行簡《はくこうかん》（776ころ～826）作。『**太**《たい》**平広記**《へいこうき》』巻484に収録されている。当時民間で行われていた講談「一枝花」を元にしたもので、門閥制の厳しい時代に身分の違いを超えて結ばれた男女の恋が描かれている。

天宝年間（742～756）のころ。常州（江蘇省《こうそしょう》）刺史《しし》・滎陽《けいよう》公の子は俊才だったが、科挙の受験のために長安に行くと、名妓《めいぎ》・李娃《りあ》に夢中になり、一文無しになってしまった。あげくに李娃にも袖にされた彼は、長安で流浪の身となり、最下層の葬式人夫に交じって暮らすようになった。それを知った父親は、家の名折れといって彼を鞭打ち、見放した。それから彼はさらに身を落とし、長安で乞食となって暮らした。ある大雪の日、彼はとある屋敷に物乞いに入ったが、それは偶然にも李娃の屋敷だった。落ちぶれた彼の姿に衝撃を受けた李娃は、彼を屋敷に招き入れ、それからは彼の再起のために尽くすようになった。その甲斐があり、3年後には彼は科挙の試験に主席合格し、任地へ赴任することになった。この時になって、李娃は身分の違いを理由に、彼と別れると言い出した。だが、彼が承知しないので、李娃はとにかく剣門（四川省）まで見送ることにした。そのころ、彼の父も剣門に滞在しており、親子は再会し、仲直りした。彼から李娃のことを聞いた父は感心し、決して別れてはいけないといい、正式な手続きを整えて2人を結婚させた。こうして名門出身の男と芸妓上がりの女が結ばれ、幸福を得ることになったのである。

リーグの歌

リーグノウタ

Ríg

■アイスランド　■叙事詩

『**歌謡エッダ**』の1篇。ただし『王の写本』には載っておらず、『**散文エッダ**』に引用されて残っている。

ヘイムダル神がリーグと名乗り、世界各地を旅して、奴隷の一族、自由農民の一族、王の一族を生ませる話。

リヴァイアサン

Leviathan or the matter, forme and power of a common-wealth ecclesiasticall and civil

■イギリス　■思想書

イギリスのトマス・ホッブズが1651年に書いた本。

世界を万人の万人に対する闘争状態であると規定し、その状態を避けるために、人々は王という統治装置と契約する。これによって、自分を安全に守ることができるというもので、社会契約論の最も初期の理論といえる。

こうしてできた巨大な権力を持つ国家のことを、ホッブズは**『旧約聖書』**の巨大な怪物にたとえて「リヴァイアサン」と呼んだ。

ファンタジーや神話などとは全く関係のない本である。

リヴァイアサン襲来

リヴァイアサンシュウライ

Leviathan

■アメリカ　■小説

→イルミナティ３部作

李衛公問対

リエイコウモンタイ

Lǐ Wèi Gōng Wèn Duì

■中国　■兵法書

中国唐代に成立したとされる兵法書で、**武経七書**《ぶきょうしちしょ》の一つとされるもの。唐初期の名将·李靖《りせい》（李衛公《りえいこう》）が太宗皇帝（李世民）の質問に答える形で兵法が説かれている。ただ、11世紀に成立した唐代の**正史**《せいし》『唐書』の「芸文志《げいもんし》」にこの書の名はなく、偽書《ぎしょ》だという説もある。

その内容は、上中下の3篇に分かれている。各篇ごとにテーマがあるわけではなく、李靖と太宗の自由な対話が続くように見えるが、それでいて全体は首尾一貫したものとなっている。

その特色は、李靖の兵法が**『孫子《そんし》』**の忠実な継承者という立場を取りながらも、時代に合った形に発展させられているところにある。例えば、正兵（守備的兵力）と奇兵（攻撃的兵力）の区別がある。元々中国では、正兵と奇兵では正兵を正統とする思想があったが、李靖にあってはそれが一層重視されている。その理由は、孫子と違い、李靖が大帝国唐の将軍だったところにあるといわれる。大帝国にあっては、もはや攻めて勝つ必要はなく、守って負けないことが重要になるからだ。また、『孫子』では兵法の原理原則の認識に重心があったが、李靖にあっては具体的な実現方法に重点が置かれている。それで、軍隊の教練方法や陣法などが大いに問題とされているのである。また、『問対』は武経七書の中で最も新しいものだけに、太公望《たいこうぼう》、孫子《そんし》、呉起《ごき》、田《でん》穰苴《じょうしょ》、張良《ちょうりょう》、韓信《かんしん》、曹操《そうそう》、諸葛亮《しょかつりょう》など過去の有名な兵法者の名が登場し、それについて論じられている点も興味深い。

リグ・ヴェーダ

Ṛg Veda

■インド　■経典

ヴェーダの一つ。成立年代は定かでなく、おそらく紀元前1200年の前後数百年と見られる。古代インド・アーリア人の間には、祭官（神官）が優れた讃歌《さんか》によって神々を喜ばせ、王や帰属集団に幸運をもたらすという慣例があった。自然、優れた歌を詠む祭官詩人は王侯に重用されることとなり、詩作の競争は激しかった。『リグ・ヴェーダ』に収められている詩の多くは、そんな競争を生き延びた「神々への讃歌」である。

特に多くの讃歌が捧げられているのは、戦士の理想像ともいわれる軍神インドラと火神アグニである。他にも、宇宙の秩序を守り雨を降らせる水神ヴァルナなど、多くの神々に対する讃歌が収められている。後にヒンドゥー教の中心となる2柱の神、ヴィシュヌとシヴァに対する讃歌もある（シヴァは当時ルドラと呼ばれ、恐るべき弓矢を操る暴風雨の神とされた）。

六韜

リクトウ

Liù Tāo

■中国　■兵法書

中国古代の兵法書。「文韜」「武韜」「竜韜」「虎韜」「豹韜」「犬韜」の6章より成ることから『六韜』と称される。「虎の巻」という言葉は、この書の「虎韜」の巻からきている。

「韜」は弓袋のことで、戦いの勝敗だけでなく、富国強兵や民衆の暮らしにまで影響を与える戦略について説いている。前半の3章は巨視的な視線で政治、戦略を扱い、後半の3章はより具体的な戦術論となっている。論述は、周王朝の創始者である文王《ぶんおう》、武王の質問に太公望《たいこうぼう》が答えるという体裁になっている。文王が狩りに出て、渭水《いすい》の畔で釣りをしていた太公望と出会い、この場面から文王と太公望の対話が始まり、後で武王も質問者となるのである。

しばしば周王朝の功臣・太公望呂尚《りょしょう》の作といわれるが、後世の偽書《ぎしょ》である。

魏晋《ぎしん》時代の成立と見られてきたが、1973年、山東省《さんとうしょう》の銀雀山《ぎんじゃくざん》漢墓出土竹簡《ちくかん》の中から残簡が発見され、戦国時代末期には成立していたと見られるようになった。

古くから兵法の経典として貴ばれ、**『孫子《そんし》』**や**『呉子《ごし》』**と並んで兵法家に重要視された。儒家にとっての**四書五経**に相当する**武経七書《ぶきょうしちしょ》**にも選定された。日本でも古くから知られており、藤原鎌足が愛読していたという。「六韜・三略《さんりゃく》」というように、しばしば**『三略』**と併称される。

李鴻章回想録

リコウショウカイソウロク

Memoirs of Li Hung Chang

■アメリカ　■偽書

清末期の政治家、軍人で、25年間も清の軍事と外交を一手に取り仕切っており、日清戦争に敗北することで失脚するも、その手腕を惜しまれて復活し、露清同盟を結ぶなどした李鴻章《りこうしょう》の回想録で、死後12年経った1913年に出版された。

といわれたのだが、実際には性質の悪いでっち上げ専門ジャーナリスト、ウィリアム・F.マニックスが詐欺で刑務所にいる間に、暇潰しに中国史の本数冊を元ネタに書いた偽の回想録。

新聞にその一部が掲載されると、本人にも会ったことのある元国務長官フォスターなどが、その原稿を認めたために、本は出版されてしまった。

本が出版されると、歴史家から多くの矛盾点が指摘された。だが、それでも本はベストセラーとなり、1948年になっても百科事典に李鴻章の資料として掲載されている程であった。

離魂記

リコンキ

Lí Hún Jì

■中国　■小説

中国唐代中期の短編伝奇小説。陳玄祐《ちんげんゆう》作。『**太平広記**《たいへいこうき》』巻358に「王宙」として収められている。魂魄が肉体を離れる遊魂の物語である。

唐の時代のこと。衡州《こうしゅう》に住む張鎰《ちょういつ》の娘・倩女《せんじょう》は、父の外甥・王宙と愛し合っていたが、他の男と結婚しなければならなくなった。絶望した王宙は家出し、船に乗ったが、夜更けにだれかが岸を駆けてくる足音を聞いた。倩女だった。王宙は喜び、彼女を船に乗せて蜀《しょく》に向かった。5年程の間に2人の子供をもうけた。そのうち、倩女が望郷の念に駆られたので、共に帰ることにした。王宙はひと足先に帰って、張鎰の家を訪ね、事情を説明した。すると、倩女は数年来病気で家で寝た切りだといわれた。王宙が、倩女は今船にいますというとみな驚き、使者を迎えにやらせた。家で寝ていた病気の倩女はその話を聞くと喜んで起き上がり、装いを整えてもう1人の倩女を迎えた。と、2人の倩女の姿が一体となり、衣装までみな重なったのである。

立花図屏風

リッカズビョウブ

Rikkazubyohbu

■日本　■図画

江戸時代初期の屏風。

6曲1双の12点の立花と初期砂物の飾り図で構成される。

立花大全

リッカタイゼン

Rikkataizen

■日本　■学術書

華道の芸道論の一つ。

32世池坊専好《いけのぼうせんこう》の弟子の十一屋太右衛《といちやたえ》門《もん》の手によるもので、天和3年（1683年）に記された。

立花を理論的に述べた書物である。

リップ・ヴァン・ウィンクル

Rip van Winkle

■アメリカ　■小説

ドイツの伝説を元にアメリカの作家ワシントン・アーヴィングが書いた短編小説。

呑気者の木樵リップ・ヴァン・ウィンクルは、妻にがみがみ怒鳴られながら猟に出かけた。すると、森の奥で男たちがボウリング（正確にはその原型となる遊び）をし、酒盛りをしていた。それに参加した彼は、酒盛りの途中で眠ってしまい、ふと目覚めて帰ってみると、友人は年老い、うるさい妻はすでに死に、アメリカは独立していた。

ひと眠りするうちに、世界は20年も経っていたのだ。

『リップ・ヴァン・ウィンクル』は、アメリカ版**浦島太郎**《うらしまたろう》の物語であると共に、彼の名前は「時代遅れの人」という慣用句にもなっている。

律法書

リッポウショ

Dharma-śāstra

■インド　■思想書

→ダルマ・シャーストラ

ABAの書

リベルアバ

Liber ABA

■アメリカ　■魔術書

→魔術

リベル・AL・ヴェル・レギス

リベル・エル・ヴェルレギス

Liber AL vel Legis

■イギリス　■魔術書

→法の書

リヤ王

リヤオウ

King Lear

■イギリス　■戯曲

シェイクスピアの四大悲劇の一つ。他の三つは**『ハムレット』『マクベス』『オセロウ』**である。これらはすべて、主人公がその人格ゆえに悲劇を招き、破滅していく様を描いている。

粗筋としては、ブリテン王のリヤが、退位する時に、国を3人の娘に分割することにする。長女と次女はおべっかを使い王を喜ばせるが、末娘のコーデリアは率直な物言いで王を怒らせ、追放される。

だが、長女と次女は、王との約束を反故にし、王は追放されて荒野をさまよう。末娘はフランス王妃となっており、父を助けるためにブリテンに軍を送るが、フランス軍は敗北し、王とコーデリアは捕らえられる。

リア王は助け出されるが、コーデリアは牢獄で殺されており、王は悲嘆のまま死を迎える。

柳毅伝

リュウキデン

Liŭ Yì Yún

■中国　■小説

中国晩唐期（836～906）に書かれた代表的な短編の伝奇小説。李朝威《りちょうい》の作。

柳毅《りゅうき》が科挙の試験に落第し、湘水《しょうすい》に帰る途中で涇陽《けいよう》を通りかかると、悲しそうな婦人がいた。彼女は「私は龍王の娘だが、嫁いだ先で婿と舅姑にいじめられている。どうかこの手紙を洞庭湖《どうていこ》に届けて下さい」という。彼はいわれた通り、手紙を洞庭湖の龍王に渡した。すると洞庭君の弟・銭塘君《せんとうくん》が怒り、飛んでいって復讐を遂げ、龍王の娘を取り返してきた。その夜、盛大な宴が催され、柳毅は歓待されて娘を娶《めと》ることを勧められたが、それは辞退した。彼はたくさんの宝物を贈られ、家に帰った。その後彼は2人の妻を娶ったが、2人とも間もなく死に、人の紹介で3人目の妻を娶った。その妻には龍女の面影があったが、やがて子供も生まれた後で、自分は龍王の娘だと打ち明けた。柳毅は当時を思って感慨を催し、妻と共に洞庭湖に赴き、その後は彼が洞庭湖の龍王になったというのである。

龍公案

リュウコウアン

Lóng Gōng Àn

■中国　■小説

→龍《りゅう》図《と》公案《こうあん》

龍図公案

リュウトコウアン

Lóng Tú Gōng Àn

■中国　■小説

中国明代末に編纂された裁判小説集。様々な版本があり、収められている篇数も内容も異なっている。宋代に実在した名裁判官・包拯《ほうじょう》（999〜1062）は日本の大岡越前のような存在で、早くから理想化され、数多くの物語が作られ、演劇でも上演された。これらの物語が集成され、脚色された小説集である。「龍《りゅう》図《と》」は包拯の職だった龍図閣学士の名から取られたもので、「公案《こうあん》」とは裁判文書のことである。昔の中国ではコネや賄賂が幅を利かせ、公正な裁判など望むべくもなかったので、包拯のような公正な裁判官が理想化されたのである。

描かれた包拯はほとんど超人的である。裁判小説なので包拯の機智、推理、機略に富んだ尋問などで事件が解決されることも多いが、夢の知らせや幽霊の訴え、占いのようなもので解決されることも多いのである。

例えば「烏盆子（くろいつぼ）」という話。ある時、丁千と丁万という2人組の男が李《り》浩《こう》を殺し、焼いて土に混ぜ、それで盆を作った。この盆を王という男が買ったが、小便をしようとすると盆が声を出したので包拯に訴え出た。そこで包拯はその盆の訴えを聞き、丁千と丁万を呼び出した。そして、2人が留守の時にその妻を脅し、2人が李浩を殺し、奪った金を壁の中に隠したことを白状させるのである。

聊斎志異

リョウサイシイ

Liáo Zhāi Zhì Yì

■中国　■小説

中国清代初期の怪異小説集で、志怪文学の大傑作。作者は蒲《ほ》松齢《しょうれい》（1640〜1715）。「聊斎《りょうさい》」は作者の書斎の名で、一種のペンネーム。「志異《しい》」は「異（ふしぎ）を志（しる）す」という意味。

その題名の通り、いかにも不思議な物語を集めたもので、神仙、狐、鬼（亡霊）、化け物、妖怪、不思議な人間・動物・昆虫、奇怪な事件など、様々な題材を扱っている。

収められた小説の数も膨大である。現在最も流布している本の元になっている乾隆《けんりゅう》30年（1765年）刊の『青柯亭本《せいかていぼん》』の場合、全16巻445編が収められている。

蒲松齢という人は高級官吏を目指して科挙の試験に挑戦し、19歳で秀才（官吏候補生）の試験に合格した。しかし、その後51歳までに11回挑戦するも上級試験には合格できず、30歳ごろからは晩年に至るまで家塾の教師をして過ごした。そんな彼が30代のころに『聊斎志異』のほとんどは書かれ、その後晩年になるまで少しずつ書き足され、現在の形になった。

蒲松齢は、とにかく珍しい話や不思議な話、奇怪な話が大好きで、民間説話や故事、他の文学作品をヒントにしたもの、同好の士から聞いた話など、面白い題材を手に入れると、すぐさまそれを小説にしたという。

しかし、この書は志怪《しかい》書のようなぶっきらぼうな書き方ではなく、語り口も巧みで文学的にも優れた、面白い読み物になっている。つまり、内容は志怪だが、まるで唐代伝奇小説のような浪漫主義的雰囲気をたたえた志怪書なのである。

→志怪小説《しかいしょうせつ》

梁塵秘抄

リョウジンヒショウ

Ryohjinhishoh

■日本　■詩

後白河法皇が撰集した歌謡集。治承4年（1180年）前後のころに作られたとされる。

今様（風俗・流行色の強い歌謡）や法文歌（仏教を称賛する歌）、四句神歌（神仏習合を念頭においた宗教的歌謡）などで構成されている。詠み人の多くは不明だが、遊女《あそび》や傀儡子《くぐつ》といった人々から、源資賢《みなもとのすけかた》といった貴人まで幅広い。

収録されているのは556首（重複あり）だが、これは現存しているもののみを数えたもので、実際には千首以上になるといわれている。

本書は歌を集めた本編10巻（うち現存しているのは巻第一の一部と巻第二のみ）の他、歌の成り立ちや心得、撰者である後白河法皇が今様歌謡に入れ込むようになった経緯を記した半生記などを記した口伝集14巻で構成される。

倫理論集

リンリロンシュウ

Moralia

■ギリシア　■随筆

→モラリア

る

類猿人ターザン

ルイエンジンターザン

Tarzan of the Apes

■アメリカ　■小説

→ターザン

類書

ルイショ

Lèi Shū

■中国　■事典

中国で編纂された一種の百科事典の総称。六朝《りくちょう》時代（3～6世紀）から清代（1644～1912）にかけて数多く編纂された。現代の百科事典は担当者が自ら書き下ろしているが、類書の場合は、過去にあった文献からの抜粋が集められているという特徴がある。また、項目の配列は50音順ではなく、独自の区分項目を立てて分類されている。例えば、明代に編纂された『**三才図会**《さんさいずえ》』の場合、天文、地理、人物、時令、官室、器用、身體《しんたい》、衣服、人事、儀制、珍寶《ちんぼう》、文史、鳥獣、草木の14部門に分類されている。

ルーシ原初年代記

ルーシゲンショネンダイキ

Повесть временных лет

■ロシア・東欧　■歴史書

→原初年代記《げんしょねんだいき》

ルカ福音書

ルカフクインショ

Gospel of Luke

■中東　■経典

『**新約聖書**』の3番目で、「**マタイ福音書**」と同じく、「**マルコ福音書**」と資料Qを利用して書かれている。このため、「マルコ」より成立が後（おそらく80年くらい）といわれている。また、「ルカ福音書」と「**使徒言行録**《しとげんこうろく》」は同一人物による著作であるというのが現在の定説である。

「ルカ」の描くイエスは祈る人であり、また立派な人である。重要なシーンでは、イエスはたびたび神に祈る。また、死の場面では、「マタイ」や「マルコ」では、イエスは「神よ、私をお見捨てになったのですか」という弱さを見せるのに対し、「ルカ」では「父よ、私の霊を御手にゆだねます」と立派なことをいう。

その分、キリスト教会においては使いやすかったのか、歴代教皇を始め、多くの牧師が「ルカ福音書」を引用することが多い。

→福音書《ふくいんしょ》

ルター聖書

ルターセイショ

Lutherbibel

■ドイツ　■経典

宗教改革を行ってプロテスタントを作り出したマルティン・ルターが作った、聖書のドイツ語訳。

『**ヴルガータ**』と『マソラ本文』との異動を比べ、アポクリファ部分を正典から排除した聖書である（後ろに付属させている）。

ただし、アポクリファは『旧約聖書正典』からは排除したものの、『正典』に次いで重要な文書としてきちんとドイツ語訳され、普通に用いられている。

→旧約聖書

ルツ記

ルツキ

Book of Ruth

■中東　■経典

『旧約聖書正典』の一つ。メギロート（祝祭の巻物）の1編である。歴史ドラマではなく、1人の寡婦の、義母への献身の物語である。ただし、彼女はモアブ人（ユダヤ人）ではない。つまり、他の民族からユダヤ人と結婚して改宗した女性である。

この物語によって、神の恵みは、ユダヤの教えに沿うならば、他の民族にも及ぶことが明らかにされる。その意味では、「**エズラ記**」などと相反する内容である。

→旧約聖書

ルバイヤート

Ruba'iyat

■ペルシア　■詩

『ルバイヤート』は、中世ペルシアを代表する詩人オマル・ハイヤームの作品である。「ルバイヤート」とは「ルバイ（四行詩）」の複数形であり、あえて日本語にするなら「四行詩集」とでもいうべきものだ。

オマルは11～12世紀ペルシアの詩人、天文学者、科学者で、現代イランの暦も基本的にはオマルの手になるもの。自身は神秘主義（厳しい修行によって神に近づこうとする教え）思想に傾倒していたというが、四行詩にしばしば避けがたい運命、酒、美女、懐疑思想などを詠み込んだため、しばしば異端あるいは不信者として論難されることもあった。元来ペルシアでは信仰の歌を恋歌や酒の歌のようにこしらえることもあれば、信仰の歌を恋歌や酒の歌のようにこしらえたのだと称して、単に恋や酒の歌を詠むこともあり、本当のところはしばしば作者本人にしかしれないのであった。

この詩集が有名になったのは、1859年にイギリスの詩人エドワード・フィッツジェラルドが翻訳した詩集が出版され、これが英詩として大変に優れていたばかりでなく、また19世紀後半のデカダン思想にも合致した。結果広く読まれて、フィッツジェラルド並びにオマルの名を俄《が》然《ぜん》高からしめた。我が国でもフィッツジェラルド版からの重訳、ペルシア語原典からの翻訳を含めて複数の名訳がある。

だが、オマルが本当に詩人だったのかというと、疑問がある。というのも、彼は天文学者として、同時代にすでに有名であった。また、彼の書いた数学書も有名である。にもかかわらず、当時の記録に、彼の詩に関する資料が一切存在しないからだ。彼の詩作が世に出たのは、オマルが死んで200年程も経ってからである。このことから、オマルの詩といわれるものは、すべて後世の無名の詩人たちが、彼の名を借りて作った作品ではないかという説もある。もちろん、彼の詩作が生前に世に出なかった理由として、彼の詩が、享楽を愛し、唯物論的視点から、反イスラム的な思想で書かれていたからだと指摘する学者もいる。

いずれの説が正しいのかは不明だが、『ルバイヤート』に収められた詩の価値が変わるわけではない。

ルパンシリーズ

Arsène Lupin

■フランス　■小説

モーリス・ルブランの書いた紳士怪盗アルセーヌ・ルパン（リュパンと書かれることもある）の活躍する冒険・推理小説。

冒険小説のイメージで見られることの多いルパンだが、推理小説としてもかなりの高水準で読者を飽きさせない。

ルブランの死後、“Le dernier amour d'Arsène Lupin（アルセーヌ・ルパン最

後の恋)”という未発表原稿が発見され、フランスで出版準備中である。いずれは、日本でも翻訳されるかもしれない。

ルルイエ異本

ルルイエイホン

R'lyeh Text

■中国　■架空

クトゥルフ神話の魔道書。著者不明。オリジナルは粘土板に書かれたものだといわれるが、すでに破壊されて久しい。巻物に書かれた中国語版と、そこから翻訳された英語版、ドイツ語版、イタリア語版などがある。

内容は、古代に太平洋に没した文明都市ルルイエに関する伝承が中心となっている。

ルルイエは人類以外の生物が築いた都市であり、その起源は先史時代に遡る。

ルルイエの建物は信じられない程巨大で、奇妙な石でできた石造りのものである。それぞれの平面は、ユークリッド幾何学ではあり得ない角度で交わっており、人間がその形を目でとらえようとすると、酔ったような奇妙な状態に陥ってしまう。扉などもあるが、すべて巨大で、しかも先程述べたような“非ユークリッド幾何学”的効果で、どちらの方向に開いているのかどうかすら分からない代物である。

現在ルルイエの奥底にはクトゥルフ神話の邪神、大いなるクトゥルフが封じられており、ディープ・ワン（深きものども）と呼ばれる魚人や、その他のクトゥルフ神話の怪物種族などが、これを崇めている。

他にも、ディープ・ワンの真祖にあたるダゴンとハイドラのこと、同じく太平洋に沈んだムー大陸のことなどが書かれている。

もっと恐ろしいことに、この本の中でルルイエは、星辰の位置が正しくなる時、海上にその姿を現すと予言されている…封印が解かれた大いなるクトゥルフを伴って。

れ

霊界物語

レイカイモノガタリ

Reikaimonogatari

■日本　■経典

大正時代（1912～1925）の書物。全81巻、冊数にして83冊。

明治から大正時代にかけての新宗教大《おお》本《もと》の教主として歴史に名を残す霊能者・出《で》口《ぐち》王《お》仁《に》三郎《さぶろう》を通じて世にもたらされた霊界文書である。本書は王仁三郎本人の手によって記されたものではなく、神懸かった状態の王仁三郎の口から出た言葉を、側近に書き取らせた書物だ。

内容は、宇宙の成り立ちから太古世界の神政の様子、天上世界の描写などがあるかと思えば、現代（大正時代当時）への言及がされるといった具合だ。が、内容や表現に難解な部分は少なく、平易に読めるとあって大本の信者獲得に大きな役割を果たした。

→大本神諭《おおもとしんゆ》

霊的人間の使命

レイテキニンゲンノシメイ

Le Ministere de l'homme-esprit

■フランス　■オカルト

→渇望する人

歴史

レキシ

Historiae

■ギリシア　■歴史書

古代ギリシアの地理書、歴史書。紀元前5世紀成立。前半ではエジプト、メソポタミア、ペルシア、スキュティアといった東方諸国の地理と歴史を語り、後半では東方諸国の覇権を握ったペルシアによるギリシア遠征と、その敗北を語る。著者はハリカルナッソス（小アジア西南部の都市）の人ヘロドトス（生没年不詳）。

現存する古代ギリシアの史書のうち最古のものであり、このためヘロドトスは西洋において「歴史の父」とも呼ばれる。本書の原題は「ヒストリアイ」といい、これは直訳すれば「探求」、語を補えば「諸国を巡りその地理と歴史を探求した記録」という程の意味だが、後年「歴史書」の意となった。ツキジデスの**『戦史』**も原題は「ヒストリアイ」という。

古い書物であるせいか、あるいはヘロドトス自身が大らかな人柄だったせいか、作中では諸国の面白い伝承が次々と紹介され、神話と伝説と歴史の区別は判然としない。

ヘロドトスはあまり自分の考えを差し挟まずに種々の伝承を伝え、時として信じがたい数字を（特に敵軍について）平然と記し、時として相矛盾する説を、どちらがどうといわずに併記する。書中に登場する帝王たちは、栄華を極めながら人生の儚《はかな》さを嘆き、国々は個人の野心や欲望や復讐心によって容易に転覆する。それでも自然、遠い土地や遠い時代になる程荒唐無稽な話が多く、近い土地や近い時代になる程足が地に付いた話が多くなるため、読み進めるにつれてリアリズムの度合が増していくのは本書独特の魅力といえよう。極言すれば、本書が史料を扱う態度はずっと後のイスラム圏最初の史書**『タバリーの歴史』**に極めて近く、すぐ後のツキジデスの『戦史』とは程遠い。

なお余談ながら、スラヴ人「らしきもの」が初めて史書に登場するのも本書においてである。**『原初年代記《げんしょねんだいき》』**に先んじること実に1500年。具体的にどう記してあるかというと、「スキュティア（遊牧民族スキタイ人の国）よりもさらに北に住む人々は、時として狼に化ける」と記してある。大体において古い昔の史書というのは、遠い国のこと程無責任な噂や怪異が多くなるのだが、ヘロドトスは司馬遷《しばせん》（→**『史記《しき》』**）あたりと比べても、一段と怪異や無責任が好きな方だった気がする。むろん今日、古代のスラヴ人が狼男だったと信じる史家はまれだが、「この記述はスラヴ人の間に広がる狼男伝承と関係があるのではないか」と信じる者は多い。

歴世真仙体道通鑑

レキセイシンセンタイドウツガン

Lì Shì Zhēn Xiān Tǐ Dào Tōng Jiàn

■中国　■伝記

『神仙伝《しんせんでん》』と同様の仙人たちの伝記集で、中国元代初期の趙道一《ちょうどういつ》の撰。全53巻、続編5巻、後集6巻。黄帝のような中国神話上の神々の伝記から、伝説上の真人《しんじん》、南宋代までの実在の仙人たちの事績を網羅している。その数は745人に上る。

歴代誌

レキダイシ

Books of Chronicles

■中東　■経典

『旧約聖書正典』の一つ。天地創造からバビロン捕囚までを、人名を中心にまとめたもの。このため、読んでいても名前がずらずら並んでいるだけなので、あまり面白いものではない。しかも、内容的にも「**サムエル記**」や「**列王《れつおう》記《き》**」などと同じ部分を扱っているため、ほとんど無意味なものとして軽視されることが多い。

ただし「歴代誌」は、登場人物の人物像を異なって描写している部分も多い。例えば、マナセ王は「列王記」では最悪の王として描写されているが、「歴代誌」では悪しき王ではあったが悔い改めた人物として、神の許しの対象として扱われている。

→旧約聖書

レギンの歌

レギンノウタ

Reginsmál

■アイスランド　■叙事詩

『歌謡エッダ』の1篇。

英雄シグルズの若きころの冒険。特にレギンが名剣グラムを鍛えて、それをシグルズが手に入れる話。

列王記

レツオウキ

Books of Kings

■中東　■経典

『旧約聖書正典』の一つ。**トーラー**に続く前の預言者の第4書である。ソロモン王の治世から始まり、王国がイスラエル王国とユダ王国に分裂し、アッシリア帝国とバビロニア帝国に滅ぼされるまでを描いている。

ダビデ王の晩年、王国は息子ソロモンが継いだ。ソロモン王の智恵は有名である。また、エルサレムの第1神殿の建設者としても知られ、王国の興隆を成し遂げた功労者である。

だが、ソロモン王の死後、ヤブロアムはもはやダビデ王の血族に忠誠を捧げる必要がないと考えて、ソロモンの子レハブアムに戦いを挑んだ。こうして、北にヤブロアムのイスラエル王国、南にレハブアムのユダ王国ができ、ユダヤ人は分裂した。

だが、イスラエル王国は、その民人が神の命に従わなかったため、アッシリアに滅ぼされた。またユダ王国も、バビロニアのネブカドネザル王によって、エルサレムを陥落させられて滅びた。

→旧約聖書

列女伝

レツジョデン

Liè Nǚ Zhuàn

■中国　■伝記

中国前漢時代に作られた書で、封建的な儒教道徳を基準にした女性のための教育書、教訓書。劉向《りゅうきょう》（紀元前77～前6）の撰。

簡狄《かんてき》、姜嫄《きょうげん》、堯帝《ぎょうてい》の2人の娘など神話上の女性に始まり、漢代に至るまでの有名な女性の伝記が記されている。女性たちはそれぞれの徳目によって分類されており、「母儀伝」「賢明伝」「仁智伝」「貞順伝」「節義伝」「辯通《べんつう》伝」「孽嬖《げっぺい》伝」の7巻から成る。古くは班昭《はんしょう》の撰といわれる『続列女伝』が第8巻となっていたが、後にこの部分が切り離されたので、これを除いた7巻は『古列女伝』と呼ばれることもある。

古代の有名な女性の伝記があるという点で興味深いともいえるが、いかんせん儒教的道徳の教訓書なので、読んで楽しいものでもない。

例えば、「母儀」は「母の手本」という意味だが、ここには「孟母断機《もうぼだんき》」の故事で知られる孟子《もうし》の母の伝記が含まれる。ある時、まだ若かった孟子が学校を途中でサボって帰宅したところ、母が織っていた機糸を断ち切り「学問を途中でやめるとはこういうことです」と叱った。おかげで孟子は偉くなったという話である。

また、「孽嬖」とは「悪女」という意味だが、ここには有名な妲己《だっき》の伝記が含まれる。つまり、殷《いん》の紂王《ちゅうおう》はこんな悪女を溺愛したために国を滅ぼすことになったという話である。

列仙伝

レッセンデン

Liè Xiān Zhuàn

■中国　■伝記

中国前漢末に成立した仙人伝。上下巻。現在に伝わる仙人伝の中では最古のもので、いわば仙人伝の先駆けである。確実ではないが、宣帝《せんてい》時代の高官で、神仙術の専門家でもあった劉向《りゅうきょう》の撰と伝えられる。

黄帝、老子《ろうし》といった神話伝説的神仙を始め、劉向より半世紀程昔に実在した東《とう》方朔《ほうさく》のような仙人までの伝記がある。後代になっていくつもの校正本が出されたため、劉向が撰した仙人の数ははっきりしないが、70人とか72人といわれることが多い。

伝記の内容は『**神仙伝**《しんせんでん》』などと比べると遥かに簡略である。

平凡社の「中国古典文学大系」に収められた『列仙伝』には、補を含めて次の73神仙の伝記が収められている。

●巻上

赤松子《せきしょうし》、甯封子《ねいほうし》、馬師皇《ばしこう》、赤将子《せきしょうし》輿《よ》、黄帝、偓佺《あくせん》、容成公、方回、老子、関令尹《かんれいいん》、涓子《けんし》、呂尚《りょしょう》、嘯父《しょうほ》、師門、務光、仇生《きゅうせい》、彭祖《ほうそ》、邛疏《こうそ》、介子推《かいしすい》、馬丹、平常生、陸通、葛由《かつゆう》、江妃二女、范《はん》蠡《れい》、琴高《きんこう》、寇先《こうせん》、王子喬《おうしきょう》、幼伯子、安期先生、桂父、瑕丘仲《かきゅうちゅう》、酒客、任光、蕭史《しょうし》、祝鶏翁《しゅくけいおう》、朱仲、修羊公、稷丘《しょくきゅう》君《くん》、崔文子《さいぶんし》、［補］羨門《せんもん》、［補］老莱子《ろうらいし》

●巻下
赤須子《せきしゅし》、東方朔《とうほうさく》、鈎翼夫人《こうよくふじん》、犢子《とくし》、騎竜鳴、主柱、園客、鹿皮公《ろくひこう》、昌容、谿《けい》父《ほ》、山図、谷春、陰生、毛女、子英、服閭《ふくりょ》、文賓《ぶんぴん》、商丘子胥《しょうきゅうししょ》、子主、陶安公、赤斧《せきふ》、呼子先《こしせん》、負局先生、朱璜《しゅこう》、黄阮《こうげん》丘《きゅう》、女几《じょき》、陵陽子明、邗子《かしし》、木羽、玄俗、［補］劉安《りゅうあん》

レビ記

レビキ

Leviticus

■中東　■経典

『旧約聖書正典』のうち、3番目にあるのが「レビ記」である。別名「祭司の書」ともいわれる。**トーラー**五書の一つ。

主に、ユダヤ人の守るべき法規を定めた書である。実際、トーラーには全部で613の戒めが載っているが、その半数は「レビ記」にある。

祭司制度、生け贄の捧げ方、聖性（聖なるものと不浄のものの区別）、生活の規則などについて書かれている。

→旧約聖書

レメゲトン

Lemegeton

■イギリス　■魔術書

→ソロモンの小さな鍵

錬金術

レンキンジュツ

Alchymia

■ドイツ　■錬金術書

アンドレアス・リバウィウスが1606年に出版した錬金術書。

ただし、リバウィウスは単なる過去の錬金術師の引き写しをしたわけではない。彼自身、実験化学者であり、自分の行った様々な実験を元に書かれている。ある意味、錬金術と化学の端境期の作品といえる本である。

図版25　『錬金術』掲載の寓意図

錬金法大全

レンキンホウタイゼン

Kitab al-Kimya

■アラブ　■錬金術書

8世紀の錬金術《れんきんじゅつ》師ゲーベル（アラブ名：ジャービル・イブン・ハイヤーン）の著作。この当時、アラビアでは錬金術書が数千冊も出ており、この本はその集大成的存在である。原題は「黒き地の書」とでもいった意味だが、この「アル・キミヤ」という部分が、ヨーロッパにおける「アルケミー」の語源となった。

錬金術の成否には、錬金術師の無垢さが大きく影響するというのは、ゲーベルの著作からきたものである。ヨーロッパにおいては、無垢さがキリストへの信仰にすり替えられたが、元は信仰とは関係のない精神の清らかさのことであった。

また、彼の著作からすると、ゲーベルはエリクシール（エリクサー）を合成することができ、それによって患者を治療していたらしい。

ヨーロッパの錬金術は、これらアラブ（当時最も文明が栄えていた）の著作を、文明の遅れたど田舎であるヨーロッパに持ち帰って真似をしたものだった。

ろ

老媼茶話

ロウオウサワ

Rohohsawa

■日本　■物語

江戸時代中期の奇談集。

寛保2年（1742年）、三坂春編《みさかはるよし》の作とされる。

明治時代の文人・泉鏡花《いずみきょうか》に影響を与えたことでも知られる。

序文には「虚妄の節のみにして」とあり、春編の創作と前置きしているが、実際には会津地方を中心とした和漢の怪奇談を下敷きとしたエピソードが数多くある。

老子

ロウシ

Lǎo Zǐ

■中国　■経典

道家の祖とされる老子《ろうし》が書いたと伝えられる中国古代の思想書で、道家の基本経典。上下2篇、全81章。全部で5千文字程の短編であり、どの文章も非常に有名である。『道徳経《どうとくきょう》』とも呼ばれるが、これは上下篇の初めの文字がそれぞれ「道」「徳」であることからきている。

老子は司馬遷《しばせん》の**『史記《しき》』**「老子韓非列伝」では孔子《こうし》（紀元前551～前479）と同じ時代の人とされている。『史記』で紹介されている伝説によると、老子の母は天から降った神女だった。老子を身籠もって81年も過ぎてから、脇の下から老子が生まれた。生まれた時から白髪で老人のようだったので、老子と命名されたという。やがて、無為自然をモットーとする道家思想を興した老子は、周の滅亡を予感すると西方へ旅立った。この時、函谷《かんこく》関《かん》という関所の長官である尹喜《いんき》に求められ、5千字余りの『老子』を書き残したが、函谷関を出てからの老子がどこに行ったかは不明だという。

しかし、老子が実在の人物かどうかははっきりしない。仮に実在したとしても、『老子』の内容は孔子に始まる儒教への対抗思想という側面があり、孔子よりかなり後の人だろうと考えられている。ただ、紀元前250年ごろの戦国時代末には『老子』という題名の書が存在していたことははっきりしている。

『老子』は1人の著者によるものではなく、道家の思想家たちによって、長い年代にわたって書き継がれたものとする見方もある。

『老子』の思想はしばしば「無為自然」という言葉で表される。老子はすべての根本にある概念を「道」とする。だが、それは「○○主義」とか「これが常道だ」といわれるような現実的な「道」ではない。現実世界のものはすべて生まれたり死んだりするが、老子の「道」はそんな生滅を超えた宇宙の理法のようなものである。したがって、現実のものはすべて相対的なので、それを覆い隠す人為的なものは否定されなければならないのである。人為的なものとは、知識、欲望、道徳のようなものだ。そして、老子は無為、自然に帰することで、人生も政治もうまくいくとしているのである。

こうした言葉が『老子』にはふんだんにあふれている。最後にいくつか引用しておこう。

●「道の道とすべきは常の道に非ず、名の名とすべきは常の名に非ず（以下略）」（第1章）
（永遠不滅の道はこれがそうだと言葉で表せるようなものではない。本当の名というのもこれこれだといって、言葉で名付けられるようなものではない）

●「天下皆、美の美たるを知れば、これ悪のみ。皆、善の善たるを知れば、これ不善のみ（以下略）」（第2章）
（天下の人々がみなこれは美だというものは実は醜悪なのである。みながこれは善だというものは実は不善なのである。なぜなら、すべては相対的なので、美や善はそれを固定する差別によってしか生まれないからだ）

●「大道廃れて仁義有り。智慧出でて、大偽有り。六親和せずして、孝慈有り。国家混乱して、忠臣あり」（第18章）
（儒家の者などがいっている仁義忠孝など決して素晴らしい道徳ではない。すでに大道が廃れてしまったから、人為的な仁義でそれを埋め合わせているのだ。家族や親族が不和になったから、孝行などと言い出すのだ。忠臣も同じで、国家が混乱してしまったからありがたがられるのだ。つまり、仁義忠孝などは病的な社会で生まれた病的な道徳なので、そんなものがない方がうまくいくのである）

老子化胡経

ロウシケコキョウ

Lǎo Zǐ Huà Hú Jīng

■中国　■経典

道家の祖とされる老子《ろうし》がインドへ行き、そこで釈迦となって四方の人々を教化したという伝説を主張する一連の経典の総称。西晋《せいしん》の恵帝時代（在位290～306）の道士・王浮《おうふ》の作った『老子化胡経』が最初のものだと伝えられる。

司馬遷《しばせん》の『**史記**《しき》』「老子韓非列伝」では、周の滅亡を予感した老子は函谷関《かんこくかん》という関所の長官・尹喜《いんき》のために『**老子**《ろうし》』を書き残したが、函谷関を出てから行方不明になったという。このため、その後の老子はインドで釈迦となり人々を教化したという伝説（老子化胡説）が生まれた。これを経典化し、仏教より道教の方が優れていると主張しようとしたのが『老子化胡経』である。

老子五千文

ロウシゴセンモン

Lǎo Zǐ Wǔ Qiān Wén

■中国　■経典

→**老子**《ろうし》

老子道徳経

ロウシドウトクキョウ

Lǎo Zǐ Dào Dé Jīng

■中国　■経典

→**老子**《ろうし》

ロード絵文書

ロードコデックス

Codex Laud

■中央アメリカ　■経典

→**絵文書**《コデックス》

ロキの口論

ロキノコウロン

Lokasenna

■アイスランド　■叙事詩

『**歌謡エッダ**』の1篇。

神々の宴会の席にロキが現れ、次々と神を罵り、そのスキャンダルを暴き立てる。ロキは神々が本当に自分にかかってくるとは考えていない。

だが、トール神が帰還して本当に自分を襲ってくると思い、鮭に化けて逃げ出すが、捕らえられる。そして、ラグナロクまで縛られて毒蛇の毒を浴びせ続けられる。

忠実な妻シギュンが洗い桶に毒を受けてくれるが、いっぱいになった毒を捨てにいく時だけは、毒がかかって苦しみもだえる。これが地震なのだという。

録図書

ロクトショ

Lù Tú Shū

■中国　■予言書

中国古代の予言書。**緯書**《いしょ》の一種。史上初めて中国統一を成し遂げた秦の始皇帝は何人もの方士（神仙道の専門家）たちを使い、不老不死の薬を求めさせたことで有名である。紀元前215年、東方海上の旅から帰ってきた方士・盧生《ろせい》がある予言書を始皇帝に奉った。これが『録図書』だが、そこに「秦を亡ぼす者は胡《こ》である」という言葉があった。始皇帝は驚き、すぐにも30万の兵で北方で勢力を持っていた胡族を討伐し、オルドス地方を占領した。だが、秦帝国はわずか3代で滅んでしまった。それというのも二世皇帝・胡亥《こがい》が暗愚で、民衆の反感を買う政治を行ったためだった。つまり「秦を亡ぼす者は胡である」の「胡」は胡族ではなく、胡亥だったのである。

ロシア原初年代記

ロシアゲンショネンダイキ

Повесть временных лет

■ロシア・東欧　■歴史書

→原初年代記《げんしょねんだいき》

ロシア民話集

ロシアミンワシュウ

Народные Русские Сказки

■ロシア　■民話

アファナーシェフ編、1855～1864年刊。

元々ロシアでは、西欧に比べて比較的遅くまで「書物は教会のもの、民話は口承のもの」という構図が続いた。このため民話の記録採集が始まるのは遅く、最初期の記録はいずれも西欧人の手によるものである。

その一方で、正教会は土着の民話、伝説、俗信を必ずしも弾圧しなかったため、ロシアには東欧カトリック圏と比べても多様な口承文芸や民話伝説が残った。家の炉辺の他、男たちの猟師小屋や漁場、女たちの（結婚前の娘の集まる）娘宿や（主婦たちが寄り集まって糸紡ぎをする）糸紡ぎ場などでも、数少ない楽しみとして多くの民話が語られ、伝えられた。

これらの民話伝説は19世紀以降、多くの文学作品、音楽、演劇の題材となって今に至るのだが、この間において最も大きな役目を果たしたのがアファナーシェフの『ロシア民話集』である。

アファナーシェフは元は法学を学び、外務省文書館に職を得て古文書の整理にあたるかたわら、民話や伝説を収集していた。ロシア民話集、伝説集（宗教伝説を収める）、笑話集（艶笑譚を収める）を刊行し高く評されたが、人がこのような著述だけで生計を支え得ることは人類史上まれである。そしてアファナーシェフは知人（一説に、知人の知人）に亡命革命家がいたため、当局に目を付けられ逮捕された。いくら調べても彼自身が革命運動に関与していた証拠は出てこなかったが、ともあれ外務省は彼を好ましからぬ人物としてクビにした。アファナーシェフは職を転々としながら、貧窮のうちにあって著述を続け、若くして死んだ。当時の文人ツルゲーネフはこれを評して「文字通り餓死しました」と記している。

死後その文名は次第に上がり、今日では「彼の本が欠けていては、ロシアの子供の本棚は不完全である」（ロマン・ヤコブソン）とまで評される。20世紀ソ連の詩人エセーニンは、ロシア内戦期の飢餓の時代にアファナーシェフの著作を何年も探し回ったあげく、小麦100ℓと交換で手に入れ、自分の幸運に大喜びしたという。

中でも民話集は、ロシアにおけるグリム童話集（→**子どもと家庭の童話**）というべき地位を占め、子供にも好まれれば民俗学者にも珍重されている。採録時からの文体上の改変が極めて少ないのも特色とされる（アファナーシェフはグリム兄弟をたいそう尊敬していたというが、この点だけは兄弟を見習わなかったことになる）。今日の日本で刊行されている『ロシア民話集』も、その多くはアファナーシェフ版の翻訳である。

ロスト・ワールド

Lost World

■イギリス　■小説

イギリスの推理作家アーサー・コナン・ドイルの秘境冒険小説。

地球上の人類未踏の地に冒険に向かうという作品は、それ以前にも存在しなかったわけではないが、この作品のヒットによって、それがジャンルとして成立した。また、そのような秘境の地をロスト・ワールドというのも、この作品の影響である。

ロゼッタストーン

Rozetta stone

■エジプト　■文書

1799年、ナポレオン・ボナパルトがエジプト遠征を行った際に、エル・ラシッド村（ロゼッタ）から発見された石碑の一部。元々は神殿か何かの一部だった石碑の残骸を、ラシッド村の住人が石材として使っていたのが、フランス人大尉の目に止まったのだ。大きさは上下114cm、左右72cm、重さ762kg。

石碑に刻まれていたのは、紀元前196年にプトレマイオス5世エピファネスが発布した法令だった。だが、碑文の内容自体は大した意味を持たない。重要だったのは、碑文がヒエログリフ（聖刻文字）、デモティック（民衆文字）、そしてギリシア語という3種類の言葉で記されていた点だった。

当時、3種類の文字のうちギリシア語以外の2種類は、読み方が失われ、読解不能だった。石碑の性質から考えて、古代エジプト語の2種で書かれた部分の内容は、ギリシア語部分の内容と同じであろうと容易に想像できた。そのためロゼッタストーンは、神秘的なヒエログリフを解読する決め手となると期待されたのだ。

だが事は思うように運ばず、発見から20余年が経過した1822年になって、フランス人の語学の天才ジャン＝フランソワ・シャンポリオンがようやく解読を達成した。この大成果によって、古代エジプトの様々な書類や文書の読解が可能になり、彼らの社会の完成度と文化水準の高さが、現代の人々に再発見されることになった。そしてロゼッタストーンは、そのきっかけとなった記念碑的な文献として、考古学史にその名を刻んでいる。

ロッサム万能ロボット会社

ロッサムバンノウロボットガイシャ

Rossum's Universal Robots

■チェコ　■小説

→**R. U. R.**

ロボット工学の三原則

ロボットコウガクノサンゲンソク

Three Laws of Robotics

■アメリカ　■文書

→**われはロボット**

ロボット工学ハンドブック

ロボットコウガクハンドブック

Robotics Handbook

■アメリカ　■架空

→**われはロボット**

ロミオとジュリエット

Romeo and Juliet

■イギリス　■戯曲

シェイクスピアのロマンチックな悲劇だが、多少甘過ぎるところがあって、四大悲劇の中には入れてもらえない。

イタリアのヴェローナで対立する二つの名家、モンタギュー家とキャピュレット家。この二つの家に生まれたロミオとジュリエットが愛し合い、誤解によって死んでいくまでを描いている。

悲劇ではあるが、主人公の人格的問題による必然的な悲劇ではなく、誤解とすれ違いによって起こった偶然の悲劇であるところが、四大悲劇より劣るといわれる所以である。

論者箴言集

ロンジャシンゲンシュウ

Aphorismi Urbigerani

■イギリス　■錬金術書

バロ・ウルビゲルスという正体不明の人物が1690年に書いた錬金術《れんきんじゅつ》書。ロンドンで発行されたにもかかわらず、この本はザクセン＝ゴータ大公フリードリヒに捧げられている。

この本には、錬金術の達人たちの101の箴言が収められている。

論理哲学論考

ロンリテツガクロンコウ

Logisch - Philosophische Abhandlung

■ドイツ　■思想書

ルートヴィヒ・ヨーゼフ・ヨハン・ヴィトゲンシュタイン（1889～1951）が生前に出版した、ただ1冊の哲学書。

「語り得ぬものについては、沈黙しなければならない」という有名な言葉で終わる。

だが、この不可知論的な言明にもかかわらず、この本自体は、語り得ることについて極めて論理的に哲学的思考を重ねている。

ヴィトゲンシュタインの考えでは、目いっぱいまで語り得ることを広げ、世界のほとんどすべてを語り得ることにし、それを論理的に分析し、そうして限界まで推し進めた上で、わずかに残る語り得ぬことについては、沈黙しようではないかという意味合いだったのだと考えられている。

我が空軍ー国防の要ー

ワガクウグンーコクボウノカナメー

Our Air Force:The Keystone of National Defense

■アメリカ　■兵法書

→空軍による防衛ー近代エア・パワーの可能性ー

わがシードの歌

ワガシードノウタ

Cantar de mio Cid

■スペイン　■叙事詩

→エル・シードの歌

わが生涯の歴史

ワガショウガイノレキシ

Histoire de ma vie

■イタリア　■伝記

女遊びの代表者として有名なカザノヴァの自伝。カザノヴァ自身はイタリア人だが、彼の著作はすべてフランス語で書かれている。1792年に最初の原稿が書かれたようだが、出版は彼の死後になっている。

カザノヴァは、知識、技芸共に優秀な一級の知識人であったが、女性に対しては知的に振る舞うよりも、野性的かつ官能的に振る舞うことを好んだ。

牡蠣（この貝自体なんとなく卑猥なイメージを醸し出すが）を口移しに食べさせ合う。その牡蠣が女性の乳房に落ち、服の中に入ってしまうと、わざわざ服を脱がせて口で牡蠣をすくい、さらに乳房にこぼれた汁を舐めるといった、エロティックな遊びを行う。また、セックスにしても、もちろん1対1でも行うが、複数の女性を相手にすることも多い。

このような内容なので、大いに顰蹙《ひんしゅく》を買い、カザノヴァの名を貶めた。さらに、最初に出版された時に、ジャン・ラフォルグがこの本をまとめたのだが、この男が本の内容を著しく歪めたため、さらに評判を落とすことになった。

だが、1960年になって、ようやく完全版が出版された。それによって、現在ではかなり正当な評価が得られている。

確かに、カザノヴァは漁色を行ったが、それは当時何人もの男性が行ったことであり、その意味では風俗史上非常に重要な資料と目されている。また、文学的に見ても一流の自伝であり、フランス文学者からも高い評価を受けている。

我が闘争

ワガトウソウ

Mein Kampf

■ドイツ　■扇動書

ナチスドイツを作り上げたアドルフ・ヒトラーの代表作。ミュンヘン一揆を企てたため刑務所に入っている時期に口述筆記で書かれた。このため出版は、上巻が1925年、下巻が1926年となっている。基本的に、上巻はヒトラーの自叙伝であり、下巻はナチスの歴史である。

ヒトラーの目標は、ユダヤ人の排斥と、

ドイツの東方拡大である。この二大目標を正当化するために、人類史を生存を巡る人種・民族の抗争と見なし、強者が弱者を排除する社会ダーウィニズム（ダーウィンの進化論を人類社会にまで無理やり拡張した一種のトンデモ学説）を利用している。

ちなみに、この本では、日本人は物真似しかできない東洋の黄色い猿として描き出されている。だが、三国同盟を組む相手にまずいということで、日本版ではその箇所は削除されている。

この本は、第2次世界大戦中には全ドイツで1千万部が売れる超大ベストセラーとなった。現在でも、世界中で売れ続けている。ちなみに、この印税は、本来はヒトラーの兄弟たちに引き継がれるはずであったが（ヒトラーは子がなく、妻はいたがヒトラーと同時に死んだから）、彼らは受け取りを拒否した。このため、著作権は政府のものになり、その印税は（笑い話のようだが）ユダヤ人を助ける慈善事業などに使われた。また、現在でもドイツでは『我が闘争』は出版されていない。

わが不幸の物語

ワガフコウノモノガタリ

Historia calamitatum

■フランス　■伝記

中世の神学者ペトルス・アベラルドゥス（1079～1142）の自伝。

貴族の息子であったペトルスは、下級聖職者となり、哲学と神学を学ぶ。

ところが、37歳になってとある司祭の娘エロイーザ（当時17～18歳だったと思われる）の家庭教師となり、彼女と恋に落ちる。そして、彼女が妊娠すると親類の家に預けた。

彼は彼女と結婚することを望んだが、地位を得るためには表向きは独身である必要があった。だが、エロイーザの家族は、娘を日陰者にしたとして彼を闇討ちし、去勢してしまう。

このことにより聖職者への道を閉ざされた（キリスト教では去勢者は司祭になれない）彼は、自分の礼拝堂を建て、そこで説教を行うことにした。また、エロイーザは修道女となる。

彼は、エロイーザを新しい女子修道院の院長に推薦し、そこの霊的指導者として、たびたび彼女を訪問するようになった。だが、彼らの関係が復活したという醜聞が流れると、訪問をやめてしまう。

このころに彼が書いたのが本書である。

ちなみに、その後彼は別の修道院の院長になったりしつつ、1142年に死ぬ。エロイーザは1164年に死ぬが、遺言で彼女の遺体は彼の墓の隣に埋葬された。

現在では、彼らの墓はパリに移され、ロマンチックな観光名所の一つとなっている。

和漢三才図会

ワカンサンサイズエ

Wakansansaizue

■日本　■事典

江戸時代中期に刊行された百科事典。全105巻。

正徳2年（1712年）、寺島《てらしま》良《りょう》安《あん》により編纂された。中国の『**三才《さんさい》図《ず》会《え》**』を手本に天文や地理、動植物、物品、人物に至るまで、和漢のあらゆる知識を網羅している。

惑星の変容

ワクセイノヘンヨウ

Metamorphosis Planetarum

■オランダ　■錬金術書

ヨアネス・デ・モンテ＝スネイデルズの書いた錬金術《れんきんじゅつ》書。アイザック・ニュートンは、この論文に感銘を受けて、この本の英訳を自分で書写したという。

7種の死せる金属（卑金属で、これが7種あるのでそれぞれの惑星と対応させられている）を甦らせて貴金属へと変容させる。

図版26　『惑星の変容』タイトルページ

ワシントンの生涯

ワシントンノショウガイ

Life of George Washington, With Curious Anecdotes Equally Honorable to Himself, and Exemplary to His Young Countrymen

■アメリカ　■伝記

→彼自身にとって名誉であると同時に若い同胞の模範ともなる興味深い逸話を含むジョージ・ワシントンの生涯

われはロボット

I, Robot

■アメリカ　■小説

1950年にアメリカのSF作家アイザック・アシモフが出したSF短編集。続編に『ロボットの時代』という短編集もある。

この本において、有名な「ロボット工学の三原則」が提示された。これは以下のようなものである。

「第一条、ロボットは人間に危害を加えてはならない。また、その危険を看過することによって、人間に危害を及ぼしてはならない」

「第二条、ロボットは人間にあたえられた命令に服従しなければならない。ただし、あたえられた命令が、第一条に反する場合は、この限りではない」

「第三条、ロボットは、前掲第一条および第二条に反するおそれのないかぎり、自己を守らなければならない」（『われはロボット』アイザック・アシモフ著／小尾芙佐訳／早川書房）

これは、アシモフのSF世界に登場する架空の書物『ロボット工学ハンドブック』に掲載されている。

実は、この原則はアシモフ自身が考えたものではない。彼の小説を読んでいた作家で編集者のジョン・キャンベルが、彼のロボットSFは、上のような原則で書かれているのではないかと指摘したという。

これを受けてアシモフは、この原則を明示した上でSFを書くという、困難な道へと歩み出した。だが、この原則が広まったおかげで、それ以前のロボット＝反乱というイメージが、大きく改善されたことは事実である。

書物の始まり

本とは何か。

ユネスコが1964年に行った「本および定期刊行物統計の統一化に関する勧告」によれば、表紙を除いて49ページ以上ある不定期刊行物で、その国で出版され一般に入手可能なもので、「主として広告の目的で刊行されるもの（パンフレットなど）」「一時的な性格を有するもの（時刻表や電話帳など）」「文章記述が最重要部分で無いもの（地図や楽譜など）」を除外したものを本と呼ぶ。

この勧告に従えば、絵本はぎりぎり本といえるだろうが（ただし49ページ以上あればだが、そんなに長い絵本は少ないのではないだろうか）、コミックは本ではないとすべきだろう。

本以前には、情報をきちんと伝える手段は存在しなかった。ラスコーの洞窟画のように、旧石器時代の人々が描いた絵画も、何らかの表現であったことは確かであるが、それが何を表現しているのか、現代でははっきりとは分からない。

例えばヘロドトスの**『歴史』**には、以下のようなエピソードがある。ペルシアのダレイオス王が、スキュティアを攻めたときの話だ。

「スキュティアの諸王は（中略）ダレイオスへの土産として小鳥に鼠に蛙、それに五本の矢を届けさせた。（中略）

ダレイオスの意見は、スキュタイ人は自分に降伏し、土と水を献ずるつもりだというもので、彼の推理は、鼠は地中に住んで人間と同じ穀物を食料にし、蛙は水中に住み、鳥は馬によく似ており、矢を持参したのは彼らの武器を引き渡す意味である、というのであった。

（中略）ゴブリュアスの見解は（中略）ペルシア人どもよ、お前たちは鳥となって天に舞い上がるか、鼠となって地中に潜《くぐ》るか、さてはまた蛙となって湖中に跳び込むかせぬ限り、必ずやこの矢に当り、無事帰国することはかなうまいぞ。」（『歴史』ヘロドトス著／松平千秋訳／岩波書店）

もちろん、ゴブリュアスの見解の方が正しかったのだ。絵では正しい情報を伝えるのに無理があることを、このエピソードも教えてくれる。やはり、本は文字ができて初めて意味をなすことが分かるだろう。

では、本は一体いつごろできたものか。

本という形

本以前の本

世界最古の書写材料は、当然のことながら紙ではない。

古代メソポタミアでは、粘土板を使って文書を記録した。少なくとも紀元前3200年ごろには、すでに粘土板の文書が存在したことが分かっている。この粘土板に、アシや木片の筆で溝を彫って文字を書いた。これがメソポタミアの楔形文字である。文字がこのような形になったのも、記録するものが粘土板だからだ。

直線で引っ掻くように書く楔形文字なら、粘土に書き込むのに便利だったのだ。

粘土版には、重いという弱点はあった。だが、天日で乾して竈で焼くと石のように固くなり、滅多に割れることはない。しかも、火でも燃えず水に浸かっても消えず、動物に食われてしまうこともない。さらに、最悪割れてしまっても、破片を組み合わせれば意味を取ることができる。粘土板は、非常に保存性の良い書物であった。

だが、重くてかさばるため、輸送するのには向いていない。このため、より便利な素材に取って代わられるようになった。

では、古代ヨーロッパで最も使われた書物の材料は何か。それはパピルスである。

パピルスは、ナイル川流域に生えているカヤツリグサ科の水草で、高さ2mにもなる大きな草である。この太い茎を裂いて、中の髄を細く裂き、これを縦横に並べて重石をかけて乾燥し、さらに表面をこすって滑らかにしたものが、文書を書くのに使うパピルスである。その名の通り、英語のペーパーなどの語源となった言葉でもある。パピルスと本物の紙の差は、漉《す》くという工程があるかないかの違いでしかないが、この差が使いやすさに大きな違いを作っている。パピルスは、折り畳むことができないのだ。

エジプトでは、紀元前3200年ごろからパピルスによって文書が作られている。そして、このパピルスは、エジプトから全ヨーロッパ、小アジア、オリエント地域に広く輸出され、書写材料として使われた。

パピルスは、羊皮紙が普及するまで、全ヨーロッパで本の素材として広く使われた（羊皮紙が普及しても、通常の用途にはこちらが使われることが多かった）。ギリシア古典である『**イリアス**』や『**オデュッセイア**』なども、当初はパピルスによって記録されていたのだ。

ちなみに、パピルスは折り畳むと割れてしまうので、パピルスによって書物を作る場合、巻物が作られた。巻物というと日本だけだと思っている人も多いのだが、ギリシアでもローマでも、書物は巻物であった。

古代有数のアレクサンドリア図書館（一説には70万冊以上もの蔵書を誇ったという）にも紙の本はなく、パピルスの本ばかりだった。つまり、大量の巻物が保存されていたと考えて間違いない。しばしば、ファンタジーものに登場するアレクサンドリア図書館が、現在のような綴じ込みの本をずらっと並べた図書館として描写されているが、これは作者が当時のエジプトには紙がなかったという事実を知らないからだろう。

中国といえば紙を発明したことで知られているが、当然のことながら最初から紙があったわけではない。

中国では、最古の文字は甲骨文字といわれている。つまり、動物の骨に刻んだ文字である。だが、これは文字ではあるが本ではない。占いのために文字を刻み込んではいるが、それ自体で内容のあることが書かれているわけではないのだ。

では、本としての内容を持ったものはどのように作られていたか。

秦の時代あたりまで、書物の材料は竹や木が使われていた。木や竹で薄くて細長い板（木簡、竹簡《ちくかん》という）を作る（中国では北方を除き竹簡が主流だった）。これに数十文字は書ける。もしも、それ以上長い文章を書かねばならないときは、簡を紐で編んで冊を作る。これが、中国の書物であった。これが、現在も使われる「編集」という言葉の語源である。本とは、この木簡を集め、紐で編んで一冊にするものだから「編集」というのだ。

ちなみに、木簡に似たものは中国だけでなく、ローマ時代のイギリスなどでも発掘されているので、木を使うという行為は世界中で行われていたと考えていいだろう。

中国には絹もあったので、絹布（帛《はく》という）に文書を書くこともあった。

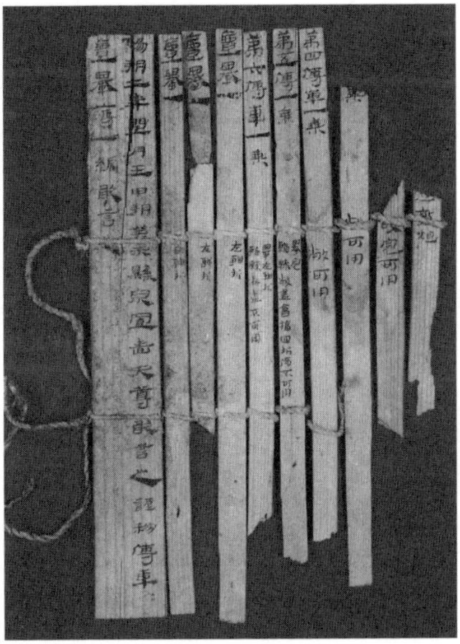

図版27　中国から出土した木簡

本の形を成して

ヨーロッパから小アジアにかけて、中世を通じて最も書物に使われた書写材料は羊皮紙である（パピルスも相変わらず使われた）。これは、動物（実際には羊以外の牛や馬、鹿なども使われた）の皮をなめし、毛を取り、擦ることで薄く作り上げた皮製の紙だ。羊皮紙は薄くて白く、しかもパピルスと違って折り畳んでも割れてしまうことのない便利なものだったので、保存しておく書物には最適だった。

皮を薄くなめす手法は、紀元前10世紀には小アジアに存在したことが分かっているが、羊皮紙が多く使われるようになったのは、紀元前2世紀ごろからといわれる。そして、17世紀になっても重要な公文書や高価な書物などに使われた。

だが、さすがに動物の皮は、紙やパピルスほど簡単に生産できないために、ヨーロッパの書物は高価なものとなった。このため、中世を通じてヨーロッパには、ごくわずかの書物しか存在せず、その書物の多くは修道院にあった。書物を数百冊も所蔵していれば、その修道院は立派な図書館を持っていると胸を張ることができたほどである。ウンベルト・エーコの**『薔薇の名前』**などを読む時には、この事実を知った上で読むと、さらにありがたみが増すであろう。

だが、アレクサンドリア図書館が10万冊単位の本を集めていたことを考えると、中世ヨーロッパの知性が低下したといわれてもしかたないだろう。

インドでは、ターラ樹というヤシ科の植物の葉（長さ2mにもなる巨大な扇形の葉を持つ）を乾燥させ、横45～60cm、縦7cmほどに切りそろえる。両面に文字を書いて、それを同じ大きさの木の板に挟む（本が崩れないようにするため）。そして、端に穴を開けて、紐で結ぶ。これが貝《ばい》多《た》羅《ら》葉《よう》と呼ばれる初期の本である。古代の仏典やバラモン教の経典などは、すべてこの貝多羅葉によって保存された。

紙の発明

中国は、世界中の書物に革命をもたらす重要な書写材料、紙を発明する。この紙こそが、現在までの書物文化を創った最大の功労者である。

紙の発明者は、後漢の蔡倫《さいりん》であるといわれていた。彼は宮廷に仕える宦官で、元興《げんこう》元年（105年）に樹皮や麻、ぼろ布や魚網などを原料として紙を作り、皇帝に献上したことが『後漢書《ごかんじょ》』にある。彼は後に竜亭侯に封ぜられたので、彼の紙を蔡侯紙という。

ところが『後漢書』を読んでみると、永元《えいげん》14年（102年）に地方からの献上品が紙墨のみになったという記述があり、蔡倫以前から中国各地で紙が製造されていたことが明らかになった。

また、前漢時代の遺跡から紙が発掘された。最初に発見されたのは1933年で、有名なスウェーデンのスウェン・ヘディンを隊長とする発掘隊が紙を発掘する。これがロプノール紙である。だが、残念ながらこの紙は、日中戦争の時に燃えて失われてしまった。

しかし、戦後も少しずつ前漢時代の遺跡から紙が発掘されていた。さらに1990年代になると、中国各地で遺跡の発掘が盛んに行われ、前漢時代（紀元前2～前1世紀ごろ）の遺跡から多量の紙が発掘されるようになった。これにより、中国の紙の歴史はさらに古いことが明らかになっている。

ただ、蔡倫以前は、紙は存在したものの、書物の書写材料として使われた形跡がない。どうも蔡倫以前の紙は、包装材として使われるものだったようだ。蔡倫以前の紙は、どうも文字を書きにくいものだったらしい。もしかしたら蔡倫は、紙を改良して書写材料にした人間だったのかもしれない。

紙は世界中に広まり、書物の世界を変えた。パピルスや貝多羅葉などが使われることはなくなり、紙の本だけが生産されるようになった。

とはいえ、紙が全世界に広まるには、それなりの時間がかかった。イスラム世界で紙が使われるようになったのは、8世紀ごろである。751年に唐の高仙芝《こうせんし》の軍とサラセン帝国の軍が戦い、中国側が大敗して多くの兵士が捕虜となった。この中には多くの技術者がおり、イスラム側の技術進歩に大きな影響を与えた。紙も、このときに製紙技術者が捕虜になることでイスラムに伝わったという。最初は、サマルカンドで製紙業が始まった。11世紀の記録によれば、サマルカンドの特産として紙が挙げられているほどである。

続いて、シリアのダマスカスに製紙工業が発生した。ダマスカスは中世イスラムにおける一大工業地域であり、ダマスカス鋼などでも有名であるが、紙の生産地でもあったのだ。このダマスカス紙は、ヨーロッパにも盛んに輸出された。

ヨーロッパは、イスラムからの輸入品として紙を受け入れた。だが、輸入品であるがゆえに、紙は稀少で高価なものであった。その後、イスラム支配下のスペインで紙が作られるようになったのが12世紀。13世紀になって、ようやくイタリアやフランスでも紙が作られるようになった。

この当時、ヨーロッパは世界の後進地域であったのだから、この遅れも当然といえるだろう。

ヨーロッパで紙の本が一般的になるには、さらに100年ほどの時が必要になった。14世紀になると、イタリアはヨーロッパ全土に紙を輸出するようになり、ドイツのような（遅れたヨーロッパの中での）後進地域ですら、紙の製造工場が建てられた。そして、紙の本が普及していった時代を考えると、それはルネサンスである。書物史的に考えると、ルネサンスは紙の本がもたらしたといってもいいのかもしれない。

現代では、電子ブックなどが出現して紙の本を脅かしているが、著者としては紙の本が消えてしまうことはないと確信している。

世界最古の本

世界最古の書物は何なのか。世界最古の文書記録としてなら、メソポタミアの粘土板文書だと思われるが、これらは行政・経済に関する記録文書であって、書物とはいいがたい。

粘土板文書に叙事詩、神話、歌、寓話などが現れるのは、紀元前23世紀ごろからで、ここで初めて書物が発生したといってもいいだろう。

それより古く、記録文書でないものとしては、紀元前24世紀ごろのエジプト古王国のピラミッドに刻まれた**ピラミッド・テキスト**がある。王の復活と永生のために葬儀の際に唱えられた呪文が、ピラミッド内壁に刻まれている。だが、壁の文字を書物というのは無理があるだろう。エジプトで「**死者の書**」が使われるようになったのは、紀元前16世紀以降の新王国の時代からである。

インドの古典と呼ばれる「**ヴェーダ**」が成立したのが紀元前1200年ごろで、貝多羅葉に記録されていた。

中国では木簡による書籍が作られているが、これも紀元前1200年ごろのものといわれている。

ギリシアに本が現れるのは、もっと後世の紀元前8世紀ごろといわれている。

やはりメソポタミアの粘土板文書が、世界最古の本であるといっていいだろう。

様々なジャンル

本といっても、色々なものがある。思想書、哲学書、歴史書、科学技術書などのノンフィクション、小説、寓話、物語などのフィクション。だが、このような区別ができないものもある。

神話は、現在の我々にとってはフィクションであるが、当時の人々にとってはノンフィクションの歴史書であった。経典も、その宗教の信者にとっては真実の書かれたノンフィクションであるが、信者以外にとっては荒唐無稽なフィクションでしかない。

叙事詩のように、（一応）ノンフィクションでありながら、人々の楽しみのために読まれ、内容もフィクション部分を多く含んでいるものもある。

だが確実なことは、世界最古の本にはノンフィクションもフィクションもあったということだ。メソポタミアの粘土板に書かれた本で、叙事詩、神話などは、(現在の我々にとっては面白いフィクションであるが）当時の人々にとってノンフィクションとして書かれたのは間違いないことだ。逆に、寓話などはフィクションであるといっていいだろう。

これらの様々なジャンルは、どのように発生したのか。

ノンフィクション

ノンフィクションは、本の成立の時代から存在した。そして、現在でも多くのノンフィクションが書かれている。

まずは、最も古くからある書物として、哲学・宗教書がある。人間の生とは何かを考える哲学や、人のあるべき姿を教える宗教は、世界最古の学問であり、また哲学・宗教書は世界最古の書物である。

インド哲学は、紀元前1200年ごろに、最初の哲学書といえる『**リグ・ヴェーダ**』を完成させている。ヴェーダ文献の最初のものであり、続く多くの書の基本となった。

古代の西洋哲学とは、ほとんどギリシア哲学のことになる。ギリシアにおいて最初の哲学書は『自然《フュシス》について』である。といっても、この本がいつ書かれたのか、誰が書いたのかははっきりしない。

というのは、ソクラテス以前のギリシア哲学者のほとんどは、自らの書の題名を『自然《フュシス》について』としたからだ。つまり、『自然《フュシス》について』という書物は非常にたくさんあり、それらのどれかがギリシア哲学最初の哲学書なのはほぼ確かなのだが、誰の『自然《フュシス》について』が最初なのかは分からない。だが逆にいえば、誰の作品なのかは分からないものの、誰かの『自然《フュシス》について』が最初の哲学書であることは確かだと思われる。これらが現れたのは、紀元前8世紀ごろからとされる。

中国哲学の最古の書は『詩経』だと思われる。これは、西周時代（紀元前1046～前771）の民謡などを孔子《こうし》が編纂して作った（といわれる）詩歌集であるが、そこに仁義礼智などの道徳が込められている。より明確な哲学書は、孔子の『論語』であろう。いずれにせよ、孔子の時代であるから紀元前6世紀以降のことだ。

となると、世界最古の哲学書は、インドの『リグ・ヴェーダ』になるのかもしれない。

ヨーロッパのフィクション

それでは、様々なジャンルのフィクションはどのようにして生まれてきたのか。

ヨーロッパでは、物語といえば叙事詩であり、散文による記述はかなり遅れて発達した。大雑把にいって、紀元前のフィクションといえば、叙事詩か、さもなければ戯曲であるといって間違いない。

散文作品が発達したのは、紀元前後の時代からである。例えば、1世紀のペトロニウスによる散文作品『**サテュリコン**』という一種の風刺小説は、全16巻の長編であったという（といっても現在では断片的にしか残っていないので、全容は明らかでないのだが)。

だがその後も、文学の本流は韻文であって、散文はどちらかというと価値の低いものと見られていた時代が長かった。

それでも散文によるフィクションは常に書かれ続けていた。だが、我々の想像する小説が書かれるようになったのは、19世紀のことである。

日本では小説とひとまとめにされているが、実は「ノベル」「ロマンス」「アレゴリー」という大きな分類がある。

ノベルとは、19世紀に確立されたリアリズム小説を基本とするフィクションである。狭い意味では、これを「小説」という。ノベルの基本概念は散文によるフィクションであり、現実生活に即した人物が登場し、現実生活にありうる事件を扱ったものをいう。

本来的には、19世紀以降の作品でなければ小説と呼ぶのは変であるが、リアリズムを基本として書かれているならば、19世紀以前の作品であっても小説と呼ばれる。紫式部の**『源氏物語』**が世界最古の小説と呼ばれることがあるのは、恋愛譚や幻想譚めいた部分も含むものの、基本的には当時の貴族社会をリアリズムの目で描いている作品だからだ。

それに対してロマンスとは、一般的には、中世騎士物語をベースに冒険や幻想、恋愛などに空想を広げたフィクションのことをいう。これを日本語でいうならば、「物語」とか「お話」というべきだろう。ロマンスとは、ラテン語を俗語化したロマンス語で書かれたものを意味する。狭義に取れば、他の言語で書かれた物語はロマンスとは呼ばれないのだが、同様の内容を持ったものはロマンスと呼ばれる。

ロマンスの本来の形は、叙事詩の一種として韻文で書かれたものだった。初期のロマンスとして『トロイア物語』や『テーバイ物語』などがある。これらは、我々にとっては古代の伝説であるが、当時の人々にとっては歴史であると考えられていた。その歴史から、恋愛や冒険を取り出して詩の形で表したものが、本来の意味でのロマンスであった。

だが、13世紀ごろから散文ロマンスが流行し、『トリスタンとイゾルデ』や、聖杯伝説を扱った中世騎士物語がロマンスの主役としてもてはやされるようになった。また、ルネサンス以降になると、セルバンテスの**『ドン・キホーテ』**やフランソワ・ラブレーの『ガルガンチュワとパンタグリュエル』（全5巻。**『ガルガンチュワ物語』**はこの1巻目のタイトル）といった、現代にも残る傑作も書かれるようになった（日本では、これらは小説扱いだが、厳密にいえばロマンスに入る）。

最後のアレゴリーとは、日本語では「寓話」というべきもので、お話を通じて何らかの思想を伝えるものである。本来はギリシア語のアレゴリア（他＋話す）からきた言葉で、何かを直接的に語るのではなく、他の事柄によって暗示的に表現することを意味する。

我々に馴染み深く、最も古い寓話といえば、紀元前6世紀のギリシア人アイソーポスが作ったとされる**「イソップ寓話集」**であろう。イソップの動物物語は、単なる笑い話でもなければ、動物譚でもない。動物の姿を通じて、人々に人生を生きるための教訓を与えるものである。

『聖書』に書かれた話などは、イエスや使徒たちの行動を通じてキリスト教の思想を伝えるもので、まさにアレゴリーである。特にイエスは、その教えをたとえ話の形で表すことが多かった。その意味では、イエスの語りそのものがアレゴリーであるといえるかもしれない。他には、14世紀のイタリア人ダンテの**『神曲』**なども、その物語を通じてキリスト教の思想を教えるものであるから、叙事詩によって寓話を語っているのだ。

アレゴリーは、現在ではアレゴリーそのものとして登場することは少なくなった。だが、小説の中にはアレゴリー的手法を用いた作品が多数ある。1945年のジョージ・オーウェルの『動物農場』などは、その好例であろう。

このように、本来の意味においては「ノベル」「ロマンス」「アレゴリー」は別個の存在であった。

だが現在では、SFや幻想小説など空想的な題材を扱った小説も非常に増えている。これらは、本来ならノベルではなくロマンスに分類されるべきではないのだろうか。また、上で挙げた『動物農場』などは、アレゴリーにカテゴライズすべきものではないのだろうか。

だが、これらもノベルであるとされる。これらは、扱う題材こそ空想的ではあり、また寓話的であるものの、19世紀に発生したリアリズム小説の洗礼を受けて発生したもので、かつてのロマンスやアレゴリーとはやはり一線を画している。空想的または寓話的な題材を、あくまでもリアリズムで描写している作品であるということで、小説に分類されている。つまり、現代におけるノベルとロマンスやアレゴリーとの差は、題材の空想性ではなく、書き手のリアリズムの目であるとすべきなのだろう。

だが、作者がリアリズムの目を持っていない作品（もしくはわざとリアリズムの目を省いた作品）は、現代でもロマンスに分類すべきである。童話やヤングアダルトノベルの一部などは、もしかしたらロマンスに分類したほうがいいのかもしれない。

中国の文学

中国文学の元は、大きく分けて役人の文学と神の文学に分けられる。大雑把にいって、役人の文学が散文、神の文学が韻文であった。

中国最古の書物は『書経』であるといわれている。その「諸篇」は紀元前11世紀のものとされる。

続いて、紀元前8世紀からの春秋戦国時代である。特にその後期にあたる紀元前5世紀ごろから、諸子百家と呼ばれる多くの思想家が現れ、それぞれの思想を書物にした。その代表例が『論語』や**『老子《ろうし》』**である。

また、同時代に**『春秋《しゅんじゅう》』**（『論語』に多くの語録を載せている孔子が編纂したといわれる）や**『春秋《しゅんじゅう》左氏伝《さしでん》』**といった史書が書かれるようになっている。

この時代から、中国は書の国であった。

漢代になると**『史記《しき》』**が現れる。司馬《しば》遷《せん》の書いたこの歴史書は、今までの史書が編年体（年月の順に書かれている）であるのに対し、紀伝体（それぞれの項目ごとに年代記を書く）によって書かれている。このため、一人の人物、一つの地方、一つの民族のことが、その書を読むだけで分かるようになっていて、便利であった。この本の出来があまりに良かったため、その後の中国の史書は、ほとんどすべて紀伝体で書かれるようになった。

また、ほぼ同時に「小説」が生まれる。

小説は元々は中国語で、その単語の通りに、ちょっとした雑記を集めたものであった。その意味では、現在の我々の理解する小説とは全く異なるものだった。

だが、干宝《かんぽう》の『**捜神記《そうしんき》**』によって、小説は発展していった。『捜神記』は一種の怪奇譚であり、このような**志怪《しかい》小説**は、唐代の伝奇へと続いていく。

その後は、唐代には唐詩が主流で、伝奇なども あったが本流とは見なされず、下世話なものとされた。

宋代以降になると、白話《はくわ》小説（口語や俗語で書かれた小説）が発展し、『**水滸《すいこ》伝《でん》**』などが書かれる。そして明代になると、白話小説の代表ともいえる『**西遊《さいゆう》記《き》**』が登場する。ここでようやく、中国に散文小説が定着した。

ちなみに、この白話小説が輸入されて日本文学に影響を与え、『**雨月物語《うげつものがたり》**』などの読本《よみほん》が書かれるようになった。

日本の書物

日本における書物も、最初は経典か史書から始まった。おそらくは、中国から輸入された経典が日本に存在した最初の書物であっただろう。だが、これは輸入ものであって、日本の書物とはいえない。

日本が本を作り始めたのは、中国で紙が十分に普及してからだったので、紙以外の材料を使って試行錯誤するという必要はなかった。最初から紙の本を作ることができたのだ。また、文字も中国からの輸入品だったので、これまた日本独自の文字というものは存在しなかった（もしかしたらあったのかもしれないが、少なくとも何の痕跡も残してはいない）。

日本で作られた最初の書物は、古墳時代から飛鳥時代にかけて豪族が保持していたであろう、それぞれの氏の史書と考えて、そう間違いはないだろう。『**古事《こじ》記《き》**』や『**日本書紀《にほんしょき》**』『**風土記《ふどき》**』などに引用されていることが、その内容記述からうかがわれる。だが、これらの書物は歴史の中で失われ、もはや引用という形でしか残っていない。

現在残る最も古い書物は『古事記』であることは明白である。もちろん、それより古いと称する偽書はいくつも存在するが、今のところ本当に古いことを証明した本はない。ほとんどすべては、偽書であることが証明済みのものである。

日本の本の特徴的なところは、文学形式の多様性である。時代を象徴するこれといった形式が決まっていない。例えば平安文学においても、『源氏物語』のような小説があれば、『古今和歌集』のような詩、『**今昔物語集《こんじゃくものがたりしゅう》**』などの説話もある。詩にしても『**懐風藻《かいふうそう》**』のような漢詩まである。歴史に題材を取った『大鏡』などの歴史小説とでもいうものもある。

ノンフィクションも、『古事記』『日本書紀』に始まる史書はもちろん、『**枕草《まくらのそう》子《し》**』のような随筆、『**土佐日記《とさにっき》**』のような日記（『土佐日記』は一種の架空日記であり、フィクションに分類すべきかもしれないが、続く日記文学はノンフィクションに入るだろう）もある。さらには空海の『十住心論《じゅうじゅうしんろん》』のような宗教書もある。

しかも、これらが同時代に共存しているところが、日本文学の多様性を表している。そしてこの多様性こそが、日本文学を特徴づけるものだと考えられている。

図書館

本といえば、図書館の役割を忘れてはならないだろう。

古代の図書館では、アレクサンドリア図書館が最も有名ではあるが、これは世界最古の図書館というわけではない。

記録に残る最古の図書館は、紀元前7世紀のアッシリア王アッシュールバニパルが作ったニネヴェ図書館である。おそらく、それ以前にもあったのかもしれないが、それらは記録に残っておらず、また遺跡も発見されていないため分からない。

彼は、アッシリア最大の征服王であり、彼の時代にアッシリア王国は最大の版図を持った。そして、その広大な王国全土に書記を派遣して、神話・宗教・歴史などの学術書、医学・化学などの技術書を集めさせた。こうして、オリエント世界の知識を集大成させた。

当然のことながら、この時代のオリエントの本は粘土板に書かれていたので、地下に埋もれても腐ることもなく、何千年もの時を経て19世紀になって発見された。そこにあった2万5357枚の粘土版は楔形文字で書かれ、古代オリエント研究に大きな進歩をもたらした。

『ギルガメシュ叙事詩』の最も完全な版も、この図書館遺跡から発掘されたものである。

それに続くのが、古代世界最大のアレクサンドリア図書館である。アリストテレス文庫（アリストテレスの蔵書）をモデルに、王の威光と名声を高めることを名目に、学問の中心地を作らせたものだ。

同図書館は、紀元前300年ごろにプトレマイオス2世によって、エジプトのアレクサンドリアに作られた。すぐ傍らにあった学問所ムセイオン（現在のミュージアムの語源）と共に、古代最高の知性の集まるところであった。アルキメデスら著名な学者が多く集まっていた。

アレクサンドリア図書館は、蔵書を増やすため、ほとんど詐欺のような真似を行っている。といっても、これはニネヴェ図書館のやり口の真似をしただけというか、当時の図書館はどこも同じような真似をして本を集めていたようだ。

アレクサンドリアに入港する船が書物を積んでいる場合、それらはすべて没収される。そして、書写してからコピーを返却し、原本は図書館に入れてしまう。また、外国から本を借りた場合も、書写した上で、原本は図書館に入れてしまう。相手には、原本は破損したと答えて、コピーを返却する。

このような強引な方法で本を増やすことで、アレクサンドリア図書館は10万冊単位の巨大図書館となったのだ（蔵書は10万冊説から90万冊説まである）。だが、強引ではあるものの、この努力によって人類の知恵はここに集まり、多くの学者の研究の役に立つ素晴らしい施設だった。

といっても、やはり人間の作る施設である。競争心や嫉妬心などと無縁ではない。

同じころ、小アジアのアタロス朝ペルガモン王国にも、エウメネス2世の作った図書館があった。ペルガモンとアレクサンドリアは、図書館としても学術の面でもライバル関係にあった。このためエジプトは、ペルガモンに向けてのパピルスの輸出を禁止し、ペルガモンの図書館が蔵書を増やせないようにした。

これに対しペルガモンでは、羊皮紙を採用することを決定して、これに対抗する。こうして、羊皮紙が本の材料として大きな地位を得るようになった。中世ヨーロッパで本が羊皮紙で作られるようになったのも、このペルガモン図書館の影響といえるだろう。ちなみに、パーチメント（羊皮紙）という単語も、ペルガム（ペルガモンのラテン語名）からきたものである。

だが、この人類の偉大な知恵の集大成といえるアレクサンドリア図書館も、キリスト教司教テオフィロスによって389年に焼き払われ、失われた（他の原因説もあるが、いずれにせよキリスト教徒の焼き討ちであることが有力）。キリスト教会は、人類の宝を滅ぼしたのだ。

現在、同図書館があった場所に、ユネスコとエジプト政府によって新アレクサンドリア図書館が建設されている。

図書館は、ローマ帝国でも作られた。アウグストゥスなどによって、30館もの図書館がローマ市内に作られたといわれる。また、ローマの有力者たちは、自らの名声を高めるためもあって、個人図書館の建設も盛んに行われた。

3世紀ごろには、パピルスよりも羊皮紙の本が主流になり、本の形態も巻物から冊子へと変わっていった。だが、中世期の図書館は修道院の付属施設であることが多く（修道僧の日課として読書や写本が定められているから）、世俗の人々にとっては、図書館は存在しないも同然であった。

その中で、神聖ローマ帝国のシャルル大帝は、ツールに学校と書写施設を設け、一種の図書館を作った。こうして、9世紀にカロリングルネサンスと呼ばれる文化が成立することになる。

中世も終わりになるころには、知性の場は教会から大学へと移り始める。ソルボンが自分の個人蔵書を自ら作った学寮に寄贈したのが、パリのソルボンヌ大学の前身である。とはいえ、その蔵書は千冊程度なのだが。ただ、同時期の図書館は、いずれも千冊あれば立派なものだった。シャルル5世（14世紀のフランス王）の個人文庫も千冊ほどだったとされる。

ルネサンスが始まり、紙の本が製造されるようになって、ようやくヨーロッパの図書館の蔵書が万を超えるようになる。15世紀にはオックスフォード大学図書館が1万冊以上の蔵書を持つようになっている。

その後は、どんどん蔵書が多くなり、現在では本だけでなく映像やマイクロフィルムなど、様々なメディアを保管する機能を持っていることは、誰もが知っていることである。

書名索引

あ

い

う

え

お

か

カウシータキ・ブラーフマナ……95
花和尚(かおしょう)……243, 279
雅歌(がか)……95, 120
科学と健康(かがくとけんこう)……96
化学のオイディプス(かがくのおいでぃぷす)……96
化学の結婚(かがくのけっこん)……96, 138, 139
化学の聖堂(かがくのせいどう)……96
化学の箕(かがくのみ)……96
化学論集(かがくろんしゅう)……96
鏡の国のアリス(かがみのくにのありす)……97, 375
花関索伝(かかんさくでん)……97
餓鬼草子(がきぞうし)……97
楽緯(がくい)……38
学院の開校(がくいんのかいこう)……97
隠された部屋の文書(かくされたへやのぶんしょ)…435
霍小玉伝(かくしょうぎょくでん)……97
覚醒世界(かくせいせかい)……412
影との戦い(かげとのたたかい)……147
かざしの姫君(かざしのひめぎみ)……98
累ヶ淵(かさねがふち)……230
カザノヴァ回想録(かざのゔぁかいそうろく)……98
カストリ雑誌……98, 358
画図百器徒然袋(がずひゃっきつれづれぶくろ)……99
画図百鬼夜行(がずひゃっきやこう)……99, 174
火星人襲来(かせいじんしゅうらい)……54
火星の巨人ジョーグ(かせいのきょじんじょーぐ)…100
火星の交換頭脳(かせいのこうかんずのう)……100
火星の合成人間(かせいのごうせいにんげん)……100
火星の古代帝国(かせいのこだいていこく)……100
火星の大元帥カーター(かせいのだいげんすいかーたー)……100
火星のチェス人間(かせいのちぇすにんげん)……100
火星の月の下で(かせいのつきのしたで)……99
火星の透明人間(かせいのとうめいにんげん)……100
火星の秘密兵器(かせいのひみつへいき)……100
火星のプリンセス(かせいのぷりんせす)……99
火星の幻兵団(かせいのまぼろしへいだん)……100
火星の女神イサス(かせいのめがみいさす)……100
風に乗ってきたメアリー・ポピンズ(かぜにのってきためありーぽぴんず)……100, 427
風の又三郎(かぜのまたさぶろう)……100, 101
風野又三郎(かぜのまたさぶろう)……100, 101
カタ・ウパニシャッド……101
カタカムナノウタヒ……101
肩広のホーコン王のサガ(かたひろのほーこんおうのさが)……101, 387
勝五郎再生記聞(かつごろうさいせいきぶん)……102
勝五郎転生(かつごろうてんせい)……102
甲子夜話(かっしやわ)……102
渇望する人(かつぼうするひと)……102
河図(かと)……103
河図洛書(かとらくしょ)……103
彼方(かなた)……103
仮名手本忠臣蔵(かなてほんちゅうしんぐら)……103, 311
正典(かのん)……104
司教法典(かのんえぴすこぴ)……105, 201
カバラー……105
ガブガブの本……323
鎌倉大草紙(かまくらおおぞうし)……80
神々の黄昏(かみがみのたそがれ)……331
神からの言葉の書(かみからのことばのしょ)……68
髪盗人(かみぬすびと)……106
神の国(かみのくに)……106
神の慰めの書(かみのなぐさめのしょ)……106
神の本体の三つの原理について(かみのほんたいのみっつのげんりについて)……12
神のユカラ(かむいゆから)……439
歌謡エッダ(かようえっだ)……27, 46, 50, 67, 78, 82, 107, 133, 134, 136, 137, 142, 201, 239, 250, 254, 331, 342, 354, 357, 365, 366, 368, 369, 383, 384, 423, 451, 462, 467
唐糸草子(からいとぞうし)……83, 107
機巧図彙(からくりずい)……107
ガラテヤの信徒への手紙……241
ガリア戦記……107
ガリアの占星術(がりあのせんせいじゅつ)……108
カリーラとディムナ……108, 260
ガリヴァー旅行記……108, 121
カリガリ博士の箱……109
ガルガンチュワ物語……109
ガルダ・プラーナ……380
彼自身にとって名誉であると同時に若い同胞の模範ともなる興味深い逸話を含むジョージ・ワシントンの生涯……110
カレワラ……110, 418
巌窟王(がんくつおう)……111, 434
完史(かんし)……44, 111
漢書(かんじょ)……55, 77, 154, 164, 200, 201, 256, 269, 276, 334, 399
勧世良言(かんせりょうげん)……111
観相学断片(かんそうがくだんぺん)……112
甘沢謡(かんたくよう)……154
カンタベリー物語……112, 305
桓檀古記(かんだんこき)……113
韓非子(かんぴし)……164, 399, 400
完訳千一夜物語(かんやくせんいちやものがたり)……261

き

黄色い部屋の謎(きいろいへやのなぞ)……433
揆園史話(きえんしわ)……113
帰還〜ゲド戦記最後の書〜(きかんげどせんきさいごのしょ)……147
菊花の約(きくかのちぎり)……52
義経記(ぎけいき)……114
紀家怪異実録(きけかいいじつろく)……114
喜劇(きげき)……232
帰国物語(きこくものがたり)……114, 229, 405
騎士の時代(きしのじだい)……124

く

クリスマス・キャロル……139, 284
クリティアス……139, 304
グリム童話集……40, 139, 167, 251, 469
クルアーン……139, 240, 254, 291, 350
狂えるオルランド(くるえるおるらんど)……141
グル・グラント・サーヒブ……136, 141
クルトゥス・マレフィカルム……337
くれ竹物語……141, 328
グレティル・アースムンダルソンのサガ‥60, 141, 181
クレメンス12世の大勅書(くれめんすじゅうにせいのだいちょくしょ)……142
烏盆子(くろいつぼ)……456
黒塚(くろつか)……142
グロッティの歌……142
黒の書(くろのしょ)……143, 426
黒の本(くろのほん)……122, 143
黒魔術の鍵(くろまじゅつのかぎ)……143, 341
黒ヤジュル・ヴェーダ(くろやじゅるう゛ぇーだ)……101, 143, 217, 279, 280, 408, 418, 436
グロリア絵文書(ぐろりあこでっくす)……143, 166
君主論(くんしゅろん)……143

け

形成の書(けいせいのしょ)……144, 270
芸文類聚(げいもんるいじゅう)……191
ゲーティア……144, 275
ケーナ・ウパニシャッド……144, 177
毛皮のヴィーナス(けがわのう゛ぃーなす)……144
ケサル王伝……145
ゲセル・ハーン物語……145, 216
月桂樹に囲まれた館(げっけいじゅにかこまれたやかた)‥438
月世界へ行く(げっせかいへいく)……145
月世界旅行(げっせかいりょこう)……145
血盆経(けつぼんきょう)……146
外道祈祷書(げどうきとうしょ)……146
ケトゥビーム……120
ゲド戦記……147
ゲド戦記外伝……147
ケブラ・ナガスト……147, 160
ゲマラ……147, 293
獣・人・神(けもの・ひと・かみ)……147
ケルト幻想物語(けるとげんそうものがたり)……11
ケルト妖精物語(けるとようせいものがたり)……11
ゲルマニア……148
原カレワラ(げんかれわら)……111
元史(げんし)……256
源氏物語(げんじものがたり)……59, 148, 153, 333, 385
賢者の石(けんじゃのいし)……148
賢者の石について(けんじゃのいしについて)……148
賢者の階梯(けんじゃのかいてい)……149
賢者の酢(けんじゃのす)……75, 149
幻獣辞典(げんじゅうじてん)……149, 255
厳粛なる冗談(げんしゅくなるじょうだん)……332
原初年代記(げんしょねんだいき)……44, 150, 461
ケンジントン公園のピーター・パン……150, 295, 361
現代社会への反抗(げんだいしゃかいへのはんこう)……151
元朝秘史(げんちょうひし)……145, 151, 216
源平盛衰記(げんぺいせいすいき)……151, 386

こ

小敦盛(こあつもり)……20, 83, 152
子争い(こあらそい)……78
恋のおまじない・ネクロノミコン……337
黄衣の王(こういのおう)……152
紅衣の公子コルム(こういのこうしこるむ)……59
紅崖天書(こうがいてんしょ)……152
甲賀の三郎(こうがのさぶろう)……153
光輝の書(こうきのしょ)……49, 153, 348
孝経緯(こうきょうい)……38
好色一代男(こうしょくいちだいおとこ)……153, 177
好色五人女(こうしょくごにんおんな)……153
黄石公三略(こうせきこうさんりゃく)……154, 194
紅線伝(こうせんでん)……154
黄帝内経(こうていだいけい)……154, 155, 239
黄帝内経素問(こうていだいけいそもん)……154
黄帝内経大素(こうていだいけいたいそ)……154
黄帝内経霊枢(こうていだいけいれいすう)……154
黄帝八十一難経(こうていはちじゅういちなんぎょう)……155
高等魔術の教理と祭儀(こうとうまじゅつのきょうりとさいぎ)…155
香之書(こうのしょ)……156
古ウパニシャッド(こうぱにしゃっど)……10, 55, 95, 144, 279, 297, 383
鉱物論(こうぶつろん)……278
降魔変(こうまへん)……393
高野聖(こうやひじり)……156
甲陽軍鑑(こうようぐんかん)……157
紅楼復夢(こうろうふくむ)……157
紅楼夢(こうろうむ)……157, 220
呉越春秋(ごえつしゅんじゅう)……164
古エッダ(こえっだ)……107, 159
ゴーメンガースト……85, 159
ゴーメンガースト3部作……159
コーラン……139, 160, 240, 291
古カレワラ(こかれわら)……111
後漢書(ごかんじょ)……256, 334
古鏡記(こきょうき)……160
護教論(ごきょうろん)……160
古今集(こきんしゅう)……181
国王頌栄(こくおうしょうえい)……160
国際ユダヤ人(こくさいゆだやじん)……161, 197
黒死館殺人事件(こくしかんさつじんじけん)……317
告白(こくはく)〈聖アウグスティヌス〉……161
告白(こくはく)〈薔薇十字団〉……138, 161, 354
告白(こくはく)〈ルソー〉……161, 162

さ

ジャンガル……145, 216
ジャングルの帝王ターザン……277
シュヴェーターシュヴァタラ・ウパニシャッド……217
周易(しゅうえき)……61, 102, 217
周易参同契(しゅうえきさんどうけい)……217, 235
集会書(しゅうかいしょ)……217, 229
四遊記(しゆうき)……217, 329, 401
十五少年(じゅうごしょうねん)……218
十五少年漂流記(じゅうごしょうねんひょうりゅうき)……218
周書(しゅうしょ)……256
十二支考(じゅうにしこう)……218
十二小預言書(じゅうにしょうよげんしょ)……25, 85, 120, 258, 259, 327, 343, 352, 402, 421, 422, 444, 445
十二族長の遺訓(じゅうにぞくちょうのいくん)……218
18プラーナ(じゅうはちぷらーな)……379, 380
呪術大全(じゅじゅつたいぜん)……219
ジュスティーヌあるいは美徳の不幸……219, 273
述異記(じゅついき)……198
出エジプト記(しゅつえじぷとき)……120, 207, 219, 317, 415
術士アブラメリンの神聖なる魔術の書(じゅつしあぶらめりんのしんせいなるまじゅつのしょ)……219
酒呑童子(しゅてんどうじ)……83, 219
シュメール王名表……66, 124, 219
ジュリアス・シーザー……60
ジュリエット物語あるいは悪徳の栄え……220, 273
儒林外史(じゅりんがいし)……220
純潔(じゅんけつ)……176
春秋(しゅんじゅう)……37, 200, 205, 221～223
春秋緯(しゅんじゅうい)……38
春秋公羊伝(しゅんじゅうくようでん)……221～223
春秋経伝集解(しゅんじゅうけいでんしっかい)……223
春秋穀梁伝(しゅんじゅうこくりょうでん)……221～223
春秋左氏伝(しゅんじゅうさしでん)……221, 222
春秋分点(しゅんじゅうぶんてん)……223, 316
春曙抄(しゅんしょしょう)……223, 410
書緯(しょい)……38
小アーガマ(しょうあーがま)……8
小アルベルトゥス(しょうあるべるとぅす)……278
小イリアス(しょういりあす)……223, 229, 405
聶隠娘(じょういんじょう)……223, 306
傷寒雑病論(しょうかんざつびょうろん)……224
傷寒論(しょうかんろん)……224, 239
上宮聖徳法王帝説(じょうぐうしょうとくほうおうていせつ)……224
象形寓意図の書(しょうけいぐういずのしょ)……225
葉限(しょうげん)……438
賞讃すべき薔薇十字友愛団の名声(しょうさんすべきばらじゅうじゆうあいだんのめいせい)……69, 138, 225, 354
常識(じょうしき)……171
尚書(しょうしょ)……205
少女(しょうじょ)……87
将帥論(しょうすいろん)……226
小創世記(しょうそうせいき)……226, 447
情憎録(じょうぞうろく)……227
上洞八仙伝(じょうどうはっせんでん)……227
聖徳太子未来記(しょうとくたいしみらいき)……227, 425
正忍記(しょうにんき)……227
少年園(しょうねんえん)……235
少年探偵団(しょうねんたんていだん)……91, 92, 227
小プラーナ(しょうぷらーな)……380
勝鬘教(しょうまんきょう)……185
勝鬘経義疏私鈔(しょうまんぎょうぎしょししょう)……185
勝利者ターザン(しょうりしゃたーざん)……277
小惑星の力学(しょうわくせいのりきがく)……227
書簡(しょかん)……105
書経(しょきょう)……37, 61, 103, 205
続玄怪録(しょくげんかいろく)……318
続日本紀(しょくにほんぎ)……228, 288
植物論(しょくぶつろん)……278
植民の書(しょくみんのしょ)……10, 228
諸国の名所と人間の物語(しょこくのめいしょとにんげんのものがたり)……450
諸国百物語(しょこくひゃくものがたり)……228
諸国漫遊一休禅師(しょこくまんゆういっきゅうぜんし)……289
叙事詩環(じょじしかん)……228
諸世紀(しょせいき)……229, 364
諸預言者と諸王の歴史(しょよげんしゃとしょおうのれきし)……229, 291
シラクの子イエスの智恵……229
白縫譚(しらぬいたん)……229
白縫物語(しらぬいものがたり)……229
不知火物語(しらぬいものがたり)……229
白峯(しらみね)……52
白雪姫(しらゆきひめ)……167
シリア語バルク黙示録(しりあごばるくもくしろく)……230, 357
死霊解脱物語聞書(しりょうげだつものがたりぶんしょ)……230
シルマリルの物語……230
白い貴婦人(しろいきふじん)……382
白子屋お熊事件(しろこやおくまじけん)……78
白ヤジュル・ヴェーダ(しろやじゅるゔぇーだ)……34, 216, 231, 383, 436
讖緯書(しんいしょ)……38, 231
新ウパニシャッド(しんうぱにしゃっど)……55, 381, 408
新浦島(しんうらしま)……231, 235
新エッダ(しんえっだ)……192, 231
神学大全(しんがくたいぜん)……415
新カレワラ(しんかれわら)……111
新刊全相平話楽毅図七国春秋後集(しんかんぜんそうへいわがっきずしちこくしゅんじゅうこうしゅう)……231, 265
新刊全相平話五種(しんかんぜんそうへいわごしゅ)……206, 231, 239, 262, 373
新刊全相平話三国志(しんかんぜんそうへいわさんごくし)……231, 265
新刊全相平話秦併六国(しんかんぜんそうへいわしんへいりっこく)……231, 265
新刊全相平話前漢書続集(しんかんぜんそうへいわぜん

す

せ

そ

た

大アルベルトゥス（だいあるべるとぅす）……278
第1イザヤ書（だいいちいざやしょ）……36
第1エズラ記（だいいちえずらき）……278
大宇宙開闢論（だいうちゅうかいびゃくろん）……235, 278
大学（だいがく）……37, 205, 206
第5エズラ記（だいごえずらき）……64, 278
醍醐男色絵巻（だいごだんしょくえまき）……278, 296
太古の大いなる石（たいこのおおいなるいし）……32
第3イザヤ書（だいさんいざやしょ）……36
第3エズラ記（だいさんえずらき）……64, 278
太史公書（たいしこうしょ）……199, 278
大正新脩大蔵経（たいしょうしんしゅうだいぞうきょう）……279, 378
大聖書（だいせいしょ）……129, 279
太清丹経（たいせいたんきょう）……398
大蔵経（だいぞうきょう）……279, 378
大宋宣和遺事（だいそうせんないじ）……243, 279, 389
大宋天宮宝蔵（だいそうてんきゅうほうぞう）……58
タイタス・アローン……159, 279
タイタス・グローン……159, 279
タイティリーヤ・アーラニヤカ……279
タイティリーヤ・ウパニシャッド……279
タイティリーヤ・ブラーフマナ……280
大唐西域記（だいとうさいいきき）……179, 280
大唐三蔵取経詩話（だいとうさんぞうしゅきょうしわ）……179, 280
大唐秦王詞話（だいとうしんのうしわ）……244
大唐西域記（だいとうせいいきき）……179, 280
第2イザヤ書（だいにいざやしょ）……36
第2エズラ記（だいにえずらき）……64, 281
大日経（だいにちきょう）……173, 281
大日本国法華経験記（だいにほんこくほっけきょうげんき）……281, 312
大日本史（だいにほんし）……238
大日本続蔵経（だいにほんぞくぞうきょう）……146
太白逸史（たいはくいっし）……113
大毗盧遮那成佛神變加持経（だいびるしゃなじょうぶつしんぺんかじきょう）……281
大仏供養物語（だいぶつくようものがたり）……281
大プラーナ（だいぷらーな）……379
太平記（たいへいき）……103, 281, 425
太平経（たいへいきょう）……282, 283
太平広記（たいへいこうき）……74, 97, 160, 215, 234, 283, 300, 306, 328, 402, 451, 454
太平青領書（たいへいせいりょうしょ）……283
太平百物語（たいへいひゃくものがたり）……283
太平要術（たいへいようじゅつ）……283
太平洋地政治学（たいへいようちせいじがく）……283
タイム・パトロール……284
タイム・マシン……284
大目乾連冥間救母変文（だいもっけんれんめいかんきゅうぼへんぶん）……285, 393
太陽（たいよう）……218
第4エズラ記（だいよんえずらき）……64, 286
第4の書（だいよんのしょ）……286, 414
台湾の歴史と地理の解説（たいわんのれきしとちりのかいせつ）……286
ダヴェドの大公プイス……419
高き者の言葉（たかきもののことば）……78, 286
宝島（たからじま）……274, 286
竹内文献（たけうちぶんけん）……132, 287
竹取物語（たけとりものがたり）……288
立川文庫（たちかわぶんこ）……289
堕天使と悪魔共の変節の図（だてんしとあくまどものへんせつのず）……289
ダニエル書……120, 251, 290, 391
ダニエル書補遺（だにえるしょほい）……18, 251, 290, 391
楽しいムーミン一家（たのしいむーみんいっか）……295
信有奇怪会（たのみありばけもののまじわり）……290
タバリーの歴史……291, 461
タブロー・ナチュレル～神、人間、宇宙の関係～……103, 291
玉水物語（たまみずものがたり）……291
たまみつ……291
玉蟲の草子（たまむしのぞうし）……291
田村（たむら）……292
田村三代記（たむらさんだいき）……292
タ・メタ・トン・ホメーロン……405
ダルタニャン物語……292
ダルマ・シャーストラ……293
タルムード……293
タロットと呼ばれるカード遊戯の楽しみ方（たろっととよばれるかーどゆうぎのたのしみかた）……293
俵藤太物語（たわらのとうたものがたり）……294
檀君世紀（だんくんせいき）……113
丹後国風土記（たんごのくにふどき）……56
ダンジョンズ&ドラゴンズ……168, 441
探偵の回想（たんていのかいそう）……438
ダンテの秘教（だんてのひきょう）……294
タントラ文献（たんとらぶんけん）……8, 192, 294

ち

小さな白い鳥（ちいさなしろいとり）……150, 295, 361
小さなトロールと大きな洪水（ちいさなとろーるとおおきなこうずい）……295
地球から月へ（ちきゅうからつきへ）……145
地球の夜明け（ちきゅうのよあけ）……165
竹書紀年（ちくしょきねん）……296, 401
稚児之草子（ちごのそうし）……296
チップス先生さようなら……53
地底世界のターザン（ちていせかいのたーざん）……277
地底探検（ちていたんけん）……116, 296
地底の国のアリス（ちていのくにのありす）……297, 375
チャーンドーギヤ・ウパニシャッド……177, 297
茶の本（ちゃのほん）……297
チャラカ・サンヒター……18, 251, 252, 297
中国の神話伝説（ちゅうごくのしんわでんせつ）……262
忠臣蔵（ちゅうしんぐら）……103, 104, 271
注目すべき人々との出会い（ちゅうもくすべきひとび

は

ひ

ふ

へ

ほ

ま

や

ゆ

よ

ら

り

る

れ

ろ

わ

アルファベット索引

数字

A

B

C

D

E

F

Fó Shuō Yú Lán Pén Jīng (仏説盂蘭盆経) ……377
Formicarius (蟻塚) ……26
Fortakicum fidei (信仰の砦) ……233
Frá dauða Sinfjötla (シンフィエトリの死について) ……239
Frankenstein: or The Modern Prometheus (フランケンシュタイン) ……381
Fudohchishinmyohroku (不動智神妙録) ……378
Fudoki (風土記) ……379
Fuhshikaden (風姿花伝) ……373
Fujinohitoanasohshi (富士の人穴草子) ……376
Fujinosohshi (冨士草帋) ……376
Fukuroh (ふくろう) ……374
Fukutomizohshi (福富草子) ……374

G

Gakizohshi (餓鬼草子) ……97
Gargantua (ガルガンチュワ物語) ……109
Gazuhyakkitsurezurebukuro (画図百器徒然袋) ……99
Gazuhyakkiyakoh (画図百鬼夜行) ……99
Gemara (ゲマラ) ……147
General History of Connecticut (コネチカット概史) ……169
Genesis (創世記) ……270
Genjimonogatari (源氏物語) ……148
Genpeiseisuiki (源平盛衰記) ……151
Geopolitik des Pazifischen Ozeans (太平洋地政治学) ……283
Gesta Danorum (デンマーク人の事績) ……310
Gheserkhan (ゲセル・ハーン物語) ……145
Gikeiki (義経記) ……114
Gingatetsudohnoyoru (銀河鉄道の夜) ……128
Glastonbury script (グラストンベリ文書) ……135
Goetia (ゲーティア) ……144
Gōng Yáng Zhuàn (公羊伝) ……135
Gorinnosho (五輪書) ……172
Gormenghast Trilogy (ゴーメンガースト3部作) ……159
Gormenghast (ゴーメンガースト) ……159
Gospel of John (ヨハネ福音書) ……446
Gospel of Judas (ユダの福音書) ……439
Gospel of Luke (ルカ福音書) ……458
Gospel of Maria (マリアによる福音書) ……421
Gospel of Mark (マルコ福音書) ……421
Gospel of Matthew (マタイ福音書) ……416
Gospel of Peter (ペトロによる福音書) ……390
Gospel of the Ebionites (エビオン人福音書) ……68
Gospel of the Hebrews (ヘブル人福音書) ……390
Gospel of the Nazoraeans (ナザレ人福音書) ……326
Grabde Cosmogonie (大宇宙開闢論) ……278
Granth Sahib (グラント・サーヒブ) ……135
Greek Gospel of the Egyptians (エジプト人福音書) 63
Grettis saga (グレティル・アースムンダルソンのサガ) ……141
Grímnismál (グリームニルの歌) ……136
Grimoire of Cthulu (クトゥルフ神話の魔道書) ……134
Grimoire of Honorius (教皇ホノリウスの魔法教書) ……122
Grimoire of Pope Leo (教皇レオ三世の手引書) ……122
Grípisspá (グリーピルの予言) ……136
Grœnlendinga saga (グリーンランド人のサガ) ……136
Grottasöngr (グロッティの歌) ……142
Gŭ Jìng Jì (古鏡記) ……160
Gŭ Liáng Zhuàn (穀梁伝) ……163
Gŭ Liè Nǚ Zhuàn (古列女伝) ……173
Gŭ Sī Mă Fă (古司馬法) ……165
Guardians of Time (タイム・パトロール) ……284
Guðrúnarhvöt (グズルーンの扇動) ……134
Guðrúnarkviða (グズルーンの歌) ……133
Gulliver's Travel (ガリヴァー旅行記) ……108
Gunnlaugs saga ormstungu (蛇舌グンラウグのサガ) ……390
Guru Granth Sahib (グル・グラント・サーヒブ) ……141
Gylfaginning (ギュルヴィたぶらかし) ……121

H

Hachikazuki (鉢かづき) ……349
Hachikazukihime (鉢かづき姫) ……349
Hadith (ハディース) ……350
Hænsna-Þóris saga (めんどりのソーリルのサガ) ……430
Hagakure (葉隠) ……343
Hagoromo (羽衣) ……346
Hăi Shān Jì (海山記) ……90
Hákonar saga Aðalsteinsfóstra (ホーコン善王のサガ) ……399
Hákonar saga herðibreiðs (肩広のホーコン王のサガ) ……101
Hálfdanar saga svarta (ハールヴダン黒王のサガ) ……342
Hamagurinosohshi (蛤の草子) ……353
Hamaidezohshi (浜出草子) ……353
Hamðismál (ハムジルの歌) ……354
Hamse (五部作) ……170
Hamse (ニザーミーの五部作) ……332
Hanamitsu (花みつ) ……352
Haraharadokei (腹腹時計) ……355
Haraldar saga hárfagra (ハラルド美髪王のサガ) ……356
Haralds saga gráfeldar (灰色マントのハラルド王のサガ) ……342
Haralds saga Sigurðarsonar (ハラルド苛烈王のサガ) ……355
Hárbarðsljóð (ハールバルズの歌) ……342
Hasty-āyurveda (ハスティアーユル・ヴェーダ) ……347
Hata Yoga Pradīpikā (ハタ・ヨーガ・プラディーピカー) ……348
Hávamál (オーディンの箴言) ……78

K

L

M

N

O

P

Q

R

S

T

U

V

W

X

Y

Z

その他

参考文献

※基本として、**書名**　著者／訳者／出版社　の順に掲載しています。

Dictionnaire Infernal　J. Collin de Plancy ／ Slatkine Reprints
Hoaxes and Scams　A Compendium of Deceptions, Ruses and Swindles　Cail Sifakis ／ Facts On　File
Les Maitres de l'Occultisme　Andre Nataf ／ France Loisirs
SF 百科図鑑　ブライアン・アッシュ 編　山野浩一 日本語版監修／サンリオ
アーサー王宮廷のヤンキー　マーク・トゥウェイン／小倉多加志／早川書房
アイスランド・サガ　血讐の記号論　J.L. バイヨック／柴田忠作／東海大学出版会
アイスランドサガ　谷口幸男／新潮社
アイスランドのサガ　中篇集／菅原邦城、早野勝巳、清水育男／東海大学出版会
アイヌ神謡集　知里幸恵 編訳／岩波書店
アエネーイス　上下　ウェルギリウス／泉井久之助／岩波書店
赤毛のアン　および続刊　L.M. モンゴメリ／村岡花子／新潮社
悪徳の栄え　上下　マルキ・ド・サド／澁澤龍彦／河出書房新社
悪魔祈祷書　夢野久作傑作選　夢野久作／社会思想社
悪魔の辞典　A. ビアス／奥田俊介、倉本護、猪狩博／角川書店
アラビアン・ナイト　1～18 ＋別巻 1　前嶋信次、池田修／平凡社
アラブが見た十字軍　アミン・マアルーフ　牟田口義郎、新川雅子／筑摩書房
アルゴナウティカ　アルゴ船物語　アポロニオス／岡道男／講談社
アルジャーノンに花束を　ダニエル・キイス／小尾芙佐／早川書房
アルマゲスト　地中海からインドまで　プトレマイオス／藪内清／恒星社
アレイスター・クロウリー著作集 1　神秘主義と魔術　アレイスター・クロウリー／フランシス・キング 監修、島弘之 訳／国書刊行会
アレイスター・クロウリー著作集 2　トートの書　アレイスター・クロウリー／フランシス・キング 監修、榊原宗秀 訳／国書刊行会
アレクサンダー物語　世界の英雄伝説 6　岡田恵美子 編訳／筑摩書房
アレクサンドロス大王伝　クルティウス・ルフス／谷栄一郎、上村健二／京都大学学術出版会
アレクサンドロス大王東征記　付インド誌　上下　アッリアノス／大牟田章／岩波書店
アンデルセン童話全集　ハンス・クリスチャン・アンデルセン／矢崎源九郎／講談社
アンナ・カレーニナ　上中下　トルストイ／中村融／岩波書店
イーゴリ遠征物語　木村彰一／岩波書店
石の花　パーヴェル・バジョーフ／佐野朝子／岩波書店
世界の歴史 8 イスラム世界　前嶋信次／河出書房新社
伊勢物語　大津有一 校注／岩波書店
伊勢物語　石田穣二 訳注／角川書店
イソップ寓話集　イソップ／中務哲郎／岩波書店
イタリア民話集　上下　カルヴィーノ 編著／河島英昭 編訳／岩波書店
異端事典　チャス・S. クリフトン／田中雅志／三交社
イリアス　上下　ホメロス／松平千秋／岩波書店
イリヤ・ムウロメツ　筒井康隆／講談社
インカ皇統記　1～2　大航海時代叢書エクストラ・シリーズ　インカ・ガルシラーソ・デ・ラ・ベーガ／牛島信明／岩波書店
インド神話伝説辞典　菅沼晃 編／東京堂出版
ヴァイキング・サガ　ルードルフ・プェルトナー／木村寿夫／法政大学出版局
ヴィルヘルム・テル　シラー／桜井政隆、桜井国隆／岩波書店
ヴィルヘルム・マイスターの修業時代　上中下　ゲーテ／山崎章甫／岩波書店
ヴィルヘルム・マイスターの遍歴時代　上中下　ゲーテ／山崎章甫／岩波書店
ヴィルヘルム・マイステルの徒弟時代　上中下　ゲーテ／小宮豊隆／岩波書店
ウインター殺人事件　ヴァン・ダイン／井上勇／東京創元新社

ヴェールを脱いだカバラ　光輝の書　S.L. マグレガー・メイザース／判田格／国書刊行会
宇治拾遺物語　中島悦次 校註／角川書店
失われた世界　コナン・ドイル／竜口直太郎／東京創元新社
失われた地平線　ジェームズ・ヒルトン／増野正衛／新潮社
失われたムー大陸　ジェームズ・チャーチワード／小泉源太郎／大陸書房
歌行灯　泉鏡花／新潮社
宇宙戦争　H.G. ウエルズ／宇野利泰／早川書房
永遠のチャンピオン　エレコーゼ・サーガ１　および続刊　マイクル・ムアコック／井辻朱美／早川書房
栄花物語　三条西家本　上中下　三条西公正 校／岩波書店
大航海時代叢書 第２期４　エチオピア王国誌　フランシスコ・アルヴァレス／池上岑夫／岩波書店
エチオピアの歴史　シェバの女王の国から赤い帝国崩壊まで　岡倉登志／明石書店
エッダ　古代北欧歌謡集　V.G. ネッケルほか 編／谷口幸男／新潮社
エッダ　グレティルのサガ　中世文学集 II　松谷健二／筑摩書房
江戸化物草紙　アダム・カバット 校注・編／小学館
エル・シードの歌　長南実／岩波書店
オイディプス王　ソポクレス／藤沢令夫／岩波書店
黄金の林檎　ロバート・シェイ、ロバート・A. ウィルスン／小川隆／集英社
王書　ペルシア英雄叙事詩　フイルドゥスィー／黒柳恒男／平凡社
王書　古代ペルシャの神話・伝説　フェルドウスィー／岡田恵美子／岩波書店
往生要集　上下　源信／石田瑞麿 訳注／岩波書店
王女クードルーン　古賀允洋／講談社
大岡政談　１～２　辻達也 編／平凡社
狼憑きと魔女　17 世紀フランスの悪魔学論争　ジャン・ド・ニノー／富樫瓔子 訳、池上俊一 監修／工作舎
大本神諭　民衆宗教の聖典・大本教　天の巻・火の巻　出口ナオ／村上重良 校注／平凡社
オカルティズム事典　アンドレ・ナタフ／高橋誠、桑子利男、鈴木啓司、林好雄／三交社
オシァン　ケルト民族の古歌　中村徳三郎／岩波書店
オズの魔法使い　および続刊　ライマン・フランク・ボーム／佐藤高子／早川書房
オセロウ　シェイクスピア／菅泰男／岩波書店
オデュッセイア　上下　ホメロス／松平千秋／岩波書店
お伽草紙　太宰治／新潮社
御伽草子　上下　市古貞次 校注／岩波書店
伽婢子　１～２　浅井了意／江本裕 校訂／平凡社
お姫さまとゴブリンの物語　マクドナルド／脇明子／岩波書店
オペラ座の怪人　ガストン・ルルー／三輪秀彦／東京創元社
オリエント神話　ジョン・グレイ／森雅子／青土社
オルレアンの少女　シルレル／佐藤通次／岩波書店
おれがあいつであいつがおれで　山中恒／旺文社
折れた魔剣　ポール・アンダースン／関口幸男／早川書房
女紋　池田蘭子／河出書房新社
カーマ・スートラ　バートン版　ヴァーツヤーヤナ／大場正史／角川書店
怪奇小説傑作集 第３　H.P. ラブクラフトほか／橋本福夫、大西尹明 ／東京創元社
海軍士官候補生　ホーンブロワーシリーズ１　および続刊　セシル・スコット・フォレスター／高橋泰邦／早川書房
怪人二十面相　江戸川乱歩／ポプラ社
解説ヨーガ・スートラ　佐保田鶴治／平河出版社
解体新書　杉田玄白ほか 訳著／酒井シヅ 現代語訳／講談社
怪談　不思議なことの物語と研究　ラフカディオ・ハーン／平井呈一／岩波書店
改訂 史料柳生新陰流　上下　今村嘉雄／新人物往来社
海底二万里　ジュール・ヴェルヌ／荒川浩充／東京創元社
改訂版 雨月物語　現代語訳付き　上田秋成／鵜月洋 訳注／角川書店

怪盗紳士ルパン　および続刊　モーリス・ルブラン／平岡敦／早川書房
懐風藻　江口孝夫 訳注／講談社
科学の名著 第２期 インド医学概論　伊東俊太郎ほか 編／朝日出版社
鏡の国のアリス　ルイス・キャロル／多田幸蔵／旺文社
影との戦い　および続編　ル＝グウィン／清水真砂子／岩波書店
火星のプリンセス　および続刊　エドガー・ライス・バローズ／小西宏／東京創元新社
風にのってきたメアリー・ポピンズ　P.L. トラヴァース／林容吉／岩波書店
風の又三郎　他十八篇 童話集　宮沢賢治／谷川徹三 編／岩波書店
甲子夜話　１～６　松浦静山／中野幸彦、中野三敏 校訂／平凡社
甲子夜話三篇　１～６　松浦静山／中野幸彦、中野三敏 校訂／平凡社
甲子夜話続篇　１～８　松浦静山／中野幸彦、中野三敏 校訂／平凡社
画図百鬼夜行全画集　鳥山石燕／角川書店
花伝書　風姿花伝　世阿弥 編／川瀬一馬 校注・現代語訳／講談社
仮名草子集成 第29巻　古今百物語評判・日本武士鑑ほか　朝倉治彦 編／東京堂出版
彼方　J-K. ユイスマンス／田辺貞之助／東京創元社
神の国　１～５　アウグスティヌス／服部英次郎、藤本雄三／岩波書店
神の慰めの書　マイスター・エックハルト／相原信作／講談社
ガリア戦記　カエサル／近山金次／岩波書店
カリーラとディムナ　アラビアの寓話　イブヌ・ル・ムカッファイ／菊池淑子／平凡社
ガリヴァー旅行記　スウィフト／平井正穂／岩波書店
ガルガンチュワ物語　第１之書　ラブレー／渡辺一夫／岩波書店
カレワラ　フィンランド叙事詩　上下　リョンロット 編／小泉保／岩波書店
鑑賞中国の古典 第６巻 春秋左氏伝　小川環樹、本田済 監修、安本博 著 ／角川書店
完訳カンタベリー物語　上中下　チョーサー／桝井迪夫／岩波書店
義経記・曽我物語　村上学 編／国書刊行会
偽史冒険世界　カルト本の百年　長山靖生／筑摩書房
吸血鬼カーミラ　S. レ・ファニュ／平井呈一／東京創元社
吸血鬼ドラキュラ　ブラム・ストーカー／平井呈一／東京創元社
旧約聖書外典　上下　関根正雄 編／新見宏、村岡崇光、関根正雄／講談社
ギリシア悲劇Ⅰ アイスキュロス　高津春繁、呉茂一ほか／筑摩書房
ギリシア悲劇Ⅱ ソポクレス　松平千秋 訳者代表／筑摩書房
ギリシア悲劇Ⅳ エウリピデス（下）　松平千秋 訳者代表／筑摩書房
ギリシア・ローマ神話　伝説の時代 完訳　トマス・ブルフィンチ／大久保博／角川書店
ギリシア・ローマ神話事典　マイケル・グラント、ジョン・ヘイゼル／西田実ほか／大修館書店
ギリシャ神話　アポロドーロス／高津春繁／岩波書店
銀河鉄道の夜　他十四篇 童話集　宮沢賢治／谷川徹三 編／岩波書店
金枝篇　１～５　フレイザー／永橋卓介／岩波書店
近世芸道論　西山松之助、渡辺一郎、郡司正勝 校注／岩波書店
金瓶梅　１～10　笑笑生／小野忍、千田九一／岩波書店
旧事諮問録　江戸幕府役人の証言　上下　旧事諮問会 編／進士慶幹 校注／岩波書店
クトゥルー　暗黒神話大系シリーズ　１～13　H.P. ラヴクラフト、オーガスト・ダーレスほか／大滝啓裕 編／青心社
クトゥルフ・ハンドブック　Horror ロールプレイング・ゲーム完全入門書　山本弘／ホビージャパン
クトゥルフモンスターガイド　１～２　サンディ・ピーターセン／中山てい子／ホビージャパン
クトゥルフ神話 TRPG　サンディ・ピーターセン、リン・ウィリスほか／中山てい子、坂本雅之／エンターブレイン
クリスマス・キャロル　ディケンズ／中川敏／集英社
グリム童話集 1～3　ヤーコプ・グリム、ヴィルヘルム・グリム／池内紀／新書館
グリム童話全集　１～２　グリム兄弟／高橋健二／小学館
クレティアン・ド・トロワ「獅子の騎士」　フランスのアーサー王物語　菊池淑子／平凡社
黒い海岸の女王　および続刊　コナン全集 新訂版１　ロバート・E. ハワード／宇野利泰、中村融／東京創元社

君主論　ニッコロ・マキアヴェッリ／河島英昭／岩波書店
近世芸道論　芸の思想・道の思想 第6巻　西山松之助ほか 校注／岩波書店
毛皮を着たヴィーナス　ザッヘル＝マゾッホ／種村季弘／河出書房新社
ゲセル・ハーン物語　モンゴル英雄叙事詩　若松寛／平凡社
月世界へ行く　ジュール・ヴェルヌ／江口清／東京創元新社
ケルト幻想物語　W.B. イエイツ 編／井村君江 編訳／筑摩書房
ケルト幻想物語集（Ⅰ）（Ⅱ）　アイルランド各地方の妖精譚と民話 上下　W.B. イエイツ／井村君江／月刊ペン社
ケルト幻想物語集（Ⅲ）　アイルランドの妖精譚　W.B. イエイツ／井村君江／月刊ペン社
ケルト事典　ベルンハルト・マイヤー／鶴岡真弓 監修、平島直一郎 訳／創元社
ケルト神話　プロインシァス・マッカーナ／松田幸雄／青土社
ケルトの古歌「ブランの航海」序説　松村賢一／中央大学出版部
ケルトの神話・伝説　フランク・ディレイニー／鶴岡真弓／創元社
ケルト妖精物語　W.B. イエイツ 編／井村君江 編訳／筑摩書房
ゲルマーニア　タキトゥス／泉井久之助 訳注／岩波書店
源氏物語　1～6　紫式部／山岸徳平 校注／岩波書店
賢者の石　コリン・ウィルソン／中村保男／東京創元社
幻獣辞典　ホルヘ・ルイス・ボルヘス、マルガリータ・ゲレロ／柳瀬尚紀／晶文社
ケンジントン公園のピーター・パン　ジェイムズ・バリ／中川正文 訳、鈴木たくま 絵／文研出版
剣の騎士　紅衣の公子コルム1　および続刊　マイケル・ムアコック／斎藤伯好／早川書房
元朝秘史　上下　小澤重男／岩波書店
元朝秘史　小澤重男／岩波書店
元朝秘史　チンギス＝ハン実録　岩村忍／中央公論社
完訳源平盛衰記　1～8　現代語で読む歴史文学　岸睦子ほか／勉誠出版
好色一代男　井原西鶴／吉行淳之介／中央公論社
好色五人女　井原西鶴／吉行淳之介／河出書房新社
黄帝内経と中国古代医学　その形成と思想的背景および特質　丸山敏秋／東京美術
高等魔術の教理と祭儀　教理篇・祭儀篇　エリファス・レヴィ／生田耕作／人文書院
甲陽軍鑑　上中下　磯貝正義、服部治則 校注／新人物往来社
紅楼夢　1～12　曹雪芹、高蘭墅／松枝茂夫／岩波書店
コーラン　上中下　井筒俊彦／岩波書店
コール オブ クトゥルフ d20　モンテ・クック、ジョン・タインズ／中山てい子、坂本雅之、森野たくみ、草原柳／新紀元社
古鏡記・補江総白猿伝・遊仙窟　中国古典小説選4（唐代1）　成瀬哲生／明治書院
国際ユダヤ人　現代によみがえる自動車王ヘンリー・フォードの警告、キーワードは「分裂」と「混沌」ー諸国民を陥れよ！
　ヘンリー・フォード／島講一 編訳／徳間書店
告白　上下　聖アウグスティヌス／服部英次郎／岩波書店
告白　上中下　ジャン・ジャック・ルソー／桑原武夫／岩波書店
古事記　倉野憲司 校注／岩波書店
「古史古伝」論争　別冊歴史読本特別増刊14　新人物往来社
コスミック・トリガー　イリュミナティ最後の秘密　ロバート・アントン・ウィルソン／武邑光裕 監訳／八幡書店
古代悪魔学　サタンと闘争神話　ニール・フォーサイス／野呂有子 監訳、倉恒澄子ほか 訳／法政大学出版局
古代メソポタミアの神々　世界最古の「王と神の饗宴」　岡田明子、小林登志子／三笠宮崇仁 監修／集英社
琥珀の魔女　ヴィルヘルム・マインホルト／前川道介、本岡五男／創土社
コモン・センス　他三篇　トーマス・ペイン／小松春雄／岩波書店
五輪書　宮本武蔵 原著、鎌田茂雄 著／講談社
サー・ガウェインと緑の騎士　トールキンのアーサー王物語　J.R.R. トールキン／山本史郎／原書房
西鶴諸国ばなし　小学館ライブラリー　井原西鶴／暉峻康隆 訳注／小学館
サイコ　ロバート・ブロック／福島正実／早川書房
西遊記　1～10　呉承恩／中野美代子／岩波書店
サガ選集　日本アイスランド学会 編訳／東海大学出版会

サガとエッダの世界　アイスランドの歴史と文化　山室静／社会思想社
サガのこころ　中世北欧の世界へ　M.И.ステブリン＝カメンスキー／菅原邦城／平凡社
サガの社会史　中世アイスランドの自由国家　J.L.バイヨック／柴田忠作、井上智之／東海大学出版会
詐欺とペテンの大百科　カール・シファキス／鶴田文／青土社
沙石集　上下　無住一円／筑土鈴寛 校訂／岩波書店
サテュリコン　古代ローマの諷刺小説　ガイウス・ペトロニウス／国原吉之助／岩波書店
山海経　中国古代の神話世界　高馬三良／平凡社
三国遺事　完訳　一然／金思燁／六興出版
三国志　正史　1～8　陳寿／井波律子ほか／筑摩書房
三国志　正史と小説の狭間　満田剛／白帝社
三国志演義　1～8　羅貫中／立間祥介／徳間書店
「三国史記」の原典的研究　高寛敏／雄山閣出版
ジーキル博士とハイド氏　スティーヴンスン／岩田良吉／岩波書店
シークレット・ドクトリン　宇宙発生論 上　H.P.ブラヴァツキー／田中恵美子、ジェフ・クラーク／神智学協会ニッポン・ロッジ
ジェニーの肖像　ロバート・ネイサン／井上一夫／早川書房
死海文書のすべて　ジェームス・C.ヴァンダーカム／秦剛平／青土社
史記　1～8　司馬遷／小竹文夫、小竹武夫／筑摩書房
「史記」と司馬遷　伊藤徳男／山川出版社
史記物語　ビジュアル版　渡辺精一／講談社
ジキル博士とハイド氏　R.L.スティーヴンソン／大佛次郎／恒文社
地獄の辞典　コラン・ド・プランシー／床鍋剛彦／講談社
四書五経入門　中国思想の形成と展開　竹内照夫／平凡社
七王妃物語　ニザーミー／黒柳恒男／平凡社
知って役立つキリスト教大研究　八木谷涼子／新潮社
失楽園　上下　ミルトン／平井正穂／岩波書店
使徒教父文書　荒井献 編／荒井献ほか／講談社
司馬法・尉繚子・李衛公問対　全訳「武経七書」2　守屋洋、守屋淳／プレジデント社
縛られたプロメーテウス　アイスキュロス／呉茂一／岩波書店
ジャータカ概観　干潟龍祥／春秋社
シャルルマーニュ伝説　中世の騎士ロマンス　トマス・ブルフィンチ／市場泰男／講談社
ジャングル・ブック　ルディヤード・キップリング／木島始／福音館書店
十二支考　上下　南方熊楠／岩波書店
春秋左氏伝　上中下　小倉芳彦／岩波書店
「春秋」と「左伝」　戦国の史書が語る「史実」、「正統」、国家領域観　平勢隆郎／中央公論新社
上宮聖徳法王帝説　狩谷望之 証訳、平子尚 補校、花山信勝、家永三郎 校訳／岩波書店
正忍記　忍術伝書　藤一水子正武／中島篤巳 解読・解説／新人物往来社
正忍記　甦った忍術伝書　藤林正武／木村山治郎／紀尾井書房
十五少年漂流記　少年少女世界文学館第19巻　ジュール＝ベルヌ／那須辰造／講談社
少年探偵団　江戸川乱歩／ポプラ社
シルマリルの物語　上下　J.R.R.トールキン／田中明子／評論社
神曲　ダンテ／平川祐弘／河出書房新社
神曲　上中下　ダンテ／山川丙三郎／岩波書店
真ク・リトル・リトル神話大系　1～10　H.P.ラヴクラフト、オーガスト・ダーレスほか／黒魔団ほか 編／国書刊行会
新釈諸国百物語　篠塚達徳／幻冬舎ルネッサンス
新宗教の世界4　出口栄二、梅原正紀、清水雅人／大蔵出版
信長公記　太田牛一／奥野高広、岩沢愿彦 校注／角川書店
信長公記　現代語訳　上下　太田牛一／中川太古／新人物往来社
信長公記　上下　原本現代訳20　太田牛一／榊山潤／ニュートンプレス
神統記　ヘシオドス／廣川洋一／岩波書店

神皇正統記　北畠親房／岩佐正 校注／岩波書店
神秘学大全　魔術師が未来の扉を開く　ルイ・ポーウェル、ジャック・ベルジュ／伊東守男 編訳／サイマル出版会
新約聖書外典　荒井献 編／荒井献ほか／講談社
水滸伝　完訳　1～10　吉川幸次郎、清水茂／岩波書店
隋唐小説研究　内山知也／木耳社
水妖記　ウンディーネ　フウケー／柴田治三郎／岩波書店
図説エジプトの「死者の書」　村治笙子、片岸直美／河出書房新社
砂の妖精　イーディス・ネズビット／石井桃子／福音館書店
「正史」はいかに書かれてきたか　中国の歴史書を読み解く　竹内康浩／大修館書店
聖書　新共同訳 旧約聖書続篇つき　日本聖書協会
聖書外典偽典第３～５巻　旧約偽典Ⅰ～Ⅲ　教文館
聖書事典　相浦忠雄ほか 編／日本基督教団出版部
新共同訳聖書辞典　木田献一、和田幹男 監修／キリスト新聞社
聖書の世界　総解説　自由国民社
聖書百科全書　ジョン・ボウカー 編著／荒井献、池田裕、井谷嘉男 監訳／三省堂
西洋伝奇物語　ゴシック名訳集成　伝奇ノ匣７　エドガー・アラン・ポオ、ホレス・ウォルポール、小泉八雲ほか／東雅夫 編／学習研究社
世界幻想文学大系　1～45　紀田順一郎、荒俣宏 責任編集／国書刊行会
世界古典文学全集第３巻　ヴェーダ・アヴェスター／辻直四郎ほか／筑摩書房
世界古典文学全集第24A～24C巻　三国志Ⅰ～Ⅲ　今鷹真、井波律子ほか／筑摩書房
世界少年少女文学全集18　ロシア編１　アファナーシェフほか／米川正夫ほか／創元社
世界神話伝説大系３　エジプトの神話伝説　名著普及会
世界神話伝説大系５　バビロニア・アッシリア・パレスチナの神話伝説　名著普及会
世界大百科事典　平凡社
世界超古代文明の謎 「大いなる太古の沈黙の遺産」を探究する！　南山宏、幸沙代子、鈴木旭、高橋良典ほか／日本文芸社
世界のオカルト文学幻想文学・総解説　決定版　青木由紀子ほか／由良君美 監修／自由国民社
世界の奇書　探索する名著　船戸英夫ほか／自由国民社
世界の奇書・総解説　自由国民社
世界の神話伝説・総解説　自由国民社
世界の神話百科 ヴィジュアル版 アメリカ編　ネイティブ・アメリカン／マヤ・アステカ／インカ　デイヴィド・M.ジョーンズ、ブライアン・L.モリノー／蔵持不三也 監訳、井関睦美、田里千代／原書房
世界の名著５　ヘロドトス・トゥキュディデス　ヘロドトス、トゥキュディデス 著、村川堅太郎 編／松平千秋ほか／中央公論社
世界の歴史１　人類の起源と古代オリエント　大貫良夫ほか／樺山紘一、礪波護、山内昌之 編／中央公論社
世界文学全集23　八十日間世界一周　宝島　シャーロック・ホームズの冒険　ヴェルヌ、スティヴンソン、ドイル／綜合社 編、田辺貞之助、上田和夫、阿部知二 訳／集英社
千一夜物語　マルドリュス版 完訳　1～13　豊島与志雄、佐藤正彰、渡辺一夫、岡部正孝／岩波書店
千夜一夜物語　ガラン版　井上輝夫／国書刊行会
千夜一夜物語　バートン版　1～11　バートン／大場正史／筑摩書房
山海経　中国古代の神話世界　高馬三良／平凡社
仙境異聞・勝五郎再生記聞　平田篤胤／子安宣邦 校注／岩波書店
戦史　上中下　トゥーキュディデース／久保正彰／岩波書店
戦争と平和　1～6　トルストイ／藤沼貴／岩波書店
戦争論　上中下　クラウゼヴィッツ／篠田英雄／岩波書店
先代旧事本紀訓註　ルーツの会 編／大野七三 校訂編集／批評社
剪灯新話　瞿佑／飯塚朗／平凡社
戦略思想家事典　片岡徹也 編／前原透 監修／芙蓉書房出版
戦略論　間接的アプローチ　リデル・ハート／森沢亀鶴／原書房
クラウゼヴィッツ　戦略論大系２　クラウゼヴィッツ／川村康之 編著／芙蓉書房出版
モルトケ　戦略論大系３　モルトケ／片岡徹也 編著／芙蓉書房出版

リデルハート　戦略論大系 4　リデルハート／石津朋之 編著／芙蓉書房出版

マハン　戦略論大系 5　マハン／山内敏秀 編著／芙蓉書房出版

石原莞爾　戦略論大系 10　石原莞爾／中山隆志 編著／芙蓉書房出版

ミッチェル　戦略論大系 11　ミッチェル／源田孝 編著／芙蓉書房出版

捜神記　干宝／竹田晃／平凡社

増補 日本架空伝承人名事典　大隈和雄、尾崎秀樹、西郷信綱、阪下圭八、服部幸雄、廣末保、山本吉左右／平凡社

続日本紀　全現代語訳　上中下　宇治谷孟／講談社

ソドム百二十日　マルキ・ド・サド／澁澤龍彦／河出書房新社

曾根崎心中・冥途の飛脚・心中天の網島　現代語訳付き　近松門左衛門／諏訪春雄 訳注／角川学芸出版

ソロモン王の洞窟　H.R. ハガード／大久保康雄／東京創元社

孫子　金谷治 訳注／岩波書店

孫子・呉子　全訳「武経七書」1　守屋洋、守屋淳／プレジデント社

大宇宙を継ぐ者　宇宙英雄ローダン・シリーズ1　および続刊　K.H. シェール、クラーク・ダートンほか／松谷健二ほか／早川書房

大英博物館古代エジプト百科事典　イアン・ショー、ポール・ニコルソン／内田杉彦／原書房

タイタス・グローン　ゴーメンガースト三部作 1　マーヴィン・ピーク／浅羽莢子／東京創元社

ゴーメンガースト　ゴーメンガースト三部作 2　マーヴィン・ピーク／浅羽莢子／東京創元社

タイタス・アローン　ゴーメンガースト三部作 3　マーヴィン・ピーク／浅羽莢子／東京創元社

太平洋地政治学　地理歴史相互関係の研究　上下　カルル・ハウスホーファー／日本青年外交協会研究部／大空社

タイム・パトロール　ポール・アンダースン／深町真理子、稲葉明雄／早川書房

タイム・マシン　H.G. ウエルズ／宇野利泰／早川書房

宝島　ロバート・ルイス・スティーヴンスン／海保眞夫／岩波書店

竹取物語　室伏信助 訳注／角川書店

立川文庫の英雄たち　足立巻一／中央公論社

ダルタニャン物語　1 〜 11　A. デュマ／鈴木力衛／講談社

小さな白い鳥　ジェイムズ・M. バリ／鈴木重敏／パロル舎

地底探検　ベルヌ／久米元一／岩崎書店

地底旅行　ジュール・ヴェルヌ／窪田般弥／東京創元社

チベット死者の書　ゲルク派版　平岡宏一／学習研究社

チベットの死者の書　原典訳　川崎信定／筑摩書房

中国医学の起源　山田慶兒／岩波書店

中国近世小説への招待　才子と佳人と豪傑と　大木康／日本放送出版協会

易経　中国古典新書　赤塚忠／明徳出版社

淮南子　中国古典新書　楠山春樹／明徳出版社

漢書芸文志　中国古典新書　鈴木由次郎／明徳出版社

荘子　中国古典新書　阿部吉雄／明徳出版社

楚辞　中国古典新書　星川清孝／明徳出版社

真誥　中国古典新書続編 14　石井昌子／明徳出版社

素問・霊枢　中国古典新書続編 18　宮澤正順／明徳出版社

中国古典文学大系 5　韓非子・墨子　（韓非子）柿村峻、（墨子）藪内清／平凡社

中国古典文学大系 6　淮南子・説苑（抄）　（淮南子）劉安 編、（説苑（抄））劉向 編／（淮南子）戸川芳郎、木山英雄、沢谷昭次、（説苑（抄））飯倉照平／平凡社

中国古典文学大系 7　戦国策・国語（抄）・論衡（抄）　（戦国策）劉向 編、（論衡（抄））王充 著／（戦国策）常石茂、（論衡（抄））大滝一雄／平凡社

中国古典文学大系 8　抱朴子・列仙伝・神仙伝・山海経　（抱朴子・神仙伝）葛洪、（列仙伝）劉向／（抱朴子）本田済 、（列仙伝・神仙伝）沢田瑞穂 、（山海経）高馬三良／平凡社

中国古典文学大系 22　大唐西域記　玄奘／水谷真成／平凡社

中国古典文学大系 24　六朝・唐・宋小説選　前野直彬 編訳／平凡社

中国古典文学大系 36　平妖伝　馮夢竜／太田辰夫／平凡社

中国古典文学大系 40、41　聊斎志異 上　上下　蒲松齢／増田渉、松枝茂夫、常石茂 ／平凡社

中国古典文学大系 42　閲微草堂筆記（抄）・子不語（抄）ほか　袁枚ほか／前野直彬 ／平凡社
中国古典文学大系 43　儒林外史　呉敬梓／稲田孝／平凡社
中国古典文学大系 47　児女英雄伝　文康／立間祥介／平凡社
中国古典文学大系 48　三俠五義　石玉崑／鳥居久靖／平凡社
中国古典文学大系 55　近世随筆集　入矢義高 編／平凡社
中国小説研究　内田道夫／評論社
中国小説史研究　水滸伝を中心として　中鉢雅量／汲古書院
中国小説史考　前野直彬／秋山書店
中国小説史の研究　小川環樹／岩波書店
中国小説史略　1～2　魯迅／中島長文 訳注／平凡社
中国小説の世界　内田道夫 編／評論社
中国小説の歴史的変遷　魯迅による中国小説史入門　魯迅 ／丸尾常喜 訳注／凱風社
中国の英雄豪傑を読む　「三国志演義」から武侠小説まで　鈴木陽一 編／大修館書店
中国の古典名著　総解説　自由国民社
中国の神話伝説　上下　袁珂／鈴木博／青土社
中国文学館　詩経から巴金　黎波 ／大修館書店
中国文学のたのしみ　松枝茂夫 ／岩波書店
中国四大奇書の世界　「西遊記」「三国志演義」「水滸伝」「金瓶梅」を語る　懐徳堂記念会 編／和泉書院
注目すべき人々との出会い　G.I. グルジェフ／星川淳／めるくまーる社
枕中記・李娃伝・鶯鶯伝　他　中国古典小説選 5（唐代 2）　黒田真美子／明治書院
ツァラトゥストラはかく語りき　ニーチェ／佐藤通次／角川書店
ツァラトゥストラはこう言った　上下　ニーチェ／氷上英廣／岩波書店
筑摩世界文学大系 1　古代オリエント集　杉勇ほか／筑摩書房
定本大和柳生一族　新陰流の系譜　今村嘉雄／新人物往来社
デカメロン　十日物語　1～6　ボッカチオ／野上素一／岩波書店
天界と地獄　ラテン語原典訳　エマヌエル・スヴェーデンボルイ／長島達也／アルカナ出版
電撃戦　グデーリアン回想録　上下　ハインツ・グデーリアン／本郷健／中央公論新社
デンマーク人の事績　サクソ・グラマティクス／谷口幸男／東海大学出版会
ドイツ中世英雄物語 1　ニーベルンゲン　アルベルト・リヒター、グイド・ゲレス／市場泰男／社会思想社
ドイツ中世英雄物語 2　グードルーン　アルベルト・リヒター、グイド・ゲレス／市場泰男／社会思想社
ドイツ中世英雄物語 3　ディートリヒ・フォン・ベルン　アルベルト・リヒター、グイド・ゲレス／市場泰男／社会思想社
唐伝奇入門　呉志達 ／赤井益久 ／日中出版
東方見聞録　マルコ・ポーロ／長澤和俊 訳・解説／小学館
東方見聞録　マルコ・ポーロ／青木富太郎／社会思想社
東方旅行記　J. マンデヴィル／大場正史／平凡社
透明惑星危機一髪　および続刊　エドモンド・ハミルトン／野田昌宏／早川書房
遠野　物語考　赤坂憲雄／宝島社
遠野物語・山の人生　柳田國男／岩波書店
トールキン指輪物語事典　デイヴィッド・デイ／仁保真佐子／原書房
ドグラ・マグラ　夢野久作／角川書店
トマスによる福音書　荒井献／講談社
トム・ティット・トット　イギリス民話集 1　ジョゼフ・ジェイコブズ／木村俊夫、中島直子／東洋文化社
ドリアン・グレイの肖像　オスカー・ワイルド／福田恆存／新潮社
トリスタン・イズー物語　ベディエ 編／佐藤輝夫／岩波書店
ドリトル先生アフリカゆき　および続刊　ロフティング／井伏鱒二／岩波書店
ドン・キホーテ　正編 1～3、続編 1～3　セルバンテス／永田寛定、高橋正武／岩波書店
ドン・キホーテ　前編 1～3、後編 1～3　セルバンテス／牛島信明／岩波書店
救済神話　ナグ・ハマディ文書 1　荒井献ほか／岩波書店
福音書　ナグ・ハマディ文書 2　荒井献ほか／岩波書店

説教・書簡　ナグ・ハマディ文書 3　荒井献ほか／岩波書店
黙示録　ナグ・ハマディ文書 4　荒井献ほか／岩波書店
夏の夜の夢・あらし　シェイクスピア／福田恆存／新潮社
夏の夜の夢　ウイリアム・シェイクスピア／伊東杏里／新書館
南総里見八犬伝　現代語訳　上下　曲亭馬琴／白井喬二／河出書房新社
ニーベルンゲンの歌　前後編　相良守峯／岩波書店
日本古典文学大系 20　土佐日記　紀貫之／鈴木知太郎 校注／岩波書店
日本古典文学大系 22 ～ 26　今昔物語集 1 ～ 5　山田孝雄、山田忠雄、山田英雄、山田俊雄 校注／岩波書店
日本古典文学大系 34 ～ 36　太平記 1 ～ 3　後藤丹治、釜田喜三郎 校注／岩波書店
日本古典偽書叢刊 3　兵法秘術一巻書・簠簋内伝金烏玉兎集・職人由来書　深沢徹 責任編集／現代思潮新社
日本思想大系 25　キリシタン書・排耶書　岩波書店
日本書紀　1 ～ 5　坂本太郎、家永三郎、井上光貞、大野晋／岩波書店
日本の偽書　藤原明／文芸春秋
日本の古典 17 義経記・曽我物語ほか　世界文化社
日本武道全集 1　今村嘉雄、小笠原清信、岸野雄三 編／人物往来社
日本霊異記　日本古典文学全集 6　景戒／中田祝夫 校注・訳／小学館
ニュー・アトランティス　ベーコン／川西進／岩波書店
ハーメルンの笛吹き男　伝説とその世界　阿部謹也／筑摩書房
バガヴァッド・ギーター　上村勝彦／岩波書店
葉隠　上下　山本常朝 口述、田代陣基 筆録／城島正祥 校注／新人物往来社
石の花　バジョーフ・民話の本 1　バジョーフ／島原落穂／童心社
小さな鏡　バジョーフ・民話の本 2　バジョーフ／島原落穂／童心社
火の踊り子　バジョーフ・民話の本 3　バジョーフ／島原落穂／童心社
銀のひづめ　バジョーフ・民話の本 4　バジョーフ／島原落穂／童心社
ハディース　イスラーム伝承集成　1 ～ 6　ブハーリー 編／牧野信也／中央公論新社
はてしない物語　ミヒャエル・エンデ／上田真而子、佐藤真理子／岩波書店
ハムレット　シェイクスピア／市河三喜、松浦嘉一／岩波書店
薔薇の名前　上下　ウンベルト・エーコ／河島英昭／東京創元社
万川集海　藤林保武／誠秀堂
ピーター・パンとウェンディ　J.M. バリー／石井桃子／福音館書店
鼻行類　新しく発見された哺乳類の構造と生活　ハラルト・シュテュンプケ／日高敏隆、羽田節子／平凡社
聖アントワヌの誘惑　フローベール／渡辺一夫 ／岩波書店
評伝ボッカッチョ　中世と近世の葛藤　アンリ・オヴェット／大久保昭男 ／新評論
ピラミッドからのぞく目　上下　ロバート・シェイ、ロバート・A. ウィルスン／小川隆／集英社
ファウスト　ゲーテ／高橋健二 ／角川書店
ファウンデーション　銀河帝国興亡史 1　および続刊　アイザック・アシモフ／岡部宏之／早川書房
フィネガンズ・ウェイク　1 ～ 3　ジェイムズ・ジョイス／柳瀬尚紀／河出書房新社
封神演義　1 ～ 6　許仲琳／光栄
不思議の国のアリス　ルイス・キャロル／多田幸蔵／旺文社
武士道　新渡戸稲造／矢内原忠雄／岩波書店
復刻立川文庫傑作選 4　真田幸村　加藤玉秀／講談社
復刻立川文庫傑作選 14　猿飛佐助　雪花散人／講談社
復刻立川文庫傑作選 16　霧隠才蔵　雪花散人／講談社
復刻立川文庫傑作選 17　三好清海入道　野華散人／講談社
風土記　吉野裕／平凡社
世界の名著 7　プラトンⅡ 国家・クリティアス・第七書簡　プラトン／田中美知太郎ほか／中央公論社
プラトン全集 12　ティマイオス・クリティアス／種山恭子、田之頭安彦／岩波書店
フランケンシュタイン　メアリ・シェリー／森下弓子／東京創元社
フランス田園伝説集　ジョルジュ・サンド／篠田知和基 ／岩波書店

プリニウスの博物誌　プリニウス／中野定雄、中野里美、中野美代／雄山閣
プルターク英雄伝　1〜12　プルターク／河野与一／岩波書店
平家物語全注釈　上中下1、2　富倉徳次郎 校註／角川書店
ベーオウルフ　中世イギリス英雄叙事詩　忍足欣四郎 ／岩波書店
ペルシアの神話　王書より　黒柳恒男 編訳／泰流社
ペロー童話集　完訳　シャルル・ペロー／新倉朗子／岩波書店
変身物語　上下　オウィディウス／中村善也／岩波書店
法の書　アレイスター・クロウリー／島弘之、植松靖夫／国書刊行会
北欧神話　H.R.エリス・デイヴィッドソン／米原まり子、一井知子／青土社
墨子　浅野裕一／講談社
ホスローとシーリーン　ニザーミー／岡田恵美子／平凡社
北極の神秘主義　極地の神話・科学・象徴性、ナチズムをめぐって　ジョスリン・ゴドウィン／松田和也／工作舎
ホビットの冒険　J.R.R.トールキン／瀬田貞二／岩波書店
マヤ神話ポポル・ヴフ　A.レシーノス 原訳／林屋永吉／中央公論新社
マクベス　シェイクスピア／野上豊一郎／岩波書店
枕草子　上中下　清少納言／上坂信男、神作光一 訳註／講談社
マザー・グースの唄　イギリスの伝承童謡　平野敬一／中央公論社
魔術――理論と実践　アレイスター・クロウリー／島弘之／国書刊行会
魔術師　サマセット・モーム／田中西二郎／筑摩書房
魔女と魔術の事典　ローズマリ・エレン・グィリー／荒木正純、松田英 監訳／原書房
マナス　キルギス英雄叙事詩 少年篇　サグィムバイ・オロズバコーフ／若松寛／平凡社
マナス　キルギス英雄叙事詩 青年篇　サグィムバイ・オロズバコーフ／若松寛／平凡社
マナス　キルギス英雄叙事詩 壮年篇　サグィムバイ・オロズバコーフ／若松寛／平凡社
マニ教　ミシェル・タルデュー／大貫隆、中野千恵美／白水社
マニ教とゾロアスター教　山本由美子／山川出版社
魔の都の二剣士　ファファード＆グレイ・マウザーシリーズ1　および続刊　フリッツ・ライバー／大谷圭二／東京創元社
マハーバーラタ　上中下　C.ラージャーゴーパーラーチャリ／奈良毅、田中嫺玉／第三文明社
マハーバーラタ　原典訳　1〜8　上村勝彦／筑摩書房
マビノギオン　ケルト神話物語 シャーロット・ゲスト版　シャーロット・ゲスト／井辻朱美／原書房
マビノギオン　中世ウェールズ幻想物語集　中野節子／JULA出版局
魔法修行　カバラの秘法伝授　W.E.バトラー／大沼忠弘／平河出版社
魔法使いの弟子　ロード・ダンセイニ／荒俣宏／筑摩書房
魔法入門　W.E.バトラー／大沼忠弘／角川書店
魔法入門　カバラの密儀　W.E.バトラー／大沼忠弘／出帆新社
図説マヤ・アステカ神話宗教事典　メアリ・ミラー、カール・タウベ 編／増田義郎 監修、武井摩利 訳／東洋書林
万葉集　全訳注原文付　1〜4＋別巻　中西進 校注／講談社
水の神　ドゴン族の神話的世界　マルセル・グリオール／坂井信三、竹沢尚一郎／せりか書房
みどりの小鳥　イタリア民話選　カルヴィーノ／河島英昭 編訳／岩波書店
耳袋　1〜2　根岸鎮衛／鈴木棠三 編注／平凡社
耳袋の怪　根岸鎮衛／志村有弘／角川書店
ムーミン童話の百科事典　高橋静男、渡部翠 編／講談社
ムーミン童話全集 別巻　小さなトロールと大きな洪水　トーベ・ヤンソン／冨原眞弓／講談社
メリュジーヌ物語　母と開拓者としてのメリュジーヌ　西洋中世綺譚集成　クードレットほか／松村剛／青土社
メルニボネの皇子　エルリック・サーガ1　および続刊　マイケル・ムアコック／安田均ほか／早川書房
木簡・竹簡の語る中国古代　書記の文化史　冨谷至／岩波書店
物のイメージ・本草と博物学への招待　山田慶児 編／朝日新聞社
モルグ街の殺人事件・盗まれた手紙　他一篇　エドガー・アラン・ポー／中野好夫／岩波書店
モンテ・クリスト伯　1〜7　アレクサンドル・デュマ／山内義雄／岩波書店
大和本草　貝原篤信／有明書房

闇の世界への招待状　封印された下品で残酷で悪趣味な教科書　リチャード・ザックス／バックアップ・ワークス／ベストセラーズ
ヤラリー・ブラウン／イギリス民話集 2　ジョゼフ・ジェイコブズ／木村俊夫、中島直子／東洋文化社
ユートピア　トマス・モア／平井正穂／岩波書店
幽霊の本　血と怨念が渦巻く妖奇と因縁の事件簿　Books esoterica25　学習研究社
酉陽雑俎 5　段成式　今村与志雄 訳注／平凡社
幽霊狩人カーナッキの事件簿　W.H. ホジスン／夏来健次／東京創元社
指輪物語　1〜6　J.R.R. トールキン／瀬田貞二／評論社
妖異博物館　柴田宵曲／筑摩書房
妖異博物館・続　柴田宵曲／筑摩書房
妖怪談義　柳田國男／講談社
妖怪の肖像　稲生武太夫冒険絵巻　倉本四郎／平凡社
妖怪の本　異界の闇に蠢く百鬼夜行の伝説　Books esoterica24　学習研究社
ヨーガ根本教典　佐保田鶴治 ／平河出版社
ラーマーヤナ　インド古典物語　上下　ラージャーゴーパーラーチャリ 編／河田清史／第三文明社
ラーマーヤナ　1〜2　ヴァールミーキ／岩本裕／平凡社
ライラとマジュヌーン　ニザーミー／岡田恵美子／平凡社
ラヴクラフト全集　1〜7＋別巻上　H.P. ラヴクラフトほか／大滝啓裕／東京創元社
ラヴクラフトの世界　リン・カーター、T.E.D. クラインほか 著、スコット・ディヴィッド・アニオロフスキ 編／大瀧啓裕／青心社
蘭学事始　杉田玄白／片桐一男 訳注／講談社
リア王　シェイクスピア／斎藤勇／岩波書店
リヴァイアサン　T. ホッブズ／水田洋／岩波書店
リヴァイアサン襲来　ロバート・シェイ、ロバート・A. ウィルスン／小川隆／集英社
リグ・ヴェーダ讃歌　辻直四郎／岩波書店
六韜・三略　全訳「武経七書」3　守屋洋、守屋淳／プレジデント社
陸橋殺人事件　ロナルド・A. ノックス／宇野利泰／東京創元社
聊斎志異　蒲松齢／田中貢太郎 訳、公田連太郎 注／明徳出版社
聊斎志異を読む　妖怪と人の幻想劇　稲田孝／講談社
類猿人ターザン　および続刊　エドガー・ライス・バロウズ／高橋豊／早川書房
額の宝石　および続刊　ルーンの杖秘録 1　マイケル・ムアコック／深町眞理子／東京創元社
ルバイヤート　オマル・ハイヤーム／小川亮作／岩波書店
アレイスター・クロウリー著作集 4　霊視と幻聴　アレイスター・クロウリー／フランシス・キング 監修、飯野友幸 訳／国書刊行会
黎明・開けゆく次元　ヤコブ・ベーメ／南原実、征矢野晃雄／牧神社
錬金術図像大全　スタニスラス・クロソウスキー・ド・ローラ／磯田富夫、松本夏樹／平凡社
老子・荘子　森三樹三郎／講談社
ロシア英雄叙事詩の世界　ブィリーナを楽しむ　佐藤靖彦 編訳／新読書社
ロシア英雄叙事詩ブィリーナ　中村喜和 編訳／平凡社
ロシア原初年代記　国本哲男ほか／名古屋大学出版会
ロシア中世物語集　中村喜和 編訳／筑摩書房
ロボット　R.U.R.　チャペック／千野栄一／岩波書店
ロミオとジューリエット　シェイクスピア／平井正穂／岩波書店
ロランの歌　有永弘人／岩波書店
わが闘争　完訳　上下　アドルフ・ヒトラー／平野一郎、将積茂／角川書店
私のプリニウス　澁澤龍彦／河出書房新社
われはロボット　アイザック・アシモフ／小尾芙佐／早川書房

図版資料出典一覧

図版 1　『聖書百科全書』ジョン・ボウカー編著／荒井献ほか監訳／三省堂より
図版 2　『錬金術図像大全』スタニスラス・クロソウスキー・ド・ローラ著／磯田富夫・松本夏樹訳／平凡社より
図版 3　『SF 百科図鑑』ブライアン・アッシュ編／山野浩一日本語訳監修／サンリオより
図版 4　『伽婢子 2』浅井了意著／江本裕校訂／平凡社より
図版 5　『画図百鬼夜行全画集』鳥山石燕著／角川書店より
図版 6　『日本古典偽書叢刊　第三巻』深沢徹編／新潮社より
図版 7　『錬金術図像大全』スタニスラス・クロソウスキー・ド・ローラ著／磯田富夫・松本夏樹訳／平凡社より
図版 8　『錬金術図像大全』スタニスラス・クロソウスキー・ド・ローラ著／磯田富夫・松本夏樹訳／平凡社より
図版 9　『les Maîtres de l'Occultisme』André Nataf 著／ France Loisers より
図版 10　『マヤ・アステカ神話宗教事典』メアリ・ミラー、カール・タウベ編著／増田義郎監修／東洋書林より
図版 11　『SF 百科図鑑』ブライアン・アッシュ編／山野浩一日本語訳監修／サンリオより
図版 12　『エッダ』V.G. ネッケルほか編／谷口幸男訳／新潮社より
図版 13　『死海文書のすべて』ジェームズ・C・ヴァンダーカム著／秦剛平訳／青土社より
図版 14　『DICTIONNAIRE INFERNAL』J.COLLIN DE PLANCY 著／ SLATKINE より
図版 15　『正忍記』藤一水子正武著／中島篤巳解読・解説／新人物往来社より
図版 16　『復刻立川文庫傑作選　真田幸村』加藤玉秀著／講談社より
図版 17　『聖書百科全書』ジョン・ボウカー編著／荒井献ほか監訳／三省堂より
図版 18　『錬金術図像大全』スタニスラス・クロソウスキー・ド・ローラ著／磯田富夫・松本夏樹訳／平凡社より
図版 19　『錬金術図像大全』スタニスラス・クロソウスキー・ド・ローラ著／磯田富夫・松本夏樹訳／平凡社より
図版 20　『鼻行類』ハラルト・シュテュンプケ著／日高敏隆・羽田節子訳／平凡社より
図版 21　『les Maîtres de l'Occultisme』André Nataf 著／ France Loisers より
図版 22　『法の書』アレイスター・クロウリー著／国書刊行会より
図版 23　『錬金術図像大全』スタニスラス・クロソウスキー・ド・ローラ著／磯田富夫・松本夏樹訳／平凡社より
図版 24　『狼憑きと魔女』ジャン・ド・ニノー著／工作舎より
図版 25　『錬金術図像大全』スタニスラス・クロソウスキー・ド・ローラ著／磯田富夫・松本夏樹訳／平凡社より
図版 26　『錬金術図像大全』スタニスラス・クロソウスキー・ド・ローラ著／磯田富夫・松本夏樹訳／平凡社より
図版 27　『木簡・竹簡の語る中国古代』富谷至著／岩波書店より

著者略歴

●山北篤（やまきた・あつし）
1960 年生まれ、大阪府出身。システムエンジニアを経て執筆業に入る。ゲーム制作のかたわら、歴史・魔法・宗教関係の教養書を多数執筆。宇宙作家クラブ会員。

●稲葉義明（いなば・よしあき）
1970 年生まれ、神奈川県出身。文筆業。高校生のときに雑誌に記事を書く。大学中退後は歴史・ゲーム関連書籍の執筆や寄稿、翻訳に従事。

●桂令夫（かつら・のりお）
1968 年生まれ、福岡県出身。主著に『イスラム幻想世界』（新紀元社）、主な訳書に『ダンジョンズ＆ドラゴンズ』シリーズ（ホビージャパン）など。

●草野巧（くさの・たくみ）
1956 年生まれ、栃木県出身。編集者を経て執筆業に入る。著書に『幻想動物事典』『妖精』『パワーストーン』『図解 錬金術』『図解 天国と地獄』（新紀元社）など多数。

●佐藤俊之（さとう・としゆき）
1966 年生まれ、東京都出身。東京造形大学中退後、執筆活動に入る。著書に『U-792 潜航せよ！』（コスミックインターナショナル）、『聖剣伝説』（新紀元社）など多数。

●司馬炳介（しば・へいすけ）
1964 年生まれ、東京都出身。フリーライター。主な活動ジャンルは神話とファンタジー。

●秦野啓（しんの・けい）
1972 年生まれ、北海道出身。著書に『天羅万象・零　仇殺の戦場』（エンターブレイン）、『魔法の薬』『秘密結社』（新紀元社）など。その他ゲーム制作に関わる。

●牧山昌弘（まきやま・まさひろ）
1964 年生まれ、茨城県出身。学生時代より執筆を始め、出版社の編集部を経て、専業ライターに。著書に『占術』『西洋神名事典』（ともに共著、新紀元社）などがある。

Truth In Fantasy 事典シリーズ 10

DICTIONARY OF FANTASY AND GLAMOUR BOOKS

幻《げん》想《そう》図《と》書《しょ》事《じ》典《てん》

2008 年 9 月 9 日　初版発行

監修	山北　篤（やまきた・あつし）
著者	稲葉義明（いなば・よしあき）
	桂　令夫（かつら・のりお）
	草野　巧（くさの・たくみ）
	佐藤俊之（さとう・としゆき）
	司馬炳介（しば・へいすけ）
	秦野　啓（しんの・けい）
	牧山昌弘（まきやま・まさひろ）
	山北　篤
編集	新紀元社編集部／堀　良江
発行者	大貫尚雄
発行所	株式会社新紀元社
	〒 101-0054　東京都千代田区神田錦町 3-19
	楠本第 3 ビル 4F
	TEL：03-3291-0961
	FAX：03-3291-0963
	http://www.shinkigensha.co.jp/
	郵便振替　00110-4-27618
デザイン・DTP	スペースワイ
印刷・製本	東京書籍印刷株式会社

ISBN978-4-7753-0629-1

定価はカバーに表示してあります。

Printed in Japan